वस्तुनिष्ठ सामान्य ज्ञान

सिविल सर्विस (केन्द्र एवं राज्य), स्टॉफ सलेक्शन कमीशन (SSC), इन्स्टीच्यूट ऑफ बैंकिंग पर्सनल सेलेक्शन (IBPS), मैनेजमेंट एप्टीच्यूट टेस्ट (MAT), कॉमन एडमिशन टेस्ट (CAT), रेलवे रिक्रूटमेंट सर्विसेज एवं सभी प्रतियोगी परीक्षाओं के लिए उपयोगी।

लेखक
प्रसून कुमार

वी एण्ड एस पब्लिशर्स

प्रकाशक

वी एण्ड एस पब्लिशर्स

F-2/16, अंसारी रोड, दरियागंज, नई दिल्ली-110002
☎ 23240026, 23240027 • फैक्स: 011-23240028
E-mail: info@vspublishers.com • *Website:* www.vspublishers.com

क्षेत्रीय कार्यालय : हैदराबाद
5-1-707/1, ब्रिज भवन (सेन्ट्रल बैंक ऑफ इण्डिया लेन के पास)
बैंक स्ट्रीट, कोटी, हैदराबाद-500 095
☎ 040-24737290
E-mail: vspublishershyd@gmail.com

शाखा : मुम्बई
जयवंत इंडस्ट्रिअल इस्टेट, 1st फ्लोर-108, तारदेव रोड
अपोजिट सोबो सेन्ट्रल, मुम्बई - 400 034
☎ 022-23510736
E-mail: vspublishersmum@gmail.com

फ़ॉलो करें:

© **कॉपीराइट:** वी एण्ड एस पब्लिशर्स

ISBN 978-93-579416-9-3

संस्करण 2018

DISCLAIMER

इस पुस्तक में सटीक समय पर जानकारी उपलब्ध कराने का हर संभव प्रयास किया गया है। पुस्तक में संभावित त्रुटियों के लिए लेखक और प्रकाशक किसी भी प्रकार से जिम्मेदार नहीं होंगे। पुस्तक में प्रदान की गयी पाठ्य सामग्रियों की व्यापकता या सम्पूर्णता के लिए लेखक या प्रकाशक किसी प्रकार की वारंटी नहीं देते हैं।
पुस्तक में प्रदान की गयी सभी सामग्रियों को व्यावसायिक मार्गदर्शन के तहत सरल बनाया गया है। किसी भी प्रकार के उद्धरण या अतिरिक्त जानकारी के स्रोत के रूप में किसी संगठन या वेबसाइट के उल्लेखों का लेखक या प्रकाशक समर्थन नहीं करता है। यह भी संभव है कि पुस्तक के प्रकाशन के दौरान उद्धृत बेवसाइट हटा दी गयी हो।
इस पुस्तक में उल्लिखित विशेषज्ञ के राय का उपयोग करने का परिणाम लेखक और प्रकाशक के नियंत्रण से हटकर पाठक की परिस्थितियों और कारकों पर पूरी तरह निर्भर करेगा।
पुस्तक में दिये गये विचारों को आजमाने से पूर्व किसी विशेषज्ञ से सलाह लेना आवश्यक है। पाठक पुस्तक को पढ़ने से उत्पन्न कारकों के लिए पाठक स्वयं पूर्ण रूप से जिम्मेदार समझा जायेगा।
उचित मार्गदर्शन के लिए पुस्तक को माता-पिता एवं अभिभावक की निगरानी में पढ़ने की सलाह दी जाती है। इस पुस्तक के खरीददार स्वयं इसमें दिये गये सामग्रियों और जानकारी के उपयोग के लिए सम्पूर्ण जिम्मेदारी स्वीकार करते हैं।
इस पुस्तक की सम्पूर्ण सामग्री का कॉपीराइट लेखक/प्रकाशक के पास रहेगा। कवर डिजाइन, टेक्स्ट या चित्रों का किसी भी प्रकार का उल्लंघन किसी इकाई द्वारा किसी भी रूप में कानूनी कार्रवाई को आमंत्रित करेगा और इसके परिणामों के लिए जिम्मेदार समझा जायेगा।

मुद्रक: रेप्रो नॉलेजकास्ट लिमीटेड, ठाणे

प्रकाशकीय

एक उत्कृष्ट प्रकाशक के तौर पर देश भर में प्रसिद्धि प्राप्त करने के पश्चात् **'वी एण्ड एस पब्लिशर्स'** ने विशेष रूप से ओलम्पियाड एवं अकादमिक परीक्षाओं में शामिल होने जा रहे छात्रों के लिए 'ओलम्पियाड श्रृंखला' की पुस्तकें प्रकाशित करने का निश्चय किया।

वर्ष 2015 में हमने पहली बार विज्ञान, गणित, अंग्रेजी तथा कम्प्यूटर सम्बन्धित ओलम्पियाड पुस्तकों का सफलतापूर्वक प्रकाशन किया। इन पुस्तकों को देशभर के छात्रों से भरपूर सराहना मिली तथा उनके शिक्षकों और अभिभावकों से भी प्रशंसा भरे अनेक संदेश प्राप्त हुए। इस सफलता से उत्साहित होकर हमने निश्चय किया कि हमें इस प्रकार की अकादमिक पुस्तकों का प्रकाशन निरंतर जारी रखना चाहिए। इसी सिलसिले को जारी रखते हुए हमने शीर्ष प्रतियोगिता परीक्षाओं में छात्रों की सफलता हेतु इस बार **'वस्तुनिष्ठ सामान्य ज्ञान'** पुस्तक प्रकाशित किया है।

इस पुस्तक में हमने उच्च शिक्षा तथा सरकारी सेवाओं में जाने वाले उत्साही छात्रों के लिए उन सभी संभावित प्रश्नों को सम्मिलित किया, जो इन परीक्षाओं में अकसर पूछे जाते हैं।

इस पुस्तक में इतिहास (भारत एवं विश्व), भूगोल (भारत एवं विश्व), भारतीय राजव्यवस्था एवं भारतीय अर्थव्यवस्था, सामान्य ज्ञान, कम्प्यूटर, सूचना एवं तकनीक तथा विविध आदि विषयों से 5000 चुने गये प्रश्नों का संकलन किया गया है।

सिविल सर्विस (केन्द्र एवं राज्य), स्टॉफ सलेक्शन कमीशन (SSC), इन्स्टीच्यूट ऑफ बैंकिंग पर्सनल सेलेक्शन (IBPS), डिफेंस सर्विसेज (CDSE, NDA), मैनेजमेंट एप्टीच्यूट टेस्ट (MAT), कॉमन एडमिशन टेस्ट (CAT), रेलवे रिक्रूटमेंट सर्विसेज तथा अन्य उच्च स्तरीय परीक्षाओं के लिए **विशेष रूप से उपयोगी है।**

यूँ तो बाजार में सामान्य ज्ञान की कई पुस्तकें उपलब्ध हैं। इन पुस्तकों के साथ एक मुख्य समस्या यह है कि कुछ अंतराल के पश्चात् इन पुस्तकों के पाठ्यक्रम में बदलाव करना आवश्यक हो जाता है। इस समस्या के निदान के लिए हमने प्रस्तुत पुस्तक में विषयों का संकलन कुछ इस प्रकार किया है, जिससे छात्रों को इसके पाठ्यक्रय में शीघ्र बदलाव की आवश्यकता महसूस नहीं हो। इस योजना के तहत पुस्तक में समसामियकी (करेंट अफेयर्स) का चयन नहीं किया गया है। हमें आशा है कि छात्र एवं शिक्षक इस पुस्तक की व्यापक उपयोगिता को देखते हुए इसे सहर्ष अपनायेंगे। छात्रों से अनुरोध है कि प्रश्नों को हल करने के पश्चात् यदि उन्हें पुस्तक में कोई त्रुटि दिखायी दे तो इसकी सूचना हमारे ईमेल पर अवश्य दें, जिससे भविष्य में पुस्तक को और अधिक उपयोगी बनाया जा सके।

प्राचीन भारतीय इतिहास

1. हड़प्पा सभ्यता के खोजकर्ता कौन थे?
(a) सर जॉन मापेल
(b) आर०डी० बनर्जी
(c) ए० कनिंघम
(d) दयाराम सहनी

2. हड़प्पा सभ्यता का सर्वाधिक मान्यता प्राप्त काल है–
(a) 2800 ई०पू०-2000 ई०पू०
(b) 2500 ई०पू०-1750 ई०पू०
(c) 3500 ई०पू०-1800 ई०पू०
(d) इनमें से कोई नहीं

3. निम्न में से विंध्य क्षेत्र में स्थित नवपाषाण युगीन स्थल कौन है?
(a) महगरा (b) चिरांद
(c) बानगढ़ (d) खुन्ती

4. कोपेनहेगन संग्रहालय की सामग्री से पाषाण, कांस्य और लौह युग का त्रियुगीय विभाजन किया था–
(a) थॉमसन (b) लुब्काब
(c) टेलर (d) चाइल्ड

5. खाद्यान्नों की कृषि सर्वप्रथम प्रारम्भ हुई थी?
(a) नवपाषाण काल
(b) मध्यपाषाण काल
(c) पुरापाषाण काल
(d) प्रोटोऐतिहासिक काल

6. मानव द्वारा सर्वप्रथम प्रयुक्त अनाज था–
(a) गेहूँ (b) चावल
(c) जौ (d) बाजरा

7. भारत में सर्वप्रथम मानव का साक्ष्य कहाँ पर मिलता है?
(a) नीलगिरी पहाड़ियाँ
(b) शिवालिक पहाड़ियाँ
(c) नल्लामाला पहाड़ियाँ
(d) नर्मदा घाटी

8. उस स्थल का नाम बताइये, जहाँ से प्राचीनतम स्थायी जीवन के प्रमाण मिले हैं?
(a) धौलावीरा
(b) किला गुल मोहम्मद
(c) कालीबंगा
(d) मेहरगढ़

9. भारतीय उपमहाद्वीप में कृषि के प्राचीनतम साक्ष्य प्राप्त हुए हैं–
(a) कोलडिहवा (b) लहुरादेव
(c) मेहरगढ़ (d) टोकवा

10. भारतीय उपमहाद्वीप में कृषि के प्राचीनतम साक्ष्य प्राप्त हुए है–
(a) ब्रह्मगिरि से (b) बुर्जहोम से
(c) कोलडिहवा से (d) मेहरगढ़ से

11. किस स्थल पर पाषाण काल से हड़प्पा सभ्यता तक के सांस्कृतिक अवशेष प्राप्त हुए हैं?
(a) आम्री (b) मेहरगढ़
(c) कोटपीजी (d) कालीबंगा

12. नवदाटोली का उत्खनन किसने किया था?
(a) के०डी० वाजपेयी
(b) बी०एस० वाकंकड़
(c) एच०डी० सांकलिया
(d) मार्टिमर व्हीलर

13. नवदाटाली किस राज्य में अवस्थित है?
(a) गुजरात (b) महाराष्ट्र
(c) छत्तीसगढ़ (d) मध्य प्रदेश

14. वृहत्पाषाण स्मारकों की पहचान की गयी है–
(a) संन्यासी गुफाओं के रूप में
(b) मृतक को दफनाने के स्थान के रूप में
(c) मन्दिर के रूप में
(d) उपर्युक्त में से कोई नहीं

15. राख का टीला निम्नलिखित किस नवपाषाणिक स्थल से सम्बन्धित है?
(a) बुदिहाल (b) संगनकल्लू
(c) कोलडिहवा (d) ब्रह्मगिरी

16. 'भीमबेटका' किसके लिए प्रसिद्ध है?
(a) गुफाओं के शैल चित्र
(b) खनिज
(c) बौद्ध प्रतिमाएँ
(d) सोननदी का उपागम स्थल

17. भारत में किस शिलाश्रय से सर्वाधिक चित्र प्राप्त हुए है?
(a) वृहरिया (b) भीमबेटका
(c) बाघ (d) अमरावती

18. निम्न में से कौन-सा स्थल प्रागैतिहासिक चित्रकला के लिए प्रसिद्ध है?
(a) अजंता (b) भीमबेटका
(c) बाघ (d) अमरावती

19. उत्खनित प्रमाणों के अनुसार पशुपालन का प्रारम्भ हुआ था–
(a) निचले पूर्व पाषाण काल में
(b) मध्य पूर्व पाषाण काल में
(c) ऊपरी एवं पाषाण काल में
(d) मध्य पाषाण काल में

20. मध्यपाषाणिक पशुपालन के प्रमाण जहाँ मिले, वह स्थान है–
(a) लंघनाम (b) बीरभानपुर
(c) आदमगढ़ (d) चोपनीमांडो

21. निम्न में से किस स्थान से हड्डी के उपकरण प्राप्त हुए है?
(a) चोपनीमांडो (b) काकोरिया
(c) महदहा (d) सरायनाहरराय

22. किस स्थल से मानव कंकाल के साथ कुत्ते का कंकाल भी शवाधान से प्राप्त हुआ?
(a) ब्रह्मगिरि (b) बुर्जहोम
(c) चिरांद (d) मास्की

23. गर्त आवास के साक्ष्य प्राप्त हुए हैं–
(a) बुर्जहोम (b) कोलडिहवा
(c) ब्रह्मगिरि (d) संगनकल्लू

24. भारतीय पुरातत्व सर्वेक्षण निम्नलिखित विभागों/मन्त्रालयों में से किसका संलग्न कार्यालय है?
(a) संस्कृति
(b) पर्यटन
(c) विज्ञान और प्रौद्योगिकी
(d) मानव संसाधन विकास

25. भीमबेटका की गुफा कहाँ स्थित है?
(a) भोपाल (b) पंचमढ़ी
(c) सिंगरौनी (d) रायसेन

26. हड्डी निर्मित आभूषण भारत में मध्य पाषाण काल के संदर्भ में प्राप्त हुए है–
(a) सराय नाहरराय
(b) महदहा
(c) लेखटिया
(d) चापानीमाण्डो

27. प्राचीन मानव प्रजाति है–
(a) आस्ट्रेलोपिथेकस
(b) पावामानव
(c) होमोइरेक्टस
(d) निपण्डर्थन

28. भारत में प्रथम पुरापाषणिक उपकरण की खोज करने वाले रावर्ट क्रूसफुट थे एक–
(a) भूगर्भ वैज्ञानिक
(b) पुरातत्वविद्
(c) पुरावनस्पति शास्त्री
(d) इतिहासकार

29. एक ही कब्र में तीन मानव कंकाल मिले हैं–
(a) सारयनाहर राय
(b) दमदमा
(c) महदहा
(d) लंहनौप

30. सिन्धु घाटी की सभ्यता गैर आर्य थी, क्योंकि–
(a) वह नगरीय सभ्यता थी
(b) उसकी अपनी लिपि थी
(c) उसकी खेतिहर अर्थव्यवस्था थी
(d) उसका विस्तार नर्मदा घाटी तक था

31. सिन्धु घाटी संस्कृति वैदिक सभ्यता से भिन्न थी, क्योंकि–
(a) इसके पास विकसित शहरी जीवन की वस्तुएँ थी
(b) इसके पास चित्रलिखीय लिपि थी
(c) उपर्युक्त दोनों
(d) इनमें से कोई नहीं

32. जुते हुए खेत की चिह्न कहाँ मिले?
(a) मोहनजोदड़ो (b) कालीबंगा
(c) हड़प्पा (d) लोथल

33. मिलान करें-

सूची-I	सूची-II
A. हड़प्पा	1. गोदावरी
B. हस्तिनापुर	2. रावी
C. नागार्जुन कोंडा	3. गंगा
D. पैठन	4. कृष्णा

कूट:

	A	B	C	D
(a)	1	2	3	4
(b)	2	3	4	1
(c)	4	2	3	1
(d)	1	3	2	4

34. सुमेलित कीजिए-

सूची-I	सूची-II
A. हड़प्पा	1. भोगवा
B. कालीबंगा	2. घग्गर
C. लोथल	3. रावी
D. रोपड़	4. सतलज

कूट:

	A	B	C	D
(a)	3	2	1	4
(b)	3	4	1	2
(c)	4	2	3	1
(d)	1	3	2	4

35. विशाल स्नानागार किस पुरातत्व स्थल में पाया गया था?
(a) रोपड़ (b) हड़प्पा
(c) मोहनजोदड़ो (d) कालीबंगा

36. सिन्धु घाटी सभ्यता मानी जाती है–
1. अपने नियोजन के लिए
2. मोहनजोदड़ो और हड़प्पा के लिए
3. अपने कृषि के लिए
4. अपने उद्योगों के लिए
(a) 1 और 2 (b) 1, 2 और 3
(c) 2, 3 आर 4 (d) उपर्युक्त सभी

37. हड़प्पा संस्कृति के स्थल एवं उनकी स्थिति सम्बन्धी निम्न युग्मों में से कौन सही सुमेलित है?
(a) आलमगीर - उत्तर प्रदेश
(b) बनावली - हरियाणा
(c) पायमाबाद - महराष्ट्र
(d) राखीगढ़ी - राजस्थान

38. हड़प्पा सभ्यता स्थल लोथल स्थित है–
(a) गुजरात (b) पंजाब
(c) राजस्थान (d) सिन्ध

39. सुमेलित कीजिए-

सूची-I हड़प्पीय स्थल	सूची-II स्थिति
A. मांड़ा	1. राजस्थान
B. दायमाबाद	2. हरियाणा
C. कालीबंगा	3. जम्मू-कश्मीर
D. रावीगढ़ी	4. महाराष्ट्र

कूट:

	A	B	C	D
(a)	1	2	3	4
(b)	2	3	4	1
(c)	3	4	1	2
(d)	4	1	2	3

40. हड़प्पा संस्कृति के निम्नलिखित स्थलों में कौन सिंध में अवस्थित है?
1. हड़प्पा 2. मोहनजोदड़ो
3. चन्हूदड़ो 4. सुरकोटड़ा
नीचे दिये गये कूट में सही उत्तर चुनिए-
(a) 1 एवं 2 (b) 2 एवं 3
(c) 2, 3 एवं 4 (d) 1, 2, 3 एवं 4

41. लोथल किस नदी के किनारे है-
(a) नर्मदा (b) माही
(c) भोगवा (d) भीमा

42. भारत का सबसे बड़ा हड़प्पन पुरास्थल है-
(a) आलमगीरपुर (b) कालीबंगा
(c) लोथल (d) राखीगढ़ी

43. सिन्धु घाटी सभ्यता किन नदियों के तट पर बसी थी?
(a) सिन्धु (b) चेनाब
(c) झेलम (d) उपर्युक्त सभी

44. सिन्धु घाटी के लोग पूजा करते थे-
(a) पशुपति
(b) इन्द्र और वरुण
(c) ब्रह्मा
(d) विष्णु

45. निम्न में कौन सुमेलित नहीं है-
(a) हड़प्पा - दयाराम साहनी
(b) लोथल - एस०आर० राव
(c) सुरकोटड़ा - जे०पी० जोशी
(d) धौलावीरा - वी०के० थापर

46. हड़प्पा का उत्खनन करने वाला प्रथम पुरातत्वविद्, जो इसके महत्त्व को समझ नहीं पाया था-
(a) ए० कनिंघम
(b) सर जॉन मार्शल
(c) व्हीलर
(d) जॉर्ज एफ० डेल्स

47. निम्न में से किस स्थल से घरों में कुओं के अवरोश मिले हैं-
(a) हड़प्पा (b) कालीबंगा
(c) लोथल (d) मोहनजोदड़ो

48. सर्वप्रथम मानव ने निम्न धातु का उपयोग किया-
(a) सोना (b) चाँदी
(c) ताँबा (d) लोहा

49. हड़प्पाकालीन स्थलों में अभी तक किस धातु की प्राप्ति नहीं हुई है?
(a) ताँबा (b) स्वर्ण
(c) चाँदी (d) लोहा

50. कौन-सा स्थल घग्गर और उसकी सहायक नदियों की घाटी में स्थित है?
(a) आलमगीरपुर (b) लोथल
(c) मोहनजोदड़ो (d) बनवाली

51. धौलावीरा किस राज्य में स्थित है?
(a) गुजरात (b) हरियाणा
(c) पंजाब (d) राजस्थान

52. हड़प्पन संस्कृति के सन्दर्भ में शैलकृत स्थापत्य के प्रमाण कहाँ से मिले हैं?
(a) कालीबंगा (b) धौलावीरा
(c) कोटदीजी (d) आमरी

53. एक उन्नत जल-प्रबंधन व्यवस्था का साक्ष्य प्राप्त हुआ है?
(a) आलमगीरपुर (b) धौलावीरा
(c) कालीबंगा (d) लोथल

54. हड़प्पन स्थल सनौली से प्राप्त हुआ है-
(a) मानव शवाधान
(b) पशु शवाधान
(c) आवाशीय भवन
(d) रक्षा दीवार

55. कपास की खेती का आरम्भ सबसे पहले कहाँ हुआ?
(a) मिस्र (b) मेसोपोटामिया
(c) मध्य अमेरिका (d) भारत

56. वृषभ मुद्रा कहाँ प्राप्त हुई थी?
(a) हड़प्पा (b) चन्हूदड़ो
(c) लोथल (d) मोहनजोदड़ो

57. निम्न में किस पशु का अंकन हड़प्पा संस्कृति की मुहरों पर नहीं मिलता है?
(a) बैल (b) हाथी
(c) घोड़ा (d) भेड़

58. मृण पट्टिका पर उत्कीर्ण सींगयुक्त देवता की कृति प्राप्त हुई है-
(a) बनावली (b) कालीबंगा
(c) लोथल (d) सूरकोतड़ा

59. कौन-सी सभ्यता नील नदी के तट पर पनपी?
(a) रोमन सभ्यता
(b) सिन्धु सभ्यता
(c) यूनानी सभ्यता
(d) मिस्र की सभ्यता

60. दघेरी एक परवर्ती हड़प्पायी पुरास्थल है-
(a) जम्मू (b) पंजाब
(c) हरियाणा (d) उत्तर प्रदेश

61. कौन-सा हड़प्पाई नगर तीन भागों में विभक्त है?
(a) लोथल (b) कालीबंगा
(c) धौलावीरा (d) सुरकोटड़ा

62. सिन्धु सभ्यता का भारत में सबसे बड़ा पुरास्थल है-
(a) आलमगीरपुर (b) कालीबंगा
(c) लोथल (d) राखीगढ़

63. हाथीदाँत का पैमाना कहाँ मिला है?
(a) कालीबंगा (b) लोथल
(c) धौलावीरा (d) बनवाली

64. चन्हूदड़ो के उत्खनन का निर्देशन किया था-
(a) जे० एच० मैके
(b) सर जॉन मार्शल
(c) आई व्हीलर
(d) ऑरेल स्टेन

65. सबसे पुराना वेद कौन-सा है?
(a) यजुर्वेद (b) ऋग्वेद
(c) सामवेद (d) अथर्ववेद

66. सुमेल करें-

सूची-I	**सूची-II**
A. ऋग्वेद	1. गोपथ
B. सामवेद	2. शतपथ
C. अथर्ववेद	3. ऐतरेय
D. यजुर्वेद	4. पंचवेथ

कूट:

	A	B	C	D
(a)	4	2	3	1
(b)	2	4	3	1
(c)	3	4	1	2
(d)	1	2	4	3

67. 'त्रयी' नाम है-
(a) तीन वेदों का
(b) धर्म, संघ व बुद्ध का
(c) हिन्दू धर्म के तीन देवताओं का
(d) तीनों मौसमों का

68. किस वेद में जादुई माया और वशीकरण का वर्णन है?
(a) ऋग्वेद (b) यजुर्वेद
(c) अथर्ववेद (d) सामवेद

69. मिलान करें-

सूची-I	**सूची-II**
A. ऋग्वेद	1. संगीतमय स्रोत
B. यजुर्वेद	2. स्रोत एवं कर्मकाण्ड
C. सामवेद	3. तन्त्रमन्त्र एवं वशीकरण
D. अथर्ववेद	4. स्रोत एवं प्रार्थनाएं

कूट:

	A	B	C	D
(a)	4	2	1	3
(b)	3	2	4	1
(c)	4	1	2	3
(d)	2	3	1	4

70. ऋग्वेद में कितने ऋचाएं हैं?
(a) 1028 (b) 1017
(c) 1021 (d) 1020

71. उपनिषद् पुस्तकें हैं-
(a) धर्म पर (b) योग पर
(c) विधि पर (d) दर्शन पर

72. मोक्ष की पर्चा मिलती है-
(a) ऋग्वेद (b) परवर्ती संहिताएँ
(c) ब्राह्मण (d) उपनिषद्

73. नचिकेता-यम संवाद किस उपनिषद् में प्राप्त होता है?
(a) वृहदारण्यक (b) छांदोग्य
(c) काठोपनिषद् (d) केनउपनिषद्

74. नचिकेता आख्यान का उल्लेख मिलता है-
(a) अथर्ववेद
(b) शतपथ ब्राह्मण
(c) कठोपनिषद्
(d) वृहदाख्यक

75. वैदिक नदी अस्किनी का आधुनिक नाम है-
(a) व्यास (b) रावी
(c) चेनाब (d) झेलम

76. निम्न में किन नदियों का उल्लेख अफगानिस्तान के साथ आर्यों के सम्बन्ध का सूचक है?
(a) अस्किनी (b) परुष्णी
(c) कुंभा, क्रमु (d) विपाशा, सुतुद्रि

77. ऋग्वैदिक काल में 'निष्क' किस अंग का आभूषण था?
(a) कान का (b) गला का
(c) बाहु का (d) कलाई का

78. प्राचीन भारत में 'निशाका' नाम से जाने जाते थे-
(a) स्वर्ण आभूषण
(b) गायें
(c) ताँबें के सिक्के
(d) चाँदी के सिक्के

79. सुमेल करें-

सूची-I	**सूची-II**
A. कुंभा	1. गंडक
B. परुष्णी	2. काबुल
C. सदानीरा	3. रावी
D. शुतुद्री	4. सतलज

कूट:

	A	B	C	D
(a)	1	2	4	3
(b)	2	3	1	4
(c)	3	4	2	1
(d)	4	1	3	2

80. कौन-सा अभिलेख आर्यों के ईरान से भारत में आने की सूचना देता है?
(a) मान सेहरा (b) शहबाजगढ़ी
(c) बोगाजकोई (d) जूनागढ़

81. किस ग्रन्थ में 'पुरुष मेध' का उल्लेख हुआ है?
(a) कृष्ण यजुर्वेद (b) शुक्ल यजुर्वेद
(c) शतपथ ब्राह्मण (d) पंचविश ब्राह्मण

82. उत्तर वैदिक काल में निम्नलिखित में से किनको कार्य संस्कृति का धुर समझा जाता था?
(a) अंग, मगध (b) कोसल, विदेह
(c) कुरु, पंचाल (d) मत्स्य, शूरशेन

83. गोत्र शब्द का प्रयोग सर्वप्रथम हुआ था-
(a) अथर्ववेद (b) ऋग्वेद
(c) सामवेद (d) यजुर्वेद

84. पूर्व-वैदिक आर्यों का धर्म प्रमुखतः था-
(a) भक्ति
(b) मूर्ति पूजा और यज्ञ
(c) प्रकृति पूजा और यज्ञ
(d) प्रकृति पूजा और भक्ति

85. दश-राजाओं का युद्ध किस नदी के किनारे लड़ा गया था?
(a) परुष्णी (b) सरस्वती
(c) विपाशा (d) अस्किनी

86. किस नदी को ऋग्वेद में 'मातेतमा' 'देवीतमा' एवं 'नदीतमा' सम्बोधित किया गया है?
(a) सिन्धु (b) सरस्वती
(c) वितस्ता (d) यमुना

87. उस जनजाति का नाम बताइए, जो ऋग्वैदिक आर्यों के पंचजन से सम्बन्धित नहीं है?
(a) यदु (b) पुरु
(c) तुर्वस (d) किकट

88. ऋग्वेद में उल्लिखित 'यव' शब्द किस कृषि उत्पाद हेतु प्रयुक्त किया गया है?
(a) जौ (b) चना
(c) चावल (d) गेहूँ

89. किस वेद में 'सभा' और 'समिति' को प्रजापति की दो पुत्रियाँ कहा गया है?
(a) ऋग्वेद (b) सामवेद
(c) यजुर्वेद (d) अथर्ववेद

90. ऋग्वेद में सर्वाधिक संख्या में मन्त्र किससे सम्बन्धित हैं-
(a) अग्नि (b) वरुण
(c) विष्णु (d) यम[1]

91. ऋग्वेद में युद्ध देवता समझा जाता है–
(a) अग्नि (b) इन्द्र
(c) सूर्य (d) वरुण

92. पूर्व वैदिक आर्यों का सर्वाधिक लोकप्रिय देवता कौन था?
(a) वरुण (b) विष्णु
(c) रुद्र (d) इन्द्र

93. गायत्री मन्त्र की रचना किसने की थी?
(a) वशिष्ठ (b) विश्वामित्र
(c) इन्द्र (d) परीक्षित

94. पुराणों की संख्या है–
(a) 16 (b) 18
(c) 19 (d) 122

95. 'श्रीमद्भागवतगीता' मौलिक रूप में किस भाषा में लिखी गयी थी?
(a) संस्कृत (b) उर्दू
(c) पाली (d) हिन्दी

96. हिन्दू पौराणिक कथा के अनुसार समुद्र मंथन हेतु किस सर्प ने रस्सी के रूप में स्वयं को प्रस्तुत किया?
(a) कालिया (b) वासुकी
(c) पुष्कर (d) शेषनाग

97. 'सत्यमेव जयते' शब्द किस उपनिषद् से लिया गया है?
(a) मुंडकोपनिषद्
(b) कठोपनिषद्
(c) छांदोग्योपनिषद्
(d) इनमें से कोई नहीं

98. ऋग्वेद की मूल लिपि थी–
(a) देवनागरी (b) खरोष्ठी
(c) पाली (d) ब्राह्मी

99. अवेस्ता किस देश से सम्बन्धित है?
(a) भारत (b) ईरान
(c) इस्राइल (d) मिस्र

100. 'अघन्या' किसे माना गया है?
(a) बैल (b) भेड़
(c) गाय (d) हाथी

101. किस ऋषि ने दक्षिण-भारत का आर्यकरण किया–
(a) विश्वामित्र (b) अगस्त्य
(c) वशिष्ठ (d) सांभर

102. निम्नलिखित वैदिक देवताओं में किसे उनका पुरोहित माना जाता है?
(a) अग्नि (b) वृहस्पति
(c) द्यौस (d) इन्द्र

103. निम्नलिखित में से कौन 'प्रस्थानत्रयी' में शामिल नहीं है?
(a) भगवद्गीता (b) भागवत
(c) उपनिषद् (d) ब्रह्मसूत्र

104. किस वैदिक ग्रन्थ में 'वर्ण' शब्द का सर्वप्रथम उल्लेख मिलता है?
(a) ऋग्वेद (b) अथर्ववेद
(c) सामवेद (d) यजुर्वेद

105. ऋग्वैदिक धर्म था–
(a) बहुदेववादी (b) एकेश्वरवादी
(c) अद्वैतवादी (d) निवृत्तवादी

106. गायत्री मन्त्र किस ग्रन्थ में मिलता है?
(a) भगवतगीता (b) अथर्ववेद
(c) ऋग्वेद (d) मनुस्मृति

107. भारतीय प्रतीक पर उत्कीर्ण 'सत्यमेव जयते' लिया गया है–
(a) ऋग्वेद से (b) भगवद्गीता से
(c) मुण्डकोपनिषद् (d) मत्स्य पुराण से

108. वैदिक कर्मकाण्ड में 'होता' का सम्बन्ध है–
(a) ऋग्वेद (b) यजुर्वेद
(c) सामवेद (d) अथर्ववेद

109. गोपथ ब्राह्मण सम्बन्धित है–
(a) यजुर्वेद से (b) सामवेद से
(c) अथर्ववेद से (d) ऋग्वेद से

110. ऋग्वेद काल के प्रारम्भ में किसे महत्त्वपूर्ण संपत्ति समझा जाता था?
(a) भूमि (b) गाय
(c) स्त्रियों (d) जल

111. शतपय ब्राह्मण में उल्लिखित राजा विदेध माधव से सम्बन्धित ऋषि थे
(a) ऋषि भारद्वाज
(b) ऋषि वशिष्ठ
(c) ऋषि विश्वामित्र
(d) ऋषि गौतम राहूगण

112. श्रवणबेलगोला में गोमतेश्वर की विशाल प्रतिमा की स्थापना किसने करवाई थी?
(a) चामुंडराय (b) कृष्ण प्रथम
(c) कुमार पाल (d) तेजपाल

113. जैन धर्म के संस्थापक हैं-
(a) आर्य सुधर्मा (b) महावीर स्वामी
(c) पार्श्वनाथ (d) ऋषभ देव

114. महावीर स्वामी का जन्म कहाँ हुआ था?
(a) कुंडग्राम (b) पाटलिपुत्र
(c) मगध (d) वैशाली

115. निम्न में से कौन जैन तीर्थंकर नहीं था?
(a) चन्द्रप्रभु (b) नालमुनि
(c) नेमि (d) संभव

116. प्रभासगिरि किसका तीर्थस्थल है?
(a) बौद्ध (b) जैन
(c) शैव (d) वैष्णव

117. त्रिरत्न सिद्धान्त सम्यक धारणा, सम्यक चरित्र एवं सम्यक ज्ञान किस धर्म की महिमा है?
(a) बौद्ध धर्म
(b) ईसाई धर्म
(c) जैन धर्म
(d) उक्त में से कोई नहीं

118. स्यादवाद सिद्धान्त है-
(a) लोकायत धर्म का
(b) शैव धर्म का
(c) जैन धर्म का
(d) वैष्णव धर्म का

119. अनेकांतवाद किसका सिद्धान्त है?
(a) बौद्ध मत (b) जैन मत
(c) सिख मत (d) वैष्णव मत

120. जैन दर्शन के अनुसार सृष्टि की रचना एवं पालन-पोषण-
(a) सार्वभौमिक विधान से हुआ है
(b) सार्वभौमिक सत्य से हुआ है
(c) सार्वभौमिक आस्था से हुआ है
(d) सार्वभौमिक आत्मा से हुआ है

121. यापनीय किसका एक संप्रदाय था-
(a) बौद्ध धर्म (b) जैन धर्म
(c) शैव धर्म (d) वैष्णव धर्म

122. प्रारम्भिक जैन साहित्य निम्नलिखित में से किस भाषा में लिखे गये?
(a) अर्ध मागधी (b) पाली
(c) प्राकृत (d) संस्कृत

123. किस जैन सभा में अन्तिम रूप से श्वेतांबर आगम का संपादन हुआ?
(a) वैशाली (b) वल्लभी
(c) पावा (d) पाटलिपुत्र

124. भगवान महावीर का प्रथम शिष्य था?
(a) जमालि (b) योसुद
(c) विपिन (d) प्रभाष

125. 'आजीवक' संप्रदाय के संस्थापक-
(a) आनन्द (b) राहुलभ्रद
(c) मक्खलिगोसाल (d) उपालि

126. भाग्यवादी कौन थे?
(a) जैन (b) बौद्ध
(c) आजीवक (d) उपालि

127. उत्तर प्रदेश में बौद्ध एवं जैनियों दोनों की प्रसिद्ध तीर्थस्थली है-
(a) सारनाथ (b) कौशाम्बी
(c) कुशीनगर (d) देवीपाटन

128. महान धार्मिक घटना, महामस्ताभिषेक किससे सम्बन्धित है?
(a) बाहुबली (b) बुद्ध
(c) महावीर (d) नटराज

129. महावीर जैन ने किस भाषा में अपना प्रवचन दिया-
(a) पाली (b) मगधी
(c) सूरसेनी (d) अर्ध-मगधी

130. गौतम बुद्ध का जन्म कब हुआ था?
(a) 563 ई०पू० (b) 558 ई०पू०
(c) 561 ई०पू० (d) 544 ई०पू०

131. गौतम बुद्ध की माँ किस वंश से सम्बन्धित थी?
(a) शाक्य (b) माया
(c) लिच्छवि (d) कोलिय

132. किस राजवंश के अभिलेख से इस परम्परा का समर्थन होता है कि लुंबिनी शाक्यमुनि बुद्ध का जन्मस्थान था?
(a) मौर्य (b) शुंग
(c) सातवाहन (d) कुषाण

133. अशोक के कौन से अभिलेख में इस तथ्य की पुष्टि होती है कि गौतम बुद्ध का जन्म लुंबिनी में हुआ था?
(a) बसाढ़ स्तम्भ अभिलेख
(b) निगाली सागर स्तम्भ अभिलेख
(c) रामपुरवा अभिलेख
(d) रूमिनदेई अभिलेख

134. किस राजा के एक अभिलेख से सूचना मिलती है कि शाक्यमुनि बुद्ध का जन्म लुंबिनी में हुआ था?
(a) अशोक (b) कनिष्क
(c) हर्ष (d) धर्मपाल

135. महात्मा बुद्ध का 'महापरिनिर्वाण' कहाँ हुआ?
(a) लुंबिनी (b) बोधगया
(c) कुशीनगर (d) कपिलवस्तु

136. महात्मा बुद्ध का महापरिनिर्वाण किसके गणतन्त्र में हुआ था?
(a) मल्लों के (b) लिच्छवियों के
(c) शाक्यों के (d) पालों के

137. गौतम बुद्ध ने किस स्थान पर निर्वाण प्राप्त किया?
(a) कुशीनगर (b) श्रावस्ती
(c) लुंबिनी (d) सारनाथ

138. आलार कालाम कौन थे?
(a) बुद्ध के एक शिष्य
(b) एक प्रतिष्ठित बौद्ध भिक्षु
(c) बुद्धकालीन शासक
(d) बुद्ध के गुरु

139. महात्मा बुद्ध ने अपना पहला 'धर्म चक्रप्रवर्तन' किस स्थान पर दिया था?
(a) लुंबिनी (b) सारनाथ
(c) पाटलिपुत्र (d) वैशाली

140. धर्मचक्रप्रवर्तन क्या है?
(a) बुद्ध का दर्शन
(b) सारनाथ में दिया गया बुद्ध का प्रथम उपदेश
(c) उनके धार्मिक आदर्श
(d) बौद्ध अनुष्ठान

141. बुद्ध ने सर्वाधिक उपदेश कहाँ दिये थे?
(a) वैशाली (b) श्रावस्ती
(c) कौशाम्बी (d) राजगृह

142. बुद्ध कौशाम्बी किसके राज्य-काल में आये थे?
(a) शतानीक (b) उदयन
(c) बोधि (d) निचक्षु

143. प्रथम बौद्ध परिषद् का संचालन निम्नलिखित में से किसने किया?
(a) आनन्द (b) महाकस्सप
(c) मोग्गलिपुत्र (d) उपालि

144. कनिष्क के शासनकाल में बौद्ध सभा किस नगर में आयोजित की गयी थी?
(a) मगध (b) पाटलिपुत्र
(c) कश्मीर (d) राजगृह

145. किस शासक के काल में चतुर्थ बौद्ध संगीति का आयोजन कश्मीर में हुआ था?
(a) अशोक (b) कालाशोक
(c) कनिष्क (d) अजातशत्रु

146. प्रथम बौद्ध समिति का आयोजन किसके शासनकाल में हुआ था?
(a) उदयभद्र (b) अजातशत्रु
(c) अनिरूद्ध (d) बिंबिसार

147. सुमेल करें-

	सूची-I		सूची-II
A.	जन्म	1.	बोधि वृक्ष
B.	प्रथम प्रवचन	2.	धर्मचक्रप्रवर्तन
C.	महाबोधि	3.	घोड़ा
D.	त्याग	4.	कमल

कूट:
	A	B	C	D
(a)	1	2	3	4
(b)	4	3	2	1
(c)	3	4	1	2
(d)	4	2	1	3

148. निम्नलिखित में कौन-सा बौद्ध पवित्र स्थल निरंजना नदी पर स्थित था?
(a) बोधगया (b) कुशीनगर
(c) लुंबिनी (d) ऋषिपत्तन

149. बौद्ध संघ में भिक्षुणी के रूप में स्त्रियों के प्रवेश की अनुमति बुद्ध द्वारा दी गयी थी-
(a) श्रावस्ती में (b) वैशाली में
(c) राजगृह में (d) कुशीनगर में

150. 'त्रिपिटक' क्या है?
(a) गांधी जी के तीन बंदर
(b) तीन देवता
(c) महावीर के तीन नगीने
(d) बुद्ध के उपदेशों का संग्रह

151. 'त्रिपिटक' ग्रन्थ किस धर्म से सम्बन्धित है?
(a) वैदिक धर्म (b) बौद्ध धर्म
(c) जैन धर्म (d) शैव धर्म

152. विश्व का सबसे ऊँचा 'विश्व शान्ति स्तूप' बिहार में कहाँ है?
(a) वैशाली (b) नालंदा
(c) राजगीर (d) पटना

153. किस स्तूप-स्थल, जिसका सम्बन्ध भगवान बुद्ध के जीवन की किसी घटना से नहीं रहा है, वह है-
(a) सारनाथ (b) साँची
(c) बोधगया (d) कुशीनारा

154. किसे 'एशिया के ज्योति पुंज' के तौर पर जाना जाता है?
(a) गौतम बुद्ध
(b) महात्मा गांधी
(c) महावीर स्वामी
(d) स्वामी विवेकानन्द

155. भारत में पहले मानव प्रतिमाओं की पूजा की गई वह थी-
(a) ब्रह्मा की (b) विष्णु की
(c) बुद्ध की (d) शिव की

156. देश में निम्न में से किससे मूर्ति पूजा की नींव रखी थी?
(a) जैन धर्म ने (b) बौद्ध धर्म ने
(c) आजीविकों ने (d) वैदिक धर्म ने

157. भूमिस्पर्श मुद्रा की सारनाथ बुद्ध मूर्ति सम्बन्धित है-
(a) मौर्यकाल से (b) शुंगकाल से
(c) कुषाणकाल से (d) गुप्तकाल से

158. प्रथम शताब्दी ईस्वी में किस भारतीय बौद्ध भिक्षुक को चीन भेजा गया था?
(a) असंग (b) अश्वघोष
(c) वसुमित्र (d) नागार्जुन

159. नागार्जुन किस बौद्ध संप्रदाय के थे?
(a) सौत्रांतिक (b) वैभाषिक
(c) माध्यमिक (d) योगाचार

160. बौद्ध शिक्षा का केन्द्र है-
(a) विक्रमशिला (b) वाराणसी
(c) गिरनार (d) उज्जैन

161. 'नव नालंदा महाविहार' किसके लिए विख्यात है?
(a) ह्वेनसांग स्मारक
(b) महावीर का जन्मस्थान
(c) पाली अनुसन्धान
(d) संग्रहालय

162. गौतम बुद्ध द्वारा अपने धर्म में दीक्षित किया जाने वाला अंतिम व्यक्ति कौन था?
(a) आनन्द (b) सारिपुत्र
(c) भोग्गलायन (d) सुभद्द

163. बुद्ध ने अपने जीवन की अंतिम वर्षा ऋतु कहाँ बितायी थी?
(a) श्रावस्ती (b) वैशाली
(c) कुशीनगर (d) सारनाथ

164. हीनयान अवस्था का विशालतम एवं सर्वाधिक विकसित शैलकृत चैत्य गृह स्थित है?
(a) पीतल खोरा (b) जुन्नार
(c) कार्ले (d) वेड़सा

165. द्वितीय बौद्ध समिति का आयोजन कहाँ हुआ था?
(a) राजगृह (b) वैशाली
(c) पाटलिपुत्र (d) काशी

166. गौतम बुद्ध का दूसरा नाम क्या है?
(a) पार्थ (b) प्रच्छन्न
(c) मिहिर (d) गुड़ाकेश

167. महात्मा बुद्ध के नैतिक एवं सिद्धान्त से सम्बन्धित प्रवचन संकलित है-
(a) विनय पिटक
(b) जातक कथाएँ
(c) अभिधम्म पिटक
(d) सुत्त पिटक

168. महापरिनिर्वाण मंदिर अवस्थित है-
(a) कुशीनगर (b) सारनाथ
(c) बोधगया (d) श्रावस्ती

169. नयनार कौन थे?
(a) शैव (b) शाक्य
(c) वैष्णव (d) सूर्योपासक

170. किस देवता को कला में हल लिए प्रदर्शित किया गया है?
(a) कृष्ण (b) बलराम
(c) कार्तिकेय (d) मैत्रेय

171. भागवत संप्रदाय में भक्ति के रूपों की संख्या है–
(a) 7 (b) 8
(c) 9 (d) 10

172. भागवत धर्म से सम्बन्धित प्राचीनतम अभिलेखीय साक्ष्य है–
(a) समुद्रगुप्त का इलाहाबाद अभिलेख
(b) हेलियोड़ोरस का बेसनगर अभिलेख
(c) स्कंदगुप्त का भितरी स्तम्भ लेख
(d) महरौली स्तम्भ अभिलेख

173. 'बेसनगर अभिलेख' का हेलियोडोरस कहाँ का निवासी था?
(a) पुष्कलावती (b) तक्षशिला
(c) साकल (d) मथुरा

174. भारत में आस्तिक और नास्तिक संप्रदायों में कौन-सा विभेदक लक्षण है?
(a) ईश्वरी सत्ता में आस्था
(b) पुनर्जन्म में आस्था
(c) वेदों की प्रामाणिकता में आस्था
(d) स्वर्ण तथा नरक में विश्वास

175. निम्न में कौन मोक्ष के साधन के रूप में जन्म, कर्म तथा भक्ति को समान महत्त्व देता है?
(a) अद्वैत वेदांत (b) विशिष्टाद्वैतवाद
(c) भगवतगीता (d) मीमांसा

176. निम्न में कौन अलवार संत था?
(a) पोथगई (b) तिरूज्ञान
(c) पूड़म (d) तिरूमंगई

177. भारत मे प्राप्त प्राचीनतम सिक्के–
(a) ताँबे के (b) सोने के
(c) रांगा के (d) चाँदी के

178. सोलह महाजनपद के युग में मथुरा इनमें से किसकी राजधानी थी?
(a) वज्जी (b) वत्स
(c) काशी (d) सूरसेन

179. पाटलिपुत्र के संस्थापक थे?
(a) उदयिन (b) अशोक
(c) बिंबिसार (d) महापद्मनंद

180. सुमेलित करें-

सूची-I	**सूची-II**
A. प्रद्योत	1. मगध
B. उदयन	2. वत्स
C. प्रसेनजित	3. अवंति
D. अजातशत्रु	4. कोसल

कूट:

	A	B	C	D
(a)	1	2	3	4
(b)	4	3	2	1
(c)	3	2	4	1
(d)	4	1	3	2

181. किस शासक द्वारा सर्वप्रथम पाटलिपुत्र का राजधानी के रूप में चयन किया गया?
(a) अजातशत्रु (b) कालाशोक
(c) उदयिन (d) कनिष्क

182. उदयन वासवदत्ता की दंतकथा कहाँ से सम्बन्धित है?
(a) उज्जैन (b) मथुरा
(c) महिष्मती (d) कौशाम्बी

183. विश्व का पहला गणतन्त्र वैशाली में किसके द्वारा स्थापित किया गया?
(a) मौर्य (b) नन्द
(c) गुप्त (d) लिच्छवि

184. सोलह महाजनपदों के विषय में निम्न में से किस बौद्धग्रन्थ में सूचना मिलती है?
(a) दीर्घनिकाय (b) त्रिपिटक
(c) दीपवंश (d) अगुंत्तर निकाय

185. महाभारत के अनुसार उत्तरी पांचाल की राजधानी स्थित थी–
(a) हस्तिनापुर (b) इन्द्रप्रस्थ
(c) अहिच्छत्र (d) मथुरा

186. छठवीं शताब्दी ई०पू० में शक्तिमती राजधानी स्थित थी–
(a) पांचाल की (b) कुरु की
(c) चेदि की (d) अवंति की

187. गोदावरी नदी के तट पर स्थित महाजनपद था–
(a) अवंति (b) वत्स
(c) अस्मक (d) कम्बोज

188. मगध की राजधानी कहाँ थी?
(a) प्रतिष्ठान
(b) वैशाली
(c) गिरिव्रज (राजगृह)
(d) चम्पा

189. निम्न में कौन एक मगध की राजधानी नहीं थी?
(a) गिरिव्रज (b) राजगृह
(c) पाटलिपुत्र (d) कौशाम्बी

190. प्राचीन श्रावस्ती का नगर विन्यास किस आकृति का है?
(a) वृत्ताकार (b) अर्धचन्द्राकार
(c) त्रिभुजाकार (d) आयताकार

191. मगध के किस प्रारम्भिक शासक ने राज्यारोहण के लिए अपने पिता की हत्या एवं इसी कारणवश अपने पुत्र द्वारा मारा गया?
(a) बिंबिसार (b) अजातशत्रु
(c) उदयिन (d) नागदशक

192. राजकुमार जो अपने पिता की मृत्यु के लिए उत्तरदायी था–
(a) अजातशत्रु (b) चन्दप्रद्योत
(c) प्रसेनजीत (d) उदयन

193. मालवा क्षेत्र पर मगध की सत्ता का विस्तार निम्न में से किसके शासनकाल में हुआ था?
(a) बिंबिसार (b) अजातशत्रु
(c) उदयभद्र (d) शिशुनाग

194. निम्नलिखित मगध राजवंशों को कालक्रमानुसार व्यवस्थित करें–
1. नंद वंश 2. शुंग वंश
3. मौर्य वंश 4. हर्यंक वंश
(a) 2, 1 4 व 3 (b) 4, 1, 3 एवं 2
(c) 3, 2, 1 एवं 4 (d) 1, 3, 4 एवं 2

195. गौतम बुद्ध के समय का प्रसिद्ध वैद्य जीवक किसके दरबार से सम्बन्धित था?
(a) बिंबिसार (b) चंड प्रद्योत
(c) प्रसेनजीत (d) उदयन

196. सुमेलित करें–

सूची-I	**सूची-II**
A. कुरु	1. साकेत
B. पांचाल	2. कौशाम्बी
C. कोशल	3. अहिच्छत्र
D. वत्स	4. इन्द्रप्रस्थ

कूटः

	A	B	C	D
(a)	1	2	3	4
(b)	4	3	1	2
(c)	3	4	2	1
(d)	4	2	3	1

197. अशोक के किस अभिलेख में पशु वध पर रोक लगायी गयी थी?
(a) शिला अभिलेख-I
(b) स्तम्भ लेख-V
(c) शिलालेख-IX
(d) शिला अभिलेख-XI

198. प्रथम भारतीय साम्राज्य किसके द्वारा स्थापित किया गया था?

(a) कनिष्क
(b) हर्ष
(c) चन्द्रगुप्त मौर्य
(d) चन्द्रगुप्त

199. किसके ग्रन्थ में चन्द्रगुप्त मौर्य का विशिष्ट रूप से वर्णन हुआ है, वह है–
(a) भास (b) शूद्रक
(c) विशाखदत्त (d) अश्वघोष

200. सैड्रोकोट्स से चन्द्रगुप्त मौर्य की पहचान किसने की?
(a) विलियम जोंस
(b) वी० स्मिथ
(c) आर०के० मुखर्जी
(d) बी०आर० अम्बेडकर

201. निम्न में से किसने सैंड्रोकोट्स और सिकन्दर महान की भेंट का उल्लेख किया है?
(a) प्लिनी (b) जस्टिन
(c) स्ट्रैबो (d) मेगास्थनीज

202. चाणक्य अपने बचपन में किस नाम से जाने जाते थे?
(a) अजय (b) चाणक्य
(c) विष्णुगुप्त (d) देवगुप्त

203. कौटिल्य का अर्थशास्त्र है, एक–
(a) चन्द्रगुप्त मौर्य के सम्बन्ध में नाटक
(b) आत्मकथा
(c) चन्द्रगुप्त मौर्य का इतिहास
(d) शासन के सिद्धान्तों की पुस्तक

204. मौर्यकाल में टैक्स छुपाने के लिए क्या दण्ड था?
(a) मृत्यु दण्ड
(b) सामानों की कुर्की
(c) कारावास
(d) उपर्युक्त में से कोई नहीं

205. कौटिल्य के 'अर्थशास्त्र' में किस पहलू पर प्रकाश डाला गया है?
(a) आर्थिक जीवन
(b) राजनीतिक नीतियाँ
(c) धार्मिक जीवन
(d) सामाजिक जीवन

206. किस प्राचीन नगर के अवशेष कुम्हरार स्थल से प्राप्त हुए हैं?
(a) वैशाली (b) पाटलिपुत्र
(c) कपिलवस्तु (d) श्रावस्ती

207. बुलंदीबाग प्राचीन स्थान था–
(a) कपिलवस्तु का
(b) पाटलिपुत्र का
(c) श्रावस्ती का
(d) वाराणसी का

208. किस मौर्य राजा ने दक्कन की विजय प्राप्त की थी?
(a) अशोक (b) चन्द्रगुप्त
(c) बिंदुसार (d) कुणाल

209. गुजरात चन्द्रगुप्त मौर्य के साम्राज्य में सम्मिलित था, यह प्रमाणित होता है–
(a) ग्रीक विवरण से
(b) रूद्रदामन के जूनागढ़ शिला अभिलेख से
(c) जैन परम्परा से
(d) अशोक के स्तम्भ लेख II से

210. सैल्यूकस, जिनको अलेक्जैंडर द्वारा सिंध एवं अफगानिस्तान का प्रशासक नियुक्त किया गया था, को किस भारतीय राजा ने हराया था?
(a) समुद्रगुप्त (b) अशोक
(c) बिंदुसार (d) चन्द्रगुप्त

211. सार्थवाह किसे कहते हैं?
(a) दलालों को
(b) व्यापारियों के काफिले को
(c) महाजनों को
(d) तीर्थयात्रियों को

212. सारनाथ स्तम्भ का निर्माण किया था–
(a) हर्षवर्धन (b) अशोक
(c) गौतम बुद्ध (d) कनिष्क

213. निम्न में से किसे सर्वश्रेष्ठ स्तूप मानते हैं?
(a) अमरावती (b) भरहुत
(c) साँची (d) सारनाथ

214. साँची स्तूप किसने बनवाया था?
(a) चन्द्रगुप्त (b) कौटिल्य
(c) गौतमबुद्ध (d) अशोक

215. निम्नांकित में से कौन-सा अशोक कालीन अभिलेख 'खरोष्ठी लिपि में है?
(a) कालसी (b) गिरनार
(c) शाहबाजगढ़ी (d) मेरठ

216. सुमेलित करें–

सूची-I (स्थान)	**सूची-II (स्मारक)**
A. कौशाम्बी	1. धमेख स्तूप
B. कुशीनगर	2. घोषिताराम मठ
C. सारनाथ	3. रामाभार स्तूप
D. श्रावस्ती	4. सहेत महेत

कूटः

	A	B	C	D
(a)	2	1	3	4
(b)	4	3	2	1
(c)	2	3	1	4
(d)	4	2	1	3

217. पत्थर पर प्राचीनतम शिलालेख किस भाषा में थे?
(a) पाली (b) संस्कृत
(c) प्राकृत (d) ब्राह्मी

218. ब्राह्मी लिपि का प्रथम उद्धवाचन किस पर उत्कीर्ण अक्षरों से किया गया?
(a) पत्थर की पट्टियों पर
(b) मुहरों पर
(c) स्तम्भों पर
(d) सिक्कों पर

219. ब्राह्मी लिपि को सर्वप्रथम किसने पढ़ा?
(a) ए० कनिंघम
(b) एच०एच० दानी
(c) ब्यूलर
(d) जेम्स प्रिंसेप

220. अशोक के शिलालेखों को पढ़ने वाला प्रथम अंग्रेज कौन था?
(a) जॉन टॉवर
(b) हैरी स्मिथ
(c) चार्ल्स मेटकॉफ
(d) जेम्स प्रिंसेप

221. अशोक के अभिलेखों को सर्वप्रथम सफलतापूर्वक किसने पढ़ा था?
(a) चार्ल्स विल्किंस
(b) दयाराम साहनी
(c) राखालदास बनर्जी
(d) जेम्स प्रिंसेप

222. वह स्थान, जहाँ प्राक् अशोक ब्राह्मी लिपि का पता चला है?
(a) नागार्जुनकोंडा
(b) अनुराधापुर
(c) ब्रह्मगिरि
(d) मास्की

223. निम्न अभिलेखों में से किस लेख में 'अशोक' नाम उल्लिखित है?
(a) भाब्रू
(b) तेरहवाँ शिलालेख
(c) रूम्मिनदेई
(d) मास्की

224. अशोक का रूम्मिनदेई स्तम्भ सम्बन्धित है–
(a) बुद्ध के जन्म से
(b) बुद्ध के ज्ञान प्राप्ति से
(c) बुद्ध के प्रथम उपदेश से
(d) बुद्ध के शरीर त्याग से

225. गुजर्रा लघु शिलालेख, जिसमें अशोक का नामोल्लेख किया गया है, कहाँ पर स्थित है?
(a) मिर्जापुर (b) दतिया
(c) जयपुर (d) चंपारण

226. कालसी प्रसिद्ध है–
(a) बौद्ध चैत्यों द्वारा
(b) फारसी सिक्कों के कारण
(c) अशोक के शिलालेख के कारण
(d) गुप्तकालीन मन्दिरों द्वारा

227. कालसी कहाँ है?
(a) उत्तर प्रदेश में (b) मध्य प्रदेश में
(c) बिहार में (d) उत्तराखंड में

228. अशोक के निम्न अभिलेखों में से पूर्णरूपेण धार्मिक सहिष्णुता के प्रति समर्पित कौन-सा अभिलेख है?
(a) शिलालेख-XIII
(b) शिलोलेख-XII
(c) स्तम्भलेख-VII
(d) भाब्रु लघुलेख

229. निम्न में से किस दक्षिणी राज्य का उल्लेख अशोक के अभिलेख में नहीं है?
(a) चोल (b) पाण्ड्य
(c) सतियुत्त (d) सातवाहन

230. टालेमी फिलाडेल्फस, जिसके साथ अशोक के राजनयिक सम्बन्ध थे, कहाँ का शासक था?
(a) साइरोन (b) मिस्र
(c) मकदूनिया (d) सीरिया

231. अशोक का समकालीन तुरमय कहाँ का राजा था?
(a) मिस्र (b) कोरिंथ
(c) मेसीडोनिया (d) सीरिया

232. सिरिया एवं मिस्र के साथ राजकीय सम्बन्ध थे?
(a) चोल (b) गुप्त
(c) मौर्य (d) पल्लव

233. मेगास्थनीज ने भारतीय समाज को कितनी श्रेणियों में विभाजित किया?
(a) चार (b) पाँच
(c) छः (d) सात

234. वह स्रोत जिसमें पाटलिपुत्र के प्रशासन का वर्णन उपलब्ध है–
(a) दिव्यावदान
(b) अर्थशास्त्र
(c) इंडिका
(d) अशोक शिलालेख

235. मौर्य काल में भूमि कर, जो कि राज्य की आय का मुख्य स्रोत था, किस अधि कारी द्वारा एकत्रित किया जाता था?
(a) अग्रोनोमाई (b) शुल्काध्यक्ष
(c) सीताध्यक्ष (d) अक्राध्यक्ष

236. मौर्य मंत्रिपरिषद् में राजस्व कौन इकट्ठा करता था?
(a) समाहर्ता (b) व्यभारिका
(c) अंतपाल (d) प्रदेष्टा

237. निम्नलिखित में से कौन मौर्यकालीन अधिकारी तौल-माप का प्रभारी था?
(a) पौतवाध्यक्ष (b) पव्याध्यक्ष
(c) सीताध्यक्ष (d) सूनाध्यक्ष

238. मौर्यकाल में शिक्षा का सर्वाधिक प्रसिद्ध केन्द्र था–
(a) वैशाली (b) नालन्दा
(c) तक्षशिला (d) उज्जैन

239. मौर्यकाल में 'सीता कर' लागू होता था–
(a) जंगली भूमि पर
(b) व्यक्तिगत भूमि पर कर
(c) राज्य स्वामित्व वाली कृषि भूमि पर
(d) b एवं c दोनों

240. अन्तिम मौर्य सम्राट था?
(a) जालौक (b) अवंति वर्मा
(c) नन्दीवर्धन (d) वृहद्रथ

241. निम्न में से कौन अन्य तीनों का समसामयिक नहीं था?
(a) बिंबिसार (b) गौतम बुद्ध
(c) मिलिंद (d) प्रसेनजीत

242. गिरनार में झील का निर्माण किसने करवाया था?
(a) चन्द्रगुप्त मौर्य (b) अशोक
(c) रुद्रदामन (d) स्कन्दगुप्त

243. किस अभिलेख में चन्द्रगुप्त और अशोक दोनों का उल्लेख है?
(a) गौतमीपुत्र सातकर्णी की नासिक प्रशस्ति
(b) रुद्रदामन का जूनागढ़ अभिलेख
(c) अशोक का गिरनार अभिलेख
(d) स्कन्दगुप्त का जूनागढ़ अभिलेख

244. अशोक राम विहार किस स्थान पर है?
(a) वैशाली (b) पाटलिपुत्र
(c) कौशाम्बी (d) श्रावस्ती

245. शंख लिपि के लेख किस स्थल के स्तूप अवशेष से प्राप्त हुए हैं?
    (a) भरहुत (b) देऊर-कुठार
    (c) अमरावती (d) सारनाथ

246. चन्द्रगुप्त मौर्य ने सेल्युकस को किस वर्ष हराया था?
    (a) 317 ई०पू० (b) 315 ई०पू०
    (c) 305 ई०पू० (d) 300 ई०पू०

247. निम्न में राज्य के सप्तांग सिद्धान्त के अनुसार राज्य का सातवाँ अंग क्या था?
    (a) जनपद (b) दुर्ग
    (c) मित्र (d) कोश

248. निम्नलिखित में से किस स्रोत में उल्लिखित है कि प्राचीन भारत में दासता नहीं थी?
    (a) अर्थशास्त्र (b) मुद्राराक्षस
    (c) इण्डिका (d) वायुपुराण

249. किस आयुर्वेदाचार्य में तक्षशिला विश्वविद्यालय में शिक्षा प्राप्त की थी?
    (a) सुश्रुत (b) वाग्भट्ट
    (c) चरक (d) जीवक

250. कलिंग युद्ध का विवरण हमें ज्ञात होता है–
    (a) 13वें शिलालेख
    (b) रुम्मिनदेई स्तम्भ लेख
    (c) ह्वेनसांग के विवरण
    (d) प्रथम लघु शिलालेख

251. भारत का प्रथम अस्पताल एवं औषधि बाग का निर्माण कराया था?
    (a) अशोक (b) चन्द्रगुप्त मौर्य
    (c) महावीर (d) धन्वंतरि

252. प्राचीनतम उपलब्ध भारतीय सिक्के किस धातु से बने थे?
    (a) सोना (b) चाँदी
    (c) ताँबा (d) चाँदी और ताँबा

253. उत्तरी तथा उत्तरी-पश्चिमी भारत में सर्वाधिक संख्या में ताँबा के सिक्कों को जारी किया था–
    (a) इंडो-ग्रीकों ने (b) कुषाणों ने
    (c) शकों ने (d) प्रतिहारों ने

254. बुद्ध का किसके सिक्कों पर अंकन हुआ है?
    (a) विम कुडफिसेस
    (b) कनिष्क
    (c) नहपाण
    (d) बुधगुप्त

255. सर्वप्रथम सोने के सिक्के किसने जारी किया?
    (a) कुजुल कुडफिसेस
    (b) विम कडफिसेस
    (c) कनिष्क
    (d) हुविष्क

256. यौधेय सिक्कों पर किस देवता का अंकन मिलता है?
    (a) वासुदेव (b) मित्र
    (c) इन्द्र (d) कार्तिकेय

257. विक्रम एवं शक संवतों में कितने वर्षों का अन्तर है?
    (a) 57 वर्ष (b) 78 वर्ष
    (c) 135 वर्ष (d) 320 वर्ष

258. निम्न में कौन-सा वर्ष दिसम्बर, 2009 में शक संवत का वर्ष होगा?
    (a) 1531 (b) 1552
    (c) 2066 (d) 2087

259. अश्वघोष किसका समकालीन था?
    (a) अशोक (b) चन्द्रगुप्त द्वितीय
    (c) कनिष्क (d) हर्षवर्धन

260. निम्न में कौन कनिष्क के दरबार से सम्बद्ध नहीं था?
    (a) अश्वघोष (b) चरक
    (c) नागार्जुन (d) पतंजलि

261. निम्न में कौन कनिष्क प्रथम के दरबार में नहीं गया था?
    (a) अश्वघोष (b) पार्श्व
    (c) वसुमित्र (d) विशाखदत्त

262. सिमुक किस वंश का संस्थापक था?
    (a) चेर (b) चोल
    (c) पाण्ड्य (d) सातवाहन

263. किस चीनी जनरल ने कनिष्क को हराया था?

(a) पान चाऊ (b) पान यांग
(c) शी हुआंग टी (d) हो टी

264. किस वंश के साम्राज्य की सीमाएँ भारत के बाहर तक फैली थी?
(a) गुप्त वंश
(b) मौर्य वंश
(c) कुषाण वंश
(d) उपरोक्त में से कोई नहीं

265. भारतीय और यूनानी ग्रीक के मिश्रण को कहते हैं–
(a) शिखर (b) वेरा
(c) गंधार (d) नागर

266. प्राचीनकाल के भारत पर आक्रमण के सम्बन्ध में सही कालानुक्रम है–
(a) यूनानी-शक-कुषाण
(b) यूनानी-कुषाण-शक
(c) शक-यूनानी-कुषाण
(d) शक-कुषाण-यूनानी

267. निम्न राजवंशों में सबसे पुराना राजवंश था–
(a) चालुक्य (b) पल्लव
(c) राष्ट्रकूट (d) सातवाहन

268. आन्ध्र सातवाहन राजाओं की सबसे लंबी सूची किस पुराण में मिलती है?
(a) वायु पुराण
(b) विष्णु पुराण
(c) मत्स्य पुराण
(d) उपरोक्त में कोई नहीं

269. सातवाहनों की राजधानी अवस्थित थी–
(a) अमरावती (b) नांदेड़
(c) नालदुर्ग (d) दुर्ग

270. कौन-सा स्थान सातवाहनों की राजधानी था?
(a) प्रतिष्ठान
(b) नागार्जुन कोंडा
(c) शकल तला स्यालकोल
(d) पाटलिपुत्र

271. कलिंग नरेश खारवेल किस वंश से सम्बन्धित था?
(a) चेदि (b) कदंब
(c) कलिंग (d) हर्यंक

272. निम्न राजाओं में किसका जैन धर्म के प्रति भारी झुकाव था?
(a) दशरथ
(b) वृहद्रथ
(c) खारवेल
(d) हुविष्क

273. बिना बेगार के किसने सुदर्शन झील का जीर्णोद्धार कराया था?
(a) चन्द्रगुप्त मौर्य (b) बिंदुसार
(c) अशोक (d) रुद्रदामन प्रथम

274. कनिष्क के सारनाथ बौद्ध प्रतिमा अभिलेख की तिथि क्या है?
(a) 178 ई० सन् (b) 81 ई० सन्
(c) 98 ई० सन् (d) 121 ई० सन्

275. भागलिया की मुद्राएँ निम्नलिखित से प्राप्त हुए हैं–
(a) नासिक
(b) कौशाम्बी
(c) गोदावरी–कृष्णा घाटी
(d) नर्मदा घाटी

276. निम्न में किस नगर का उल्लेख कनिष्क के अब तक के अभिलेख में नहीं है?
(a) श्रावस्ती
(b) कौशाम्बी
(c) पाटलिपुत्र
(d) चम्पा

277. बौद्ध ग्रन्थ मिलिन्दपन्हो किस हिन्द-यवन शासक पर प्रकाश डालता है?
(a) डायोडोत्स-II (b) डेमेड्रियस
(c) मिनेण्डर (d) स्ट्रैटो-I

278. पृथिव्या प्रथम वीर उपाधि थी?
(a) समुद्रगुप्त
(b) राजेन्द्र प्रथम
(c) अमोघवर्ष
(d) गौतमीपुत्र शातकर्णी

279. गुप्त साम्राज्य द्वारा निम्न में से किन्हें कर रहित कृषि भूमि प्रदान की जाती थी?
(a) सैन्य अधिकारियों
(b) सिविल अधिकारियों
(c) ब्राह्मणों
(d) दरबारी विद्वानों

280. निम्नलिखित शासकों में से किस एक ने चार अश्वमेघ यज्ञ का आयोजन किया?
(a) पुष्यमित्र (b) प्रवरसेन प्रथम
(c) समुद्रगुप्त (d) चन्द्रगुप्त द्वितीय

281. मोहदया किसका पुराना नाम है?
(a) इलाहाबाद (b) खजुराहो
(c) कन्नौज (d) पटना

282. 'भारत का नेपोलियन' किसे कहा जाता है?
(a) चन्द्रगुप्त मौर्य
(b) चन्द्रगुप्त द्वितीय विक्रमादित्य
(c) अशोक महान
(d) समुद्रगुप्त

283. किस गुप्त राजा का एक अन्य नाम देवगुप्त था?
(a) समुद्रगुप्त
(b) चन्द्रगुप्त द्वितीय
(c) कुमारगुप्त
(d) उपर्युक्त में से कोई नहीं

284. प्रथम गुप्त शासक जिसने 'परम भागवत' की उपाधि धारण की वह था–
(a) चन्द्रगुप्त प्रथम (b) समुद्रगुप्त
(c) चन्द्रगुप्त द्वितीय(d) श्रीगुप्त

285. इलाहाबाद स्तम्भ लेख किसके सम्बद्ध है?
(a) महापद्मनंद (b) चन्द्रगुप्त मौर्य
(c) अशोक (d) समुद्रगुप्त

286. प्रयाग प्रशस्ति किसके सैन्य अभियान के बारे में जानकारी देती है?
(a) चन्द्रगुप्त प्रथम (b) समुद्रगुप्त
(c) चन्द्रगुप्त द्वितीय(d) कुमारगुप्त

287. हूणों ने भारत पर आक्रमण किया था–
(a) चन्द्रगुप्त द्वितीय के शासनकाल में
(b) कुमारगुप्त प्रथम के शासनकाल में
(c) स्कन्दगुप्त के शासनकाल में
(d) बुधगुप्त के शासनकाल में

288. निम्न में से किस गुप्त शासकों ने हूणों पर विजय प्राप्त की?
(a) चन्द्रगुप्त द्वितीय
(b) कुमारगुप्त प्रथम
(c) स्कन्दगुप्त
(d) भानुगुप्त

289. इलाहाबाद का अशोक स्तम्भ किसके शासन की सूचना देता है?
(a) चन्द्रगुप्त मौर्य
(b) चन्द्रगुप्त प्रथम
(c) चन्द्रगुप्त द्वितीय
(d) समुद्रगुप्त

290. निम्न में से किस गुप्त शासक ने हूणों पर विजय प्राप्त की?
(a) चन्द्रगुप्त द्वितीय
(b) कुमारगुप्त प्रथम
(c) स्कन्दगुप्त
(d) भानुगुप्त

291. 'शक-विजेता' किसे माना जाता है?
(a) चन्द्रगुप्त प्रथम
(b) समुद्रगुप्त
(c) चन्द्रगुप्त द्वितीय
(d) कुमारगुप्त

292. गुप्त काल में गुजरात, बंगाल, दक्कन एवं तमिल राष्ट्र में स्थित केन्द्र किससे सम्बन्धित थे?
(a) वस्त्र उत्पादन
(b) बहुमूल्य मणि एवं रत्न
(c) हस्तशिल्प
(d) अफीम खेती

293. चन्द्रगुप्त के नौ रत्नों में से कौन फलित-ज्योतिष से सम्बन्धित था?
(a) वररूची (b) शंकु
(c) क्षपणक (d) अमरसिंह

294. निम्न में से किस गुप्त शासक ने सर्वप्रथम सिक्के जारी किये?
(a) चन्द्रगुप्त प्रथम
(b) घटोत्कच
(c) समुद्रगुप्त
(d) श्रीगुप्त

295. सती प्रथा का प्रथम अभिलेख साक्ष्य प्राप्त हुआ है–
(a) एरण से (b) जूनागढ़ से
(c) मंदसौर से (d) साँची से

296. प्राचीन भारत में किस वंश का शासनकाल 'स्वर्ण युग' कहा जाता है?
(a) मौर्य (b) शुंग
(c) गुप्त (d) मगध

297. प्राचीन भारत में सिंचाई कर को कहते थे–
(a) बिदक भागम (b) हिरण्य
(c) उदरंग (d) उपरनिका

298. शतरंज का खेल शुरु हुआ था–
(a) चीन में (b) ईरान में
(c) इंडोनेशिया में (d) भारत में

299. 'सांख्य' दर्शन प्रतिपादित किया गया है–
(a) गौतम द्वारा (b) जेमिनी द्वारा
(c) कपिल द्वारा (d) पतंजलि द्वारा

300. योग दर्शन के प्रतिपादक हैं–
(a) पतंजलि (b) गौतम
(c) जैमनि (d) शंकराचार्य

301. 'पतजंलि' के लेखक समसामयिक थे–
(a) चन्द्रगुप्त मौर्य के
(b) अशोक के
(c) पुष्यमित्र शुंग के
(d) चन्द्रगुप्त प्रथम के

302. न्याय दर्शन को प्रचारित किया था–
(a) चार्वाक ने (b) गौतम ने
(c) कपिल ने (d) जैमिनी ने

303. मीमांसा के प्रणेता थे–
(a) कणाद (b) वशिष्ठ
(c) विश्वामित्र (d) जैमिनी

304. पुराणों के अनुसार चन्द्रवंशीय शासकों का मूल स्थान था–
(a) काशी (b) अयोध्या
(c) प्रतिष्ठानपुर (d) श्रावस्ती

305. मौखरि शासकों की राजधानी कहाँ थी?
(a) थानेश्वर
(b) कन्नौज
(c) पुरुषपुर
(d) उपर्युक्त में से कोई नहीं

306. 'हर्षचरित' नामक पुस्तक किसने लिखी?
(a) आर्यभट्ट (b) बाणभट्ट
(c) विष्णुगुप्त (d) परिमलगुप्त

307. हर्षवर्धन ने बौद्ध महासम्मेलन का आयोजन किया था–
(a) काशी (b) प्रयाग
(c) अयोध्या (d) सारनाथ

308. नर्मदा नदी पर सम्राट हर्ष के दक्षिणवर्ती आगमन को रोका–
(a) पुलकेशिन I ने
(b) पुलकेशिन II ने
(c) विक्रमादित्य I ने
(d) विक्रमादित्य II ने

309. ह्वेनसांग किसके शासनकाल में भारत आया था?
(a) चन्द्रगुप्त II (b) सम्राट हर्ष
(c) चन्द्रगुप्त मौर्य (d) चन्द्रगुप्त I

310. हर्ष के दरबार में ह्वेनसांग को एक दूत के रूप में किसने भेजा था?
(a) ताई सुंग
(b) तुंग-कुआन
(c) कू चेन-बू
(d) उपर्युक्त में से कोई नहीं

311. चीनी यात्री ह्वेनसांग ने किस विश्वविद्यालय में अध्ययन किया था?
(a) तक्षशिला (b) विक्रमशिला
(c) मगध (d) नालंदा

312. 'कौशेय' शब्द का प्रयोग किया गया है–
(a) कपास के लिए
(b) सन के लिए
(c) रेशम के लिए
(d) ऊन के लिए

313. चीनी यात्री जिसने भीनमाल की यात्रा की थी–
(a) फाह्यान (b) संगयुन
(c) ह्वेनसांग (d) इरसिंग

314. बौद्ध गुफा मन्दिरों के लिए कौन स्थान प्रसिद्ध है?
(a) एलीफेंटा (b) नालंदा
(c) अजंता (d) खजुराहो

315. किस अभिलेख से ज्ञात होता है कि स्कंदगुप्त ने हूणों को पराजित किया था?
    (a) भितरी स्तम्भ लेख
    (b) इलाहाबाद स्तम्भ लेख
    (c) मन्दसौर अभिलेख
    (d) उदयगिरि अभिलेख

316. अजंता की किस गुफा में 'मरणासन्न राजकुमार' का दृश्य अंकित है?
    (a) गुफा संख्या 1
    (b) गुफा संख्या 9
    (c) गुफा संख्या 10
    (d) गुफा संख्या 16

317. गुप्तकाल में उत्तर भारतीय व्यापार निम्न में से किस बंदरगाह से संचालित होता था?
    (a) भरूच   (b) कल्याण
    (c) खंभात   (d) ताम्रलिप्ति

318. निम्न में से किस दर्शन का मत है कि वेद शाश्वत सत्य है?
    (a) सांख्य   (b) वैशेषिक
    (c) मीमांसा   (d) योग

319. निम्नलिखित युग्मों में कौन एक भारतीय षड्दर्शन का हिस्सा नहीं है?
    (a) मीमांसा और वेदांत
    (b) न्याय और वैशेषिक
    (c) लोकायत और कापालिक
    (d) सांख्य और योग

320. चीनी लेखक भारत का उल्लेख किस नाम से करते हैं?
    (a) फो-क्यो-की   (b) चिन-तू
    (c) सि-यू-की   (d) सिकिया-पोनो

321. वल्लभी विश्वविद्यालय स्थित था—
    (a) बिहार में   (b) उत्तर प्रदेश में
    (c) बंगाल में   (d) गुजरात में

322. हर्ष ने निम्न में से किन रचनाओं का लेखन किया?
    1. प्रियदर्शिका   2. नागानंद
    3. हर्षचरित   4. रत्नावली
    (a) 1, 2, 3 और 4
    (b) 1, 2, और 4

    (c) 1, 2 और 3
    (d) 2 और 3

323. नालंदा विश्वविद्यालय का संस्थापक कौन था?
    (a) चन्द्रगुप्त विक्रमादित्य
    (b) कुमारगुप्त
    (c) धर्मपाल
    (d) पुष्यगुप्त

324. उस गुप्त और वकाटक रानी का नाम उल्लेख कीजिए, जिसने अनुदान स्वरूप भूमि दी—
    (a) कुबेरनाग   (b) प्रभावती गुप्त
    (c) कुमारदेवी   (d) दत्ता देवी

325. गुप्त साम्राज्य के पतन का कारण निम्न में से कौन नहीं था?
    (a) हूण आक्रमण
    (b) प्रशासन का सामंतीय ढाँचा
    (c) उत्तरवर्ती गुप्तों का बौद्ध धर्म स्वीकार करना
    (d) अरब आक्रमण

326. 'मृच्छकटिकम्' किसकी रचना थी?
    (a) शूद्रक   (b) वसुमित्र
    (c) भारवि   (d) भामह

327. 'किरातार्जुनीयम्' किसकी रचना है?
    (a) भारवि   (b) चन्द्र
    (c) अमरसिंह   (d) कुमारदास

328. 'महाविभाष' किसकी रचना है?
    (a) बसुमित्र   (b) भामह
    (c) अमरसिंह   (d) ब्रह्मगुप्त

329. 'पंचसिद्धांतिका' किसकी रचना है?
    (a) वराहमिहिर   (b) ब्रह्मगुप्त
    (c) नागार्जुन   (d) बाणभट्ट

330. 'सी-यू-की' किसका यात्रा वृत्तान्त है?
    (a) ह्वेनसांग   (b) फाह्यान
    (c) मेगास्थनीज   (d) इत्सिंग

331. 'सांख्यकारिका' के लेखक कौन थे?
    (a) ईश्वर कृष्ण   (b) पतंजलि
    (c) कणाद   (d) जैमिनी

332. 'योगसूत्र' किसकी रचना है?
(a) पतंजलि (b) जैमिनी
(c) वात्स्यायन (d) गौतम

333. 'कुमारसंभव' किसकी रचना है?
(a) कालिदास (b) तिरुवल्लुर
(c) कणाद (d) गौतम

334. 'माध्यमिक सूत्र' किसकी रचना है?
(a) नागार्जुन (b) प्लिनी
(c) कालिदास (d) जैमिनी

335. 'इण्डिका' किसकी रचना है?
(a) मेगास्थानीज (b) प्लिनी
(c) स्ट्रैबो (d) टॉल्मी

336. 'भारत का आईस्टीन किसको कहते हैं?
(a) नागार्जुन (b) अश्वघोष
(c) कालिदास (d) धन्वंतरि

337. 'भारत का मिल्टन' किसे कहते हैं?
(a) अश्वघोष (b) कालिदास
(c) कौटिल्य (d) ब्रह्मगुप्त

338. 'भारत का मैकियावेली' किसे कहते हैं?
(a) कौटिल्य (b) अश्वघोष
(c) नागार्जुन (d) समुद्रगुप्त

339. 'भारत का कान्ट' किसे कहते हैं–
(a) धर्मकीर्ति (b) अश्वघोष
(c) कालिदास (d) कौटिल्य

340. 'भारत का शेक्सपियर' किसे कहते हैं?
(a) कालिदास (b) अश्वघोष
(c) धन्वंतरि (d) अज्ञात

341. 'भारत का न्यूटन' किसे कहते हैं?
(a) ब्रह्मगुप्त (b) समुद्रगुप्त
(c) धर्मकिर्ती (d) अश्वघोष

342. 'भारतीय आयुर्वेद का पिता' किसे कहते हैं?
(a) धन्वंतरि (b) हाल
(c) नक्कीरर (d) नागार्जुन

343. 'संस्कृत नाटक का पिता' किसे कहते हैं?
(a) अश्वघोष (b) हाल
(c) कालिदास (d) देवर

344. इतिहास का जनक किसे कहते हैं?
(a) हेरोडोटस (b) प्लिनी
(c) टॉल्मी (d) इरेस्टोस्पनिज

345. 'भारत का कांस्टेंटाइन' किसे कहते हैं?
(a) अशोक (b) वेदव्यास
(c) घनानंद (d) कालाशोक

346. भारतीय पुरातत्व का जनक किसे कहते हैं?
(a) कनिंघम (b) पाणिनी
(c) लार्ड मेयो (d) डफरिन

347. 'शिलादित्य' किसका उपनाम है?
(a) हर्षवर्धन (b) कुमारगुप्त
(c) स्कंदगुप्त (d) समुद्रगुप्त

348. 'शकारि' किसका उपनाम है?
(a) चन्द्रगुप्त II (b) कुमारगुप्त
(c) हर्षवर्धन (d) घनानंद

349. 'देवानामपियदस्सी' किसका उपनाम है?
(a) अशोक (b) बिन्दुसार
(c) घनानंद (d) स्कंदगुप्त

350. 'अमित्रघात' के नाम से कौन विख्यात था?
(a) बिन्दुसार (b) बिम्बिसार
(c) घनानंद (d) हर्षवर्धन

351. 'श्रोणिक' किस शासक का उपनाम था?
(a) बिम्बिसार (b) अजातशत्रु
(c) घनानंद (d) बिन्दुसार

352. 'रुम्मिनदेई' स्थान को और कौन-से नाम से जानते हैं?
(a) लुम्बिनी (b) कालीबंगा
(c) वाराणसी (d) नदिया

353. प्राचीन भारत में 'मंदिरों का नगर' किसे कहते हैं?
(a) एहोल (b) नदिया
(c) वाराणसी (d) साँची

354. प्राचीन भारत में 'योगिनीपुर' से प्रसिद्ध कौन नगर था–
(a) दिल्ली (b) उज्जैन
(c) कन्नौज (d) अजन्ता

355. 'पालिब्रोथा' किस नगर का दूसरा नाम था?
(a) पाटलिपुत्र (b) साँची
(c) कल्याण (d) एरण

356. 'मृतकों का टीला' किस नगर का शाब्दिक अर्थ है?
(a) हड़प्पा (b) मोहनजोदड़ो
(c) कालीबंगा (d) जौनपुर

357. 'शक संवत्' कब प्रारंभ हुआ?
(a) 78 ई० (b) 58 ई०
(c) 135 ई० (d) 78 ई०पू०

358. विक्रम संवत् कब प्रारंभ हुआ?
(a) 57 ई०पू० (b) 58 ई०पू०
(c) 58 ई० (d) 57 ई०

359. मुबंई से 6 मील दूर धारानगरी में स्थित कौन-सी गुफाएँ हैं?
(a) एलोरा
(b) एलीफैण्टा
(c) कन्हेरी
(d) इनमें से कोई नहीं

360. 'रावण की खाई' कहाँ स्थित है?
(a) एलोरा (b) एलीफैण्टा
(c) कन्हेरी (d) तंजौर

361. चोलों द्वारा घनिष्ठ राजनीतिक तथा वैवाहिक सम्बन्ध स्थापित किया गया?
(a) वेंगी के चालुक्य
(b) कल्याणी के चालुक्य
(c) बादामी के चालुक्य
(d) इनमें से कोई नहीं

362. चोल राज्य की राजधानी कहाँ थी?
(a) तंजौर (b) मदुरई
(c) एलोरा (d) कन्हेरी

363. चोल साम्राज्य का संस्थापक है–
(a) विजयालय (b) आदित्य I
(c) रामराजा I (d) राजेन्द्र I

364. चोल साम्राज्य की स्थापना कब हुई?
(a) 750 ई० (b) 846 ई०
(c) 950 ई० (d) 1050 ई०

365. ऋग्वेद पर टीका की रचना किसने की?
(a) कम्बन (b) कुट्टन
(c) पुगलेन्दि (d) वेंकटमाधव

366. विक्रमशिला विश्वविद्यालय का संस्थापक था–
(a) गोपाल (b) देवपाल
(c) धर्मपाल (d) महिपाल

367. कायस्थों का एक जाति के रूप में प्रथम उल्लेख कहाँ मिलता है?
(a) याज्ञवल्क्य स्मृति
(b) पराशर स्मृति
(c) ओशनम् स्मृति
(d) स्कंद पुराण

368. पाल वंश का संस्थापक कौन था?
(a) गोपाल (b) धर्मपाल
(c) देवपाल (d) ध्रुव

369. पाल वंश की राजधानी थी–
(a) मुंगेर
(b) कन्नौज
(c) दिल्ली
(d) इनमें से कोई नहीं

370. किस पर स्वामित्व के लिए त्रिपक्षीय संघर्ष हुआ?
(a) पाटलिपुत्र
(b) कन्नौज
(c) दिल्ली
(d) इनमें से कोई नहीं

371. राष्ट्रकूट वंश का संस्थापक कौन था?
(a) दन्तिदुर्ग (b) गोविन्द III
(c) कृष्ण I (d) इन्द्र III

372. राष्ट्रकूट वंश की राजधानी थी–
(a) मान्यखेत (b) कन्नौज
(c) दिल्ली (d) पाटलिपुत्र

373. 'दायभाग' के रचयिता थे–
(a) विज्ञानेश्वर
(b) मनु
(c) जीमूतवाहन
(d) इनमें से कोई नहीं

374. सुमेलित करें–

सूची-I	सूची-II
A. नागर शैली	1. उत्तरी भारत में हिमाचल से विंध्य तक
B. बेसर शैली	2. विंध्य से कृष्णा तक

C. द्रविड़ शैली	3. कृष्णा के दक्षिण में कन्याकुमारी तक

कूट:

	A	B	C
(a)	1	2	3
(b)	3	2	1
(c)	2	1	3
(d)	3	1	2

375. खजुराहो के मंदिरों का सम्बन्ध है–
(a) शैव संप्रदाय से
(b) वैष्णव संप्रदाय से
(c) जैन संप्रदाय से
(d) a, b, c तीनों से

376. सुमेलित करें–

सूची-I	सूची-II
A. विष्णु मंदिर, खजुराहो	1. यशोवर्मा
B. कंदरिया महादेव, खजुराहो	2. धंग
C. विमलवसही मंदिर मजुराहो	3. विमल शाह वैरव
D. देवरानी-जेठानी मंदिर आबू	4. तेजपाल व वस्तुपाल

कूट:

	A	B	C	D
(a)	1	2	3	4
(b)	2	1	3	4
(c)	1	2	4	3
(d)	4	3	2	1

377. सुमेलित कीजिए–

सूची-I	सूची-II
A. मच्छेन्द्रनाथ का मंदिर	1. अमरकण्टक
B. 64 योगिनी का मंदिर	2. भेड़ाघाट
C. सूर्य मंदिर	3. मोढ़ेरा
D. चौमुख मंदिर	4. पालिताना

कूट:

	A	B	C	D
(a)	4	3	2	1
(b)	1	2	3	4
(c)	2	1	3	4
(d)	1	2	4	3

378. भुवनेश्वर का प्रधान मंदिर है–
(a) राजा रानी मंदिर
(b) कन्दरिया महादेव
(c) त्रिभुवनेश्वर लिंगराज
(d) मुक्तेश्वर

379. दिलवाड़ा मंदिर कहाँ स्थित है?
(a) श्रवणबेलगोला (b) पारसनाथ पर्वत
(c) इंदौर (d) आबू पर्वत

380. खजुराहो मंदिरों का निर्माण किसने किया था?
(a) होल्कर (b) सिंधिया
(c) बुंदेला (d) चंदेल

381. विजय स्तंभ कहाँ स्थित है?
(a) दिल्ली (b) झाँसी
(c) चित्तौड़गढ़ (d) सीकरी

382. लिंगराज मंदिर की नींव डाली थी–
(a) ययाति केसरी
(b) लालातेन्दु केसरी
(c) नरसिंहदेव
(d) प्रताप रुद्रदेव

383. ब्लैक पगौड़ा है–
(a) मिस्र में (b) श्रीलंका में
(c) कोणार्क में (d) मदुरै में

384. भारत पर पहली बार आक्रमण करने वाला कौन था?
(a) अफगान (b) मंगोल
(c) अरब (d) तुर्क

385. 'पृथ्वीराज रासो' किसने लिखा?
(a) भवभूति (b) जयदेव
(c) चंदबरदाई (d) बाणभट्ट

386. भुवनेश्वर तथा पुरी के मंदिर किस शैली से निर्मित हैं?
(a) नागर
(b) द्रविड़
(c) बेसर
(d) इनमें से कोई नहीं

387. पुरी में स्थित कोणार्क मंदिर का निर्माण किसने किया?
(a) नरसिंह I (b) कपिलेन्द्र
(c) पुरुषोत्तम (d) चोद गंग

388. तमिल काव्य का 'इलयिड्' कहा जाता है–
(a) तोल्लकप्पियम
(b) कुरल
(c) शिलप्पदिकारमू
(d) मणिमेकलई

389. भगवद्गीता का अंग्रेजी अनुवाद किया था?
(a) विलियम जोन्स
(b) चार्ल्स विल्किन्स
(c) कनिंघम
(d) जॉन मार्शल

390. प्राचीन नगर तक्षशिला किसके बीच स्थित था?
(a) सिंधु व झेलम
(b) झेलम व चेनाब
(c) चेनाब वरावी
(d) रावी व व्यास

391. काव्य शैली का प्राचीनतम नमूना किसके अभिलेख में मिलता है?
(a) रुद्रदामन के
(b) अशोक के
(c) राजेन्द्र I के
(d) इनमें से कोई नहीं

392. 'हितोपदेश' के लेखक हैं–
(a) बाणभट्ट (b) भवभूति
(c) नारायण पंडित (d) विष्णु शर्मा

393. 'नाट्यशास्त्र की रचना किसने की?
(a) वसुमित्र (b) अश्वघोष
(c) भरत मुनि (d) वात्स्यायन

394. अंकोरवाट कहाँ स्थित है?
(a) वियतनाम (b) तिब्बत
(c) इंडोनेशिया (d) कम्बोडिया

395. शून्य की खोज किसने की?
(a) वराहमिहिर
(b) आर्यभट्ट
(c) भास्कर
(d) इनमें से कोई नहीं

396. तमिल का गौरवग्रन्थ 'जीवक चिन्तामणि' किससे सम्बन्धित है?
(a) जैन (b) बौद्ध
(c) हिन्दू (d) ईसाई

397. निम्न में किसका उल्लेख संगम साहित्य में नहीं हुआ है?
(a) कदम्ब (b) चेर
(c) चोल (d) पाण्ड्य

398. मानव द्वारा सर्वप्रथम प्रयुक्त अनाज था–
(a) गेहूँ (b) चावल
(c) जौ (d) बाजरा

399. किस पुस्तक का 15 भारतीय और 40 विदेशी भाषाओं में अनुवाद किया जा चुका है?
(a) हितोपदेश
(b) अभिज्ञान शाकुन्तलम
(c) पंचतंत्र
(d) कथासरित सागर

400. उस स्रोत का नाम बतलाएँ जो प्राचीन भारत के व्यापारित मार्गों पर मौन है?
(a) संगम साहित्य (b) मिलिंद पन्हो
(c) जातक साहित्य (d) उपर्युक्त सभी

मध्यकालीन इतिहास

1. पूर्व मध्यकाल का समय मुख्यत: कौन-सा माना जाता है?
   (a) संक्रमण काल
   (b) राजपूत काल
   (c) भारत पर तुर्क आक्रमण का काल
   (d) उपर्युक्त में सभी
2. सिंध पर अरबों के आक्रमण के समय वहाँ का शासक कौन था?
   (a) दाहिरयाह (b) दाहिर
   (c) चच (d) राय सहसी
3. पैंगबर हजरत मोहम्मद का जन्म हुआ था–
   (a) 570 ई० (b) 622 ई०
   (c) 642 ई० (d) 670 ई०
4. मक्का कहाँ है?
   (a) सीरिया (b) ईरान
   (c) इराक (d) सऊदी अरब
5. 'हिन्दू' शब्द का प्रथम बार प्रयोग किया था–
   (a) यूनानियों ने (b) रोमवासियों ने
   (c) चीनियों ने (d) अरबों ने
6. भारत पर पहला मुस्लिम आक्रमण किस वर्ष हुआ?
   (a) 647
   (b) 1013
   (c) 711
   (d) इनमें से कोई नहीं
7. मुहम्मद बिन कासिम द्वारा सिंध की विजय कब हुई?
   (a) 713 ई.
   (b) 716 ई.
   (c) 712 ई.
   (d) 719 ई.
8. भारत में प्रथम मुस्लिम आक्रमणकारी था–
   (a) कुतबुद्दीन ऐबक
   (b) महमूद गजनी
   (c) मुहम्मद बिन कासिम
   (d) मुहम्मद गोरी
9. भारत पर सर्वप्रथम मुस्लिम आक्रमणकारी थे–
   (a) गजनी के
   (b) गोर के
   (c) अरब के
   (d) उपर्युक्त में से कोई नहीं
10. मुहम्मद बिन कासिम था–
    (a) तुर्क (b) मंगोल
    (c) अरब (d) तुर्क-अफगान
11. इनमें से कौन गजनी राजवंश का संस्थापक था?
    (a) अल्पतगीन (b) महमूद
    (c) सुबक्तगीन (d) इस्माइल
12. निम्न में से कौन चंदेल शासक महमूद गजनवी से पराजित नहीं हुआ था?
    (a) धंग (b) विद्याधर
    (c) जयशक्ति (d) डंग
13. महमूद गजनवी का दरबारी इतिहासकार कौन था?
    (a) हसन निजामी (b) उत्बी
    (c) फिरदौसी (d) चंदबरदाई
14. 'शाहनामा' का लेखक कौन था?
    (a) उत्बी (b) फिरदौसी
    (c) अलबरुनी (d) बरनी
15. महमूद गजनी के साथ भारत आने वाला प्रसिद्ध इतिहासकार कौन था?
    (a) फरिश्ता (b) अलबरुनी
    (c) अफीफ (d) इब्नबतूता
16. अलबरुनी भारत में आया था–
    (a) नौवीं शताब्दी ई० में
    (b) दसवीं शताब्दी ई० में
    (c) ग्यारहवी शताब्दी ई० में
    (d) बारहवीं शताब्दी ई० में

17. महमूद गजनी के साथ भारत आने वाला मुस्लिम विद्वान था–
(a) इब्नबतूता (b) अलबरुनी
(c) अमीर खुसरो (d) फरिस्ता

18. पुराणों का अध्ययन करने वाला प्रथम मुसलमान था–
(a) अबुल फजल (b) बदायूँनी
(c) अलबरुनी (d) दाराशिकोह

19. किसने एक ओर संस्कृत मुद्रालेख के साथ चाँदी के सिक्के निर्गत किये?
(a) मुहम्मद-बिन-कासिम
(b) महमूद गजनवी
(c) शेरशाह
(d) अकबर

20. निम्न में से मध्य एशिया के किस शासक ने 1192 में उत्तर भारत को जीता?
(a) जलालुद्दीन मंगबरनी
(b) गजनी का महमूद
(c) शिहाबुद्दीन मुहम्मद गोरी
(d) चंगेज खाँ

21. मुहम्मद गोरी को सबसे पहले किसने पराजित किया?
(a) भीम II
(b) पृथ्वीराज चौहान
(c) जयचंद
(d) पृथ्वीराज II

22. मुहम्मद गोरी ने जयचंद को किस युद्ध में पराजित किया था?
(a) तराइन का युद्ध
(b) तराइन का द्वितीय युद्ध
(c) चंदाबर का युद्ध
(d) कन्नौज का युद्ध

23. किस युद्ध के पश्चात् भारत में मुस्लिम शक्ति की स्थापना हुई?
(a) तराइन का प्रथम युद्ध
(b) तराइन का द्वितीय युद्ध
(c) पानीपत का प्रथम युद्ध
(d) पानीपत का द्वितीय युद्ध

24. किस मुस्लिम शासक के सिक्कों पर देवी लक्ष्मी की आकृति बनी है?
(a) मुहम्मद गोरी
(b) अलाउद्दीन खिलजी
(c) अकबर
(d) उपरोक्त में से कोई नहीं

25. भारत में मुहम्मद गोरी ने किसको प्रथम 'अक्ता' प्रदान किया था?
(a) ताजुद्दीन यल्दौज
(b) कुतुबुद्दीन ऐबक
(c) इल्तुतमिस
(d) नसिरुद्दीन कुबाचा

26. मुहम्मद गोरी के किस दास ने बंगाल एवं बिहार पर विजय प्राप्त की?
(a) कुतुबुद्दीन ऐबक
(b) इल्तुतमिश
(c) बख्तियार खिजली
(d) चल्दौज

27. गुलाम वंश का प्रथम शासक कौन था?
(a) इल्तुतमिश
(b) कुतुबुद्दीन ऐबक
(c) रजिया सुल्तान
(d) बलबन

28. गुलाम वंश का संस्थापक कौन था?
(a) इल्तुतमिश
(b) अलाउद्दीन खिलजी
(c) बलबन
(d) कुतुबुद्दीन ऐबक

29. कौन सुल्तान 'लाख बख्श' के नाम से जाना जाता है?
(a) इल्तुतमिश
(b) बलबन
(c) तुगलक
(d) कुतुबुद्दीन ऐबक

30. ढाई दिन का झोपड़ा क्या है?
(a) मस्जिद
(b) मंदिर
(c) संत की झोपड़ी
(d) मीनार

31. निम्नलिखित में से किसने प्रसिद्ध कुतुबमीनार के निर्माण में योगदान नहीं दिया?
(a) कुतुबुद्दीन ऐबक
(b) इल्तुतमिश
(c) गयासुद्दीन तुगलक
(d) फिरोजशाह तुगलक

32. कुतुबुद्दीन ऐबक की राजधानी थी–
(a) लाहौर (b) दिल्ली
(c) अजमेर (d) लखनौती

33. निम्नलिखित में से किसने दिल्ली को सल्तनत की राजधानी के रूप में स्थापित किया था?
(a) कुतुबुद्दीन ऐबक
(b) इल्तुतमिश
(c) रजिया सुल्तान
(d) मुइज्जुद्दीन गोरी

34. दिल्ली का प्रथम शासक जिसने नियमित सिक्के जारी किए तथा दिल्ली को अपने साम्राज्य की राजधानी घोषित किया?
(a) नासिरुद्दीन महमूद
(b) इल्तुतमिश
(c) आरामशाह
(d) बलबन

35. दिल्ली का प्रथम मुस्लिम शासक कौन था?
(a) कुतुबुद्दीन ऐबक
(b) इल्तुतमिश
(c) रजिया सुल्तान
(d) बलबन

36. निम्नलिखित में से कौन मध्यकालीन भारत की प्रथम महिला शासिका थी?
(a) रजिया सुल्तान (b) चाँद बीबी
(c) दुर्गावती (d) नूरजहाँ

37. मंगोल आक्रमणकारी चंगेज खाँ भारत की उत्तर-पश्चिम सीमा पर निम्न में से किसके काल में आया था?
(a) अलाउद्दीन खिलजी
(b) इल्तुतमिश
(c) बलबन
(d) कुतुबुद्दीन ऐबक

38. दिल्ली का कौन सुल्तान मंगोल नेता चंगेज खाँ का समकालीन था?
(a) इल्तुतमिश
(b) रजिया सुल्तान
(c) बलबन
(d) अलाउद्दीन खिलजी

39. किसके शासनकाल में मंगोल प्रथम बार सिंधु के तट पर देखे गये?
(a) बलबन
(b) इल्तुतमिश
(c) कुतुबुद्दीन ऐबक
(d) रजिया सुल्तान

40. चंगेज खाँ का मूल नाम था–
(a) खासुल खान (b) एशूगई
(c) तेमुचिन (d) ओगदी

41. इत्तुतमिस ने बिहार में अपना प्रथम सूबेदार नियुक्त किया था?
(a) ऐवाज
(b) नसिरुद्दीन महमूद
(c) अलीमर्दान
(d) मलिक जानी

42. रजिया बेगम को सत्ताच्युत करने में किसका हाथ था?
(a) अफगानों का (b) मंगोलों का
(c) तुर्कों का (d) अरबों का

43. दिल्ली के किस सुल्तान ने 'रक्त और लौह' की नीति अपनाई थी?
(a) इल्तुतमिश
(b) बलबन
(c) फिरोज खिलजी
(d) अलाउद्दीन खिलजी

44. अपनी शक्ति को समेकित करने के बाद बलबन ने भव्य उपाधि धारण की–
(a) तूतिए-हिंद (b) कैसरे-हिंद
(c) जिल्ले-इलाही (d) दीने-इलाही

45. निम्न में किसने भारत में प्रसिद्ध फारसी त्योहार 'नौरोज' को आरंभ करवाया?
(a) बलबन
(b) इल्तुतमिश
(c) फरोज तुगलक
(d) अलाउद्दीन खिलजी

46. किसने स्वयं को 'खलीफा का सहायक' कहा है?
(a) बलबन
(b) कैकुबाद
(c) जलालुद्दीन खिलजी
(d) उपर्युक्त में से कोई नहीं

47. कौन-सा सुल्तान नया धर्म चलाना चाहता था, किन्तु उलेमा लोगों ने विरोध किया?
(a) बलबन
(b) अलाउद्दीन खिलजी
(c) मुहम्मद तुगलक
(d) इल्तुतमिश

48. दिल्ली के किस सुल्तान ने सिंकदर सानी की उपाधि धारण की थी?
(a) बलबन
(b) अलाउद्दीन खिलजी
(c) मुहम्मद बिन तुगलक
(d) सिंकदर लोदी

49. अलाउद्दीन खिलजी के प्रसिद्ध सेनापतियों में किसकी मंगोलों के विरुद्ध लड़ते हुए मृत्यु हुई?
(a) जफर खाँ (b) नुसरत खाँ
(c) अल्प खाँ (d) उलूग खाँ

50. रानी पद्मिनी के पति का नाम क्या है?
(a) राणा प्रताप (b) रणजीत सिंह
(c) राजा मान सिंह (d) राणा रतन सिंह

51. अलाउद्दीन खिलजी के आक्रमण के समय देवगिरि का शासक कौन था?
(a) रामचन्द्र देव (b) प्रताप रुद्रदेव
(c) मलिक काफूर (d) राणा रतन सिंह

52. किस सुल्तान के काल में खालिसा भूमि अधिक पैमाने में विकसित हुई?
(a) बलबन
(b) अलाउद्दीन खिलजी
(c) तुगलक
(d) फिरोजशाह तुगलक

53. किस सुल्तान के बारे में कहा जाता है कि उसने भूमि कर को उत्पादन के 50% तक कर दिया था?
(a) बलबन
(b) अलाउद्दीन खिलजी
(c) मुहम्मद बिन तुगलक
(d) फिरोज तुगलक

54. किस सुल्तान ने बाजार सुधार लागू किये थे?
(a) जलालुद्दीन खिलजी
(b) अलाउद्दीन खिलजी
(c) मुहम्मद तुगलक
(d) बलबन

55. किस शासक ने मूल्य नियन्त्रण पद्धति को पहली बार लागू किया?
(a) अलाउद्दीन खिलजी
(b) इल्तुतमिश
(c) मुहम्मद बिन तुगलक
(d) शेरशाह सूरी

56. 'सार्वजनिक वितरण प्रणाली' प्रारंभ की थी?
(a) अलाउद्दीन खिलजी
(b) बलबन
(c) फिरोज शाह तुगलक
(d) मोहम्मद बिन तुगलक

57. 'घरी अथवा गृहकर लगाने वाला दिल्ली का प्रथम सुल्तान कौन था?
(a) बलबन
(b) अलाउद्दीन खिलजी
(c) मोहम्मद बिन तुगलक
(d) फिरोज शाह तुगलक

58. अलाउद्दीन खिलजी के समय दिल्ली के सुल्तान तथा मंगोलों के बीच सीमा क्या थी?
(a) व्यास (b) रावी
(c) सिंधु (d) सतलज

59. अलाउद्दीन खिलजी के निम्न सेनाध्यक्षों में से कौन-सा तुगलक वंश का प्रथम सुल्तान बना?
(a) गाजी मलिक (b) मलिक काफूर
(c) जफर खाँ (d) उबेग खाँ

60. किस वंश के सुल्तानों ने सबसे अधिक समय तक देश में राज किया?
(a) खिलजी वंश (b) लोदी वंश
(c) दास वंश (d) तुगलक वंश

61. दिल्ली सल्तनत का सर्वाधिक विद्वान शासक, जो खगोलशास्त्र गणित आदि में माहिर था?
(a) इल्तुतमिश
(b) अलाउद्दीन खिलजी
(c) मोहम्मद बिन तुगलक
(d) सिकंदर लोदी

62. 'अमीर-ए-कोही' विभाग की स्थापना किसने किया?
(a) अलाउद्दीन खिलजी
(b) फिरोज तुगलक
(c) मोहम्मद बिन तुगलक
(d) सिकंदर लोदी

63. किस सुल्तान ने पृथक कृषि विभाग की स्थापना की एवं फसल चक्र की योजना बनाई थी?
(a) इल्तुतमिश
(b) बलबन
(c) अलाउद्दीन खिलजी
(d) मुहम्मद बिन तुगलक

64. दीवाने-कोही किससे सम्बन्धित है?
(a) मुहम्मद बिन तुगलक
(b) फिरोज तुगलक
(c) अकबर
(d) अलाउद्दीन खिलजी

65. मुहम्मद बिन तुगलक अपनी राजधानी दिल्ली से ले गया–
(a) दौलताबाद (b) कालिंजर
(c) कन्नौज (d) लाहौर

66. दिल्ली से दौलताबाद राजधानी के स्थानांतरण का आदेश दिया था–
(a) फिरोज तुगलक
(b) गयासुद्दीन तुगलक
(c) मुबारक
(d) मुहम्मद बिन तुगलक

67. भारत में सर्वप्रथम सांकेतिक मुद्रा का प्रचलन किया था?
(a) अकबर
(b) अलाउद्दीन खिलजी
(c) बहलोल लोदी
(d) मुहम्मद बिन तुगलक

68. मूर देश का यात्री इब्नबतूता किसके शासनकाल में भारत आया?
(a) मुहम्मद बिन तुगलक
(b) बाबर
(c) अकबर
(d) महमूद गजनी

69. इब्नबतूता भारत में किसके शासनकाल में आया?
(a) बहलोल लोदी
(b) फिरोज तुगलक
(c) गयासुद्दीन तुगलक
(d) मुहम्मद बिन तुगलक

70. किसने सल्तनकाल में डाक व्यवस्था का विस्तृत विवरण दिया है?
(a) अमीर खुसरो
(b) इब्नबतूता
(c) सुल्तान फिरोजशाह
(d) जियाउद्दीन बरनी

71. होली त्योहार के सार्वजनिक उत्सव में भाग लेने वाला दिल्ली का प्रथम सुल्तान कौन था?
(a) फिरोजशाह तुगलक
(b) मुहम्मद बिन तुगलक
(c) सिकंदर लोदी
(d) इब्राहिम लोदी

72. इतिहासकार बदायूँनी ने किसकी मृत्यु पर कहा था कि 'सुल्तान को अपनी प्रजा से और प्रजा को सुल्तान से मुक्ति मिल गयी'?
(a) अलाउद्दीन खिलजी
(b) बलबन
(c) इल्तुतमिश
(d) मुहम्मद बिन तुगलक

73. किस सुल्तान ने 'रोजगार दफ्तर' खोलवाया?
    (a) अलाउद्दीन खिलजी
    (b) मुहम्मद बिन तुगलक
    (c) फिरोज तुगलक
    (d) शेरशाह सूरी
74. 'दीवान ए खैरात' नामक विभाग किसने बनवाया था?
    (a) इल्तुतमिस
    (b) फिरोज तुगलक
    (c) गियासुद्दीन शाह
    (d) बहलोल लोदी
75. किस सुल्तान के दरबार में सबसे अधिक गुलाम थे?
    (a) बलबन
    (b) अलाउद्दीन खिलजी
    (c) बिन तुगलक
    (d) फिरोज तुगलक
76. सर्वप्रथम लोक निर्माण विभाग की स्थापना की थी–
    (a) इल्तुतमिश
    (b) बलबन
    (c) अलाउद्दीन खिलजी
    (d) फिरोजशाह तुगलक
77. दिल्ली के किस सुल्तान ने भारत में नहरों का जाल बिछाया था–
    (a) इल्तुतमिश
    (b) गियासुद्दीन तुगलक
    (c) फिरोजशाह तुगलक
    (d) सिकंदर लोदी
78. 'हक्क-ए-शर्व' अथवा सिंचाई पर कर लगाने वाला दिल्ली का प्रथम सुल्तान कौन था?
    (a) अलाउद्दीन खिलजी
    (b) गयासुद्दीन तुगलक
    (c) बिन तुगलक
    (d) फिरोज तुगलक
79. दिल्ली के किस सुल्तान ने ब्राह्मणों पर भी जजिया लगाया था?
    (a) बलबन ने
    (b) फिरोज तुगलक ने
    (c) अलाउद्दीन खिलजी ने
    (d) मुहम्मद तुगलक ने
80. किस सुल्तान ने फलों की गुणवत्ता सुधारने के लिए उपाय किये?
    (a) मुहम्मद बिन तुगलक
    (b) फिरोज तुगलक
    (c) सिकंदर लोदी
    (d) शेरशाह सूरी
81. टोपरा तथा मेरठ से दो अशोक स्तंभ लेख दिल्ली कौन लाया था?
    (a) अलाउद्दीन खिलजी
    (b) फिरोजशाह तुगलक
    (c) मुहम्मद गोरी
    (d) सिकंदर लोदी
82. दिल्ली का कौन-सा सुल्तान अशोक स्तंभ को दिल्ली लाया था?
    (a) फिरोजशाह तुगलक
    (b) जलालुद्दीन खिलजी
    (c) मुहम्मद बिन तुगलक
    (d) कुतुबुद्दीन ऐबक
83. 'अनुवाद विभाग' की स्थापना किसने करवाई थी?
    (a) अलाउद्दीन खिलजी
    (b) फिरोजशाह तुगलक
    (c) इल्तुतमिश
    (d) सिकंदर लोदी
84. राज्य के खर्च पर हज की व्यवस्था करने वाला पहला भारतीय शासक था?
    (a) अलाउद्दीन खिलजी
    (b) फिरोजशाह तुगलक
    (c) अकबर
    (d) औरंगजेब
85. फिरोज तुगलक द्वारा स्थापित 'दार-उल-शफा' क्या थी?
    (a) दानशाला
    (b) खैराती अस्पताल
    (c) पुस्तकालय
    (d) अतिथिगृह
86. दिल्ली सल्तनत के तुगलक राजवंश का अंतिम शासक कौन था?

(a) फिरोजशाह तुगलक
(b) गियासद्दीन तुगलक
(c) नसिरूद्दीन महमूद
(d) नुसरतशाह

87. तैमूर ने किसके शासनकाल में भारत पर आक्रमण किया?
(a) नसिरुद्दीन महमूद
(b) बहलोल लोदी
(c) फिरोज तुगलक
(d) मोहम्मद बिन तुगलक

88. तैमूर लंग ने किस वर्ष भारत पर आक्रमण किया
(a) 1210 ई०
(b) 1398 ई०
(c) 1492 ई०
(d) 1526 ई०

89. तैमूर के आक्रमण के बाद भारत में किस वंश का राज स्थापित हुआ?
(a) लोदी वंश
(b) सैयद वंश
(c) तुगलक वंश
(d) खिलजी वंश

90. महराणा सांगा ने इब्राहिम लोदी को किस युद्ध में परास्त किया था?
(a) खातोली का युद्ध
(b) सारंगपुर का युद्ध
(c) सिवान का युद्ध
(d) खानवा का युद्ध

91. किस सुल्तान ने आगरा नगर बसाया था?
(a) मुहम्मद बिन तुगलक
(b) फिरोज तुगलक
(c) बहलोल लोदी
(d) सिकंदर लोदी

92. आगरा को सर्वप्रथम किसने अपनी राजधानी बनाया?
(a) इल्तुतमिश
(b) मुहम्मद बिन तुगलक
(c) फिरोज शाह तुगलक
(d) सिकंदर लोदी

93. निम्न में सिने 'गुलरुखी' उपनाम से अपनी कविताओं की रचना की?

(a) फिरोजशाह तुगलक
(b) बहलोल लोदी
(c) सिकंदर लोदी
(d) इब्राहिम लोदी

94. निम्न सुल्तानों में से कौन अन्न के ऊपर कर समाप्त करने के लिए जाना जाता है?
(a) अलाउद्दीन खिलजी
(b) गियासुद्दीन तुगलक
(c) फिरोज तुगलक
(d) सिकंदर लोदी

95. निम्नलिखित वंशों ने किस क्रम में दिल्ली पर शासन किया था?
1. खिलजी   2. लोदी
3. सैयद   4. गुलाम
कूट:
(a) 1, 2, 4, 3   (b) 1, 2, 3, 4
(c) 2, 3, 4, 1   (d) 4, 1, 3, 2

96. इनमें कौन गुलाम वंश का नहीं था?
(a) बलबन
(b) इल्तुतमिश
(c) कुतुबुद्दीन ऐबक
(d) इब्राहिम लोदी

97. विजयनगर राज्य की स्थाना की थी–
(a) विजय राय
(b) हरिहर II
(c) हरिहर और बुक्का
(d) बुक्का II

98. अपनी 'मदुरा विजय' कृति में अपनी पति के विजय अभियानों का वर्णन करने वाली कवयित्री थी–
(a) भारती   (b) गंगादेवी
(c) वरदंबिका   (d) विज्जिका

99. विजयनगर का पहला शासक जिसने बहमनियों से गोवा को छीना?
(a) हरिहर I   (b) हरिहर II
(c) बुक्का I   (d) देवराय II

100. कृष्णदेव राय ने गोलकुंडा का युद्ध किस राजा से लड़ा?
(a) कुली कुतुबशाह
(b) कुतुबुद्दीन ऐबक
(c) इस्माइल आरिल खान
(d) गजपति

इतिहास

101. कृष्णदेव राय के दरबार में 'अष्ट दिग्गज' कौन थे?
(a) आठ मंत्री
(b) आठ तेलुगु कवि
(c) आठ महान सेनापति
(d) आठ परामर्शदाता

102. इनमें से किसे 'आन्ध्र भोज' भी कहा जाता है?
(a) कृष्णदेव राय (b) राजेन्द्र चोल
(c) हरिहर (d) बुक्का

103. 'अष्ट दिग्गज' किस राजा से सम्बन्धित थे?
(a) शिवाजी (b) कृष्णदेव राय
(c) राजेन्द्र प्रथम (d) यशोवर्मन

104. प्रसिद्ध विजयनगर शासक कृष्णदेव राय के अधीन किस साहित्य का स्वर्णयुग था?
(a) कोंकणी (b) मलयालम
(c) तमिल (d) तेलुगु

105. विजयनगर का प्रसिद्ध हजारा मंदिर किसके शासनकाल में निर्मित हुआ था?
(a) कृष्णदेव राय (b) देवराय I
(c) देवराय II (d) हरिहर I

106. अब्दुल रज्जाक विजयनगर आया था–
(a) देवराय I के राज्यकाल में
(b) देवराय II के राज्यकाल में
(c) कृष्णदेव राय के राज्यकाल में
(d) वीर विजय के राज्यकाल में

107. निम्नलिखित में कौन महाभारत के तेलुगु अनुवादों के लिए विख्यात है?
1. कम्बन 2. कुहन
3. नन्नय 4. टिक्कन
(a) केवल 1, 2 (b) केवल 2, 3
(c) केवल 3, 4 (d) केवल 4, 1

108. वैदिक ग्रन्थों के भाष्यकार सायण को आश्रम प्राप्त था–
(a) परमार राजाओं का
(b) सातवाहन राजाओं का
(c) विजयनगर राजाओं का
(d) वाकाटक राजाओं का

109. निम्नांकित में से किसके राज्यारोहण को अब 500 वर्ष गुजर गये हैं?
(a) हरिहर प्रथम (b) कृष्णदेव राय
(c) कुलोत्तुंग प्रथम (d) राजराम प्रथम

110. 1565 में कौन-सा प्रसिद्ध युद्ध हुआ?
(a) पानीपत का प्रथम युद्ध
(b) खानवा का युद्ध
(c) पानीपत का दूसरा युद्ध
(d) तालीकोटा का युद्ध

111. तालीकोटा का युद्ध किनके बीच लड़ा गया था?
(a) अकबर और मालवा
(b) विजयनगर बहमनी
(c) विजयनगर-बीजापुर, अहमदनगर तथा गोलकुंडा की संयुक्त सेनाओं के बीच
(d) शेरशाह-हुमायूँ

112. तालीकोटा का युद्ध हुआ था–
(a) 1526 ई० (b) 1565 ई०
(c) 1576 ई० (d) 1586 ई०

113. जब राजा वोडियार ने मैसूर राज्य की स्थापना की, तब विजयनगर साम्राज्य का शासक कौन था?
(a) सदाशिव (b) तिरुमल
(c) रंगा II (d) वेंकट II

114. विजयनगर साम्राज्य की वित्तीय व्यवस्था की मुख्य विशेषता क्या थी?
(a) अधिशेष लगान
(b) भूराजस्व
(c) बंदरगाहों से आमदनी
(d) मुद्रा प्रणाली

115. निम्न में से किस स्थान के खंडहर विजयनगर के प्राचीन राजधानी के प्रतिनिधित्व करते हैं?
(a) अहमदनगर (b) बीजापुर
(c) गोलकुंडा (d) हम्पी

116. विजयनगर के किस शासक ने चीन के सम्राट के पास अपना राजदूत भेजा?
(a) हरिहर प्रथम (b) बुक्का प्रथम
(c) कृष्णदेव राय (d) सालुव नरसिंह

117. प्रसिद्ध विजय विट्ठल मंदिर जिसके 56 तक्षित स्तंभ संगीतमय स्वर निकालते हैं, कहाँ अवस्थित है?
    (a) बेलूर (b) भद्राचलम
    (c) हम्पी (d) श्रीरंगम

118. सल्तनत काल के अधिकांश अमीर एवं सुल्तान किस वर्ग के थे?
    (a) तुर्क (b) मंगोल
    (c) तातार (d) अरब

119. निम्न में किस राजवंश के अंतर्गत विजारत का चरमोत्कर्ष हुआ?
    (a) इलबरी (b) खिलजी
    (c) तुगलक (d) लोदी

120. किस मध्यकालीन शासक ने 'इक्ता व्यवस्था' प्रारम्भ की थी?
    (a) इल्तुतमिश
    (b) बलबन
    (c) अलाउद्दीन खिलजी
    (d) उपर्युक्त में से कोई नहीं

121. सल्तनत काल में भू-राजस्व का सर्वोच्च ग्रामीण अधिकारी था–
    (a) चौधरी (b) रावत
    (c) मलिक (d) पटवारी

122. 'शर्ब' कर लगाया जाता था–
    (a) व्यापार पर
    (b) सिंचाई पर
    (c) गैर मुसलमान पर
    (d) उद्योग पर

123. जवाबित का सम्बन्ध किससे था?
    (a) राज्य कानून
    (b) मनसब प्रणाली
    (c) टकसाल से सम्बन्धित कानून
    (d) कृषि सम्बन्धित कर

124. हदीस है एक–
    (a) इस्लामिक कानून
    (b) बंदोबस्त कानून
    (c) मनसबदार
    (d) इनमें से कोई नहीं

125. निम्न में से किसने टंका (Tanka) नामक चाँदी के सिक्के चलवाये थे?
    (a) अलाउद्दीन खिलजी
    (b) कुतुबुद्दीन ऐबक
    (c) इल्तुतमिस
    (d) बलबन

126. उत्तर भारत में चाँदी का सिक्का टंका जारी करने वाला मध्यकालीन शासक कौन था?
    (a) इल्तुतमिश
    (b) रजिया सुल्तान
    (c) अलाउद्दीन खिलजी
    (d) तुगलक

127. सल्तनत काल के सिक्के टंका, शशगनी एवं जीतल किन धातुओं के बने थे?
    (a) चाँदी, चाँदी, ताँबा
    (b) सोना, चाँदी, ताँबा
    (c) चाँदी, जस्ता, ताँबा
    (d) सोना, जस्ता, ताँबा

128. किसके सिक्कों पर बगदाद के अंतिम खलीफा का नाम सर्वप्रथम अंकित हुआ?
    (a) कुतुबुद्दीन ऐबक
    (b) इल्तुतमिश
    (c) अलाउद्दीन खिलजी
    (d) अलाउद्दीन मसूदशाह

129. 'अलाई दरवाजा' का निर्माण किसने करवाया?
    (a) इल्तुतमिश
    (b) बलबन
    (c) अलाउद्दीन खिलजी
    (d) फिरोज तुगलक

130. किस सुल्तान ने कुतुबमीनार की पाँचवीं मंजिल का निर्माण कराया?
    (a) कुतुबुद्दीन ऐबक
    (b) इल्तुतमिश
    (c) फिरोजशाह तुगलक
    (d) सिकंदर लोदी

131. भारत में प्रथम मकबरा जो शुद्ध इस्लामी शैली में निर्मित हुआ था–
(a) हुमायूँ का मकबरा
(b) बलबन का मकबरा
(c) ऐबक का मकबरा
(d) अलाउद्दीन खिलजी

132. 'कीर्ति स्तंभ प्रशस्ति' के रचयिता थे–
(a) सोमदेव (b) जैता
(c) नाथा (d) अभिकवि

133. चित्तौड़ का 'कीर्ति स्तंभ' निर्मित हुआ था, शासनकाल में–
(a) राणा कुंभा के
(b) राणा हम्मीर के
(c) राणा रतनसिंह के
(d) राणा संग्राम सिंह के

134. किताब-उल-हिंद की रचना किसने की?
(a) हसन निजामी
(b) मिनहाम-उस-सिराज
(c) अनबसनी
(d) शम्स-स-सिराज अफीक

135. अमीर खुसरो का जन्म कहाँ हुआ था?
(a) आगरा में (b) बाराबंकी में
(c) एटा में (d) इटावा में

136. 'तूती-ए-हिन्द' किसको कहते हैं?
(a) कुतुबन (b) उस्मान
(c) अमीर खुसरो (d) अमीर हसन

137. अमीर खुसरो ने किसके विकास में अग्रगामी भूमिका निभाई?
(a) ब्रज भाषा (b) अवधी
(c) खड़ी बोली (d) भोजपुरी

138. किसने दिल्ली के सात सुल्तानों का शासनकाल देखा था?
(a) अमीर खुसरो
(b) शेख निजामुद्दीन औलिया
(c) ख्वाजा मुइनुद्दीन चिश्ती
(d) उपर्युक्त में से कोई नहीं

139. प्रसिद्ध कवि अमीर खुसरो निम्नांकित में से किस बादशाह के दरबार से संबद्ध था?
(a) नवाब आसफुदौला
(b) गयासुद्दीन बलबन
(c) मुहम्मद शाह 'रंगीला'
(d) कुतुबुद्दीन ऐबक

140. अमीर खुसरो किसका दरबारी कवि था?
(a) मुहम्मद बिन तुगलक
(b) अलाउद्दीन खिलजी
(c) शेरशाह सूरी
(d) हुमायूँ

141. अमीर खुसरो क्या थे?
(a) कवि (b) इतिहासकार
(c) संगीतज्ञ (d) ये तीनों

142. नयी फारसी काव्य शैली 'सबक-ए-हिन्दी' अथवा हिन्दुस्तानी शैली के जन्मदाता थे–
(a) जियाउद्दीन बरनी
(b) अफीक
(c) इसामी
(d) अमीर खुसरो

143. हिन्दी और फारसी दोनों भाषाओं का विद्धान था–
(a) अकबर (b) तानसेन
(c) अमीर खुसरो (d) बैरम खाँ

144. 'तबकात-ए-नासिरी' का लेखक कौन था?
(a) शेख जमालुद्दीन
(b) अलबरुनी
(c) मिनहास-उस-सिराज
(d) बरनी

145. निम्न भाषाओं में किसको दिल्ली सुल्तानों ने संरक्षण प्रदान किया?
(a) अरबी (b) तुर्की
(c) फारसी (d) उर्दू

146. निम्न में से किस संगीत वाद्य को हिन्दू-मुस्लिम गान वाद्यों का सबसे श्रेष्ठ मिश्रण माना गया है?
(a) वीणा (b) ढोलक
(c) सारंगी (d) सितार

147. संगीत यन्त्र 'तबला' का प्रचलन किया–
(a) आदिल शाह ने

(b) अमीर खुसरो
(c) तानसेन
(d) बैजू बावरा

148. किस राजपूत राजा ने संगीत पर एक पुस्तक लिखा था?
(a) जयचंद
(b) पृथ्वीराज चौहान
(c) राणा कुंभा
(d) मानसिंह

149. दिल्ली का वह सुल्तान जिसने अपना संस्मरण लिखा है–
(a) इल्तुतमिश
(b) बलबन
(c) अलाउद्दीन खिलजी
(d) फिरोज तुगलक

150. भारत में पोलों खेल का प्रचलन किया–
(a) यूनानियों ने (b) अंग्रेजों ने
(c) तुर्कों ने (d) मुगलों ने

151. 'दस्तार बन्दान' कौन कहलाते थे?
(a) सूफी सन्त (b) खान
(c) मलिक (d) उलेमा

152. निम्न में से किस प्रथा की शुरुआत राजपूतों के समय में हुई?
(a) सती प्रथा
(b) बाल विवाह
(c) जौहर प्रथा
(d) इनमें से कोई नहीं

153. इनमें कौन जैन धर्म का अनुयायी था?
(a) मालधर बसु (b) हेमचन्द्र सूरी
(c) पार्थसारथी (d) सायण

154. तेरहवी एवं चौदहवीं शताब्दियों में भारतीय कृषक खेती नहीं करता था–
(a) गेहूँ की (b) जौ की
(c) चना की (d) मक्का की

155. जौनपुर नगर किसकी स्मृति में स्थापित किया गया?
(a) गयासुद्दीन तुगलक
(b) जौना खाँ
(c) फिरोजशाह
(d) अकबर

156. जौनपुर की स्थापना किसने की थी?
(a) मुहम्मद बिन तुगलक
(b) फिरोजशाह तुगलक
(c) इब्राहिमशाह शर्की
(d) सिकंदर लोदी

157. 'पूर्व का शिराज' किसे कहा जाता था?
(a) आगरा (b) दिल्ली
(c) जौनपुर (d) वाराणसी

158. कश्मीर का अकबर किसे कहा जाता है?
(a) शमसुद्दीनशाह
(b) सिकंदर बुतशिकन
(c) हैदरशाह
(d) जैनुल आवेदीन

159. किस शासक ने सर्वप्रथम जजिया कर समाप्त किया था?
(a) जैन-उल-आबेदीन
(b) मुहम्मद बिन तुगलक
(c) हुसैनशाह शर्की
(d) अकबर

160. बहमनी राज्य की स्थापना की थी–
(a) अलाउद्दीन हसन ने
(b) अली आबिदशाह ने
(c) हुसैन निजामशाह ने
(d) मुजाहिदशाह ने

161. बहमनी राज्य की स्थापना किस वर्ष हुई थी?
(a) 1336 ई० (b) 1338 ई०
(c) 1347 ई० (d) 1361 ई०

162. बहमनी राज्य की प्रथम राजधानी निम्न में से कौन-सी थी?
(a) बीदर (b) गुलबर्ग
(c) दौलताबाद (d) हुसैनाबाद

163. दक्षिण में बहमनी राज्य का संस्थापक कौन था?
(a) मलिक अम्बर
(b) हसन गंगू
(c) मोहम्मद दीवान
(d) सिकंदरशाह

164. किस मुस्लिम शासक को 'जगतगुरु' कहा जाता था?
(a) हुसैनशाह
(b) जैन-उल-आवेदीन
(c) इब्राहिम आदिलशाह
(d) महमूद द्वितीय

165. गोलकुंडा को वर्तमान में क्या कहा जाता है?
(a) हैदराबाद (b) कर्नाटक
(c) बीजापुर (d) बंगलौर

166. 'द्वारसमुद्र' किस राजवंश की राजधानी थी?
(a) गंग (b) काकतीय
(c) होयसल (d) कदम्ब

167. होयसल स्मारक कहाँ है?
(a) हम्पी
(b) हेलेबिड एवं वेलूर
(c) मैसूर
(d) श्रृंगेरी

168. होयसलों की प्राचीन राजधानी द्वारसमुद्र का वर्तमान नाम है?
(a) श्रृंगेरी (b) वेलूर
(c) हलेबिड़ (d) सोमनाथपुर

169. गूजरी महल किसने बनवाया था?
(a) सूरज सेन ने (b) मानसिंह ने
(c) तेज करण ने (d) अकबर ने

170. दक्षिण भारत के 'पोलिगार' कौन थे?
(a) जमींदार
(b) महाजन
(c) क्षेत्रीय प्रशासकीय और सैन्य नियंत्रक
(d) व्यापारी

171. भक्ति आंदोलन का प्रारंभ किया गया था–
(a) आलवार संतों द्वारा
(b) सूफी संतों द्वारा
(c) सूरदास द्वारा
(d) तुलसीदास द्वारा

172. भक्ति संस्कृति का भारत में पुनर्जन्म हुआ–
(a) वैदिक काल
(b) दसवीं शताब्दी ईस्वी
(c) बारहवीं शताब्दी ईस्वी
(d) पन्द्रहवीं और सोलहवीं शताब्दी ईस्वी में

173. बुद्ध और मीराबाई के जीवन दर्शन में मुख्य साम्य था–
(a) अहिंसा
(b) तपस्या
(c) संसार दु:खपूर्ण है
(d) सत्य बोलना

174. 'कोई व्यक्ति किसी व्यक्ति से उसका धर्म-संप्रदाय या जाति न पूछो' यह कथन है–
(a) कबीर का (b) रामानंद का
(c) रामानुज का (d) चैतन्य का

175. कामरूप में वैष्णव धर्म को लोकप्रिय बनाया–
(a) चैतन्य (b) निम्बार्क
(c) रामानंद (d) शंकरदेव

176. असम एवं कूच बिहार में वैष्णव धर्म को लोकप्रिय बनाया?
(a) चैतन्य (b) मध्व
(c) शंकरदेव (d) बल्लभाचार्य

177. सुप्रसिद्ध मध्यकालीन संत शंकरदेव सम्बन्धित थे–
(a) शैव संप्रदाय से
(b) वैष्णव संप्रदाय से
(c) अद्वैत संप्रदाय से
(d) द्वैताद्वैत संप्रदाय से

178. रामानुमाचार्य किससे सम्बन्धित है?
(a) भक्ति (b) द्वैतावाद
(c) विशिष्टा द्वैत (d) एकेश्वरवाद

179. 'शुद्ध अद्वैतवाद' का प्रतिपादन किया था–
(a) माधवाचार्य ने
(b) वल्लभाचार्य ने
(c) श्री कांताचार्य
(d) रामानुज ने

180. किस भक्ति संत ने अपने उपदेश हिन्दी में दिये–

(a) दादू   (b) कबीर
(c) रामानंद   (d) तुलसीदास

181. कबीर शिष्य थे—
(a) चैतन्य के   (b) रामानंद के
(c) रामानुज के   (d) तुकाराम के

182. किस संत का जन्म प्रयाग में हुआ था?
(a) कुम्भनदास   (b) रामानंद
(c) रैदास   (d) तुलसीदास

183. 'बीजक' का रचयिता कौन है?
(a) सूरदास   (b) कबीर
(c) रविदास   (d) पाणिनी

184. कबीर एवं धरमदास के मध्य संवादों के संकलन का शीर्षक है—
(a) सबद   (b) अमरमूल
(c) साखी   (d) रमैनी

185. मलूकदास एक संत कवि थे—
(a) आगरा के   (b) अयोध्या के
(c) काशी के   (d) कड़ा के

186. संत घासीदास के पिताजी का क्या नाम था?
(a) सुकालू   (b) चैतूराम
(c) विसादू   (d) महँगू

187. भगवान शिव की प्रतिष्ठा में कितने ज्योतिर्लिंग स्थापित हैं?
(a) 6   (b) 12
(c) 24   (d) 18

188. रामानुज के अनुयायियों को कहा जाता है—
(a) शैव   (b) वैष्णव
(c) अद्वैतवादी (d) अवधूत

189. निम्न में से कौन-सा स्थान गुरु नानक का जन्म स्थल था?
(a) अमृतसर   (b) नाभा
(c) ननकाना   (d) नांदेर

190. किसके शासन में गुरु नानक देव ने सिख धर्म की स्थापना की?
(a) फिरोजशाह तुगलक
(b) सिकंदर लोदी
(c) हुमायूँ
(d) अकबर

191. मीराबाई समकालीन थी—
(a) तुलसीदास के
(b) चैतन्य महाप्रभु के
(c) गुरु नानक के
(d) रामकृष्ण परमहंस के

192. प्रसिद्ध भक्त कवयित्री मीरा के पति नाम था—
(a) राणा रतन सिंह
(b) राजकुमार भोजराम
(c) राणा उदय सिंह
(d) राणा सांगा

193. 'राग-गोविंद' के रचनाकार हैं—
(a) मीराबाई   (b) नरहरि
(c) सूरदास   (d) रसखान

194. निम्नलिखित में से कौन इस्लाम से प्रभावित था?
(a) चैतन्य   (b) मीराबाई
(c) नामदेव   (d) वल्लभाचार्य

195. चैतन्य महाप्रभु किस संप्रदाय से संबद्ध हैं?
(a) वैष्णव   (b) शैव
(c) बौद्ध   (d) सूफी

196. तुलसीदास किसके समकालीन थे?
(a) अकबर तथा जहाँगीर
(b) शाहजहाँ
(c) औरंगजेब
(d) बाबर तथा हुमायूँ

197. 'रामचरित मानस' के रचयिता थे—
(a) तुलसीदास   (b) वाल्मीकि
(c) सूरदास   (d) वेद व्यास

198. निम्न में कौन-सी रचना तुलसीदास की नहीं है?
(a) गीतावली   (b) कवितावली
(c) विनयपत्रिका (d) साहित्य रत्न

199. निम्न में कौन वरकरी संप्रदाय का संत था?
(a) निम्बार्क   (b) चक्रधर
(c) नामदेव   (d) रामदास

इतिहास   37

200. भक्त तुकाराम किस शासक के समकालीन थे?
(a) बाबर (b) अकबर
(c) जहाँगीर (d) औरंगजेब

201. निम्नलिखित में से कौन भक्ति आंदोलन का प्रस्तावक नहीं था?
(a) नागार्जुन (b) तुकाराम
(c) त्यागराज (d) वल्लभाचार्य

202. भारत में चिश्तिया सूफी मत को स्थापित किया–
(a) ख्वाजा बदरुद्दीन ने
(b) ख्वाजा मुइनुद्दीन ने
(c) शेख अहमद सरहिंदी ने
(d) शेख बहाउद्दीन जकरिया ने

203. निम्न में कौन सर्वप्रथम अजमेर बस गया?
(a) मुइनुद्दीन चिश्ती
(b) कुतुबुद्दीन बख्तियार काकी
(c) निजामुद्दीन औलिया
(d) शेख सलीम चिश्ती

204. निम्न में कौन सूफीवाद की चिरित्तया शाखा का संस्थापक था?
(a) शेख मुहीउद्दीन
(b) शेख जयाउद्दीन अबुलजीवा
(c) ख्वाजा अबु-अब्दाल
(d) ख्वाजा बहाउद्दीन

205. ख्वाजा मोइनुद्दीन चिश्ती किसके शिष्य थे?
(a) ख्वाजा अब्बाल चिश्ती
(b) शाह वली उल्लाह
(c) मीर दर्द
(d) ख्वाजा उस्मान हरुनी

206. शेख निजामुद्दीन औलिया शिष्य थे–
(a) अलाउद्दीन साबिर के
(b) मुइनुद्नीन चिश्ती के
(c) बाबा फरीद के
(d) शेख अहमद सरहिंदी के

207. शेख निजामुद्दीन औलिया की दरगाह स्थित है–
(a) आगरा में
(b) अजमेर में
(c) दिल्ली में
(d) फतेहपुर सीकरी में

208. निम्न में किसे 'भारत का सादी' कहा गया है–
(a) अमीर हसन
(b) अमीर खुसरो
(c) अबू तालिब कलीम
(d) चन्द्रभान ब्राह्मण

209. निम्न में से किस सुल्तान से निजामुद्दीन औलिया ने भेंट करने से इनकार कर दिया था?
(a) जलालुद्दीन खिलजी
(b) अलाउद्दीन खिलजी
(c) गयासुद्दीन तुगलक
(d) मुहम्मद बिन तुगलक

210. कौन सूफी संत महबूब-ए-इलाही कहलाता था?
(a) ख्वाजा मोइनुद्दीन चिश्ती
(b) बाबा फरीद
(c) कुतुबुद्दीन बख्तियार काकी
(d) शेख निजामुद्दीन औलिया

211. किस सूफी संत के विचारों को सिखों के धर्म ग्रन्थ आदि ग्रन्थ में संकलित किया गया है?
(a) शेख मुइनुद्दीन चिश्ती
(b) कुतुबुद्दीन बख्तियार काकी
(c) फरीदुद्दीन-गंज-ए-शकर
(d) शेख निजामुद्दीन औलिया

212. प्रसिद्ध संत सलीम चिश्ती रहते थे?
(a) दिल्ली में
(b) अजमेर में
(c) फतेहपुर सीकरी में
(d) लाहौर में

213. निम्नलिखित सूफीवाद के सिलसिलों में कौन संगीत के विरुद्ध था?
(a) चिश्तिया (b) सुहरावर्दिया
(c) कादरिया (d) नक्शबंदिया

214. निम्नलिखित सूफियों में से किसने कृष्ण को औलिया के रूप में माना?
    (a) शाह मोहम्मद गौस
    (b) शाह अब्दुल अजीज
    (c) शाह वलीउल्ला
    (d) ख्वाजा मीर दर्द
215. निम्न में से किसका सम्बन्ध सूफीवाद से नहीं है?
    (a) उलेमा   (b) खानकाह
    (c) शेख   (d) समा
216. कृष्ण जीवन परक 'प्रेम वाटिका' काव्य की रचना की थी–
    (a) बिहारी ने   (b) सूरदास
    (c) रसखान   (d) कबीर
217. निम्न में से कौन एक भक्ति आंदोलन से जुड़ा नहीं है?
    (a) वल्लभाचार्य   (b) चैतन्य
    (c) गुरुनानक   (d) अमीर खुसरो
218. 'बारहमासा' की रचना किसने की थी?
    (a) अमीर खुसरो
    (b) इसामी
    (c) मलिक मोहम्मद जायसी
    (d) रसखान
219. प्रतिवर्ष प्रसिद्ध सूफी संत हाजी वारिस अली शाह की मजार पर मेला लगता है–
    (a) फतेहपुर सीकरी
    (b) कलिंजर
    (c) देवा शरीफ
    (d) गढ़मुक्तेश्वर
220. मध्यकालीन भारत के मुगल शासक वस्तुत: थे–
    (a) ईरानी
    (b) अफगान
    (c) चगताई तुर्क
    (d) उपर्युक्त में से कोई नहीं
221. इनमें से किसने बाबर को सर-ए-पुल के युद्ध में पराजित किया था?
    (a) अब्दुल्लाह खाँ उजबेक
    (b) शैबानी खाँ
    (c) उबैदुल्लाह खाँ
    (d) जानी बेग
222. पानीपत का प्रथम युद्ध किसके मध्य हुआ था?
    (a) बाबर और राणा सांगा
    (b) हेमू और मुगल
    (c) हुमायूँ और शेरखान
    (d) बाबर और इब्राहिम लोदी
223. पानीपत के युद्ध में बाबर की जीत का मुख्य कारण क्या था?
    (a) उसकी घुड़सवार सेना
    (b) उसकी सैन्य कुशलता
    (c) तुलगमा प्रथा
    (d) अफगानों की आपसी फूट
224. निम्न में से किस युद्ध में एक पक्ष द्वारा प्रथम बार तोपों का उपयोग किया गया था?
    (a) पानीपत का प्रथम युद्ध
    (b) खानवा का युद्ध
    (c) प्लासी का युद्ध
    (d) पानीपत का तीसरा युद्ध
225. बाबर की इब्राहिम लोदी पर विजय का कारण था–
    (a) बाबर की वीरता
    (b) तोपखाना
    (c) इब्राहिम की दुर्बलता
    (d) कुशल सेनानायक
226. पानीपत की पहली लड़ाई में बाबर ने किसको हराया था?
    (a) राणा सांगा   (b) इब्राहिम लोदी
    (c) सिकंदर लोदी (d) शेरशाह सूरी
227. निम्नलिखित युद्धों में से किस एक में बाबर ने 'जेहाद' की घोषणा की थी?
    (a) पानीपत का युद्ध
    (b) खानवा का युद्ध
    (c) चंदेरी का युद्ध
    (d) उपर्युक्त में से कोई नहीं
228. राणा सांगा ने निम्नलिखित युद्धों में से किसमें बाबर के विरुद्ध लड़ाई की थी?
    (a) पानीपत का युद्ध
    (b) खानवा का युद्ध
    (c) चंदेरी का युद्ध
    (d) घाघरा का युद्ध

229. मेवाड़ के जिस राजा को 1527 में खानवा के युद्ध में बाबर ने हराया था, वह था–
(a) राणा प्रताप
(b) मानसिंह
(c) सवाई उदय सिंह
(d) राणा सांगा

230. खानवा के युद्ध में कौन पराजित हुआ था?
(a) राणा प्रताप
(b) हेमू
(c) राणा सांगा
(d) अलाउद्दीन खिलजी

231. भारत के मुगल शासक बनने पर जहीरुद्दीन मोहम्मद ने अपना नाम क्या रखा?
(a) बाबर (b) हुमायूँ
(c) जहाँगीर (d) बहादुरशाह

232. बाबर ने सर्वप्रथम 'पादशाह' की पदवी धारण की थी–
(a) फरगना में (b) काबुल में
(c) दिल्ली में (d) समरकंद में

233. बाबर ने अपने 'बाबरनामा' में किस हिन्दू राज्य का उल्लेख किया है?
(a) उड़ीसा (b) गुजरात
(c) मेवाड़ (d) कश्मीर

234. 'तुजुक-ए-बाबरी' किस भाषा में लिखा गया था?
(a) फारसी (b) अरबी
(c) तुर्की (d) उर्दू

235. फरीद, जो बाद में शेरशाह सूरी बना, ने कहाँ से शिक्षा प्राप्त की थी?
(a) सासाराम (b) पटना
(c) जौनपुर (d) लाहौर

236. निम्नलिखित मध्ययुगीन शासकों में से कौन एक उच्च शिक्षित था?
(a) बलबन
(b) अलाउद्दीन खिलजी
(c) इब्राहिम लोदी
(d) शेरशाह

237. निम्नलिखित में से किस सुल्तान ने पहले 'हजरते आला' की उपाधि अपनाई और बाद में 'सुल्तान' की?
(a) बहलोल लोदी
(b) सिकंदर लोदी
(c) शेरशाह सूरी
(d) इस्लामशाह सूरी

238. दिल्ली सल्तनत के पराभव के उपरांत सर्वप्रथम किस शासक द्वारा स्वर्ण मुद्रा का प्रचलन किया गया?
(a) अकबर (b) हुमायूँ
(c) शाहजहाँ (d) शेरशाह

239. हुमायूँ ने चुनार दुर्ग पर प्रथम बार कब आक्रमण किया?
(a) 1532 ई० (b) 1531 ई०
(c) 1533 ई० (d) 1536 ई०

240. किसने अपने बादशाह पति के लिए मकबरे का निर्माण करवाया था?
(a) शाह बेगम ने (b) हाजी बेगम ने
(c) मुमताज महल (d) नूरुन्निसा

241. चाँदी का सिक्का किसने शुरु किया?
(a) अकबर
(b) शेरशाह
(c) अलाउद्दीन खिलजी
(d) बख्तियार खिलजी

242. शेरशाह के अन्तर्गत ताँबें के दाम और चाँदी के रुपया की विनिमय दर क्या थी?
(a) 16:1 (b) 32:1
(c) 48:1 (d) 64:1

243. 'मात्र एक मुट्ठी बाजरे के चक्कर में मैंने अपना साम्राज्य खो दिया होता' किसने कहा था?
(a) अलाउद्दीन खिलजी
(b) मोहम्मद तुगलक
(c) शेरशाह सूरी
(d) औरंगजेब

244. शेरशाह सूरी का मकबरा कहाँ है?

(a) सासाराम   (b) दिल्ली
(c) कालिंजर   (d) सोनागाँव

245. निम्नलिखित में किस स्मारक का निर्माण शेरशाह ने करवाया था?
(a) दिल्ली की किला-ए-कुहना मस्जिद
(b) जौनपुर की अटाला मस्जिद
(c) गौर की बारा सोना मस्जिद
(d) दिल्ली की कुव्वत-उल-इस्लाम मस्जिद

246. दिल्ली में 'पुराना किला' के भवनों का निर्माण किया था–
(a) फिरोज तुगलक ने
(b) इब्राहिम लोदी ने
(c) शेरशाह सूरी ने
(d) बाबर ने

247. कृषकों की सहायता के लिए किस मध्यकालीन भारतीय शासक ने पट्टा एवं कबूलियत की व्यवस्था प्रारंभ की थी?
(a) अलाउद्दीन खिलजी
(b) मोहम्मद बिन तुगलक
(c) शेरशाह सूरी
(d) अकबर

248. हल्दी घाटी का युद्ध किस वर्ष में हुआ था?
(a) 1756 ई०   (b) 1576 ई०
(c) 1756 ई०पू० (d) 1576 ई०पू०

249. हल्दी घाटी के युद्ध में महाराणा प्रताप की सेना के सेनापति कौन थे?
(a) अमर सिंह   (b) भान सिंह
(c) हकीम खान   (d) शक्ति सिंह

250. हल्दी घाटी क युद्ध के पीछे अकबर का मुख्य उद्देश्य था–
(a) राणा प्रताप को अपने अधीन लाना
(b) राजपूतों में फूट डालना
(c) मानसिंह की भावना को संतुष्ट करना
(d) साम्राज्यवादी नीति

251. अकबर ने सर्वप्रथम वैवाहिक सम्बन्ध राजपूतों के किस गृह से स्थापित किया?

(a) बुंदेलों से   (b) कछवाहा से
(c) राठौरों से   (d) सिसोदियों से

252. निम्नलिखित में से किसे अकबर ने स्वयं मारा था?
(a) अधम खाँ को
(b) बैरम खाँ को
(c) बाज बहादुर को
(d) पीर मुहम्मद को

253. राजपूताना के भिन्न राजाओं में से किसने अकबर की संप्रभुता स्वयं स्वीकार नहीं की थी?
(a) आमेर (अम्बेर)
(b) मेवाड़ (मारवाड़)
(c) मारवाड़
(d) बीकानेर

254. अकबर के साथ युद्ध करने वाली दुर्गावती कहाँ की रानी थी?
(a) मंडला   (b) मांडू
(c) असीरगढ़   (d) रामगढ़

255. अबुल फजल की मृत्यु इनमें से किसके कारण हुई?
(a) शहजादा सलीम
(b) अब्दुर रहीम खान-ए-खाना
(c) शहजादा मुराद
(d) शहजादा दानियल

256. अकबर की लोकप्रियता के कारण थे–
A. मनसबदारी प्रथा
B. धार्मिक नीति
C. भू-राजस्व व्यवस्था
D. सामाजिक सुधार
(a) A, B सही है (b) B सही है
(c) C सही है   (d) सभी सही है

257. निम्नलिखित में से किस मुस्लिम शासक ने 'तीर्थयात्रा-कर' समाप्त कर दिया था?
(a) बहलोल लोदी (b) शेरशाह
(c) हुमायूँ   (d) अकबर

258. निम्न में से किसको एक 'प्रबुद्ध निरंकुश' कहा जा सकता है?
(a) बाबर   (b) हुमायूँ
(c) अकबर   (d) औरंगजेब

इतिहास

259. अकबर के शासनकाल में पुनर्गठित केन्द्रीय प्रशासन तन्त्र के अन्तर्गत सैनिक विभाग का प्रमुख था–
(a) दीवान (b) मीर बख्शी
(c) मीर समन (d) बख्शी

260. अकबर कालीन सैन्य व्यवस्था आधारित थी–
(a) मनसबदारी
(b) जमींदारी
(c) सामंतवादी
(d) आइन-ए-दहशाला

261. अकबर द्वारा दीवान का पूर्णरूपेण दर्जा दिया जाने वाला प्रथम व्यक्ति था–
(a) आसफ खाँ
(b) मुनीम खाँ
(c) मुजफ्फर खाँ तुरबती
(d) राजा टोडरमल

262. अकबर की मनसबदारी प्रथा किस देश से उधार ली गयी थी?
(a) अफगानिस्तना (b) तुर्की
(c) मंगोलिया (d) फारस

263. 'जब्ती' प्रणाली किसकी उपज थी?
(a) गयासुद्दीन तुगलक
(b) सिकंदर लोदी
(c) शेरशाह
(d) अकबर

264. टोडरमल किस क्षेत्र में प्रसिद्ध थे?
(a) सैन्य अभियान (b) भू-राजस्व
(c) हास-परिहास (d) चित्रकला

265. इनमें से किस कर व्यवस्था को बंदोबस्त व्यवस्था के नाम से जाना जाता है?
(a) जब्ती (b) दहसाला
(c) नसक (d) कानकुट

266. टोडरमल सम्बन्धित थे–
(a) कानून से
(b) मालगुजारी सुधारों से
(c) साहित्य से
(d) संगीत से

267. अकबर ने 'दीन-ए-इलाही' किस वर्ष में प्रारंभ किया?
(a) 1570 (b) 1578
(c) 1581 (d) 1582

268. 'दीन-ए-इलाही' का प्रचार किस शासक ने किया था?
(a) बाबर (b) अकबर
(c) औरंगजेब (d) शाहजहाँ

269. किस इतिहसाकार ने 'दीन-ए-इलाही' को एक धर्म कहा?
(a) अबुल फजल
(b) अब्दुल कादिर बदायूँनी
(c) निजामुद्दीन
(d) इनमें से कोई नहीं

270. 'इबादत खाने' का निर्माण किसने करवाया?
(a) औरंगजेब
(b) अलाउद्दीन खिलजी
(c) अकबर
(d) फिरोज तुगलक

271. कौन-सा स्मारक फतेहपुर सीकरी में नहीं है?
(a) स्वर्ण महल
(b) पंच महल
(c) जोधाबाई का महल
(d) अकबरी महल

272. दिल्ली में कौन-सा ऐतिहासिक स्मारक भारतीय तथा फारसी वास्तुकला शैली का उदाहरण है?
(a) कुतुबमीनार
(b) लोदी का मकबरा
(c) हुमायूँ का मकबरा
(d) लाल किला

273. 'सुलह-ए-कुल' का सिद्धान्त किसके द्वारा प्रतिपादित किया गया था?
(a) निजामुद्दीन औलिया
(b) अकबर
(c) जैनुल आबेदीन
(d) शेख नासिरुद्दीन

274. किस मुगल बादशाह के विरुद्ध जौनपुर से 'फतवा' जारी हुआ था?
(a) हुमायूँ (b) अकबर
(c) शाहजहाँ (d) औरंगजेब

275. निम्न में से किसका निर्माण अकबर ने करवाया था?
(a) बुलंद दरवाजा
(b) जामा मस्जिद
(c) कुतुबमीनार
(d) ताजमहल

276. निम्न में से मुगल सम्राट ने शिक्षा सम्बन्धी सुधार किये थे?
(a) जहाँगीर (b) शाहजहाँ
(c) हुमायूँ (d) अकबर

277. अकबर द्वारा बनायी गयी कौन-सी इमारत का नक्शा बौद्ध विहार की तरह है?
(a) पंच महल
(b) दीवान-ए-खास
(c) जोधाबाई का महल
(d) बुलंद दरवाजा

278. फतेहपुर सीकरी में अकबर ने निर्मित कराया था–
(a) मोती महल
(b) पंचमहल
(c) रंगमहल
(d) हीरा महल

279. जहाँगीर महल स्थित है–
(a) दिल्ली
(b) औरंगाबाद
(c) आगरा
(d) लाहौर

280. अकबर का मकबरा कहाँ पर स्थित है?
(a) सिकंदरा (b) आगरा
(c) औरंगाबाद (d) फतेहपुर सीकरी

281. महाभारत का फारसी अनुवाद किसके निर्देशन में हुआ?
(a) उत्बी (b) नाजिरी
(c) अबुल फजल (d) फैजी

282. महाभारत का फारसी अनुवाद का शीर्षक है–
(a) अनवार-ए-सुहेली
(b) रज्मनामा
(c) हश्त बहिश्त
(d) अपारदानिश

283. रामायण का फारसी में अनुवाद किसने किया था?
(a) अबुल फजल (b) बदायूँनी
(c) फैजी (d) रहीम

284. जैन साधु जो अकबर के दरबार में कुछ वर्ष रहा?
(a) हेमचन्द्र (b) हरिविजय सूरि
(c) जिनसेन (d) उमास्वाति

285. अकबर के समय का प्रसिद्ध चित्रकार था–
(a) अबुल हसन
(b) दसवंत
(c) किशनदास
(d) उस्ताद मंसूर

286. इंग्लैंड की रानी एलिजाबेथ प्रथम का समकालीन भारतीय राजा था–
(a) अकबर (b) शाहजहाँ
(c) औरंगजेब (d) बहादुरशाह

287. किस मध्यकालीन भारतीय लेखक ने अमेरिका की खोज का उल्लेख किया–
(a) मलिक मोहम्मद जायसी
(b) अमीर खुसरो
(c) रसखान
(d) अबुल फजल

288. अकबर के दरबार में आने वाला पहला अंग्रेज व्यक्ति था–
(a) रॉल्फ फिंच
(b) सर थॉमस रो
(c) जॉन हॉकिंस
(d) पीटर मुंडी

289. अकबर ने बंगाल तथा बिहार को मुगल साम्राज्य में मिलाया–
(a) 1590 ई० (b) 1575 ई०
(c) 1576 ई० (d) 1572 ई०

290. 'दो अस्पा' एवं 'सिंह-आस्पा' प्रथा किसने शुरु की थी?
(a) अकबर (b) जहाँगीर
(c) शाहजहाँ (d) औरंगजेब

291. चित्तौड़ की संधि किस शासक के शासनकाल में हस्ताक्षरित हुई थी?
(a) अकबर (b) जहाँगीर
(c) शाहजहाँ (d) औरंगजेब

292. ईस्ट इंडिया कंपनी ने जहाँगीर के दरबार में सर्वप्रथम किसे भेजा?
(a) सर थॉमस रो (b) वास्कोडिगामा
(c) हॉकिंस (d) जॉवचार्नाक

293. जेम्स प्रथम का राजदूत कौन था?
(a) विलियम हॉकिंस
(b) विलियम फिंच
(c) पीट्रा डेला विला
(d) एडवर्ड टेरी

294. किस अंग्रेज को जहाँगीर ने 'खान' की उपाधि दी?
(a) हॉकिंस
(b) सर टॉमस रो
(c) एडवर्ड टेरी
(d) उपरोक्त में से कोई नहीं

295. इंग्लैण्ड के जेम्स प्रथम के राजदूत सर थॉमस रो किस वर्ष भारत आये थे?
(a) 1616 (b) 1615
(c) 1516 (d) 1614

296. जहाँगीर ने थॉमस रो को कहाँ मिलने का अवसर दिया था?
(a) आगरा (b) अजमेर
(c) दिल्ली (d) फतेहपुर सीकरी

297. इंग्लैण्ड का कौन-सा दूत जहाँगीर के पीछे अजमेर से माँडू आया?
(a) क्लाइव (b) थॉमस रो
(c) लॉर्ड एस्टर (d) क्लाइड

298. एक डच पर्यटक जिसने जहाँगीर के शासनकाल का विवरण दिया था?
(a) पेलसर्ट (b) हॉकिंस
(c) मनूची (d) पीटर मुंडी

299. जहाँगीर का मकबरा कहाँ है?
(a) आगरा (b) दिल्ली
(c) लाहौर (d) श्रीनगर

300. मुगल चित्रकला किसके राज्यकाल में अपनी पराकाष्ठा पर पहुँची?
(a) हुमायूँ (b) अकबर
(c) जहाँगीर (d) शाहजहाँ

301. निम्न चित्रकार को जहाँगी ने 'नादिर-उल-जमा' की पदवी दी थी?
(a) अबुल हसन (b) फार्रुख बेग
(c) बिशनदास (d) आगा रजा

302. किस चित्रकार को जहाँगीर ने 'नादिर-उल-असर की उपाधि दी?
(a) दौलत (b) बिशनदास
(c) मनोहर (d) मंसूर

303. जहाँगीर के दरबार में पक्षियों का सबसे बड़ा चित्रकार था–
(a) अब्दुस्समद
(b) सैयद अली तब्रीजी
(c) बसावन
(d) मंसूर

304. किस मुगल बादशाह ने अपनी आत्मकथा फारसी में लिखी?
(a) बाबर (b) अकबर
(c) जहाँगीर (d) औरंगजेब

305. अबुल फजल के हत्यारे को पुरस्कृत किया था–
(a) अकबर ने
(b) जहाँगीर ने
(c) मानसिंह ने
(d) उपर्युक्त में से कोई नहीं

306. खुसरो किस मुगल बादशाह का पुत्र था?
(a) अकबर
(b) जहाँगीर
(c) शाहजहाँ
(d) बहादुरशाह प्रथम

307. निम्न में से कौन नूरजहाँ के गुट का सदस्य नहीं था?
(a) जहाँगीर (b) गियास बेग
(c) आसफ खाँ (d) खुर्रम

308. ऐतमादुद्दौला का मकबरा आगरा से किसने बनवाया था?
(a) अकबर (b) जहाँगीर
(c) नूरजहाँ (d) शाहजहाँ

309. गोविंद महल कहाँ स्थित है?
(a) दतिया में (b) खजुराहो में
(c) ओरछा में (d) ग्वालियर में

310. ईरान के शाह और मुगल शासकों के बीच झगड़े की जड़ क्या थी?
(a) काबुल (b) कंधार
(c) कुंदुज (d) गजनी

311. शाहजहाँ के शासनकाल का राजकवि कौन था?
(a) कुलीन (b) काशी
(c) कुदसी (d) मुनीर

312. मुमताज महल का असली नाम था–
(a) अर्णुमंद बानो बेगम
(b) लाडली बेगम
(c) मेहरुनिसा
(d) रोशनआरा

313. हिंदू तथा ईरानी वास्तुकला का सर्वप्रथम समन्वय हमें देखने को मिलता है–
(a) ताजमहल
(b) लाल किले में
(c) पंचमहल में
(d) शेरशाह के मकबरे में

314. किस मुगल बादशाह ने दिल्ली की जामा मस्जिद का निर्माण करवाया?
(a) अकबर (b) जहाँगीर
(c) शाहजहाँ (d) औरंगजेब

315. निम्न में से किसने साम्राज्य की राजधानी आगरा से दिल्ली स्थानांतरित की?
(a) अकबर (b) जहाँगीर
(c) शाहजहाँ (d) औरंगजेब

316. दिल्ली के लाल किले का निर्माण करवाया था–
(a) अकबर (b) नूरजहाँ
(c) शाहजहाँ (d) औरंगजेब

317. उपनिषदों का फारसी में अनुवाद किस मुगल साम्राज्य के शासनकाल में हुआ?
(a) शाहजहाँ (b) अकबर
(c) जहाँगीर (d) औरंगजेब

318. इनमें से किसे शाहजहाँ ने 'शाह बुलंद इकबाल' की पदवी दी थी?
(a) दारा शिकोह (b) शूजा
(c) औरंगजेब (d) मुराद

319. दारा शिकोह के किस शीर्षक के अन्तर्गत उपनिषदों का फारसी में अनुवाद किया था?
(a) अल-फिहरिश्त
(b) किताब-अल-बयाँ
(c) मज्म-उल-बहरीन
(d) सिर्र-ए-अकबर

320. किस इतिहसाकार ने शाहजहाँ के शासनकाल को मुगलकाल का स्वर्ण युग कहा?
(a) वी०ए० स्मिथ
(b) जे०एन० सरकार
(c) ए०एल० श्रीवास्तव
(d) उपर्युक्त में से कोई नहीं

321. सुप्रसिद्ध 'कोहिनूर' हीरा शाहजहाँ को किसने उपहार में दिया था?
(a) औरंगजेब
(b) मुराद
(c) मीर जुमला
(d) अबुल हसन कुत्बशाह

322. किस मुगल बादशाह ने बलबन द्वारा प्रारंभ किया गया दरबारी रिवाज 'सिजदा' समाप्त कर दिया था?
(a) अकबर (b) जहाँगीर
(c) शाहजहाँ (d) औरंगजेब

323. निम्नलिखित में से कौन शाहजहाँ के शासनकाल में अधिकांश समय तक दक्कन का गवर्नर रहा था?
(a) दारा शिकोह (b) मुराद बख्श
(c) शाह शुजा (d) औरंगजेब

325. धरमट का युद्ध किनके बीच लड़ा गया?
(a) मुहम्मद गोरी तथा जयचंद
(b) बाबर तथा अफगान
(c) औरंगजेब तथा दारा शिकोह
(d) अहमद शाह दुर्रानी तथा मराठा

326. धरमट किस राज्य में स्थित है?
(a) राजस्थान (b) मध्य प्रदेश
(c) गुजरात (d) उत्तर प्रदेश

327. मुगल शहजदा जिसने श्रीनगर गढ़वाल में आश्रम लिया था?
(a) मुराद
(b) औरंगजेब
(c) दारा शिकोह
(d) सुलेमान शिकोह

328. औरंगजेब के पुत्र ने विद्रोह करके राजपूतों के विरुद्ध अपने पिता की स्थिति दुर्बल कर दी थी–
(a) आजम (b) अकबर
(c) मुअज्जम (d) कामबक्श

329. किस मुगल सेनापति के साथ शिवाजी ने 1665 ई० में पुरंदर की संधि पर हस्ताक्षर किये थे?
(a) दिलेर खाँ
(b) जयसिंह
(c) जसवंत सिंह
(d) शाइस्ता खाँ

330. किस मुगल बादशाह को 'जिंदा पीर' कहा जाता था?
(a) अकबर (b) औरंगजेब
(c) शाहजहाँ (d) जहाँगीर

331. औरंगजेब के काल में कौन यूरोपीय यात्री भारत आया?
(a) विलियम हॉकिंस
(b) टॉमस रो
(c) एंटोनियो मोंसराट
(d) पीटर मुंडी

332. औरंगजेब ने बीजापुर को कब जीता था?
(a) 1685 (b) 1686
(c) 1687 (d) 1684

333. औरंगजेब में दक्षिण में जिन दो राज्यों को विजय किया, वह थे–
(a) अहमदनगर एवं बीजापुर
(b) बीदर एवं बीजापुर
(c) बीजापुर एवं गोलकुंडा
(d) गोलकुंडा एवं अहमदनगर

334. किस बादशाह के अन्तर्गत मुगल सेना में सर्वाधिक हिंदू सेनापति थे?
(a) हुमायूँ (b) अकबर
(c) जहाँगीर (d) औरंगजेब

335. 'जजिया' किसके शासनकाल में पुनः लगाया गया था?
(a) अकबर (b) औरंगजेब
(c) जहाँगीर (d) हुमायूँ

336. औरंगजेब द्वारा चलाये 'जिहाद' का अर्थ है–
(a) दारुल-हर्ब (b) दारुल-इस्लामी
(c) होली वॉर (d) जजिया

337. 'बीबी का मकबरा' का निर्माता था–
(a) हुमायूँ (b) शाहजहाँ
(c) अकबर द्वितीय (d) औरंगजेब

338. कौन-सा मकबरा 'द्वितीय ताजमहल' कहलाता है?
(a) अनारकली का मकबरा
(b) एत्माद-उद-दौला का मकबरा
(c) राबिया-उद-दौरानी का मकबरा
(d) इनमें से कोई नहीं

339. निम्नलिखित में से कौन सम्राट औरंगजेब की पुत्री थी?
(a) जहाँआरा (b) रोशन आरा
(c) गौहर आरा (d) मेहरुन्निसा

340. औरंगजेब ने किसको 'साहिबात-उज-जमानी' की उपाधि प्रदान की?
(a) शाइस्ता खान
(b) अमीन खान
(c) जहाँआरा (d) रोशन आरा

341. संत रामदास किसके समकालीन थे?
(a) अकबर (b) जहाँगीर
(c) शाहजहाँ (d) औरंगजेब

342. दिल्ली के लाल किले में मोती मस्जिद का निर्माण किया था–
(a) अकबर (b) जहाँगीर
(c) शाहजहाँ (d) औरंगजेब

343. मुगल प्रशासन के दौरान जिले को किस नाम से जाना जाता था?
(a) अहर (b) विश्यास
(c) सूबा (d) सरकार

344. मुगलकाल में सेना प्रधान को क्या कहते थे?
(a) शहना-ए-पील
(b) मीर बख्शी
(c) वजीर
(d) सवाहेनिगार

345. निम्न में से किसे मुगल सेना में चिकित्सक नियुक्त किया गया था?
(a) बर्नियर को (b) कोरी को
(c) मनूची को (d) टेवर्नियर को

346. मुगल प्रशासन में 'मुहतसिब' था–
(a) सेना अधिकारी
(b) विदेश विभाग का मुख्य

(c) लोक आचरण अधिकारी
(d) पत्र व्यवहार विभाग

347. मुगलकालीन भारत में राज्य की आय का प्रमुख स्रोत क्या था?
(a) लूट (b) राजगत संपत्ति
(c) भू-राजस्व (d) कर

348. मुगल प्रशासनिक शब्दावली में 'माल' प्रतिनिधित्व करता है–
(a) भू-राजस्व
(b) राजगत संपत्ति
(c) भत्तों का
(d) इनमें से कोई नहीं

349. मुगल सम्राट जिसने तंबाकू के प्रयोग पर निषेध लगाया था?
(a) अकबर (b) बाबर
(c) जहाँगीर (d) औरंगजेब

350. मुगल प्रशासन में 'मदद-ए-माश' क्या था?
(a) चुंगी कर
(b) राजस्व मुक्त भूमि
(c) पेंशन
(d) बुवाई कर

351. किस राजा ने रामसीता की आकृतियों और 'रामसीय' देवनागरी लेख से युक्त कुछ सिक्के चलाये?
(a) भोज
(b) सिद्धराज जयसिंह
(c) जैन उल आबिदीन
(d) अकबर

352. मुगल शासन में 'ताँबे का सिक्का' क्या कहलाता था?
(a) रुपया (b) दाम
(c) टंका (d) शम्सी

353. मध्यकाल में बँटाई शब्द का अर्थ था–
(a) धार्मिक कर
(b) लगान निर्धारण का तरीका
(c) धन कर
(d) संपत्ति कर

354. मुगल चित्रकला के विषय में कौन-सा कथन सत्य है?
(a) युद्ध-दृश्य (b) प्राकृतिक दृश्य
(c) दरबारी चित्रण (d) उपर्युक्त सभी

355. चित्रकला की मुगल शैली का प्रारंभ किया था–
(a) अकबर ने (b) हुमायूँ ने
(c) जहाँगीर ने (d) शाहजहाँ ने

356. चित्रकला में किस कलम चित्रकला पर मुगल चित्रकला का प्रभाव नहीं पड़ा?
(a) पहाड़ी (b) राजस्थानी
(c) कांगड़ा (d) कालीघाट

357. 'दास्तान-ए-अमीर हम्जा' का चित्रांकन किसके द्वारा किया गया?
(a) अब्दुस्समद
(b) मंसूर
(c) मीर सैयद अली
(d) अबुल हसन

358. मुगल चित्रकला ने किसके शासनकाल में उन्नति की?
(a) औरंगजेब (b) अकबर
(c) जहाँगीर (d) शाहजहाँ

359. 'किशनगढ़' शैली किस कला के लिए प्रसिद्ध है?
(a) मंदिरकला (b) चित्रकला
(c) युद्धशैली (d) मूर्तिकला

360. निम्न में से कौन-सा एक संगीत वाद्य बजाने में औरंगजेब की दक्षता थी?
(a) सितार
(b) पखावज
(c) वीणा
(d) इनमें से कोई नहीं

361. प्रातःकाल में गाया जाने वाला राग है–
(a) तोड़ी (b) दरबारी
(c) भोपाली (d) भीमपलासी

362. तानेसन का मकबरा स्थित है?
(a) आगरा में (b) ग्वालियर में
(c) झाँसी में (d) जयपुर में

363. तानसेन का मूल नाम था–
(a) करचन्द्र पांडेय (b) रामतनु पांडेय
(c) लाल कलावंत (d) बाज बहादुर

364. गुलबदन बेगम पुत्री थी–
(a) बाबर की (b) हुमायूँ की
(c) शाहजहाँ की (d) औरंगजेब की

365. मुगलकाल में किस महिला में ऐतिहासिक विवरण लिखे?
(a) गुलबदन बेगम
(b) नूरजहाँ बेगम
(c) जहाँआरा बेगम
(d) जेबुन्निसां बेगम

366. 'हुमायूँनामा' की रचना किसने की थी?
(a) बाबर (b) हुमायूँ
(c) गुलबदन बेगम (d) जहाँगीर

367. दिल्ली का वह शिक्षा केन्द्र जो मदरसा-ए-बेगम कहलाता था, किसके द्वारा स्थापित किया गया था?
(a) गुलबदन बेगम
(b) माहम अनगा
(c) जिया उन्निसा
(d) जीनत उन्निसा

368. हितोपदेश का फारसी अनुवाद किसने किया था?
(a) दारा शिकोह (b) फैजी
(c) बदायूँनी (d) ताजुल माली

369. निम्न मुसलमान विद्धानों में से हिन्दी साहित्य के लिए किसका सबसे महत्त्वपूर्ण योगदान है?
(a) अबुल फजल
(b) फैजी
(c) अब्दुर्रहीम खानखाना
(d) बदायूँनी

370. 'अनवार-ए-सुहाइली' नामक ग्रन्थ किस ग्रन्थ का अनुवाद है?
(a) पंचतंत्र (b) महाभारत
(c) रामायण (d) सूरसागर

371. अब्दुल हामिद लाहौरी कौन था?
(a) सैनय कमांडर
(b) इतिहासकार
(c) सामंत
(d) कवि

372. अबुल फजल द्वारा 'अकबरनामा' पूरा किया गया?
(a) सात वर्षों में (b) आठ वर्षों में
(c) नौ वर्षों में (d) दस वर्षों में

373. मुगलकाल में दरबारी भाषा थी–
(a) अरबी (b) तुर्की
(c) फारसी (d) उर्दू

374. मुगलों की अदालत में भाषा थी–
(a) तुर्की (b) फारसी
(c) उर्दू (d) अरबी

375. नस्तालीक क्या है?
(a) मध्यकालीन फारसी लिपि
(b) एक राग
(c) उपकर
(d) आचार संहिता

376. वह राजा जिसने नागरीदास के नाम से कृष्ण की प्रशंसा में छंद लिखे–
(a) राजा उमेद सिंह
(b) राजा राम सिंह
(c) राजा छत्रसाल
(d) राजा सावंत सिंह

377. किसने 'रामचन्द्रिका' एवं 'रसिकप्रिया' की रचना की थी?
(a) केशव (b) मतिराम
(c) रसखान (d) सेनापति

378. हेमचन्द्र विक्रमादित्य भारतीय इतिहास में किस नाम से जाने जाते हैं?
(a) पूरनमल (b) मालदेव
(c) राना साँगा (d) हेमू

379. अकबर की मृत्यु कब हुई?
(a) 1605 (b) 1606
(c) 1604 (d) 1616

380. औरंगजेब की मृत्यु कब हुई?
(a) 1707 (b) 1706
(c) 1705 (d) 1702

381. शिवाजी की मृत्यु कब हुई?
(a) 1680 (b) 1681
(c) 1690 (d) 1691

382. पानीपत का तीसरा युद्ध कब हुआ?
(a) 1192 (b) 1707
(c) 1761 (d) 1605

383. पानीपत की दूसरी लड़ाई कब हुई?
(a) 1556 (b) 1526
(c) 1761 (d) 1739

384. असीरगढ़ का युद्ध कब हुआ?
(a) 1601 (b) 1761
(c) 1602 (d) 1192

385. अता अली खाँ किसका नाम था?
(a) अबुल फजल (b) फैजी
(c) तानेसन (d) टोडरमल

386. मुगलकाल में किस बंदरगाह को 'बाबुल मक्का' कहा जाता था?
(a) कालीकट (b) भरुच
(c) कैंबे (d) सूरत

387. मुगलकाल में 'मौल्लिम' था–
(a) एक कर
(b) एक प्रशासनिक इकाई
(c) एक शासक
(d) एक कर्मचारी

388. अमृतसर नगर की स्थापना किसने की?
(a) गुरु नानक
(b) गुरु गोविंद सिंह
(c) गुरु तेग बहादुर
(d) गुरु राम दास

389. किस सिख गुरु को अकबर ने 500 बीघा जमीन दी थी?
(a) अर्जुनदेव (b) रामदास
(c) हरराय (d) तेग बहादुर

390. गुरु नानक ने अपना उत्तराधिकारी किसे नियुक्त किया था?
(a) गुरु राम दास (b) गुरु अमर दास
(c) गुरु हर राय (d) गुरु अंगद

391. गुरु ग्रन्थ साहेब का संकलन किसने किया था?
(a) गुरु नानक देव
(b) गुरु तेग बहादुर
(c) गुरु गोविंद सिंह
(d) गुरु अर्जुन देव

392. किस सिख गुरु की मृत्यु के लिए औरंगजेब जिम्मेदार है?
(a) गुरु गोविंद सिंह
(b) गुरु तेग बहादुर
(c) गुरु रामदास
(d) गुरु अंगद देव

393. निम्न में से किस स्थान पर प्रसिद्ध गुरुद्वारा है?
(a) रुपकुंड (b) हेमकुंड
(c) ताराकुंड (d) ब्रह्मकुंड

394. पटना में किस सिख गुरु का जन्म हुआ था?
(a) नानक (b) तेग बहादुर
(c) हरगोविंद (d) गोविंद सिंह

395. किसकी समाधि नांदेड़ में है?
(a) अमरदास (b) अंगद
(c) अर्जुन देव (d) गोविंद सिंह

396. खालसा पंथ कितने वर्ष पहले प्रारंभ हुई?
(a) 150 (b) 300
(c) 200 (d) 400

397. किस सिख गुरु ने खालसा पंथ की स्थापना की थी?
(a) गुरु गोविंद सिंह
(b) गुरु तेग बहादुर
(c) गुरु अर्जुन देव
(d) गुरु नानक देव

398. सिखों के अंतिम गुरु कौन थे?
(a) गुरु अर्जुन देव
(b) गुरु गोविंद सिंह
(c) गुरु तेग बहादुर
(d) इनमें से कोई नहीं

399. बंदा बहादुर का मूल नाम था–
(a) महेश दास (b) लच्छन देव
(c) द्वारका दास (d) हरनाम दास

400. सिख साम्राज्य का अंतिम शासक था–
(a) दलीप सिंह
(b) नौनिहाल सिंह
(c) रणजीत सिंह
(d) शेर सिंह

आधुनिक भारतीय इतिहास

1. वास्कोडिगामा कालीकट पर किस वर्ष में आया?
(a) 1350 AD (b) 1498 AD
(c) 1530 AD (d) 1612 AD

2. पुर्तगाली उपनिवेश का प्रथम वायसराय कौन था?
(a) डियाज (b) वास्कोडिगामा
(c) अल्मीड़ा (d) अल्बुकर्क

3. वास्कोडिगामा का कालीकट में स्वागत किया था–
(a) गेस्पर कोरिया (b) अल्बुकर्क
(c) जमोरिन (d) डॉन अलमेड़ा

4. भारत में पुर्तगाली शक्ति का वास्तविक संस्थापक कौन था?
(a) वास्कोडिगामा (b) अलबुकर्क
(c) डायज (d) ऑक्सड़न

5. पुर्तगालियों ने भारत में निम्न में से किस स्थान पर प्रथम दुर्ग का निर्माण किया था?
(a) अञ्जीदीव में (b) कन्नानोर में
(c) कोचीन में (d) गोवा में

6. मध्यकाल में सर्वप्रथम भारत में व्यापार सम्बन्ध स्थापित करने वाले थे–
(a) डच (b) अंग्रेज
(c) फ्रांसीसी (d) पुर्त्तगाली

7. किन यूरोपियों ने भारत में प्रथमत: व्यापारिक केन्द्र स्थापित किये?
(a) अंग्रेज (b) फ्रांसीसी
(c) पुर्तगाली (d) डच

8. बंगाल में पुर्तगालियों द्वारा स्थापित फैक्ट्रियाँ कहाँ थीं?
(a) बांदेल (b) चिनसुरा
(c) हुगली (d) श्रीरामपुर

9. हुगली को बंगाल की खाड़ी में समुद्री लूटपाट के लिए किसने अड्डा बनाया था?
(a) पुर्तगालियों ने
(b) फ्रांसीसियों ने
(c) डेनमार्क वासी
(d) अंग्रेज

10. कलकत्ता का संस्थापक कौन था?
(a) चार्ल्स आयर
(b) जॉब चारनॉक
(c) गैरोल्ड अंगियार
(d) विलियम नौरिस

11. भारत के साथ व्यापार के लिए सर्वप्रथम संयुक्त पूँजी कंपनी किन लोगों ने आरंभ की?
(a) पुर्तगाली (b) डच
(c) फ्रेंच (d) डेनिश

12. किस ब्रिटिश कंपनी को भारत में व्यापार करने का पहला अधिकार पत्र प्राप्त हुआ था?
(a) लीवेंट कंपनी
(b) ईस्ट इंडिया कंपनी
(c) दी इंग्लिश कंपनी
(d) ओस्टेंड कंपनी

13. लंदन में ब्रिटिश ईस्ट इंडिया कम्पनी के गठन के समय भारत का बादशाह कौन था?
(a) अकबर (b) जहाँगीर
(c) शाहजहाँ (d) औरंगजेब

14. किस सम्राट के काल में इंग्लिश ईस्ट इंडिया कम्पनी ने भारत में सर्वप्रथम कारखाना स्थापित किया?
(a) अकबर (b) जहाँगीर
(c) शाहजहाँ (d) औरंगजेब

15. भारत में 1613 में अंग्रेजों ने अपनी पहली फैक्टरी कहाँ स्थापित की?
(a) गोवा (b) हुगली
(c) आरकोट (d) सूरत

16. किस अंग्रेज अधिकारी ने पुर्तगालियों को 'स्वाल्ली' में हराया था?
(a) विलियम हॉकिंस
(b) थॉमस बेस्ट
(c) थॉमस रो
(d) चाइल्ड

17. किसने सूरत में सर्वप्रथम अपना कारखाना स्थापित किया?
(a) डच (b) अंग्रेज
(c) फ्रांसीसी (d) पुर्तगाली

18. 1613 में अंग्रेजी ईस्ट इंडिया कंपनी को कहाँ कारखाना स्थापित करने की अनुमति मिली?
(a) बंगलौर (b) मद्रास
(c) मसूलीपट्टनम (d) सूरत

19. ब्रिटिश ईस्ट इंडिया कंपनी ने बंबई को किससे लिया था?
(a) डचों से (b) फ्रांसीसियों से
(c) डेनिशों से (d) पुर्तगालियों से

20. किस अंग्रेज गर्वनर को औरंगजेब द्वारा भारत से निष्कासित किया गया?
(a) आंगियर (b) जॉन चाइल्ड
(c) जॉन गेपर (d) निकोलस वेट

21. कर्नाटक युद्ध किस-किस उपनिवेशवादी ताकतों के मध्य लड़ा गया?
(a) अंग्रेज व फ्रांसीसी
(b) अंग्रेज व डच
(c) अंग्रेज व मराठे
(d) हैदर अली व मराठे

22. भारत में फ्रांसीसियों ने अपना सबसे पहला कारखाना कहाँ लगाया?
(a) सूरत (b) पुलिकट
(c) कोचीन (d) कासिम बाजार

23. किसे भारत में फ्रांसीसी कंपनी का संस्थापक माना जाता है?
(a) रिशलू (b) मजारे
(c) कॉल्बर्ट (d) फ्रैंको मार्टिन

24. बंगाल में कौन-सा कारखाना डचों ने स्थापित किया था?
(a) बंदेल (b) चिनसुरा
(c) हुगली (d) श्रीरामपुर

25. यूरोपवासियों को सर्वोत्तम शोरा और अफीम प्राप्त होता था–
(a) बिहार (b) गुजरात
(c) बंगाल (d) मद्रास

26. अंग्रेजी शासनकाल में अफीम उत्पादन हेतु प्रसिद्ध था–
(a) बिहार (b) दक्षिणी भारत
(c) गुजरात (d) असम

27. कौन यूरोपीय व्यापारी स्वतंत्रता पूर्व भारत में सबसे अंत में आये?
(a) डच (b) इंग्लिश
(c) फ्रांसीसी (d) पुर्तगाली

28. मुगल सम्राट द्वारा नियुक्त कौन बंगाल का अंतिम गवर्नर था?
(a) सरफराज खान
(b) मुर्शीद कुली खान
(c) अलीवर्दी खान
(d) मुहम्मद खान

29. वह कौन-सा युद्ध है, जिसने भारत में ब्रिटिश प्रभुत्व को प्रांरभ किया?
(a) बक्सर का युद्ध
(b) प्लासी का युद्ध
(c) मैसूर का युद्ध
(d) 1857 का स्वतंत्रता संग्राम

30. सिराजुद्दौला, लॉर्ड क्लाइव द्वारा किस युद्ध में परास्त हुआ था?
(a) प्लासी (b) बक्सर
(c) मुंगेर (d) वांडीवाश

31. भारतवर्ष में ब्रिटिश साम्राज्य का संस्थापक कौन था?
(a) वारेन हेस्टिंग्स
(b) एमहर्स्ट
(c) लॉड रॉबर्ट क्लाइव
(d) विलियम बैंटिक

32. किसे 'स्वर्ग से उत्पन्न सेनानायक, कहा गया?
(a) अल्बुकर्क (b) रॉबर्ट क्लाइव
(c) डूप्ले (d) कार्नवालिस

33. प्लासी कहाँ स्थित है?
(a) बिहार (b) आन्ध्र प्रदेश
(c) उड़ीसा (d) पश्चिम बंगाल

34. प्लासी का युद्ध लड़ा गया था, वर्ष–
(a) 1761 (b) 1757
(c) 1760 (d) 1767

35. किसने अपनी राजधानी मुर्शिदाबाद से मुंगेर स्थानांतरित की?
(a) अलीवर्दी खाँ (b) सिराजुद्दौला
(c) मीर जाफर (d) मीर कासिम

36. सबसे अधिक निर्णायक युद्ध जिसने अंग्रेजों के भारत में प्रभुत्व को स्थापित किया था–
(a) बक्सर का युद्ध
(b) प्लासी का युद्ध
(c) वांडीवाश का युद्ध
(d) पानीपत का युद्ध

37. बक्सर के युद्ध के समय दिल्ली का शासक कौन था?
(a) औरंगजेब
(b) शाहआलम प्रथम
(c) बहादुरशाह जफर
(d) शाहआलम द्वितीय

38. किस शासक ने ईस्ट इंडिया कम्पनी को दीवानी प्रदान की थी?
(a) फर्रुखसियर
(b) शाहआलम प्रथम
(c) शाहआलम द्वितीय
(d) शुजाउद्दौला

39. सम्राट शाहआलम द्वितीय ने ईस्ट कम्पनी को बंगाल, बिहार तथा उड़ीसा की दीवानी प्रदान की–
(a) 12 अगस्त 1765
(b) 18 अगस्त 1765
(c) 29 अगस्त 1715
(d) 21 अगस्त 1765

40. इलाहाबाद की संधि के बाद राबर्ट क्लाइव ने मुर्शिदाबाद का उप दीवान किसे बनाया था?
(a) मुहम्मद रजा खान
(b) शिताब राय
(c) राय दुर्लभ
(d) सैयद गुलाम हुसैन

41. ब्रिटिश सबसे पहले किस पर्वतीय जनजाति के संपर्क में आये?
(a) गारो (b) खासी
(c) कूकी (d) टिरपराह

42. वांडिवाश का युद्ध कब हुआ?
(a) 1760 (b) 1761
(c) 1765 (d) 1766

43. निम्न में किसने भारत में अंग्रेजों का सर्वाधिक विरोध किया?
(a) मराठा (b) मुगल
(c) राजपूत (d) सिख

44. रणजीत सिंह के राज्य में सम्मिलित था?
(a) दिल्ली (b) काबुल
(c) मकराना (d) श्रीनगर

45. रणजीत सिंह किस मिसल से सम्बन्धित थे?
(a) सुकरचकिया (b) संधावालिया
(c) अहलूवायिा (d) रामगढ़िया

46. महराजा रणजीत सिंह की राजधानी थी–
(a) अमृतसर (b) पटियाला
(c) लाहौर (d) कपूरथला

47. रणजीत सिंह ने सुप्रसिद्ध कोहिनूर हीरा प्राप्त किया था–
(a) शाहशुजा से (b) जमांशाह से
(c) दोस्त मोहम्मद (d) शेरअली

48. महराजा रणजीत सिंह के उत्तराधिकारी थे–
(a) हरिसिंह नलवा (b) खड्ग सिंह
(c) शेरसिंह (d) नौनिहाल सिंह

49. सिख राज्य का अंतिम राजा कौन था?
(a) खड़क सिंह
(b) शेरसिंह
(c) नव निहाल सिंह
(d) दलीप सिंह

50. प्रथम आंग्ल-मैसूर युद्ध (1766-69) में कौन विजयी हुआ?
(a) अंग्रेज
(b) हैदर अली

(c) मराठा
(d) हैदराबाद का निजाम

51. किस ब्रिटिश जनरल ने हैदर अली को पोर्टोनोवो के युद्ध में हराया?
(a) कैप्टन पॉपहेम (b) सर आयरकूट
(c) हेक्टर मुनरो (d) जनरल गोड्डार्ड

52. टीपू सुल्तान ने अपनी राजधानी बनायी–
(a) श्रीरंगपट्टनम (b) मैसूर
(c) बंगलौर (d) कोयम्बटूर

53. टीपू सुल्तान ने ब्रिटिश सेना को 1780 में हराया था–
(a) हैदराबाद में (b) पोलीलुर में
(c) सेरिंगपटनम में (d) निजामाबाद में

54. अंग्रेजों में श्रीरंगपट्टनम की संधि किसके साथ की थी?
(a) हैदर अली (b) डूप्ले
(c) टीपू सुल्तान (d) नन्दराम

55. टीपू सुल्तान अंग्रेजों के साथ युद्ध में कब मारे गये?
(a) 1857 (b) 1799
(c) 1793 (d) 1769

56. बेगम समरु ने एक अति प्रसिद्ध चर्च का निर्माण करवाया–
(a) माउन्ट आबू में (b) नैनीताल में
(c) सरधना में (d) कानपुर में

57. भारत के प्रथम गर्वनर जनरल थे–
(a) रॉबर्ट क्लाइव (b) वारेन हेस्टिंग्स
(c) लॉर्ड मेयो (d) लॉर्ड डलहौजी

58. कलकत्ता में एशियाटिक सोसायटी की स्थापना के समय बंगाल का गवर्नर जनरल कौन था?
(a) कार्नवालिस (b) वारेन हेस्टिंग्स
(c) लॉर्ड वेलेस्ली (d) लॉर्ड बेंटिंग

59. 'सुरक्षा प्रकोष्ठ' की नीति सम्बन्धित है–
(a) वारेन हेस्टिंग्स (b) लार्ड डलहौजी
(c) हेनरी लारेंस (d) लार्ड हेस्टिंग्स

60. किसने बंगाल में द्वैध-शासन प्रणाली को समाप्त किया?
(a) राबर्ट क्लाइव
(b) कार्नवालिस
(c) वारेन हेस्टिंग्स
(d) उपर्युक्त में से कोई नहीं

61. किस गवर्नर जनरल पर महाभियोग का मुकदमा चलाया गया?
(a) वॉरेन हेस्टिंग्स (b) लॉर्ड क्लाइव
(c) कार्नवालिस (d) लॉर्ड वेलेजली

62. भारत में न्यायिक संगठन की स्थापना किसने की?
(a) लॉर्ड मेयो
(b) लॉर्ड कार्नवालिस
(c) लॉर्ड एटली
(d) लॉर्ड कर्जन

63. किस गवर्नर जनरल ने भारतीय सिविल सेवा का प्रारंभ किया?
(a) वारेन हेस्टिंग्स
(b) वेलेजली
(c) कार्नवालिस
(d) विलियम बेंटिक

64. लॉर्ड कार्नवालिस की कब्र कहाँ स्थित है?
(a) गाजीपुर (b) बलिया
(c) वाराणसी (d) गोरखपुर

65. 1802 की 'बसीन की संधि' पर हस्ताक्षर किसके मध्य हुआ था?
(a) अंग्रेज तथा बाजीराव I
(b) अंग्रेज तथा बाजीराव II
(c) फ्रांसीसी तथा बाजीराव I
(d) डच तथा बाजीराव II

66. लॉर्ड वेलेजली की 'सहायक संधि' को स्वीकार करने वाला पहला मराठा था–
(a) पेशवा बाजीराव II
(b) रधुजी भोंसलें
(c) दौलतराव सिंधिया
(d) उपर्युक्त में से कोई नहीं

67. 'सहायक संधि' को किसके काल में क्रियान्वित किया गया?
(a) लॉर्ड कार्नवालिस
(b) वेलेजली
(c) सर जान शोर
(d) लॉर्ड ऑकलैंड

68. सहायक संधि स्वीकार करने वाले प्रथम भारतीय देशी शासक थे–
(a) ग्वालियर के सिंधिया
(b) हैदराबाद के निजाम
(c) पंजाब के दलीप सिंह
(d) बड़ौदा के गायकवाड़

69. 'सहायक संधि' को किसने स्वीकार नहीं किया–
(a) हैदराबाद के निजाम
(b) इंदौर के होल्कर
(c) जोधपुर के राजपूत
(d) मैसूर के शासक

70. आंग्ल-नेपाल युद्ध किसके शासनकाल में हुआ था?
(a) लॉर्ड कॉर्नवालिस
(b) लॉर्ड हेस्टिंग्स
(c) लॉर्ड वेलेजली
(d) वारेन हेस्टिंग्स

71. तृतीय आंग्ल-मराठा युद्ध सम्बन्धित है–
(a) सर जॉन शोर
(b) लॉर्ड वेलेजली
(c) लॉर्ड हेस्टिंग्स
(d) लॉड कार्नवालिस

72. ठगों का दमन किसने किया?
(a) जनरल प्रेंडरगास्ट
(b) कैप्टन स्लीमैन
(c) एलेक्जेंडर बर्न्स
(d) कैप्टन पेम्बरटन

73. 'सती प्रथा' पर पाबंदी किसने लगाई?
(a) वारेन हेस्टिंग्स
(b) लॉर्ड कर्जन
(c) विलियम बेंटिक
(d) लॉर्ड कैनिंग

74. विलियम बैंटिक के द्वारा 'सती प्रथा' किस वर्ष समाप्त की गयी?
(a) 1825 ई० (b) 1827 ई०
(c) 1829 ई० (d) 1830 ई०

75. किस वर्ष बंगाल से दासों के निर्यात को रोक दिया गया?
(a) 1764 (b) 1789
(c) 1858 (d) 1868

76. सिंध पर ब्रिटिश ने कब्जा किया–
(a) 1843 ई० में (b) 1845 ई० में
(c) 1849 ई० में (d) 1854 ई० में

77. लॉर्ड डलहौजी द्वारा अवध का अंग्रेजी राज्य में विलय निम्न में से किस रीति से हुआ था?
(a) अपहरण की नीति द्वारा
(b) युद्ध द्वारा
(c) सहायक संधि द्वारा
(d) कुप्रशासन के कारण

78. ब्रिटिश साम्राज्य में अवध का विलय कब हुआ था?
(a) 1853 (b) 1854
(c) 1855 (d) 1856

79. किसने विलय की नीति नियोजित एवं क्रियान्वित की?
(a) वेलेजली (b) हेस्टिंग्स
(c) डलहौजी (d) क्लाइव

80. अवध का ब्रिटिश रेजीडेंट कौन था, जब अवध का ब्रिटिश साम्राज्य में विलय हुआ?
(a) जेम्स आउट्रम (b) स्लीमैन
(c) हेवर (d) जनरल ली

81. भारत में प्रथम रेलवे लाईन किस ब्रिटिश गवर्नर के समय बिछाई गयी थी?
(a) लॉर्ड डलहौजी (b) लॉर्ड कर्जन
(c) लॉर्ड वेलेजली (d) लॉर्ड लिटन

82. भारत में प्रथम रेल लाइन का निर्माण किन नगरों के बीच हुआ था?
(a) हावड़ा से श्रीरामपुर
(b) मुम्बई से थाणे
(c) मद्रास से गुंटूर
(d) दिल्ली से आगरा

83. भारत में पहली रेलवे लाइन कब शुरू हुई?
(a) 1853 (b) 1850
(c) 1840 (d) 1890

84. किस कंपनी ने सर्वप्रथम भारत में रेल यात्रा प्रारंभ की?
(a) ईस्टर्न रेलवे
(b) ग्रेट इंडियन पेनिनसुला
(c) मद्रास रेलवे
(d) अवध-तिरहुत रेलवे

85. ब्रिटिश भारतीय राज्य क्षेत्र का अंतिम प्रमुख किसके समय हुआ?
(a) डफरिन (b) डलहौजी
(c) लिटन (d) कर्जन

86. 'पब्लिक वर्क्स डिपार्टमेंट' को 1845-1855 के दौरान स्वरूप देने वाले थे–
(a) लॉर्ड डलहौजी (b) कार्नवालिस
(c) ऑकलैंड (d) वारेन हेस्टिंग्स

87. 'विधवा पुनर्विवाह अधिनियम' किसके शासन में क्रियान्वित किया गया?
(a) लॉर्ड डलहौजी (b) लॉर्ड कैनिंग
(c) हेरनी हार्डिग (d) लॉर्ड लारेंस

88. 1 नवंबर 1858 को महारानी विक्टारिया का घोषणा पत्र इलाहाबाद में पढ़कर सुनाया था–
(a) लॉर्ड बेटिंक (b) लॉर्ड कैनिंग
(c) लॉर्ड बर्नहम (d) सर बटलर

89. कौन भारत का प्रथम वायसराय था?
(a) लॉर्ड क्लाइव
(b) लॉर्ड कार्नवालिस
(c) लॉर्ड कैनिंग
(d) लॉर्ड रिपन

90. महारानी विक्टोरिया को भारत की साम्राज्ञी नियुक्त किया गया–
(a) 1858 में (b) 1876 में
(c) 1877 में (d) 1855 में

91. किस गर्वनर जनरल ने भारत में दास प्रथा को समाप्त किया था?
(a) लॉर्ड कार्नवालिस
(b) एलेनबरो
(c) विलियम बेंटिक
(d) सर जॉन शोर

92. 'स्थायी बंदोबस्त' की शुरुआत की–
(a) वारेन हेस्टिंग्स
(b) लॉर्ड कार्नवालिस
(c) सर जॉन शोर
(d) लॉर्ड वेलेजली

93. पेशवाई को कब समाप्त किया गया था?
(a) 1858 (b) 1818
(c) 1861 (d) 1802

94. किसने 'चतुराई पूर्ण निष्क्रियता' की नीति को अपनाया?
(a) विलियम बेंटिक
(b) लॉर्ड कैनिंग
(c) लॉर्ड मेयो
(d) जॉन लॉरेंस

95. भारत में प्रथम जनगणना किसके कार्यकाल में हुई?
(a) लॉर्ड डफरिन (b) लॉर्ड लिटन
(c) लॉर्ड मेयो (d) लॉर्ड रिपन

96. किस वायसराय की हत्या अंडमान निकोबार द्वीप पर हुई?
(a) लॉर्ड कर्जन (b) लॉर्ड रिपन
(c) लॉर्ड मेयो (d) लॉर्ड मिंटो

97. अफगानिस्तान के प्रति एक जोश भरी अग्र नीति का अनुसरण किसने किया?
(a) मिंटो (b) डफरिन
(c) एल्गिन (d) लिटन

98. कौन भारत का वायसराय सबसे दीर्घकाल तक रहा?
(a) लॉर्ड कर्जन (b) लॉर्ड डफरिन
(c) लॉर्ड हार्डिंग (d) लॉर्ड मेयो

99. भारत में स्थानीय स्वायत्तशासी संस्थाएँ 1882 में सशक्त की गयी थी?
(a) जार्ज बार्ली द्वारा
(b) रिपन द्वारा
(c) कर्जन द्वारा
(d) लिटन द्वारा

100. भारतीय पुरातत्व सर्वेक्षण की स्थापना किसके द्वारा की गयी?
(a) वारेन हेस्टिंग्स (b) लॉर्ड वेलेजली
(c) लॉर्ड कर्जन (d) विलियम बेंटिक

101. प्राचीन स्मारक संरक्षण एक्ट किस गर्वनर जनरल के कार्यकाल में पारित हुआ था?
    (a) लॉर्ड मिंटो (b) लॉर्ड लिनलिथगो
    (c) कर्जन (d) कैनिंग

102. भारत में कर्जन की तुलना औरंगजेब से किसने की थी?
    (a) बी०जी० तिलक
    (b) गोखले
    (c) दादाभाई नौरोजी
    (d) एनी बेसेंट

103. 'फूट डालो और राज्य करो' की रणनीति अपनाई गयी थी–
    (a) लॉर्ड कर्जन द्वारा
    (b) लॉर्ड मिंटो द्वारा
    (c) लॉर्ड डलहौजी द्वारा
    (d) लॉर्ड वेलेजली द्वारा

104. पृथक निर्वाचन मंडल की व्यवस्था किसने की?
    (a) लॉर्ड कर्जन (b) लॉर्ड डफरिन
    (c) लॉर्ड हार्डिंग (d) लॉर्ड मिंटो

105. कौन भारत का एकमात्र यहूदी वायसराय था?
    (a) लॉर्ड कर्जन (b) लॉर्ड कैनिंग
    (c) लॉर्ड इर्विन (d) लॉर्ड रीडिंग

106. किसके शासनकाल में देश की राजधानी का स्थानांतरण हुआ था?
    (a) लॉर्ड मिंटो (b) लॉर्ड हार्डिंग
    (c) चेम्सफोर्ड (d) लॉर्ड रीडिंग

107. किसके शासनकाल में 'स्थायी बंदोबस्त' प्रारंभ किया गया था?
    (a) वारेन हेस्टिंग्स (b) कार्नवालिस
    (c) जॉन शोर (d) वेलेजली

108. 'स्थायी बंदोबस्त' किससे किया गया?
    (a) जमींदारों से (b) किसानों से
    (c) मजदूरों से (d) व्यापारियों से

109. लॉर्ड कॉर्नवालिस का स्थायी बन्दोबस्त लागू किया गया–
    (a) 1787 ई० (b) 1789 ई०
    (c) 1790 ई० (d) 1793 ई०

110. सर टॉमस मुनरो 'भू-राजस्व बंदोबस्त' से संबद्ध है–
    (a) स्थायी बंदोबस्त
    (b) महालवाड़ी बंदोबस्त
    (c) रैयतवाड़ी बंदोबस्त
    (d) इनमें से कोई नहीं

111. मद्रास के 'रैयतवाड़ी बंदोबस्त' से कौन सम्बन्धित थे?
    (a) मेलकॉम (b) मेटकॉफ
    (c) मुनरो (d) एलिफिंस्टन

112. रैयतवाड़ी प्रथा प्रारंभ की थी–
    (a) टॉमस मुनरो (b) मार्टिन बर्ड
    (c) कार्नवालिस (d) लॉर्ड डलहौजी

113. ब्रिटिश व्यवस्था में 'रैयतवाड़ी' भू-राजस्व संग्रह प्रचलित था–
    (a) उत्तरी भारत में
    (b) पूर्वी भारत में
    (c) पश्चिमी भारत में
    (d) दक्षिणी भारत में

114. अंग्रेजों के शासनकाल में भारत के 'आर्थिक दोहन' के सिद्धान्त को किसने प्रतिपादित किया?
    (a) एम०एम० राय
    (b) जयप्रकाश नारायण
    (c) राममनोहर लोहिया
    (d) दादाभाई नौरोजी

115. निम्न में से किसने 'निकास के सिद्धान्त' का प्रतिपादन किया था?
    (a) दादाभाई नौरोजी
    (b) गोपाल कृष्ण गोखले
    (c) लोकमान्य तिलक
    (d) गदन मोहन मालवीय

116. कौन दादाभाई नौरोजी के उत्सारण सिद्धान्त में विश्वास नहीं करता था?
    (a) बाल गंगाधर तिलक
    (b) आर०सी० दत्त
    (c) एम०जी० रानाडे
    (d) सर सयद अहमद खाँ

117. 'पावर्टी एंड द अनब्रिटिश रूल इन इंडिया' नामक पुस्तक किसने लिखी?
    (a) अमर्त्यसेन
    (b) रमेशचन्द्र दत्त

(c) गोपाल कृष्ण गोखले
(d) दादाभाई नौरोजी

118. किसने यह विचार किया था कि भारत में 'ब्रिटिश आर्थिक नीति' घिनौनी है?
(a) बी०जी० तिलक
(b) दादाभाई नौरोजी
(c) कॉर्ल मार्क्स
(d) एडम स्मिथ

119. अंग्रेजी भारतीय सेना में चर्बी वाले कारतूस से चलने वाली एनफील्ड राइफल कब शामिल की गयी?
(a) नवंबर 1856   (b) दिसबंर 1856
(c) जनवरी 1857 (d) फरवरी 1857

120. मंगल पांडे कहाँ के विप्लव से जुड़े हैं?
(a) बैरकपुर
(b) मेरठ
(c) दिल्ली
(d) उपर्युक्त में से कोई नहीं

121. मंगल पांडे सिपाही थे–
(a) 19वीं नेटिव इंफैंट्री
(b) 34वीं बंगाल नेटिव इंफैंट्री
(c) 25वीं नेटिव इंफैंट्री
(d) 49वीं नेटिव इंफैंट्री

122. 1857 की क्रांति का प्रमुख कारण क्या था?
(a) जन आक्रोश
(b) सैनिक असंतोष
(c) ईसाई मिशनरी
(d) ब्रिटिश साम्राज्य की नीति

123. 1857 की क्रांति सर्वप्रथम कहाँ से प्रारंभ हुई?
(a) लखनऊ   (b) झाँसी
(c) मेरठ   (d) कानपुर

124. 1857 के स्वाधीनता संग्राम का प्रतीक था–
(a) कमल और रोटी
(b) बाज
(c) रुमाल
(d) दो तलवारें

125. 1857 के संग्राम के निम्नलिखित केन्द्रों में से सबसे पहले अंग्रेजों ने किसे पुन: अधिकृत किया?
(a) झाँसी   (b) मेरठ
(c) दिल्ली   (d) कानपुर

126. लक्ष्मीबाई की जन्मस्थली है–
(a) आगरा   (b) झाँसी
(c) वाराणसी   (d) वृन्दावन

127. 1857 के बरेली विद्रोह का नेता कौन था–
(a) खान बहादुर
(b) कुंवर सिंह
(c) मौलवी अहमदशाह
(d) विरजिस कादिर

128. महारानी लक्ष्मीबाई की समाधि कहाँ स्थित है?
(a) मंडला   (b) मांडू
(c) जबलपुर   (d) ग्वालियर

129. रानी लक्ष्मीबाई को अंतिम युद्ध में सामना करना पड़ा–
(a) ह्यूरोज   (b) गफ
(c) नील   (d) हैवलॉक

130. 1857 का विद्रोह लखनऊ में किसके नेतृत्व में आगे बढ़ा?
(a) बेगम ऑफ अवध
(b) तात्या टोपे
(c) रानी लक्ष्मीबाई
(d) नाना साहब

131. वह महिला जिन्होंने अवध में 1857 की क्रांति का नेतृत्व किया था?
(a) लक्ष्मीबाई
(b) अहिल्याबाई
(c) अरुणा आसफ अली
(d) बेगम हजरत महल

132. कौन इलाहाबाद में 1857 के संग्राम का नेता था?
(a) नाना साहेब
(b) अजीमुल्ला
(c) तात्या टोपे
(d) मौलवी लियाकत अली

133. 1857 के संघर्ष में भाग लेने वाले सिपाहियों की सर्वाधिक संख्या थी–

(a) बंगाल से (b) अवध से

(c) बिहार से (d) राजस्थान से

134. नाना साहब का 'कमांडर-इन-चीफ' कौन था?

(a) अजीम-उल्लाह

(b) बिरजिस कादिर

(c) तात्या टोपे

(d) इनमें से कोई नहीं

135. अजीमुल्ला खाँ सलाहकार थे–

(a) नाना साहब के (b) तात्या टोपे

(c) रानी लक्ष्मीबाई (d) कुंवर सिंह

136. किस क्रांतिकारी का वास्तविक नाम 'रामचन्द्र पांडुरंग' था?

(a) कुंवर सिंह (b) तात्या टोपे

(c) नाना साहेब (d) मंगल पांडेय

137. कुंवर सिंह किस जगह से सम्बद्ध थे?

(a) बिहार (b) मध्य प्रदेश

(c) राजस्थान (d) उत्तर प्रदेश

138. 1857 के विद्रोह का नेतृत्व बिहार में किसने किया?

(a) खान बहादुर खान

(b) कुंवर सिंह

(c) तात्या टोपे

(d) रानी राम कुआंरी

139. 1857 की क्रांति में असम का नेता कौन था?

(a) दीवान मनिराम दत्त

(b) कंदपेश्वर सिंह

(c) पुरंदर सिंह

(d) पियाली बरुआ

140. बिहार में 1857 की क्रांन्ति का केन्द्र था–

(a) रामपुर (b) हमीरपुर

(c) धीरपुर (d) जगदीशपुर

141. जगदीशपुर के राजा थे–

(a) नानासाहब (b) तात्या टोपे

(c) लक्ष्मीबाई (d) कुंवर सिंह

142. 1857 ई० की क्रान्ति में अंग्रेजों व जोधपुर की संयुक्त सेना को पराजित करने वाला था–

(a) तात्या टोपे

(b) टोंक के नवाब वजीर खाँ

(c) महाराज राम सिंह

(d) आउवा के ठाकुर कुशल सिंह

143. निम्न में कौन-सा स्थान 1857 की क्रान्ति का केन्द्र नहीं था?

(a) अजमेर (b) जयपुर

(c) नीमच (d) आऊवा

144. निम्न में से किसने 1857 में अंग्रेजों से सघंर्ष किया?

(a) चन्द्रशेखर आजाद

(b) रामप्रसाद बिस्मिल

(c) शहादत खान

(d) माखनलाल चतुर्वेदी

145. 1857 के विद्रोह में अंग्रेजों का सबसे कट्टर दुश्मन था?

(a) मौलवी अहमदुल्लाह

(b) मौलवी इंदादुल्लाह

(c) मौलाना खैराबादी

(d) नवाब लियाकत अली

146. 1857 के विद्रोह को किस उर्दू कवि ने देखा था?

(a) मीर तकी मीर

(b) जोक

(c) गालिब

(d) इकबाल

147. सुप्रसिद्ध उर्दू शायर मिर्जा गालिब का मूल निवास था–

(a) आगरा (b) दिल्ली

(c) लाहौर (d) लखनऊ

148. 1857 के विद्रोह में अंग्रेजों की सर्वाधिक सहायता किसने की?

(a) ग्वालियर के सिंधिया

(b) इंदौर के होल्कर

(c) नागपुर के भोंसले

(d) रामगढ़ के लोधी

149. निम्न में से कौन क्षेत्र 1857 के विद्रोह से प्रभावित नहीं था?

(a) झाँसी (b) चित्तौड़

(c) जगदीशपुर (d) लखनऊ

150. 1857 के विद्रोह के समय भारत का गर्वनर जनरल कौन था?

(a) लॉर्ड डलहौजी (b) लॉर्ड मिंटो

(c) लॉर्ड कैनिंग (d) लॉर्ड बैंटिक

151. 1857 के विद्रोह के समय बैरकपुर में कौन ब्रिटिश कमाडिंग ऑफिसर था?

(a) लॉरेंस (b) फिनिस

(c) हैरसे (d) व्हीलर

152. 1857 में किसने इलाहाबाद को आपातकालीन मुख्यालय बनाया था?

(a) लॉर्ड कैनिंग

(b) लॉर्ड कॉर्नवालिस

(c) वेलेजली

(d) बिलियम बैंटिक

153. 1857 के विद्रोह के समय ब्रिटिश प्रधानमंत्री कौन था?

(a) चर्चिल (b) पामर्स्टन

(c) एटली (d) ग्लेडस्टोन

154. निम्नलिखित में किसने 1857 के विद्रोह को एक 'षडयंत्र' की संज्ञा दी?

(a) सरजेम्स आउट्रम एवं डब्ल्यू टेलर

(b) सर जॉन के

(c) सर जॉन लॉरेंस

(d) टी० आ० होल्म्स

155. आधुनिक इतिहासकार जिसने 1857 के विद्रोह को स्वतन्त्रता की पहली लड़ाई कहा था–

(a) डॉ०आर०सी० मजूमदार

(b) डॉ०ए०एन० सेन

(c) वी०डी० सावरकर

(d) अशोक मेहता

156. भारतीय स्वाधीनता आंदोलन का सरकारी इतिहासकार था–

(a) आर०सी मजूमदार

(b) ताराचन्द्र

(c) वी०डी० सावरकर

(d) एस०एन० सेन

157. भारतीय भाषा में 1857 के विप्लव के कारणों पर लिखने वाला प्रथम भारतीय था–

(a) सैयद अहमद खाँ

(b) वी०डी० सावरकर

(c) बंकिमचन्द्र चटर्जी

(d) उपर्युक्त में से कोई नहीं

158. 'तथाकथित प्रथम राष्ट्रीय स्वतंत्रता संग्राम न प्रथम, न राष्ट्रीय और न ही स्वतंत्रता संग्राम था', यह कथन संबद्ध है–

(a) आर०सी० मजूमदार

(b) एस०एन० सेन से

(c) ताराचन्द्र से

(d) वी०डी० सावरकर से

159. महारानी विक्टोरिया ने भारतीय प्रशासन को ब्रिटिश ताज के नियंत्रण में लेने की घोषणा कब की थी?

(a) 1 नवंबर 1858

(b) 31 दिसंबर 1857

(c) 6 जनवरी 1958

(d) 17 नवंबर 1859

160. निम्नलिखित में से कौन-सा आयोग 1857 के विद्रोह के दमन के बाद भारतीय फौज के नवसंगठन से सम्बन्धित है?

(a) पब्लिक सर्विस आयोग

(b) पील आयोग

(c) हंटर आयोग

(d) साइमन कमीशन

161. 1857 के विद्रोह के ठीक बाद बंगाल में निम्नलिखित में से कौन-सा विप्लव हुआ?

(a) संन्यासी विद्रोह

(b) संथाल विद्रोह

(c) नील उपद्रव

(d) पावना उपद्रव

162. 'नील दर्पण' नाटक का लेखक कौन था?

(a) तारानाथ बंद्योपाध्याय

(b) तारानाथ घोष

(c) दीनबंधु मित्र

(d) बंकिम चन्द्र चटर्जी

163. 'वन्दे मातरम' गीत किसने लिखा है?
(a) रवीन्द्रनाथ टैगोर
(b) रामधारी सिंह दिनकर
(c) सरोजनी नायडू
(d) बंकिमचन्द्र चटर्जी

164. आनंदमठ उपन्यास की कथावस्तु आधारित है–
(a) चुआर विद्रोह
(b) संन्यासी विद्रोह
(c) पालीगर विद्रोह
(d) तालुकदारों के विद्रोह पर

165. उन्नीसवीं शताब्दी के दौरान होने वाले 'वहाबी आंदोलन' का मुख्य केन्द्र था–
(a) लाहौर (b) पटना
(c) अमृतसर (d) पुणे

166. कूका आंदोलन को किसने संगठित किया?
(a) गुरु रामदास (b) गुरु नानक
(c) गुरु राम सिंह (d) गुरु गोविंद सिंह

167. पागलपंथी विद्रोह वस्तुत: एक विद्रोह था–
(a) भीलों का (b) गारों का
(c) गोंडों का (d) कोलियों का

168. 'पागल पंथ' की स्थापना किसने की थी?
(a) बुल्ले शाह
(b) करमशाह
(c) यदुवेन्द्र सिंह
(d) स्वामी सहजानंद

169. फराजी विद्रोह का नेता कौन था?
(a) मुहम्मद रजा (b) दादू मियाँ
(c) शमशेर गाजी (d) वजीर अली

170. फराजी कौन थे?
(a) हाजी शरिअतुल्लाह के अनुयायी
(b) दादू के अनुयायी
(c) आर्य समाजी
(d) मुस्लिम लीग के समर्थक

171. वेलु पम्पी ने अंग्रेजों के विरुद्ध आंदोलन का नेतृत्व किया था–
(a) केरल (b) महाराष्ट्र
(c) मैसूर (d) तेलंगाना

172. महाराष्ट्र में रामोसी कृषक जत्था किसने संगठित किया था?
(a) न्यायमूर्ति रानाडे
(b) गोपाल कृष्ण गोखले
(c) वासुदेव बलवंत फड़के
(d) ज्योतिबा फुले

173. रामोसी विद्रोह किस भौगोलिक इलाके में हुआ था?
(a) पश्चिमी भारत (b) पूर्वी घाट
(c) पूर्वी भारत (d) पश्चिमी घाट

174. कौन-सा स्थान गढ़करी विद्रोह का केन्द्र था?
(a) बिहार शरीफ (b) कोल्हापुर
(c) सूरत (d) सिलहट

175. मानव बलि प्रथा का निषेध करने के कारण अंग्रेजों के विरुद्ध करने वाली जनजाति का नाम–
(a) कूकी (b) खोंद
(c) उरांव (d) नाइकदा-

176. कोल विद्रोह (1831-32) का नेतृत्व किसने किया?
(a) बुद्ध भगत (b) सुर्गा
(c) सिंगराय (d) जतरा भगत

177. बघेरा विद्रोह कहाँ हुआ?
(a) सूरत (b) पूना
(c) कालीकट (d) बड़ौदा

178. छोटा-नागपुर जनजाति विद्रोह कब हुआ था?
(a) 1807-1808 (b) 1820
(c) 1858-59 (d) 1889

179. संथाल विद्रोह का नेतृत्व किसने किया था?
(a) जयपाल सिंह
(b) मास्टर तारा सिंह
(c) शिबू सोरेन
(d) सिद्धू एवं कान्हू

180. 1855 ई० में संथालों ने किस अंग्रेज कमांडर को हराया?
(a) कैप्टन नेक फेविले
(b) लेफ्टिनेंट बास्टीन
(c) मेजर बारो
(d) कर्नल ह्वाइट

181. निम्नांकित में कौन-सी घटना महाराष्ट्र में घटित हुई?

(a) भील विद्रोह (b) कोल विद्रोह
(c) रम्पा विद्रोह (d) संथाल विद्रोह

182. मुंडाओं ने विद्रोह खड़ा किया–
(a) 1885 में (b) 1888 में
(c) 1890 में (d) 1895 में

183. उलगुलन विद्रोह किससे जुड़ा था?
(a) संथाल (b) कच्छा नागा
(c) कोल (d) बिरसा मुंडा

184. मुंडा विद्रोह का नेता कौन था?
(a) बिरसा (b) कान्हू
(c) तिलका मांझी (d) सिद्धू

185. किस आदिवासी नेता को जगतपिता (धरती आबा) कहा जाता था?
(a) जिरिया भगत (b) कानु सान्याल
(c) रूप नायक (d) बिरसा मुंडा

186. जनजातीय लोगों के सम्बन्ध में 'आदिवासी' शब्द का प्रयोग किया था–
(a) महात्मा गांधी ने
b) ठक्कर बापा ने
(c) ज्योतिबा फुले ने
(d) बी०आर० अम्बेडकर

187. हौज विद्रोह हुआ–
(a) 1620-21 के दौरान
(b) 1720-21 के दौरान
(c) 1820-21 के दौरान
(d) 1920-21 के दौरान

188. खैरवार आदिवासी आंदोलन कब हुआ?
(a) 1874 (b) 1860
(c) 1865 (d) 1870

189. संभलपुर में ब्रिटिश विरोधी विद्रोह के नेता कौन थे?
(a) उतिरत सिंह
(b) सुरेन्द्र साई
(c) कट्टबोम्मन
(d) सैयद अहमद बरेलवी

190. नील विद्रोह कब हुआ?
(a) 1860 (b) 1861
(c) 1862 (d) 1863

191. मोपला आंदोलन 1921 में कहाँ हुआ था?
(a) तेलंगाना (b) मालावार
(c) मराठवाड़ा (d) विदर्भ

192. कूकी विद्रोह कहाँ हुआ था?
(a) त्रिपुरा (b) पंजाब
(c) बिहार (d) बंगाल

193. महात्मा गांधी के विचारों से सर्वप्रथम प्रभावित आदिवासी नेता कौन था?
(a) अलूरी सीताराम राजू
(b) जोड़ानांग
(c) ठक्कर बापा
(d) रानी गइदिन पिऊ

194. भारत में अंग्रेजों ने प्रथम मदरसा कहाँ स्थापित किया गया?
(a) मद्रास (b) बम्बई
(c) अलीगढ़ (d) कलकत्ता

195. 'एशियटिक सोयाइटी ऑफ बंगाल' के संस्थापक थे–
(a) सर विलियम जोंस
(b) विल्किंस
(c) मैक्समूलर
(d) जेम्स प्रिंसेप

196. वाराणसी में प्रथम संस्कृत महाविद्यालय की स्थापना किसने की थी?
(a) जोनाथन डंकन
(b) वॉरेन हेस्टिंग्स
(c) लॉर्ड मैकाले
(d) बंकिमचन्द्र चटर्जी

197. किसे पेरिस की रॉयल एशियाटिक सोसायटी की सदस्यता प्रदान की थी?
(a) दादाभाई नौरोजी
(b) माइकल मधुसूदन दत्त
(c) राजा राममोहन राय
(d) विवेकानंद

198. भगवद्गीता का अंग्रेजी में अनुवाद किया था?
(a) विलियम जोंस (b) चार्ल्स बिल्किंस
(c) कनिंघम (d) जॉन मार्शल

199. 'शकुंतला' का पहली बार अंग्रेजी में अनुवाद किया था–
(a) चार्ल्स विल्किंस
(b) कोलब्रुड
(c) जॉन मार्शल
(d) सर विलियम जोंस ने

200. चार्ल्स वुड का आदेश पत्र निम्न में किससे सम्बन्धित था?
(a) शिक्षा
(b) व्यापार
(c) प्रशासनिक सुधार
(d) सैन्य सुधार

201. हंटर कमीशन किससे सम्बन्धित है–
(a) बालिकाओं की शिक्षा
(b) उच्च शिक्षा
(c) प्राथमिक शिक्षा
(d) तकनीकी शिक्षा

202. नेशनल काउंसिल ऑफ एजुकेशन की स्थापना कब हुई?
(a) 1903 (b) 1904
(c) 1905 (d) 1906

203. सैड़लर आयोग सम्बन्धित था–
(a) न्यायपालिका से
(b) राजस्व प्रशासन से
(c) शिक्षा से
(d) पुलिस प्रशासन से

204. सैडलर आयोग का गठन कब हुआ था?
(a) 1919 (b) 1917
(c) 1921 (d) 1896

205. लॉर्ड मैकाले सम्बन्धित है?
(a) सेना के सुधार से
(b) सती प्रथा की समाप्ति से
(c) अंग्रेजी शिक्षा से
(d) स्थायी बंदोबस्त से

206. भारत के औपनिवेशिक काल में अधोमुखी निस्पंदन सिद्धान्त किस क्षेत्र से सम्बन्धित था?
(a) रेल (b) शिक्षा
(c) सिंचाई (d) गरीबी हटाओ

207. शैक्षणिक नीति में 'फिल्टरेशन थ्योरी' के प्रतिपादक थे–
(a) चार्ल्स वुड (b) मैकाले
(c) मिल (d) कार्नवालिस

208. भारत में आधुनिक शिक्षा प्रणाली की नींव किससे पड़ी?
(a) चार्टर अधिनियम
(b) मैकाले का स्मरण पत्र
(c) हंटर आयोग
(d) वुड काडिस्पैच

209. किसके शासनकाल में भारत में अंग्रेजी शिक्षा आरंभ की गयी?
(a) लॉर्ड बैंटिक (b) लॉर्ड हार्डिंग
(c) लॉर्ड मिंटो (d) लॉर्ड डलहौजी

210. भारत में प्रथम तीन विश्वविद्यालय (कलकत्ता, मद्रास, बंबई) की स्थापना किस वर्ष हुई?
(a) 1857 (b) 1881
(c) 1885 (d) 1905

211. किसके सतत प्रयत्नों से बंबई में प्रथम महिला विश्वविद्यालय की स्थापना हुई?
(a) दयाराम गिडुमल
(b) डी०के० कर्वे
(c) रमाबाई
(d) महादेव गोविंद रानाडे

212. डेक्कन एजुकेशनल सोसाइटी की स्थापना से कौन सम्बन्धित था?
(a) जस्टिस रानाडे
(b) फिरोज शाह मेहता
(c) बी०जी० तिलक
(d) दयानंद सरस्वती

213. निम्नलिखित कॉलेजों में सर्वप्रथम किसकी स्थापना हुई थी?
(a) हिंदू कॉलेज, कलकत्ता
(b) दिल्ली कॉलेज
(c) मेयो कॉलेज
(d) मुस्लिम ऐंग्लो ओरियंटल कॉलेज

214. किसने भारतीय विश्वविद्यालयों में धार्मिक शिक्षा के लिए प्रबल रूप से वकालत की थी?
(a) बाल गंगाधर तिलक
(b) स्वामी विवेकानंद
(c) महात्मा गांधी
(d) मदनमोहन मालवीय

215. बनारस हिंदू विश्वविद्यालय का शिलान्यास किसने किया था?
(a) मदनमोहन मालवीय
(b) विभूति नारायण सिंह
(c) लॉर्ड हार्डिंग
(d) एनी बेसेंट

216. भारत का पहला सामाचार पत्र था–
(a) बंगाल गजट
(b) हिंदूस्तान टाइम्स
(c) पायनियर
(d) संवाद कौमुदी

217. निम्न में से किसने सर्वप्रथम प्रेस सेंसरशिप लागू की थी?
(a) वेलेजली (b) हेस्टिंग्स
(c) जान एडम्स (d) डलहौजी

218. 1878 का 'वर्नाकुलर प्रेस एक्ट' किसने रद्द कर दिया था?
(a) लॉर्ड रिपन (b) लॉर्ड लिटन
(c) लॉर्ड कर्जन (d) लॉर्ड मिंटो

219. किस गर्वनर जनरल के समय भारतीय भाषा प्रेस अधिनियम समाप्त किया गया?
(a) लॉर्ड रिपन (b) लॉर्ड लिटन
(c) लॉर्ड कर्जन (d) लॉर्ड डफरिन

220. पत्रकार के कर्त्तव्य का निर्वहन करते हुए जेल जाने वाला प्रथम भारतीय कौन था?
(a) बाल गंगाधर तिलक
(b) दादाभाई नौरोजी
(c) मोतीलाल घोष
(d) सुरेन्द्रनाथ बनर्जी

221. अमेरिका में 'फ्री हिंदुस्तान' अखबार किसने शुरु किया था?
(a) रामनाथ पुरी (b) जी०डी० कुमार
(c) लाला हरदयाल (d) तारकनाथ दास

222. फारसी साप्ताहिक 'मिरातुल अखबार' को प्रकाशित करते थे–
(a) लाला लाजपत राय
(b) राजा राममोहन राय
(c) सैयद अहमद खाँ
(d) मौलाना शिबली नोमानी

223. 1880 के दशक में इंडियन मिरर अखबार का प्रकाशन कहाँ से होता था?
(a) बंबई (b) कलकत्ता
(c) मद्रास (d) पांडिचेरी

224. गदर पत्र का प्रथम अंक निम्न में से किस भाषा में प्रकाशित हुआ?
(a) उर्दू (b) हिंदी
(c) अंग्रेजी (d) मराठी

225. गदर पार्टी का पत्र 'गदर' था–
(a) एक मासिक पत्र
(b) एक पाक्षिक पत्र
(c) एक साप्ताहिक पत्र
(d) एक दैनिक पत्र

226. 'अमृत बाजार पत्रिका' की स्थापना किसने की?
(a) गिरीशचन्द्र घोष
(b) हरीशचन्द्र मुखर्जी
(c) एस०एन० बनर्जी
(d) शिशिर कुमार घोष

227. तिलक द्वारा प्रकाशित कौन समाचार पत्र था?
(a) गदर (b) केसरी
(c) फ्री हिंदुस्तान (d) स्वदेश मित्र

228. कौन पत्रिका कांग्रेस की आलोचना करती थी?
(a) बंगवासी (b) काल
(c) केसरी (d) उपर्युक्त सभी

229. किस समाचार पत्र ने क्रांतिकारी आतंकवाद की वकालत की थी?
(a) संध्या
(b) युगांतर
(c) काल
(d) उपर्युक्त तीनों

230. सोम प्रकाश नामक समाचार पत्र किसने शुरु किया था?
(a) दयानंद सरस्वती
(b) ईश्वर चन्द्र विद्यासागर
(c) राममोहन राय
(d) सुरेन्द्रनाथ बनर्जी

231. कौन अखबार उदारवादियों की नीतियों का प्रचारक था?
(a) न्यू इंडिया (b) लीडर
(c) यंग इंडिया (d) फ्री प्रेस जनरल

232. किस भाषा में 'दि इंडियन ओपिनियन' पत्र नहीं छापा जाता था?
(a) अंग्रेजी (b) गुजराती
(c) तमिल (d) उर्दू

233. 'इंडियन ओपिनियम' पत्रिका के प्रथम संपादक थे–
    (a) एम०के० गांधी
    (b) अलबर्ट वेस्ट
    (c) महादेव देसाई
    (d) मनसुखलाल नजर
234. भारतीयों द्वारा अंग्रेजी भाषा में प्रकाशित प्रथम समाचार पत्र था–
    (a) हिंदू पैट्रियॉट
    (b) दि हिंदू
    (c) यंग इंडिया
    (d) नेटिव ओपिनियन
235. 'वंदे मातरम्' पत्रिका के संपादक कौन थे?
    (a) अरविंद घोष
    (b) एम०जी० रानाडे
    (c) सुभाष चन्द्र बोस
    (d) तिलक
236. किस अखबार का प्रकाशन पटना से होता था?
    (a) इंडियन नेशन (b) पंजाब केसरी
    (c) प्रभाकर (d) डॉन
237. हरिजन के प्रारंभ कर्त्ता थे–
    (a) तिलक (b) गोखले
    (c) गांधीजी (d) नौरोजी
238. मराठी पाक्षिक 'बहिष्कृत भारत' किसने आरंभ किया था?
    (a) तिलक (b) अम्बेडकर
    (c) सावरकर (d) गोखले
239. कौन-सा एक जर्नल अबुल कलाम आजाद द्वारा प्रकाशित है?
    (a) अल-हिलाल
    (b) कॉमरेड
    (c) दि इंडियन सोसियोलॉजिस्ट
    (d) जमींदार
240. 1520 में लाहौर से लाजपत राय द्वारा उर्दू का कौन-सा समाचार पत्र प्रारंभ किया गया था?
    (a) वंदे मातरम् (b) पीपुल
    (c) ट्रिब्यून (d) वीर अर्जुन

241. 'कौमी आवाज' पत्र का आरंभ किसके द्वारा किया गया था?
    (a) अबुल कलाम आजाद
    (b) जवाहरलाल नेहरू
    (c) शौकत अली
    (d) खलिक्कुज्जमान
242. 'कॉमनवील' पत्र किससे जुड़ा है?
    (a) बी०जी० तिलक
    (b) एनी बेसेंट
    (c) जी०के० गोखले
    (d) उपर्युक्त में से कोई नहीं
243. 'कॉमरेड' पत्रिका के संपादक कौन थे?
    (a) विपिन चन्द्र पाल
    (b) अरविन्द घोष
    (c) मुहम्मद अली
    (d) गोखले
244. किसको 'भारतीय पुनर्जागरण का पिता' कहा जाता है?
    (a) राजा राममोहन राय
    (b) दयानंद सरस्वती
    (c) विवेकानंद
    (d) रामकृष्ण परमहंस
245. भारतीय राष्ट्रवाद का पैगम्बर किसे माना जाता है?
    (a) एम०के० गांधी
    (b) राम मोहन राय
    (c) रवीन्द्रनाथ टैगोर
    (d) दयानंद सरस्वती
246. राजा राममोहन राय द्वारा स्थापित प्रथम संस्था थी
    (a) ब्रह्मसमाज
    (b) आत्मीय सभा
    (c) ब्रह्मसभा
    (d) तत्वबोधिनी सभा
247. 'आत्मीय सभा' के संस्थापक कौन थे?
    (a) राजा राममोहन राय
    (b) दयानंद सरस्वती
    (c) विवेकानंद
    (d) अरविंद घोष

248. ब्रह्म समाज की स्थापना कब हुई थी?
(a) 1827 (b) 1829
(c) 1831 (d) 1843

249. राजा राममोहन राय की समाधि है–
(a) कोलकाता में
(b) पटना में
(c) ब्रिस्टल, इंग्लैण्ड में
(d) कनाडा

250. भारतीय ब्रह्म समाज के संस्थापक थे–
(a) देवेन्द्रनाथ टैगोर
(b) ईश्वर चन्द्र विद्यासागर
(c) केशवचन्द्र सेन
(d) राजा राममोहन राय

251. ब्रह्म समाज का सिद्धान्त आधारित है–
(a) नास्तिकता पर (b) अद्वैतवाद पर
(c) एकदेववाद पर (d) बहुदेववाद पर

252. राजा राममोहन राय ने निम्न में किसका विरोध नहीं किया था?
(a) बाल विवाह (b) सती प्रथा
(c) पाश्चात्य शिक्षा (d) मूर्ति पूजा

253. उन्नीसवीं शताब्दी के उत्तरार्द्ध में 'नव हिंदूवाद के सर्वश्रेष्ठ प्रतिनिधि थे–
(a) रामकृष्ण परमहंस
(b) स्वामी विवेकानंद
(c) बंकिमचन्द्र चटर्जी
(d) राजा राममोहन राय

254. विवेकानंद ने शिकागो में आयोजित 'पार्लियामेंट ऑफ वल्ड्र्स रिलीजन' में भाग लिया था–
(a) 1872 (b) 1890
(c) 1893 (d) 1901

255. किस समाज सुधारक ने ज्ञानयोग, कर्मयोग तथा राजयोग नामक पुस्तकें लिखी?
(a) स्वामी विवेकानंद
(b) रानाडे
(c) राजा राममोहन राय
(d) रामकृष्ण परमहंस

256. रामकृष्ण मिशन की स्थापना किसने की थी?
(a) रामकृष्ण परमहंस
(b) एम०एन० दासगुप्ता
(c) विवेकानंद
(d) रंगनाथनंद

257. रामकृष्ण मिशन की स्थापना कब हुई थी?
(a) 1861 (b) 1891
(c) 1893 (d) 1897

258. शारदामणि कौन थी?
(a) राजा राममोहन राय की पत्नी
(b) रामकृष्ण परमहंस की पत्नी
(c) विवेकानंद की माँ
(d) केशवचंद्र सेन की पुत्री

259. दयानंद सरस्वती द्वारा स्थापित है–
(a) ब्रह्म समाज (b) आर्य समाज
(c) प्रार्थना समाज (d) बहुजन समाज

260. आर्य समाज की स्थापना का वर्ष है–
(a) 1865 (b) 1870
(c) 1875 (d) 1880

261. वेदों के पुनरुत्थान का श्रेय किसे है?
(a) रामकृष्ण परमहंस
(b) रामानुज
(c) स्वामी दयानंद सरस्वती
(d) स्वामी विवेकानंद

262. 'वेदों की ओर चलो' किसने कहा था?
(a) राजा राममोहन राय
(b) दयानंद सरस्वती
(c) विवेकानंद
(d) रामकृष्ण परमहंस

263. 'भारत का मार्टिन लूथर' किसे कहते हैं?
(a) दयानंद सरस्वती
(b) राजा राममोहन राय
(c) विवेकानंद
(d) ऋद्धानंद

264. 'सत्यार्थ प्रकाश' किसकी रचना थी?
(a) राजा राममोहन राय
(b) महात्मा गांधी
(c) विवेकानंद
(d) दयानंद सरस्वती

265. 'सत्यार्थ प्रकाश' पवित्र पुस्तक है–
(a) आर्य समाज की
(b) ब्रह्म समाज की
(c) थियोसोफिकल सोसायटी की
(d) प्रार्थना समाज की

266. किस संगठन ने शुद्धि आंदोलन का समर्थन किया?
(a) आर्य समाज (b) ब्रह्म समाज
(c) देव समाज (d) प्रार्थना समाज

267. किसने कहा था–'अच्छा शासन स्वशासन का स्थानापन्न नहीं है'?
(a) लोकमान्य तिलक
(b) विवेकानंद
(c) दयानंद
(d) रवीन्द्रनाथ टैगोर

268. सर्वप्रथम 'स्वराज्य' शब्द का प्रयोग किसने किया?
(a) राजा राममोहन राय
(b) स्वामी दयानंद
(c) विवेकानंद
(d) लोकमान्य तिलक

269. 'प्रार्थना समाज' के संस्थापक कौन थे?
(a) आत्माराम पांडुरंग
(b) लोकमान्य तिलक
(c) एनी बेसेंट
(d) रासबिहारी घोष

270. महाराष्ट्र में प्रार्थना समाज का मुख्य संचालक कौन था?
(a) भंडाकर (b) रानाडे
(c) रमाबाई (d) गणेश आगरकर

271. 'देव समाज' का संस्थापक कौन थे?
(a) वल्लभ भाई पटेल
(b) दादाभाई नौरोजी
(c) शिवनारायण अग्निहोत्री
(d) रामकृष्ण परमहंस

272. 'सत्य शोधक' समाज की स्थापना किसने की थी?
(a) भीमराव अम्बेडकर
(b) संतराम
(c) ज्योतिबा फुले
(d) भास्कर राव जाधव

273. 'गुलामगीरी' का लेखक कौन था?
(a) अम्बेडकर (b) ज्योतिबा फुले
(c) महात्मा गांधी (d) पेरियार

274. पिछड़े वर्गों का उत्थान किसका मुख्य कार्यक्रम था?
(a) प्रार्थना समाज
(b) सत्यशोधक समाज
(c) आर्य समाज
(d) रामकृष्ण मिशन

275. इनमें से किसने रुढ़िवादिता का समर्थन किया?
(a) राधाकांत देव (b) नेमिसाधन बोस
(c) हेमचन्द्र विश्वास (d) हेमचन्द्र डे

276. राधास्वामी सत्संग के संस्थापक कौन थे?
(a) हरिदास स्वामी (b) शिवदयाल साहब
(c) शिवनारायण (d) श्रद्धानंद

277. 'लोकहितवादी' किसे कहा जाता है?
(a) एम०जी० रानाडे
(b) गोपालकृष्ण गोखले
(c) पंडिता रमाबाई
(d) गोपाल हरि देशमुख

278. 19वीं सदी के महानतम पारसी समाज सुधारक थे–
(a) सर जमशेदजी
(b) सर रुस्तम बहरामजी
(c) नवलजी टाटा
(d) बहराम जी० मालबारी

279. 'दि एज ऑफ कांसेट एक्ट' किस वर्ष पारित हुआ?
(a) 1856 (b) 1891
(c) 1881 (d) 1905

280. धार्मिक असुविधा कानून कब पारित हुआ?
(a) 1856 (b) 1857
(c) 1853 (d) 1846

281. किसने प्रमुख रूप से विधवा पुनर्विवाह के लिए संघर्ष किया और उसे कानूनी रूप से वैध बनाने में सफलता प्राप्त की?
(a) एनी बेसेंट
(b) ईश्वर चन्द्र विद्यासागर
(c) एम०जी० रानाडे
(d) राजा राममोहन राय

282. 1843 के एक्ट V ने किस बात को गैर कानूनी बना दिया?
(a) बाल विवाह (b) शिशु हत्या
(c) सती (d) गुलामी

283. किसने 1872 में नेटिव मैरिज एक्ट को पारित कराने में महत्त्वपूर्ण भूमिका निभाई थी?
(a) देवेन्द्रनाथ टैगोर
(b) ईश्वरचन्द्र विद्यासागर
(c) केशवचन्द्र सेन
(d) श्यामचन्द्र दास

284. बाल विवाह प्रथा को नियंत्रित करने हेतु 1872 के सिविल मैरिज एक्ट ने लड़कियों के विवाह की न्यूनतम उम्र निर्धारित किया–
(a) 14 वर्ष
(b) 18 वर्ष
(c) 16 वर्ष
(d) इनमें से कोई नहीं

285. शारदा एक्ट सम्बन्धित था–
(a) बाल विवाह प्रतिबंध
(b) अतंर्जातीय विवाह प्रतिबंध
(c) विधवा विवाह प्रतिबंध
(d) जनजातीय विवाह प्रतिबंध

286. 'थियोसोफिकल सोसायटी' की स्थापना किसने की?
(a) मैडम ब्लावेटस्की
(b) राजा राममोहन राय
(c) महात्मा गांधी
(d) स्वामी विवेकानंद

287. 'सर्वेंट्स ऑफ इंडिया सोसाइटी' की स्थापना की थी–
(a) ईश्वरचन्द्र विद्यासागर
(b) गोपालकृष्ण गोखले
(c) दादाभाई नौरोजी
(d) लाला लाजपत राय

288. मानव धर्म सभा की स्थापना कहाँ हुई थी?
(a) सूरत (b) पटना
(c) लखनऊ (d) कलकत्ता

289. नदवा-उल-उल्मा की स्थापना कहाँ हुई थी?
(a) लखनऊ (b) पटना
(c) दिल्ली (d) कलकत्ता

290. 'बहुजन समाज' का संस्थापक कौन था?
(a) श्री नारायन गुरु
(b) मुकुंदराव पाटिल
(c) भीमराव अम्बेडकर
(d) बी०आर० शिंदे

291. किसने कहा था कि 'यदि भगवान अस्पृश्यता को सहन करते है, तो मैं उन्हें कभी भगवान नहीं मानूंगा?
(a) भीमराम अम्बेडकर
(b) तिलक
(c) लाला लाजपत राय
(d) महात्मा गांधी

292. निम्न समाज सुधारकों में से कौन संस्कृत भाषा में प्रवीणता के लिए जाना जाता है?
(a) दयानन्द सरस्ती
(b) ईश्वर चन्द्र विद्यासागर
(c) राजा राममोहन राय
(d) उपर्युक्त सभी

293. भारत में नारी आंदोलन किनकी प्रेरणा से प्रारंभ हुआ?
(a) पद्माबाई रानाडे
(b) ऐनी बेसेंट
(c) सरोजनी नायडू
(d) ज्योतिबा फुले

294. 'दार-उल-उलूम' की स्थापना की थी–
(a) मौलाना नुमानी
(b) मौलाना हुसैन अहमद
(c) मौलवी चक्रलवी
(d) मौलाना रिजाखान

295. 'तारकेश्वर आंदोलन' किसके विरुद्ध था?
(a) मंदिरों में भ्रष्टाचार
(b) हिंसा
(c) राजनैतिक गिरफ्तारी
(d) सांप्रदायिकता

296. 'हाली पद्धति' सम्बन्धित थी–
(a) बंधुआ मजदूर
(b) किसानों के शोषण
(c) छुआछूत
(d) अशिक्षा

297. किस राजनीतिक संगठन की स्थापना 1838 में हुई?
(a) ब्रिटिश इंडिया सोसायटी
(b) बंगाल इंडिया सोसाइटी
(c) सेटलर्स एसोसिएशन
(d) जमींदार एसोशिएशन

298. भारत संघ के संस्थापक कौन थे?
(a) दादाभाई नौरोजी
(b) बाल गंगाधर तिलक
(c) ए०ओ० ह्यूम
(d) सुरेन्द्रनाथ बनर्जी

299. इंडियन नेशनल कॉन्फ्रेंस का विलय कांग्रेस में कब हुआ?
(a) 1886 (b) 1887
(c) 1888 (d) 1898

300. किस भारतीय को इंडियन सिविल सर्विस से बर्खास्त किया गया था?
(a) सत्येन्द्रनाथ टैगोर
(b) सुरेन्द्रनाथ बनर्जी
(c) आर०सी० दत्त
(d) सुभाष चन्द्र बोस

301. राजनैतिक सुधारों को लेकर विरोध करने वाले पहले भारतीय कौन थे?
(a) दादाभाई नौरोजी
(b) सुरेन्द्रनाथ
(c) राममोहन राय
(d) तिलक

302. भारतीय राष्ट्रीय कांग्रेस की स्थापना की थी–
(a) ए०ओ० ह्यूम
(b) महात्मा गांधी
(c) सच्चिदानंद सिन्हा
(d) इनमें से कोई नहीं

303. भारतीय राष्ट्रीय कांग्रेस के संस्थापक थे एक–
(a) असैनिक सेवक
(b) विज्ञानी
(c) सामाजिक कार्यकर्त्ता
(d) मिलिट्री कमांडर

304. भारतीय राष्ट्रीय कांग्रेस की स्थापना कब हुई?
(a) 1885 (b) 1886
(c) 1887 (d) 1888

305. कांग्रेस के प्रथम अधिवेशन में कितने प्रतिनिधियों ने भाग लिया?
(a) 52 (b) 62
(c) 72 (d) 82

306. कांग्रेस का प्रथम अधिवेशन कहाँ हुआ था?
(a) कलकत्ता (b) लाहौर
(c) मुबंई (d) पुणे

307. कांग्रेस के पहले अध्यक्ष कौन थे?
(a) ए०ओ० ह्यूम
(b) डब्ल्यू०सी० बनर्जी
(c) दादाभाई नौरोजी
(d) इनमें से कोई नहीं

308. कांग्रेस का प्रथम महासचिव कौन था?
(a) ए०ओ० ह्यूम
(b) दादाभाई नौरोजी
(c) डब्ल्यू०सी० बनर्जी
(d) फिरोज शाह मेहता

309. कांग्रेस की स्थापना के समय वायसराय कौन था?
(a) लार्ड रिपन (b) लिटन
(c) कैनिंग (d) डफरिन

310. किसने कांग्रेस को सूक्ष्मदर्शीय अल्पसंख्यक जनता का प्रतिनिधि कहा था?
(a) लॉर्ड रिपन (b) डफरिन
(c) कर्जन (d) वेलेजली

311. भारतीय राष्ट्रीय कांग्रेस के दूसरे अधिवेशन की अध्यक्षता किसने की?
(a) गणेश अगरकर
(b) सुरेन्द्रनाथ बनर्जी
(c) दादाभाई नौरोजी
(d) फिरोजशाह मेहता

312. भारतीय राष्ट्रीय कांग्रेस के सर्वप्रथम मुस्लिम अध्यक्ष थे–
(a) अबुल कलाम आजाद
(b) रफी अहमद
(c) एम०ए० अंसारी
(d) बदरुद्दीन तैयबजी

313. निम्न में से कौन एक भारतीय राष्ट्रीय कांग्रेस से कभी संबंद्ध नहीं रहे?
(a) फिरोजशाह मेहता
(b) हकीम अजमल खान
(c) खान अब्दुल गफ्फार खान
(d) सर सैयद अहमद

314. भारतीय राष्ट्रीय कांग्रेस का प्रथम निर्वाचित यूरोपीय अध्यक्ष था–
(a) ए०ओ० ह्यूम
(b) जॉर्ज यूले
(c) अल्फ्रेड वेब
(d) ऐनी बेसेंट

315. निम्न में कौन कांग्रेस का अध्यक्ष कभी नहीं थे?
(a) लाला लाजपत राय
(b) एनी बेसेंट
(c) मोतीलाल नेहरू
(d) बाल गंगाधर तिलक

316. लाल, बाल और पाल त्रिगुट में कांग्रेस का अध्यक्ष कौन हुआ?
(a) लाला लाजपत राय
(b) बाल गंगाधर तिलक
(c) विपिनचन्द्र पाल
(d) इनमें से कोई नहीं

317. निम्न में कौन भारतीय कांग्रेस की अध्यक्ष रहीं?
(a) सुचेता कृपलानी
(b) आसफअली
(c) एनी बेसेंट
(d) विजयलक्ष्मी पंडित

318. कांग्रेस की प्रथम महिला अध्यक्ष थीं–
(a) नलिनी सेन गुप्ता
(b) सरोजनी नायडू
(c) ऐनी बेसेंट
(d) कादंबिनी बोस

319. कांग्रेस की प्रथम भारतीय महिला अध्यक्ष थीं?
(a) विजयलक्ष्मी पंडित
(b) पंडिता रमाबाई
(c) सरोजनी नायूडू
(d) राजकुमारी अमृत कौर

320. 'स्वराज मेरा जन्मसिद्ध अधिकार है और मैं इसे लेकर रहूँगा' यह किसने कहा?
(a) लाला लाजपत राय
(b) महात्मा गांधी
(c) बाल गंगाधर तिलक
(d) सुभाष चन्द्र बोस

321. किसने कहा था 'कांग्रेस आंदोलन न तो लोगों द्वारा प्रेरित था, न ही यह उनके द्वारा सोचा या योजनाबद्ध किया गया था'?
(a) लॉर्ड डफरिन
(b) सर सैयद अहमद
(c) लॉर्ड कर्जन
(d) लाला लाजपत राय

322. किसने हिंदी भाषा के लिए रोमन लिपि लागू करने की वकालत की, वे थे?
(a) महात्मा गांधी
(b) जवाहर लाल नेहरू
(c) अबुल कलाम अजाद
(d) सुभाष चन्द्र बोस

323. भारत के स्वतंत्रता प्राप्ति के बाद किसने सुझाव दिया था कि कांग्रेस को समाप्त कर दिया जाये?
(a) सी० राजगोपालाचारी
(b) आचार्य कृपलानी
(c) महात्मा गांधी
(d) जय प्रकाश नारायण

324. वर्ष 1938 के भारतीय राष्ट्रीय कांग्रेस के हरिपुरा अधिवेशन की अध्यक्षता की थी–
(a) अबुल कलाम आजाद
(b) जे०बी० कृपालानी
(c) राजेन्द्र प्रसाद
(d) सुभाष चन्द्र बोस

325. किस अधिवेशन की अध्यक्षता गांधी जी द्वारा की गयी थी?
(a) गया (b) अमृतसर
(c) बेलगाँव (d) कानपुर

326. गया अधिवेशन की अध्यक्षता किसने की?
(a) चितरंजन दास
(b) एन० बनर्जी
(c) राजेन्द्र प्रसाद
(d) हकीम अजमल खाँ

327. जब भारत स्वतंत्र हुआ उस समय कांग्रेस के अध्यक्ष कौन थे?
 (a) महात्मा गांधी
 (b) जवाहर लाल नेहरू
 (c) जे०बी० कृपलानी
 (d) सरदार पटेल

328. भारतीय राष्ट्रीय कांग्रेस का अंतिम अधिवेशन जिसमें बाल गंगाधर तिलक ने भाग लिया था?
 (a) कलकत्ता अधिवेशन
 (b) सूरत अधिवेशन
 (c) गया अधिवेशन
 (d) अमृतसर अधिवेशन

329. किस आंदोलन के परिणाम स्वरूप नरम दल और गरम दल का उदय हुआ?
 (a) स्वदेशी आंदोलन
 (b) भारत छोड़ो आंदोलन
 (c) असहयोग आंदोलन
 (d) सविनय अवज्ञा आंदोलन

330. निम्न में से कौन उग्रपंथी नहीं था?
 (a) बाल गंगाधर तिलक
 (b) मदनलाल
 (c) ऊधम सिंह
 (d) गोपाल कृष्ण गोखले

331. अधिकतर नरमपंथी नेता थे–
 (a) ग्रामीण क्षेत्र से
 (b) शहरी क्षेत्रों में
 (c) ग्रामीण तथा शहरी दोनों क्षेत्र से
 (d) पंजाब से

332. किसने कांग्रेस पर प्रार्थना, याचना की राजनीति करने का आरोप लगाया?
 (a) लाला हरदयाल
 (b) बाल गंगाधर तिलक
 (c) सुभाष चन्द्र बोस
 (d) भगत सिंह

333. भारतीय राष्ट्रीय आंदोलन गरमपंथियों के प्रभावाधीन आया?
 (a) 1906 के बाद
 (b) 1909 के बाद
 (c) 1914 के बाद
 (d) 1919 के बाद

334. लाला लाजपत राय ने अपना राजनीतिक गुरु किसे माना था?
 (a) गैरीबाल्डी
 (b) विवेकानंद
 (c) दादाभाई नौरोजी
 (d) मैजिनी

335. किसे 'भारतीय अशांति के जनक' कहा जाता है?
 (a) ए०ओ० ह्यूम
 (b) दादाभाई नौरोजी
 (c) लोकमान्य तिलक
 (d) महात्मा गांधी

336. 'शेर-ए-पंजाब' के नाम से कौन जाना जाता था?
 (a) राजगुरु
 (b) भगत सिंह
 (c) लाला लाजपत राय
 (d) उधम सिंह

337. तिलक को भारतीय अशांति का जनक किसने कहा?
 (a) वी० चिरोल   (b) लुई फिशर
 (c) वेब मिलर   (d) लॉर्ड रीडिंग

338. 1908 में बाल गंगाधर तिलक को जेल हुई?
 (a) 5 वर्ष   (b) 6 वर्ष
 (c) 7 वर्ष   (d) 8 वर्ष

339. महाराष्ट्र में गणपति पर्व का श्री गणेश किया था?
 (a) तिलक
 (b) रानाडे
 (c) विपिनचन्द्र पाल
 (d) अरविन्द घोष

340. 'अभिनव भारत' का गठन किया था–
 (a) वी०डी० सावरकर
 (b) सी०आर० दास
 (c) बी०जी० तिलक
 (d) एस०सी० बोस

341. 'मित्र मेला' संघ की शुरुआत की थी–
 (a) श्यामजी कृष्ण वर्मा
 (b) सावरकर
 (c) लाला हरदयाल
 (d) सोहन सिंह

342. हेड्गेवार ने किस वर्ष 'राष्ट्रीय स्वयं सेवक संघ' की स्थापना की?
(a) 1927 (b) 1929
(c) 1924 (d) 1925

343. 'युगांतर पार्टी' का नेतृत्व किया था–
(a) जतीन्द्रनाथ मुखर्जी
(b) सचीन्द्रनाथ सान्याल
(c) रास बिहारी बोस
(d) सुभाष चन्द्र बोस

344. मुजफ्फरपुर में किंग्सफोर्ड की हत्या का प्रयास कब किया गया?
(a) 1908 (b) 1909
(c) 1910 (d) 1911

345. मुजफ्फरपुर बम कांड का सम्बन्ध किससे था?
(a) सावरकर
(b) अजीत सिंह
(c) प्रफुल्ल चाको
(d) विपिन चन्द्र पाल

346. हिन्दुस्तान रिपब्लिक एसोसिएशन की स्थापना हुई थी?
(a) 1990 (b) 1924
(c) 1928 (d) 1930

347. हिन्दुस्तान रिपब्लिकन संगठन की स्थापना की गयी थी?
(a) इलाहाबाद (b) कानपुर
(c) लखनऊ (d) नई दिल्ली

348. काकोरी षड्यन्त्र केस किस वर्ष हुआ?
(a) 1920 में (b) 1925 में
(c) 1930 में (d) 1935 में

349. 'इंकलाब जिंदाबाद' का नारा किसने दिया?
(a) इकबाल
(b) एम०के० गांधी
(c) भगत सिंह
(d) एस०सी० बोस

350. भगत सिंह, राजगुरु तथा सुखदेव को कब फांसी दी गयी?
(a) 23 मार्च 1931
(b) 23 मार्च 1932
(c) 23 मार्च 1933
(d) 23 मार्च 1934

351. भगत सिंह ने सेंट्रल असेंबली में बम फेंका था–
(a) चन्द्रशेखर आजाद के साथ
(b) सुखदेव के साथ
(c) बटुकेश्वर दत्त के साथ
(d) राजगुरु के साथ

352. भगत सिंह का स्मारक कहाँ स्थित है?
(a) फिरोजपुर में
(b) अमृतसर में
(c) लुधियाना में
(d) गुरुदासपुर में

353. किसने प्रसिद्ध चटगाँव शस्त्रागार धावा आयोजित किया था?
(a) लक्ष्मी सहगल
(b) सूर्यसेन
(c) बटुकेश्वर दत्त
(d) जे०एम० सेनगुप्त

354. स्वतंत्रता संग्राम के सबसे कम आयु के शहीद थे–
(a) सुखदेव
(b) अशफाकुल्लाह खाँ
(c) खुदीराम बोस
(d) हेमू कालणी

355. जतिन दास किस आरोप में बंदी बनाये गये थे?
(a) मेरठ षड्यन्त्र
(b) पेशावर षड्यन्त्र
(c) लाहौर षड्यन्त्र
(d) चटगाँव षड्यन्त्र

356. जेल में भूख हड़ताल के कारण किस स्वतंत्रता संग्राम सेनानी की मृत्यु हुई थी?
(a) भगत सिंह
(b) विपिन चन्द्र पाल
(c) जतिन दास
(d) एस०सी० बोस

357. श्यामजी कृष्ण वर्मा ने इंडियन होमरूल सोसाइटी की स्थापना की?
(a) लंदन में
(b) पेरिस में
(c) बर्लिन में
(d) सैन फ्रांसिस्को में

358. इंडियन होमरूल सोसाइटी स्थापित हुई थी—
    (a) 1900 (b) 1901
    (c) 1902 (d) 1905

359. गदर पार्टी की स्थापना कब हुई?
    (a) 1907 (b) 1913
    (c) 1917 (d) 1920

360. गदर पार्टी का नेता कौन था?
    (a) भगत सिंह
    (b) लाला हरदयाल
    (c) लोकमान्य तिलक
    (d) सावरकर

361. गदर पार्टी का मुख्यालय था—
    (a) सैन फ्रांसिस्को
    (b) न्यूयार्क
    (c) मद्रास
    (d) कलकत्ता

362. किसने विदेश में गणतंत्रात्मक सरकार की संस्थापना की थी?
    (a) महेन्द्र प्रताप
    b) सुभाष चन्द्र बोस
    (c) रास बिहारी बोस
    (d) उपर्युक्त में से कोई नहीं

363. भारतीय क्रान्ति की माँ किसे कहते हैं?
    (a) एनी बेसेंट
    (b) सरोजनी नायडू
    (c) रमाबाई
    (d) भीकाजी कामा

364. मैडमकामा ने 1907 में प्रथम तिरंगा ध्वज कहाँ फहराया था?
    (a) लंदन (b) पेरिस
    (c) मॉस्को (d) स्टुटगार्ट

365. 'कामागाटामारु' क्या था?
    (a) औद्योगिक केन्द्र
    (b) एक बन्दरगाह
    (c) एक जहाज
    (d) सेना की एक टुकड़ी

366. 'इंडिपेंडेंस लीग' की स्थापना की थी?
    (a) मोतीलाल नेहरु
    (b) महात्मा गांधी
    (c) रासबिहारी बोस
    (d) लाला लाजपत राय

367. 1905 में बंगाल विभाजन किस वायसराय ने किया?
    (a) लॉर्ड हार्डिंग
    (b) लॉर्ड कर्जन
    (c) लॉर्ड लिट्टन
    (d) लॉर्ड मिंटो

368. बंगाल विभाजन के विरोध में हुए आंदोलन का नेतृत्व किया था—
    (a) सुरेन्द्रनाथ बनर्जी
    (b) सी०आर० दास
    (c) आशुतोष मुखर्जी
    (d) रवीन्द्रनाथ टैगोर

369. ब्रिटिश वस्तुओं के बहिष्कार को राष्ट्रीय नीति के रूप में अपनाया गया—
    (a) 1899 (b) 1901
    (c) 1903 (d) 1905

370. बंगाल का दूसरा विभाजन कब हुआ?
    (a) 1906 (b) 1916
    (c) 1911 (d) 1909

371. बंगाल विभाजन रद्द किस वर्ष किया गया?
    (a) 1911 (b) 1904
    (c) 1906 (d) 1970

372. मद्रास में स्वदेशी आंदोलन का नेता कौन था?
    (a) श्रीनिवास शास्त्री
    (b) राजगोपालाचारी
    (c) चिरंबरम पिल्लै
    (d) चिंतामनी

373. किस आंदोलन के दौरान 'वंदेमातरम्' भारतीय राष्ट्रीय आंदोलन का शीर्षक गीत बना?
    (a) स्वदेशी आंदोलन
    (b) चंपारण सत्याग्रह
    (c) रौलेट एक्ट कानून विरोधी आंदोलन
    (d) असहयोग आंदोलन

374. ब्रिटिश पत्रकार एच०डब्ल्यू० नेविन्सन जुड़े थे—
    (a) असहयोग आंदोलन
    (b) सविनय अवज्ञा आंदोलन
    (c) स्वदेशी आंदोलन से
    (d) भारत छोड़ो आंदोलन से

375. 'इंडियन सोसायटी ऑफ ओरिएंटल आर्ट' की स्थापना की थी–
    (a) अवनींद्रनाथ टैगोर
    (b) नंदलाल बोस
    (c) अजित कुमार
    (d) अमृता हलधर

376. करमचंद गांधी के पिता दीवान थे–
    (a) पोरबंदर के
    (b) राजकोट के
    (c) बीकानेर के
    (d) उपर्युक्त सभी राज्यों से

377. फीनिक्स फॉर्म कहाँ है?
    (a) सूरतगढ़   (b) एसेक्स
    (c) डरबन   (d) कम्पाला

378. गांधी की सत्याग्रह रणनीति में सबसे अंतिम स्थान किसे प्राप्त है?
    (a) बहिष्कार   (b) धरना
    (c) उपवास   (d) हड़ताल

379. गांधी जी दक्षिण अफ्रीका में कितने वर्ष रहे थे?
    (a) 20 वर्ष   (b) 21 वर्ष
    (c) 16 वर्ष   (d) 15 वर्ष

380. महात्मा गांधी के राजनीतिक गुरु कौन थे?
    (a) सी०आर० दास
    (b) दादाभाई नौरोजी
    (c) तिलक
    (d) गोखले

381. भारत के स्वतंत्रता संघर्ष के दौरान सबसे पहले सत्याग्रह किसने किया?
    (a) सरदार पटेल
    (b) जवाहरलाल नेहरू
    (c) विनोबा भावे
    (d) महात्मा गांधी

382. गांधीवादी विचारधारा किनसे प्रभावित रही है?
    (a) रस्किन से   (b) थोरो से
    (c) टाल्स्टॉय से   (d) उपर्युक्त सभी से

383. महात्मा गांधी को सर्वप्रथम 'राष्ट्रपिता' किसने कहा था?
    (a) जवाहरलाल नेहरू
    (b) वल्लभाई पटेल
    (c) राजगोपालचारी
    (d) सुभाष चन्द्र बोस

384. नोआखली काल में महात्मा गांधी के सचिव कौन थे?
    (a) निर्मल कुमार बोस
    (b) महादेव देसाई
    (c) प्यारेलाल
    (d) वल्लभभाई पटेल

385. लंबे समय तक कांग्रेस के खजांची कौन थे?
    (a) जी०डी० बिड़ला
    (b) जमनालाल बजाज
    (c) टाटा
    (d) हीराचंद

386. गांधी जी को 'वन मैन बाऊंडरी फोर्स' किसने कहा?
    (a) चर्चिल   (b) एटली
    (c) माउण्टबेटन   (d) साइमन

387. महात्मा गांधी ने भारत में अपना पहला जनभाषण कहाँ दिया था?
    (a) बंबई में
    (b) लखनऊ में
    (c) चंपारण में
    (d) वाराणसी में

388. महात्मा गांधी का कौन-सा संघर्ष औद्योगिक श्रमिकों से सम्बन्धित था?
    (a) चंपारण सत्याग्रह
    (b) अहमदाबाद संघर्ष
    (c) खेड़ा संघर्ष
    (d) उपर्युक्त में से कोई नहीं

389. कौन-सी घटना सबसे पहले हुई?
    (a) खेड़ा सत्याग्रह
    (b) सविनय अवज्ञा
    (c) असहयोग आंदोलन
    (d) चंपारण सत्याग्रह

390. चंपारण नील आंदोलन के राष्ट्रीय नेता कौन थे?
    (a) महात्मा गांधी
    (b) बिरसा मुंडा
    (c) बाबा रामचन्द्र
    (d) राम सिंह

391. चंपारण सत्याग्रह के दौरान महात्मा गांधी का विरोध किसने किया था?
    (a) रवीन्द्रनाथ टैगोर
    (b) एन०जी० रंगा
    (c) राजकुमार शुक्ल
    (d) राजेन्द्र प्रसाद

392. भारत वर्ष का सर्वप्रथम किसान आंदोलन था—
    (a) चंपारण   (b) बारदोली
    (c) बेगू   (d) बिजौलिया

393. असहयोग आंदोलन किस वर्ष प्रारंभ किया गया था?
    (a) 1910   (b) 1919
    (c) 1920   (d) 1921

394. निम्नलिखित में चौरी-चौरा कांड की वास्तविक तिथि है?
    (a) फरवरी 5, 1922
    (b) फरवरी 4, 1922
    (c) फरवरी 2, 1922
    (d) फरवरी 6, 1922

395. किस घटना के बाद महात्मा गांधी ने असहयोग आंदोलन को अपनी 'हिमालय जैसी भूल' बतायी थी?
    (a) चौरी-चौरा
    (b) खेड़ा सत्याग्रह
    (c) नागपुर सत्याग्रह
    (d) राजकोट सत्याग्रह

396. 'साइमन कमीशन' भारत किस वर्ष आया?
    (a) 1927   (b) 1928
    (c) 1929   (d) 1931

397. 'पूर्ण स्वराज' का प्रस्ताव किस वर्ष पारित किया गया?
    (a) 1919   (b) 1929
    (c) 1939   (d) 1942

398. दांडी यात्रा की गयी—
    (a) 1932 में   (b) 1931 में
    (c) 1929 में   (d) 1930 में

399. 'नमक सत्याग्रह' के समय गांधी जी के गिरफ्तार हो जाने के बाद आंदोलन के नेता के रूप में उनका स्थान किसने लिया?
    (a) अब्बास तैयबजी
    (b) अबुल कलाम आजाद
    (c) जवाहर नेहरू
    (d) सरदार वल्लभभाई पटेल

400. गांधी-इरविन समझौते पर हस्ताक्षर हुए—
    (a) 1931 में   (b) 1935 में
    (c) 1942 में   (d) 1945 में

401. भारत छोड़ो आंदोलन कब प्रारंभ हुआ?
    (a) 9 अगस्त 1942
    (b) 10 अगस्त 1942
    (c) 15 अगस्त 1942
    (d) 16 अगसत 1942

402. निम्नलिखित में से कौन महात्मा गांधी का जीवनीकार है?
    (a) लुई फिशर
    (b) रिचर्ड ग्रेग
    (c) वेब मिलर
    (d) इनमें से कोई नहीं

उत्तरमाला
प्राचीन भारतीय इतिहास

1. (a)	**2.** (b)	**3.** (a)	**4.** (a)	**5.** (a)	**6.** (c)
7. (d)	**8.** (d)	**9.** (b)	**10.** (d)	**11.** (b)	**12.** (c)
13. (d)	**14.** (b)	**15.** (b)	**16.** (a)	**17.** (b)	**18.** (b)
19. (d)	**20.** (c)	**21.** (d)	**22.** (b)	**23.** (a)	**24.** (a)
25. (b)	**26.** (b)	**27.** (a)	**28.** (a)	**29.** (b)	**30.** (a)
31. (c)	**32.** (b)	**33.** (a)	**34.** (a)	**35.** (c)	**36.** (d)
37. (d)	**38.** (a)	**39.** (c)	**40.** (b)	**41.** (c)	**42.** (d)
43. (d)	**44.** (a)	**45.** (d)	**46.** (a)	**47.** (d)	**48.** (c)
49. (d)	**50.** (d)	**51.** (a)	**52.** (b)	**53.** (b)	**54.** (a)
55. (d)	**56.** (d)	**57.** (c)	**58.** (b)	**59.** (d)	**60.** (b)
61. (c)	**62.** (d)	**63.** (b)	**64.** (a)	**65.** (b)	**66.** (c)
67. (a)	**68.** (c)	**69.** (a)	**70.** (a)	**71.** (d)	**72.** (d)
73. (c)	**74.** (c)	**75.** (c)	**76.** (c)	**77.** (b)	**78.** (a)
79. (b)	**80.** (c)	**81.** (c)	**82.** (a)	**83.** (b)	**84.** (c)
85. (a)	**86.** (b)	**87.** (d)	**88.** (a)	**89.** (d)	**90.** (a)
91. (b)	**92.** (d)	**93.** (b)	**94.** (b)	**95.** (a)	**96.** (b)
97. (d)	**98.** (d)	**99.** (b)	**100.** (c)	**101.** (b)	**102.** (b)
103. (b)	**104.** (a)	**105.** (a)	**106.** (c)	**107.** (c)	**108.** (a)
109. (c)	**110.** (b)	**111.** (d)	**112.** (a)	**113.** (d)	**114.** (a)
115. (b)	**116.** (b)	**117.** (c)	**118.** (c)	**119.** (b)	**120.** (a)
121. (b)	**122.** (a)	**123.** (d)	**124.** (a)	**125.** (c)	**126.** (c)
127. (b)	**128.** (a)	**129.** (d)	**130.** (a)	**131.** (d)	**132.** (a)
133. (d)	**134.** (a)	**135.** (c)	**136.** (a)	**137.** (a)	**138.** (d)
139. (b)	**140.** (b)	**141.** (b)	**142.** (b)	**143.** (b)	**144.** (c)
145. (c)	**146.** (b)	**147.** (d)	**148.** (a)	**149.** (b)	**150.** (d)
151. (b)	**152.** (c)	**153.** (b)	**154.** (a)	**155.** (c)	**156.** (b)
157. (d)	**158.** (d)	**159.** (c)	**160.** (a)	**161.** (c)	**162.** (d)
163. (c)	**164.** (c)	**165.** (b)	**166.** (b)	**167.** (d)	**168.** (a)
169. (a)	**170.** (b)	**171.** (c)	**172.** (b)	**173.** (b)	**174.** (c)
175. (c)	**176.** (b)	**177.** (d)	**178.** (d)	**179.** (a)	**180.** (c)
181. (c)	**182.** (a)	**183.** (d)	**184.** (d)	**185.** (c)	**186.** (c)
187. (c)	**188.** (c)	**189.** (d)	**190.** (b)	**191.** (b)	**192.** (a)

193. (d)	194. (b)	195. (a)	196. (b)	197. (a)	198. (c)
199. (c)	200. (a)	201. (b)	202. (c)	203. (d)	204. (c)
205. (b)	206. (b)	207. (b)	208. (b)	209. (b)	210. (d)
211. (b)	212. (b)	213. (c)	214. (d)	215. (c)	216. (c)
217. (c)	218. (a)	219. (d)	220. (d)	221. (d)	222. (b)
223. (d)	224. (a)	225. (b)	226. (c)	227. (d)	228. (b)
229. (d)	230. (b)	231. (a)	232. (c)	233. (d)	234. (c)
235. (c)	236. (a)	237. (a)	238. (c)	239. (c)	240. (d)
241. (c)	242. (a)	243. (b)	244. (b)	245. (b)	246. (c)
247. (c)	248. (c)	249. (d)	250. (a)	251. (a)	252. (d)
253. (b)	254. (b)	255. (b)	256. (b)	257. (c)	258. (a)
259. (c)	260. (d)	261. (d)	262. (d)	263. (a)	264. (c)
265. (c)	266. (a)	267. (d)	268. (c)	269. (a)	270. (a)
271. (a)	272. (c)	273. (d)	274. (b)	275. (d)	276. (d)
277. (c)	278. (d)	279. (c)	280. (b)	281. (c)	282. (d)
283. (b)	284. (c)	285. (d)	286. (b)	287. (c)	288. (c)
289. (d)	290. (c)	291. (c)	292. (a)	293. (c)	294. (a)
295. (a)	296. (c)	297. (a)	298. (d)	299. (c)	300. (a)
301. (b)	302. (b)	303. (d)	304. (c)	305. (c)	306. (b)
307. (b)	308. (b)	309. (b)	310. (d)	311. (d)	312. (c)
313. (c)	314. (a)	315. (a)	316. (d)	317. (d)	318. (c)
319. (c)	320. (b)	321. (d)	322. (b)	323. (b)	324. (b)
325. (d)	326. (a)	327. (a)	328. (a)	329. (a)	330. (a)
331. (a)	332. (a)	333. (a)	334. (a)	335. (a)	336. (a)
337. (a)	338. (a)	339. (a)	340. (a)	341. (a)	342. (a)
343. (a)	344. (a)	345. (a)	346. (a)	347. (a)	348. (a)
349. (a)	350. (b)	351. (a)	352. (a)	353. (a)	354. (a)
355. (a)	356. (b)	357. (a)	358. (b)	359. (b)	360. (a)
361. (a)	362. (a)	363. (a)	364. (b)	365. (d)	366. (c)
367. (c)	368. (a)	369. (d)	370. (b)	371. (a)	372. (a)
373. (c)	374. (a)	375. (d)	376. (a)	377. (b)	378. (c)
379. (d)	380. (d)	381. (c)	382. (c)	383. (c)	384. (c)
385. (c)	386. (a)	387. (a)	388. (c)	389. (b)	390. (a)
391. (a)	392. (c)	393. (c)	394. (d)	395. (b)	396. (a)
397. (a)	398. (b)	399. (c)	400. (b)		

उत्तरमाला
मध्यकालीन इतिहास

1. (b)	2. (b)	3. (a)	4. (d)	5. (d)	6. (c)
7. (c)	8. (c)	9. (c)	10. (c)	11. (a)	12. (b)
13. (b)	14. (b)	15. (b)	16. (c)	17. (b)	18. (c)
19. (b)	20. (c)	21. (a)	22. (c)	23. (b)	24. (a)
25. (b)	26. (c)	27. (b)	28. (d)	29. (d)	30. (a)
31. (c)	32. (a)	33. (b)	34. (b)	35. (b)	36. (a)
37. (d)	38. (a)	39. (b)	40. (c)	41. (d)	42. (c)
43. (a)	44. (c)	45. (a)	46. (a)	47. (b)	48. (b)
49. (a)	50. (d)	51. (a)	52. (b)	53. (b)	54. (b)
55. (a)	56. (a)	57. (b)	58. (c)	59. (a)	60. (d)
61. (a)	62. (a)	63. (d)	64. (a)	65. (a)	66. (d)
67. (d)	68. (a)	69. (d)	70. (b)	71. (b)	72. (d)
73. (c)	74. (b)	75. (d)	76. (d)	77. (c)	78. (d)
79. (b)	80. (b)	81. (b)	82. (a)	83. (b)	84. (b)
85. (b)	86. (c)	87. (a)	88. (b)	89. (c)	90. (a)
91. (d)	92. (d)	93. (c)	94. (d)	95. (d)	96. (d)
97. (c)	98. (b)	99. (b)	100. (a)	101. (b)	102. (a)
103. (b)	104. (d)	105. (a)	106. (b)	107. (c)	108. (c)
109. (b)	110. (d)	111. (c)	112. (b)	113. (d)	114. (b)
115. (d)	116. (b)	117. (c)	118. (a)	119. (c)	120. (a)
121. (a)	122. (b)	123. (a)	124. (a)	125. (c)	126. (a)
127. (a)	128. (a)	129. (c)	130. (c)	131. (b)	132. (d)
133. (a)	134. (c)	135. (c)	136. (c)	137. (c)	138. (b)
139. (b)	140. (b)	141. (d)	142. (d)	143. (c)	144. (c)
145. (c)	146. (d)	147. (b)	148. (c)	149. (d)	150. (c)
151. (d)	152. (c)	153. (b)	154. (d)	155. (b)	156. (b)
157. (c)	158. (d)	159. (a)	160. (a)	161. (c)	162. (b)
163. (b)	164. (c)	165. (a)	166. (c)	167. (b)	168. (c)
169. (b)	170. (c)	171. (a)	172. (d)	173. (c)	174. (b)
175. (d)	176. (c)	177. (b)	178. (c)	179. (b)	180. (c)
181. (b)	182. (b)	183. (b)	184. (b)	185. (d)	186. (d)
187. (b)	188. (b)	189. (c)	190. (b)	191. (a)	192. (b)

193. (a)	194. (c)	195. (a)	196. (a)	197. (a)	198. (d)
199. (c)	200. (c)	201. (a)	202. (b)	203. (a)	204. (c)
205. (d)	206. (c)	207. (c)	208. (a)	209. (b)	210. (d)
211. (c)	212. (c)	213. (d)	214. (a)	215. (a)	216. (c)
217. (d)	218. (c)	219. (b)	220. (c)	221. (b)	222. (d)
223. (b)	224. (a)	225. (b)	226. (b)	227. (b)	228. (b)
229. (d)	230. (c)	231. (a)	232. (c)	233. (c)	234. (c)
235. (c)	236. (d)	237. (c)	238. (b)	239. (a)	240. (b)
241. (b)	242. (d)	243. (c)	244. (a)	245. (a)	246. (c)
247. (c)	248. (b)	249. (c)	250. (a)	251. (b)	252. (a)
253. (b)	254. (a)	255. (a)	256. (b)	257. (d)	258. (c)
259. (b)	260. (a)	261. (c)	262. (c)	263. (d)	264. (b)
265. (b)	266. (b)	267. (d)	268. (b)	269. (d)	270. (c)
271. (d)	272. (c)	273. (b)	274. (b)	275. (a)	276. (d)
277. (a)	278. (a)	279. (c)	280. (c)	281. (d)	282. (b)
283. (b)	284. (b)	285. (b)	286. (a)	287. (d)	288. (a)
289. (c)	290. (b)	291. (b)	292. (c)	293. (a)	294. (a)
295. (b)	296. (b)	297. (b)	298. (b)	299. (c)	300. (c)
301. (a)	302. (d)	303. (d)	304. (c)	305. (b)	306. (b)
307. (d)	308. (c)	309. (a)	310. (b)	311. (a)	312. (a)
313. (a)	314. (c)	315. (c)	316. (d)	317. (a)	318. (a)
319. (b)	320. (c)	321. (c)	322. (c)	323. (d)	324. (d)
325. (c)	326. (b)	327. (d)	328. (b)	329. (b)	330. (b)
331. (c)	332. (b)	333. (c)	334. (d)	335. (b)	336. (b)
337. (d)	338. (c)	339. (d)	340. (c)	341. (d)	342. (d)
343. (d)	344. (b)	345. (c)	346. (a)	347. (c)	348. (a)
349. (c)	350. (b)	351. (d)	352. (c)	353. (b)	354. (d)
355. (b)	356. (d)	357. (a)	358. (c)	359. (b)	360. (c)
361. (a)	362. (b)	363. (b)	364. (a)	365. (a)	366. (c)
367. (b)	368. (d)	369. (c)	370. (a)	371. (b)	372. (a)
373. (c)	374. (b)	375. (a)	376. (d)	377. (a)	378. (d)
379. (a)	380. (a)	381. (a)	382. (c)	383. (a)	384. (a)
385. (c)	386. (d)	387. (d)	388. (d)	389. (b)	390. (d)
391. (d)	392. (b)	393. (b)	394. (d)	395. (d)	396. (b)
397. (a)	398. (b)	399. (b)	400. (a)		

उत्तरमाला आधुनिक भारतीय इतिहास					
1. (b)	**2.** (c)	**3.** (c)	**4.** (b)	**5.** (c)	**6.** (d)
7. (c)	**8.** (c)	**9.** (a)	**10.** (b)	**11.** (b)	**12.** (a)
13. (a)	**14.** (b)	**15.** (d)	**16.** (b)	**17.** (b)	**18.** (d)
19. (d)	**20.** (b)	**21.** (a)	**22.** (a)	**23.** (c)	**24.** (b)
25. (a)	**26.** (a)	**27.** (c)	**28.** (b)	**29.** (b)	**30.** (a)
31. (c)	**32.** (b)	**33.** (d)	**34.** (b)	**35.** (d)	**36.** (a)
37. (d)	**38.** (c)	**39.** (a)	**40.** (a)	**41.** (b)	**42.** (a)
43. (a)	**44.** (d)	**45.** (a)	**46.** (c)	**47.** (a)	**48.** b)
49. (d)	**50.** (b)	**51.** (b)	**52.** (a)	**53.** (b)	**54.** (c)
55. (b)	**56.** (c)	**57.** (b)	**58.** (b)	**59.** (a)	**60.** (c)
61. (a)	**62.** (b)	**63.** (c)	**64.** (a)	**65.** (b)	**66.** (a)
67. (b)	**68.** (b)	**69.** (b)	**70.** (b)	**71.** (c)	**72.** (b)
73. (c)	**74.** (c)	**75.** (b)	**76.** (a)	**77.** (d)	**78.** (d)
79. (c)	**80.** (a)	**81.** (a)	**82.** (b)	**83.** (a)	**84.** (b)
85. (b)	**86.** (a)	**87.** (b)	**88.** (b)	**89.** (c)	**90.** (a)
91. (b)	**92.** (b)	**93.** (b)	**94.** (d)	**95.** (c)	**96.** (c)
97. (d)	**98.** (a)	**99.** (b)	**100.** (c)	**101.** (c)	**102.** (b)
103. (a)	**104.** (d)	**105.** (d)	**106.** (b)	**107.** (b)	**108.** (a)
109. (d)	**110.** (c)	**111.** (c)	**112.** (a)	**113.** (d)	**114.** (d)
115. (a)	**116.** (d)	**117.** (d)	**118.** (c)	**119.** (b)	**120.** (b)
121. (b)	**122.** (d)	**123.** (c)	**124.** (a)	**125.** (c)	**126.** (c)
127. (a)	**128.** (d)	**129.** (a)	**130.** (a)	**131.** (d)	**132.** (d)
133. (b)	**134.** (c)	**135.** (a)	**136.** (b)	**137.** (a)	**138.** (b)
139. (a)	**140.** (d)	**141.** (d)	**142.** (d)	**143.** (b)	**144.** (c)
145. (a)	**146.** (c)	**147.** (a)	**148.** (a)	**149.** (b)	**150.** (c)
151. (c)	**152.** (a)	**153.** (b)	**154.** (a)	**155.** (b)	**156.** (d)
157. (a)	**158.** (a)	**159.** (a)	**160.** (b)	**161.** (c)	**162.** (c)
163. (d)	**164.** (b)	**165.** (b)	**166.** (c)	**167.** (b)	**168.** (b)
169. (b)	**170.** (a)	**171.** (a)	**172.** (c)	**173.** (d)	**174.** (b)
175. (b)	**176.** (a)	**177.** (d)	**178.** (b)	**179.** (d)	**180.** (c)
181. (a)	**182.** (d)	**183.** (d)	**184.** (a)	**185.** (d)	**186.** (b)
187. (c)	**188.** (a)	**189.** (b)	**190.** (a)	**191.** (b)	**192.** (a)

193. (b)	194. (d)	195. (a)	196. (a)	197. (b)	198. (b)
199. (d)	200. (a)	201. (c)	202. (d)	203. (c)	204. (b)
205. (c)	206. (b)	207. (b)	208. (b)	209. (a)	210. (a)
211. (b)	212. (c)	213. (a)	214. (a)	215. (c)	216. (a)
217. (a)	218. (a)	219. (a)	220. (a)	221. (d)	222. (b)
223. (b)	224. (a)	225. (c)	226. (d)	227. (b)	228. (d)
229. (d)	230. (b)	231. (b)	232. (d)	233. (d)	234. (a)
235. (a)	236. (a)	237. (c)	238. (b)	239. (a)	240. (a)
241. (b)	242. (b)	243. (c)	244. (a)	245. (b)	246. (a)
247. (a)	248. (b)	249. (c)	250. (c)	251. (c)	252. (c)
253. (b)	254. (c)	255. (a)	256. (b)	257. (d)	258. (b)
259. (b)	260. (c)	261. (c)	262. (b)	263. (a)	264. (d)
265. (a)	266. (a)	267. (c)	268. (b)	269. (a)	270. (a)
271. (c)	272. (c)	273. (b)	274. (b)	275. (a)	276. (b)
277. (d)	278. (d)	279. (b)	280. (a)	281. (b)	282. (d)
283. (c)	284. (a)	285. (a)	286. (a)	287. (b)	288. (a)
289. (a)	290. (b)	291. (b)	292. (d)	293. (d)	294. (b)
295. (a)	296. (a)	297. (d)	298. (d)	299. (a)	300. (b)
301. (b)	302. (a)	303. (a)	304. (a)	305. (c)	306. (c)
307. (b)	308. (a)	309. (d)	310. (b)	311. (c)	312. (d)
313. (d)	314. (b)	315. (d)	316. (a)	317. (c)	318. (c)
319. (c)	320. (c)	321. (b)	322. (d)	323. (c)	324. (d)
325. (c)	326. (a)	327. (c)	328. (d)	329. (a)	330. (d)
331. (b)	332. (a)	333. (a)	334. (d)	335. (c)	336. (c)
337. (a)	338. (b)	339. (a)	340. (a)	341. (b)	342. (d)
343. (b)	344. (a)	345. (c)	346. (b)	347. (b)	348. (b)
349. (c)	350. (a)	351. (c)	352. (a)	353. (b)	354. (c)
355. (c)	356. (c)	357. (a)	358. (d)	359. (b)	360. (b)
361. (a)	362. (a)	363. (d)	364. (d)	365. (c)	366. (c)
367. (b)	368. (a)	369. (d)	370. (c)	371. (a)	372. (c)
373. (a)	374. (c)	375. (a)	376. (d)	377. (c)	378. (d)
379. (b)	380. (d)	381. (d)	382. (d)	383. (d)	384. (c)
385. (b)	386. (c)	387. (d)	388. (b)	389. (d)	390. (a)
391. (b)	392. (a)	393. (c)	394. (a)	395. (a)	396. (b)
397. (b)	398. (d)	399. (a)	400. (a)	401. (a)	402. (a)

भारत का भूगोल

1. निम्नलिखित कथनों में से कौन-से कथन भारत के बारे में सही हैं? सही उत्तर के चयन हेतु अधोलिखित कूट का उपयोग कीजिए–

I. भारत विश्व का पाँचवाँ बड़ा देश है।

II. यह स्थलमंडल के कुल क्षेत्रफल का लगभग 2.4 प्रतिशत भाग अधिकृत हुए है।

III. सम्पूर्ण भारत उष्ण कटिबंध में स्थित है।

IV. 82°30' पूर्वी देशान्तर का उपयोग भारतीय मानक समय को निर्धारित करने के लिए किया जाता है।

(a) I और II (b) II और III

(c) I और III (d) II और IV

2. भारत विस्तृत है–

(a) 37°17'53" उ० तथा 8°6'28" द० के बीच

(b) 37°17'53" उ० तथा 8°4'28" द० के बीच

(c) 37°17'53" उ० तथा 8°28' उ० के बीच

(d) उपर्युक्त में कोई नहीं

3. गुजरात के सबसे पश्चिमी गांव और अरुणाचल प्रदेश के सबसे पूर्वी छोर पर स्थित वालांग शहर के समय में कितने घंटे का अन्तराल होगा?

(a) 1 घंटा (b) 2 घंटा

(c) 3 घंटा (d) 1/2 घंटा

4. निम्न कथनों पर विचार कीजिए–

1. जबलपुर की देशान्तर रेखा इंदौर व भोपाल की देशान्तर रेखाओं के बीच है।
2. औरंगाबाद का अक्षांश बड़ोदरा व पुणे के अक्षांशों के बीच है।
3. बंगलुरु की अवस्थिति चेन्नई की तुलना में अधिक दक्षिणवर्ती है।

इनमें से कौन-सा/से कथन सही है/हैं?

(a) 1 और 3 (b) केवल 2

(c) 2 और 3 (d) 1, 2 और 3

5. यदि हिमालय-पर्वत-श्रेणियाँ नहीं होती तो भारत पर सर्वाधिक संभाव्य भौगोलिक प्रभाव क्या होता?

I. देश के अधिकांश भाग में साइबेरिया से आने वाली शीत लहरों का अनुभव होता।

II. सिन्धु-गंगा मैदान इतनी सुविस्तृत जलोढ़ मृदा से वंचित होता।

III. मानसून का प्रतिरूप से भिन्न होता।

उपरोक्त कथनों में से कौन-सा/से सही है/हैं?

(a) केवल I

(b) केवल II

(c) केवल 2 और III

(d) I, II और III

6. निम्न में से कौन-सा कथन असत्य है?

(a) भौमिकीय दृष्टि से प्रायद्वीप क्षेत्र भारत का सबसे प्राचीन भाग है।

(b) हिमालय विश्व में सबसे नवीन वलित (फोनडेड) पर्वतों को प्रदर्शित करते हैं।

(c) भारत के पश्चिमी समुद्र तट का निर्माण नदियों की जमाव क्रिया द्वारा हुआ है।

(d) भारत में गोंडवाना शिलाओं में कोयले का वृहत्तम भंडार है।

7. भारत में भू-आकारों की रचना के सम्बन्ध में निम्नलिखित कथनों पर मनन कीजिए–

1. संरचनात्मक दृष्टि से मेघालय पठार दक्कन पठार का ही विस्तारित भाग है।
2. कश्मीर घाटी की रचना एक समभिनति में हुई।
3. गंगा मैदान की रचना एक अग्रगर्त में हुई।
4. हिमालय की उत्पत्ति भारतीय प्लेट, यूरोपीय प्लेट तथा चीनी प्लेट के त्रिकोणीय अभिसरण के फलस्वरूप हुई है।

इन कथनों में से कौन-से कथन सही हैं?

(a) 1, 2 तथा 3 (b) 1, 3 तथा 4
(c) 1 तथा 3 (d) 2 तथा 4

8. सूची-I को सूची-II के साथ सुमेलित कीजिए और सूचियों के नीचे दिये गये कूट का प्रयोग कर सही उत्तर का चयन कीजिए–

सूची-I	**सूची-II**
A. दकन ट्रैप	1. उत्तर नूतन
B. पश्चिमी घाट	2. प्री-कैम्ब्रियन
C. अरावली	3. क्रिटेशियस
D. नर्मदा-ताप्ति कैम्ब्रियन	4. आदि नूतन
E. जलोढ़ निक्षेप	5. अत्यंत नूतन

कूट :	**A**	**B**	**C**	**D**
(a)	3	5	1	4
(b)	3	1	2	5
(c)	2	1	3	4
(d)	1	4	2	5

9. हिमालय का पर्वत पदीय प्रदेश है–

(a) ट्रांस-हिमालय (b) शिवालिक
(c) वृहत्त हिमालय (d) अरावली

10. जब आप हिमालय की यात्रा करेंगे, तो आप निम्नलिखित जगहों को देखेंगे–

1. गहरे खड्डे
2. U घुमाव वाले नदी-मार्ग
3. समांतर पर्वत श्रेणियाँ
4. भूस्खलन के लिए उत्तरदायी तीव्र ढाल प्रवणता

उपर्युक्त में से कौन-से हिमालय के तरुण वलित पर्वत (नवीन मोड़दार पर्वत) के साक्ष्य कहे जा सकते हैं?

(a) केवल 1 और 2
(b) केवल 1, 2, और 4
(c) केवल 3 और 4
(d) 1, 2, 3 और 4

11. उत्तर से शुरु कर दक्षिण की ओर नीचे दी गयी पहाड़ियों का सही अनुक्रम क्या है?

(a) नमलामलाई पहाड़ियाँ → नीलगिरि पहाड़ियाँ → जवादी पहाड़ियाँ → अन्नामलाई पहाड़ियाँ
(b) अन्नामलाई पहाड़ियाँ → जवादी पहाड़ियाँ → नीलगिरि पहाड़ियां → नमलामलाई पहाड़ियाँ
(c) नमलामलाई पहाड़ियाँ → जवादी पहाड़ियाँ → नीलगिरि पहाड़ियाँ → अन्नामलाई पहाड़ियाँ
(d) अन्नामलाई पहाड़ियाँ → नीलगिरि पहाड़ियाँ → जवादी पहाड़ियाँ → नमलामलाई पहाड़ियाँ

12. भारत में कॉफी सबसे अधिक किस जगह उगाई जाती है?

(a) राजमहल हिल्स (b) दार्जिलिंग
(c) आन्ध्र प्रदेश (d) कर्नाटक

13. भारत में रबड़ का सबसे बड़ा उत्पादक राज्य है–

(a) केरल (b) कर्नाटक
(c) महाराष्ट्र (d) असम

14. रबड़ की खेती के लिए आवश्यक तापमान क्या है?
(a) 25°C (b) 30°C
(c) 35°C (d) 40°C

15. 'मसालों का बगीचा' उपनाम से प्रसिद्ध राज्य है–
(a) कर्नाटक (b) केरल
(c) झारखण्ड (d) गोवा

16. भारत में किस किस्म के कॉफी का उत्पादन किया जाता है?
(a) कावों (b) ऐराबिका
(c) केगा (d) कॉनसो

17. जूट सबसे अधिक कहाँ होता है?
(a) मुबंई
(b) कर्नाटक
(c) बंगाल के डेल्टा क्षेत्र
(d) आन्ध्र प्रदेश

18. भारत में सर्वाधिक पटसन का उत्पादक प्रदेश कौन-सा है?
(a) तमिलनाडु (b) पश्चिम बंगाल
(c) बिहार (d) आन्ध्र प्रदेश

19. इनमें से कौन-सा सही नहीं है?
(a) गेहूँ-रबी (b) चना-खरीफ
(c) चावल-खरीफ (d) जौ-रबी

20. भारत में सबसे अधिक कौन-सी मिट्टी पायी जाती है?
(a) लैटेराइट (b) काली मिट्टी
(c) जलोढ़ मिट्टी (d) पंक

21. इनमें से कौन गेहूँ फसल के संदर्भ में सही है?
(a) अक्टूबर-नवम्बर में बोया जाता है तथा मार्च में काटा जाता है।
(b) जनवरी-फरवरी में काटना तथा जून-जुलाई में बोआई।
(c) जून-जुलाई में बोआई तथा मार्च-अप्रैल में कटाई।
(d) इनमें से कोई नहीं।

22. बीज से उत्पन्न किये गये पौधे को पुनः रोपकर निम्नलिखित में से किसकी खेती होती है?
(a) मक्का (b) धान
(c) चारा (d) गन्ना

23. निम्नलिखित में से कौन-सी कृषि विधा ईकोफ्रेंडली है?
(a) ऑर्गेनिक फार्मिंग
(b) शिफ्टिंग कनटीवेशन
(c) ऐसी किस्मों की खेती जो अधिक उपज देती हो।
(d) कांच के घरों में पादप उगाना।

24. भारत में गेहूँ का सबसे बड़ा उत्पादक राज्य है–
(a) हरियाणा (b) पंजाब
(c) उत्तर प्रदेश (d) महाराष्ट्र

25. निम्नलिखित कृषि प्रणालियों में से कौन-सा एक पारिस्थितिक मित्र है?
(a) कार्बनिक खेती
(b) स्थानांतरी जुताई
(c) उच्च-उत्पाद किस्मों की खेती
(d) काँच गृहों में पौधे उगाना

26. सबसे ज्यादा चावल किस राज्य में होता है?
(a) पश्चिम बंगाल (b) पंजाब
(c) केरल (d) गुजरात

27. कपास की खेती के लिए किस प्रकार की मिट्टी चाहिए?
(a) बांगर (b) खादर
(c) लाउस (d) रेगुड़

28. कपास उगाने के लिए निम्नलिखित में से कौन-सी मिट्टी उपयुक्त है?
(a) रेतीली मिट्टी
(b) चिकनी मिट्टी
(c) काली मिट्टी
(d) दोमट मिट्टी

29. भारत में काली मिट्टी के क्षेत्र कहाँ तक सीमित हैं?
    (a) गंगा का मैदान
    (b) मध्य-दक्षिणी क्षेत्र
    (c) हिमालय का क्षेत्र
    (d) पूर्वी डेल्टा के क्षेत्र

30. कुफरी चमत्कार किस फसल की प्रजाति है?
    (a) मूली (b) आलू
    (c) कपास (d) आम

31. भारत में पाई जाने वाली खादर एवं बांगर किस प्रकार की मिट्टी है?
    (a) जलोढ़ (b) रेगूर
    (c) लेटेराईट (d) लाल-पीली

32. भारत में धान्य फसलें उगाई जाती हैं, कुल कृषि भूमि के—
    (a) 50 प्रतिशत भाग में
    (b) 60 प्रतिशत भाग में
    (c) 75 प्रतिशत भाग में
    (d) 85 प्रतिशत भाग में

33. कॉफी किस क्षेत्र का पौधा है?
    (a) उष्ण कटिबंधीय झाड़ीदार
    (b) शीतोष्ण कटिबंधीय
    (c) उक्त दोनों
    (d) उपरोक्त में से कोई नहीं।

34. निम्नलिखित में से कौन-सा एक खरीफ फसल नहीं है?
    (a) ज्वार (b) बाजरा
    (c) चना (d) मक्का

35. सिंधु गंगा के मैदान की नई जलोढ़ मिट्टी को किस नाम से जाना जाता है?
    (a) खादर (b) ऊसर
    (c) रेगूर (d) बांगर

36. देश के कुल कृषि योग्य क्षेत्र के सर्वाधिक भाग पर निम्न में किस फसल की कृषि की जाती है?
    (a) गेहूँ (b) चावल
    (c) बाजरा (d) कपास

37. गन्ने का अधिकतम उत्पादन करने वाला प्रदेश है—
    (a) उत्तर प्रदेश (b) महाराष्ट्र
    (c) पंजाब (d) बिहार

38. भारत में ईख कितने माह में परिपक्व होता है?
    (a) 5 माह (b) 3 माह
    (c) 7 माह (d) 12 माह

39. हिमालय नदियों की मुख्य विशेषता है—
    (a) ये गाद निक्षेप में समृद्ध होती हैं।
    (b) इनमें जल का प्रवाह बारहमासी होता है।
    (c) ये मुख्यतः वर्षाजनित है।
    (d) ये नाव चलाने के लिए उपयुक्त हैं।

40. कौन-सी नदी पश्चिम की ओर बहते हुए अरब सागर में प्रवेश करती है?
    (a) गोदावरी (b) कृष्णा
    (c) कावेरी (d) नर्मदा

41. निम्नलिखित में से कौन-सी नदी बंगाल की खाड़ी में नहीं गिरती है?
    (a) महानदी (b) ताप्ती
    (c) गोदावरी (d) माही

42. निम्नलिखित में से कौन-सी नदी बंगाल की खाड़ी मिलती है?
    (a) चम्बल (b) ताप्ती
    (c) महानदी (d) माही

43. 'राजस्थान नहर' पानी प्राप्त करता है—
    (a) सतलज नदी से (b) व्यास नदी से
    (c) चम्बल नदी से (d) रावी नदी से

44. राजस्थान नहर का नया नाम क्या है?
    (a) गांधी नहर
    (b) इन्दिरा गांधी नहर
    (c) जवाहर नहर

(d) सुभाष नहर

45. ग्रीष्म ऋतु में तीव्र गर्मी एवं निम्न दाब के कारण विषुवत् रेखा पार कर आने वाला मानसून है–
(a) दक्षिण मानसून
(b) उत्तर-पूर्वी मानसून
(c) दक्षिण-पूर्वी मानसून
(d) उत्तर-पश्चिम मानसून

46. इनमें नकदी फसल कौन-सा है?
(a) जूट   (b) जौ
(c) गेहूँ   (d) मटर

47. निम्नलिखित में सबसे अधिक उपजाऊ भूमि कौन-सी है?
(a) लाल मिट्टी
(b) लैटराइट मिट्टी
(c) जलोढ़ मिट्टी
(d) काली मिट्टी

48. खरीफ फसल काटी जाती है–
(a) अक्टूबर-नवंबर
(b) जनवरी-फरवरी
(c) मार्च-अप्रैल
(d) मई-जून

49. निम्न में से किस मिट्टी को सबसे कम जोतने की आवश्यकता होती है?
(a) लाल मिट्टी   (b) काली मिट्टी
(c) जलोढ़ मिट्टी (d) चिकनी मिट्टी

50. भारत में काजू उत्पादन के मामले में मुख्य राज्य कौन-सा है?
(a) केरल   (b) तमिलनाडु
(c) उड़ीसा   (d) पश्चिम बंगाल

51. मिट्टी की रचना सामान्यत: निम्नलिखित प्रक्रिया द्वारा होती है–
(a) अपरदन   (b) निक्षेपण
(c) निरावरणीयकरण (d) अपक्षय

52. सूची-I का सूची-II से मिलान कीजिए एवं कूट का प्रयोग करते हुए सही उत्तर का चयन कीजिए–

सूची-I (बीमारी) | सूची-II (फसल)
A. ब्लैक रस्ट | 1. चावल
B. स्टेम रॉट | 2. सरसों
C. ह्वाइट रस्ट | 3. आलू
D. अर्ली ब्लाइट | 4. गेहूँ

कूट :
	A	B	C	D
(a)	1	3	4	2
(b)	4	1	2	3
(c)	4	3	2	1
(d)	2	1	4	3

53. निम्नलिखित में से कौन-से दो राज्य कावेरी जल विवाद से सम्बन्धित है.
(a) कर्नाटक और तमिलनाडु
(b) कर्नाटक और केरल
(c) केरल और तमिलनाडु
(d) तमिलनाडु और मध्य प्रदेश

54. 'सरदार सरोवर' परियोजना किस राज्य में निर्माणाधीन है?
(a) राजस्थान   (b) मध्य प्रदेश
(c) उत्तर प्रदेश (d) गुजरात

55. नर्मदा नदी पर कौन-सा बाँध नहीं है?
(a) कोयना नदी   (b) इंदिरा नगर
(c) सरदार सरोवर (d) गांधी सागर

56. निम्नलिखित में से कौन-सी भारतीय नदी पूर्व से पश्चिम की ओर नहीं बहती है?
(a) नर्मदा   (b) ताप्ती
(c) लूनी   (d) कावेरी

57. भाखड़ा नांगल बहुउद्देशीय परियोजना किस नदी पर बनी है?
(a) रावी   (b) व्यास
(c) सतलज   (d) झेलम

58. भारत का सबसे ऊँचा जलप्रपात 'जोग' किस राज्य में अवस्थित है?
    (a) उत्तर प्रदेश   (b) पश्चिम बंगाल
    (c) कर्नाटक   (d) महाराष्ट्र
59. इन सभी में टोची, गिलगिट तथा हुआ किसकी सहायक नदियाँ हैं?
    (a) गंगा   (b) सिन्धु
    (c) यमुना   (d) ब्रह्मपुत्र
60. निम्नलिखित कथनों पर विचार करें-
    1. जलोढ़ मृदा रासायनिक गुणधर्मों में समृद्ध होती है और रबी व खरीफ की फसलें उगाने में सक्षम होती है।
    2. काली मिट्टी कपास, मूँगफली के लिए उपयुक्त होती है।
    3. रबी की फसलें जून में बोने के बाद अक्टूबर में काटी जाती है।
    इनमें से कौन-सा कूट सही है?
    (a) 1, 2 व 3   (b) 1 व 2
    (c) 2 व 3   (d) 1 व 3
61. निम्नलिखित में से कौन-सी नदी कृष्णा नदी की सहायक नदी नहीं है?
    (a) तुंगभद्रा   (b) मालप्रभा
    (c) घाटप्रभा   (d) अमरावती
62. जवाहर सागर, राणा प्रताप सागर तथा गांधी सागर जलाशय किस नदी पर निर्मित है?
    (a) बेलवा   (b) नर्मदा
    (c) ताप्ती   (d) चम्बल
63. निम्न में से किस नदी की बोकारो और फेनाल सहायक नदियाँ हैं?
    (a) सोन नदी   (b) महानदी
    (c) दामोदर   (d) स्वर्ण रेखा
64. कावेरी नदी निम्नलिखित में गिरती है-
    (a) बंगाल की खाड़ी
    (b) अरब सागर
    (c) पाक जलडमरुमध्य
    (d) इनमें से कोई नहीं
65. निम्नलिखित में से गंगा की कौन-सी सहायक नदी उत्तर की ओर की बहती है?
    (a) कोसी   (b) घाघरा
    (c) सोन   (d) गंडक
66. गंडक किसकी सहायक नदी है?
    (a) यमुना   (b) सिंध
    (c) गोदावरी   (d) गंगा
67. लूनी नदी किसमें गिरती है?
    (a) गंगा मुहाना
    (b) केरल का समुद्र तट
    (c) कच्छ का रन
    (d) गोदावरी का मुहाना
68. निम्नलिखित में से किस नदी को 'दक्षिण गंगा' कहा जाता है?
    (a) कृष्णा   (b) गोदावरी
    (c) महानदी   (d) कावेरी
69. दक्षिण भारत की नदियों में सबसे लम्बी नदी है-
    (a) गोदावरी   (b) कृष्णा
    (c) नर्मदा   (d) ताप्ती
70. निम्न में से कौन-सी जल विद्युत परियोजना कृष्णा या उसकी सहायक नदियों पर नहीं है?
    (a) नागार्जुन सागर   (b) तुंगभद्रा
    (c) श्रीसाइलम   (d) निजाम सागर
71. निम्नलिखित में से कौन-सी नदी दादर घाटी से होकर गुजरती है?
    (a) गोदावरी   (b) नर्मदा
    (c) कृष्णा   (d) महानदी
72. किस महाद्वीप में एटलस पर्वत स्थित है?
    (a) एशिया   (b) अफ्रीका
    (c) ऑस्ट्रेलिया   (d) यूरोप
73. निम्नलिखित में से कौन-सी नदी हिमाचल प्रदेश से होकर प्रवाहित नहीं होती है?
    (a) सतलज   (b) झेलम
    (c) रावी   (d) चिनाब

74. लैगून क्या है?

(a) एक तालाब (b) झील

(c) झरना (d) जलप्रपात

75. कृष्णा नदी का उद्गम स्थल .... के समीप है-

(a) महाबलेश्वर (b) खन्डाला

(c) उदगमडलम् (d) पंचमढ़ी

76. वरुणा परियोजना सम्बन्धित है-

(a) सुपरसोनिक एयरक्राफ्ट

(b) प्रक्षेपास्त्र

(c) क्लाउड सिडिंग

(d) इनमें से कोई नहीं।

77. महात्मा गांधी 'जल विद्युत उत्पादन प्लांट' कहाँ स्थित है?

(a) जोग प्रपात

(b) शिवसमुद्रम

(c) गोकक

(d) इनमें से कोई नहीं।

78. नेवली ताप-विद्युत् स्टेशन किस राज्य में स्थित है?

(a) उत्तर प्रदेश (b) मध्य प्रदेश

(c) तमिलनाडु (d) कर्नाटक

79. भारत का विद्युत उत्पादन के क्षेत्र में किस प्रकार के विद्युत का अधिकतम हिस्सा है?

(a) जल विद्युत (b) तापीय विद्युत

(c) नाभिकीय विद्युत (d) सौर विद्युत

80. निम्नलिखित में से कौन-सी नदी अरब सागर में गिरती है?

(a) गोदावरी (b) महानदी

(c) माही (d) कृष्णा

81. गोदावरी नदी कहाँ से होकर बहती है?

(a) महाराष्ट्र व आन्ध्र प्रदेश

(b) महाराष्ट्र, उड़ीसा व आन्ध्र प्रदेश

(c) महाराष्ट्र, कर्नाटक व आन्ध्र प्रदेश

(d) महाराष्ट्र, कनार्टक, उड़ीसा व आन्ध्र प्रदेश

82. सिन्धु नदी का उद्गम स्थल कहाँ है?

(a) रोहतांग दर्रा

(b) शेषनाग झील

(c) मानसरोवर झील

(d) मप्सातुंग हिमानी

83. अरावली पर्वत श्रृंखला निम्नलिखित नदी प्रणाली से द्विविभाजित होती है-

(a) चंबल और सरस्वती

(b) चंबल और साबरमती

(c) नर्मदा और बनास

(d) लूनी और बनास

84. भागीरथी और अलकनंदा कहाँ मिलकर गंगा बन जाती है?

(a) कर्ण प्रयाग (b) देव प्रयाग

(c) रूद्र प्रयाग (d) गंगोत्री

85. गंगा नदी निम्न में से कहाँ डेल्टा बनाती है?

(a) पारादीप के पास

(b) सुन्दरवन में

(c) विशाखापत्तनम के पास

(d) इनमें से कोई नहीं।

86. भारत में डेल्टा बनाने वाली नदियाँ है-

(a) गंगा, महानदी, नर्मदा

(b) कृष्णा, गंगा, ताप्ती

(c) कावेरी, गंगा, महानदी

(d) नर्मदा, ताप्ती, कृष्णा

87. ब्रह्मपुत्र नदी भारत के मैदानी भाग में किस नाम से प्रवेश करती है?

(a) मानस (b) धनजी

(c) दिहांग (d) व्यांगणो

88. निम्नलिखित में से कौन-सी नदी एस्चुएरी बनाती है?

(a) गंगा (b) नर्मदा

(c) कृष्णा (d) कावेरी

89. प्रसिद्ध चिल्का झील कहाँ स्थित है?
(a) राजस्थान (b) उड़ीसा
(c) कर्नाटक (d) पश्चिम बंगाल

90. सांभर झील कहाँ है?
(a) राजस्थान (b) उत्तर प्रदेश
(c) दिल्ली (d) तमिलनाडु

91. नागार्जुन परियोजना किस नदी पर बनायी गयी है?
(a) कृष्णा (b) कावेरी
(c) महानदी (d) गोदावरी

92. एलीफेंटा जलप्रपात अवस्थित है-
(a) मणिपुर (b) असम
(c) मेघालय (d) मिजोरम

93. पुष्कर झील कहाँ अवस्थित है?
(a) राजस्थान
(b) उत्तर प्रदेश
(c) पंजाब
(d) जम्मू व कश्मीर

94. लोकटक झील किस प्रांत में स्थित है?
(a) सिक्किम (b) मणिपुर
(c) त्रिपुरा (d) मिजोरम

95. भारत में विश्व का सबसे उच्च मेसोनरी बाँध निम्न में से कौन है?
(a) भाखड़ा नांगल (b) हीराकुंड
(c) फरक्का (d) नागार्जुन

96. खंभात की खाड़ी किसके बीच स्थित है?
(a) कच्छ के रन-जामनगर
(b) राजकोट-जूनागढ़
(c) भुज-जामनगर
(d) भावनगर-सूरत

97. निम्नलिखित में से कौन-सी नदी पश्चिम की ओर नहीं बहती है?
(a) नर्मदा (b) ताप्ती
(c) नेत्रावती (d) वैगे

98. नेत्रावती नदी........................
(a) पूरब की ओर बहती है।
(b) पश्चिम की ओर बहती है।
(c) दक्षिण की ओर बहती है।
(d) कावेरी की उपनदी है।

99. डेल्टा का निर्माण होता है, जब नदी के मुहाने पर-
(a) नदी प्रवाह तेज होता है।
(b) नदी प्रवाह निर्बल होता है।
(c) समुद्री ज्वार प्रबल होते हैं।
(d) समुद्र ज्वार निर्बल होते हैं।

100. निम्नलिखित नदियों में से कौन-सी नदी अपने मुहाने पर कोई डेल्टा नहीं बनाती?
(a) कावेरी (b) महानदी
(c) गोदावरी (d) ताप्ती

101. निम्नलिखित में भारत के चावल के कटोरों के रूप में विख्यात क्षेत्र का नाम बताइए-
(a) पूर्वोत्तर क्षेत्र
(b) केरल एवं तमिलनाडु
(c) सिन्धु-गंगा का मैदा
(d) कृष्णा-गोदावरी डेल्टा क्षेत्र

102. भारत का पूर्वी समुद्री तट किस नाम से जाना जाता है?
(a) कोंकण तट
(b) मालाबार तट
(c) दीघा तट
(d) कोरोमण्डल तट

103. पश्चिमी घाट में पश्चिम की ओर बहने वाली अधिकांश नदियाँ किस कारण डेल्टा का निर्माण नहीं करती हैं?
(a) अपरदित पदार्थों की कमी के कारण
(b) अधिक ढलान के कारण
(c) पेड़-पौधे एवं मुक्त क्षेत्र की कमी के कारण
(d) कम वेग के कारण

104. राउरकेला स्थित इस्पात संयंत्र निम्नलिखित में से किस बाँध से पानी लेता है?
(a) हीराकुंड
(b) दामोदर घाटी परियोजना
(c) रिहन्द बाँध
(d) तुंगभ्रदा बाँध

105. सलाल परियोजना निम्नलिखित नदी पर है-
(a) चिनाब (b) रावी
(c) सतलज (d) झेलम

106. निम्नलिखित में कौन-सी नदी बिंध्य और सतपुड़ा पर्वत शृंखला के मध्य मे गुजरती है?
(a) नर्मदा (b) ताप्ती
(c) गंडक (d) गोदावरी

107. बेलूर किस नदी के तट पर है?
(a) हेमावती (b) कावेरी
(c) याग्ची (d) तुंगभद्रा

108. निम्न में से कौन-सी नदी रिफ्ट घाटी से होकर बहती है?
(a) महानदी (b) नर्मदा
(c) गोदावरी (d) यमुना

109. थीन बाँध निम्नलिखित नदी पर स्थित है?
(a) सतलज (b) व्यास
(c) रावी (d) अलकनंदा

110. टिहरी डैम किस नदी पर स्थित है?
(a) अलकनंदा (b) भागीरथी
(c) यमुना (d) मन्दाकिनी

111. गोकक जलप्रपात किस जिले में स्थित है?
(a) बेलगाँव (b) थारवाड़
(c) रायचूर (d) बीदर

112. भारत में विश्व बैंक की सहायता से विष्णुगढ़ पीपलकोटि हाइड्रो पॉवर विद्युत परियोजना किस नदी पर बनायी जा रही है?
(a) नर्मदा (b) अलकनंदा
(c) ताप्ती (d) सतलज

113. पोंग बाँध किस नदी पर बना है?
(a) रावी (b) झेलम
(c) व्यास (d) सतलज

114. मेट्टूर बाँध किस नदी पर बाँधा गया है?
(a) गावनी (b) कावेरी
(c) हेमवती (d) पालार

115. भारत में सबसे लम्बा बाँध है-
(a) भाखड़ा बाँध
(b) नागार्जुन सागर बाँध
(c) हीराकुंड बाँध
(d) कोसी बाँध

116. बेलाडीला (छत्तीसगढ़) क्यों प्रसिद्ध है?
(a) तेलशोधक कारखाना
(b) लक्ष्मी विलास महल
(c) लौह अयस्क
(d) स्थापत्य कला हेतु

117. शिकारी देवी अभयारण्य किस राज्य में है?
(a) उत्तर प्रदेश
(b) हिमाचल प्रदेश
(c) जम्मू एवं कश्मीर
(d) असम

118. फ्लोरा, फौना और एवियन जीवों के लिए आश्चर्यजनक खतरे से परिपूर्ण नमदाफा वन्य जीव अभयारण्य कहाँ पर स्थित है?
(a) मेघालय
(b) मिजोरम
(c) नागालैण्ड
(d) अरुणाचल प्रदेश

119. सूरत किस नदी के किनारे बसा है?
(a) यमुना (b) सरस्वती
(c) ताप्ती (d) महानदी

120. कावेरी नदी तट पर कौन-सा शहर स्थित है?
(a) तिरुचिरापल्ली
(b) मैसूर
(c) बंगलूरु
(d) हैदराबाद

121. स्टील सिटी राउरकेला किस नदी के किनारे स्थित है?
(a) महानदी (b) ब्राह्मणी
(c) वैतरणी (d) स्वर्ण रेखा

122. लिग्नाइट निम्नलिखित में से किसका प्रकार है?
(a) चूना-पत्थर (b) कोयला
(c) ताँबा (d) लौह-अयस्क

123. पोर्टलैण्ड सीमेंट का मुख्य तत्त्व है-
(a) चूना, सिलिका तथा आयरन-ऑक्साइड
(b) चूना, सिलिका तथा एलूमिना
(c) चूना, सिलिका तथा मैग्रेसिया
(d) सिलिका, एलूमिना तथा मैग्रेसिया

124. ओबरा शहर प्रसिद्ध है-
(a) तेल शोधक कारखाने के लिए
(b) थर्मल पॉवर प्लाण्ट के लिए
(c) स्टील उद्योग के लिए
(d) एल्यूमिनियम प्लाण्ट के लिए

125. होगेनक्कल जलप्रपात किस नदी के तट पर स्थित है?
(a) कृष्णा (b) पेरियार
(c) वैगल (d) कावेरी

126. कौन-सी प्राचीन नगरी का नाम दो नदियों के नाम से लिया गया है?
(a) वारणसी (b) पाटलिपुत्र
(c) उज्जैनी (d) प्राग्ज्योतिषपुर

127. प्रथम तेल परिष्करण संयन्त्र कहाँ स्थापित किया गया?
(a) बरौनी में
(b) डिग्बोई में
(c) विशाखापत्तनम में
(d) मुम्बई में

128. निम्नलिखित में से कौन-सा राज्य मूँगफली का सबसे बड़ा उत्पादक है?
(a) बिहार (b) गुजरात
(c) महाराष्ट्र (d) उत्तर प्रदेश

129. अधिकतर चट्टानों एवं खनिजों में किस तत्त्व की बहुलता होती है?
(a) सिलिकॉन
(b) कार्बन
(c) लोहा
(d) इनमें से कोई नहीं।

130. पेट्रोलियम कहाँ पाया जाता है?
(a) आग्नेय चट्टनों में
(b) अवसादी चट्टनों में
(c) कायान्तरित चट्टानों में
(d) उपर्युक्त सभी

131. मेलाकाइट इनमें से किस धातु का खनिज है?
(a) ताँबा (b) चांदी
(c) मैग्नीशियम (d) लोहा

132. लिग्नाइट एक प्रकार है-
(a) संगमरमर का (b) बालू का
(c) कोयला का (d) मैंगनीज का

133. कोलार की खानों में किस धातु का उत्पादन होता है?
(a) ताँबा (b) एल्युमिनियम
(c) चांदी (d) सोना

134. राजस्थान की 'खेतड़ी परियोजना' किसके उत्पादन के लिए है?
(a) जस्ता (b) ताँबा
(c) इस्पात (d) एल्युमिनियम

135. चूने का पत्थर .... तरह की चट्टान है-
(a) सेडीमेन्टरी
(b) इग्नीअस

(c) मेटामॉरफीक

(d) मेटा सेडीमेन्टरी

136. चूना पत्थर की चट्टान कायान्तरित हो जाती है, तब बनती है–

(a) ग्रेफाइट (b) क्वाट्ज्‌जाइट

(c) ग्रेनाइट (d) संगमरमर

137. किस क्षेत्र में लौह-अयस्क खान बसा हुआ है?

(a) गुलबर्ग

(b) बेल्लारी-होसपेट

(c) मैसूर-माण्डया

(d) बुबली-धारवाड़

138. नमक किस खनिज से उत्पन्न होता है?

(a) ऐजुराइट (b) पाइराइट

(c) हेमाटाइट (d) हैलाइड

139. निजी क्षेत्र की मंगलौर रिफायनरी का अधिग्रहण निम्नलिखित में किसने कर लिया है?

(a) आई०ओ०सी० (I.O.C.)

(b) बी०पी०सी०एल० (B.P.C.L.)

(c) एच०पी०सी०एल० (H.P.C.L.)

(d) ओ०एन०जी०सी० (O.N.G.C.)

140. निम्नलिखित में सबसे कठोर कौन-सी चीज है?

(a) प्लेटिनम (b) स्वर्ण

(c) हीरा (d) चाँदी

141. भारत में हीरे की खान कहाँ स्थित है?

(a) उत्तर प्रदेश (b) कर्नाटक

(c) मध्य प्रदेश (d) गुजरात

142. एंथ्रेसाइट और बिटुमिनस किसके उत्पाद हैं?

(a) हीरा (b) पेट्रोल

(c) कोयला (d) सोना

143. एल्युमिनियम धातु का अयस्क है-

(a) क्यूप्राइट (b) गैलेना

(c) बॉक्साइट (d) जर्कोनाइट

144. सिमलीपाल अभयारण्य किस राज्य में है?

(a) बिहार (b) झारखण्ड

(c) उड़ीसा (d) केरल

145. मेघालय के चेरापूँजी में स्थित विश्व का चौथा सबसे ऊँचा जलप्रपात निम्न है–

(a) नोहकैलिकै प्रपात

(b) नोहस्त्रीगथिपंग प्रपात

(c) डैन्थलेन प्रपात

(d) स्प्रेड ईगल प्रपात

146. इन्द्रावती प्राणहिता और साबरी किसकी सहायक नदियाँ हैं?

(a) कृष्णा (b) कावेरी

(c) साबरमती (d) गोदावरी

147. भारत में जैव-विविधता के 'ताप स्थल' हैं-

(a) पश्चिमी हिमालय व पूर्वी घाट

(b) पश्चिमी हिमालय व सुन्दरवन

(c) पूर्वी हिमालय व पश्चिमी घाट

(d) पूर्वी हिमालय व शान्त घाट

148. सिंह, जिराफ, बाइसन जैसे जानवर ...... में पाये जाते हैं।

(a) पर्णपाती वन

(b) घासस्थल

(c) मरुभूमि

(d) शंकुवृक्षी वन

149. केरल में इडुक्की परियोजना किस नदी पर है?

(a) पम्बा

(b) कुडांह

(c) पेरियार

(d) इनमें से कोई नहीं।

150. चम्बल नदी निम्नलिखित में से किन राज्यों से होकर बहती है?

(a) उत्तर प्रदेश, मध्य प्रदेश, राजस्थान

(b) मध्य प्रदेश, गुजरात, उत्तर प्रदेश

(c) राजस्थान, मध्य प्रदेश, बिहार

(d) गुजरात, मध्य प्रदेश, उत्तर प्रदेश

151. घाना पक्षी अभयारण्य निम्न में से किस राज्य में स्थित है?
(a) केरल (b) राजस्थान
(c) असम (d) मणिपुर

152. 'दचिग्राम अभयारण्य' भारत के किस राज्य में स्थित है?
(a) जम्मू-कश्मीर
(b) महाराष्ट्र
(c) हिमाचल प्रदेश
(d) उत्तराचंल

153. बाँदीपुर प्रोजेक्ट टाइगर रिजर्व किस राज्य में स्थित है?
(a) असम (b) मध्य प्रदेश
(c) कर्नाटक (d) राजस्थान

154. भारतीय गैंडे कहाँ पाये जाते हैं?
(a) कॉर्बेट राष्ट्रीय उद्यान
(b) काजीरंगा अभयारण्य
(c) कान्हा राष्ट्रीय उद्यान
(d) गिर वन

155. बाघ परियोजना कब आरम्भ की गयी?
(a) 1973 (b) 1976
(c) 1978 (d) 1968

156. कान्हा राष्ट्रीय उद्यान किस राज्य में स्थित है?
(a) छत्तीसगढ़ (b) मध्य प्रदेश
(c) असम (d) राजस्थान

157. रणथम्भौर वन्य प्राणी अभयारण्य है, यह भारत के किस प्रदेश में है तथा किसके लिए प्रसिद्ध है?
(a) गुजरात-बब्बर शेर
(b) राजस्थान-काला हिरण
(c) राजस्थान-बब्बर शेर
(d) गुजरात-जंगली बाघ

158. केवलादेव अभयारण्य किस राज्य में है?
(a) उत्तर प्रदेश (b) राजस्थान
(c) मध्य प्रदेश (d) उड़ीसा

159. कौन-सा अभयारण्य विश्व धरोहर घोषित किया गया है?
(a) रणथम्भौर
(b) सरिस्का
(c) केवलादेव
(d) मरु राष्ट्रीय उद्यान

160. निम्न में से कौन 'एशियाई शेरों के शरणस्थल या गृह' के नाम से विख्यात है?
(a) गिर राष्ट्रीय उद्यान
(b) दुधवा राष्ट्रीय उद्यान
(c) कान्हा राष्ट्रीय उद्यान
(d) कॉर्बेट राष्ट्रीय उद्यान

161. विश्व का एकमात्र तैरने वाला राष्ट्रीय उद्यान 'केबुल लैम्जाओ नेशनल पार्क' निम्न में स्थित है?
(a) मणिपुर (b) मिजोरम
(c) मेघालय (d) नागालैण्ड

162. चम्बल नदी के बहाव क्षेत्र निम्न भू-आकृति की बनी है-
(a) खड्डों (b) गड्डों
(c) भेली (d) ड्रीफ्ट

163. माताटिला बहुउद्देशीय परियोजना किस राज्य में है?
(a) उत्तर प्रदेश (b) तमिलनाडु
(c) बिहार (d) पश्चिम बंगाल

164. कोरल रीफ या जीवाश्म पट्टी प्रायः कहाँ पायी जाती है?
(a) 18°C से ऊपर शीतोष्ण जलवायु क्षेत्र में
(b) कर्क व मकर के बीच तटीय क्षेत्र में
(c) ठंडे समुद्रीय तटों पर
(d) महाद्वीपों व द्वीपों के पूर्वी व पश्चिमी दोनों

165. अलमाती बाँध किनके बीच विवाद का कारण है-

(a) कनार्टक और केरल
(b) आन्ध्र प्रदेश और कर्नाटक
(c) तमिलनाडु और केरल
(d) आन्ध्र प्रदेश और तमिलनाडु

166. निम्न में से किस नदी का उद्गम स्थल भारतीय क्षेत्र में नहीं है?
(a) महानदी (b) ब्रह्मपुत्र
(c) रावी (d) चिनाब

167. इनमें से सबसे बड़ा नदी बेसिन किस नदी का है?
(a) ब्रह्मपुत्र (b) गंगा
(c) गोदावरी (d) सतलज

168. सलाल जल-विद्युत परियोजना किस नदी पर स्थित है?
(a) झेलम
(b) चिनाब
(c) रावी
(d) इनमें से कोई नहीं

169. ताप्ती नदी का उद्गम स्थान कहाँ है?
(a) मुल्ताई नगर (b) महादेव पर्वत
(c) नेपाल (d) ब्रह्मगिरि पहाड़ी

170. वह नदी जो पूर्वी हरियाणा एवं उत्तर प्रदेश की सीमा पर बहती है-
(a) घाघरा नदी (b) गंगा नदी
(c) गोदावरी (d) यमुना नदी

171. रिहन्द बाँध किस राज्य में है?
(a) उत्तर प्रदेश (b) मध्य प्रदेश
(c) राजस्थान (d) पंजाब

172. 'पिम्परी' से सम्बन्धित है-
(a) इस्पात उद्योग
(b) कागज उद्योग
(c) खाद उद्योग
(d) पेन्सिलीन उद्योग

173. निम्नलिखित में से किस भारतीय राज्य में 'विशाखापत्तनम' बन्दरगाह स्थित है?
(a) तमिलनाडु (b) आन्ध्र प्रदेश
(c) केरल (d) गुजरात

174. भारत सबसे अधिक किसका आयात करता है?
(a) बॉक्साइट
(b) मैंगनीज
(c) अभ्रक
(d) सल्फर (गंधक)

175. भारत के किस क्षेत्र में चूड़ी उद्योग स्थापित है?
(a) आगरा (b) फिरोजाबाद
(c) गुरादाबाद (d) कोई नहीं

176. भारत किस खनिज के मामले में आत्मनिर्भर नहीं है?
(a) लोहा (b) मैंगनीज
(c) ताँबा (d) बॉक्साइट

177. देश में सर्वाधिक अभ्रक का उत्पादन कहाँ होता है?
(a) बिहार (b) झारखण्ड
(c) पश्चिम बंगाल (d) मध्य प्रदेश

178. पवन ऊर्जा से विद्युत उत्पादन में कौन-सा राज्य अग्रणी है?
(a) गुजरात (b) तमिलनाडु
(c) केरल (d) कर्नाटक

179. भारत का प्रथम उर्वरक संयंत्र कहाँ लगा था?
(a) ट्राम्बे में (b) नागल में
(c) आंलवे में (d) सिन्दरी में

180. न्हावा-रोवा बंदरगाह परियोजना कहाँ स्थित है?
(a) कोलकाता (b) मुम्बई
(c) चेन्नई (d) पारादीप

181. जवाहरलाल नेहरू बन्दरगाह कहाँ स्थित है?
(a) कांडला (b) चेन्नई
(c) मुंबई (d) कोलकाता

182. भटकल बंदरगाह स्थित है-
(a) कर्नाटक (b) गुजरात
(c) गोवा (d) केरल

183. भारत के पाराद्वीप एवं कांडला पत्तन निम्न तट पर स्थित हैं-
(a) पश्चिमी
(b) क्रमशः पूर्वी और पश्चिमी तट
(c) पूर्वी
(d) क्रमशः पश्चिमी और पूर्वी तट

184. निम्नलिखित में से कौन-सा बन्दरगाह मुक्त व्यापार क्षेत्र है?
(a) कांडला (b) कोचीन
(c) चेन्नई (d) तूतीकोरिन

185. मरमागओ बन्दरगाह से मुख्यतः निर्यात किया जाता है-
(a) मछलियाँ (b) वस्त्र
(c) खाद्य सामग्री (d) अयस्क

186. भारत के पूर्वी तट में प्राकृतिक बंदरगाह है-
(a) कोलकाता
(b) मद्रास
(c) तूतीकोरिन
(d) विशाखापत्तनम

187. भारत में यूरेनियम कहाँ पाया जाता है?
(a) सोनार (b) कोलार
(c) सिंहभूमि (d) नेपानगर

188. भारतवर्ष का कौन-सा राज्य ऐन्टिमनी का मुख्य उत्पादक है?
(a) पंजाब (b) बिहार
(c) उड़ीसा (d) तमिलनाडु

189. लौह के बारे में निम्नलिखित कथनों में से कौन-सा असत्य है?
(a) यह धातु चुम्बकीय होती है
(b) लौह, स्टील, नाक एक एलॉय बनाता है
(c) कास्ट आयरन ब्रिटल होता है
(d) लौह की एलॉय स्टील कठोर होती है

190. लौह का शुद्धतम प्रकार बताइये?
(a) कास्ट आयरन (b) पिंग आयरन
(c) स्टील (d) रॉट आयरन

191. SAIL का कारखाना कनार्टक में कहाँ स्थित है?
(a) बंगलूरु (b) भद्भावती
(c) बेलगॉम (d) रॉट आयरन

192. जावर खाने निम्नलिखित में से किससे सम्बन्धित है?
(a) जिंक अयस्क (b) लौह अयस्क
(c) बॉक्साइट (d) जिप्सम

193. निम्नलिखित में से कौन-सा पदार्थ विद्युत का सबसे कम सुचालक है?
(a) एल्युमिनियम (b) कॉपर
(c) आयरन (d) कार्बन

194. भारत में निम्नलिखित में से किस राज्य का सोने के उत्पादन में लगभग एकाधिकार है?
(a) मध्य प्रदेश (b) आन्ध्र प्रदेश
(c) कर्नाटक (d) केरल

195. ताम्र का वृहत् उत्पादक राज्य कौन-सा है?
(a) केरल (b) राजस्थान
(c) उड़ीसा (d) मध्य प्रदेश

196. मैंगनीज सबसे अधिक मात्रा में कहाँ उत्पादित होता है?
(a) मध्य प्रदेश (b) उड़ीसा
(c) बिहार (d) असम

197. भारत में 'बॉम्बे हाई' निम्नलिखित में से किसके लिए भली-भाँति जाना जाता है?
(a) तेल अनुसन्धान
(b) हैगिंग गॉर्डन
(c) गहरे समुद्र में मत्स्य अखरोट
(d) परमाणु रिएक्टर

198. दुर्गापुर इस्पात संयंत्र किसके सहयोग से बनाया गया था?
(a) ब्रिटेन

(b) फ्रांस
(c) संयुक्त राज्य अमेरिका
(d) जर्मनी

199. भारतीय जलवायु कहलाती है-
(a) उष्ण कटिबंधी
(b) उपोष्ण कटिबंधी मानसून
(c) उप-शीतोष्ण मानूसन
(d) शीतोष्ण

200. भारत वर्ष के पश्चिमी तट पर कौन-सा बंदरगाह है?
(a) कांडला (b) मुम्बई
(c) न्यू मंगलौर (d) उपरोक्त सभी

201. पूर्वी समुद्री तट पर कौन-सा कृत्रिम बंदरगाह स्थित है?
(a) कोच्चि (b) कोलकाता
(c) कांडला (d) चेन्नई

202. प्रमुख भारतीय बंदरगाहों में से कौन प्राकृतिक बंदरगाह नहीं है?
(a) मुम्बई (b) कोचीन
(c) मार्मागाव (d) पाराद्वीप

203. भारत का श्रेष्ठतम प्राकृतिक बंदरगाह है-
(a) चेन्नई (b) पाराद्वीप
(c) मंगलूर (d) मुम्बई

204. भारत के पश्चिमी समुद्र तट पर वर्षा किस मानसून में होती है?
(a) उत्तर-पूर्व (b) उत्तर-पश्चिम
(c) दक्षिण-पूर्व (d) दक्षिण-पश्चिम

205. भारतवर्ष के किस क्षेत्र में न्यूनतम वर्षा होती है?
(a) लद्दाख
(b) पश्चिमी घाट
(c) पूर्वी राजस्थान
(d) पश्चिमी तमिलनाडु

206. सर्वाधिक वर्षा किस जगह होती है?
(a) कोचीन (b) मॉसिनराम
(c) अलेप्पी (d) शिलांग

207. निम्नलिखित में से किस क्षेत्र में ग्रीष्म मानसून के दौरान अधिकतम वर्षा होती है?
(a) कोरोमंडल तट
(b) उत्तर-पूर्वी पहाड़ी क्षेत्र
(c) मध्य भारत के पहाड़ी क्षेत्र
(d) पश्चिमी हिमालय क्षेत्र

208. दक्षिण-पश्चिम मानसून का समय क्या है?
(a) मध्य जनवरी-मध्य फरवरी
(b) मार्च-मध्य अप्रैल
(c) दिसंबर-मार्च
(d) मध्य जून-सितंबर

209. भारत में सर्वाधिक वर्षा किस मानसून से होती है?
(a) दक्षिण-पूर्वी मानसून
(b) दक्षिण-पश्चिम मानसून
(c) उत्तर-पूर्वी मानसून
(d) उत्तर-पश्चिम मानसून

210. निम्न में से किस राज्य में प्रत्यावर्ती मानसून का अधिक प्रभाव होता है?
(a) उड़ीसा (b) पश्चिम बंगाल
(c) तमिलनाडु (d) पंजाब

211. भारतवर्ष में शुष्क शीतकाल की संभावना कहाँ है?
(a) तमिलनाडु
(b) पंजाब और हरियाणा के मैदान
(c) जम्मू-कश्मीर
(d) बंगाल के मैदान

212. तमिलनाडु में जाड़ों में वर्षा क्यों होती है?
(a) उत्तर-पश्चिम मानसून से
(b) बंगाल की खाड़ी से उठे तूफान से
(c) दक्षिण-पूर्व मानसून से
(d) दक्षिण-एशिया मानसून से

213. भारत में वर्षा किस कारण से नहीं होती है?
(a) चक्रवात
(b) प्रतिचक्रवात
(c) दोनों से
(d) इनमें से कोई नहीं

214. आइसोहायट रेखा नक्शे में किसके युग्मक बिन्दु हैं?
(a) समतापमान (b) सम दाब
(c) सम वर्षा (d) सम ऊँचाई

215. निम्नलिखित में से कौन-सा क्षेत्र वृष्टिछाया में पड़ता है?
(a) उत्तरी भारत
(b) राजस्थान
(c) नीलगिरि का क्षेत्र
(d) पश्चिमी भारत का पूर्वी क्षेत्र

216. लेप्चा किस राज्य के आरंभिक निवासी थे?
(a) मध्य प्रदेश (b) त्रिपुरा
(c) झारखण्ड (d) सिक्किम

217. निम्नलिखित में से किस राज्य में आपातानी आदिवासी जाति के लोग रहते हैं?
(a) मध्य प्रदेश
(b) उड़ीसा
(c) झारखण्ड
(d) अरुणाचल प्रदेश

218. खासी और गोरो जनजातियाँ मुख्य रूप से रहती हैं-
(a) केरल (b) मेघालय
(c) छोटानागपुर (d) तमिलनाडु

219. मुंडा जनजाति भारतवर्ष में कहाँ पायी जाती है?
(a) सिक्किम
(b) नागालैंड
(c) अरुणाचल प्रदेश
(d) झारखंड

220. भारत में सबसे बड़ी जनजाति है-
(a) टोडा (b) गोंड
(c) चेन्चस (d) गारो

221. जनजाति को इंगित करने के लिए पहली बार आदिवासी शब्द का प्रयोग किसके द्वारा किया गया था?
(a) महात्मा गांधी
(b) बी० आर० अम्बेडकर
(c) जवाहर लाल नेहरू
(d) ठक्कर बाबा

222. कौन-सा राज्य उत्तर-पूर्वी राज्यों की 'सात बहनों' का भाग नहीं है?
(a) मेघालय
(b) पश्चिम बंगाल
(c) अरुणाचल प्रदेश
(d) त्रिपुरा

223. निम्नलिखित में से कौन-सी जाति राजस्थान की है?
(a) असुर (b) गरसिया
(c) मुंडा (d) संथाल

224. निम्नलिखित राज्यों में से किसमें उसकी कुल जनसंख्या में अनुसूचित जातियों का सबसे अधिक अनुपात है?
(a) राजस्थान (b) पंजाब
(c) उत्तर प्रदेश (d) तमिलनाडु

225. बडगा (Badaga) जनजाति किस क्षेत्र में रहती है?
(a) आन्ध्र प्रदेश का तेलंगाना जिला
(b) असम की उत्तरी कछार पहाड़ियाँ
(c) तमिलनाडु की नीलगिरि पहाड़ियाँ
(d) अण्डमान और निकोबार द्वीप समूह

226. छपचरकूट, मिमकूट तथा पॉलकूट निम्न के प्रमुख त्योहार हैं-
(a) नागालैंड (b) मिजोरम
(c) मणिपुर (d) मेघालय

227. सोमपैन्स कहाँ के आदिवासी लोग हैं?
 (a) अंडमान
 (b) निकोबार
 (c) लक्षद्वीप
 (d) इनमें से कोई नहीं
228. निम्न केन्द्रशासित प्रदेशों में से किसमें ओन्गे जनजाति के लोग निवास करते हैं?
 (a) अण्डमान और निबोबार द्वीप समूह
 (b) दादरा और नगर हवेली
 (c) दमन और दीव
 (d) लक्षद्वीप
229. निम्नांकित में से कौन भारत का सबसे पुराना जल-शक्ति उत्पादन केन्द्र है?
 (a) मयूराक्षी (b) मचकुण्ड
 (c) पल्लीवासर (d) शिवसमुद्रम
230. तमिलनाडु एवं कर्नाटक का जल विवाद सम्बन्धित है-
 (a) कृष्णा (b) कावेरी
 (c) गोदावरी (d) महानदी
231. निम्न में से कौन-सा बाँध नर्मदा नदी पर नहीं है-
 (a) बरगी (b) ओंकारेश्वर
 (c) इंदिरा सागर (d) बाण सागर
232. इंदिरा सागर बाँध किस नदी पर स्थित है?
 (a) ताप्ती (b) नर्मदा
 (c) कृष्णा (d) कावेरी
233. सरदार सरोवर से अधिक लाभ मिलता है-
 (a) गुजरात (b) ओडिशा
 (c) मध्य प्रदेश (d) राजस्थान
234. भारत के निम्न राज्यों में से किसमें सागौन वन पाया जाता है?
 (a) मध्य प्रदेश (b) उत्तर प्रदेश
 (c) झारखंड (d) कर्नाटक

235. निम्नलिखित राज्यों में से किस राज्य में सिनकोना वृक्ष नहीं उगता है?
 (a) असम (b) केरल
 (c) छत्तीसगढ़ (d) पश्चिम बंगाल
236. कत्था बनाने हेतु किस पेड़ की लकड़ी का प्रयोग होता है?
 (a) साल (b) खैर
 (c) बबूल (d) सज्जा
237. मृदाक्षरण को रोका जा सकता है-
 (a) सघन वर्षा से (b) वननाशन से
 (c) वनरोपण से (d) अतिचारण से
238. मृदा अपरदन रोका जा सकता है-
 (a) अति चराई द्वारा
 (b) वनारोपण द्वारा
 (c) वनस्पति के उन्मूलन द्वारा
 (d) पक्षी-संख्या में वृद्धि करके
239. भारत में सर्वाधिक क्षारीय क्षेत्र पाया जाता है-
 (a) गुजरात में (b) हरियाणा में
 (c) पंजाब में (d) उत्तर प्रदेश
240. पौधों को सबसे अधिक पानी किस मिट्टी में मिलती है?
 (a) चिकनी मिट्टी (b) पांशु मिट्टी
 (c) बलुई मिट्टी (d) लोम मिट्टी
241. प्रदीप परादीप बंदरगाह कहाँ स्थित है?
 (a) कर्नाटक
 (b) केरल
 (c) पश्चिम बंगाल
 (d) उड़ीसा
242. जनगणना 2011 के अनुसार भारत के निम्नलिखित राज्यों में से किसकी जनसंख्या, उत्तर प्रदेश के बाद सबसे अधिक है?
 (a) पश्चिम बंगाल (b) महाराष्ट्र
 (c) बिहार (d) तमिलनाडु

243. भारत और चीन के अतिरिक्त निम्नलिखित में से कौन-से समूह में दिये गये देश म्यांमार के सीमावर्ती हैं?

(a) बांग्लादेश, थाइलैंड और वियतनाम
(b) कम्बोडिया, लाओस और मलेशिया
(c) थाइलैंड, वियतनाम और मलेशिया
(d) थाइलैंड, लाओस और बांग्लादेश

244. निम्नलिखित प्रमुख भारतीय नगरों में से कौन-सा एक सबसे अधिक पूर्व की ओर अवस्थित है?

(a) बंगलूरु (b) हैदराबाद
(c) भोपाल (d) लखनऊ

245. केरल के कई भागों की समुद्रतटीय बालू में निम्नलिखित पदार्थों में से कौन-से पदार्थ पाये जाते हैं?

1. इल्मेनाटइ 2. जिरकॉन
3. सिल्मेनाइट 4. टंगस्टन

नीचे दिये गये कूट का प्रयोग कर सही उत्तर चुनिए-

(a) 1, 2, 3 तथा 4
(b) केवल 1, 2 तथा 3
(c) केवल 3 तथा 4
(d) केवल 1 तथा 2

246. गुरु शिखर पर्वत चोटी कौन-से राज्य में अवस्थित है?

(a) राजस्थान (b) गुजरात
(c) मध्य प्रदेश (d) महाराष्ट्र

247. निम्नलिखित कथनों में से कौन-सा एक कथन सही नहीं है?

(a) महानदी का उद्भव छत्तीसगढ़ के पठार में होता है
(b) गोदावरी नदी का उद्भव महाराष्ट्र में होता है
(c) कावेरी नदी का उद्भव आन्ध्र प्रदेश में होता है
(d) ताप्ती नदी का उद्भव मध्य प्रदेश में होता है।

248. अमरकण्टक में कौन-सी नदी का उद्गम होता है?

(a) दामोदर (b) महानदी
(c) नर्मदा (d) ताप्ती

249. निम्नलिखित राष्ट्रीय राजमार्गों में से कौन-सा एक राजमार्ग महाराष्ट्र, छत्तीसगढ़ और उड़ीसा में से जाता है?

(a) NH-4 (b) NH-5
(c) NH-6 (d) NH-7

250. भारत के निम्नलिखित राज्यों में से किस एक राज्य का जनसंख्या घनत्व सबसे कम है?

(a) हिमाचल प्रदेश
(b) मेघालय
(c) अरुणाचल प्रदेश
(d) सिक्किम

251. चार दक्षिणी राज्य आन्ध्र प्रदेश, कर्नाटक, केरल और तमिलनाडु में से कौन-सा राज्य सबसे अधिक भारतीय राज्यों के साथ सीमावर्ती है?

(a) केवल आन्ध्र प्रदेश
(b) केवल कर्नाटक
(c) आन्ध्र प्रदेश और कर्नाटक में से प्रत्येक
(d) तमिलनाडु और केरल में से प्रत्येक

252. भारत में कितने राज्य तटरेखा से लगे हैं?

(a) 7 (b) 8
(c) 9 (d) 10

253. छत्तीसगढ़ राज्य में निम्नलिखित में से कौन-से खनिज प्राकृतिक रूप में मिलते हैं?

1. बॉक्साइट 2. डोलोमाइट
3. लौह अयस्क 4. टिन

नीचे दिये गये कूट का प्रयोग कर सही उत्तर चुनिए-

(a) केवल 1, 2 और 3
(b) केवल 1 और 3
(c) केवल 2 और 4
(d) 1, 2, 3 और 4

254. तपोवन और विष्णुगढ़ जल-विद्युत परियोजनाएँ कहाँ अवस्थित है?
(a) मध्य प्रदेश (b) उत्तर प्रदेश
(c) उत्तराखंड (d) राजस्थान

255. ओंकारेश्वर परियोजना निम्नलिखित नदियों में से किस एक नदी से सम्बद्ध है?
(a) चम्बल (b) नर्मदा
(c) तापी (d) भगी

256. निम्नलिखित में से किस राज्य में राष्ट्रीय उद्यानों की संख्या अधिकतम है?
(a) अण्डमान और निकोबार द्वीप समूह
(b) असम
(c) अरुणाचल प्रदेश
(d) मेघालय

257. राजीव गांधी राष्ट्रीय उड़ान संस्थान किस राज्य में स्थापित किया जा रहा है?
(a) कर्नाटक (b) महाराष्ट्र
(c) केरल (d) उड़ीसा

258. भारतीय भाषाओं में हिन्दी के बाद विश्व में कौन-सी भाषा अधिकतम बोली जाती है?
(a) तेलुगु (b) तमिल
(c) बंगला (d) मलयालम

259. निम्नलिखित में से कौन-सा एक लोक सभा का सर्वाधिक बड़ा निर्वाचन क्षेत्र है?
(a) कांगड़ा (b) लद्दाख
(c) कच्छ (d) भीलवाड़ा

260. वर्ष 1953 में जब आन्ध्र राज्य एक अलग राज्य बना, तब उसकी राजधानी कहाँ बनी?
(a) गुंटूर (b) कर्नूल
(c) नेल्लोर (d) वारंगल

261. निम्नलिखित राज्यों में से किसमें भारत की सबसे बड़ी अन्तर्देशीय लवणीय आर्द्रभूमि है?
(a) गुजरात (b) हरियाणा
(c) मध्य प्रदेश (d) राजस्थान

262. दुलहस्ती पॉवर स्टेशन निम्नलिखित में से किस एक नदी पर स्थापित है?
(a) व्यास (b) चिनाब
(c) रावी (d) सतलज

263. निम्नलिखित में से किस नदी का उद्गम स्थल भारत में नहीं है?
(a) व्यास (b) चिनाब
(c) रावी (d) सतलज

264. निम्नलिखित कथनों पर विचार कीजिए–
1. भारत में थोरियम के कोई निक्षेप नहीं है।
2. केरल की मोनाजाइट बालुका में यूरेनियम होता है।
उपर्युक्त कथनों में से कौन-सा/से सही है/हैं?
(a) केवल 1
(b) केवल 2
(c) 1 और 2 दोनों
(d) न तो 1 और न ही 2

265. भारत के एनीमल वेलफेयर बोर्ड का मुख्यालय कहाँ पर स्थित है?
(a) अहमदाबाद (b) चेन्नई
(c) हैदराबाद (d) कोलकाता

266. वह कौन-सी तिथि/तिथियाँ हैं, जब दोनों गोलार्द्धों में दिन और रात बराबर होते हैं?
(a) 21 जून
(b) 22 दिसम्बर
(c) 21 मार्च और 23 सितम्बर
(d) 21 जून एवं 22 दिसम्बर

भूगोल

267. एन्टीसोल है–
(a) जलोढ़ मिट्टी
(b) काली कपास की मिट्टी
(c) लैटेराइट मिट्टी
(d) लाल मिट्टी

268. 'दण्डकारण्य' प्रदेश स्थित नहीं है–
(a) आन्ध्र प्रदेश (b) छत्तीसगढ़
(c) मध्य प्रदेश (d) उड़ीसा

269. श्रीहरिकोटा द्वीप अवस्थित है निकट-
(a) चिल्का झील के
(b) गोदावरी मुहाने के
(c) महानदी मुहाने के
(d) पुलीकट झील के

270. मध्य प्रदेश का हरसूद नगर निम्नांकित में से किस जलाशय में जलमग्न हुआ है?
(a) बग्गी बाँध
(b) इन्दिरा सागर
(c) रानी अवन्तिबाई बाँध
(d) सरदार सरोवर

271. राणा प्रताप सागर परियोजना है–
(a) एक अणुशक्ति संयन्त्र
(b) एक मछली संरक्षण योजना
(c) एक मछली संरक्षण योजना
(d) एक शिपिंग यार्ड

272. भारत का अग्रगण्य पेट्रोलियम उत्पादक राज्य है–
(a) असम (b) गुजरात
(c) महाराष्ट्र (d) तमिलनाडु

273. निम्नलिखित इस्पात संयन्त्रों में कौन-सा हिन्दुस्तान स्टील लिमिटेड के प्रबन्धन में नहीं है?
(a) भिलाई (b) जमशेदपुर
(c) दुर्गापुर (d) राउरकेला

274. भारत का वह अभयारण्य जिसमें सबसे अधिक हाथियों की संख्या पायी जाती है?
(a) दुधवा (b) काजीरंगा
(c) मानस (d) नन्दा देवी

275. निम्नलिखित में से कौन-सा सुमेलित नहीं है?
(a) बीरहोर-झारखण्ड
(b) अंगामी-नागालैण्ड
(c) टोडा-तमिलनाडु
(d) खासी-मेघालय

276. भारत का वह राज्य जिसमें जिसमें सबसे अधिक शिक्षित बेरोजगारों का प्रतिशत है–
(a) आन्ध्र प्रदेश (b) गुजरात
(c) केरल (d) मणिपुर

277. भारतीय दलहन अनुसंधान संस्थान अवस्थित है–
(a) लखनऊ में (b) कानपुर में
(c) फैजाबाद में (d) वाराणसी में

278. उत्तर से दक्षिण की अवस्थिति के आधार पर भारत के निम्नांकित पत्नों को व्यवस्थित कीजिए–
1. कोच्चि 2. मार्मूगोआ
3. न्यू मंगलौर 4. न्हावाशेवा
सही उत्तर के चयन हेतु निम्नलिखित कूट का चयन करें–
(a) 2, 1, 3, 4 (b) 4, 2, 3, 1
(c) 4, 2, 1, 3 (d) 2, 3, 4, 1

279. भारत में सोयाबीन का अग्रणी उत्पादक है–
(a) छत्तीसगढ़ (b) उत्तर प्रदेश
(c) महाराष्ट्र (d) मध्य प्रदेश

280. एक जनजाति, जो सरहुल त्योहार मनाती है, वह है–
(a) संथाल (b) मुण्डा
(c) भील (d) थारू

281. किसी प्रजाति को विलुप्त माना जा सकता है, जब वह अपने प्राकृतिक आवास में नहीं देखी गयी है–

(a) 15 वर्ष में (b) 25 वर्ष में
(c) 40 वर्ष में (d) 50 वर्ष में

282. झूमिंग सर्वाधिक व्यवहृत है–
(a) असम में (b) आन्ध्र प्रदेश में
(c) नागालैण्ड में (d) मध्य प्रदेश में

283. उत्तरांचल की सबसे बड़ी जनजाति है–
(a) जौनसारी (b) भोटिया
(c) भोक्सा (d) थारू

284. कौन-सी जनजाति दीपावली को शोक का त्योहार मनाती है?
(a) खासी (b) मुण्डा
(c) भील (d) थारू

285. भारत की जनसंख्या में दशकीय वृद्धि सर्वाधिक रही–
(a) 1951-61 के दौरान
(b) 1961-71 के दौरान
(c) 1971-81 के दौरान
(d) 1991-2001 के दौरान

286. निम्नलिखित में से कौन-सा एक सुमेलित नहीं है?
(a) विहू-असम
(b) ओणम-आन्ध्र प्रदेश
(c) पोंगल-तमिलनाडु
(d) बैसाखी-पंजाब

287. निम्नलिखित में से कौन-सा एक सुमेलित युग्म नहीं है?
(a) जयपुर-गुलाबी नगर
(b) उज्जैन-महाकाल का नगर
(c) कोलकाता-आनन्द का नगर
(d) जैसलमेर-झीलों का नगर

288. निम्नलिखित नदियों में से किनके स्रोत बिन्दु लगभग एक ही हैं?
(a) ब्रह्मपुत्र और गंगा
(b) ताप्ती और व्यास
(c) ब्रह्मपुत्र और सिन्धु
(d) सिन्धु और गंगा

289. निम्नलिखित भारतीय द्वीपों में से कौन-सा द्वीप भारत एवं श्रीलंका के मध्य है?
(a) एलीफैन्टा (b) निकोबार
(c) रामेश्वरम् (d) सलसेत

290. नाथुला दर्रा किस राज्य में स्थित है?
(a) अरुणाचल प्रदेश में
(b) असम में
(c) मेघालय में
(d) सिक्किम में

291. भारत का निम्नलिखित में से कौन-सा क्षेत्र उच्च तीव्रता की भूकम्पीय मेखला में नहीं आता है?
(a) उत्तराखण्ड (b) कर्नाटक पठार
(c) कच्छ (d) हिमाचल प्रदेश

292. निम्नलिखित भारतीय नदियों में से कौन एस्चुअरी बनाती है?
(a) गोदावरी (b) कावेरी
(c) ताप्ती (d) महानदी

293. उत्तर प्रदेश एवं मध्य प्रदेश में संयुक्त 'राजघाट नदी घाटी परियोजना' लागू की गयी है–
(a) केन नदी पर (b) सोन नदी पर
(c) चम्बल नदी पर(d) बेतवा नदी पर

294. भारत के किस राज्य में सर्वाधिक सिंचाई नलकूपों से होती है?
(a) उत्तर प्रदेश (b) बिहार
(c) मध्य प्रदेश (d) राजस्थान

295. भारत के किस राज्य में मानूसन का आगमन सबसे पहले होता है?
(a) असम (b) पश्चिम बंगाल
(c) महाराष्ट्र (d) केरल

296. सब्जी उत्पादन में भारत का स्थान है–
(a) प्रथम (b) द्वितीय
(c) चतुर्थ (d) पंचम

297. भारत के किस प्रदेश में सबसे अधिक जिले हैं?
(a) मध्य प्रदेश (b) महाराष्ट्र
(c) तमिलनाडु (d) उत्तर प्रदेश

298. निम्नलिखित में से कौन-सा 'अनुषंगी नगर' है?
(a) मुरादाबाद (b) हैदराबाद
(c) गाजियाबाद (d) अहमदाबाद

299. निम्नलिखित में से कौन-सा युग्म सुमेलित है?
(a) हल्दिया-उड़ीसा
(b) जामनगर-महाराष्ट्र
(c) नुमालीगढ़-गुजरात
(d) पनानगुडी-तमिलनाडु

300. निम्नलिखित में से कौन-सा क्रम तीन बड़े गेहूँ उत्पादक राज्यों की दृष्टि से सही है?
(a) पंजाब, उत्तर प्रदेश, एवं हरियाणा
(b) उत्तर प्रदेश, हरियाणा, एवं पंजाब
(c) उत्तर प्रदेश, पंजाब, हरियाणा
(d) पंजाब, हरियाणा एवं उत्तर प्रदेश

301. पोर्ट ब्लयेर के समीप की प्रसिद्ध ब्लयेर प्रवाल भित्ति मृत्त हो रही है–
(a) अत्यधिक मत्स्यन के कारण
(b) अत्यधिक जहाजरानी के कारण
(c) भूमण्डलीय ऊष्मन के कारण
(d) लकड़ी के बुरादे के अत्यधिक क्षेपण के कारण

302. भूमध्यरेखा के निकट किस तरह के वन पाये जाते हैं?
(a) पतझड़ी वन
(b) शंकुधारी वन
(c) घासस्थल वन
(d) ऊष्ण कटिबंधीय वन

303. किम्बरेल प्रसिद्ध है–
(a) स्पर्ण खनन के लिए
(b) हीरा के खनन के लिए
(c) इस्पात उद्योग के लिए
(d) ऑटोमोबाइल उद्योग के लिए

304. उत्तर भारत में उप-हिमालय क्षेत्र के सहारे फैले समतल मैदान को कहा जाता है–
(a) तराई (b) दून
(c) खादर (d) भाबर

305. नर्मदा एवं ताप्ती नदियों के मध्य स्थित है?
(a) विंध्य पर्वत
(b) सतपुड़ा श्रेणियाँ
(c) राजमहल पहाड़ियाँ
(d) अरावली पहाड़ियाँ

306. निम्नलिखित में कौन-सा भारत में वाणिज्यिक ऊर्जा का प्रधान स्रोत है?
(a) प्राकृतिक गैस (b) कोयला
(c) खनिज तेल (d) नाभिकीय ऊर्जा

307. सिलवास राजधानी है–
(a) दमन एवं द्वीप की
(b) दादर एवं नगर हवेली की
(c) लक्षद्वीप की
(d) अरुणाचल प्रदेश की

308. भारत में नगरीकरण से-
(a) जन्म दर और मृत्यु दर दोनों घटी है
(b) केवल जन्म दर घटी है, मृत्यु दर नहीं
(c) जन्म दर और मृत्यु दर दोनों बढ़ी है
(d) जन्म दर एवं मृत्यु दर दोनों पर कोई प्रभाव नहीं पड़ा है

309. निम्नलिखित नदी घाटी परियोजनाओं में से किस एक का लाभ एक से अधिक राज्यों को प्राप्त होता है?
(a) चम्बल घाटी परियोजना
(b) मयूराक्षी परियोजना
(c) शाराबती परियोजना
(d) हीराकुंड परियोजना

310. भारतीय राज्यों में सर्वाधिक जनजातीय जनसंख्या है—
 (a) असम व त्रिपुरा में
 (b) केरल व तमिलनाडु में
 (c) मध्य प्रदेश व छत्तीसगढ़ में
 (d) उत्तर प्रदेश व उत्तरागढ़ में

311. हाल में केन्द्रीय सरकार ने जिसे राष्ट्रीय नदी का दर्जा देने की घोषणा की है, वह कौन-सी है?
 (a) गंगा   (b) गोदावरी
 (c) कृष्णा   (d) नर्मदा

312. निम्नांकित युग्मों में कौन-सा सुमेलित नहीं है?
 उपज   बृहत्तम उत्पादक
 (a) तम्बाकू   आन्ध्र प्रदेश
 (b) केला   महाराष्ट्र
 (c) आलू   उत्तर प्रदेश
 (d) नारियल   केरल

313. वह स्थान, जहाँ केन्द्रीय शुष्क भूमि खेती अनुसंधान संस्थान विद्यमान है, है—
 (a) बंगलौर   (b) नई दिल्ली
 (c) झांसी   (d) हैदराबाद

314. जिसके लिए चुनार प्रसिद्ध है, वह है—
 (a) काँच उद्योग
 (b) सीमेंट उद्योग
 (c) बीड़ी उद्योग
 (d) उपर्युक्त में से कोई नहीं

315. निम्नांकित राज्य समूहों में वह कौन-सा है, जहाँ यात्री रेल डिब्बों का बड़ी मात्रा में निर्माण होता है?
 (a) पंजाब और तमिलनाडु
 (b) उड़ीसा और पश्चिम बंगाल
 (c) तमिलनाडु और पश्चिम बंगाल
 (d) पश्चिम बंगाल और पंजाब

316. निम्नलिखित शैल तंत्रों में से कौन भारत के कोयला निचयों का प्रमुख स्रोत है?
 (a) धारवाड़ तन्त्र   (b) गोंडवाना तन्त्र
 (c) कुडप्पा तन्त्र   (d) विंध्य तन्त्र

317. कार्डमम पहाड़ियाँ जिनकी सीमाओं पर स्थित हैं, वे हैं—
 (a) कर्नाटक एवं तमिलनाडु
 (b) कर्नाटक एवं केरल
 (c) केरल एवं तमिलनाडु
 (d) तमिलनाडु एवं आन्ध्र प्रदेश

318. दामोदर जिसकी सहायक है, वह है—
 (a) गंगा   (b) हुगली
 (c) पद्म   (d) सुवर्ण रेखा

319. बिसरामपुर जिसके खनन के लिए प्रसिद्ध है, वह है—
 (a) ताम्र अयस्क   (b) लौह-अयस्क
 (c) कोयला   (d) मैंगनीज

320. नीचे दी गयी सूची से उसे चुनिए जो 'वर्ल्ड हेरिटेज साइट' घोषित हुआ है?
 (a) कार्बेट नेशनल पार्क
 (b) नन्दा देवी जीवमण्डल रिजर्व
 (c) राजाजी नेशनल पार्क
 (d) गिर फॉरेस्ट

321. भारत की एक चौथाई से अधिक नगरीय जनसंख्या जिन दो राज्यों में निवास करती है, वे हैं—
 (a) आन्ध्र प्रदेश एवं पश्चिम बंगाल
 (b) महाराष्ट्र एवं गुजरात
 (c) उत्तर प्रदेश एवं तमिलनाडु
 (d) महाराष्ट्र एवं उत्तर प्रदेश

322. गरीबी रेखा के नीचे निर्वाह करने वाली जनसंख्या का प्रतिशत अधिकतम है—
 (a) बिहार में   (b) मध्य प्रदेश में
 (c) उड़ीसा में   (d) उत्तर प्रदेश में

323. भोजपत्र वृक्ष मिलता है—
 (a) अरावली पर्वतमाला में
 (b) हिमालय में
 (c) नीलगिरि में
 (d) विंध्याचल पर्वतमाला में

324. भारत में मानव का सर्वप्रथम साक्ष्य कहाँ मिलता है?
(a) नीलगिरि पहाड़ियाँ
(b) शिवालिक पहाड़ियाँ
(c) नल्लमाला पहाड़ियाँ
(d) नर्मदा घाटी

325. लघु हिमालय स्थित है मध्य में—
(a) ट्रांस हिमालय और महान् हिमालय
(b) शिवालिक और महा हिमालय
(c) ट्रांस हिमालय और शिवालिक
(d) शिवालिक और बाह्य हिमालय

326. मन्दाकिनी नदी किस जलप्रवाह अथवा मुख्य नदी से सम्बन्धित है?
(a) अलकनन्दा (b) भागीरथी
(c) यमुना (d) धौली गंगा

327. निम्नलिखित में से कौन-सी नदी का स्रोत हिमनदी में नहीं है?
(a) यमुना (b) अलकनन्दा
(c) कोसी (d) मन्दाकिनी

328. भागीरथी नदी निकलती है—
(a) गोमुख से (b) गंगोत्री से
(c) तपोवन से (d) विष्णु प्रयाग से

329. भारत में ग्रीष्मकालीन मानसून के प्रवाह की सामान्य दिशा है—
(a) दक्षिण से उत्तर
(b) दक्षिण-पश्चिम से दक्षिण-पूर्व
(c) दक्षिण-पूर्व से दक्षिण-पश्चिम
(d) दक्षिण-पश्चिम से उत्तर-पूर्व

330. भारत में निम्नलिखित में से किस भाग में खनिज संसाधनों के सबसे बड़े भण्डार हैं?
(a) पश्चिम में (b) दक्षिण में
(c) उत्तर में (d) दक्षिण में

331. भारतीय वन्य जीव संस्थान स्थित है—
(a) नई दिल्ली (b) शिमला
(c) देहरादून (d) भोपाल में

332. भारत गणराज्य के उस प्रदेश का नाम बतायें जहाँ शिक्षित बेरोजगारों का प्रतिशत सर्वाधिक है—
(a) केरल (b) आन्ध्र प्रदेश
(c) मध्य प्रदेश (d) गुजरात

333. टाइगर राज्य किसे घोषित किया गया है?
(a) राजस्थान (b) मध्य प्रदेश
(c) उत्तर प्रदेश (d) जम्मू-कश्मीर

334. भारत के किस राज्य का सर्वाधिक क्षेत्र वन आच्छादित है?
(a) मध्य प्रदेश (b) उत्तर प्रदेश
(c) हिमाचल प्रदेश (d) असम

335. डायनासोर का काल आज से कितने वर्ष पहले था?
(a) पाँच करोड़ वर्ष पूर्व
(b) अट्ठारह करोड़ वर्ष पूर्व
(c) चालीस करोड़ वर्ष पूर्व
(d) अस्सी करोड़ वर्ष पूर्व

336. तमिलनाडु में मानसून के सामान्य महीने कौन-से हैं?
(a) मार्च-अप्रैल
(b) जून-जुलाई
(c) सितम्बर-अक्टूबर
(d) नवम्बर-दिसम्बर

337. तेजाबी मिट्टी को कृषि योग्य बनाने हेतु निम्नलिखित में से किसका उपयोग किया जा सकता है?
(a) लाइम
(b) जिप्सम
(c) कैल्सियम सुपरफॉस्फेट
(d) वेजिटेबल कॉम्पोस्ट

338. भारत का सुदूर दक्षिण में 'इन्दिरा प्वांइट' निम्नलिखित में से कहाँ स्थित है?
(a) तमिलनाडु
(b) छोटा निकोबार
(c) बड़ा निकोबार
(d) कार निकोबार द्वीप

339. निम्नलिखित में से ताँबा कहाँ पाया जाता है?
(a) केसली (b) दल्ली राजहरा
(c) बैलाडिला (d) मलाजखण्ड

340. भारत में सबसे बड़ा मिट्टी का वर्ग है–
(a) लाल मिट्टी (b) बलुई मिट्टी
(c) काली मिट्टी (d) कछारी मिट्टी

341. भारतीय पशु चिकित्सा अनुसंधान संस्थान कहाँ स्थित है?
(a) लखनऊ
(b) कानपुर
(c) करनाल (हरियाणा)
(d) बरेली

342. भारत में दुग्ध में सर्वाधिक वसा प्रतिशत रखने वाली भैंस की नस्ल है–
(a) मेहसाणा (b) भदावरी
(c) मुर्रा (d) जफराबादी

343. भारत प्राचीन सुपर महाद्वीप गोंडवानालैण्ड का भाग था। इसमें वर्तमान समय का निम्न भू-भाग शामिल था–
(a) दक्षिण अमरीका
(b) अफ्रीका
(c) ऑस्ट्रेलिया
(d) ये सभी

344. अरावली एवं विंध्य श्रृंखलाओं के मध्य कौन-सा पठार स्थित है?
(a) मालवा का पठार
(b) छोटा नागपुर का पठार
(c) दक्कन का पठार
(d) प्रायद्वीपीय पठार

345. भारत के किस प्रदेश की सीमाएँ तीन देशों क्रमशः नेपाल, भूटान एवं चीन से मिलती है?
(a) अरुणाचल प्रदेश
(b) मेघालय
(c) पश्चिम बंगाल
(d) सिक्किम

346. कौन-सा महत्त्वपूर्ण अक्षांश भारत को दो लगभग बराबर भागों में विभाजित करता है?
(a) 23°30' उत्तर (b) 23°30' दक्षिण
(c) 33°30' उत्तर (d) 0°

347. भारत का सुदूर पश्चिम का बिन्दु है–
(a) 68°7' पश्चिम, गुजरात में
(b) 68°7' पश्चिम, राजस्थान में
(c) 68°7' पूर्व, गुजरात में
(d) 68°7' पूर्व, राजस्थान में

348. निम्न में से कौन-सी नदी यमुना नदी से नहीं मिलती है?
(a) सोन (b) केन
(c) चम्बल (d) बेतवा

349. निम्नलिखित में से कौन-सा विकल्प अन्य तीन से भिन्न है?
(a) हेमेटाइट (b) मैग्नेटाइट
(c) लिमोनाइट (d) बॉक्साइट

350. एक सींग वाला गैंडा निम्नलिखित प्रदेशों में पाया जाता है?
(a) अरुणाचल प्रदेश एवं त्रिपुरा
(b) पश्चिम बंगाल एवं असम
(c) अरुणाचल प्रदेश एवं असम
(d) पश्चिम बंगाल एंव त्रिपुरा

351. गिर के शेरों को रखे जाने हेतु किस राष्ट्रीय पार्क/अभयारण्य का चयन किया गया है?
(a) पेंच (b) कान्हा
(c) बाँधवगढ़ (d) पालपुर कूनो

352. इस भूमि को सिंचाई की कम आवश्यकता होती है, क्योंकि वह पानी बचाती है, यह कौन-सी है?
(a) लाल (b) काली
(c) लैटेराइट (d) जलोढ़

353. भारत के अन्तर्गत........ द्वीप है–
   (a) 204   (b) 226
   (c) 236   (d) 247

354. बांग्लादेश की सीमा से लगे भारत के राज्य हैं–
   (a) पश्चिम बंगाल, नागालैण्ड, असम, मेघालय
   (b) नागालैण्ड, असम, सिक्किम, पश्चिम बंगाल
   (c) मेघालय, असम, पश्चिम बंगाल, त्रिपुरा
   (d) नागालैण्ड, असम, पश्चिम बंगाल, मणिपुर

355. राष्ट्रीय मार्ग क्रम 4 निम्नलिखित से होकर जाता है–
   (a) तमिलनाडु, आन्ध्र प्रदेश, कनार्टक, गोवा
   (b) गोवा, कर्नाटक, तमिलनाडु, केरल
   (c) महाराष्ट्र, गोवा, कर्नाटक, करेल
   (d) महाराष्ट्र, आन्ध्र प्रदेश, कर्नाटक, तमिलनाडु

356. निम्नलिखित में से कौन-सी जोड़ी सुमेलित है?
   (a) लोकटक-मणिपुर
   (b) उदय सागर-आन्ध्र प्रदेश
   (c) डिडबाना हरियाणा
   (d) कोलेरू-उड़ीसा

357. भारत का प्रथम तितली उद्यान कहाँ पर स्थित है?
   (a) बन्नरघट्टा जैविकी उद्यान बंगलुरु
   (b) राष्ट्रीय पशु उद्यान, कोलकाता
   (c) काजीरंगा राष्ट्रीय उद्यान
   (d) उपर्युक्त में से कोई नहीं

358. भारतीय प्रमाणिक समय एवं ग्रीनविच माध्य समय में अन्तर पाया जाता है–
   (a) $+4\frac{1}{2}$ घंटा (b) $+5\frac{1}{2}$ घंटा
   (c) $-5\frac{1}{2}$ घंटा (d) $-4\frac{1}{2}$ घंटा

359. लक्षद्वीप में कितने द्वीप हैं?
   (a) 17   (b) 27
   (c) 36   (d) 47

360. शुष्क भूमि के लिए सर्वाधिक उचित फसल कौन-सी है?
   (a) गन्ना   (b) जूट
   (c) गेहूँ   (d) मूँगफली

361. झारखण्ड का लौह-अयस्क उत्पादन में सर्वाधिक महत्त्वपूर्ण जिला कौन-सा है?
   (a) सिंहभूम   (b) हजारीबाग
   (c) धनबाद   (d) डाल्टनगंज

362. कौन-सा प्रमुख उद्योग मुरी में स्थापित है?
   (a) एल्युमिनियम उद्योग
   (b) ताँबा उद्योग
   (c) इस्पात उद्योग
   (d) रसायन उद्योग

363. भारत में कुल कितने राष्ट्रीय मार्ग है और उनकी कुल लम्बाई तकरीबन कितनी है?
   (a) 34 और 16,000 किमी
   (b) 44 और 24,000 किमी
   (c) 54 और 32,000 किमी
   (d) 64 और 40,000 किमी

364. भारत के कुल भौगोलिक क्षेत्र में वन क्षेत्र का क्या प्रतिशत है?
   (a) 20.7 प्रतिशत   (b) 21.7 प्रतिशत
   (c) 22.7 प्रतिशत   (d) 23.7 प्रतिशत

365. भारत के किस राज्य में सर्वाधिक जनसंख्या घनत्व पाया जाता है?
   (a) दिल्ली   (b) पश्चिम बंगाल
   (c) केरल   (d) उत्तर प्रदेश

366. गुजरात की राजधानी कौन-सी है?

(a) गोधरा (b) बड़ोदरा

(c) गांधीनगर (d) अहमदाबाद

367. असम कुल मिलाकर कितने राज्यों एवं केन्द्र शासित प्रदेशों में घिरा हुआ है?

(a) 6 (b) 7

(c) 8 (d) 9

368. किस राज्य की अन्य देशों से भौगोलिक सीमाएँ नहीं जुड़ी हैं?

(a) राजस्थान (b) पंजाब

(c) बिहार (d) हरियाणा

369. हिमालय काटकर एवं बहकर आने वाली नदियाँ हैं–

(a) सतलज, सिन्धु, गंगा

(b) ब्रह्मपुत्र, सतलज, सिन्धु

(c) ब्रह्मपुत्र, सिन्धु, गंगा

(d) सतलज, ब्रह्मपुत्र, यमुना

370. भारत डाइनामाइट लिमिटेड केन्द्र कहाँ स्थित है?

(a) कोलकाता (b) हैदराबाद

(c) चेन्नई (d) दिल्ली

371. भारत में ताम्र-स्वर्ण-लौह-कोयला निम्नलिखित में से किस वर्ग के स्थानों से क्रमबद्ध है?

(a) खेतड़ी, कोलार, कुद्रेमुख, झरिया

(b) कोलार, खेतड़ी, कुद्रेमुख, झरिया

(c) झरिया, कोलार, कुद्रेमुख, खेतड़ी

(d) खेतड़ी, कुद्रेमुख, कोलार, झरिया

372. भारत में जनसंख्या वृद्धि के इतिहास में कौन-सा वर्ष 'महविभाजन का वर्ष' कहलाता है?

(a) वर्ष 1951 (b) वर्ष 1991

(c) वर्ष 2001 (d) वर्ष 1921

373. भारत की सर्वाधिक वर्षा मुख्यतः प्राप्त होती है–

(a) उत्तर-पूर्वी मानसून से

(b) वापस होती मानसून से

(c) दक्षिण-पूर्वी मानसून से

(d) संवाहनिक वर्षा से

374. नेवल एअर स्टेशन 'गरुड़' कहाँ पर स्थित है?

(a) नई दिल्ली (b) कोच्चि

(c) चेन्नई (d) देहरादून

375. भारत का 40 प्रतिशत सड़क परिवहन होता है–

(a) राष्ट्रीय राजमार्ग से

(b) राजकीय मार्ग से

(c) जिला मार्ग से

(d) ग्रामीण सड़कों से

376. रेल मंत्रालय ने 'विलेज ऑन व्हील्स' नामक परियोजना शुरु करने की घोषणा किस वर्ष की थी?

(a) 2004 में (b) 2005 में

(c) 2006 में (d) 2007 में

377. भील जाति कहाँ पायी जाती है?

(a) महाराष्ट्र (b) असम

(c) पश्चिम बंगाल (d) झारखण्ड

378. क्षेत्रफल के क्रम में भारत के तीन बड़े राज्य हैं–

(a) राजस्थान, मध्य प्रदेश, महाराष्ट्र

(b) मध्य प्रदेश, राजस्थान, महाराष्ट्र

(c) महाराष्ट्र, राजस्थान, मध्य प्रदेश

(d) मध्य प्रदेश, महाराष्ट्र, राजस्थान

379. अण्डमान निकोबार द्वीप समूह में द्वीपों की संख्या कितनी है?

(a) 200 (b) 240

(c) 220 (d) 250

380. भारतीय मानक समय एवं ग्रीनविच माध्य समय के बीच कितने समय का अन्तर है?

(a) –3 घंटे 30 मिनट

(b) –50 घंटे

(c) +5 घंटे 30 मिनट

(d) + घंटे 30 मिनट

381. भारत की तटरेखा की कुल लम्बाई लगभग है?
(a) 3,500 किमी० (b) 8,000 किमी०
(c) 6,000 किमी० (d) 9,500 किमी०

382. ब्रह्मपुत्र नदी तिब्बत में किस नाम से जानी जाती है?
(a) पद्मा (b) चकमुडुग
(c) हीमजुग (d) सांग्पो

383. निम्नलिखित में कौन-सी नदी एश्चुअरी नहीं बनाती है?
(a) महानदी (b) ताप्ती
(c) माण्डवी (d) नर्मदा

384. भारत का 90% अभ्रक झारखण्ड में पाया जाता है–
(a) करैया (b) झिबारो
(c) रूबी वैराइटी (d) हुरा

385. निम्नलिखित में से कौन-सा बादल अत्यधिक तीव्र वर्षा के लिए उत्तरदायी है?
(a) कपासी (b) कपासी वर्षा
(c) वर्षा स्तरी (d) पक्षाम स्तरी

386. हिमालय की श्रेणी में कौन प्राचीनतम है?
(a) वृहत् हिमालय श्रेणी
(b) निम्न हिमालय
(c) धौलाधार श्रेणी
(d) शिवालिक श्रेणी

387. भारत में आप्लावी वन कहाँ पाये जाते हैं?
(a) अण्डमान
(b) हिमालय के दक्षिणी ढाल
(c) सुन्दर वन
(d) अरावली

388. भारत में कौन-सी मृदा प्रारूप लोहे की अतिरेक होने के कारण बंजर होता जा रहा है?
(a) मरुस्थलीय बालू
(b) जलोढ़
(c) राख
(d) लैटेराइट

389. करेरा अभयारण्य है–
(a) उत्तर प्रदेश (b) मध्य प्रदेश
(c) राजस्थान (d) महाराष्ट्र

390. जिस महासागर से 'सारगैसो' सम्बन्धित है, वह है–
(a) 91° उत्तर (b) 45° पूर्व
(c) 40° दक्षिण (d) 91° पश्चिम

391. चिल्का झील जहाँ स्थित है, वह है–
(a) कर्नाटक तट
(b) मालाबार तट
(c) कोंकण तट
(d) उत्तरी सरकार तट

392. जो नदी शेष अन्य से नदी भिन्न है, वह है–
(a) महानदी (b) नर्मदा
(c) ताप्ती (d) सिन्धु

393. जिस दिशा में अरावली श्रेणियों की चौड़ाई बढ़ती जाती है, वह है–
(a) पंजाब-तमिलनाडु
(b) उत्तर-पूर्व से दक्षिण-पश्चिम
(c) पश्चिम से पूर्व
(d) दक्षिण-पश्चिम से उत्तर-पूर्व

394. भारत में शरदकालीन वर्षा के क्षेत्र हैं–
(a) उड़ीसा, कर्नाटक
(b) पंजाब, तमिलनाडु
(c) अरुणाचल प्रदेश, बिहार
(d) तमिलनाडु, कर्नाटक

395. भारत में सबसे प्राचीन पर्वत शृंखला है–
(a) अरावली (b) विंध्य
(c) सतपुड़ा (d) हिमालय

396. भारत का कौन-सा राज्य है, जिसका वन आच्छादित क्षेत्रफल सर्वाधिक है?
(a) मध्य प्रदेश (b) पश्चिम बंगाल
(c) केरल (d) असम

397. उपग्रह सर्वेक्षण से एकत्रित आँकड़ों के अनुसार भारत के क्षेत्रफल का कितना प्रतिशत वनों से ढका है?

(a) 32 (b) 28
(c) 19 (d) 15

398. निम्नलिखित में से किस राज्य के वनों का वर्गीकरण अर्द्ध-उष्णकटिबन्धीय के रूप में किया जाता है?

(a) केरल (b) मध्य प्रदेश
(c) तमिलनाडु (d) कर्नाटक

399. भारत की जनसंख्या की लगभग कितने प्रतिशत शहरी आबादी है?

(a) 36 (b) 27
(c) 20 (d) 14

400. हिन्दी भाषी भारतीयों का प्रतिशत लगभग कितना है?

(a) 50 (b) 45
(c) 40 (d) 35

401. पाराद्वीप का विकास जिन बन्दरगाहों का भार कम करने के लिए किया गया था, वे हैं–

(a) कोलकाता, विशाखापत्तनम
(b) मुम्बई, कोचीन
(c) कोलकाता, मुम्बई
(d) चेन्नई, विशाखापत्तनम

402. नेपाल के पड़ोसी भारतीय राज्यों का युग्म है–

(a) सिक्किम, भूटान
(b) सिक्किम, बिहार
(c) असम, बिहार
(d) उत्तर प्रदेश, हरियाणा

403. अधिकृत अनुमानों के अनुसार भारतीय जनसंख्या का लगभग कितना प्रतिशत गरीबी रेखा के नीचे निवास कर रहा है?

(a) 18 (b) 26
(c) 29 (d) 31

404. भारत के जिस राज्य में उसके क्षेत्रफल का अधिकतम प्रतिशत राष्ट्रीय उद्यानों के अन्तर्गत है, वह है–

(a) उत्तर प्रदेश (b) त्रिपुरा
(c) सिक्किम (d) बिहार

405. भारत में कौन-सी भाषा सबसे अधिक बोली जाती है?

(a) बंगाली (b) मराठी
(c) उर्दू (d) पंजाबी

406. उत्तर प्रदेश के पश्चात् निम्नलिखित में से किस राज्य की जनसंख्या सर्वाधिक है?

(a) पश्चिम बंगाल (b) बिहार
(c) आन्ध्र प्रदेश (d) महाराष्ट्र

407. भारत के किस राज्य में महिला साक्षरता न्यूनतम है?

(a) बिहार
(b) जम्मू एवं कश्मीर
(c) राजस्थान
(d) उड़ीसा

408. 'नेशनल स्कूल ऑफ डिजाइन' कहां स्थित है?

(a) पुणे (b) दिल्ली
(c) बंगलूरु में (d) अहमदाबाद

409. 'टाटा इंस्टीट्यूट ऑफ फन्डामेंटल रिसर्च' कहाँ पर स्थित है?

(a) मुम्बई (b) कोलकाता
(c) बंगलूरु (d) दिल्ली

410. कौन-से भारतीय राज्य की अधिकतम सीमा म्यांमार से स्पर्श करती है?

(a) मणिपुर
(b) अरुणाचल प्रदेश
(c) मिजोरम
(d) नागालैण्ड

411. विश्व के जल संसाधनों का लगभग जितना प्रतिशत भारत में उपलब्ध है, वह है–

(a) 4 (b) 1.5
(c) 11 (d) 7.9

412. विश्व की सबसे पुरानी व विकसित नहर व्यवस्था भारत में कौन-सी है?
(a) गंगा नहर (b) सिकरी नहर
(c) इन्दिरा गांधी नहर परियोजना
(d) कृष्णा गोदावरी नहर व्यवस्था

413. सेतुसमुद्रम परियोजना में नौपरिवहन नहर की लम्बाई कितनी है?
(a) 166 किलोमीटर
(b) 167 किलोमीटर
(c) 168 किलोमीटर
(d) 169 किलोमीटर

414. निम्नलिखित में से कौन-सी नदी प्रायद्वीपीय पूर्वी भारत की नदी है?
(a) तापी (b) नर्मदा
(c) माही (d) ब्राह्मणी

415. भारत में सबसे अधिक क्षमता का परमाणु ऊर्जा संयंत्र है-
(a) रावत भाटा (b) कुडानकुलम
(c) कलपक्कम (d) तारापुर

416. 9 डिग्री चैनल स्थित है-
(a) अण्डमान निकोबार में
(b) लक्षद्वीप में
(c) लक्षद्वीप एवं मालदीव में
(d) अण्डमान निकोबार एवं इण्डोनेशिया के बीच में

417. भारत में किस नदी का बेसिन क्षेत्र अधिकतम है?
(a) गंगा (b) ब्रह्मपुत्र
(c) यमुना (d) गोदावरी

418. निम्नलिखित में कौन-से हिमानी तथा उनकी स्थिति सुमेलित नहीं है?
(a) गंगोत्री-उत्तराखण्ड
(b) जेमु-सिक्किम
(c) चोगो लुंग्मा-तिब्बत
(d) सियाचिन-कराकोरम

419. भारत की सबसे पुरानी तेल रिफाइनरी है-
(a) ट्राम्बे (b) बोगाईगांव
(c) बरौनी (d) डिग्बोई

420. निम्नलिखित में से भारतीय मानसून से सम्बन्धित नहीं है-
(a) मोनेक्स
(b) जेट स्ट्रीम
(c) बाकर कोशिकाएँ
(d) उपर्युक्त में से कोई नहीं

421. 'सियाल', 'सिमा' और 'निफे' की पहचान की परिकल्पना किसकी है?
(a) डेली (b) स्पेस
(c) ऑर्थर होम (d) जेफ्री

422. कोपेन द्वारा दी गयी जलवायु योजना के आधार पर भारत को कितने जलवायु क्षेत्रों में विभाजित किया गया है?
(a) 10 (b) 12
(c) 9 (d) 15

423. निम्नलिखित में से किस समूह की भाषा को भारत में सबसे अधिक लोग बोलते हैं?
(a) भारतीय - आर्य
(b) द्रविड़
(c) आस्ट्रो-एशियाटिक
(d) चीन-तिब्बती

424. निम्नलिखित में से कौन-सी नदी का उद्गम भारत में नहीं है?
(a) कावेरी (b) नर्मदा
(c) ब्रह्मपुत्र (d) गंगा

425. राष्ट्रीय जलमार्ग संख्या-1 है-
(a) सैदिया-धुबरी
(b) इलाहाबाद-हल्दिया
(c) कोट्टापुरम्-कोल्लम
(d) कोचीन-अलेप्पी

426. पालघाट कौन-से भारतीय राज्यों को जोड़ता है?
(a) अरुणाचल प्रदेश एवं सिक्किम
(b) महाराष्ट्र एवं गुजरात
(c) केरल एवं तमिलनाडु
(d) सिक्किम एवं पश्चिम बंगाल

427. पश्चिमी घाट को किस नाम से भी पुकारा जाता है?
(a) शिवालिक श्रेणी
(b) विंध्याचल श्रेणी
(c) सहाद्रि श्रेणी
(d) अजन्ता श्रेणी

428. हिमालय पर्वत की उत्पत्ति किस काल में हुई थी?
(a) टर्शियरी (b) कारबोनीफेरस
(c) पैलियोजोइक (d) मेसोजोइक

429. निम्नलिखित नदियों में से किस एक से कुरनूल-कुडप्पा नहर निकाली गयी है?
(a) कावेरी (b) पेन्नेरू
(c) पलार (d) तुंगभद्रा

430. कोरोमण्डल तट पर सर्वाधिक वर्षा होती है-
(a) पश्चिमी विक्षोभ से
(b) दक्षिणी-पश्चिमी मानसून से
(c) उत्तरी-पूर्वी मानसून से
(d) स्थानीय पवनों से

431. निम्नलिखित में से कौन-सा कथन सही नहीं है?
(a) मलिन बस्तियों को चेन्नई में 'चेरी' कहते हैं
(b) मलिन बस्तियों को कोलकाता में 'झोपड़-पट्टी' कहते हैं
(c) मलिन बस्तियों को मुम्बई में 'चाल' कहते हैं
(d) मलिन बस्तियों को दिल्ली में 'झुग्गी-झोपड़ी' कहते हैं

432. भारत के पूर्वी तट पर स्थित पत्तन-
(a) कांडला और हल्दिया
(b) हल्दिया और कोचीन
(c) पारादीप और कांडला
(d) पारादीप और हल्दिया

433. जोजी-ला दर्रा जोड़ता है-
(a) श्रीनगर और लेह को
(b) अरुणाचल प्रदेश और तिब्बत को
(c) चंबा और स्पिती को
(d) कालिम्पांग और ल्हासा को

434. भारत की प्रमुख वाणिज्य फसलें है-
(a) कपास, दालें, जूट और तिलहन
(b) कपास, तिहलर, जूट और गन्ना
(c) चाय, रबर, तम्बाकू और जूट
(d) आलू, चाय, तम्बाकू और कपास

435. भारत का निम्नलिखित में से कौन-सा तट प्रचंड उष्णकटिबंधीय चक्रवातों से सर्वाधिक दुष्प्रभावित है?
(a) आन्ध्र (b) मालाबार
(c) कोंकण (d) गुजरात

436. देश का आधे से अधिक उत्पादित चावल जिन चार राज्यों से प्राप्त होता है, वह है-
(a) पश्चिम बंगाल, पंजाब, तमिलनाडु तथा उड़ीसा
(b) पश्चिम बंगाल, उत्तर प्रदेश, पंजाब तथा आन्ध्र प्रदेश
(c) उत्तर प्रदेश, पश्चिम बंगाल, छत्तीसगढ़ तथा असम
(d) पंजाब, आन्ध्र प्रदेश, बिहार तथा उड़ीसा

437. सर्वशिक्षा अभियान है–
(a) 3-10 आयु वर्ग के सभी बच्चों हेतु
(b) 4-8 आयु वर्ग के सभी बच्चों हेतु
(c) 5-15 आयु वर्ग के सभी बच्चों हेतु
(d) 6-14 आयु वर्ग के सभी बच्चों हेतु

438. कार्डमम पहाड़ियाँ जिन राज्यों की सीमाओं पर स्थित हैं, वह है–
(a) कर्नाटक एवं तमिलनाडु
(b) कर्नाटक एवं केरल
(c) केरल एवं तमिलनाडु
(d) तमिलनाडु एवं आन्ध्र प्रदेश

439. भारत के पश्चिमी तट में भारी वर्षा, लेकिन दक्षिणी पठार में बहुत कम वर्षा क्यों होती है?
(a) दक्षिणी पठार, पश्चिमी घाट के लीवार्ड की तरफ स्थित है।
(b) दक्षिण-पश्चिम मानसून इस क्षेत्र के बाहर से गुजर जाता है।
(c) दक्षिण पठार में ऊँचे पर्वतों का अभाव है।
(d) वहाँ कमजोर निम्न दाब पट्टी है।

440. निम्नलिखित नदी बेसिनों में से किसका क्षेत्रफल सर्वाधिक है?
(a) नर्मदा नदी बेसिन का
(b) महानदी नदी बेसिन का
(c) गोदावरी नदी बेसिन का
(d) गोदावरी नदी बेसिन का

441. भारत में अरावली पर्वत का निर्माण हुआ था–
(a) कैलिडोनियन युग में
(b) मेसोजाइक युग में
(c) टर्शियरी युग में
(d) हसीनियन युग में

442. निम्नलिखित में से कौन-सा एक भारत के सबसे दक्षिणी स्थान को इंगित करता है?
(a) कन्याकुमारी (b) नगर कोइल
(c) इंदिरा पॉइंट (d) रामेश्वरम्

443. निम्नलिखित में से कौन-सी एक वर्षा श्रेणी भारतीय उष्णकटिबंधीय वनों के लिए उपयुक्त है?
(a) 200 सेमी से अधिक
(b) 100 सेमी से 200 सेमी
(c) 50 सेमी से 100 सेमी
(d) 50 सेमी से कम

444. भारत में दो अग्रगण्य कोयला उत्पादक राज्य है–
(a) झारखण्ड तथा छत्तीसगढ़
(b) झारखण्ड तथा उड़ीसा
(c) छत्तीसगढ़ तथा मध्य प्रदेश
(d) मध्य प्रदेश तथा आन्ध्र प्रदेश

445. कुल भौगोलिक क्षेत्रफल के सन्दर्भ में वनों का उच्चतम प्रतिशत मिलता है–
(a) अरुणाचल प्रदेश में
(b) नागालैण्ड में
(c) त्रिपुरा में
(d) मिजोरम में

446. निम्नलिखित में से कौन सबसे नवीन पर्वत श्रेणी है?
(a) विंध्य (b) अरावली
(c) शिवालिक (d) अनाईमलाई

447. भारत में संकार्य जोतों का सबसे बड़ा औसत आकार है–
(a) मध्य प्रदेश में (b) पंजाब में
(c) गुजरात में (d) राजस्थान में

448. भारत का एकमात्र प्रसुप्त ज्वालामुखी कहाँ स्थित है?
(a) लक्षद्वीप
(b) अण्डमान निकोबार
(c) दमन-दीव
(d) पोरबन्दर

449 सूची-I को सूची-II के साथ सुमेलित कीजिए तथा सूचियों के नीचे दिये गये कूट का प्रयोग कर सही उत्तर चुनिए–

सूची-I (कोयला क्षेत्र)	सूची-II (सम्बन्धित राज्य)
A. कर्णपुरा	1. झारखण्ड
B. सिंगरौली	2. मध्य प्रदेश
C. सिंगरैनी	3. आन्ध्र प्रदेश
D. कोरबा	4. छत्तीसगढ़

कूट :
	A	B	C	D
(a)	1	2	3	4
(b)	1	4	3	2
(c)	2	1	4	3
(d)	2	1	3	4

450. सूची-I का सूची-II के साथ सुमेलित कीजिए तथा सूचियों के नीचे दिये गये कूट का प्रयोग कर सही उत्तर चुनिए-

सूची-I (खनिज पदार्थ)	सूची-II (खनिज क्षेत्र)
A. ग्रेफाइट	1. बेलारी
B. सीसा	2. डीड़वाना
C. लवण	3. रम्पा
D. चांदी	4. जावर

कूट :	A	B	C	D
(a)	3	4	2	1
(b)	1	4	2	3
(c)	3	1	4	2
(d)	2	3	1	4

451. निम्नलिखित को सुमेलित कीजिए-

सूची-I	सूची-II
A. मैंगनीज	1. उड़ीसा
B. एस्बेस्टस	2. मध्य प्रदेश
C. निकेल	3. राजस्थान
D. जस्ता	4. आन्ध्र प्रदेश

कूट :	A	B	C	D
(a)	1	2	3	4
(b)	4	3	2	1
(c)	3	4	1	2
(d)	2	4	1	3

452. निम्नलिखित को सुमेलित कीजिए-

सूची-I	सूची-II
A. मैंगनीज	1. बालाघाट
B. लौह-अयस्क	2. बस्तर
C. बॉक्साइट	3. माण्डला
D. कोयला	4. शहडोल

कूट :	A	B	C	D
(a)	1	2	3	4
(b)	2	3	4	1
(c)	3	4	1	2
(d)	4	1	2	3

453. भारत की सबसे महत्त्वपूर्ण यूरेनियम खान कहाँ स्थित है?
(a) मनावलकुरिची (b) गौरीविदनूर
(c) वाथी (d) जादूगोड़ा

454. सिंहभूम (झारखण्ड) किसके लिए प्रसिद्ध है?
(a) कोयला (b) लोहा
(c) तांबा (d) ऐलुमिनियम

455. झरिया कोयला की खानें देश के किस राज्य में है?
(a) आन्ध्र प्रदेश (b) पश्चिम बंगाल
(c) झारखण्ड (d) उडीसा

456. बैलाडिला किसके लिए प्रसिद्ध है?
(a) बॉक्साइट (b) लौह-अयस्क
(c) ताँबा (d) कोयला

457. खेतड़ी किसके लिए प्रसिद्ध है?
(a) सोना (b) ताँबा
(c) ऐलुमिनियम (d) उर्वरक

458. भारत में यूरेनियम खदान कहाँ स्थित है?
(a) अल्वाय (b) जादूगोड़ा
(c) खेतड़ी (d) सिंहभूम

459. भारत में अंकलेश्वर किसके उत्पादन के लिए जाना जाता है?
(a) कोयला (b) यूरेनियम
(c) लौह-अयस्क (d) पेट्रोलियम

460. भारत में खनिज तेल के भण्डार मुख्यत: किस प्रकार की चट्टानों में पाये जाते हैं?
(a) आग्नेय (b) अवसादी
(c) कायान्तरित (d) इनमें से सभी

461. भारत में खनिज तेल का उत्पादन सर्वप्रथम प्रारम्भ किया गया था-
(a) मुम्बई हाई में (b) अंकलेश्वर में
(c) नहरकरिया में (d) डिग्बोई में

462. तेल एवं प्राकृतिक आयोग (ONGC) की स्थापना कब हुई?
(a) 1856 ई० (b) 1914 ई०
(c) 1936 ई० (d) 1956 ई०

463. काइकालूर खनिज तेल क्षेत्र किस नदी घाटी क्षेत्र में स्थित है?
(a) कृष्णा-गोदावरी
(b) नर्मदा-तापी
(c) गंगा-ब्रह्मपुत्र
(d) कृष्णा-कावेरी

464. निम्नलिखित में कौन-सा खनिज तेल क्षेत्र गुजरात राज्य में स्थित नहीं है?
(a) अंकलेश्वर (b) कलोल
(c) मेहसाना (d) बदरपुर

465. मंगला नामक तेल कुआँ किस राज्य में स्थित है?
(a) असम (b) गुजरात
(c) राजस्थान (d) महाराष्ट्र

466. डीजल लोकोमोटिव कारखाना कहां स्थित है?
(a) चित्तरंजन (b) पेरम्बूर
(c) वाराणसी (d) कपूरथला

467. भारत में प्रथम सूती कपड़े का कारखाना कहाँ स्थापित हुआ था?
(a) सूरत (b) मुंबई
(c) अहमदाबाद (d) सूरत

468. प्रथम तेल परिष्करण संयंत्र कहाँ स्थापित हुआ था?
(a) बरौनी (b) डिग्बोई
(c) विशाखापत्तनम (d) मुम्बई

469. सबसे बड़ा तेलशोधक कारखाना पाया जाता है–
(a) पोरबन्दर (b) जामनगर
(c) अहमदाबाद (d) सूरत

470. भारत का प्रथम स्टील प्रोजेक्ट शहर स्थापित किया गया–
(a) भिलाई (b) कोलकाता
(c) जमशेदपुर (d) बोकारो

471. पिम्परी सम्बन्धित है–
(a) इस्पात उद्योग
(b) कागज उद्योग
(c) खाद उद्योग
(d) पेन्सिलीन उद्योग

472. बिहार में पहली चीनी मिल स्थापित हुई–
(a) मरहौरा में (b) बेतिया में
(c) मोतिहारी में (d) पटना में

473. भारत में रेलमार्ग का सबसे सघन जाल किस प्रदेश में पाया जाता है?
(a) महाराष्ट्र (b) मध्य प्रदेश
(c) उत्तर प्रदेश (d) राजस्थान

474. देश की सबसे तेज चलने वाली रेलगाड़ी है–
(a) राजधानी एक्सप्रेस
(b) शताब्दी एक्सप्रेस
(c) जनशताब्दी एक्सप्रेस
(d) गतिमान एक्सप्रेस

475. भारत और पाकिस्तान के बीच चलने वाली रेलगाड़ी का नाम है–
(a) सद्भावना एक्सप्रेस
(b) समझौता एक्सप्रेस
(c) रॉयल ओरिएण्ट एक्सप्रेस
(d) सदा-ए-सरहद

476. कोंकण रेलमार्ग की कुल लम्बाई है–
(a) 650 किमी० (b) 710 किमी०
(c) 760 किमी० (d) 860 किमी०

477. कोंकण रेलमार्ग किन-किन राज्यों से होकर गुजरती है?
(a) केरल, कर्नाटक, तमिलनाडु
(b) केरल, कर्नाटक, महाराष्ट्र
(c) महाराष्ट्र, कर्नाटक, गोवा, केरल
(d) महाराष्ट्र, गोवा, तमिलनाडु

478. भारत में प्रथम विद्युत ट्रेन कब चली?
(a) 1925 (b) 1526
(c) 1927 (d) 1928

479. भारत की प्रथम विद्युत् संचालित रेलगाड़ी थी–
(a) डक्कन क्वीन (b) फेयरीक्वीन
(c) नाइट क्वीन (d) हेवेनक्वीन

480. मुण्डा जनजाति कहाँ निवास करती है?
(a) बिहार (b) झारखण्ड
(c) मध्य प्रदेश (d) उड़ीसा

481. गद्दी लोक निवासी है–
(a) मध्य प्रदेश की
(b) हिमाचल प्रदेश की
(c) अरुणाचल प्रदेश की
(d) मेघालय की

482. बोडो निवासी हैं–
(a) गारी पहाड़ी के
(b) संथाल परगना के
(c) अमेजन बेसिन के
(d) मध्य प्रदेश के

483. निम्नलिखित में से कौन जनजाति मौसमी प्रवास से सम्बन्धित है?
(a) थारु (b) भोटिया
(c) जौनसारी (d) भोक्सा

484. भारत में प्रथम रेलवे लाइन किसके शासनकाल में बिछायी गयी?
(a) लॉर्ड केनिंग (b) लॉर्ड कर्जन
(c) लॉर्ड डलहौजी (d) लॉर्ड बैंटिक

485. निम्नलिखित में से किस क्षेत्र को भारत के चावल का कटोरा कहा जाता है?
(a) उत्तर-पूर्व क्षेत्र
(b) इण्डो-गांगेय क्षेत्र
(c) कृष्णा-गोदावरी डेल्टा
(d) केरल तथा तमिलनाडु

486. भारत में सर्वोत्तम चाय कहाँ पैदा होती है?
(a) जोरहाट (b) नीलगिरि
(c) कूच बिहार (d) दार्जिलिंग

487. भारत में स्वच्छ जलीय मछली का सबसे बड़ा उत्पादक राज्य है–
(a) महाराष्ट्र (b) तमिलनाडु
(c) पश्चिम बंगाल (d) केरल

488. गुलाबी क्रान्ति का सम्बन्ध किससे है?
(a) टमाटर उत्पादन
(b) झींगा उत्पादन
(c) मांस उत्पादन
(d) खाद्यान उत्पादन

489. गोल क्रांति का सम्बन्ध किससे है?
(a) टमाटर उत्पादन (b) आलू उत्पादन
(c) अंडा उत्पादन (d) रालमन उत्पादन

490. भारत का सर्वाधिक पटसन उत्पादक राज्य है–
(a) आन्ध्र प्रदेश (b) बिहार
(c) पश्चिम बंगाल (d) तमिलनाडु

491. निम्नलिखित में से वह राज्य कौन-सा है, जो गेहूँ की खेती नहीं करता है?
(a) कर्नाटक (b) महाराष्ट्र
(c) पश्चिम बंगाल (d) तमिलनाडु

492. सूची-I को सूची-II से सुमेलित कीजिए-

सूची-I	सूची-II
A. तारापुर परमाणु शक्ति केन्द्र	1. कर्नाटक
B. रावतभाटा परमाणु शक्ति केन्द्र	2. गुजरात
C. काकरापार परमाणु शक्ति केन्द्र	3. राजस्थान
D. कैगा परमाणु शक्ति केन्द्र	4. महाराष्ट्र

कूट :	A	B	C	D
(a)	1	2	3	4
(b)	3	4	1	2
(c)	4	3	2	1
(d)	2	1	4	3

493. सुमेलित कीजिए-

सूची-I (खनिज)	सूची-II (स्थान)
A. कोयला	1. गिरिडीह
B. ताँबा	2. जायकोंडम
C. मैंगनीज	3. अलवर
D. लिग्नाइट	4. धारवाड़

कूट :	A	B	C	D
(a)	1	4	3	2
(b)	2	3	4	1
(c)	1	3	4	2
(d)	2	4	3	1

494. सुमेलित कीजिए-

सूची-I		सूची-II	
A. कोयला		1. हजारीबाग	
B. लोहा		2. न्येवेली	
C. लिग्नाइट		3. राउरकेला	
D. अभ्रक		4. झरिया	

कूट :	A	B	C	D
(a)	2	1	4	3
(b)	4	3	2	1
(c)	4	2	3	1
(d)	3	2	4	1

495. सुमेलित कीजिए-

सूची-I		सूची-II	
A. लिग्नाइट		1. ताँबा	
B. बॉक्साइट		2. लोहा	
C. मैग्नेटाइट		3. ऐलुमिनियम	
D. पायराइट		4. कोयला	

कूट :	A	B	C	D
(a)	4	3	1	2
(b)	2	3	1	4
(c)	4	3	2	1
(d)	4	1	3	2

496. सुमेलित कीजिए-

सूची-I (स्थान)		सूची-II (उद्योग)	
A. विशाखापत्तनम		1. मोटर गाड़ियाँ	
B. मुरी		2. पोत निर्माण	
C. गुड़गांव		3. उर्वरक	
D. पनकी		4. ऐलुमिनियम	

कूट :	A	B	C	D
(a)	2	3	4	1
(b)	1	2	3	4
(c)	2	4	3	1
(d)	2	4	1	3

497. सुमेलित कीजिए-

सूची-I (केन्द्र)		सूची-II (उद्योग)	
A. आंवला		1. पॉली फाइबर	
B. मोदीनगर		2. उर्वरक	
C. बाराबंकी		3. रबड़	
D. कानपुर		4. विस्फोटक	

कूट :	A	B	C	D
(a)	1	2	3	4
(b)	2	3	1	4
(c)	3	2	4	1
(d)	4	3	2	1

498. भारी मशीन प्लाण्ट कहाँ स्थित है?
(a) बरौनी (b) धनबाद
(c) जमशेदपुर (d) रांची

499. सुमेलित कीजिए-

सूची-I (उद्योग)		सूची-II (स्थान)	
A. कांच उद्योग		1. मुरादाबाद	
B. पीतल उद्योग		2. भरकपुर	
C. स्लेट उद्योग		3. फिरोजाबाद	
D. हस्त निर्मित कालीन उद्योग		4. मिर्जापुर	

कूट :	A	B	C	D
(a)	3	1	2	4
(b)	1	3	4	2
(c)	3	1	4	2
(d)	4	3	2	1

500. सुमेलित कीजिए-

सूची-I (स्थान)		सूची-II (उद्योग)	
A. जामनगर		1. ऐलुमिनियम	
B. हास्पेट		2. ऊनी वस्त्र	
C. कोरबा		3. उर्वरक	
D. हल्दिया		4. लोहा इस्पात	

कूट :	A	B	C	D
(a)	4	3	1	2
(b)	2	4	1	3
(c)	4	3	2	1
(d)	2	1	4	3

विश्व का भूगोल

1. सूर्य के रासायनिक मिश्रण में हाइड्रोजन का प्रतिशत कितना है?
   (a) 70 प्रतिशत (b) 61 प्रतिशत
   (c) 75 प्रतिशत (d) 54 प्रतिशत
2. सूर्य की सबसे बाहरी सतह का नाम है–
   (a) क्रोमोमंडल (b) थर्मोमंडल
   (c) कोरोना (d) प्रकाशमंडल
3. सौर पृष्ठ पर लगभग कितना तापमान होता है?
   (a) 8×10^{15} डिग्री सेल्सियस
   (b) 500 डिग्री सेल्सियस
   (c) 6000 डिग्री सेल्सियस
   (d) 1000 डिग्री सेल्सियस
4. दो स्थानों के समय को प्रभावित करता है–
   (a) आक्षांश और देशांतर
   (b) देशांतर
   (c) देशांतर और विषुवत रेखा से दूरी
   (d) अक्षांश, देशांतर और विषुवत रेखा से दूरी
5. निम्नलिखित में से किस दिन को विश्व जल दिवस के रूप में मनाया जाता है?
   (a) 22 मार्च (b) 22 मई
   (c) 22 जून (d) 22 अगस्त
6. चीन की स्थल सीमाएँ .... देशों से लगी हुई है–
   (a) 6 (b) 8
   (c) 13 (d) 14
7. 1 देशांतर को पार करने में दो स्थानों के स्थानी समय के बीच क्या अन्तर है?
   (a) 8 मिनट (b) 4 मिनट
   (c) 2 मिनट (d) शून्य
8. बिना उपग्रह वाले ग्रह हैं–
   (a) बुध और शनि (b) बुध और शुक्र
   (c) बुध और मंगल (d) मंगल और शुक्र
9. वे कौन-से ग्रह हैं, जिनके चारों ओर परिक्रमा करने वाले उपग्रह नहीं हैं?
   (a) मंगल और शुक्र
   (b) बुध और शुक्र
   (c) मंगल और बुध
   (d) नेप्चून और प्लूटो
10. निम्नलिखित में से कौन-सा ग्रह सबसे कम तीव्रता से चलता है?
    (a) पृथ्वी (b) बुध
    (c) शनि (d) बृहस्पति
11. निम्नलिखित में से सौर मण्डल का सबसे बड़ा ग्रह कौन-सा है?
    (a) पृथ्वी (b) शनि
    (c) बृहस्पति (d) यूरेनस
12. सी ऑफ 'ट्राक्विलिटि' स्थित है–
    (a) दक्षिण पूर्व-अफ्रीका
    (b) रूस का पश्चिमी तट
    (c) चन्द्रमा
    (d) भारत का पश्चिमी तट
13. ज्वार सबसे ऊँचा कब होता है?
    (a) जब सूर्य और चन्द्रमा पृथ्वी के एक ही ओर होते हैं।
    (b) जब सूर्य और चन्द्रमा पृथ्वी की विपरीत दिशाओं में होते हैं।
    (c) जब चन्द्रमा और सूर्य के गुरुत्वीयकर्षण विपरीत दिशाओं में होते हैं।
    (d) उपर्युक्त में से कोई नहीं।
14. सौरमण्डल में कौन-सा अत्यधिक तीव्र ग्रह है?
    (a) शुक्र (b) बुध
    (c) शनि (d) प्लूटो

15. सूर्य से सर्वाधिक दूर स्थित है–
(a) बृहस्पति (b) मंगल
(c) प्लूटो (d) शनि

16. वह आकाशीय पिण्ड जो पृथ्वी के निकटतम है–
(a) सूर्य (b) चन्द्रमा
(c) शुक्र (d) शनि

17. सूर्य का समीपतम ग्रह है–
(a) बुध
(b) मंगल
(c) प्लूटो
(d) इनमें से कोई नहीं।

18. रात्रि के समय आकाश में कौन-सा ग्रह लाल दिखता है?
(a) मंगल (b) बृहस्पति
(c) बुध (d) शुक्र

19. पृथ्वी का जुड़वा ग्रह है–
(a) शुक्र (b) गुरु
(c) शनि (d) प्लूटो

20. कौन-सा ग्रह अपनी धुरी पर घूमते हुए सबसे कम समय में चक्कर पूरा करता है?
(a) मंगल (b) बृहस्पति
(c) पृथ्वी (d) प्लूटो

21. कण्टूर रेखा का निम्नलिखित में से कौन-सा एक उदाहरण है?
(a) दो देशों की बीच की रेखा
(b) स्थलाकृति मानचित्र
(c) दो महादेशों की अनन्त रेखाएँ
(d) इनमें से कोई नहीं।

22. सूर्यग्रहण होता है, जब–
(a) सूर्य, पृथ्वी और चन्द्रमा के बीच आता है।
(b) चन्द्रमा, पृथ्वी तथा सूर्य के बीच आता है।
(c) पृथ्वी, सूर्य और चन्द्रमा के बीच आती है।
(d) पृथ्वी, सूर्य और चन्द्रमा तेज गति से चलते हैं।

23. निम्नलिखित में से किस ग्रह का सूर्य के परितः परिभ्रमण काल अधिकतम है?
(a) बुध
(b) पृथ्वी
(c) मंगल
(d) इनमें से कोई नहीं।

24. एक उपग्रह में बैठे हुए अंतरिक्ष यात्री को आकाश का रंग .... प्रतीत होगा–
(a) काला (b) नीला
(c) धूसर (ग्रे) (d) सफेद

25. सांध्य तारे का उदय क्या निरूपित करता है?
(a) दक्षिण ध्रुव (b) उत्तरी ध्रुव
(c) पूर्व (d) पश्चिम

26. सबसे अधिक चमकीला तारा कौन-सा है?
(a) हेली तारा
(b) ध्रुव तारा
(c) सिरियस तारा
(d) अलफा सेंटोरी तारा

27. किस ग्रह के चारों ओर स्पष्ट वलय होते हैं?
(a) यूरेनस (b) बृहस्पति
(c) मंगल (d) शनि

28. 'बक्सा बाघ परियोजना' भारत में किस राज्य में स्थित है?
(a) मध्य प्रदेश (b) राजस्थान
(c) गुजरात (d) पश्चिम बंगाल

29. चन्द्रग्रहण तब होता है, जब–
(a) सूर्य, चन्द्रमा और पृथ्वी एक सीध में नहीं होते हैं।
(b) पृथ्वी, सूय्र और चन्द्रमा के बीच में आ जाता है।
(c) सूर्य, पृथ्वी और चन्द्रमा के बीच में आ जाता है।
(d) चन्द्रमा, पृथ्वी और सूर्य के बीच में आ जाता है।

30. हम हमेशा चन्द्रमा की एक ही सतह को देखते हैं, क्योंकि–
(a) यह पृथ्वी से छोटा है।
(b) यह पृथ्वी के अपने अक्ष पर घूमने की दिशा के विपरीत दिशा में अपने अक्ष पर घूमता है।
(c) यह अपने अक्ष पर घूमने और पृथ्वी के चारों ओर परिक्रमा करने में समान समय लेता है
(d) जिस गति से पृथ्वी, सूर्य की परिक्रमा करती है, उसी गति से यह घूमता है

31. ग्रीनविच किस देश में है?
(a) संयुक्त राज्य अमेरिका
(b) यूनाइटेड किंगडम
(c) हॉलैण्ड
(d) भारत

32. वह महाद्वीप जिसका दक्षिणी छोर अण्टार्कटिका के सबसे नजदीक है–
(a) दक्षिणी अमेरिका
(b) अफ्रीका
(c) ऑस्ट्रेलिया
(d) एशिया

33. पूर्ण सूर्यग्रहण केवल कुछ ही भौगोलिक क्षेत्र में दिखाई देता है, क्योंकि–
(a) सूग्र के चारों ओर पृथ्वी के घूर्णनपथ और चन्द्रमा द्वारा पृथ्वी के घूर्णनपथ में भिन्नता
(b) चन्द्रमा की छाया पृथ्वी पर पड़ने से
(c) पृथ्वी सतह के चिपटे भाग से प्रकाश किरणों का उन्नयन व अवनमन
(d) चन्द्रमा तथा पृथ्वी दोनों का विभिन्न कोणीय सतह से झुकी होना

34. भूतल के किसी बिन्दु से गुजरने वाली मध्याह्न रेखा तथा प्रधान मध्याह्न रेखा के मध्य की कोणीय दूरी को उक्त बिन्दु कहते हैं–
(a) देशांतर
(b) अक्षांश
(c) उन्नतांश
(d) इनमें से कोई नहीं।

35. ग्रीनविच पर समय मध्याह्न के 12 बजे हैं, 50° पूर्व देशान्तर पर स्थित एक जगह पर समय क्या होगा?
(a) प्रातः 8.40
(b) सायं 3.20
(c) प्रातः 5.00
(d) मध्यरात्रि 12.00

36. वातावरण की परत, जो रेडियो तरंगों को वापस पृथ्वी पर परावर्तित करती है–
(a) समताप मंडल (b) क्षोभ सीमा
(c) आयन मंडल (d) क्षोभ मंडल

37. नीचे से ऊपर की ओर बढ़ने पर वायुमण्डल में स्तरों का अनुक्रम क्या है?
(a) स्ट्रेटोस्फेयर, ट्रोपोस्फेयर, आयनोस्फेयर और एक्सोस्फेयर
(b) एक्सोस्फेयर, आयनोस्फेयर, ट्रोपोस्फेयर और स्ट्रेटोस्फेयर
(c) ट्रोपोस्फेयर, स्ट्रेटोस्फेयर, आयनोस्फेयर और एक्सोस्फेयर
(d) ट्रोपोस्फेयर, मैग्नेटोस्फेयर, स्ट्रेटोस्फेयर और एक्सोस्फेयर

38. आइसोक्रोन वे रेखाएं है, जो ऐसे स्थलों को जोड़ती हैं, जो समान है–
(a) एक बिन्दु से यात्रा-काल
(b) वर्षा
(c) माध्य समुद्र स्तर से ऊँचाई
(d) कोहरा

39. यदि दो स्थानों के बीच समय में अंतर 2 घंटे 20 मिनट का है, तो देशान्तर में अन्तर होगा?
(a) 45° (b) 30°
(c) 40° (d) 35°

40. मानचित्र पर बनायी गयी वे रेखाएँ जो समुद्र से बराबर ऊँचाई वाले स्थानों को मिलाती हैं, क्या कहलाती हैं?
    (a) आइसोबार्स
    (b) कन्टूर्स
    (c) आइसोथर्म्स
    (d) आइसोटोप्स

41. मंगल ग्रह का रंग होता है–
    (a) लाल
    (b) पीला
    (c) हरा
    (d) नीला

42. टुण्ड्रा प्रकार की जलवायु का दूसरा नाम क्या है?
    (a) आर्द्र न्यूनतापीय
    (b) शुष्क मध्यतापीय
    (c) आर्द्र मध्यतापीय
    (d) ध्रुवीय जलवायु

43. अन्तर्राष्ट्रीय दिनांक रेखा कहाँ से होकर गुजरती है?
    (a) 0° ग्रीनविच
    (b) 180° ग्रीनविच
    (c) 90° ग्रीनविच
    (d) 270° ग्रीनविच

44. ओजोन परत किस स्तर में पाया जाता है?
    (a) 50 से 500 किमी०
    (b) 30 से 50 किमी०
    (c) 11 से 30 किमी०
    (d) इनमें से कोई नहीं।

45. सबसे छोटे मार्ग द्वारा यात्रा करने का आयोजन करने वाले व्यक्ति को अनुसरण करना चाहिए।
    (a) हवाओं का
    (b) नदियों का
    (c) अक्षांशों का
    (d) देशान्तरों का

46. अन्तर्राष्ट्रीय तिथि रेखा वह रेखा है, जहाँ–
    (a) स्थानीय समय एक घण्टे के अन्तराल में बढ़ जाता है।
    (b) सभी अन्य मध्याह्नों से पूर्व की ओर तथा पश्चिम की ओर 180° फैल जाती है।
    (c) तिथि ठीक एक दिन परिवर्तित होती है, जब इसे पार किया जाता है।
    (d) b तथा c दोनों

47. निम्नांकित में से कौन-सी ऊँचाई भूस्थिर उपग्रहों की है?
    (a) 1000 किमी०
    (b) 10000 किमी०
    (c) 36000 किमी०
    (d) 72000 किमी०

48. सूर्य में नाभिकीय ईंधन है–
    (a) हीलियम
    (b) यूरेनियम
    (c) हाइड्रोजन
    (d) अल्फाकण

49. शनि के रिंग्स की खोज का श्रेय किसे है?
    (a) केप्लर
    (b) कोपरनिकस
    (c) गैलिलियो
    (d) न्यूटन

50. भू-पृष्ठ से परावर्तित अवरक्त विकिरण के अवशोषण द्वारा भू-वायुमंडल के तापमान में वृद्धि की प्रक्रिया को क्या कहते हैं?
    (a) सुनामी
    (b) सौर तापमान
    (c) ग्रीन हाउस प्रभाव
    (d) भूकंपी प्रभाव

51. खगोलीय एकक है–
    (a) सूर्य के केन्द्र से पृथ्वी के केन्द्र तक की माध्य दूरी
    (b) सूर्य की सतह से पृथ्वी की सतह तक की माध्य दूरी
    (c) सूर्य से पृथ्वी तक की अधिकतम दूरी
    (d) सूर्य से पृथ्वी तक की न्यूनतम दूरी

52. समस्त पृथ्वी पर से दो तारीखें जब रात और दिन समान अवधि के होते हैं, कहलाती है–
    (a) इक्वीनॉक्लेज
    (b) ओरोग्स
    (c) आइसोबार्स
    (d) इक्वेटोस्मिलस

53. किन दो तिथियों पर दिन और रात बराबर होते हैं?
(a) 23 मार्च और 21 सितम्बर
(b) 21 मार्च और 23 सितम्बर
(c) 1 मार्च और 30 सितम्बर
(d) 1 सितम्बर और 23 मार्च

54. चन्द्रमा को पृथ्वी के चारों ओर एक बार घूमने में निकटतम समय लगता है–
(a) 12 घंटे (b) 365 दिन
(c) 28 दिन (d) 24 घंटे

55. सूर्य तथा पृथ्वी के बीच न्यूनतम दूरी कब घटित होती है?
(a) 22 दिसंबर को
(b) 21 जून को
(c) 22 सितंबर को
(d) 3 जनवरी को

56. एक प्रकाशवर्ष इससे सर्वाधिक समीप है–
(a) 10^8 मीटर (b) 10^{12} मीटर
(c) 10^{16} मीटर (d) 3 जनवरी को

57. सूर्य के परिप्रेक्ष्य में चन्द्रमा का परिक्रमण काल है–
(a) एक सौर महीने के बराबर
(b) एक नक्षत्र महीने के बराबर
(c) एक संयुति महीने के बराबर
(d) इनमें से कोई नहीं

58. जब पृथ्वी सूर्य से अधिकतम दूरी पर पहुंचती है, तो इसे जाना जाता है–
(a) संक्रान्ति के रूप में
(b) ग्रहण के रूप में
(c) विषुव के रूप में
(d) नक्षत्र के रूप में

59. सूर्य की किरणें अनुलम्बत: गिरती हैं–
(a) आयन मंडल पर
(b) विषुवत प्रशान्त मंडल पर
(c) ध्रुवों पर
(d) भूमध्य रेखा पर

60. धूमकेतु की पूँछ हमेशा सूर्य से दूर रहती है–
(a) प्रतिकर्षण बल के कारण
(b) अपकेन्द्री बल के कारण
(c) सौर विकिरण एवं सौर पवन के कारण
(d) किसी अज्ञात कारण से

61. ओजोन महत्त्वपूर्ण है, क्योंकि वह खतरनाक .... को अवशोषित कर लेते हैं–
(a) लघु तरंगी विकिरण
(b) पराबैंगनी विकिरण
(c) दृश्य प्रकाश विकिरण
(d) उपरोक्त में से कोई नहीं

62. वातावरण में कौन-सी गैस पराबैंगनी किरणों का अवशोषण करती है?
(a) मीथेन (b) नाइट्रोजन
(c) ओजोन (d) हीलियम

63. सबसे अधिक ओजोन कहाँ पाया जाता है?
(a) क्षोभ मंडल (b) ओजोन मंडल
(c) समताप मंडल (d) बहिर्मण्डल

64. 'बादल' किस मण्डल में अवतरित होता है?
(a) आयन मण्डल (b) क्षोभ मण्डल
(c) समताप मण्डल (d) ओजोन

65. पक्षाभ मेघ का अर्थ है–
(a) निम्न मेघ
(b) वर्षा मेघ
(c) उच्च मेघ
(d) ओलावृष्टि लाने वाला मेघ

66. पूर्ण सूर्यग्रहण का अधिकतम समय है–
(a) 600 सेकंड (b) 500 सेकंड
(c) 460 सेकंड (d) 250 सेकंड

67. एक तारा जो नीला दिखायी देता है, वह–
(a) चन्द्रमा से अधिक ठण्डा है
(b) सूर्य से अधिक गर्म है
(c) सूर्य जितना गर्म है
(d) सूर्य की अपेक्षाकृत ठण्डा है

68. हरा प्रकाश छोड़ने वाला ग्रह कौन-सा है?
(a) बृहस्पति (b) शुक्र
(c) यूरेनस (d) नेपच्यून

69. ग्रह अपनी विभिन्न धुरियों पर गतिशील रहते हैं–
(a) सूर्य से अपनी धुरी पर परिक्रमण द्वारा
(b) गुरुत्वाकर्षण के अभिकेन्द्री बल द्वारा
(c) बृहत् आकार तथा गोलकार आकृति द्वारा
(d) अपने परिक्रमण तथा घनत्व द्वारा

70. चन्द्रग्रहण .... पर घटित होता है–
(a) अमावस के दिन
(b) पूर्णिमा के दिन
(c) अर्धचन्द्र के दिन
(d) a और b दोनों

71. ग्रह सूर्य के चारों ओर घूमते हैं, इसका कारण है–
(a) चुम्बकीय बल
(b) स्थिर विद्युत बल
(c) गुरुत्वाकर्षण बल
(d) विद्युत चुम्बकीय बल

72. सूर्य के पश्चात् पृथ्वी के सर्वाधिक निकटतम तारे से पृथ्वी पर प्रकाश कितने समय में पहुँचता है?
(a) 4.3 सेकंड में (b) 4.3 मिनट में
(c) 43 मिनट में (d) 4.2 वर्ष में

73. वह बिन्दु जिस पर एक वस्तु सूर्य के चारों ओर दीर्घवृत्ताकार रूप में यात्रा करती हुई सूर्य के समीप आ जाती है?
(a) एपोगी (b) पेरीगी
(c) परीहेलियन (d) उपहेलियन

74. वे कौन से ग्रह हैं, जिनके चारों ओर परिक्रमा करने वाले उपग्रह नहीं है?
(a) मंगल और शुक्र
(b) बुध और शुक्र
(c) मंगल और बुध
(d) नेप्च्यून और प्लूटो

75. 'टाइटन' किस ग्रह का उपग्रह है?
(a) मंगल (b) बृहस्पति
(c) शनि (d) यूरेनस

76. पार्थिव ग्रह कौन-कौन से हैं?
(a) बुध, शुक्र, पृथ्वी
(b) बुध, शुक्र, पृथ्वी, मंगल
(c) बुध, शुक्र, मंगल
(d) बुध, शुक्र, मंगल, पृथ्वी, बृहस्पति

77. निम्नलिखित में कौन-सा ग्रह पूर्व से पश्चिम, पश्चगामी दिशा में सूर्य की परिक्रमा करता है?
(a) पृथ्वी (b) बुध
(c) शुक्र (d) बृहस्पति

78. किसी कक्षा से उपग्रहों का छोटा हिस्सा अलग होता है, तो –
(a) सीधे पृथ्वी पर गिरेगा
(b) सर्पिल गति से पहुँचेगा
(c) अंतरिक्ष में घूमता रहेगा
(d) पृथ्वी से दूर होगा

79. दक्षिणी ध्रुव वृत्त है–
(a) $63\frac{1}{3}$ N (b) $63\frac{1}{2}$ N
(c) $56\frac{1}{3}$ N (d) $66\frac{1}{2}$ N

80. समान दाब वाले स्थान को मिलाने वाली रेखा को क्या कहते हैं?
(a) समभार रेखा (b) समोच्च रेखा
(c) समदाब रेखा (d) समताप रेखा

81. 'ओरिअन' नक्षत्र का भारतीय नाम क्या है?
(a) ब्याध (b) मृगा
(c) कार्तिक (d) a और b दोनों

82. पृथ्वी का विषुवतीय व्यास लगभग कितना है?
(a) 12,700 किमी०
(b) 12,750 किमी०
(c) 12,650 किमी०
(d) 12,600 किमी०

83. पृथ्वी की आयु ज्ञात की जा सकती है–
(a) यूरेनियम काल निर्धारण द्वारा
(b) कार्बन काल निर्धारण द्वारा
(c) परमाण्विक घड़ियों द्वारा
(d) जैव घड़ियों द्वारा

84. पृथ्वी को उसके काल्पनिक अक्ष पर घूमने को क्या कहते हैं?
(a) परिभ्रमण
(b) कक्षा
(c) घूर्णन
(d) इनमें से कोई नहीं

85. उच्च दाब उपोष्णीय शान्त पट्टियों जिन्हें 'अश्व अक्षांश' के नाम से जाना जाता है, किसके मध्य में हैं?
(a) 0° एवं 15° के
(b) 20° एवं 25° के
(c) 30° एवं 35° के
(d) इनमें से कोई नहीं

86. यदि भारत में सुबह के 11 बज रहे हैं, तो लंदन (ग्रीनविच) में कितने बजे होंगे?
(a) 4.30 सुबह (b) 5.30 सुबह
(c) 4.30 शाम (d) 5.30 शाम

87. पृथ्वी की घूर्णन गति उच्चतम होती है–
(a) उत्तर ध्रुव के साथ
(b) मकर रेखा के साथ
(c) उत्तर ध्रुव वृत्त के साथ
(d) भूमध्य रेखा के साथ

88. पृथ्वी की अपनी कक्षा में गति है–
(a) पश्चिम से पूर्व
(b) पूर्व से पश्चिम
(c) उत्तर से दक्षिण
(d) दक्षिण से उत्तर

89. पृथ्वी पर दो स्थानों की स्थिति के अनुदैर्ध्य का अन्तर 15° है, उनके स्थानीय समय में कितना अन्तर होगा?
(a) कोई अन्तर नहीं
(b) 1 घण्टा
(c) 2 घण्टे
(d) 15 घण्टे

90. पृथ्वी तथा सूर्य के मध्य सर्वाधिक दूरी किसके दौरान होती है?
(a) उत्तर अयनांत (b) दक्षिण अयनांत
(c) अपसौर (d) उपसौर

91. ऋतुएँ निम्नलिखित के कारण होती हैं–
(a) पृथ्वी घूर्णन करती है
(b) सूर्य के चारों ओर पृथ्वी का परिक्रमण
(c) पृथ्वी का अक्ष 66½ से अयनांत है
(d) उपर्युक्त b और c दोनों

92. पृथ्वी की सतह से नीचे द्रवीभूत शैल कहलाता है–
(a) बेसाल्ट
(b) छत्रक शैल (लेकोलिथ)
(c) लावा
(d) शैलमूल (मैग्मा)

93. पृथ्वी (ग्लोब) का अक्ष इसके समतल के लम्ब से कितना झुका होगा?
(a) 23½°
(b) 66½°
(c) 180°
(d) यह झुका नहीं होता

94. पृथ्वी अपने अक्ष पर झुकी हुई है, यह अपने अक्ष तल पर कितने अंश से झुकी हुई है?
(a) 23½° (b) 45°
(c) 66½° (d) 90°

95. पृथ्वी का ध्रुवीय व्यास उसके विषुवतीय व्यास से कितना कम है?
(a) 25 किमी० (b) 80 किमी०
(c) 43 किमी० (d) 30 किमी०

96. सितम्बर को .... मनाया जाता है–
(a) ग्रीष्म सक्रांति (b) शरद विषुव
(c) बसंत विषुव (d) शीत क्रांति

97. दिसम्बर 23 को सूर्य .... के ठीक ऊपर होता है। इसमें उत्तरी शीतोष्ण कटिबंध में शीत ऋतु होती है।
(a) भूमध्य रेखा
(b) कर्क रेखा
(c) मकर रेखा
(d) इनमें से कोई नहीं

98. पृथ्वी के भूपर्पटी में कौन-सा तत्त्व प्रचुर मात्रा में पाया जाता है?
(a) कैल्शियम (b) ऐलुमिनियम
(c) लोहा (d) पोटैशियम

99. निम्नलिखित धातु युग्मों में से कौन-सा युग्म पृथ्वी के आन्तरिक क्रोड को बनाता है?
(a) क्रोमियम एवं लोहा
(b) मैग्नीशियम एवं सीसा
(c) लोहा एवं ताँबा
(d) निकल एवं लोहा

100. पृथ्वी के भू-पृष्ठीय स्तर को इस नाम से भी पुकारते हैं–
(a) सियाल (b) सिमा
(c) मोहो (d) निफे

101. स्थानीय अमरीकी द्वारा भारतीय लोगों को क्या नाम दिया गया है?
(a) बुशमैन (b) एनपाईन
(c) अमेरिन्डस (d) मैस्टिजोज

102. पृथ्वी के क्रस्ट के भीतर की हलचल का अध्ययन किसमें किया जाता है?
(a) जियोडेसी
(b) जियोलॉजी
(c) प्लेट टेक्टोनिक्स
(d) सीस्मोलॉजी

103. अलबाट्रास क्या है?
(a) प्रशांत महासागर में एक द्वीप
(b) उत्तर प्रशांत का एक समुद्री पक्षी
(c) दक्षिण अफ्रीका में पाई जाने वाली मछली का एक प्रकार
(d) इनमें से कोई नहीं

104. कौन-सा घटक है, जो वायुमंडलीय परिवर्तन में भूमिका निभाता है?
(a) CO_2, जलवाष्प
(b) जलवाष्प, धूलकण
(c) तूफान
(d) धूप, आँधी, धूलकण

105. दो विशाल भू-भाग को जोड़ने वाली भूमि की छोटी पट्टी ...... कहलाती है–
(a) भू-संधि (b) जलसंयोजी
(c) द्वीपसमूह (d) प्रायद्वीप

106. यदि पृथ्वी से वायुमण्डल हटा दिया जाये तो–
(a) दिन बड़ा हो जायेगा
(b) रात बड़ी हो जायेगी
(c) दोनों अपरिवर्तित रहेगा
(d) दोनों असमान रहेगा

107. देशान्तरीय याम्योत्तर है–
(a) समानान्तर अर्द्धवृत्त
(b) मुख्य याम्योत्तर से किसी स्थान की कोणीय दूरी
(c) संसार के नक्शे को निर्देशित करती हुई खड़ी रेखा
(d) वृत्त

108. यदि एक स्थान पर 23 सितम्बर को सूर्य दिगंशकोटि के साथ 35° का कोण बनाता है, तो उक्त स्थल का अक्षांश क्या है?

(a) 55° उत्तर (b) 35° दक्षिण

(c) 55° दक्षिण (d) 32½° उत्तर

109. अगर 150° पश्चिमी देशांतर पर शाम के 4 बजे हैं, तो 150° पूर्वी देशान्तर पर क्या समय होगा?

(a) सायं 8, रविवार

(b) प्रात: 4, मंगलवार

(c) सायं 4, मंगलवार

(d) दोपहर 12, मंगलवार

110. आई० एस० टी० एवं जी० एम० टी० के बीच समयों का अन्तर है–

(a) 5½ घंटे (b) 8½ घंटे

(c) 12½ घंटे (d) 9 घंटे

111. निम्नलिखित में से किसने पहली बार कहा कि 'पृथ्वी गोल' है?

(a) आरिस्टोत्ल

(b) कॉपरनिकस

(c) केपलर

(d) इनमें से कोई नहीं

112. 49वीं पैरेलल किन दो देशों के बीच की सीमा है?

(a) उत्तर कोरिया और दक्षिण कोरिया

(b) यू० एस० ए० और कनाडा

(c) उत्तर और दक्षिण वियतनाम

(d) थाईलैंड और म्यांमार

113. निम्नलिखित में से किसे 'आइलैण्ड ऑफ प्रेसिपिटेशन' कहते हैं?

(a) फॉल्ट माउन्टेन्स

(b) फोल्ड माउन्टेन्स

(c) डोम माउन्टेन्स

(d) ब्लैक माउन्टेन्स

114. टुंड्रा प्रदेश का महत्त्वपूर्ण क्रियाकलाप है–

(a) मत्स्य उद्योग (b) पशुपालन

(c) शिकार करना (d) कृषि

115. यदि ग्रीनविच में 6.00 a.m. है, तो 11. 00 a.m. कहाँ होंगे?

(a) 90°E पर (b) 75°E पर

(c) 60°E पर (d) 15°W पर

116. एक दिन बढ़ जाता है, यदि कोई पार करे–

(a) विषुवत रेखा के उत्तर से दक्षिण

(b) 180° देशान्तर पश्चिम से पूरब

(c) 180° देशान्तर पूरब से पश्चिम

(d) विषुवत रेखा के दक्षिण से उत्तर

117. जब एक जहाज दिनांक रेखा को पश्चिम से पूरब की ओर पार करता है–

(a) उसे एक दिन की हानि होती है

(b) उसे एक दिन का लाभ होता है

(c) उसे आधे दिन की हानि होती है

(d) उसे आधे दिन का लाभ होता है

118. विषुवत पर एक दिन की अवधि–

(a) 10 घंटे की होती है

(b) 12 घंटे की होती है

(c) 14 घंटे की होती है

(d) 16 घंटे की होती है

119. पृथ्वी की धुरी है–

(a) झुकी हुई (b) ऊर्ध्वाधर

(c) क्षैतिज (d) वक्रीय

120. निम्नलिखित में से कौन-सा एक जलडमरुमध्य अन्तर्राष्ट्रीय तिथि रेखा के सर्वाधिक निकट है?

(a) मलक्का जलडमरुमध्य

(b) बोरिंग जलडमरुमध्य

(c) डोवर जलडमरुमध्य

(d) जिब्राल्टर जलडमरुमध्य

121. पृथ्वी से दिखने वाली चन्द्रमा की सतह उसकी कुल सतह का कितने प्रतिशत है?
    (a) 33 प्रतिशत (b) 59 प्रतिशत
    (c) 45 प्रतिशत (d) 70 प्रतिश

123. किसी स्थान का अक्षांश इसके .... का सूचक होता है–
    (a) समय (b) वर्षा की मात्रा
    (c) ऊँचाई (d) तापक्रम

124. सूर्य तथा पृथ्वी के बीच न्यूनतम दूरी कब होती है?
    (a) 22 दिसम्बर (b) 21 जून
    (c) 22 सितम्बर (d) 3 जनवरी

125. 'मंदारिन' का अर्थ क्या नहीं होता है?
    (a) यह चीन के शहर का नाम है
    (b) यह चीन की एक भाषा है
    (c) यह चीन की एक जनजाति है
    (d) विश्व में सबसे अधिक बोली जाने वाली भाषा है

126. 'सिग्सबी द्वीप' किस खाड़ी में अवस्थित है?
    (a) हडसन की खाड़ी
    (b) अरब की खाड़ी
    (c) मैक्सिको की खाड़ी
    (d) सेंट लारेंस की खाड़ी

127. जिम्बाब्वे को पहले जाना जाता था–
    (a) रोडेशिया (b) माली
    (c) नामीबिया (d) जन्जीबार

128. अफ्रीकी देश 'घाना' का पुराना नाम क्या था?
    (a) आबसीनिया (b) कांगो
    (c) गोल्ड कोस्ट (d) टंगानिका

129. कांगो प्रजातांत्रिक गणतंत्र का प्रारम्भिक नाम था–
    (a) घाना (b) रोडेशिया
    (c) तंजानिया (d) जायरे

130. बाल्टोरो ग्लेशियर कहाँ है?
    (a) बालतिस्तान में (b) हिमाचल में
    (c) तमिलनाडु में (d) उत्तराखण्ड में

131. सबसे छोटा महाद्वीप है–
    (a) यूरोप
    (b) ऑस्ट्रेलिया
    (c) अंटार्कटिक
    (d) दक्षिणी अमेरिका

132. निम्नलिखित में से कौन-सा विश्व का सबसे बड़ा महाद्वीप है?
    (a) दक्षिण अमरीका
    (b) अफ्रीका
    (c) एशिया
    (d) यूरोप

133. एशिया का क्षेत्रफल .... मिलियन वर्ग किलोमीटर है–
    (a) 60 (b) 65
    (c) 50 (d) 44

134. अफ्रीका के पूर्वी तट पर तंजानिया के पास समुद्र में कौन-सा स्थित है?
    (a) मालदीव (b) मॉरीशस
    (c) सेसेल्स (d) जंजीबार

135. डियागो-गर्शिआ एक छोटा द्वीप है यह निम्नलिखित में से किस महासागर में स्थित है?
    (a) प्रशान्त महासागर
    (b) हिन्द महासागर
    (c) बंगाल की खाड़ी
    (d) अटलांटिक महासागर

136. विश्व के सबसे बड़े द्वीप समूह इण्डोनेशिया में लगभग कितने द्वीप हैं?
    (a) 2000
    (b) 4000
    (c) 3000
    (d) उपरोक्त में से कोई नहीं

137. इनमें से कौन सही है?
(a) 30° से 45° उत्तरी एवं दक्षिणी अक्षांशों के बीच का क्षेत्र उपोष्ण कटिबंध है
(b) 30° उत्तरी और दक्षिणी अक्षांशों के बीच में पछुआ पवन चलती है
(c) 5° उत्तरी और दक्षिणी अक्षांशों के क्षेत्र में सर्वाधिक लवणता पायी जाती है
(d) 35° से 40° दक्षिण अक्षांशों के क्षेत्र को 'गरजता चालीसा' के उपनाम से जाना जाता है

138. 'सुण्डा गर्त' अवस्थित है–
(a) प्रशान्त महासागर में
(b) हिन्द महासागर में
(c) अटलांटिक महासागर में
(d) आर्कटिक महासागर में

139. रिक्टर स्केल का प्रयोग किसको मापने में किया जाता है?
(a) समुद्र की गहराई
(b) समुद्र की दिशा
(c) भूकंप के झटके
(d) इनमें से कोई नहीं

140. मीकांग नदी कहाँ नहीं बहती है?
(a) कम्बोडिया (b) इण्डोनेशिया
(c) सिंगापुर (d) चीन

141. जॉर्डन और इजराइल के मध्य कौन-सा सागर है?
(a) लाल सागर (b) कैस्पियन सागर
(c) मृत सागर (d) काला सागर

142. बाल्टिक समुद्र को उत्तरी समुद्र से मिलाने वाली नहर है–
(a) कील नहर
(b) स्वेज नहर
(c) पनामा नहर
(d) इनमें से कोई नहीं

143. मंगोलन जलडमरुमध्य स्थित है–
(a) प्रशांत एवं दक्षिण अटलांटिक महासागर के बीच
(b) अफ्रीका के दक्षिणी छोर पर
(c) चीन और जापान के बीच
(d) दक्षिणी अमेरिका के दक्षिणी छोर पर

144. निम्न में से कौन-सा देश भूमि से घिरा हुआ नहीं है?
(a) जिम्बाब्वे (b) पैरागुवे
(c) बोल्विया (d) कैमरून

145. सबसे लम्बी नदी है–
(a) अमेजन
(b) गंगा
(c) नील
(d) मिसौरी-मिसीसिपी

146. प्रसिद्ध करीबा बाँध किस नदी पर स्थित है?
(a) नील (b) नाइजर
(c) जाम्बेजी (d) अमेजन

147. विश्व की सबसे चौड़ी नदी है–
(a) मिसीसिपी
(b) अमेजन
(c) नील
(d) उपर्युक्त में से कोई नहीं

148. एशिया की सबसे लम्बी नदी कौन-सी है?
(a) गंगा (b) यांगटिसीक्यांग
(c) ह्वांग-हो (d) ब्रह्मपुत्र

149. निम्नलिखित में से किस देश में से यूकेटस व टिगरिस नदियाँ बहती हैं?
(a) ईरान (b) जॉर्डन
(c) कुवैत (d) इराक

150. 'नियाग्रा प्रपात' है–
(a) यू० के० में (b) अफ्रीका में
(c) ऑस्ट्रेलिया में (d) यू०एस०ए० में

151. सबसे बड़ा नदी का मुहाना है–
(a) ओब नदी का मुहाना
(b) गंगा नदी का मुहाना
(c) अमेजन नदी का मुहाना
(d) नील नदी का मुहाना

152. 'बोयोमा' जलप्रात किस नदी पर बनता है?
(a) जायरे (b) लुआलाबा
(c) जाम्बेजी (d) नील

153. पेरिस किस नदी के किनारे स्थित है?
(a) सीन (b) टेम्स
(c) सेट लारेंस (d) राइन

154. किस नदी को 'चीन का दु:ख' कहा जाता है?
(a) यांग-त-से (b) ह्वांग-हो
(c) साल्वीन (d) आमुर

155. विश्व का सबसे ऊँचा जलप्रपात कौन-सा है?
(a) किंग जॉर्ज–VI (b) रिब्बन
(c) एंजिल (d) नियाग्रा

156. हडसन नदी के किनारे निम्नलिखित में से कौन शहर बसा है?
(a) न्यूयॉर्क
(b) संयुक्त राज्य अमेरिका
(c) ब्रिटेन (d) फ्रांस

157. अन्तर्राष्ट्रीय तिथि रेखा होकर गुजरती है–
(a) अटलांटिक महासागर
(b) हिन्द महासागर
(c) प्रशान्त महासागर
(d) आर्कटिक महासागर

158. निम्न में से कौन-सा महासागर उत्तरी अमेरिका को स्पर्श नहीं करता है?
(a) अटलांटिक महासागर
(b) हिन्द महासागर
(c) प्रशान्त महासागर
(d) आर्कटिक महासागर

159. उस सागर का नाम बताइए जिसकी सीमा तीन महाद्वीपों को छूती है–
(a) भूमध्य सागर
(b) लाल सागर
(c) कैस्पियन सागर
(d) कैरेबिनयन सागर

160. पनामा नहर किसको जोड़ती है?
(a) अटलांटिक महासागर-प्रशान्त महासागर
(b) उत्तरी सागर-अटलांटिक महासागर
(c) अटलांटिक महासागर-भूमध्य महासागर
(d) लाल सागर हिन्द महासागर

161. जब समुद्र से ध्रुव की ओर बढ़ते हैं, तो लवणता पर क्या प्रभाव पड़ता है?
(a) घटता है
(b) बढ़ता है
(c) पहले घटता है फिर बढ़ता है
(d) इनमें से कोई नहीं

162. समुद्र में ज्वार-भाटा आने का कारण है–
(a) पृथ्वी की आन्तरिक हलचल
(b) समुद्र में भूकम्पीय ज्वालामुखी
(c) सूर्य एवं चन्द्रमा की आकर्षण शक्ति
(d) पृथ्वी का चुम्बकीय गुरुत्वाकर्षण बल

163. निम्न में से किसे 'प्रशान्त महासागर का चौराहा' के उपनाम से जाना जाता है?
(a) फिजी (b) हवाई द्वीप
(c) टोंगा (d) तिमोर द्वीप

164. 'तूफानों का सागर' नाम किसे प्रदान किया गया है?
(a) अटलांटिक महासागर को
(b) प्रशांत महासागर को
(c) चन्द्रमा के तल पर जलविहीन क्षेत्र को
(d) इनमें से किसी को भी नहीं

165. विश्व की सबसे गहरी झील कौन-सी है?
(a) कैस्पियन सागर
(b) बैकाल झील
(c) टिटिकाका झील
(d) ब्राटस्क झील

166. मेरियाना खाई क्या है?
(a) विश्व की सबसे बड़ी खाड़ी
(b) अमरीका का एक शहर
(c) महासागर का सबसे गहरा भाग
(d) तीनों में कोई नहीं

167. हिमानी (ग्लेशियर) बर्फ का एक विशाल पिण्ड है, जो–
(a) पानी में तैरता है
(b) धीरे-धीरे भू-स्थल पर बढ़ता है
(c) आर्कटिक महासागर में पाया जाता है
(d) हिमालय पर्वत श्रेणी के शीर्ष स्थलों पर छाया रहता है

168. निम्नलिखित में से किसमें एक भूमध्य सागरीय तरह की जलवायु है?
(a) फिलीपींस
(b) उत्तरी ऑस्ट्रेलिया
(c) दक्षिण-पूर्वी ऑस्ट्रेलिया
(d) इनमें से कोई नहीं

169. एशिया में अन्तरपर्वतीय पठार कौन-सा है?
(a) दक्कन (b) मालवा
(c) तिब्बत (d) घोलाकार

170. सबसे लवणीय सागर है–
(a) अरब सागर (b) भूमध्य सागर
(c) लाल सागर (d) मृत सागर

171. सेशेल्स कहाँ स्थित है?
(a) प्रशान्त महासागर में
(b) हिन्द महासागर में
(c) अटलांटिक महासागर में
(d) भूमध्यसागर में

172. ज्वारभित्ति (Tidal bord) क्या है?
(a) भूकंप सम्बन्धी गतिविधियों से उपजा ज्वार तरंग
(b) तटीय प्रदेशों में बालू का जमाव
(c) उच्च ज्वारीय स्तर पर पोलिप का बनना
(d) नदी के मुहाने पर उर्ध्व प्रवाह में चलने वाली उच्च ज्वारीय तरंग

173. लाल सागर एवं भूमध्य सागर को जोड़ने वाली नहर का नाम बताइए–
(a) कील नहर
(b) पनामा
(c) स्वेज नहर
(d) इनमें से कोई नहीं

174. मृत सागर कहाँ स्थित है?
(a) इजराइल और जॉर्डन के बीच
(b) मोरक्को और स्पेन के बीच
(c) इराक और ईरान के बीच
(d) उज्बेकिस्तान और कजाकिस्तान के बीच

175. किस महासागर में 'केप कोमोरीन' स्थित है?
(a) प्रशान्त महासागर
(b) हिन्द महासागर
(c) अटलांटिक महासागर
(d) आर्कटिक महासागर

176. तिब्बती लोग किसे 'चोमोलुंगा' अथवा 'देवी माता' कहते हैं?
(a) नंदा देवी (b) माउंट एवरेस्ट
(c) कंचनजंगा (d) वैष्णो देवी

177. पहाड़ की ऊँचाई से बर्फ पिघलने के पिण्ड को कहते हैं–
(a) आइसबर्ग (b) ग्लेशियर
(c) हिमपात (d) हिमांक

178. शिन्टोइज्म एक धर्म है, जो किस देश के लोगों द्वारा मनाया जाता है?
(a) जापान
(b) चीन
(c) मंगोलिया
(d) इनमें से कोई नहीं

179. सारगैसो अवस्थित है–
(a) उत्तर अटलांटिक महासागर में
(b) दक्षिण अटलांटिक महासागर में
(c) दक्षिण प्रशांत महासागर में
(d) उत्तर प्रशांत महासागर में

180. 'मध्यरात्रि का सूर्य' घटना है–
(a) अण्टार्कटिक वृत्त की
(b) आर्कटिक वृत्त के उत्तरी भाग की
(c) पूरे आर्कटिक वृत्त की
(d) इनमें से कोई नहीं

181. एशिया महाद्वीप का सबसे बड़ा द्वीप है–
(a) इण्डोनेशिया (b) बोर्निओ
(c) श्रीलंका (d) बर्मा

182. अन्तोलिया पठार स्थित है–
(a) मध्य एशिया में
(b) दक्षिणी एशिया में
(c) पश्चिमी एशिया में
(d) पूर्वी एशिया में

183. 'फोटोपेक्सी' कहाँ स्थित है?
(a) इक्वाडोर
(b) जापान
(c) दक्षिण अफ्रीका
(d) कनाडा

184. विश्व की सबसे लम्बी पर्वत श्रृंखला कौन-सी है?
(a) हिमालय (b) आल्पस
(c) ऐण्डीज (d) रॉकी

185. कौन-सी पर्वत श्रृंखला विश्व में सबसे बड़ी है?
(a) हिमालय (b) एण्डीज
(c) काकेसस (d) अलास्का

186. हवाई जहाज प्रायः .... में उड़ते हैं–
(a) क्षोभ मण्डल (b) समताप मंडल
(c) मध्य मंडल (d) बाहरी मंडल

187. एवरेस्ट किस देश में है?
(a) नेपाल (b) भारत
(c) तिब्बत (d) म्यांमार

188. आर्किपेलगो का आशय क्या है?
(a) पठार (b) द्वीप
(c) झील (d) पर्वत

189. विश्व का सबसे बड़ा नदी द्वीप माजुली असम के किस जिले में स्थित है?
(a) जोरहट (b) डिब्रूगढ़
(c) थेमात्री (d) तिनसुकिया

190. लक्षद्वीप नामक द्वीप निम्नलिखित किस स्थान पर स्थित है?
(a) अरब सागर
(b) बंगाल की खाड़ी
(c) हिन्द महासागर
(d) इनमें से कोई नहीं

191. यूरोप में आल्पस, उत्तरी अमरीका में रॉकीज, दक्षिण अमरीका में एण्डीज किसके उदाहरण है?
(a) वलित पर्वत
(b) ब्लॉक पर्वत
(c) विच्छेदित पर्वत
(d) ज्वालामुखी पर्वत

192. भूकम्पी तरंगें रिकार्ड की जाती है–
(a) बैरोग्राफ पर (b) हाइड्रोग्राफ पर
(c) सीस्मोग्राफ पर (d) पैन्टोग्राफ पर

193. हिमपात तब होता है, जब–
(a) जल की नन्हीं बूँदें जमकर धरातल पर गिरती हैं
(b) वर्षा की बूँदें जब हवा में ऊपर ले जायी जाती हैं
(c) वायु का ओसांक, हिमांक से नीचे आ जाता है
(d) वायु बहुत आर्द्र हो तथा यह आर्द्रता संवहन के कारण बढ़ती जाती है

194. 'मिटीरियोलॉजी' अध्ययन है–
(a) उल्का व उल्का पिण्डों का
(b) जलवायु का
(c) मौसम का
(d) लम्बाई को मापने का

195. आइसोहायट रेखा नक्शे में किसे युग्मक बिन्दु हैं?
(a) सम वर्षा (b) सम दाब
(c) सम तापमान (d) सम ऊँचाई

196. रेगिस्तान में बादल अवक्षेप होकर क्यों नहीं बरसते है?
(a) हवा की द्रुतगति
(b) कम दबाव
(c) कम तापमान
(d) कम आर्द्रता

197. नमी किस उपकरण से मापी जाती है?
(a) आर्द्रतामापी (b) जलमापी
(c) गैलवेनामापी (d) तापमापी

198. वायु-प्रवाह के बीच में पर्वतों के आ जाने से जो वर्षा होती है, उसे क्या कहते हैं?
(a) पर्वतीय वर्षा (b) चक्रवातीय वर्षा
(c) संवहनीय वर्षा (d) अभिवहन वर्षा

199. निम्न में से किसे प्रकृति का सुरक्षा 'वाल्व' कहा जाता है?
(a) भूकंप (b) ज्वालामुखी
(c) ओजोन गैस (d) नदियाँ

200. गल्फ स्ट्रीम उत्पन्न होती है–
(a) चक्रवात से
(b) तापक्रम से
(c) महासागरीय दबाव से
(d) जल स्तर में विभिन्नता से

201. विषुव प्रशान्त मण्डल एक क्षेत्र है–
(a) निम्न तापक्रम का
(b) निम्न वृष्टिपात का
(c) निम्न दाब का
(d) निम्न आर्द्रता का

202. अधिकेन्द्र शब्द किससे सम्बन्धित है?
(a) भूकम्प
(b) तूफान
(c) चक्रवात
(d) पृथ्वी का आन्तरिक भाग

203. रिफ्ट घाटी निम्नलिखित में से किसका परिणाम है?
(a) भूकम्प (b) वलन
(c) अपरदन (d) ये सभी

204. मुख्यत: निम्न गैस ग्लोबल वार्मिंग के लिए जिम्मेदार है–
(a) कार्बन डाईऑक्साइड
(b) कार्बन मोनोक्साइड
(c) नाइट्रस ऑक्साइड
(d) नाइट्रोजन परऑक्साइड

205. टॉरनेडो निम्नलिखित से मेल खाता है–
(a) चक्रवात
(b) बड़े मानसून का अचानक आ जाना
(c) मानसूनी विचि
(d) प्रतिचक्रवात

206. सुनामी है–
(a) चक्रवात (b) प्रतिचक्रवात
(c) भूकंप (d) अतिवृष्टि

207. टाइफून नामक चक्रवात से निम्नलिखित में से कौन-सा क्षेत्र प्रभावित होता है?
(a) ऑस्ट्रेलिया
(b) पश्चिमी द्वीप समूह क्षेत्र
(c) चीन सागर
(d) उपयुक्त सभी

208. ब्लीजार्ड की विशेषता है–
(a) भूमध्य रेखीय (b) उष्ण कटिबंधीय
(c) अंटार्कटिक (d) शीतोष्ण

209. मानसून हवाएँ हैं–
(a) स्थायी पवन
(b) मौसमी पवन
(c) स्थानीय पवन
(d) इनमें से कोई नहीं

210. भूमध्यरेखा के चतुर्दिक अश्व आक्षांश से डोलड्रम की ओर बहने वाली हवाएं कही जाती है?
(a) व्यापारिक हवाएँ
(b) पछुआ हवाएँ
(c) जेट प्रवाह
(d) पुरवा हवाएँ

211. मानसून का कारण है–
(a) हवाओं का मौसमी उत्क्रमण
(b) पृथ्वी का परिक्रमण
(c) बादलों की गति
(d) तापमान में वृद्धि

212. मौसम परिवर्तन के साथ दिशा के विपरीत बहती हुई हवा है–
(a) आंचलिक हवा
(b) ध्रुवीय हवा
(c) मानसून हवा
(d) चक्रीय हवा

213. फेरेल का सिद्धान्त किससे सम्बन्धित है?
(a) पवन की दिशा में
(b) पवन के वेग से
(c) लहरों की तीव्रता से
(d) इनमें से कोई नहीं

214. प्रातःकाल काफी मात्रा में ओस बनने का कारण–
(a) साफ आसमान और तेज हवाएँ
(b) साफ आसमान और शांत हवाएँ
(c) बादल और तेज हवाएँ
(d) बादल और शांत हवाएँ

215. दक्षिण-पश्चिम मानसून का समय क्या है?
(a) मध्य जनवरी-मध्य फरवरी
(b) मार्च-मध्य अप्रैल
(c) दिसम्बर-मार्च
(d) मध्य जून-सितंबर

216. निम्न में से कौन-सी स्थायी पवनों का उदाहरण है?
(a) मानसून
(b) घाटी एवं पर्वत समीर
(c) व्यापारिक पवन
(d) सागरीय एवं स्थल समीर

217. किस देश में सबसे अधिक पारा का उत्पादन होता है?
(a) यू०एस०ए० (b) कनाडा
(c) इटली (d) स्पेन

218. दक्षिण अफ्रीका में किम्बरले शहर किसके लिए प्रसिद्ध है?
(a) सोने की खानें
(b) लौह अयस्क की खानें
(c) अभ्रक की खानें
(d) हीरे की खानें

219. विश्व में चाय का सबसे बड़ा उत्पादक है–
(a) श्रीलंका (b) चीन
(c) भारत (d) पाकिस्तान

220. निम्नलिखित में से कौन-से क्षेत्र की मुख्य फसल चावल है?
(a) विषुवतरेखीय
(b) स्टेपी
(c) उष्णकटिबंधीय मानसूनी
(d) भूमध्य सागरीय

221. सबसे ज्यादा एस्बेस्टस कहाँ पाया जाता है?
(a) रूस
(b) कनाडा
(c) ऑस्ट्रेलिया
(d) इनमें से कोई नहीं

222. 'पिग्मी' जनजाति कहाँ से जुड़ी है?
(a) एशिया (b) यूरोप
(c) अफ्रीका (d) अमेरिका

223. एनू जनजाति कहाँ पायी जाती है?
(a) ईरान (b) जापान
(c) अफगानिस्तान (d) पाकिस्तान

224. माओरी जनजाति कहाँ पाये जाते हैं?
(a) अटलांटिक महासागर के तटीय क्षेत्र
(b) कोलम्बिया
(c) न्यूजीलैंड
(d) उत्तरी चीन

225. डोगर बैंक प्रदर्शित करते हैं–
(a) यू०एस०ए० में अयस्क खदानें
(b) रूस के तेल क्षेत्र
(c) इंग्लैण्ड तथा डेनमार्क के मध्य मत्स्य क्षेत्र
(d) उस बैंक को जहाँ यू०एस०ए० की बुलियन रिजर्व निधि रखी जाती है

226. एशिया की विशाल नदी मेकांग निम्नलिखित देशों में से किसमें नहीं बहती है?
(a) चीन (b) मलेशिया
(c) कम्बोडिया (d) लाओस

227. निम्नलिखित देशों में से किसके साथ लाटविया की सीमाएँ नहीं मिलती हैं?
(a) रूस (b) एस्टोनिया
(c) लिथुआनिया (d) पोलैण्ड

228. उत्तर से दक्षिण की ओर जाते हुए नीचे दिये गये पाकिस्तानी नगरों का सही अनुक्रम क्या है?
(a) इस्लामाबाद-गुजरांवाला-पेशावर-मुल्तान
(b) पेशावर-इस्लामाबाद-गुजरांवाला-मुल्तान
(c) पेशावर-गुजरांवाला-मुल्तान-इस्लामाबाद
(d) इस्लामाबाद-मुल्तान-पेशावर-गुजरांवाला

229. निम्नलिखित में से किस एक संयत्र के लिए सतारा प्रसिद्ध है?
(a) ऊष्मा विद्युत संयन्त्र
(b) पवन ऊर्जा संयन्त्र
(c) जल-विद्युत ऊर्जा संयन्त्र
(d) नाभिकीय विद्युत संयन्त्र

230. सार्वजनिक सीमित कम्पनी के स्वामित्व वाला भारत का सार्वजनिक विमानपत्तन निम्नलिखित में से कौन-सा है?
(a) डबोलिन विमानपत्तन, गोवा
(b) कोचीन विमानपत्तन
(c) हैदराबाद विमानपत्तन
(d) बंगलौर विमानपत्तन

231. निम्नलिखित में से कौन-सा एक जैवमंडल आरक्षित क्षेत्र नहीं है?
(a) अगस्तमलई (b) नल्लामलई
(c) नीलगिरि (d) पंचमढ़ी

232. विश्व वन्यजीव कोष का प्रतीक है–
(a) ध्रुवीय भालू (b) सफेद भालू
(c) लाल पाण्डा (d) चीता

233. अपने परिक्रमा पथ में पृथ्वी लगभग किस माध्य वेग से सूर्य का चक्कर लगाती है?
(a) 30 किमी०/से (b) 20 किमी०/से
(c) 50 किमी०/से (d) 40 किमी०/से

234. निम्नलिखित देशों में से किसमें तमिल एक प्रमुख भाषा है?
(a) म्यांमार (b) इंडोनेशिया
(c) सिंगापुर (d) मारीशस

235. म्यामांर की प्रस्तावित नई प्रशासनिक राजधानी कौन-सी है?
(a) बेसीन (b) माण्डेल
(c) मितकीना (d) पिनमाना

236. विश्व की सबसे बड़ी प्रवाल भित्ति निम्नलिखित देशों में से किस देश के तट के निकट पायी जाती है?
(a) ऑस्ट्रेलिया (b) क्यूबा
(c) घाना (d) फिलीपीन्स

237. निम्नलिखित जलडमरूमध्यों में से किस एक में से निकली हुई सुरंग यूनाइटेड किंगडम और फ्रांस को जोड़ती है?
(a) डेविस जलडमरूमध्य
(b) डेनमार्क जलडमरूमध्य
(c) डोवर जलडमरूमध्य
(d) जिब्राल्टर जलडमरूमध्य

238. सूर्य और पृथ्वी के बीच औसत दूरी कितनी है?

(a) 70×15^5 किमी०

(b) 100×10^5 किमी०

(c) 110×10^6 किमी०

(d) 150×10^6 किमी०

239. निम्नलिखित में से कौन-सा एक जलडमरूमध्य अन्तर तिथि रेखा के सर्वाधिक निकट है?

(a) मलक्का जलडमरूमध्य

(b) बेरिंग जलडमरूमध्य

(c) फ्लोरिडा जलडमरूमध्य

(d) जिब्राल्टर का जलडमरूमध्य

240. निम्नलिखित में से किस एक में माल्टा अवस्थित है?

(a) भूमध्य सागर (b) बाल्टिक सागर

(c) काला सागर (d) उत्तरी सागर

241. जनसंख्या के घटते हुए क्रम में चीन और भारत के बाद कौन-से दो देश आते हैं?

(a) ब्राजील और संयुक्त राज्य अमेरिका

(b) संयुक्त राज्य अमेरिका और इण्डोनेशिया

(c) कनाडा और मलेशिया

(d) रूस और नाइजीरिया

242. निम्नलिखित नगरों में से कौन-सा नगर भूमध्य रेखा के सर्वाधिक निकट है?

(a) कोलम्बो (b) जकार्ता

(c) मनीला (d) सिंगापुर

243. निम्नलिखित में से किस देश में विश्व की बृहत्तम पशुधन समष्टि है?

(a) ब्राजील

(b) चीन

(c) भारत

(d) संयुक्त राज्य अमेरिका

244. सूर्य से दूरी के क्रम में निम्नलिखित में से कौन-से दो ग्रह, मंगल और यूरेनस के बीच है?

(a) पृथ्वी और मंगल

(b) शनि और पृथ्वी

(c) बृहस्पति और शनि

(d) शनि और वरूण

245. अफ्रीका की कौन-सी मकर रेखा को दो बार काटती है?

(a) कांगो (b) लिम्पोपो

(c) नाइजर (d) जैम्बेजी

246. निम्नलिखित देशों में से कौन-सा देश खनिज तेल का निर्यातक एवं आयातक दोनों है?

(a) चीन (b) रूस

(c) यू० के० (d) यू०एस०ए०

247. निम्नलिखित में से कौन-सा देश जनसंख्या के आधार पर विश्व का सबसे बड़ा इस्लामिक राष्ट्र है?

(a) बांग्लादेश (b) मिस्र

(c) इण्डोनेशिया (d) पाकिस्तान

248. वायुमण्डल में कार्बन-डाइऑक्साइड का प्रतिशत बढ़ जाने पर निम्नलिखित में से क्या घटित नहीं होगा?

(a) पृथ्वी गर्म हो जायेगी

(b) ध्रुवों पर बर्फ पिघल जायेगा

(c) समुद्र तट घट जायेगी

(d) वायु ताप पिघल जायेगा

249. अंग्रेजों द्वारा सर्वप्रथम कहवा बागान लगाये गये थे–

(a) चिकमंगलूर जनपद में

(b) दुर्ग जनपद में

(c) नीलगिरि जनपद में

(d) बायनाड जनपद में

250. निम्नलिखित में से कौन-सा स्थल अवरूद्ध देश नहीं है?

(a) अफगानिस्तान (b) लाइबेरिया

(c) लाओस (d) लक्जेम्बर्ग

251. दक्षिण अमेरिका का चौड़ा वृक्ष रहित घास का मैदान कहलाता है–
(a) सेल्वा (b) पम्पास
(c) प्रेयसी (d) स्टेपीज

252. निम्नलिखित में से कौन-सी दक्षिण अटलांटिक महासागर की शीतल धारा है?
(a) कैनेरी धारा (b) ब्राजील धारा
(c) अंगुलहास धारा (d) वैंग्युला धारा

253. संयुक्त राज्य अमरीका में निम्नलिखित में से किस क्षेत्र को 'टारनैडो ऐली' कहा जाता है?
(a) अटलांटिक समुद्रतट
(b) प्रशान्त तट
(c) मिसीसिपी मैदान
(d) अलास्का

254. निम्नलिखित में से कौन-सा सुमेलित नहीं है?
(a) चिनूक-संयुक्त राज्य अमेरिका
(b) सिरॉको-सिसिली
(c) बिलजर्ड-चिली
(d) नार्वेस्टर्स-भारत

255. 'मृतक घाटी' जानी जाती है, इसकी–
(a) अत्यधिक उष्णता के लिए
(b) अत्यधिक ठंड के लिए
(c) असामान्य गहराई के लिए
(d) अत्यधिक लवणता के लिए

256. मौनालोआ एक सक्रिय ज्वालामुखी है–
(a) अलास्का का (b) हवाई का
(c) इटली का (d) जापान का

257. कर्करेखा नहीं गुजरती है–
(a) मिस्र से (b) भारत से
(c) ईरान से (d) म्यांमार से

258. निम्नलिखित में से कौन घुमक्कड़ चरवाहे नहीं है?
(a) पिग्मी (b) कजाक
(c) मसाई (d) लैप

259. आज संसार में सर्वाधिक नगरीकृत देश है–
(a) जर्मनी
(b) जापान
(c) सिंगापुर
(d) संयुक्त राज्य अमेरिका

260. दस डिग्री चैनल पृथक् करता है–
(a) अण्डमान को निकोबार द्वीप से
(b) अण्डमान को म्यांमार से
(c) भारत को श्रीलंका से
(d) लक्षद्वीप को मालदीव से

261. निम्नलिखित में से कौन सुमेलित नहीं है?
(a) चिनूक-संयुक्त राज्य अमेरिका
(b) बूरन-सहारा
(c) बिलीजार्ड-चिली
(d) सामूम-ईरान

262. मानव-जनित पर्यावरणीय प्रदूषण कहलाते हैं–
(a) परजैविक (b) प्रतिजैविक
(c) ह्यूमेलिन (d) एनल्जेसिक

263. विश्व की हरित गृह गैसों में भारत का अधिभाग है–
(a) 1% (b) 2%
(c) 3% (d) 5%

264. वायुमंडल में ओजोन परत–
(a) वर्षा करती है
(b) प्रदूषण उत्पन्न करती है
(c) पराबैंगनी विकिरण से पृथ्वी पर जीवन की रक्षा करती है
(d) वायुमण्डल में ऑक्सीजन उत्पन्न करती है

265. क्षेत्रफल और आयतन के आधार पर विश्व की सबसे बड़ी झील है–
(a) अरब सागर (b) कैस्पियन सागर
(c) बैकाल झील (d) मिशीगन झील

266. विश्व के दो सबसे छोटे महाद्वीप हैं–
(a) ऑस्ट्रेलिया और अंटार्कटिका
(b) अंटार्कटिका और यूरोप
(c) ऑस्ट्रेलिया और यूरोप
(d) ऑस्ट्रेलिया और दक्षिण अमरीका

267. मानवीय जनसंख्या के श्रेष्ठतर जीवनयापन के लिए निम्न में से कौन-सा कदम सर्वाधिक महत्त्वपूर्ण है?
(a) वनरोपण
(b) खनन कार्य पर रोक
(c) वन्य जंतुओं का संरक्षण
(d) प्राकृतिक संसाधन के प्रयोग को कम करना

268. विश्व के सबसे अधिक जनसंख्या वाले दस देशों में, एशिया में है–
(a) 3 (b) 4
(c) 5 (d) 6

269. जनसंख्या वृद्धि का सर्वाधिक प्रतिशत जिस महाद्वीप के देशों में देखा गया है, वह है–
(a) अफ्रीका (b) एशिया
(c) लैटिन अमरीका (d) ओशनिया

270. दक्षिण एशिया का सबसे घना बसा देश है–
(a) बांग्लादेश (b) भारत
(c) मालदीव (d) श्रीलंका

271. निम्नांकित में कौन-सा देश दक्षिण एशिया का सर्वाधिक नगरीकृत देश है?
(a) भूटान (b) भारत
(c) पाकिस्तान (d) श्रीलंका

272. विश्व के वन्य जीव भारत में पाये जाते हैं–
(a) 5 प्रतिशत (b) 2 प्रतिशत
(c) 6 प्रतिशत (d) 4 प्रतिशत

273. सेतुसमुद्रम परियोजना, जिन्हें जोड़ती है, वे हैं–
(a) पाक खाड़ी और पाक जल संधि
(b) पाक खाड़ी और बंगाल की खाड़ी
(c) कुमारी अनतरीप और मन्नार की खाड़ी
(d) मन्नार की खाड़ी और पाक खाड़ी

274. जी-8 राष्ट्रों के समूह में सम्मिलित हैं–
(a) ब्रिटेन, चीन, जर्मनी एवं जापान
(b) ब्रिटेन, फ्रांस, चीन एवं रूस
(c) ब्रिटेन, जापान, दक्षिण अफ्रीका एवं यू०एस०ए०
(d) ब्रिटेन, कनाडा, जर्मनी एवं इटली

275. सौरमण्डल में क्षुद्र ग्रह छोटे खगोलीय पिण्ड हैं, जो जिन ग्रहों के मध्य पाये जाते हैं, वे हैं–
(a) बुध और शुक्र
(b) बृहस्पति और शनि
(c) मंगल और बृहस्पति
(d) वरुण और शनि

276. सदाबहार वर्षा वन पाये जाते हैं?
(a) ऑस्ट्रेलिया में (b) ब्राजील में
(c) कनाडा में (d) फ्रांस में

277. विश्व में पहला परमाणु बिजलीघर कहाँ स्थापित किया गया था?
(a) ब्रिटेन में (b) जर्मनी में
(c) रूस में (d) यू०एस०ए० में

278. विश्व जनसंख्या दिवस मनाया जाता है–
(a) 8 मई को
(b) 7 जून को
(c) 11 जुलाई को
(d) 15 सितम्बर को

279. निम्नलिखित भाषाओं में 'सुनामी' शब्द किस भाषा से सम्बन्धित है?
(a) अरबी (b) जापानी
(c) हिब्रू (d) लैटिन

280. शून्य अंश अक्षांश तथा शून्य अंश देशान्तर अवस्थित है–
(a) अटलांटिक महासागर में
(b) आर्कटिक महासागर में
(c) हिन्द महासागर में
(d) प्रशान्त महासागर में

281. संचार उपग्रह वायुमण्डल के किस स्तर में स्थापित किये जाते हैं?
(a) बर्हिमण्डल में
(b) समताप मण्डल में
(c) आयन मण्डल में
(d) क्षोभ मण्डल में

282. निम्नांकित में से कौन-सा विश्व का सबसे बड़ा पोताश्रय है?
(a) लन्दन (b) कोलम्बो
(c) रॉडरडाम (d) न्यूयार्क

283. अन्तर्राष्ट्रीय स्तर पर 'मेसाबी रेंज' जिस उत्पाद के लिए जाना जाता है, वह है–
(a) ताँबा (b) सोना
(c) लौह अयस्क (d) यूरेनियम

284. निम्नलिखित में से कौन 'धूम्र नगर' के नाम से जाना जाता है?
(a) कोलकाता (b) शिकागो
(c) लन्दन (d) लैन झाऊ

285. आलप्स पर्वत श्रेणी निम्नलिखित में से किस देश का हिस्सा नहीं है?
(a) फ्रांस (b) जर्मनी
(c) ऑस्ट्रिया (d) इंग्लैण्ड

286. एंडीज पर्वत श्रेणी निम्नलिखित में से किस महाद्वीप में स्थित है?
(a) ऑस्ट्रेलिया
(b) यूरोप
(c) दक्षिण अमरीका
(d) एशिया

287. मैक्सिको देश स्थित है–
(a) दक्षिण अमरीका महाद्वीप में
(b) उत्तर अमरीका महाद्वीप में
(c) अफ्रीका महाद्वीप में
(d) यूरोप महाद्वीप में

288. पृथ्वी के अन्दर पिघले पदार्थ को कहते हैं–
(a) लावा
(b) बैसाल्ट
(c) ऑब्सीडियन
(d) इनमें से कोई नहीं

289. निम्नलिखित में से अलास्का किस देश का हिस्सा है?
(a) ग्रीनलैण्ड
(b) यू०एस०ए०
(c) कनाडा
(d) यूनाइटेड किंगडम

290. लावा के ठोस होने के फलस्वरूप पृथ्वी के अन्दर निर्मित चट्टानों को कहते हैं–
(a) प्लूटोनिक चट्टानें
(b) वाल्केनिक चट्टानें
(c) रूपान्तरित चट्टानें
(d) पर्तदार चट्टानें

291. निम्नलिखित में से कौन-सा रूपान्तरित चट्टानों का उदाहरण नहीं है?
(a) संगमरमर (b) क्वार्टजाइट
(c) स्लेट (d) ग्रेनाइट

292. हिमालय के हिमनदों के पिघलने की गति–
(a) सबसे कम है
(b) सबसे अधिक है
(c) विश्व के अन्य भागों में हिमनदों के समान है
(d) हिमालय के हिमनदों के पिघलने के विषय में सूचना उपलब्ध नहीं है

293. अपक्षय का विचार सम्बन्धित है–
 (a) पृथक् हुए पदार्थों का संग्रह
 (b) मौसम में दैनिक परिवर्तन
 (c) एक प्राकृतिक क्रिया जो चट्टानों को सूक्ष्म कणों में विभक्त करती है
 (d) इनमें से कोई नहीं

294. दुनिया में सर्वाधिक आण्विक खनिज उत्पादक देश निम्नलिखित में से कौन-सा है?
 (a) रूस (b) चीन
 (c) यू०एस०ए० (d) कनाडा

295. कोयला एक उदाहरण है–
 (a) आग्नेय शैलों का
 (b) रूपान्तरित शैलों का
 (c) परतदार चट्टानों का
 (d) उपर्युक्त सभी का

296. संगमरमर है–
 (a) पुनर्रवीकृत चूना पत्थर
 (b) एक आग्नेय शैल
 (c) बलुआ पत्थर
 (d) कार्बनिक पदार्थ से अकार्बनिक पदार्थ में परिवर्तित होने से निर्मित

297. एशिया के निम्नलिखित देशों में से किस देश में जन्म दर सबसे कम है?
 (a) नेपाल (b) भूटान
 (c) श्रीलंका (d) मालदीव

298. दक्षिण एशिया के निम्नलिखित में देशों में से क्षेत्रफल की दृष्टि से कौन सबसे छोटा है?
 (a) मालदीव (b) भूटान
 (c) श्रीलंका (d) बांग्लादेश

299. किस नगर को निषिद्ध नगर कहा जाता है?
 (a) शंघाई (b) सेन फ्रांसिस्को
 (c) न्यूयॉर्क (d) ल्हासा

300. यलो स्टोन नेशनल पार्क स्थित है–
 (a) मैक्सिको में
 (b) दक्षिण अफ्रीका में
 (c) यू०एस०ए० में
 (d) कनाडा में

301. विश्व पर्यावरण दिवस निम्नलिखित में से किस तारीख को मनाया जाता है?
 (a) 5 जून (b) 2 अक्टूबर
 (c) 10 नवम्बर (d) 19 नवम्बर

302. ऐण्ड्रागोगी क्या है?
 (a) प्रौढ़ शिक्षा का दूसरा नाम
 (b) कृषि विज्ञान में फसल बोने की एक पद्धति
 (c) एक जंगली पौधा
 (d) बाल अपराधी

303. रिंग ऑफ फायर सम्बद्ध है–
 1. भूकम्प से
 2. ज्वालामुखी से
 3. प्रशान्त महासागर से
 4. जंगल की आग से
 अपना उत्तर नीचे दिये गये कूट की सहायता से चुनिए–
 कूट:
 (a) 1, 2 और 3 (b) 2 और 3
 (c) 2 और 4 (d) 1, 2, 3 और 4

304. निम्नलिखित को आकार के अनुसार घटते हुए क्रम में लगाइए तथा नीचे दिये गये कूट से सही उत्तर चुनिए–
 1. बृहस्पति 2. यूरेनस
 3. पृथ्वी 4. शनि
 (a) 1, 4, 3, 2 (b) 4, 1, 2, 3
 (c) 1, 4, 2, 3 (d) 4, 1, 3, 2

305. ओजोन छिद्र का निर्माण सर्वाधिक है–
(a) भारत के ऊपर
(b) अफ्रीका के ऊपर
(c) अंटार्कटिका के ऊपर
(d) यूरोप के ऊपर

306. निम्नलिखित में से कौन-सा विकल्प अन्य तीन से भिन्न है?
(a) हेमेटाइट (b) मैग्नेटाइट
(c) लिमोनाइट (d) बॉक्साइट

307. अणु शक्ति से नहीं सम्बन्धित खनिज को पहचानिए–
(a) क्रोनियम (b) थोरियम
(c) बेरीलियम (d) मोनोजाइट

308. गोवी मरूस्थल किस देश में स्थित है?
(a) मैक्सिको (b) सोमालिया
(c) मिस्र (d) मंगोलिया

309. सूची-I को सूची-II से कूट के आधार पर सुमेलित कीजिए-

सूची-I	**सूची-II**
A. ध्रुवतारा	1. गुरुत्वाकर्षण
B. पृथ्वी	2. ध्वनि
C. ग्रीनलैण्ड	3. आर्कटिक महासागर
D. विस्फोट	4. उत्तर

कूट :	**A**	**B**	**C**	**D**
(a)	4	3	1	2
(b)	4	1	2	3
(c)	4	2	3	1
(d)	4	1	3	2

310. 38वीं समान्तर सीमा रेखा निम्नलिखित में से किन दो देशों को विभाजित करती है?
(a) पोलैण्ड और जर्मनी
(b) पाकिस्तान और अफगानिस्तान
(c) भारत और तिब्बत
(d) उत्तरी-कोरिया एवं दक्षिण कोरिया

311. निम्नलिखित में से कौन-सी जोड़ी सुमेलित नहीं है?
(a) चिली-सेंटियागो
(b) अर्जेन्टीना-ब्यूनसआयर्स
(c) उत्तर कोरिया-सिओल
(d) इथियोपिया-अदिस अबाबा

312. विश्व की सबसे ऊँची चोटियाँ किस प्रकार के पर्वतों में पायी जाती है?
(a) प्राचीन मोड़दार पर्वत
(b) नवीन मोड़दार पर्वत
(c) अवशिष्ट पर्वत
(d) ब्लॉक पर्वत

313. पृथ्वी परिभ्रमण करती हुई प्रति मिनट करीब-करीब कितनी दूरी तय कर लेती है?
(a) 28 किमी० (b) 59 किमी०
(c) 69 किमी० (d) 79 किमी०

314. विश्व का कौन-सा देश मुलायम लकड़ी एवं लकड़ी की लुग्दी का सबसे बड़ा उत्पादक एवं निर्यातक है?
(a) यू०एस०ए० (b) नार्वे
(c) स्वीडन (d) कनाडा

315. अफ्रीका की मूलभूत जनजाति 'पिग्मी' किस नदी घाटी में पायी जाती है?
(a) नाइजर (b) कांगो
(c) नील (d) जम्बेजी

316. विश्व के विशालतम स्वर्ण क्षेत्र दक्षिण अफ्रीका की निम्नलिखित में से कौन-सी पर्वत श्रेणियों में अवस्थित हैं?
(a) रोगे वेल्डबर्ग (b) ग्रूट स्वार्टबर्ग
(c) विटवाटर्सरैण्ड (d) ड्रैकेन्सबर्ग

317. विश्व के 80 प्रतिशत सक्रिय ज्वालामुखी निम्नलिखित में से किन पेटियों में पाये जाते हैं?
1. अन्ध महासागरीय पेटी
2. मध्य-महाद्वीपीय पेटी
3. परि-प्रशान्त पेटी

4. हिन्द महासागरीय पेटी
(a) 2 और 3 (b) 1 और 3
(c) 3 और 4 (d) 1 और 2

318. निम्नलिखित में से कौन-से प्रमुख समूह में हमें विश्व की दो-तिहाई जनसंख्या का मधुमक्खी छत्ते की भाँति संकेन्द्रण देखने को मिलता है?
(a) पूर्वोत्तर संयुक्त राज्य अमेरिका
(b) मध्य यूरोप
(c) दक्षिण एवं पूर्व एशिया
(d) पश्चिमी यूरोप

319. इजराइल की उभयनिष्ठ सीमाएँ हैं–
(a) लेबनान, सीरिया, जॉर्डन तथा मिस्र के साथ
(b) लेबनान, सीरिया, टर्की तथा जॉर्डन के साथ
(c) लेबनान, टर्की, जॉर्डन तथा मिस्र के साथ
(d) लेबनान, सीरिया, इराक, तथा मिस्र के साथ

320. यूरोप की एक पर्वत शृंखला है–
(a) आल्पस (b) हिमालय
(c) एण्डीज (d) रॉकी

321. दक्षिणी गोलार्द्ध में सबसे बड़ा दिन है–
(a) 22 जून (b) 22 दिसम्बर
(c) 21 मार्च (d) 22 सितम्बर

322. दक्षिण अमरीका की सबसे बड़ी नदी है–
(a) अमेजन (b) नील
(c) मिसीसिपी (d) गंगा

323. टाइफून नामक चक्रवात से निम्नलिखित में से कौन-सा क्षेत्र अधिक प्रभावित होता है?
(a) ऑस्ट्रेलिया (b) चीन सागर
(c) एशिया (d) अमेरिका

324. निम्नलिखित में से कौन-सी शीतल धारा है?
(a) वेनेजुएला (b) क्यूरोशिवो
(c) गेल्फ स्ट्रीम (d) ब्राजील

325. पॉडजोल क्या है?
(a) शुष्क प्रदेशों की मिट्टी
(b) कोणधारी वन प्रदेशों में पायी जाने वाली मिट्टी
(c) अत्यधिक उर्वर जलोढ़ मिट्टी
(d) उपरोक्त में से कोई नहीं

326. विश्व में सबसे अधिक कपास का उत्पादन कहाँ होता है?
(a) भारत (b) मिस्र
(c) अमेरिका (d) रूस

327. 'दक्षिण गंगोत्री' स्थित है–
(a) उत्तराखण्ड में (b) आर्कटिक में
(c) हिमालय में (d) अंटार्कटिका में

328. पृथ्वी तल की आयु लगभग कितनी पुरानी मानी जाती है?
(a) 300 बिलियन वर्ष
(b) 406 बिलियन वर्ष
(c) 150 बिलियन वर्ष
(d) 100 बिलियन वर्ष

329. तिब्बत के पठार की समुद्र तल से ऊँचाई है–
(a) 2 किमी॰ (b) 3 किमी॰
(c) 4 किमी॰ (d) 5 किमी॰

330. अपनति और अविनति सम्बन्धित है–
(a) मोड
(b) भ्रंश
(c) परिघटन
(d) मेमापोलियन कास्ट

331. एक विमान 30° उत्तरी अक्षांश, 50° पूर्वी देशान्तर से उड़ान भरता है और पृथ्वी पर विपरीत सिरे पर नीचे उतरता है। वह कहाँ उतरेगा?
    (a) 30° उत्तरी अक्षांश, 50° पश्चिमी देशान्तर
    (b) 30° दक्षिणी अक्षांश, 50° पूर्वी देशान्तर
    (c) 50° उत्तरी अक्षांश, 30° पश्चिमी देशान्तर
    (d) 30° दक्षिणी अक्षांश, 30° पश्चिमी देशान्तर

332. विली-विली है–
    (a) मानसूनी हवा
    (b) ऑस्ट्रेलिया में चलने वाला उष्ण कटिबंधीय चक्रवात
    (c) जनजाति
    (d) ठंडी धारा

333. विश्व में उपयोग में लायी जाने वाली प्रथम धातु थी–
    (a) ताँबा   (b) सोना
    (c) चाँदी   (d) लोहा

334. बेंगई क्या है?
    (a) पश्चिम एशिया की जनजाति
    (b) मध्य एशिया में बहने वाला तूफान
    (c) अमरीका में चलने वाला चक्रवात
    (d) व्यापारिक भवन

335. मोनोजाइट किसका अयस्क है?
    (a) जर्कोनियम   (b) थोरियम
    (c) टाइटेनियम   (d) लौह

336. अप्रत्यक्ष उच्च ज्वार उत्पन्न होने का कारण है–
    (a) चन्द्रमा का गुरुत्वाकर्षण बल
    (b) सूर्य का गुरुत्वाकर्षण बल
    (c) पृथ्वी का अपकेन्द्रीय बल
    (d) पृथ्वी का गुरुत्वाकर्षण बल

337. दिन-रात जिस कारण होते हैं, वह है–
    (a) भू-परिभ्रमण
    (b) भू-परिक्रमण
    (c) पृथ्वी के अक्ष के झुकाव
    (d) 91° पश्चिम

338. एक स्थान की जो सही अक्षांशीय स्थिति हो सकती है, वह है–
    (a) 91° उत्तर   (b) 45° पूर्व
    (c) 45° दक्षिण   (d) 91° पश्चिम

339. सूर्यग्रहण होता है–
    (a) प्रत्येक पूर्णिमा को
    (b) प्रत्येक अमावस्या को
    (c) सूर्य-पृथ्वी-चन्द्रमा के एक परिक्रमण काल तल पर आने से
    (d) सूर्य-पृथ्वी-चन्द्रमा के एक परिक्रमण पर नहीं आने से

340. जिस अक्षांश पर वार्षिक तापान्तर न्यूनतम होता है, वह है–
    (a) भूमध्य रेखा   (b) कर्क रेखा
    (c) मकर रेखा   (d) उत्तरी ध्रुव वृत्त

341. अगुलहास धारा चलती है–
    (a) प्रशान्त महासागर में
    (b) हिन्द महासागर में
    (c) उत्तरी अटलाण्टिक महासागर में
    (d) दक्षिणी अटलाण्टिक महासागर में

342. विश्व में केले का सबसे बड़ा उत्पादक देश है?
    (a) कोलम्बिया   (b) जिम्बाब्वे
    (c) मलेशिया   (d) भारत

343. किस वर्ष में सोवियत संघ रूस बना?
    (a) 1989 में   (b) 1990 में
    (c) 1991 में   (d) 1992 में

344. विश्व में दूसरी सबसे अधिक लोगों द्वारा बोली जाने वाली भाषा है–
(a) हिन्दी
(b) स्पेनिश
(c) अंग्रेजी
(d) चाइनीज, मेन्डारिन

345. निम्नलिखित में से कौन सुमेलित नहीं है?
(a) चापाकार डेल्टा-इरावदी
(b) पंजाकार डेल्टा-मिसीसिपी
(c) अग्रवर्धी डेल्टा-टाइवर
(d) पालयुक्त डेल्टा-सिन्धु

346. निम्नलिखित में से कौन सुमेलित है?
(a) डोलड्रम-5° उत्तर-दक्षिण अक्षांश तक
(b) पछुआ पवनें-30°-40° उत्तर-दक्षिण अक्षांश के मध्य
(c) ध्रुवीय पवनें-60°-70° उत्तर-दक्षिण अक्षांश के मध्य
(d) व्यापारिक पवनें-उत्तर-पश्चिम से दक्षिण-पूर्व

347. निम्नलिखित में से पृथ्वी की दैनिक गति से नहीं होती–
(a) दिन-रात का होना
(b) ज्वार-भाटे का होना
(c) स्थान की स्थिति का ज्ञान
(d) ऋतु परिवर्तन

348. यदि ग्रीनविच में दोपहर के 12 बजे हैं, तो न्यूयॉर्क में क्या समय होगा?
(a) 7.04 AM (b) 7.04 PM
(c) 6.00 PM (d) 4.56 AM

349. निम्नलिखित में से कौन-सी आग्नेय शैल नहीं है?
(a) ग्रेनाइट (b) डोलोमाइट
(c) लिग्नाइट (d) फैकोलिथ

350. महाद्वीप स्खलन का सिद्धान्त दिया–
(a) डेली ने (b) बेगनर ने
(c) जॉली ने (d) ग्रीन ने

351. किस ग्रह का अपने अक्ष पर झुकाव 0° है?
(a) शुक्र
(b) नेप्च्यून
(c) बृहस्पति
(d) उपर्युक्त में से कोई नहीं

352. ज्वालामुखी राख से बनी चट्टानों को क्या कहते हैं?
(a) टफ (b) लैकोलिथ
(c) सिलिसिक (d) स्लेट

353. केला और अन्नास मुख्यत: उगते हैं–
(a) पहाड़ी क्षेत्रों में
(b) मरुद्यानों में
(c) उष्ण कटिबंधीय क्षेत्रों में
(d) भूमध्यसागरीय क्षेत्रों में

354. प्रत्येक ज्वार के आने का समल अंतराल है–
(a) 12 घंटे 25 मिनट
(b) 24 घंटे 50 मिनट
(c) 12 घंटे
(d) 12 घंटे 26 मिनट

355. निम्नलिखित में से कौन सदाबहार वन में नहीं आता?
(a) शीशम
(b) तुन
(c) सागौन
(d) उपर्युक्त में से कोई नहीं

356. तापमान 10°C-26°C, वर्षा 25 सेमी से 75 सेमी, मिट्टी दोमट तथा खाद नाइट्रोजन एवं अमोनियम सल्फेट, यह विवरण किस फसल से सम्बन्धित है?
(a) गेहूँ (b) चावल
(c) कपास (d) गन्ना

357. इनमें से कौन-सी भोजन एकत्रित करने वाली जाति है?
(a) बुशमैन (b) पिग्मी
(c) मसाई (d) एस्किमो

358. 'पृथ्वी के परिभ्रमण के कारण पवनें उत्तरी गोलार्द्ध में बायीं ओर और दक्षिणी गोलार्द्ध में दायीं ओर मुड़ जाती हैं' नियम प्रतिपादित किया गया–
(a) फैरल द्वारा
(b) वाइजवैल्ट द्वारा
(c) कोरिओलिस द्वारा
(d) हैडले द्वारा

359. भूगर्भिक समय मापक्रम का सबसे प्राचीन खण्ड है–
(a) धारवाड़ प्रणाली
(b) आधकल्प शैल समूह
(c) कुडप्पा प्रणाली
(d) विन्ध्य प्रणाली

360. इक्वाडोर का चिम्बोरेजी ज्वालामुखी निम्न में से किस श्रेणी में आता है?
(a) शान्त
(b) सक्रिय
(c) प्रसुप्त
(d) उपर्युक्त में से कोई नहीं

361. निम्नलिखित में से कौन-सा कथन असत्य है?
(a) लौह अयस्क आग्नेय अथवा कायंतरित शैलों से मिलता है
(b) सामाजिक वानिकी तथा पर्यावरण केन्द्र इलाहाबाद में है
(c) मैंगनीज का प्रयोग तांबे की पूरक धातु के रूप में होता है
(d) किंकी औद्योगिक क्षेत्र जापान में स्थित है

362. आग्नेय शैल में निम्नलिखित कौन-से तत्त्व नहीं पाये जाते हैं?
(a) मैग्ना के ठण्डे होने के कारण बने हैं
(b) इसे परतदार चट्टान भी कहते हैं
(c) सिल और डाइक पाये जाते हैं
(d) ग्रेनाइट और बेसाल्ट आग्नेय शैल के उदाहरण हैं

363. निम्नलिखित में से कौन-सा कारक 'विषम जलवायु प्रकार' के लिए मुख्यत: उत्तरदायी है?
(a) धरातल से दूरी
(b) महासागरीय धाराएँ
(c) सागर से दूरी
(d) अक्षांश

364. लिग्नाइट किस प्रकार का कोयला है?
(a) उत्तर कोटि (b) सामान्य कोटि
(c) मध्यम कोटि (d) निम्न स्तर

365. गेहूँ किस जलवायु की फसल है?
(a) शील जलवायु
(b) शीतोष्ण जलवायु
(c) आर्द्र जलवायु
(d) शुष्क जलवायु

366. निम्नलिखित में से किस कटिबंध पर वर्ष में कम-से-कम एक बार दिन अथवा रात्रि की लम्बाई 24 घंटे की अवधि की होती है?
(a) शीत कटिबंध
(b) उष्ण कटिबंध
(c) शीतोष्ण कटिबंध
(d) इनमें से कोई नहीं

367. नाथू ला हिमालय में स्थित है, ला से अभिप्राय है–
(a) हिमनदी (b) दर्रा
(c) छोटी पहाड़ी (d) हिम दरार

368. स्टैलैक्टाइट स्थलाकृति का निर्माण होता है–
(a) भूमिगत जल द्वारा
(b) नदी द्वारा
(c) हिमानी द्वारा
(d) सागरीय लहरों द्वारा

369. निम्नलिखित में से कौन-सा कथन असत्य है?
(a) परत अपरदन में गहरी नालियाँ बनती है
(b) चीका मिट्टी में कण बहुत महीन होते हैं
(c) काली मिट्टी को रूसी भाषा में चरनोजम कहा जाता है
(d) ज्वालामुखी क्रिया से बनने वाली मिट्टी ज्वालामुखी मिट्टी कहलाती है

370. शिकार करने हेतु 'हारपून' नामक यंत्र का प्रयोग किसके द्वारा किया जाता है?
(a) बुशमैन (b) एस्किमो
(c) पिग्मी (d) किरगीज

371. संयुक्त राज्य अमेरिका और कनाडा में रॉकी पर्वत श्रेणी के पूर्वी ढाल के साथ चलने वाली शुष्क स्थानीय पवन है–
(a) फॉन (b) चिनूक
(c) सिरॉको (d) बोरा

372. मिनीमाता घटना जो पर्यावरण अवनयन का उदाहरण है निम्नलिखित में किस कारण से सम्बन्धित है?
(a) वायु प्रदूषण
(b) न्यूक्लीयर दुर्घटना
(c) तापीय प्रदूषण
(d) जल प्रदूषण

373. निम्नलिखित समूहों में से कौन-सी जनजातियाँ अपना जीवनयापन खाद्यान्न संग्रह तथा शिकार में करती है?
(a) बुशमैन, पिग्मी तथा एस्किमो
(b) मसाई, किरगीज तथा बोरो
(c) पिग्मी, एस्किमो तथा किरगीज
(d) बोरो, बुशमैन तथा मसाई

374. निश्चित सीमा व निश्चित दिशा में तीव्रगति से बहने वाली जलराशि को कहते हैं?
(a) अपवाह
(b) धारा
(c) विशाल धारा या प्रवाह
(d) जेट स्ट्रीम

375. निम्न वायुदाब केन्द्र कहलाता है–
(a) प्रतिचक्रवात (b) कुहरा
(c) चक्रवात (d) वाताग्र

376. कैरेबियन सागर में उत्पन्न होने वाले तूफान को कहते हैं–
(a) चक्रवात (b) हरीकेन
(c) टाइकून (d) चिनूक

377. फेरल का नियम सम्बन्धित है–
(a) वायु संचार से (b) रेलमार्ग से
(c) समुद्री मार्ग से (d) वर्षा से

378. किस प्रदेश में पूरे साल वर्षा होती है?
(a) भूमध्यसागरीय (b) विषुवतीय
(c) उष्णकटिबंधीय (d) शीतोष्ण

379. किसी नदी के खड़े पार्श्व वाली गहरी व संकीर्ण घाटी को कहते हैं?
(a) कगार (b) कटक
(c) भृगु (d) महाखड्ड

380. सहारा में प्रवाहित होने वाली गर्म-शुष्क पवन कहलाती है–
(a) सिरक्को (b) चिनूक
(c) फान (d) मिस्ट्रल

381. निम्नलिखित में से कौन-सा ज्वालामुखी मेक्सिको में स्थित है?
(a) सेमेरू (b) पुरासे
(c) कोलिना (d) इटना

382. जेट धाराएँ प्राय: कहाँ पायी जाती है?
(a) ओजोन मंडल में
(b) क्षोभ सीमा में
(c) मध्यमण्डल
(d) आयनमण्डल में

383. बंगाल की खाड़ी में बने चक्रवातों की सामान्य दिशा क्या होती है?
(a) उत्तर से पश्चिम
(b) पश्चिम से पूर्व
(c) पश्चिम से दक्षिण
(d) उत्तर से दक्षिण

384. अक्षांश, भूपृष्ठ पर भूमध्य रेखा के उत्तर या दक्षिण, एक बिन्दु की कोणीय दूरी है, जो–
(a) पृथ्वी के केन्द्र से मापी जाती है
(b) भूमध्य रेखा से मापी जाती है
(c) कर्क रेखा या मकर रेखा से मापी जाती है
(d) ध्रुवों से मापी जाती है

385. पृथ्वी पर सबसे उच्चतम तापक्रम रिकॉर्ड किये जाते हैं–
(a) भूमध्य रेखा पर
(b) 10° उत्तर अक्षांश पर
(c) 20° उत्तरी अक्षांश पर
(d) 25° उत्तरी अक्षांश पर

386. ग्रीष्म अयनान्त प्रतिवर्ष होता है–
(a) 23 सितम्बर को
(b) 21 मार्च को
(c) 4 जुलाई को
(d) 21 जून को

387. सूर्य से पृथ्वी की दूरी कितनी है?
(a) 107.7 मिलियन किमी०
(b) 142.7 मिलियन किमी०
(c) 146.6 मिलियन किमी०
(d) 149.6 मिलियन किमी०

388. निम्नलिखित में से किसे आप सामान्य रूप से 'टॉरनेडो' से सम्बद्ध करेंगे?
(a) यू०एस०ए०
(b) चीन सागर
(c) मेक्सिको की खाड़ी
(d) हिन्द महासागर

389. निम्नलिखित नदी घाटी परियोजनाओं में से किस एक का लाभ एक से अधिक राज्यों को प्राप्त होता है?
(a) चम्बल घाटी परियोजना
(b) शारावती परियोजना
(c) हीराकुड परियोजना
(d) मयूराक्षी परियोजना

390. निम्नलिखित अक्षांशों उत्तरी अथवा दक्षिणी में से किसे आप 'हॉर्स अक्षांश' से सम्बद्ध करेंगे?
(a) 45° (b) 23½°
(c) 30° (d) 60°

391. निम्नलिखित में से कौन 'रेजीड्यूल पर्वत' का उदाहरण है?
(a) हिमावली (b) किलीमंजारो
(c) एटना (d) अरावली

392. निम्नलिखित में से कौन एक शीतल धारा नहीं है?
(a) कैलिफोर्निया करेन्ट
(b) जापानी करेन्ट
(c) लैब्राडोर करेन्ट
(d) फॉकलैण्ड करेन्ट

393. समलवण रेखा एक काल्पनिक रेखा है, जो उन स्थानों को जोड़ती है, जहाँ समान–

(a) विकिरण होता है

(b) आतपन होता है

(c) लवणता होता है

(d) धूप होती है

394. पृथ्वी का 'अलबिडो' मुख्यतः प्रभावित होता है–

(a) मेघाच्छादन से

(b) वायुमण्डल में धूलकणों से

(c) वायुमण्डलीय परतों से

(d) पृथ्वी के धरातल की प्रकृति से

395. मौनालोआ एक सक्रिय ज्वालामुखी है–

(a) अलास्का का

(b) जापान का

(c) हवाई-द्वीप का

(d) फिलीपाइन्स का

396. क्यूरोशिवो जलधारा के फलस्वरूप उत्तरी प्रशांत महासागर में तापमान की बढ़त ज्यादा स्पष्ट होती है–

(a) गर्मी में (b) ठण्ड में

(c) शिशिर ऋतु (d) वसंत ऋतु

397. कौन-सा प्रदेश संसार का 'ब्रेड बास्केट' कहलाता है?

(a) शीतोष्ण घास का मैदान

(b) सवाना घास का मैदान

(c) भूमध्यसागरीय प्रदेश

(d) मध्यअक्षांशीय वन

398. 'इग्लू' घरों पर बर्फ की चादर कार्य करती है–

(a) ताप प्रवाहक का

(b) ताप परावर्तक का

(c) ताप के सुचालक का

(d) ताप के कुचालक का

399. निम्नांकित में से कौन-सा एक देश 'हॉर्न ऑफ अफ्रीका' में स्थित है?

(a) तंजानिया (b) इथोपिया

(c) इजिप्ट (d) सूडान

400. माया सभ्यता का विकास हुआ था–

(a) मध्य अमरीका में

(b) एण्डियन अमरीका में

(c) नील नदी की घाटी में

(d) गंगा नदी की घाटी में

401. निम्नलिखित में से कौन-सी प्रक्रिया ओजोन निर्माण से सम्बन्धित है–

(a) प्रकाश रासयनिक प्रक्रिया

(b) प्रकाश संश्लेषण प्रक्रिया

(c) रसायन संश्लेषण प्रक्रिया

(d) हाइड्रोलिसिस प्रक्रिया

402. निम्नलिखित में से किसे 'विश्व का फेफड़ा' कहते हैं?

(a) मैंग्रोव वन

(b) मध्य अक्षांशीय मिश्रित वन

(c) टैगा वन

(d) भूमध्यरेखीय सदाबहार वन

403. टोडा जनजाति के ग्रामीण अधिवासों का प्रारूप क्या है?

(a) मधुमक्खी छत्ता प्ररूप

(b) सीढ़ी प्रारूप

(c) जूते की डोरी प्रारूप

(d) अनाकार प्रारूप

404. अधिपादप मुख्यतः पाये जाते हैं–

(a) कोणधारी वनों में

(b) मानसूनी वनों में

(c) सवाना वनस्थली में

(d) विषुवतीय वनों में

405. विश्व के वन आवरण का सर्वोच्च प्रतिशत सम्बन्धित है–
(a) शीतोष्ण कटिबन्धीय शंकुधारी वन से
(b) शीतोष्ण कटिबन्धीय पर्णपाती वन से
(c) उष्णकटिबन्धीय मानसूनी वन से
(d) उष्णकटिबन्धीय वर्षा वन से

406. विश्व में मदिरा का वृहत्तम उत्पादक है–
(a) स्पेन
(b) फ्रांस
(c) इटली
(d) संयुक्त राज्य अमरीका

407. 'एक फसली' कृषि विशेषता है–
(a) व्यापारिक अन्न कृषि का
(b) चलवासी कृषि का
(c) आत्मनिर्भरता मूलक कृषि का
(d) जैविक कृषि

408. 'फॉन' एक स्थानीय पवन है–
(a) चीन की
(b) कोरिया की
(c) जापान की
(d) स्विट्जरलैण्ड की

409. सर्वाधिक एलबिडो होता है–
(a) हिमाच्छादित धरातल से
(b) रेत से
(c) घास से
(d) शुष्क धरातल से

410. सागर में भूकम्पीय लहरें किस नाम से जानी जाती है?
(a) सर्ज (b) स्वेल
(c) सेश (d) सुनामिस

411. समुद्री जल में पाये जाने वाले लवणों में सर्वाधिक मात्रा किसकी होती है?
(a) सोडियम क्लोराइड
(b) मैग्नीशियम सल्फेट
(c) मैग्नीशियम क्लोराइड
(d) कैल्सियम सल्फेट

412. एल निनो क्या है?
(a) वायुमण्डल की ऊपरी परतों पर चलने वाली वायुधारा
(b) भारतीय मानूसन की तीव्रता में सहायक व्यापारिक पवन
(c) पेरू के पश्चिमी तट पर प्रवाहित उष्ण जलधारा
(d) पश्चिमी यूरोप के तट पर प्रवाहित शीत जलधारा

413. 'प्रथम सूर्योदय का देश' किसे कहा जाता है?
(a) फिलीपीन्स को
(b) जापान को
(c) ताइवान को
(d) दक्षिणी कोरिया को

414. भूकम्प के उद्‌गम केन्द्र जिसे छाया क्षेत्र कहते हैं, में कौन-सी भूकम्पी तरंग पहुँच पाती है?
(a) पी० तरंगें (b) एस० तरंगें
(c) पृष्ठीय तरंगें (d) अंतिम तरंगें

415. सुमेलित कीजिए–

सूची-I	**सूची-II**
A. अवशिष्ट पर्वत	1. मोनालोआ
B. ज्वालामुखी पर्वत	2. नीलगिरि
C. खण्ड पर्वत	3. ब्लैक फॉरेस्ट
D. वलित पर्वत	4. हिमालय

कूट :	**A**	**B**	**C**	**D**
(a)	4	3	2	1
(b)	1	2	4	3
(c)	1	2	3	4
(d)	2	1	3	4

416. मेसेटा का पठार कहाँ है?

(a) मैक्सिको
(b) ब्राजील
(c) स्पेन तथा पुर्तगाल
(d) उत्तर पूर्वी अफ्रीका

417. पोटवार पठार निम्न में से किस देश में स्थित है?

(a) वियतनाम (b) म्यांमार
(c) भूटान (d) पाकिस्तान

418. लोयस का पठार किस प्रकार का पठार है?

(a) हिमानीकृत (b) जलकृत
(c) पवनकृत (d) नदीकृत

419. मैदान की गणना किस श्रेणी के स्थल रूपों में की जाती है?

(a) प्रथम श्रेणी
(b) द्वितीय श्रेणी
(c) तृतीय श्रेणी
(d) इनमें से कोई नहीं

420. किस स्थल रूप को 'सभ्यता का पालना' कहा जाता है?

(a) पर्वत (b) पहाड़
(c) पठार (d) मैदान

421. पवन अपरदित मैदान में यत्र-तत्र पाये जाने वाले प्रतिरोधी चट्टानों के अवशेष टीलों को क्या कहा जाता है?

(a) मोनेडनॉक
(b) इन्सेलबर्ग
(c) ह्यूम्स
(d) इनमें से कोई नहीं

422. निम्न में से कौन-सी पर्वत शृंखला विश्व में सबसे बड़ी है?

(a) हिमालय (b) एण्डीज
(c) काकेशस (d) अलास्का

423. यूरोप आल्पस उत्तरी अमेरिका में टॉकीज तथा दक्षिण अमेरिका में एण्डीज किसके उदाहरण हैं?

(a) वनित पर्वत
(b) ब्लॉक पर्वत
(c) विच्छेदित पर्वत
(d) ज्वालामुखी पर्वत

424. पेले के बाल (Pales' Hair) का सम्बन्ध निम्नलिखित में से किस प्रकार के ज्वालामुखी से है?

(a) टिलनियन तुल्य
(b) पीलियन तुल्य
(c) स्ट्राम्बोली तुल्य
(d) हवाई तुल्य

425. 'कोटोपैक्सी' कहाँ स्थित है?

(a) इक्वाडोर
(b) जापान
(c) दक्षिण अफ्रीका
(d) कनाडा

426. पृथ्वी की सतह के नीचे द्रवीभूत शैल कहलाता है–

(a) बैसाल्ट (b) लेकोलिप
(c) लावा (d) मैग्मा

427. एल मिस्ती (El-Misti) ज्वालामुखी किस देश में है?

(a) इटली (b) चिली
(c) पेरू (d) कोलम्बिया

428. ज्वालामुखी के उद्गार के समय निकलने वाली गैस में जलवाष्प की मात्रा कितनी होती है?

(a) 40-50% (b) 50-60%
(c) 60-70% (d) 80-90%

429. पर्वत निर्माणक भूसन्नति सिद्धान्त का प्रतिपादन किसने किया है?

(a) जेफ्रीज (b) होम्स

(c) डेली (d) कोबर

430. सुमेलित कीजिए–

सूची-I	**सूची-II**
A. अर्जेण्टीना	1. किलिमंजारी
B. इक्वेडोर	2. एकांकागुआ
C. तंजानिया	3. माउण्ट मेकिन्ले
D. सं०रा०अ०	4. थिम्बराजो

कूट :	**A**	**B**	**C**	**D**
(a)	3	1	4	2
(b)	2	4	1	3
(c)	1	3	2	4
(d)	4	2	3	1

431. निम्न में से कौन भ्रंशोल्थ पर्वत (Block Mountain) है?

(a) वॉस्जेस (b) ब्लैक फॉरेस्ट

(c) सियल नेवादा (d) इनमें से सभी

432. कार्स्ट मैदानों में यत्र-तत्र स्थित अवशिष्ट टीलों को क्या कहा जाता है?

(a) मोनोडनॉक

(b) इन्सेलबर्ग

(c) ह्यूम्स

(d) इनमें से कोई नहीं

433. वायुमण्डल में सर्वाधिक स्थायी तत्त्व है–

(a) नाइट्रोजन

(b) ऑक्सीजन

(c) कार्बन डाइऑक्साइड

(d) जलवाष्प

434. निम्नलिखित में से किस मण्डल को संवहन मण्डल भी कहा जाता है?

(a) क्षोभ मण्डल

(b) समताप मण्डल

(c) आयन मण्डल

(d) मध्य मण्डल

435. किस ऋतु में क्षोभ मण्डल की ऊँचाई में वृद्धि हो जाती है?

(a) शीत ऋतु

(b) ग्रीष्म ऋतु

(c) वर्षा ऋतु

(d) इनमें से कोई नहीं

436. वायुमण्डल में सर्वाधिक मात्रा में विद्यमान अक्रिय गैस कौन-सी है?

(a) ऑर्गन (b) क्रिप्टॉन

(c) हीलियम (d) नियॉन

437. डोलड्रम पेटी का विस्तार सामान्यत: पाया जाता है–

(a) 0°–5° उत्तर

(b) 0°–5° दक्षिण

(c) 0°–10° उत्तर

(d) 5°N–5° दक्षिण

438. शांत पेटी किस रेखा के दोनों ओर पायी जाती है?

(a) भूमध्य रेखा (b) कर्क रेखा

(c) मकर रेखा (d) आर्कटिक वृत्त

439. वायुमण्डल के किस परत को रसायन मण्डल कहते हैं?

(a) मध्य मण्डल (b) आयन मण्डल

(c) क्षोभ मण्डल (d) ओजोन मण्डल

440. ओजोन परत अवस्थित है–

(a) क्षोभ मण्डल में

(b) क्षोभ सीमा में

(c) समताप मण्डल में

(d) प्रकाश मण्डल में

441. हवाई जहाज किस मण्डल में उड़ते हैं–
(a) क्षोभ मण्डल (b) समताप मण्डल
(c) मध्य मण्डल (d) बाह्य मण्डल

442. दीर्घ रेडियो तरंगें पृथ्वी की किस सतह से परावर्तित होती है?
(a) क्षोभ मण्डल (b) आयन मण्डल
(c) क्षोभ सीमा (d) समताप मण्डल

443. पृथ्वी के वायुमण्डल का सर्वाधिक घनत्व कहाँ पर होता है?
(a) क्षोभ मण्डल (b) समताप मण्डल
(c) मध्य मण्डल (d) आयन मण्डल

444. वायुमण्डल में दैनिक मौसम परिवर्तन निम्नलिखित में से किसके कारण होते हैं?
(a) क्षोभ मण्डल (b) मध्य मण्डल
(c) आयन मण्डल (d) समताप मण्डल

445. रेडियो की लघु तरंगें आयन मण्डल की किस परत से परावर्तित होकर धरातल पर आती है?
(a) D परत (b) E परत
(c) F परत (d) S परत

446. वायुमण्डल में सबसे अधिक ओजोन कहाँ पर केन्द्रित है?
(a) आयनोस्फीयर (b) मीसोस्फीयर
(c) स्ट्रेटोस्फीयर (d) ट्रोपोस्फीयर

447. वायुमण्डल की सबसे निचली परत कहलाती है–
(a) मध्य मण्डल (b) आयन मण्डल
(c) क्षोभ मण्डल (d) समताप मण्डल

448. पृथ्वी की सतह से सबसे दूर वायुमण्डलीय परत किस नाम से विदित है?
(a) आयन मण्डल
(b) बर्हिमण्डल
(c) समताप मण्डल
(d) क्षोभ मण्डल

449. ग्लोब पर दाब कटिबंधों की संख्या कितनी है?
(a) 5 (b) 6
(c) 7 (d) 9

450. उच्च दाब क्षेत्र से भूमध्य सागर की ओर चलने वाली पवनें होती हैं–
(a) पछुआ हवाएँ (b) व्यापारिक पवनें
(c) पूर्वी पवनें (d) समुद्री पवनें

451. उपोष्ण उच्च दाब से विषुवत रेखीय निम्न दाब की ओर चलने वाली पवनें क्या कहलाती हैं?
(a) व्यापारिक पवनें
(b) पछुआ पवनें
(c) ध्रुवीय पवनें
(d) गरजता चालीसा

452. चिनूक है एक–
(a) स्थानीय हवा (b) सनातनी हवा
(c) स्थायी हवा (d) समुद्री जलधारा

453. निम्न में से कौन ठंडी स्थानीय हवा है?
(a) मिस्ट्रल (b) बोरा
(c) पैम्पीरो (d) उपर्युक्त सभी

454. सुमेलित कीजिए–

सूची-I (स्थानीय हवा)	**सूची-II (देश)**
A. चिनूक	1. सं०रा०अ०
B. सिरॉको	2. ऑस्ट्रेलिया
C. ब्रिक फील्डर	3. फ्रांस
D. मिस्ट्रल	4. इटली

कूट :	**A**	**B**	**C**	**D**
(a)	1	4	2	3
(b)	1	4	3	2
(c)	4	1	2	3
(d)	4	1	3	2

455. 'रक्त वर्षा' किस स्थानीय वायु का नाम है?

(a) सिमूम (b) सामून

(c) सिरॉको (d) शामल

456. कौन-सी स्थानीय पवन को डॉक्टर वायु भी कहा जाता है?

(a) फॉन (b) चिनूक

(c) हरमट्टन (d) सिरॉको

457. सुमेलित कीजिए–

सूची-I (स्थानीय पवन)	सूची-II (देश)
A. खामसिन	1. मिस्र
B. पिली	2. ट्यूनीशिया
C. गिबली	3. लीबिया
D. लेवेच	4. स्पेन

कूट :	A	B	C	D
(a)	1	2	3	4
(b)	2	1	3	4
(c)	1	2	4	3
(d)	4	2	3	1

458. विश्व में वार्षिक वर्षा का औसत कितना है?

(a) 70 सेमी॰ (b) 100 सेमी॰

(c) 130 सेमी॰ (d) 160 सेमी॰

459. विश्व में सर्वाधिक वर्षा वाला स्थान है–

(a) टी यूनियन द्वीप (b) अमेजन घाटी

(c) मासिनराम (d) चेरापूँजी

460. विश्व का सर्वाधिक शुष्क स्थल कौन है?

(a) पेटागोनिया (b) सहारा

(c) अटाकामा (d) थार

461. रेगिस्तान में बादल अवक्षेप होकर क्यों नहीं बरसते?

(a) हवा की द्रुतगति

(b) कम दबाव

(c) कम तापमान

(d) कम आर्द्रता

462. कृत्रिम वर्षा में निम्नलिखित में से किसका प्रयोग किया जाता है?

(a) सोडियम कार्बोनेट

(b) सोडियम पायोसल्फेट

(c) सिल्वर आयोडाइड

(d) सोडियम हाइड्रॉक्साइड

463. संसार की अधिकांश वर्षा निम्न में से किस रूप में होती है?

(a) संवहनीय वर्षा

(b) पर्वतीय वर्षा

(c) चक्रवातीय वर्षा

(d) मानसूनी वर्षा

464. निम्नलिखित में से किस क्षेत्र में वर्ष भर वर्षा होती है?

(a) टुण्ड्रा (b) मानसूनी

(c) भूमध्यसागरीय (d) भूमध्य रेखीय

465. विषुवतीय प्रदेश में सामान्यत: कौन-सा मेघ देखने को मिलता है?

(a) पक्षाभ (b) कपासी वर्षा

(c) पक्षाभ स्तरी (d) स्तरी

466. रेशेदार दिखाई देने वाले मेघ को क्या कहते हैं?

(a) कपासी (b) स्तरी

(c) पक्षाभ (d) स्तरी मध्य मेघ

467. कौन-सा मेघ वायुमण्डल में सर्वाधिक ऊँचाई पर निर्मित होता है?

(a) पक्षाभ मेघ

(b) स्तरी मेघ

(c) कपासी मध्य मेघ
(d) वर्षा स्तरी की मेघ

468. निम्नलिखित में से किस मेघ का शीर्ष 'गोभी के फूल' के समान प्रतीत होता है?
(a) स्तरी मेघ (b) पक्षाभ मेघ
(c) कपासी मेघ (d) वर्षा स्तरी मेघ

469. निम्नलिलिखत में से किस मेघ को 'मोती की माता' कहा जाता है?
(a) पक्षाभ मेघ (b) कपासी मेघ
(c) स्तरी मेघ (d) वर्षा स्तरी मेघ

470. जाड़े में वर्षा किस क्षेत्र में होती है?
(a) टुण्ड्रा (b) मानसूनी
(c) भूमध्य सागरीय (d) भूमध्य रेखीय

471. समान वर्षा की मात्रा वाले स्थानों को मिलाने वाली रेखा को क्या कहा जाता है?
(a) आइसोबाथ (b) आइसोहाइट
(c) आइसोटाइम (d) आइसोनेफ

472. सुमेलित कीजिए–

सूची-I (झील)	**सूची-II (देश)**
A. लैडोगा	1. कनाडा
B. ग्रेट बीयर	2. रूस
C. टिटिकाका	3. बोलीविया
D. आयर	4. ऑस्ट्रेलिया

कूट :	**A**	**B**	**C**	**D**
(a)	2	1	3	4
(b)	1	2	3	4
(c)	3	1	2	4
(d)	4	1	2	3

473. कौन-सा देश अंगुलीनुमा झीलों के लिए प्रसिद्ध है?
(a) नार्वे (b) स्वीडेन
(c) फिनेलैंड (d) आइसलैंड

474. पृथ्वी पर सबसे गहरा स्थल है?
(a) कैस्पियन सागर (b) काला सागर
(c) मृत सागर (d) एपियन सागर

475. नियाग्रा प्रपात्र है–
(a) यू०के० में (b) अफ्रीका में
(c) ऑस्ट्रेलिया में (d) यू०एस०ए० में

476. स्टेनली जलप्रपात किस नदी पर स्थित है?
(a) अमेजन (b) कांगो
(c) नील (d) कोरोनी

477. सुमेलित कीजिए–

सूची-I (जलप्रपात)	**सूची-II (सम्बन्धित नदी)**
A. एंजिल जलप्रपात	1. जेम्बेजी
B. बीयोमा जलप्रपात	2. कांगो
C. स्टेनली	3. कोरोनी
D. विक्टोरिया	4. जैरे

कूट :	**A**	**B**	**C**	**D**
(a)	1	2	3	4
(b)	2	1	3	4
(c)	3	4	1	2
(d)	3	4	2	1

478. विश्व का सबसे ऊँचा जलप्रपात है–
(a) बोयोमा (b) स्टेनली
(c) एंजिल (d) नियाग्रा

479. विक्टोरिया जलप्रपात किस नदी से सम्बन्धित है?
(a) अमेजन (b) मिसौरी
(c) सेन्ट लॉरेंस (d) जेम्बेजी

480. विश्व की सबसे बड़ी जहाजरानी नहर है–
(a) पनामा नहर (b) स्वेज नहर
(c) कील नहर (d) सू नहर

481. स्वेज नहर कब बनकर तैयार हुई?
(a) 1854 ई० (b) 1869 ई०
(c) 1082 ई० (d) 1881 ई०

482. स्वेज नहर की लम्बाई कितनी है?
(a) 64.8 किमी० (b) 160.5 किमी०
(c) 164 किमी० (d) 168 किमी०

483. कौन-सी नहर बाल्टिक सागर को उत्तरी सागर से मिलाती है?
(a) स्वेज (b) पनामा
(c) कील (d) सू

484. सू-नहर किसको जोड़ती है?
(a) सुपीरियर को मिशीगन से
(b) सुपीरियर को ह्यूरन से
(c) मिशीगन को ह्यूरन से
(d) इरी को ह्यूरन से

485. किस महाद्धीप को 'महाद्वीपों का महाद्वीप' कहा जाता है?
(a) एशिया (b) यूरोप
(c) अफ्रीका (d) अंटार्कटिका

486. 'श्वेत महाद्वीप' किस महाद्वीप का नाम है?
(a) यूरोप (b) अफ्रीका
(c) ऑस्ट्रेलिया (d) अंटार्कटिका

487. 'प्रायद्वीपीय महाद्वीप' किस महाद्धीप को कहते हैं?
(a) एशिया (b) यूरोप
(c) ऑस्ट्रेलिया (d) अफ्रीका

488. 'पक्षियों का महाद्वीप' से कौन महाद्वीप जाना जाता है?
(a) उत्तर अमेरिका (b) दक्षिण अमेरिका
(c) ऑस्ट्रेलिया (d) अंटार्कटिका

489. अफ्रीका महाद्वीप का सर्वोच्च पर्वत शिखर है–
(a) माउण्ट मैकिन्ले
(b) एकांकागुआ
(c) किलिमंजारो
(d) विन्सन मैसिक

490. दक्षिण अमेरिका का सर्वोच्च पर्वत शिखर है–
(a) माउण्ट मैकिन्ले
(b) एकांकागुआ
(c) एल्ब्रुश
(d) कोस्यूस्को

491. यूरोप महाद्वीप का सर्वोच्च पर्वत शिखर है–
(a) माउण्ट कोस्यूस्को
(b) माउण्ट विन्सन मैसिक
(c) माउण्ट एल्ब्रुश
(d) विन्सन मैसिक

492. 'पठारी महाद्वीप' किस महाद्वीप को कहते हैं?
(a) ऑस्ट्रेलिया (b) एशिया
(c) यूरोप (d) अफ्रीका

493. सर्वाधिक मैदानों का विस्तार किस महाद्वीप में है?
(a) एशिया (b) यूरोप
(c) उत्तर अमेरिका (d) अफ्रीका

494. अफ्रीका की सबसे बड़ी झील है–
(a) मलावी (b) विक्टोरिया
(c) चाड (d) टाना

495. यूरोप की सबसे बड़ी झील है?
(a) ओनेगा
(b) लैडोगा
(c) साइमा काम्पलेक्स
(d) विक्टोरिया

496. उत्तरी अमेरिका की सबसे बड़ी झील है–

(a) सुपीरियर झील (b) ह्यूरन झील

(c) मिशिगन झील (d) ग्रेट बियर झील

497. ऑस्ट्रेलिया महाद्वीप की सबसे बड़ी झील है–

(a) आयर (b) विक्टोरिया

(c) वार्ली (d) मैके झील

498. अंटार्कटिका महाद्वीप का सर्वोच्च पर्वत शिखर है–

(a) एल्ब्रुश (b) मैकिन्ले

(c) एकांकागुआ (d) विन्सन मैसिफ

499. जापान का सबसे बड़ा द्वीप है–

(a) होत्शू (b) शिकोकू

(c) होकाइडो (d) क्यूशू

500. साबाह एवं सारावाक किस देश के भाग हैं?

(a) मलेशिया (b) इण्डोनेशिया

(c) ब्रुनेई (d) कम्बोडिया

उत्तरमाला
भारत का भूगोल

1. (d)	2. (d)	3. (b)	4. (c)	5. (d)	6. (c)	7. (a)
8. (b)	9. (b)	10. (d)	11. (c)	12. (d)	13. (a)	14. (a)
15. (b)	16. (b)	17. (c)	18. (b)	19. (b)	20. (c)	21. (a)
22. (b)	23. (a)	24. (c)	25. (a)	26. (a)	27. (d)	28. (c)
29. (b)	30. (b)	31. (a)	32. (b)	33. (a)	34. (c)	35. (a)
36. (b)	37. (a)	38. (c)	39. (b)	40. (d)	41. (b)	42. (c)
43. (a)	44. (b)	45. (c)	46. (a)	47. (c)	48. (a)	49. (b)
50. (a)	51. (b)	52. (b)	53. (a)	54. (d)	55. (d)	56. (d)
57. (c)	58. (c)	59. (b)	60. (b)	61. (d)	62. (d)	63. (c)
64. (a)	65. (c)	66. (d)	67. (c)	68. (b)	69. (a)	70. (d)
71. (a)	72. (b)	73. (b)	74. (b)	75. (a)	76. (d)	77. (a)
78. (c)	79. (b)	80. (c)	81. (a)	82. (c)	83. (b)	84. (b)
85. (b)	86. (c)	87. (c)	88. (b)	89. (b)	90. (a)	91. (a)
92. (b)	93. (a)	94. (b)	95. (a)	96. (d)	97. (d)	98. (b)
99. (b)	100. (d)	101. (d)	102. (d)	103. (b)	104. (a)	105. (a)
106. (a)	107. (c)	108. (b)	109. (c)	110. (b)	111. (a)	112. (b)
113. (c)	114. (b)	115. (c)	116. (c)	117. (b)	118. (d)	119. (c)
120. (a)	121. (b)	122. (b)	123. (b)	124. (b)	125. (d)	126. (a)
127. (b)	128. (b)	129. (a)	130. (b)	131. (a)	132. (c)	133. (d)
134. (b)	135. (a)	136. (b)	137. (b)	138. (d)	139. (d)	140. (c)
141. (c)	142. (c)	143. (c)	144. (c)	145. (b)	146. (d)	147. (c)
148. (b)	149. (c)	150. (a)	151. (b)	152. (a)	153. (c)	154. (b)
155. (a)	156. (b)	157. (c)	158. (b)	159. (c)	160. (a)	161. (a)
162. (a)	163. (a)	164. (a)	165. (b)	166. (b)	167. (b)	168. (b)
169. (a)	170. (d)	171. (a)	172. (d)	173. (b)	174. (d)	175. (b)
176. (c)	177. (b)	178. (b)	179. (d)	180. (b)	181. (c)	182. (a)
183. (b)	184. (a)	185. (d)	186. (d)	187. (c)	188. (a)	189. (c)
190. (d)	191. (b)	192. (a)	193. (d)	194. (c)	195. (b)	196. (b)
197. (a)	198. (a)	199. (a)	200. (d)	201. (d)	202. (d)	203. (d)
204. (d)	205. (a)	206. (b)	207. (b)	208. (d)	209. (b)	210. (c)
211. (d)	212. (a)	213. (b)	214. (c)	215. (b)	216. (d)	217. (d)
218. (b)	219. (d)	220. (b)	221. (d)	222. (b)	223. (b)	224. (c)

225. (c)	226. (b)	227. (b)	228. (a)	229. (d)	230. (b)	231. (d)
232. (b)	233. (a)	234. (a)	235. (c)	236. (b)	237. (c)	238. (b)
239. (d)	240. (a)	241. (d)	242. (b)	243. (d)	244. (a)	245. (b)
246. (a)	247. (c)	248. (c)	249. (c)	250. (c)	251. (c)	252. (b)
253. (d)	254. (c)	255. (b)	256. (b)	257. (b)	258. (c)	259. (b)
260. (b)	261. (d)	262. (b)	263. (d)	264. (d)	265. (b)	266. (c)
267. (a)	268. (b)	269. (d)	270. (b)	271. (c)	272. (c)	273. (b)
274. (b)	275. (a)	276. (c)	277. (b)	278. (b)	279. (d)	280. (a)
281. (c)	282. (c)	283. (a)	284. (d)	285. (b)	286. (b)	287. (d)
288. (d)	289. (c)	290. (d)	291. (b)	292. (c)	293. (d)	294. (a)
295. (d)	296. (b)	297. (d)	298. (b)	299. (d)	300. (c)	301. (c)
302. (d)	303. (b)	304. (a)	305. (b)	306. (b)	307. (b)	308. (a)
309. (a)	310. (c)	311. (a)	312. (b)	313. (d)	314. (d)	315. (a)
316. (b)	317. (c)	318. (b)	319. (c)	320. (b)	321. (d)	322. (c)
323. (d)	324. (b)	325. (b)	326. (a)	327. (c)	328. (a)	329. (b)
330. (d)	331. (c)	332. (a)	333. (b)	334. (a)	335. (b)	336. (d)
337. (c)	338. (c)	339. (d)	340. (c)	341. (d)	342. (b)	343. (d)
344. (a)	345. (d)	346. (a)	347. (c)	348. (a)	349. (d)	350. (b)
351. (d)	352. (b)	353. (d)	354. (c)	355. (d)	356. (a)	357. (a)
358. (b)	359. (c)	360. (d)	361. (a)	362. (a)	363. (d)	364. (a)
365. (b)	366. (c)	367. (b)	368. (d)	369. (b)	370. (b)	371. (a)
372. (d)	373. (c)	374. (b)	375. (a)	376. (a)	377. (a)	378. (a)
379. (d)	380. (c)	381. (c)	382. (d)	383. (a)	384. (c)	385. (b)
386. (a)	387. (c)	388. (d)	389. (b)	390. (c)	391. (d)	392. (a)
393. (b)	394. (d)	395. (a)	396. (a)	397. (c)	398. (b)	399. (b)
400. (c)	401. (a)	402. (b)	403. (b)	404. (c)	405. (a)	406. (d)
407. (a)	408. (d)	409. (a)	410. (b)	411. (a)	412. (a)	413. (b)
414. (d)	415. (a)	416. (b)	417. (a)	418. (b)	419. (d)	420. (c)
421. (b)	422. (c)	423. (a)	424. (c)	425. (b)	426. (c)	427. (c)
428. (a)	429. (b)	430. (c)	431. (a)	432. (c)	433. (a)	434. (b)
435. (a)	436. (b)	437. (d)	438. (c)	439. (a)	440. (c)	441. (a)
442. (c)	443. (b)	444. (a)	445. (d)	446. (c)	447. (a)	448. (b)
449. (a)	450. (a)	451. (d)	452. (a)	453. (d)	454. (c)	455. (c)
456. (b)	457. (b)	458. (b)	459. (d)	460. (b)	461. (d)	462. (d)

463. (a)	464. (d)	465. (c)	466. (c)	467. (b)	468. (b)	469. (b)
470. (c)	471. (d)	472. (a)	473. (c)	474. (d)	475. (b)	476. (c)
477. (c)	478. (d)	479. (a)	480. (b)	481. (b)	482. (a)	483. (d)
484. (c)	485. (c)	486. (d)	487. (c)	488. (b)	489. (b)	490. (c)
491. (d)	492. (c)	493. (c)	494. (b)	495. (c)	496. (d)	497. (b)
498. (d)	499. (a)	500. (b)				

उत्तरमाला
विश्व का भूगोल

1. (a)	**2.** (c)	**3.** (c)	**4.** (b)	**5.** (a)	**6.** (c)	**7.** (b)
8. (b)	**9.** (b)	**10.** (c)	**11.** (c)	**12.** (c)	**13.** (a)	**14.** (b)
15. (c)	**16.** (b)	**17.** (a)	**18.** (a)	**19.** (a)	**20.** (b)	**21.** (b)
22. (b)	**23.** (d)	**24.** (a)	**25.** (c)	**26.** (c)	**27.** (d)	**28.** (d)
29. (b)	**30.** (c)	**31.** (b)	**32.** (a)	**33.** (b)	**34.** (a)	**35.** (b)
36. (c)	**37.** (c)	**38.** (a)	**39.** (d)	**40.** (b)	**41.** (a)	**42.** (d)
43. (b)	**44.** (b)	**45.** (d)	**46.** (d)	**47.** (c)	**48.** (c)	**49.** (c)
50. (c)	**51.** (a)	**52.** (a)	**53.** (b)	**54.** (c)	**55.** (d)	**56.** (c)
57. (a)	**58.** (a)	**59.** (d)	**60.** (c)	**61.** (b)	**62.** (c)	**63.** (c)
64. (b)	**65.** (c)	**66.** (d)	**67.** (b)	**68.** (d)	**69.** (b)	**70.** (b)
71. (c)	**72.** (d)	**73.** (c)	**74.** (b)	**75.** (c)	**76.** (b)	**77.** (c)
78. (c)	**79.** (d)	**80.** (c)	**81.** (b)	**82.** (b)	**83.** (a)	**84.** (c)
85. (c)	**86.** (b)	**87.** (d)	**88.** (a)	**89.** (b)	**90.** (c)	**91.** (d)
92. (d)	**93.** (b)	**94.** (a)	**95.** (c)	**96.** (b)	**97.** (c)	**98.** (b)
99. (d)	**100.** (a)	**101.** (c)	**102.** (c)	**103.** (b)	**104.** (b)	**105.** (a)
106. (c)	**107.** (b)	**108.** (a)	**109.** (d)	**110.** (a)	**111.** (a)	**112.** (b)
113. (b)	**114.** (c)	**115.** (b)	**116.** (b)	**117.** (a)	**118.** (b)	**119** (a)
120. (b)	**121.** (b)	**122.** (c)	**123.** (d)	**124.** (d)	**125.** (a)	**126.** (c)
127. (a)	**128.** (c)	**129.** (d)	**130**. (a)	**131.** (b)	**132.** (c)	**133.** (d)
134. (d)	**135.** (b)	**136.** (d)	**137.** (a)	**138.** (b)	**139.** (c)	**140.** (c)
141. (c)	**142.** (a)	**143.** (a)	**144.** (b)	**145.** (c)	**146.** (c)	**147.** (b)
148. (b)	**149.** (d)	**150.** (d)	**151.** (b)	**152.** (b)	**153.** (a)	**154.** (b)
155. (c)	**156.** (a)	**157.** (c)	**158.** (b)	**159.** (a)	**160.** (a)	**161.** (a)
162. (c)	**163.** (b)	**164.** (c)	**165.** (b)	**166.** (c)	**167.** (d)	**168.** (d)
169. (c)	**170.** (d)	**171.** (b)	**172.** (d)	**173.** (c)	**174.** (a)	**175.** (b)
176. (b)	**177.** (b)	**178.** (a)	**179.** (a)	**180.** (b)	**181.** (b)	**182.** (c)
183. (a)	**184.** (c)	**185.** (b)	**186.** (b)	**187.** (a)	**188.** (b)	**189.** (a)
190. (a)	**191.** (a)	**192.** (c)	**193.** (c)	**194.** (c)	**195.** (a)	**196.** (d)
197. (a)	**198.** (a)	**199.** (b)	**200.** (d)	**201.** (c)	**202.** (a)	**203.** (c)
204. (a)	**205.** (a)	**206.** (c)	**207.** (c)	**208.** (c)	**209.** (b)	**210.** (a)
211. (a)	**212.** (c)	**213.** (a)	**214.** (b)	**215.** (d)	**216.** (c)	**217.** (d)
218. (d)	**219.** (c)	**220.** (c)	**221.** (a)	**222.** (c)	**223.** (b)	**224.** (c)

225. (c)	226. (b)	227. (d)	228. (b)	229. (b)	230. (b)	231. (b)
232. (c)	233. (a)	234. (c)	235. (d)	236. (a)	237. (c)	238. (a)
239. (b)	240. (a)	241. (b)	242. (d)	243. (c)	244. (c)	245. (b)
246. (d)	247. (c)	248. (c)	249. (a)	250. (b)	251. (b)	252. (d)
253. (c)	254. (b)	255. (a)	256. (b)	257. (c)	258. (a)	259. (c)
260. (a)	261. (c)	262. (a)	263. (a)	264. (c)	265. (b)	266. (c)
267. (a)	268. (d)	269. (b)	270. (a)	271. (c)	272. (a)	273. (d)
274. (d)	275. (c)	276. (b)	277. (d)	278. (c)	279. (b)	280. (a)
281. (a)	282. (c)	283. (c)	284. (b)	285. (d)	286. (c)	287. (b)
288. (d)	289. (b)	290. (a)	291. (d)	292. (b)	293. (c)	294. (c)
295. (c)	296. (a)	297. (c)	298. (a)	299 (d)	300. (c)	301. (a)
302. (a)	303. (a)	304. (c)	305. (c)	306. (d)	307. (a)	308. (d)
309. (d)	310. (d)	311. (c)	312. (b)	313. (a)	314. (d)	315. (b)
316. (c)	317. (a)	318. (c)	319. (a)	320. (a)	321. (b)	322. (a)
323. (b)	324. (a)	325. (b)	326. (c)	327. (d)	328. (b)	329. (d)
330. (a)	331. (b)	332. (b)	333. (a)	334. (a)	335. (b)	336. (b)
337. (a)	338. (c)	339. (c)	340. (a)	341. (b)	342. (d)	343. (c)
344. (a)	345. (d)	346. (a)	347. (d)	348. (a)	349. (c)	350. (a)
351. (d)	352. (a)	353. (c)	354. (d)	355. (d	356. (a)	357. (c)
358. (a)	359. (b)	360. (a)	361. (c)	362. (b)	363. (c)	364. (d)
365. (b)	366. (c)	367. (b)	368. (a)	369. (a)	370. (b)	371. (b)
372. (d)	373. (c)	374. (b)	375. (c)	376. (b)	377. (a)	378. (b)
379. (d)	380. (a)	381. (c)	382. (b)	383. (a)	384. (b)	385. (a)
386. (d)	387. (d)	388. (a)	389. (b)	390. (c)	391. (d)	392. (b)
393. (c)	394. (d)	395. (c)	396. (b)	397. (a)	398. (d)	399. (b)
400. (a)	401. (b)	402. (d)	403. (b)	404. (a)	405. (a)	406. (b)
407. (a)	408. (d)	409. (a)	410. (d)	411. (a)	412. (c)	413. (b)
414. (a)	415. (d)	416. (c)	417. (d)	418. (c)	419. (b)	420. (d)
421. (b)	422. (b)	423. (a)	424. (d)	425. (a)	426. (d)	427. (c)
428. (d)	429. (d)	430. (b)	431. (d)	432. (c)	433. (d)	434. (a)
435. (b)	436. (a)	437. (d)	438. (a)	439. (a)	440. (c)	441. (b)
442. (b)	443. (a)	444. (a)	445. (c)	446. (c)	447. (c)	448. (b)
449. (c)	450. (b)	451. (a)	452. (a)	453. (d)	454. (a)	455. (c)
456. (c)	457. (a)	458. (b)	459. (c)	460. (c)	461. (d)	462. (c)

463. (b)	464. (d)	465. (b)	466. (c)	467. (a)	468. (c)	469. (a)
470. (c)	471. (b)	472. (a)	473. (c)	474. (c)	475. (d)	476. (b)
477. (d)	478. (c)	479. (d)	480. (b)	481. (b)	482. (d)	483. (c)
484. (c)	485. (a)	486. (d)	487. (b)	488. (b)	489. (c)	490. (b)
491. (c)	492. (d)	493. (b)	494. (b)	495. (b)	496. (a)	497. (a)
498. (d)	499. (a)	500. (a)				

भारतीय राजव्यवस्था

1. रेगुलेटिंग ऐक्ट पारित किया गया–
   (a) 1773 ई० (b) 1771 ई०
   (c) 1785 ई० (d) 1793 ई०
2. मार्ले-मिंटो सुधार बिल किस वर्ष में पारित किया गया?
   (a) 1905 में (b) 1909 में
   (c) 1911 में (d) 1920 में
3. मुसलमानों के लिए अतिरिक्त निर्वाचक मण्डल प्रारम्भ में किसके द्वारा लाया गया था?
   (a) क्रिप्स मिशन 1942
   (b) मार्ले-मिंटो सुधार 1909
   (c) मान्टेग्यू-चेम्सफोर्ड सुधार 1919
   (d) भारत सरकार अधिनियम 1935
4. कैबिनेट मिशन का सदस्य नहीं था–
   (a) लॉर्ड पैथिक लारेन्स
   (b) ए०वी० अलेक्जेण्डर
   (c) सर स्टैफर्ड क्रिप्स
   (d) लॉर्ड एमरी
5. 1909 के इण्डियन कौंसिल ऐक्ट में किस बात की व्यवस्था की गयी थी?
   (a) द्वैध शासन प्रणाली
   (b) साम्प्रदायिक प्रतिनिधित्व
   (c) संघीय व्यवस्था
   (d) प्रान्तीय व्यवस्था
6. भारत की आजादी के समय इंग्लैण्ड में किस पार्टी की सरकार थी?
   (a) लेबर पार्टी
   (b) कन्जरवेटिव पार्टी
   (c) कांग्रेस
   (d) लिबरल पार्टी
7. भारतीयों को वर्ष 1947 में सार्वभॉम सत्ता सौंपने की योजना निम्न में स किस नाम से जानी गयी?
   (a) डूरण्ड योजना
   (b) मिंटो-मार्ले योजना
   (c) माउण्टबेटन योजना
   (d) वेवेल योजना
8. भारतीयों का वर्ष 1947 में सार्वभौम सत्ता सौंपने की योजना निम्न में से किस योजना के नाम से जानी गयी?
   (a) डूरण्ड योजना
   (b) मिन्टो-मार्ले योजना
   (c) माउण्टबेटन योजना
   (d) वेवेल योजना
9. संविधान सभा को किसने मूर्त रूप प्रदान किया?
   (a) महात्मा गांधी
   (b) मोतीलाल नेहरू
   (c) एम०एन० राय
   (d) जवाहर लाल नेहरू
10. संविधान सभा के गठन की माँग सर्वप्रथम 1895 में किसके द्वारा प्रस्तुत की गयी?
    (a) महात्मा गांधी
    (b) जवाहरलाल नेहरू
    (c) भीमराव अम्बेडकर
    (d) लोकमान्य तिलक
11. 1938 में किस व्यक्ति ने वयस्क मताधिकार के आधार पर संविधान सभा के गठन की माँग की?
    (a) महात्मा गांधी
    (b) जवाहरलाल नेहरू
    (c) सुभाष चन्द्र बोस
    (d) वल्लभ भाई पटेल
12. किस योजना के तहत यह स्वीकार किया गया कि भारत में एक निर्वाचित संविधान सभा का गठन होगा, जो युद्धोपरान्त संविधान का निर्माण करेगी?
    (a) क्रिप्स योजना
    (b) वेवेल योजना
    (c) कैबिनेट मिशन योजना
    (d) माउण्टबेटन योजना
13. भारतीय संविधान सभा गठित करने का आधार क्या था?
    (a) भारतीय राष्ट्रीय कांग्रेस का प्रस्ताव
    (b) कैबिनेट मिशन प्लान 1946
    (c) भारतीय स्वतंत्रता अधिनियम 1947
    (d) भारतीय डोमिनियन प्रस्ताव

14. भारत की संविधान सभा किसके अनुसार गठित की गयी?
(a) साइमन आयोग का प्रस्ताव
(b) क्रिप्स प्रस्ताव
(c) माउण्टबेटन योजना
(d) कैबिनेट मिशन योजना

15. सन् 1936 में भारतीय राष्ट्रीय कांग्रेस द्वारा संविधान सभा के गठन की माँग कहाँ पर हुए अधिवेशन में रखी गयी?
(a) कानपुर (b) मुम्बई
(c) फैजपुर (d) लाहौर

16. कैबिनेट मिशन योजना के अनुसार सभा में कुल कितने सदस्य निर्धारित थे?
(a) 389 (b) 409
(c) 429 (d) 505

17. प्रस्तावित मूल संविधान में कुल सदस्यों का विभाजन किस प्रकार होना निश्चित हुआ था?
(a) ब्रिटिश प्रान्तों के 292 प्रतिनिधि
(b) देशी रियासतों के 93 प्रतिनिधि
(c) मुख्य कमिश्नरी क्षेत्रों के 4 प्रतिनिधि
(d) उपर्युक्त सभी

18. संविधान सभा में विभिन्न प्रान्तों के लिए 292 सदस्यों का निर्वाचन होना था। इनमें से कांग्रेस के कितने प्रतिनिधि निर्वाचित होकर आये?
(a) 195 (b) 208
(c) 225 (d) 235

19. पुनर्गठन के फलस्वरूप वर्ष 1947 में संविधान सभा के सदस्यों की संख्या कितनी रह गयी?
(a) 289 (b) 299
(c) 324 (d) 333

20. पुनगर्ठन के पश्चात् संविधान सभा में देशी रियासतों के लिए कितने प्रतिनिधि थे?
(a) 100 (b) 70
(c) 85 (d) 65

21. पुनर्गठन के पश्चात् संविधान सभा में विभिन्न प्रान्तों के लिए कितने प्रतिनिधि थे?
(a) 208 (b) 229
(c) 249 (d) 65

22. कैबिनेट मिशन योजना के अन्तर्गत संविधान निर्मात्री परिषद् में प्रत्येक प्रान्त की आवंटित सदस्य संख्या निर्धारित करने के लिए एक प्रतिनिधि कितनी जनसंख्या के अनुपात में था?
(a) 8 लाख व्यक्ति
(b) 10 लाख व्यक्ति
(c) 12 लाख व्यक्ति
(d) 15 लाख व्यक्ति

23. संविधान सभा के सदस्यों को निम्न में से किसने प्रत्यक्ष रूप से निर्वाचित किया?
(a) प्रान्तों की विधानसभा
(b) संघीय व्यवस्थापिका
(c) उपर्युक्त दोनों
(d) इनमें से कोई नहीं

24. संविधान सभा में किस प्रान्त का प्रतिनिधि सबसे अधिक था?
(a) बंगाल (b) मद्रास
(c) बम्बई (d) संयुक्त प्रान्त

25. संविधान सभा में किस देशी रियासत के प्रतिनिधि ने भाग नहीं लिया था?
(a) जूनागढ़ (b) कश्मीर
(c) हैदराबाद (d) मैसूर

26. बी०आर० अम्बेडकर का संविधान सभा में निर्वाचन हुआ था–
(a) पश्चिम बंगाल से
(b) बम्बई प्रेसीडेन्ट से
(c) तत्कालीन मध्य भारत से
(d) पंजाब से

27. मुस्लिम लीग ने किस कारण संविधान सभा का बहिष्कार किया?
(a) मुस्लिम लीग संविधान सभा का अध्यक्ष किसी मुस्लिम को बनाना चाहता था
(b) मुस्लिम लीग को संविधान सभा में उचित प्रतिनिधित्व नहीं मिला था
(c) मुस्लिम लीग, मुस्लिमों के लिए एक अलग संविधान सभा चाहता था
(d) उपर्युक्त सभी

28. संविधान सभा का चुनाव निम्न में से किस आधार पर हुआ?
(a) समान मताधिकार
(b) सर्व मताधिकार
(c) सीमित मताधिार
(d) वर्गीय मताधिकार

29. संविधान सभा के सदस्य प्रतिनिधि थे–
(a) जनता द्वारा प्रत्यक्ष निर्वाचित
(b) जनता द्वारा अप्रत्यक्ष निर्वाचित
(c) गवर्नर जनरल द्वारा मनोनीत
(d) कांग्रेस और मुस्लिम लीग द्वारा नामांकित

30. भारतीय संविधान को किसने बनाया?
(a) संविधान सभा
(b) ब्रिटिश ससंद
(c) भारतीय संसद
(d) गर्वनर जनरल

31. संविधान सभा के लिए चुनाव कब सम्पन्न हुए?
(a) 1945 (b) 1946
(c) 1947 (d) 1948

32. भारतीय संविधान सभा की स्थापना कब हुई?
(a) 10 जून, 1946
(b) 9 दिसम्बर, 1946
(c) 26 नवम्बर, 1949
(d) 26 दिसम्बर, 1949

33. संविधान सभा का प्रथम अधिवेशन कहाँ हुआ था?
(a) बम्बई में (b) कलकत्ता में
(c) लाहौर में (d) दिल्ली में

34. संविधान सभा के उद्‌घाटन अधिवेशन की अध्यक्षता किसने की थी?
(a) जवाहरलाल नेहरू
(b) सच्चिदानंद सिन्हा
(c) बी०आर० अम्बेडकर
(d) सी० राजगोपालाचारी

35. संविधान सभा की प्रथम बैठक कब हुई थी?
(a) 2 दिसम्बर, 1946
(b) 9 दिसम्बर, 1960
(c) 4 जुलाई, 1947
(d) 15 अगस्त, 1947

36. संविधान सभा के अस्थायी सदस्य कौन थे?
(a) बी०आर० अम्बेडकर
(b) डॉ० राजेन्द्र प्रसाद
(c) सच्चिदानंद सिन्हा
(d) के०एम० मुंशी

37. 11 दिसम्बर, 1946 को किसे संविधान सभा का स्थायी अध्यक्ष चुना गया?
(a) जवाहरलाल नेहरू
(b) डॉ० राजेन्द्र प्रसाद
(c) बी०आर० अम्बेडकर
(d) के०एम० मुंशी

38. संविधान सभा के स्थायी अध्यक्ष कौन थे?
(a) बी०एन० राव
(b) बी०आर० अम्बेडकर
(c) डॉ० राजेन्द्र प्रसाद
(d) सच्चिदानंद सिन्हा

39. संविधान सभा का संवैधानिक सलाहकार किसे नियुक्त किया गया था?
(a) डॉ०बी०आर० अम्बेडकर
(b) के०टी० शाह
(c) बी०एन० राव
(d) ए०के० अय्यर

40. संविधान सभा के चुने हुए स्थायी अध्यक्ष कौन थे?
(a) डॉ०बी०आर० अम्बेडकर
(b) सच्चिदानंद सिन्हा
(c) डॉ० राजेन्द्र प्रसाद
(d) एस० राधाकृष्णन

41. निम्नलिखित में से कौन संविधान सभा का सदस्य नहीं था?
(a) के०एम० मुंशी
(b) एन० गोलालस्वामी आयंगार
(c) एच०एच० बेग
(d) टी०टी० कृष्णमाचारी

42. संविधान सभा ने कितनी समितियाँ नियुक्त की थी?
(a) 9 (b) 12
(c) 13 (d) 16

43. संविधान सभा के प्रारूप समिति की नियुक्ति कब की गयी?
(a) 29 अप्रैल 1947
(b) 11 जून 1947
(c) 29 अगस्त 1947
(d) 16 दिसम्बर 1947

44. संविधान सभा की प्रारूप समिति के अध्यक्ष थे–
(a) डॉ० राजेन्द्र प्रसाद
(b) जवाहरलाल नेहरू
(c) डॉ०बी०आर० अम्बेडकर
(d) पुरुषोत्तम दास टंडन

45. संविधान सभा के प्रारूप समिति में सदस्यों की संख्या कितनी थी?
(a) 5 (b) 7
(c) 9 (d) 11

46. निम्नलिखित में से कौन संविधान सभा द्वारा गठित प्रारूप समिति का सदस्य नहीं था–
(a) अल्लादी कृष्णास्वामी अय्यर
(b) डी०पी० खेतान
(c) सरदार पटेल
(d) के०एम० मुंशी

47. निम्नलिखित में से कौन प्रारूप समिति का सदस्य नहीं था?
(a) जवाहरलाल नेहरू
(b) मो० सदाउल्लाह
(c) के०एम० मुंशी
(d) गोपालस्वामी अयंगर

48. संविधान की प्रारूप समिति के समक्ष प्रस्तावना का प्रस्ताव किसने रखा?
(a) डॉ०बी०आर० अम्बेडकर
(b) बी०एन० राव
(c) महात्मा गांधी
(d) जवाहरलाल नेहरू

49. संविधान सभा में सभी निर्णय किस आधार पर लिये गये?
(a) एकता और अखण्डता
(b) बहुमत
(c) सर्वसम्मति
(d) सहमति और समायोजना

50. संविधान सभा में उद्देश्य प्रस्ताव किसने प्रस्तुत किया?
(a) सच्चिदानंद सिन्हा
(b) डॉ०बी०आर० अम्बेडकर
(c) जवाहरलाल नेहरू
(d) आचार्य जे०बी० कृपलानी

51. भारतीय संविधान सभा की संघीय शक्ति समिति के अध्यक्ष कौन थे?
(a) सरदार पटेल (b) अम्बेडकर
(c) ए०के० अय्यर (d) पं० नेहरू

52. भारतीय संविधान को अपनाया गया–
(a) संविधान सभा द्वारा
(b) गवर्नर जनरल द्वारा
(c) ब्रिटिश संसद द्वारा
(d) भारतीय संसद द्वारा

53. भारत को एक संविधान देने का प्रस्ताव संविधान सभा द्वारा पारित किया गया था–
(a) जनवरी 22, 1946
(b) जनवरी 22, 1947
(c) जनवरी 20, 1947
(d) जनवरी 26, 1946

54. संविधान सभा में झण्डा समिति के अध्यक्ष थे–
(a) जे०बी० कृपलानी
(b) के०एम० मुंशी
(c) अम्बेडकर
(d) नेहरू

55. राष्ट्रीय झण्डे की अभिकल्पना को भारत की संविधान सभा में ग्रहण किया गया था–
(a) जुलाई 1948 में
(b) जुलाई 1950 में
(c) जुलाई 1947 में
(d) 15 अगस्त 1947

56. संविधान सभा में संविधान को अंतिम रूप से किस दिन पारित किया?
(a) 15 अगस्त 1947
(b) 15 दिसम्बर 1948
(c) 26 नवंबर 1949
(d) 26 जनवरी 1950

57. संविधान सभा कितने उपस्थित सदस्यों ने संविधान पर हस्ताक्षर किया?
(a) 262 (b) 284
(c) 287 (d) 289

58. संविधान सभा द्वारा अंतिम रूप से पारित संविधान में कुल कितने अनुच्छेद और अनुसूचियाँ थीं?
(a) 378 अनुसूची 7 अनुसूचियाँ
(b) 387 अनुसूची 7 अनुसूचियाँ
(c) 395 अनुसूची 8 अनुसूचियाँ
(d) 395 अनुसूची 10 अनुसूचियाँ

59. सम्पूर्ण भारतीय संविधान के निर्माण में संविधान सभा को कितना समय लगा?
(a) 2 वर्ष 7 माह 23 दिन
(b) 2 वर्ष 11 माह 18 दिन
(c) 2 वर्ष 11 माह 14 दिन
(d) 2 वर्ष 11 माह 23 दिन

60. किस दिन से संविधान सभा का अन्तर्कालीन संसद के रूप मं आविर्भाव हुआ?
(a) 24 जनवरी 1950
(b) 25 जनवरी 1950

(c) 26 जनवरी 1950
(d) 18 फरवरी 1950

61. भारतीय संविधान के किस भाग को उसकी आत्मा की आख्या प्रदान की गयी है?
(a) प्रस्तावना
(b) मौलिक अधिकार
(c) राज्य के नीति-निर्देशक तत्त्व
(d) संविधान के सभी अनुच्छेद

62. संविधान निर्माताओं ने किस पर विशेष ध्यान दिया था?
(a) प्रस्तावना पर
(b) लोक गणराज्य
(c) मौलिक अधिकार
(d) नीति निर्देशक तत्त्व

63. भारत में जनप्रिय सम्प्रभुता है, क्योंकि भारत के संविधान के प्रस्तावना शुरू होती है, इन शब्दों से–
(a) लोकतंत्रवादी भारत
(b) लोक गणराज्य
(c) लोक प्रभुसत्ता
(d) हम, भारत के लोग

64. भारत को गणतन्त्र क्यों कहा जाता है?
(a) इसकी विधानमण्डलों की अधिकतम संख्या जनता द्वारा प्रत्यक्ष चुनी जाती है
(b) यह राज्यों का एक संघ है
(c) भारतीय नागरिक मूलभूत अधिकारों का उपयोग करती है
(d) यहाँ राज्य का प्रमुख निर्धारित अवधि के लिए निर्वाचित होता है

65. धर्मनिरपेक्ष का अर्थ है–
(a) जिस देश का अपना कोई धर्म न हो
(b) सरकार द्वारा धर्म का सरंक्षण
(c) सभी धर्मों का महत्त्व स्वीकार करना
(d) राष्ट्रधर्म का विशेष सांविधानिक महत्त्व

66. गणतन्त्र होता है–
(a) केवल एक लोकतांत्रिक राज्य
(b) अध्यक्षीय पद्धति शासित राज्य
(c) संसदीय पद्धति शासित राज्य
(d) राज्य जहाँ पर अध्यक्ष वंशानुगत रूप से न हो

67. वे दो शब्द जिनका समावेशन 42वें संशोधन द्वारा संविधान की उद्देशिका में किया गया था?
(a) धर्मनिरपेक्ष, लोकतांत्रिक
(b) प्रभुत्वसम्पन्न, लोकतांत्रिक
(c) समाजवादी, धर्मनिरपेक्ष
(d) धर्मनिरपेक्ष, गणतंत्र

68. भारतीय संविधान की प्रस्तावना में भारत को किस रूप में घोषित किया गया है?
(a) एक सार्वभौम, प्रजातांत्रिक गणतंत्र
(b) एक समाजवादी, प्रजातांत्रिक गणतंत्र
(c) एक प्रभुत्वसम्पन्न, समाजवादी, धर्मनिरपेक्ष, प्रजातांत्रिक गणराज्य
(d) इनमें से कोई नहीं

69. भारत एक गणतंत्र है, इसका अर्थ है–
(a) सभी मामलों में अंतिम अधिकार जनता के पास है
(b) भारत में संसदीय शासन व्यवस्था है
(c) भारत में वंशानुगत शासन नहीं है
(d) भारत राज्यों का एक संघ है

70. निम्नलिखित में से कौन-सा शब्द भारत के संविधान की उद्देशिका में नहीं है?
(a) समाजवादी   (b) पंथनिरपेक्ष
(c) प्रभुत्वसम्पन्न   (d) लोक कल्याण

71. भारत को मुख्य रूप से एक गणराज्य माना जाता है, क्योंकि–
(a) राज्याध्यक्ष का चुनाव होता है
(b) इसे 15 अगस्त 1947 की स्वतंत्रता मिली थी
(c) उसका अपना लिखित संविधान है
(d) उसकी सरकार संसदीय प्रणाली के अनुसार है

72. संविधान की प्रस्तावना में प्रयुक्त शब्द 'सेक्युलर' का अर्थ है–
(a) सभी नागरिकों को धर्म एवं उपासना की स्वतंत्रता
(b) एकेश्वरवाद
(c) बहुदेववाद
(d) सभी धर्मों की अस्वीकृति

73. 'समाजवाद' का अर्थ है–
(a) सामाजिक नियंत्रण
(b) राष्ट्रीयकरण
(c) सामाजिक न्याय
(d) सामाजिक स्पर्द्धा

74. सामाजिक समता का अर्थ है–
(a) दमन का अभाव
(b) अवसरों का अभाव
(c) भेदभाव का अभाव
(d) विषमता का अभाव

75. भारतीय संवधिान की आत्मा किसे कहा जाता है?
(a) प्रस्तावना
(b) मूलाधिकार
(c) नीति-निर्देशक तत्त्व
(d) उपर्युक्त सभी

76. भारत में लौकिक सार्वभौमिकता है, क्योंकि संविधान की प्रस्तावना प्रारम्भ होती है–
(a) हम भारत के लोग शब्दों से
(b) जनता के जनतंत्र शब्दों से
(c) जनता के लोकतंत्र शब्दों से
(d) प्रजातंत्रीय भारत शब्दों से

77. भारतीय संविधान की प्रस्तावना पर किस क्रांति का प्रभाव नहीं झलकता है?
(a) फ्रांसीसी क्रांति (1789)
(b) अमेरिकी क्रांति (1776)
(c) बोल्शेविक क्रांति (1917)
(d) चीन की क्रांति (1912)

78. भारतीय संविधान की प्रस्तावना में वर्णित लोकतंत्र को किस रूप में स्वीकारा गया है?
(a) राजनीतिक राजतंत्र
(b) आर्थिक लोकतंत्र
(c) सामाजिक राजतंत्र
(d) उपयुक्त सभी

79. भारतीय संविधान ने किस प्रकार के लोकतंत्र को अपनाया है?
(a) संवैधानिक राजतंत्र
(b) वंशानुगत लोकतंत्र
(c) लोकतांत्रिक राजतंत्र
(d) लोकायुक्त गणतंत्र

80. भारतीय संविधान की प्रस्तावना के अनुसार भारत के शासन की सर्वोच्च सत्ता किसमें निहित है?
(a) जनता (b) मतदाता
(c) राष्ट्रपति (d) संसद

81. भारत की सम्प्रभुता, एकता तथा अखण्डता को अक्षुण्ण बनाये रखने तथा उसकी रक्षा करने का प्रावधान किया गया है?
(a) प्रस्तावना में
(b) मूल अधिकार में
(c) नीति-निर्देशक सिद्धान्त में
(d) मूल कर्त्तव्य में

82. संविधान सभा में प्रस्तुत उद्देश्य प्रस्ताव में अभिव्यक्ति विचार को भारतीय संविधान के किस भाग में पूर्णतः शामिल किया गया है?
(a) प्रस्तावना
(b) मौलिक अधिकार
(c) राज्य के नीति-निर्देशक तत्त्व
(d) मूल कर्त्तव्य

83. भारतीय संविधान की प्रस्तावना में देश का कौन-सा नाम उल्लिखित है?
(a) भारत और भारतवर्ष
(b) भारत और हिन्दुस्तान
(c) भारत और इण्डिया
(d) हिन्दुस्तान और भारतवर्ष

84. भारतीय संविधान की प्रस्तावना से क्या स्पष्ट नहीं होता है?
(a) संविधान का स्रोत
(b) शासन के ध्येयों का विवरण
(c) संविधान को लागू करने की तिथि
(d) संविधान को अंगीकृत, अधिनियमित और आत्मर्पित करने की तिथि

85. भारतीय संविधान किसके द्वारा स्वीकृत है?
(a) संविधान सभा द्वारा
(b) भारत की संसद द्वारा
(c) प्रथम निर्वाचित सरकार द्वारा
(d) भारत की जनता द्वारा

86. भारत की सम्प्रभुता किसमें निहित है?
(a) भारतीय संसद
(b) राष्ट्रपति
(c) प्रधानमंत्री
(d) भारत की जनता

87. भारतीय संविधान को संविधान सभा द्वारा अंगीकृत किया गया–
(a) 26 नवम्बर, 1949 को
(b) 15 अगस्त, 1945 को
(c) 2 अक्टूबर, 1945 को
(d) 15 नवम्बर, 1945 को

88. भारत का संविधान पूर्ण रूप से तैयार हुआ–
(a) 26 जनवरी, 1950
(b) 26 नवंबर, 1949
(c) 11 फरवरी, 1948
(d) इनमें से कोई नहीं

89. किस वर्ष भारत एक प्रभुत्वसम्पन्न प्रजातांत्रिक गणराज्य बना?
(a) 1947 में (b) 1951 में
(c) 1935 में (d) 1950 में

90. अब तक भारत के संविधान की उद्देशियका में कितनी बार संशोधन किया जा चुका है?
(a) एक बार (b) दो बार
(c) तीन बार (d) कभी नहीं

91. भारत के संविधान की प्रस्तावना में प्रथम बार कब संशोधन किया गया?
(a) 1951 (b) 1971
(c) 1976 (d) 1984

92. विश्व का सबसे बड़ा, लिखित एवं सर्वाधिक व्यापक संविधान किस देश का है?
(a) ब्रिटेन (b) भारत
(c) कनाडा (d) दक्षिण अफ्रीका

93. भारतीय संविधान है–
(a) बहुत कठोर
(b) कठोर
(c) लचीला
(d) अंशतः कठोर, अशंतः लचीला

94. भारत का संविधान किस प्रकार का है?
(a) नम्य
(b) अनम्य
(c) नम्य और अनम्य
(d) इनमें से कोई नहीं

95. भारत के संविधान में भारत को माना गया है–
(a) एक अर्द्धसंघ
(b) स्वतंत्र राज्यों का एक संघ
(c) राज्यों का एक यूनियन
(d) इनमें से कोई नहीं

96. भारतीय संविधान में कितनी सूचियाँ हैं?
(a) 1 (b) 2
(c) 3 (d) 4

97. भारत में वैध प्रभुसत्ता निहित है–
(a) राष्ट्रपति में (b) न्यायपालिका में
(c) मंत्रिमंडल में (d) संविधान में

98. भारतीय संविधान की संरचना किस प्रकार की है?
(a) संघीय
(b) एकात्मक
(c) कठोर
(d) कुछ एकात्मक, कुछ कठोर

99. भारत में वयस्क मताधिकार की उम्र सीमा क्या है?
(a) 18 वर्ष (b) 20 वर्ष
(c) 21 वर्ष (d) 25 वर्ष

100. भारतीय संघीय व्यवस्था की एक विशेषता है–
(a) दोहरी नागरिकता
(b) संविधान की सर्वोच्चता
(c) केन्द्र में सम्पूर्ण शक्ति
(d) शक्तियों का एकीकरण

101. भारतीय राजनीतिक व्यवस्था में इनमें से कौन सर्वोच्च है?
(a) सर्वोच्च न्यायालय
(b) संविधान
(c) संसद
(d) धर्म

102. भारत के संविधान में संघीय शब्द की जगह किन शब्दों को स्थान दिया गया है?
(a) संघीय राज्य
(b) संघों का राज्य
(c) राज्यों का संघ
(d) इकाइओ का संघ

103. भारतीय संविधान की कौन-सी विशेष व्यवस्था इंग्लैण्ड से ली गयी है?
(a) संसदीय प्रणाली
(b) संघीय प्रणाली
(c) मूल अधिकार
(d) सर्वोच्च न्यायपालिका

104. भारतीय संविधान का सबसे बड़ा एकाकी स्रोत है–
(a) ब्रिटिश शासन
(b) USA का बिल ऑफ राइट्स
(c) गवर्नमेन्ट ऑफ इण्डिया ऐक्ट 1919
(d) गवर्नमेन्ट ऑफ इण्डिया ऐक्ट 1935

105. भारत की संघीय व्यवस्था किस देश की संघीय व्यवस्था से अधिक समानता रखती है?
(a) ऑस्ट्रेलिया (b) कनाडा
(c) अमेरिका (d) आयरलैण्ड

106. भारतीय संविधान में समवर्ती सूची कहाँ से ली गयी है?
(a) अमेरिका
(b) स्विट्जरलैण्ड
(c) ऑस्ट्रेलिया
(d) पूर्व सोवियत संघ

107. भारतीय संविधान के अंतर्गत संघ और राज्यों के बीच शक्तियों का विभाजन किसकी प्रेरणा पर आधारित है?
    (a) अमेरिका
    (b) कनाडा
    (c) स्विटजरलैंड
    (d) पूर्व सोवियत संघ

108. भारतीय संविधान में मौलिक कर्तव्य का विचार लिया गया है–
    (a) अमेरिकी संविधान से
    (b) ब्रिटिश संविधान से
    (c) रूस के संविधान से
    (d) फ्रांस के संविधान से

109. भारतीय संविधान में नीति-निर्देशक तत्वों की प्रेरणा मिली–
    (a) ऑस्ट्रेलिया   (b) अमेरिका
    (c) फ्रांस   (d) आयरलैंड

110. भारतीय संविधान में संसदीय व्यवस्था को किस देश के संविधान के समान रखा गया है?
    (a) अमेरिका   (b) कनाडा
    (c) ब्रिटेन   (d) फ्रांस

111. भारत के संविधान निर्माताओं ने न्यायिक पुनरावलोकन के विचार को ग्रहण किया है–
    (a) ब्रिटेन से
    (b) फ्रांस से
    (c) स्विट्जरलैण्ड से
    (d) अमेरिका से

112. 'कानून के समान संरक्षण' वाक्य कहाँ से लिया गया है?
    (a) अमेरिका   (b) ब्रिटेन
    (c) कनाडा   (d) ऑस्ट्रेलिया

113. भारतीय संविधान में आपात उपबन्ध लिया गया है–
    (a) दक्षिण अफ्रीका
    (b) जर्मनी के वीमर संविधान
    (c) कनाडा
    (d) पूर्व सोवियत संघ

114. भारतीय संविधान में राज्य के नीति निर्देशक तत्वों की संकल्पना किस देश से लिया गया है?
    (a) फ्रांस
    (b) आयरलैण्ड
    (c) जापान
    (d) पूर्व सोवियत संघ

115. राज्यसभा में मनोनीत सदस्य को कहाँ के संविधान से लिया गया है?
    (a) फ्रांस
    (b) आयरलैण्ड
    (c) जापान
    (d) पूर्व सोवियत संघ

116. संविधान के संरक्षक के रूप में सर्वोच्च न्यायालय का अधिकार विश्व के किस संविधान से लिया गया है?
    (a) स्विट्जरलैण्ड से
    (b) कनाडा से
    (c) अमेरिका से
    (d) इंग्लैण्ड से

117. भारत में कलेक्टर का पद औपनिवेशिक शासन ने उधार लिया था–
    (a) इंग्लैण्ड से   (b) आयरलैण्ड से
    (c) ऑस्ट्रिया से   (d) फ्रांस से

118. 'विधि के समक्ष समता' लिया गया है–
    (a) इंग्लैण्ड से   (b) अमेरिका से
    (c) आयरलैण्ड से   (d) जापान से

119. भारतीय संविधान में संघवाद किस देश से लिया गया है?
    (a) UAE   (b) USA
    (c) ऑस्ट्रेलिया   (d) कनाडा

120. सर्वोच्च न्यायालय की व्यवस्था भारतीय संविधान में किस देश से लिया गया है?
    (a) जापान   (b) USA
    (c) ब्रिटेन   (d) दक्षिण अफ्रीका

121. भारत के संविधान की प्रस्तावना में प्रतिष्ठान स्वतंत्रता, समानता और भाईचारे के आदर्श की प्रेरणा कहाँ से मिली थी?
    (a) फ्रांस की क्रांति
    (b) रूस की क्रांति
    (c) अमेरिका के संविधान
    (d) UN घोषणापत्र

122. भारतीय संविधान में कुल कितने भाग है?
    (a) 18   (b) 20
    (c) 22   (d) 24

123. संविधान के किस भाग में संविधान संशोधन की प्रक्रिया का उल्लेख है?
    (a) भाग 3   (b) भाग 4
    (c) भाग 20   (d) भाग 21

124. संविधान के किस भाग में ग्राम पंचायतों की स्थापना की बात कही गयी है?
    (a) भाग 3　　(b) भाग 4
    (c) भाग 5　　(d) भाग 6
125. भारतीय संविधान के किस भाग में पंचायती राज से सम्बन्धित प्रावधान है?
    (a) भाग 6　　(b) भाग 7
    (c) भाग 8　　(d) भाग 9
126. भारतीय संविधान के किस भाग में नगरपालिकाओं से सम्बन्धित प्रावधान है?
    (a) भाग 4 (क)　(b) भाग 9 (क)
    (c) भाग 14 (क)　(d) भाग 22
127. संविधान के किस भाग में मूल कर्त्तव्यों का उल्लेख है?
    (a) भाग 4　　(b) भाग 4 (क)
    (c) भाग 9 (क)　(d) भाग 17
128. भारत के संविधान का भाग IV किसके बारे में बताता है?
    (a) मूलभूत अधिकार
    (b) नागरिकता
    (c) राज्य के नीति-निर्देशक सिद्धान्त
    (d) मूलभूत कर्त्तव्य
129. संघीय कार्यपालिका की व्याख्या संविधान के किस भाग में गयी है?
    (a) भाग II　　(b) भाग III
    (c) भाग IV　　(d) भाग V
130. संविधान के किस भाग में नागरिकता का उल्लेख है?
    (a) भाग I　　(b) भाग II
    (c) भाग III　　(d) भाग IV
131. वर्तमान में भारतीय संविधान में कुल कितनी अनुसूचियाँ हैं?
    (a) 8　　(b) 10
    (c) 12　　(d) 14
132. मूल संविधान में कितनी अनुसूचियाँ थी?
    (a) 8　　(b) 9
    (c) 10　　(d) 11
133. संविधान सभा द्वारा अंतिम रूप से पारित संविधान में कुल कितनी अनुसूचियाँ थी?
    (a) 6　　(b) 8
    (c) 10　　(d) 12
134. संविधान सभा की प्रारूप समिति द्वारा प्रस्तुत संविधान में कितनी अनुसूचियाँ थी?
    (a) 6　　(b) 8
    (c) 9　　(d) 12
135. किस संविधान संशोधन अधिनियम द्वारा भारतीय संविधान में 9वीं अनुसूची जोड़ी गयी?
    (a) पहला　　(b) दूसरा
    (c) सातवाँ　　(d) नौवाँ
136. 73वें संविधान संशोधन अधिनियम द्वारा भारतीय संविधान में कौन-सी अनुसूची जोड़ी गयी?
    (a) 9वीं　　(b) 10वीं
    (c) 11वीं　　(d) 12वीं
137. 14वें संविधान संशोधन अधिनियम द्वारा भारतीय संविधान में कौन-सी अनुसूची जोड़ी गयी?
    (a) 9वीं　　(b) 10वीं
    (c) 11वीं　　(d) 12वीं
138. संविधान की द्वितीय अनुसूची का सम्बन्ध किससे है?
    (a) राज्यसभा में प्रतिनिधित्व से
    (b) भाषाओं से
    (c) शपथ ग्रहण से
    (d) महत्त्वपूर्ण पदाधिकारियों के वेतन से
139. भारतीय संविधान की तीसरी अनुसूची का सम्बन्ध है–
    (a) राज्यसभा में प्रतिनिधित्व
    (b) शपथ तथा प्रतिज्ञान
    (c) भाषाओं से
    (d) महत्त्वपूर्ण पदाधिकारियों के वेतन से
140. राज्यसभा में स्थानों के आवंटन की सूची है–
    (a) प्रथम अनुसूची　(b) द्वितीय अनुसूची
    (c) तृतीय अनुसूची　(d) चतुर्थ अनुसूची
141. भारत के संविधान की छठी अनुसूची का प्रमुख उपबंध निम्नलिखित में से किससे है?
    (a) सरकारी नौकरियों में आरक्षण
    (b) जनजातीय भूमि का संरक्षण
    (c) उत्तर-पूर्व भारत में जनजातीय क्षेत्रों के प्रशासन में स्वायत्तता
    (d) शैक्षणिक संस्थानों में आरक्षण
142. भारतीय संविधान में राजभाषा का उल्लेख किस अनुसूची में है?
    (a) सातवीं　　(b) आठवीं
    (c) नौवीं　　(d) दसवीं

143. 52वाँ संविधान संशोधन अधिनियम 1985 को संविधान की किस अनुसूची में रखा गया है?
(a) 7वीं (b) 8वीं
(c) 9वीं (d) 10वीं

144. राज्यों के नामों एवं उसके विस्तार का उल्लेख किस अनुसूची में है?
(a) पहली (b) दूसरी
(c) तीसरी (d) चौथी

145. निम्नलिखित में से कौन नई जोड़ी गयी अनुसूची नहीं है?
(a) अठवीं अनुसूची
(b) नवीं अनुसूची
(c) दसवीं अनुसूची
(d) ग्यारहवीं अनुसूची

146. संविधान के किस अनुच्छेद में यह अंकित है कि 'भारत अर्थात् इण्डिया राज्यों का एक संघ' होगा?
(a) अनुच्छेद-1 (b) अनुच्छेद-2
(c) अनुच्छेद-3 (d) अनुच्छेद-4

147. संविधान के अनुच्छेद-1 में भारत को क्या कहा गया है?
(a) परिसंघ
(b) महासंघ
(c) परिसंघ प्रबल एकात्मक आधार के साथ
(d) राज्यों का संघ

148. भारतीय संविधान में नागरिकता सम्बन्धी प्रावधान है?
(a) अनुच्छेद 1-5
(b) अनुच्छेद 5-11
(c) अनुच्छेद 12-15
(d) अनुच्छेद 36-51

149. मौलिक अधिकार प्रदान किया गया है–
(a) अनुच्छेद 112-115
(b) अनुच्छेद 12-35
(c) अनुच्छेद 222-235
(d) अनुच्छेद 5-11

150. कमजोर वर्ग के लिए आरक्षण का प्रावधान है?
(a) अनुच्छेद 14 (b) अनुच्छेद 16
(c) अनुच्छेद 17 (d) अनुच्छेद 23

151. संविधान के किस धारा के तहत छुआछूत को समाप्त किया गया है?
(a) अनुच्छेद 16 (b) अनुच्छेद 17
(c) अनुच्छेद 18 (d) अनुच्छेद 19

152. किस अनुच्छेद में प्रेस की आजादी अन्तर्निहित है?
(a) अनुच्छेद 14
(b) अनुच्छेद 17
(c) अनुच्छेद 19(i)अ
(d) अनुच्छेद 24

153. मौलिक अधिकार के अन्तर्गत कौन-सा अनुच्छेद बच्चों के शोषण से सम्बन्धित है?
(a) अनुच्छेद 17 (b) अनुच्छेद 19
(c) अनुच्छेद 23 (d) अनुच्छेद 24

154. भारतीय संविधान के किस अनुच्छेद में अल्पसंख्यकों के हितों में संरक्षण की व्यवस्था है?
(a) अनुच्छेद 32 (b) अनुच्छेद 29
(c) अनुच्छेद 19 (d) अनुच्छेद 14

155. कौन-से अनुच्छेद के अन्तर्गत भारत का सर्वोच्च न्यायालय नागरिकों के मौलिक अधिकारों की रक्षा करता है?
(a) अनुच्छेद 74 (b) अनुच्वेद 61
(c) अनुच्छेद 54 (d) अनुच्छेद 32

156. भारतीय संविधान के किन अनुच्छेदों में राज्य के नीति-निर्देशक तत्त्वों का उल्लेख है?
(a) अनुच्छेद 33-46
(b) अनुच्छेद 34-48
(c) अनुच्छेद 36-51
(d) अनुच्छेद 37-52

157. भारतीय संविधान के अन्तर्गत कल्याणकारी राज्य की अवधारणा किस अनुच्छेद में वर्णित है?
(a) अनुच्छेद 31 (b) अनुच्छेद 39
(c) अनुच्छेद 49 (d) अनुच्छेद 51

158. ग्राम पंचायतों की संगठित करने का निर्देश किस अनुच्छेद में है?
(a) अनुच्छेद 40 (b) अनुच्छेद 46
(c) अनुच्छेद 48 (d) अनुच्छेद 51

159. 42वें संशोधन द्वारा संविधान के किस अनुच्छेद में मौलिक कर्त्तव्यों को जोड़ा गया है?
(a) अनुच्छेद 51 (b) अनुच्छेद 51A
(c) अनुच्छेद 29B (d) अनुच्छेद 39C

160. संघ की कार्यपालिका शक्ति राष्ट्रपति में निहित होगी, जिनका प्रयोग वह स्वयं या अपने अधीनस्थ अधिकारियों के द्वारा करेगा।

(a) अनुच्छेद 51 (b) अनुच्छेद 52
(c) अनुच्छेद 53 (d) अनुच्छेद 54

161. राष्ट्रपति पर महाभियोग किस अनुच्छेद के अन्तर्गत चलाया जायेगा?
(a) अनुच्छेद 61 (b) अनुच्छेद 75
(c) अनुच्छेद 76 (d) अनुच्छेद 85

162. संविधान के किस अनुच्छेद में उपराष्ट्रपति पद का प्रावधान किया गया है?
(a) अनुच्छेद 52 (b) अनुच्छेद 53
(c) अनुच्छेद 63 (d) अनुच्छेद 76

163. संविधान के किस अनुच्छेद के अन्तर्गत मंत्रिगण सामूहिक रूप से लोकसभा के प्रति उत्तरदायी है?
(a) अनुच्छेद 73 (b) अनुच्छेद 74
(c) अनुच्छेद 75 (d) अनुच्छेद 76

164. भारतीय संविधान का कौन-सा अनुच्छेद केन्द्र में मंत्रिपरिषद् की नियुक्ति तथा पदच्युति को विवेचित करता है?
(a) अनुच्छेद 65 (b) अनुच्छेद 75
(c) अनुच्छेद 85 (d) अनुच्छेद 110

165. भारत के महान्यायवादी की नियुक्ति से सम्बन्धित अनुच्छेद कौन-सा है?
(a) अनुच्छेद 53 (b) अनुच्छेद 63
(c) अनुच्छेद 76 (d) अनुच्छेद 79

166. कौन-सा अनुच्छेद संसद के दो अधिवेशनों के बीच 6 माह के अन्तराल की अनिवार्यता का उल्लेख करता है?
(a) अनुच्छेद 81 (b) अनुच्छेद 82
(c) अनुच्छेद 83 (d) अनुच्छेद 85

167. राष्ट्रपति संविधान के किस अनुच्छेद के अन्तर्गत लोकसभा को भंग कर सकता है?
(a) अनुच्छेद 85 (b) अनुच्छेद 95
(c) अनुच्छेद 356 (d) अनुच्छेद 365

168. संसद की संयुक्त बैठक का प्रावधान किस अनुच्छेद में है?
(a) अनुच्छेद 106 (b) अनुच्छेद 108
(c) अनुच्छेद 110 (d) अनुच्छेद 112

169. संविधान के किस अनुच्छेद में धन विधेयक की परिभाषा दी गयी है?
(a) अनुच्छेद 103 (b) अनुच्छेद 109
(c) अनुच्छेद 110 (d) 124

170. भारतीय संविधान का कौन-सा अनुच्छेद भारत के संचित कोष से सम्बन्धित है?
(a) अनुच्छेद 112 (b) अनुच्छेद 146
(c) अनुच्छेद 148 (d) उपर्युक्त सभी

171. संविधान के किस अनुच्छेद के अन्तर्गत राष्ट्रपति अध्यादेश जारी करता है?
(a) अनुच्छेद 109 (b) अनुच्छेद 110
(c) अनुच्छेद 123 (d) अनुच्छेद 124

172. संविधान के किस अनुच्छेद में सर्वोच्च न्यायालय के न्यायाधीश पर महाभियोग चलाये जाने का प्रावधान है?
(a) अनुच्छेद 256 (b) अनुच्छेद 151
(c) अनुच्छेद 124 (d) अनुच्छेद 111

173. राष्ट्रपति सर्वोच्च न्यायालय से संविधान के किस अनुच्छेद के अन्तर्गत परामर्श ले सकता है?
(a) अनुच्छेद 123 (b) अनुच्छेद 352
(c) अनुच्छेद 312 (d) अनुच्छेद 143

174. सर्वोच्च न्यायालय अपने द्वारा सुनाये गये किसी निर्णय या आदेश का पुनरावलोकन कर सकता है। यह व्यवस्था संविधान के किस अनुच्छेद में उपबंधित है?
(a) अनुच्छेद 138 (b) अनुच्छेद 139
(c) अनुच्छेद 137 (d) अनुच्छेद 143

175. भारतीय संविधान में सर्वोच्च न्यायालय तथा उच्च न्यायालय को न्यायिक पुनरावलोकन की शक्ति प्रदान की गयी है, जिसका आधार है–
(a) अनुच्छेद 13 (b) अनुच्छेद 32
(c) अनुच्छेद 226 (d) अनुच्छेद 368

176. संविधान के किस अनुच्छेद के अन्तर्गत अधीनस्थ न्यायालय या जिला न्यायालय का प्रावधान किया गया है?
(a) अनुच्छेद 231 (b) अनुच्छेद 233
(c) अनुच्छेद 131 (d) अनुच्छेद 143

177. किस अनुच्छेद के तहत अवशिष्ट शक्तियाँ केन्द्र के पास है?
(a) अनुच्छेद 245 (b) अनुच्छेद 246
(c) अनुच्छेद 247 (d) अनुच्छेद 248

178. राज्यों द्वारा प्रार्थना करने पर भारत की संसद उन राज्यों के लिए किस अनुच्छेद के अन्तर्गत कानून बना सकती है?
(a) अनुच्छेद 251 (b) अनुच्छेद 252
(c) अनुच्छेद 253 (d) अनुच्छेद 254

179. संविधान का कौन-सा अनुच्छेद संसद की राज्य सूची के किसी विषय पर विधान बनाने की शक्ति देता है?
(a) अनुच्छेद 115 (b) अनुच्छेद 183
(c) अनुच्छेद 221 (d) अनुच्छेद 249

180. केन्द्र-राज्य के प्रशासनिक सम्बन्ध भारतीय संविधान के किस अनुच्छेद में वर्णित है?
(a) अनुच्छेद 256-263
(b) अनुच्छेद 352-356
(c) अनुच्छेद 250-280
(d) इनमें से कोई नहीं

181. संविधान के किस अनुच्छेद के अन्तर्गत केन्द्र सरकार राज्य सरकारों को निर्देश दे सकती है?
(a) अनुच्छेद 256 (b) अनुच्छेद 263
(c) अनुच्छेद 356 (d) अनुच्छेद 370

182. अन्तर्राज्यीय परिषद् के गठन का प्रावधान संविधान के किस अनुच्छेद के अन्तर्गत किया गया है?
(a) अनुच्छेद 293 (b) अनुच्छेद 280
(c) अनुच्छेद 263 (d) अनुच्छेद 249

183. भारतीय संविधान के किस अनुच्छेद के अन्तर्गत वित्त आयोग के गठन का प्रावधान है?
(a) अनुच्छेद 249 (b) अनुच्छेद 280
(c) अनुच्छेद 386 (d) अनुच्छेद 370

184. सम्पत्ति का अधिकार संवैधानिक अधिकार है। यह बताया गया है–
(a) अनुच्छेद 28
(b) अनुच्छेद 30
(c) अनुच्छेद 31(घ)
(d) अनुच्छेद 300(क)

185. राज्य लोक सेवा एवं संघ लोक सेवा का प्रावधान है?
(a) अनुच्छेद 310 (b) अनुच्छेद 312
(c) अनुच्छेद 313 (d) अनुच्छेद 315

186. संविधान का अनुच्छेद 312 सम्बन्धित है–
(a) अखिल भारतीय सेवाओं से
(b) प्रवक्ताओं से
(c) हिन्दी भाषा से
(d) राष्ट्रपतियों से

187. संघ लोक सेवा आयोग के कार्यों का उल्लेख किस अनुच्छेद के अन्तर्गत है?
(a) अनुच्छेद 320 (b) अनुच्छेद 322
(c) अनुच्छेद 324 (d) अनुच्छेद 325

188. संविधान के किस अनुच्छेद में हिन्दी भाषा के विकास के लिए निर्देश दिया गया है?
(a) अनुच्छेद 330 (b) अनुच्छेद 336
(c) अनुच्छेद 343 (d) अनुच्छेद 351

189. राष्ट्रपति राष्ट्रीय आपातकाल की घोषणा करता है?
(a) अनुच्छेद 352 (b) अनुच्छेद 356
(c) अनुच्छेद 360 (d) अनुच्छेद 368

190. वित्तीय आपात की उद्घोषणा किस अनुच्छेद के तहत होती है?
(a) अनुच्छेद 352 (b) अनुच्छेद 356
(c) अनुच्छेद 360 (d) अनुच्छेद 355

191. संविधान में मंत्रिमंडल शब्द का एक बार प्रयोग हुआ है और यह है–
(a) अनुच्छेद 352 (b) अनुच्छेद 74
(c) अनुच्छेद 356 (d) अनुच्छेद 76

192. संसद को संविधान संशोधन का अधिकार दिया गया है–
(a) अनुच्छेद 349 में
(b) अनुच्छेद 368 में
(c) अनुच्छेद 390 में
(d) अनुच्छेद 351 में

193. जम्मू-कश्मीर को कौन-सी धारा के अन्तर्गत विशेष दर्जा प्राप्त है?
(a) अनुच्छेद 360 (b) अनुच्छेद 368
(c) अनुच्छेद 370 (d) अनुच्छेद 371

194. भारतीय संविधान में समानता का अधिकार पांच अनुच्छेदों द्वारा प्रदान किया है–
(a) अनुच्छेद 16 से 20
(b) अनुच्छेद 15 से 19
(c) अनुच्छेद 14 से 18
(d) अनुच्छेद 13 से 17

195. भारत एक है–
(a) संघ राज्य
(b) राज्यों का संघ
(c) प्रान्तों का संघ
(d) एक राज्य इकाई

196. भारत का संविधान भारत को कैसे वर्णित करता है?
(a) राज्यमंडल
(b) राज्यों का संघ
(c) महासंघ
(d) इनमें से कोई नहीं

197. भारतीय संघ में किसी राज्य को सम्मिलित करने का अधिकार किसे है?
(a) राष्ट्रपति (b) प्रधानमंत्री
(c) संसद (d) लोकसभाध्यक्ष

198. नये राज्य के गठन अथवा सीमा में परिवर्तन करने का अधिकार किसको है?
(a) प्रधानमंत्री को (b) मंत्रिमंडल को
(c) राष्ट्रपति को (d) संसद को

199. 500 से अधिक रजवाड़ों के भारत में विलय के लिए कौन उत्तरदायी था?
(a) के०एम० मुंशी
(b) बी०आर० अम्बेडकर
(c) सरदार पटेल
(d) सरदार बलदेव सिंह

200. मूल संविधान में राज्यों को कितने वर्गों में रखा गया था?
(a) 1 (b) 2
(c) 3 (d) 4

201. मूल संविधान में राज्यों की संख्या कितनी थी?
(a) 21 (b) 25
(c) 27 (d) 31

202. भाषायी आधार पर गठित भारत का प्रथम राज्य था–
(a) हरियाणा (b) आन्ध्र प्रदेश
(c) तमिलनाडु (d) कर्नाटक

203. राज्य पुनर्गठन आयोग का गठन किस वर्ष किया गया था?
(a) 1950 ई० (b) 1951 ई०
(c) 1952 ई० (d) 1953 ई०

204. राज्य पुनर्गठन आयोग (1956 ई०) के अध्यक्ष कौन थे?
(a) जस्टिस फजल अली
(b) जस्टिस एम०पी० छागला
(c) एच०एन० कुंजरू
(d) गुलजारी लाल नन्दा

205. राज्यु पुनर्गठन अधिनियम 1956 के पश्चात् राज्यों और केन्द्र शासित प्रदेशों की संख्या क्रमश: कितनी थी?
(a) 16, 3 (b) 15, 6
(c) 14, 5 (d) 14, 7

206. कराइकल, माहे, यनाम सहित पांडिचेरी की फ्रांसीसी बस्ती को फ्रांसीसी सरकार ने किस वर्ष भारत को अध्यर्पित किया?
(a) 1952 (b) 1954
(c) 1955 (d) 1958

207. सिक्किम को किस वर्ष भारतीय संघ में संयुक्त राज्य के रूप में शामिल किया गया?
(a) 1971 में (b) 1972 में
(c) 1974 में (d) 1975 में

208. किस वर्ष सिक्किम को राज्य का दर्जा दिया गया?
(a) 1973 में (b) 1974 में
(c) 1975 में (d) 1976 में

209. भारतीय संविधान के किन अनुच्छेदों में नागरिकता सम्बन्धी प्रावधान किये गये हैं?
(a) अनुच्छेद 1-4
(b) अनुच्छेद 5-11
(c) अनुच्छेद 12-35
(d) अनुच्छेद 36-51

210. भारतीय संविधान निम्नलिखित में से कौन-सी नागरिकता प्रदान करता है?
(a) एकल नागरिकता
(b) दोहरी नागरिकता
(c) उपर्युक्त दोनों
(d) उपर्युक्त में से कोई नहीं

211. किस अनुच्छेद के तहत संसद को नागरिकता के सम्बन्ध में कानून बनाने का अधिकार प्रदान किया गया है?
(a) अनुच्छेद 5 (b) अनुच्छेद 9
(c) अनुच्छेद 10 (d) अनुच्छेद 11

212. भारतीय नागरिकता नहीं प्राप्त की जा सकती है–
(a) जन्म द्वारा
(b) देशीयकरण द्वारा
(c) किसी भू-भाग में सम्मिलन द्वारा
(d) भारतीय बैंक में धन जमा करके

213. पाकिस्तान से आकर भारत में नागरिकता प्राप्त करने सम्बन्धी प्रावधान का वर्णन किस अनुच्छेद में वर्णित है?
(a) अनुच्छेद 6 (b) अनुच्छेद 8
(c) अनुच्छेद 9 (d) अनुच्छेद 11

214. भारत के नागरिकों को कितने प्रकार की नागरिकता प्राप्त है?
(a) एक (b) दो
(c) तीन (d) चार

215. कितने वर्षों तक लगातार बाहर रहने पर नागरिकता समाप्त हो जाती है?
(a) 3 वर्ष (b) 5 वर्ष
(c) 7 वर्ष (d) 9 वर्ष

216. भारतीय संविधान में शामिल इकहरी नागरिकता किस देश के संविधान से प्रेरित है?
(a) ब्रिटेन (b) अमेरिका
(c) कनाडा (d) आयरलैण्ड

217. संविधान द्वारा प्रदत्त नागरिकता के सम्बन्ध में संसद ने एक व्यापक नागरिकता अधिनियम कब बनाया?
(a) 1950 (b) 1952
(c) 1955 (d) 1960

218. मौलिक अधिकार संविधान के किस भाग में वर्णित है?
(a) भाग II (b) भाग III
(c) भाग IV (d) भाग VI

219. मूल अधिकारों को सर्वप्रथम किस देश में संवैधानिक मान्यता प्रदान की गयी?
(a) भारत (b) अमेरिका
(c) फ्रांस (d) ब्रिटेन

220. डॉ० भीमराव अम्बेडकर ने भारतीय संविधान के किस भाग को सर्वाधिक आलोकित भाग कहा है?
(a) भाग I (b) भाग II
(c) भाग III (d) भाग IV

221. भारतीय संविधान के भाग III में कुल कितने अनुच्छेदों में मूल अधिकारों का वर्णन है?
(a) 21 (b) 22
(c) 23 (d) 24

222. वर्तमान में भारतीय नागरिकों को कितने मौलिक अधिकार प्राप्त हैं?
(a) 6 (b) 7
(c) 8 (d) 9

223. मौलिक अधिकारों को लागू करने का दायित्व है–
(a) उच्चतम न्यायालय पर
(b) उच्च न्यायालय पर
(c) उपर्युक्त दोनों पर
(d) भारत के मुख्य न्यायाधीश पर

224. मौलिक अधिकारों का निलम्बन कौन कर सकता है?
(a) प्रधानमंत्री
(b) संसद
(c) राष्ट्रपति
(d) सर्वोच्च न्यायालय

225. मौलिक अधिकारों का संरक्षक है–
(a) उच्च न्यायालय
(b) उच्चतम न्यायालय
(c) संसद
(d) राष्ट्रपति

226. भारतीय संविधान में प्रदत्त मूलभूत अधिकारों को निलंबित करने वाली सत्ता है–
(a) सर्वोच्च न्यायालय
(b) संसद
(c) प्रधानमंत्री
(d) राष्ट्रपति

227. समानता का अधिकार भारतीय संविधान के किन अनुच्छेदों में दिया गया है?
(a) अनुच्छेद 5-9
(b) अनुच्छेद 9-13
(c) अनुच्छेद 14-18
(d) अनुच्छेद 17-21

228. भारतीय संविधान के निम्नलिखित अनुच्छेदों में से कौन विधायन सत्ता पर पूर्ण नियत्रंण लगता है?
(a) अनुच्छेद 14 (b) अनुच्छेद 15
(c) अनुच्छेद 16 (d) अनुच्छेद 17

229. विधि के सामने समानता का अधिकार है–
(a) नागरिक अधिकार
(b) आर्थिक अधिकार
(c) सामाजिक अधिकार
(d) राजनीतिक अधिकार

230. समानता का अधिकार भारतीयों के लिए सुनिश्चित करता है–
(a) धार्मिक समानता
(b) आर्थिक समानता
(c) सामाजिक समानता
(d) उपर्युक्त सभी

231. भारत का संविधान स्पष्टतः प्रेस की आजादी की व्यवस्था नहीं करता है, किन्तु यह आजादी अन्तनिर्मित है अनुच्छेद–
(a) 19(i) अ में (b) 19(ii) ब में
(c) 19(i) स में (d) 19(i) द में

232. स्वतंत्रता के मूल अधिकार से सम्बन्धित संविधान के अनुच्छेद 19 के अन्तर्गत कितने प्रकार की स्वतंत्रताएं प्रत्याभूत हैं?
(a) 10 (b) 8
(c) 6 (d) 4

233. स्वतंत्रता का अधिकार संविधान के किन अनुच्छेदों में वर्णित है?

(a) अनुच्छेद 14 से 18
(b) अनुच्छेद 19 से 22
(c) अनुच्छेद 23 से 24
(d) अनुच्छेद 25 से 30

234. भारत के संविधान का निम्नलिखित में से कौन-सा अनुच्छेद प्रेस की स्वतंत्रता से सम्बन्धित है?
(a) अनुच्छेद 19 (b) अनुच्छेद 20
(c) अनुच्छेद 21 (d) अनुच्छेद 22

235. भारतीय संविधान का कौन-सा अनुच्छेद व्यक्ति के विदेश यात्रा अधिकार को संरक्षण प्रदान करता है?
(a) 14
(b) 19
(c) 21
(d) इनमें से कोई नहीं

236. संविधान के किन अनुच्छेदों में शोषण के विरुद्ध अधिकार वर्णित है?
(a) अनुच्छेद 14-18
(b) अनुच्छेद 15-22
(c) अनुच्छेद 23-24
(d) अनुच्छेद 25-30

237. किस आयु के बालक को किसी खान अथवा अन्य संकटमय सेवा में लगाये जाने का प्रतिषेध किया गया है?
(a) 14 वर्ष से कम
(b) 16 वर्ष से कम
(c) 18 वर्ष से कम
(d) 21 वर्ष से कम

238. निम्नलिखित में से किस अनुच्छेद में कहा गया है कि किसी भी व्यक्ति को एक ही अपराध के लिए एक बार से अधिक अभियोजित एवं दंडित नहीं किया जायेगा?
(a) अनुच्छेद 20 (b) अनुच्छेद 21
(c) अनुच्छेद 22 (d) अनुच्छेद 17

239. धार्मिक स्वतंत्रता का अधिकार संविधान के किन अनुच्छेदों में वर्णित है?
(a) अनुच्छेद 14-18
(b) अनुच्छेद 19-22
(c) अनुच्छेद 23-24
(d) अनुच्छेद 25-30

240. भारतीय संविधान के अनुच्छेद 25 का सम्बन्ध है-
(a) समानता के अधिकार से
(b) सम्पत्ति के अधिकार से
(c) धर्म की स्वतंत्रता से
(d) अल्पसंख्यकों की स्वतंत्रता से

241. संविधान के किस अनुच्छेद द्वारा सिखों द्वारा कृपाण धारण करना धार्मिक स्वतंत्रता का अंग माना गया है?
(a) अनुच्छेद 24 (b) अनुच्छेद 25
(c) अनुच्छेद 26 (d) अनुच्छेद 27

242. संविधान के किन अनुच्छेदों के अन्तर्गत अल्पसंख्यकों को अपनी संस्कृति के संरक्षण तथा अपनी पंसद की शिक्षा संस्थाओं की स्थापना व संचालन के अधिकार को मान्यता प्रदान की गयी है?
(a) अनुच्छेद 23
(b) अनुच्छेद 29 एवं 30
(c) अनुच्छेद 32
(d) अनुच्छेद 38 एवं 39

243. धार्मिक स्वतंत्रता का अधिकार किस अनुच्छेद के द्वारा दिया गया है?
(a) अनुच्छेद 20
(b) अनुच्छेद 22
(c) अनुच्छेद 25
(d) इनमें से कोई नहीं

244. संवैधानिक उपचारों का अधिकार किस अनुच्छेद में है?
(a) अनुच्छेद 30 (b) अनुच्छेद 31
(c) अनुच्छेद 32 (d) अनुच्छेद 35

245. मौलिक अधिकारों को लागू करने के लिए निम्नलिखित में से किसी न्यायालय द्वारा जारी किया जा सकता है-
(a) डिक्री (b) अध्यादेश
(c) समादेश (d) अधिसूचना

246. व्यक्तिगत स्वतंत्रता के लिए निम्नलिखित में से कौन-सी रिट याचिका दायर की जा सकती है?
(a) मैण्डमस
(b) को वारन्टो
(c) हेबियस कॉर्पस
(d) सर्शियोरेटी

247. बन्दी प्रत्यक्षीकरण के अतिरिक्त निम्नलिखित में से किस याचिका को उच्च न्यायालय जारी कर सकता है?
(a) उत्प्रेषण (b) परमादेश
(c) अधिकार पृच्छा (d) इनमें से सभी

248. निम्नलिखित में से किस याचिका का शाब्दिक अर्थ होता है-'हम आदेश देते हैं?'
(a) बंदी प्रत्यक्षीकरण
(b) परमादेश
(c) अधिकार पृच्छा
(d) उत्प्रेषण

249. निम्नलिखित में से किस याचिका के अधीन किसी कर्मचारी को ऐसी कार्यवाही करने से रोका जाता है, जिसके लिए सरकारी तौर पर वह हकदार नहीं है?
(a) परमादेश
(b) अधिकार पृच्छा
(c) उत्प्रेषण
(d) बंदी प्रत्यक्षीकरण

250. संपत्ति का अधिकार एक–
(a) मौलिक अधिकार है
(b) नैसर्गिक अधिकार है
(c) वैधानिक अधिकार है
(d) कानूनी अधिकार है

251. 44वें संविधान संशोधन विधेयक द्वारा किस मौलिक अधिकार को सामान्य वैधानिक अधिकार बना दिया गया?
(a) स्वतंत्रता का अधिकार
(b) समानता का अधिकार
(c) सम्पत्ति का अधिकार
(d) सांस्कृतिक तथा शैक्षणिक अधिकार

252. किस वाद ने संसद को मौलिक अधिकारों में संशोधन का अधिकार दिया?
(a) केशवानन्द भारतीय वाद
(b) राजनारायण बनाम इन्दिरा गांधीवाद
(c) गोकलनाथ वाद
(d) सज्जन कुमार वाद

253. राज्य के नीति-निर्देशक तत्त्वों का उल्लेख भारतीय संविधान के किस भाग में है?
(a) भाग II (b) भाग III
(c) भाग IV (d) भाग V

254. राज्य के नीति निर्देशक तत्त्वों में निम्नलिखित में से किस प्रकार के अन्तर्निहित है?
(a) आर्थिक सिद्धान्त
(b) सामाजिक सिद्धान्त
(c) प्रशासनिक सिद्धान्त
(d) उपर्युक्त सभी

255. संविधान में कल्याणकारी राज्य का आदेश दिया जाता है–
(a) 42वें संशोधन में
(b) प्रस्तावना में
(c) नीति निर्देशक तत्त्वों में
(d) मूल अधिकारों में

256. नीति निर्देशक सिद्धान्त है–
(a) वाद योग्य
(b) वाद योग्य नहीं
(c) मौलिक अधिकार
(d) उपरोक्त में से कोई नहीं

257. मौलिक अधिकार एवं राज्य के नीति निर्देशक तत्त्वों के विषय में कौन-सा कथन सही है?
(a) वे एक-दूसरे के पूरक हैं
(b) वे परस्पर विरोधी है
(c) उन दोनों में कोई अंतर नहीं है
(d) वे दोनों वाद योग्य है

258. नीति निर्देशक तत्त्वों को कार्यान्वित करने के लिए क्या मूल अधिकारों का हनन हो सकता है?
(a) हाँ (b) कुछ का
(c) नहीं (d) विवादग्रस्त है

259. भारत के संविधान में अन्तर्राष्ट्रीय सुरक्षा को प्रोत्साहन देना सन्निहित है–
(a) संविधान के प्रस्तावना में
(b) राज्य के नीति निर्देशक तत्त्व में
(c) मौलिक कर्त्तव्य में
(d) नवम् अनुसूची में

260. समान कार्य के लिए समान वेतन भारत के संविधान में सुनिच्चत किया गया, एक–
(a) मौलिक अधिकार है
(b) मौलिक कर्त्तव्य है
(c) आर्थिक अधिकार है
(d) राज्य के नीति निर्देशक सिद्धान्त का भंग है

261. संविधान का कौन-सा अंश भारत के नागरिकों को आर्थिक न्याय प्रदान करने का संकेत करता है?
(a) राज्य के नीति निर्देशक तत्त्व
(b) मौलिक अधिकार
(c) प्रस्तावना
(d) उपर्युक्त सभी

262. निम्नलिखित में से कौन-सा राज्य नीति का नीति-निर्देशक सिद्धान्त नहीं है?
(a) अन्तर्राष्ट्रीय शांति को प्रोत्साहन
(b) 14 वर्ष तक के बच्चों को निःशुल्क अनिवार्य शिक्षा प्रदान करना

(c) गोवध निषेध
(d) निजी सम्पत्ति की समाप्ति

263. भारत के किस राज्य में समान नागरिक संहिता लागू है?
(a) मेघालय (b) केरल
(c) हरियाणा (d) गोवा

264. समान सिविल संहिता की बात किस अनुच्छेद में है?
(a) अनुच्छेद 40 (b) अनुच्छेद 44
(c) अनुच्छेद 45 (d) अनुच्छेद 45 क

265. समान न्याय और निःशुल्क विधि सहायता का प्रावधान संविधान के किस अनुच्छेद में है?
(a) अनुच्छेद 39 (b) अनुच्छेद 39A
(c) अनुच्छेद 40 (d) अनुच्छेद 44

266. न्यायपालिका का कार्यपालिका से पृथक्करण का उल्लेख किया गया है?
(a) अनुच्छेद 45 (b) अनुच्छेद 46
(c) अनुच्छेद 58 (d) अनुच्छेद 50

267. राज्य के नीति-निर्देशक सिद्धान्तों में से किस अनुच्छेद का सम्बन्ध अन्तर्राष्ट्रीय शांति और सुरक्षा के संवर्द्धन से है?
(a) अनुच्छेद 48 (b) अनुच्छेद 51
(c) अनुच्छेद 52 (d) अनुच्छेद 54

268. भारतीय संविधान के किस अनुच्छेद द्वारा निम्न दुर्बल वर्गों को शिक्षा सम्बन्धी सुरक्षा प्रदान की गयी है?
(a) अनुच्छेद 45 (b) अनुच्छेद 46
(c) अनुच्छेद 47 (d) अनुच्छेद 48

269. संविधान के किस भाग में मूल कर्त्तव्यों के अध्याय को जोड़ा गया है?
(a) भाग III (b) भाग IIIक
(c) भाग IV (d) भाग IVक

270. भारतीय संविधान में मूल कर्त्तव्य कब समाविष्ट किये गये?
(a) 1971 (b) 1972
(c) 1975 (d) 1976

271. भारत के संविधान के किस अनुच्छेद में मौलिक कर्त्तव्य की चर्चा की गयी है?
(a) अनुच्छेद 51A (b) अनुच्छेद 50A
(c) अनुच्छेद 49A (d) अनुच्छेद 52A

272. वर्तमान में संविधान में कुल कितने मूल कर्त्तव्यों का उल्लेख है?
(a) 8 (b) 10
(c) 11 (d) 12

273. मूल कर्त्तव्यों को कहाँ के संविधान से लिया गया है?
(a) आयरलैंड
(b) ब्रिटेन
(c) ऑस्ट्रेलिया
(d) पूर्व सोवियत संघ

274. संविधान में उल्लिखित मौलिक कर्त्तव्य किसके लिए है?
(a) सभी व्यक्तियों के लिए
(b) सभी नागरिकों के लिए
(c) केवल गैर नागरिकों के लिए
(d) केवल केन्द्रीय व राज्य के कर्मचारियों के लिए

275. भारत की संघीय व्यवस्थापिका को किस नाम से जाना जाता है?
(a) लोकसभा (b) राज्यसभा
(c) प्रतिनिधि सभा (d) संसद

276. भारतीय संसद बनती है–
(a) केवल लोकसभा
(b) राज्यसभा एवं लोकसभा द्वारा
(c) लोकसभा एवं राष्ट्रपति के द्वारा
(d) लोकसभा, राज्यसभा एवं राष्ट्रपति के द्वारा

277. संसद का निम्न सदन एवं उच्च सदन क्रमशः है–
(a) राज्यसभा एवं लोकसभा
(b) लोकसभा एवं राज्यसभा
(c) लोकसभा एवं विधानसभा
(d) राज्यसभा एवं विधानसभा

278. संसद के कितने सत्र होते है?
(a) बजट सत्र
(b) मानसून सत्र
(c) शीतकालीन सत्र
(d) उपर्युक्त सभी

279. संसद के दो क्रमिक अधिवेशनों के बीच अधिकतम कितने समयान्तराल की अनुमति है?
(a) 4 माह (b) 6 माह
(c) 8 माह (d) 9 माह

280. भारतीय संसद के दोनों सदनों की संयुक्त बैठक कब होती है?
(a) राष्ट्रपति जब बुलाये
(b) लोकसभा एवं राज्यसभा में मतभेद होने पर
(c) संसद का सत्र शुरु होने पर
(d) इनमें से कोई नहीं

281. संसद के दोनों सदनों के संयुक्त अधिवेशनों की अध्यक्षता कौन करता है?
(a) राष्ट्रपति (b) उपराष्ट्रपति
(c) प्रधानमंत्री (d) लोकसभाध्यक्ष

282. संसद के किसी सदस्य की सदस्यता तब समाप्त समझी जाती है, यदि वह बिना सदन को सूचित किये अनुपस्थित रहता है–
(a) 60 दिन (b) 90 दिन
(c) 120 दिन (d) 150 दिन

282. सांसदों के वेतन का निर्णय कौन करता है?
(a) संसद
(b) केन्द्रीय मंत्रिपरिषद्
(c) राष्ट्रपति
(d) लोकसभाध्यक्ष

284. संसद के कुल सदस्यों का कितना भाग वैधानिक चैम्बर की मीटिंग बुलाने के लिए आवश्यक गणपूर्ति है?
(a) 1/10 (b) 1/6
(c) 1/4 (d) 1/3

285. संविधान लागू होने के बाद सर्वप्रथम त्रिशंकु संसद का गठन कब हुआ?
(a) 1980 (b) 1989
(c) 1999 (d) 1977

286. भारत की संसद का उद्घाटन कब हुआ था?
(a) 1917 में (b) 1927 में
(c) 1937 में (d) 1947 में

287. किसी संसद सदस्य की अयोग्यता के सन्दर्भ में निर्णय कौन करता है?
(a) अध्यक्ष
(b) अध्यक्ष या सभापति
(c) राष्ट्रपति
(d) उपरोक्त में से कोई नहीं

288. संसद के दोनों सदनों का सत्रावसान कौन करता है?
(a) संसदीय मामलों के मंत्री
(b) राष्ट्रपति
(c) उपराष्ट्रपति
(d) लोकसभाध्यक्ष

289. संसदीय प्रणाली वाली सरकार को अन्य किस नाम से जाना जाता है?
(a) अनुक्रियाशील सरकार
(b) उत्तरदायी सरकार
(c) संघीय सरकार
(d) राष्ट्रपतीय सरकार

290. सांसदों के वेतन का निर्णय कौन करता है?
(a) संसद
(b) केन्द्रीय मंत्रिपरिषद्
(c) राष्ट्रपति
(d) लोकसभाध्यक्ष

291. संसद की कार्यवाही सूची में प्रथम विषय होता है–
(a) शून्यकाल
(b) प्रश्नकाल
(c) ध्यानाकर्षण प्रस्ताव
(d) स्थगन प्रस्ताव

292. निम्न विधेयकों में से किसका संसद के दोनों सदनों द्वारा अलग-अलग विशेष बहुमत से पारित होना आवश्यक है?
(a) साधारण विधेयक
(b) धन विधेयक
(c) वित्त विधेयक
(d) संविधान संशोधन विधेयक

293. भारत में कार्यपालिका का अध्यक्ष कौन होता है?
(a) राष्ट्रपति
(b) प्रधानमंत्री
(c) विपक्ष का नेता
(d) भारत सरकार का मुख्य सचिव

294. राष्ट्रपति पद्धति में समस्त कार्यपालिका की शक्तियाँ किसमें निहित होती है?
(a) राष्ट्रपति (b) कैबिनेट
(c) व्यवस्थापिका (d) उच्च सदन

295. भारत में तीनों सेनाओं का सर्वोच्च कमाण्डर कौन होता है?
(a) राष्ट्रपति (b) उपराष्ट्रपति
(c) थल सेनाध्यक्ष (d) फील्ड मार्शल

296. भारतीय संविधान के अनुसार संघ की कार्यपालिका शक्तियाँ किसमें निहित होती हैं?
(a) प्रधानमंत्री (b) राष्ट्रपति
(c) संसद (d) मंत्रिपरिषद्

297. भारत का राष्ट्रपति निर्वाचित होने के पात्र बनने के लिए किसी व्यक्ति की आयु पूर्ण होनी चाहिए–

(a) 21 वर्ष (b) 25 वर्ष
(c) 30 वर्ष (d) 35 वर्ष

298. राष्ट्रपति पद के उम्मीदवार के लिए अधिकतम आयु कितनी होनी चाहिए?
(a) 65 वर्ष
(b) 70 वर्ष
(c) 75 वर्ष
(d) कोई आयु सीमा नहीं

299. एक व्यक्ति राष्ट्रपति पद के लिए अधिकतम कितनी बार निर्वाचित हो सकता है?
(a) दो बार
(b) तीन बार
(c) चार बार
(d) कोई सीमा नहीं

300. राष्ट्रपति का निर्वाचन किस प्रकार से होता है?
(a) प्रत्यक्ष रूप से
(b) अप्रत्यक्ष रूप से
(c) मनोनयन द्वारा
(d) कोई प्रावधान नहीं

301. भारत में राष्ट्रपति पद के निर्वाचन हेतु कौन-सी पद्धति अपनायी जाती है?
(a) सूची पद्धति
(b) संचयी मत पद्धति
(c) सापेक्ष बहुमत विधि
(d) समानुपातिक प्रतिनिधित्व एवं एकल संक्रमणीय मत पद्धति

302. राष्ट्रपति पद के चुनाव सम्बन्धी विवाद को किसे निर्देशित किया जाता है?
(a) संसदीय समिति
(b) लोकसभा अध्यक्ष
(c) निर्वाचन आयोग
(d) उच्चतम न्यायालय

303. राष्ट्रपति के चुनाव के लिए प्रस्तावक एवं अनुमोदकों की कम से कम कितनी संख्या होनी चाहिए?
(a) 10-10 (b) 20-20
(c) 50-50 (d) 100-100

304. भारत में किसके चुनाव में आनुपातिक प्रतिधित्व चुनाव प्रणाली अपनायी जाती है?
(a) राज्यसभा सदस्य
(b) विधान परिषद् सदस्य
(c) उपराष्ट्रपति
(d) राष्ट्रपति

305. राष्ट्रपति तथा उपराष्ट्रपति के निर्वाचन से सम्बन्धित विवाद का निपटाना–
(a) अनुच्छेद 55 (b) अनुच्छेद 68
(c) अनुच्छेद 69 (d) अनुच्छेद 71

306. भारत में राष्ट्रपति कितने वर्षों के लिए चुने जाते हैं?
(a) 6 वर्ष (b) 5 वर्ष
(c) 4 वर्ष (d) 5 वर्ष

307. किस अनुच्छेद के तहत राष्ट्रपति अपने पदग्रहण करने की तिथि से 5 वर्ष की अवधि तक अपने पद पर बना रहता है?
(a) अनुच्छेद 54 (b) अनुच्छेद 56
(c) अनुच्छेद 57 (d) अनुच्छेद 58

308. भारत के राष्ट्रपति को उसके पद से हटाया जा सकता है–
(a) भारत के प्रधानमंत्री द्वारा
(b) लोकसभा के द्वारा
(c) भारत के मुख्य न्यायाधीश द्वारा
(d) संसद द्वारा

309. राष्ट्रपति पर महाभियोग का आरोप संसद के किस सदन द्वारा लगाया जाता है?
(a) लोकसभा
(b) राज्यसभा
(c) संसद के किसी भी सदन द्वारा
(d) उपर्युक्त किसी के द्वारा नहीं

310. राष्ट्रपति को हटाया जा सकता है–
(a) अविश्वास प्रस्ताव लाकर
(b) संविधान संशोधन से
(c) कानूनी कार्यवाही से
(d) महाभियोग द्वारा

311. राष्ट्रपति पर महाभियोग की प्रक्रिया किस देश के संविधान से ली गयी है?
(a) अमेरिका
(b) पूर्व सोवियत संघ
(c) जापान
(d) आयरलैण्ड

312. कार्यकाल पूर्ण होने पर पहले भारत के राष्ट्रपति को उनके पद से कौन हटा सकता है?
(a) प्रधानमंत्री
(b) उपराष्ट्रपति
(c) उच्चतम न्यायालय के मुख्य न्यायाधीश
(d) संसद द्वारा महाभियोग लगाकर

313. राष्ट्रपति को पद और गोपनीयता की शपथ कौन दिलाता है?
 (a) भारत का मुख्य न्यायाधीश
 (b) प्रधानमंत्री
 (c) अटार्नी जनरल
 (d) महाधिवक्ता
314. राष्ट्रपति अपना त्यागपत्र किसे सौंपता है?
 (a) उपराष्ट्रपति
 (b) मुख्य न्यायाधीश
 (c) प्रधानमंत्री
 (d) लोकसभाध्यक्ष
315. राष्ट्रपति का रिक्त स्थान भर लिया जाना चाहिए—
 (a) 30 दिनों में (b) 6 माह में
 (c) 9 माह में (d) 1 वर्ष में
316. भारत के राष्ट्रपति निर्वाचित होने से पूर्व निम्न में से कौन उपराष्ट्रपति नहीं थे?
 (a) डॉ० एस० राधाकृष्णन
 (b) डॉ० जाकिर हुसैन
 (c) वी०वी०गिरि
 (d) ज्ञानी जैल सिंह
317. सर्वसम्मति से चुने गये राष्ट्रपति हैं—
 (a) वी०वी० गिरि
 (b) नीलम संजीव रेड्डी
 (c) ज्ञानी जैल सिंह
 (d) डॉ० जाकिर हुसैन
318. स्वतंत्र भारत के प्रथम राष्ट्रपति थे—
 (a) उत्तर प्रदेश से (b) आन्ध्र प्रदेश से
 (c) बिहार से (d) तमिलनाडु से
319. निम्नलिखित में से कौन लगातार दो बार राष्ट्रपति रहे थे?
 (a) डॉ० राजेन्द्र प्रसाद
 (b) डॉ० एस० राधाकृष्णन
 (c) डॉ० जाकिर हुसैन
 (d) a और b दोनों
320. भारत के किस राष्ट्रपति की मृत्यु कार्यकाल पूरा करने से पूर्व ही हो गयी थी?
 (a) डॉ० राजेन्द्र प्रसाद
 (b) डॉ०एस० राधाकृष्णन
 (c) डॉ० जाकिर हुसैन
 (d) वी०वी०गिरि
322. निम्नलिखित में से भारत का राष्ट्रपति किसकी नियुक्ति नहीं करता है?
 (a) उपराष्ट्रपति
 (b) प्रधानमंत्री
 (c) राज्यपाल
 (d) मुख्य निर्वाचन आयुक्त
323. निम्नलिखित में से किसकी नियुक्ति भारत का राष्ट्रपति करता है?
 (a) भारत का महान्यायवादी
 (b) नियंत्रक एवं महालेखा परीक्षक
 (c) राज्यपाल
 (d) उपरोक्त सभी
324. निम्नलिखित में से किसकी नियुक्ति भारत के राष्ट्रपति द्वारा नहीं होती है?
 (a) लोकसभाध्यक्ष
 (b) भारत के मुख्य न्यायाधीश
 (c) सेना प्रमुख
 (d) इनमें से कोई नहीं
325. वित्त बिल के लिए किसकी पूर्व स्वीकृति आवश्यक है?
 (a) प्रधानमंत्री
 (b) वित्तमंत्री
 (c) राष्ट्रपति
 (d) किसी का भी नहीं
326. राष्ट्रपति को यह अधिकार प्राप्त नहीं है कि वह—
 (a) क्षमा प्रदान करे
 (b) न्यायालय के न्यायाधीश को हटाये
 (c) आपातकाल की घोषणा करे
 (d) अध्यादेश जारी करे
327. किसी विधि के प्रश्न पर सर्वोच्च न्यायालय से परामर्श लेने का अधिकार किसको है?
 (a) प्रधानमंत्री को
 (b) राष्ट्रपति को
 (c) किसी भी उच्च न्यायालय को
 (d) उपरोक्त सभी को
328. विदेशों को भेजे जाने वाले विभिन्न संसदीय प्रतिनिधिमंडल के लिए व्यक्तियों का नामांकन कौन करता है?
 (a) लोकसभाध्यक्ष
 (b) प्रधानमंत्री
 (c) राष्ट्रपति
 (d) राज्यसभा के सभापति
329. निम्नलिखित में से किसने उच्चतम न्यायालय के मुख्य न्यायाधीश तथा कार्यवाहक राष्ट्रपति दोनों ही पदों को सुशोभित किया?
 (a) एम० हिदायतुल्ला
 (b) के०एस० हेगड़े

(c) सुब्बा राव
(d) पी०एन० भगवती

330. विदेशी देशों के सभी राजदूतों का, कमिश्नरों के प्रत्यय पत्र किसके द्वारा प्राप्त किये जाते हैं?
(a) प्रधानमंत्री (b) विदेशमंत्री
(c) राष्ट्रपति (d) उपराष्ट्रपति

331. भारत के राष्ट्रपति ने जिस एकमात्र मामले में वीटो शक्ति का प्रयोग किया था, वह था–
(a) हिन्दू कोड बिल
(b) पेरसू विनियोग विधेयक
(c) भारतीय डाकघर संशोधन अधिनियम
(d) दहेज प्रतिषेधक विधेयक

332. राष्ट्रपति को लोकसभा में किन दो सदस्यों को मनोनीत करने का अधिकार है?
(a) अल्पसंख्यक
(b) एंग्लो-इण्डियन
(c) विशिष्ट क्षेत्र के व्यक्ति
(d) राष्ट्रपति की इच्छा पर निर्भर है

333. निम्नलिखित में से कौन-सा राष्ट्रपति के निर्वाचन का भाग है, परन्तु उसके महाभियोग अधिकरण का भाग नहीं है?
(a) लोकसभा
(b) राज्यसभा
(c) राज्यों की विधानसभाएँ
(d) राज्यों की विधान परिषदें

334. राष्ट्रपति और उपराष्ट्रपति की अनुपस्थिति में कौन कार्यभार ग्रहण करेगा?
(a) सर्वोच्च न्यायालय का मुख्य न्यायाधीश
(b) लोकसभा का अध्यक्ष
(c) मंत्रीपरिषद्
(d) प्रधानमंत्री का कैबिनेट

335. राष्ट्रपति के चुनाव में विवाद होने पर किसकी सलाह ली जाती है?
(a) उपराष्ट्रपति
(b) चुनाव आयोग
(c) सर्वोच्च न्यायालय
(d) लोकसभाध्यक्ष

336. भारत में राष्ट्रपति चुना जाता है–
(a) जनता द्वारा
(b) संसद सदस्यों द्वारा
(c) राज्यसभा सदस्यों द्वारा
(d) निर्वाचित सांसदों व विधानसभा सदस्यों द्वारा

337. राज्यसभा की बैठकों का सभापतित्व कौन करता है?
(a) राष्ट्रपति (b) उपराष्ट्रपति
(c) प्रधानमंत्री (d) स्पीकर

338. उपराष्ट्रपति के निर्वाचन में निर्वाचक मंडल के सदस्य कौन-कौन होते हैं?
(a) लोकसभा का निर्वाचित सदस्य
(b) संसद के सभी निर्वाचित सदस्य
(c) संसद के सभी सदस्य
(d) संसद और राज्य विधानमंडल के सभी सदस्य

339. भारत के उपराष्ट्रपति का निर्वाचन होता है–
(a) संसद के दोनों सदनों द्वारा
(b) संसद के दोनों सदनों तथा विधान सभाओं द्वारा
(c) भारत के राष्ट्रपति द्वारा
(d) लोकसभा सदस्यों द्वारा

340. उपराष्ट्रपति का कार्यकाल कितने वर्ष होता है?
(a) 4 वर्ष (b) 5 वर्ष
(c) 6 वर्ष (d) 1/2 वर्ष

341. उपराष्ट्रपति को पद की गोपनीयता की शपथ कौन दिलाता है?
(a) राष्ट्रपति (b) प्रधानमंत्री
(c) लोकसभाध्यक्ष (d) मुख्यन्यायाधीश

342. उपराष्ट्रपति अपने मत का प्रयोग कब करता है?
(a) प्रत्येक परिस्थिति में
(b) मतों के बराबर रहने की स्थिति में
(c) उसकी इच्छा पर निर्भर है
(d) कभी भी नहीं करता

343. कौन राष्ट्रपति के चुनाव में तो मतदान नहीं करते हैं परन्तु उपराष्ट्रपति के चुनाव में मतदान करते हैं?
(a) संसद के मनोनीत सदस्य
(b) राज्य विधान परिषद् के सदस्य
(c) राज्सभा के सदस्य
(d) उपरोक्त सभी

344. संसद का स्थायी एवं उच्च सदन है–
(a) राज्यसभा
(b) लोकसभा
(c) उपर्युक्त दोनों
(d) इनमें से कोई नहीं

345. वर्तमान में राज्यसभा के सदस्यों का अधिकतम संख्या कितनी हो सकती है?
(a) 238 (b) 245
(c) 250 (d) 262

346. राष्ट्रपति द्वारा राज्यसभा में कितने व्यक्ति मनोनीत किये जाते हैं?
(a) 10 (b) 15
(c) 12 (d) 20

347. राज्यसभा में राज्यों का प्रतिनिधित्व किस बात पर निर्भर करता है?
(a) राज्य कस क्षेत्रफल
(b) राज्य की जनसंख्या
(c) उपर्युक्त दोनों
(d) दोनों में से कोई नहीं

348. राज्यसभा के सदस्यों के लिए न्यूनतम आयु क्या है?
(a) 21 वर्ष (b) 25 वर्ष
(c) 30 वर्ष (d) 35 वर्ष

349. राज्यसभा के सदस्यों का कार्यकाल कितने वर्ष का होता है?
(a) 3 वर्ष (b) 4 वर्ष
(c) 5 वर्ष (d) 6 वर्ष

350. राज्यसभा के सदस्य चुने जाते हैं–
(a) चार वर्ष के लिए
(b) पाँच वर्ष के लिए
(c) छ: वर्ष के लिए
(d) आजीवन

351. लोकसभा और राज्यसभा में गणपूर्ति संख्या है–
(a) कुल सदस्य संख्या का 1/5
(b) कुल सदस्य संख्या का 1/6
(c) कुल सदस्य संख्या का 1/10
(d) कुल सदस्य संख्या का 1/8

352. राज्यसभा को भंग करने का अधिकार किसे प्राप्त है?
(a) राष्ट्रपति को
(b) उपराष्ट्रपति को
(c) उच्चतम न्यायालय को
(d) इनमें से कोई नहीं

353. राज्यसभा का सभापति कौन होता है?
(a) राष्ट्रपति (b) उपराष्ट्रपति
(c) प्रधानमंत्री (d) लोकसभाध्यक्ष

354. वह कौन-सी सभा है जिसका अध्यक्ष उस सदन का सदस्य नहीं होता है?
(a) लोकसभा (b) राज्यसभा
(c) विधानसभा (d) विधान परिषद्

355. राज्यसभा का सभापति –
(a) राज्यसभा सदस्यों द्वारा चुना जाता है
(b) लोकसभा एवं राज्यसभा के सदस्यों द्वारा संयुक्त रूप से चुना जाता है
(c) राष्ट्रपति द्वारा नियुक्त होता है
(d) इनमें से कोई नहीं

356. निम्नलिखित में से किस निकाय की अध्यक्षता गैर-सदस्य करता है?
(a) लोकसभा (b) राज्यसभा
(c) विधानसभा (d) विधान परिषद्

357. लोकसभा द्वारा पारित धन विधेयक राज्यसभा को प्राप्त होने के कितने दिनों के भीतर लोकसभा को वापस लौटाना पड़ता है?
(a) 7 दिन (b) 14 दिन
(c) 21 दिन (d) 30 दिन

358. राज्यसभा को भंग करने में कौन सक्षम है?
(a) राज्यसभा अध्यक्ष
(b) राष्ट्रपति
(c) संसद का संयुक्त सत्र
(d) उपर्युक्त में से कोई नहीं

359. सर्वप्रथम किस फिल्म अभिनेता को राज्यसभा का सदस्य मनोनीत किया गया था?
(a) दिलीप कुमार (b) सुनील दत्त
(c) गुरुदत्त (d) पृथ्वीराज कपूर

360. राज्यसभा के पहले समूह की सेवानिवृत्ति कब हुई?
(a) 27 मार्च 1959
(b) 14 अक्टूबर 1954
(c) 2 अप्रैल 1954
(d) 9 जून 1955

361. लोकसभा की अधिकतम सदस्य संख्या कितनी हो सकती है?
(a) 543 (b) 545
(c) 547 (d) 552

362. राष्ट्रपति लोकसभा के दो सदस्यों को निम्न समुदायों का प्रतिनिधित्व देने के लिए नामित कर सकता है–
(a) एंग्लो-इण्डियन
(b) ईसाई
(c) बौद्ध धर्मावलम्बी
(d) पारसी

363. लोकसभा का चुनाव लड़ने के लिए इच्छुक व्यक्ति की न्यूनतम आयु होनी चाहिए-
 (a) 21 वर्ष   (b) 25 वर्ष
 (c) 30 वर्ष   (d) 35 वर्ष

364. कौन-सा राज्य सबसे अधिक प्रतिनिधि लोकसभा में भेजता है?
 (a) बिहार   (b) मध्य प्रदेश
 (c) पश्चिम बंगाल   (d) उत्तर प्रदेश

365. कौन-सा संवैधानिक संशोधन राज्यों से चुने जाने वाली लोकसभा के सदस्यों की संख्या बढ़ाने से सम्बन्धित है?
 (a) 6ठा तथा बाइसवाँ
 (b) तेरहवाँ तथा अड़तीसवाँ
 (c) सातवाँ तथा इक्तीसवाँ
 (d) ग्यारहवाँ तथा बयालीसवाँ

366. लोकसभा में राज्यवार सीटों का आवंटन 1971 की जनगणना पर आधारित है। यह निर्धारण किस वर्ष तक यथावत रहेगा?
 (a) 2031 ई० में   (b) 2026 ई० में
 (c) 2021 ई० में   (d) 2011 ई० में

367. लोकसभा के कम-से-कम कितने सत्र बुलाये जाते हैं?
 (a) वर्ष में एक बार
 (b) वर्ष में दो बार
 (c) वर्ष में तीन बार
 (d) वर्ष में चार बार

367. राष्ट्रपति लोकसभा को कार्यकाल पूरा करने के पूर्व भंग कर सकता है-
 (a) प्रधानमंत्री की सलाह पर
 (b) उपराष्ट्रपति की सलाह पर
 (c) लोकसभा अध्यक्ष की सलाह पर
 (d) सर्वोच्च न्यायालय के न्यायाधीश की सलाह पर

368. लोकसभा की बैठक किस प्रकार समाप्त की जाती है?
 (a) विघटन द्वारा
 (b) सत्रावसान द्वारा
 (c) स्थगन द्वारा
 (d) इनमें से कोई नहीं

369. लोकसभा का नेता कौन होता है?
 (a) राष्ट्रपति
 (b) प्रधानमंत्री
 (c) लोकसभाध्यक्ष
 (d) इनमें से कोई नहीं

370. लोकसभा चुनाव में कोई प्रत्याशी अपनी जमानत खो देता है, यदि उसे प्राप्त न हो सके?
 (a) वैध मतों का 1/3
 (b) वैध मतों को 4/4
 (c) वैध मतों का 1/5
 (d) इनमें से कोई नहीं

371. कोई वित्तीय बिल प्रस्तावित हो सकता है-
 (a) केवल राज्यसभा में
 (b) केवल लोकसभा में
 (c) एक साथ दोनों सदनों में
 (d) दोनों सदनों के संयुक्त सत्र में

372. किसी विशेष दिन लोकसभा में अधिकतम कितने तारांकित प्रश्न पूछे जा सकते हैं?
 (a) 15   (b) 20
 (c) 25   (d) कोई सीमा नहीं

373. 'अविश्वास प्रस्ताव' किस सदन में लाया जाता है?
 (a) लोकसभा
 (b) राज्यसभा
 (c) किसी भी सदन में
 (d) इनमें से कोई नहीं

374. प्रथम लोकसभा की पहली बैठक कब हुई?
 (a) 7 मार्च 1952
 (b) 13 मई 1952
 (c) 22 अक्टूबर 1952
 (d) 16 अगस्त 1952

375. भारत के प्रधानमंत्री-
 (a) नियुक्त होते हैं
 (b) निर्वाचित होते हैं
 (c) मनोनीत होते हैं
 (d) चयनित होते हैं

376. प्रधानमंत्री की नियुक्ति कौन करता है?
 (a) राष्ट्रपति
 (b) लोकसभाध्यक्ष
 (c) राज्यसभा का सभापति
 (d) उपराष्ट्रपति

377. किस प्रधानमंत्री ने एक बार पद से हटने के पश्चात् दोबारा पद संभाला था?
 (a) जवाहरलाल नेहरू
 (b) लालबहादुर शास्त्री
 (c) इन्दिरा गांधी
 (d) मोरारजी देसाई

भारतीय राजव्यवस्था और भारतीय अर्थव्यवस्था

378. प्रधानमंत्री पद से त्यागपत्र देने वाले प्रथम व्यक्ति हैं–
(a) जवाहरलाल नेहरू
(b) इन्दिरा गांधी
(c) मोरारजी देसाई
(d) चौधरी चरण सिंह

379. ऐसे प्रथम प्रधानमंत्री जिनके विरुद्ध लोकसभा में अविश्वास प्रस्ताव गया–
(a) जवाहरलाल नेहरू
(b) लाल बहादुर शास्त्री
(c) इन्दिरा गांधी
(d) मोरारजी देसाई

380. लोकसभा में 'विश्वास मत' प्राप्त करने में असफल रहने के कारण त्यागपत्र देने वाले प्रधानमंत्री हैं–
(a) वी०पी० सिंह
(b) एच०डी० देवगौड़ा
(c) उपर्युक्त दोनों
(d) इनमें से कोई नहीं

381. प्रथम गैर-कांग्रेसी प्रधानमंत्री बने–
(a) चन्द्रशेखर
(b) चौधरी चरण सिंह
(c) आई०के० गुजराल
(d) मोरारजी देसाई

382. मंत्रीपरिषद् में कितने स्तर के मंत्री होते हैं?
(a) 1 (b) 2
(c) 3 (d) 4

383. वास्तव में कार्यपालिका की समस्त सत्ता निम्नलिखित में से किसमें निहित होती है?
(a) मंत्रिपरिषद् (b) मंत्रिमण्डल
(c) प्रधानमंत्री (d) इनमें से सभी

384. मंत्रीपरिषद् व्यक्तिगत रूप से उत्तरदायी होता है–
(a) राष्ट्रपति के प्रति
(b) प्रधानमंत्री के प्रति
(c) लोकसभाध्यक्ष के प्रति
(d) संसद के प्रति

385. भारत में किसी भी सदन का सदस्य हुए बिना कोई व्यक्ति कब तक मंत्री पद पर आसीन रह सकता है?
(a) 3 माह
(b) 6 माह
(c) 1 वर्ष
(d) जो राष्ट्रपति निर्धारित करे

386. भारतीय संविधान के निम्नलिखित प्रावधानों में से कौन-सा प्रावधान मंत्रिपरिषद् की नियुक्ति तथा पदच्युति को विवेचित करता है?
(a) अनुच्छेद 70
(b) अनुच्छेद 72
(c) अनुच्छेद 74
(d) अनुच्छेद 75

387. भारतीय संविधान के अनुच्छेद 74 और 75 किन विषयों पर विचार करते हैं?
(a) मंत्रीपरिषद्
(b) लोकसभा के सदस्य
(c) भारत के राष्ट्रपति
(d) मंत्रीमण्डल के सदस्य

388. संघीय मंत्रीपरिषद् अपने आचरण के लिए किसके प्रति उत्तरदायी होता है?
(a) राष्ट्रपति
(b) लोकसभा
(c) राज्यसभा
(d) संसद

389. मंत्रीमण्डल का गठन कौन करता है?
(a) मंत्रीपरिषद्
(b) सिर्फ केन्द्रीय मंत्रीगण
(c) केन्द्रीय तथा राज्य मंत्रीगण
(d) सभी मंत्री

390. संसदीय तंत्र में निम्नलिखित में से वास्तविक कार्यपालिका कौन है?
(a) राज्य का मुखिया
(b) मंत्रीपरिषद्
(c) विधान परिषद्
(d) न्यायपालिका

391. भारतीय गणराज्य में वास्तविक कार्यकारी प्राधिकार निम्नलिखित में से किसके पास होता है?
(a) प्रधानमंत्री (b) राष्ट्रपति
(c) नौकरशाही (d) मंत्रीपरिषद्

392. स्वतंत्र भारत के प्रथम प्रतिरक्षा मंत्री कौन थे?
(a) डॉ०जॉन मथाई
(b) सरदार बलदेव सिंह
(c) के० संथानम
(d) के०एम० मुंशी

393. संघीय मंत्रीपरिषद् से पदत्याग करने वाला पहला मंत्री कौन था?

(a) सरदार वल्लभ भाई पटेल
(b) आचार्य जे०बी० कृपलानी
(c) गोपालस्वामी आयंगर
(d) श्यामा प्रसाद मुखर्जी

394. भारतीय संविधान में निम्नलिखित में से किस पद का उल्लेख नहीं है?
(a) प्रधानमंत्री
(b) राष्ट्रपति
(c) उपराष्ट्रपति
(d) उप-प्रधानमंत्री

395. लोकसभा का विरोधी दल के पहले मान्यता प्राप्त नेता थे-
(a) श्यामा प्रसाद मुखर्जी
(b) इन्दिरा गांधी
(c) राम सुभग सिंह
(d) व्हाई० वी० चौहान

396. लोकसभा अध्यक्ष का चुनाव कौन करता है?
(a) लोकसभा के सदस्य
(b) लोकसभा के निर्वाचित सदस्य
(c) संसद के सदस्य
(d) उपरोक्त कोई नहीं

397. निर्णायक मत देने का अधिकार है–
(a) राष्ट्रपति को
(b) उपराष्ट्रपति को
(c) प्रधानमंत्री को
(d) लोकसभा अध्यक्ष को

398. लोकसभा का सचिवालय सीधे नियंत्रित होता है-
(a) केन्द्रीय गृह मंत्रालय द्वारा
(b) संसदीय मामलों के मंत्रालय द्वारा
(c) प्रधानमंत्री द्वारा
(d) लोकसभा अध्यक्ष द्वारा

399. लोकसभा में किसी विधेयक को धन विधेयक के रूप में कौन प्रमाणित करता है?
(a) राष्ट्रपति
(b) वित्त मंत्री
(c) प्रधानमंत्री
(d) लोकसभा अध्यक्ष

400. निम्नलिखित में से किस समिति का पदेन अध्यक्ष लोकसभा अध्यक्ष होता है–
(a) प्राक्कलन समिति
(b) लोक लेखा समिति
(c) नियम समिति
(d) विशेषाधिकार समिति

401. कोई विधेयक वित्त विधेयक है अथवा नहीं इसका निर्णय कौन करता है?
(a) लोकसभा के स्पीकर
(b) राज्यसभा के सभापति
(c) राष्ट्रपति
(d) विधिमंत्री

402. लोकसभा का सचिवालय किसके प्रत्यक्ष पर्यवेक्षण एवं नियंत्रण में कार्य करता है?
(a) लोकसभा अध्यक्ष
(b) प्रधानमंत्री
(c) गृहमंत्री
(d) संसदीय मामलों का मंत्रालय

403. संसद के दोनों सदनों के संयुक्त अधिवेशन को कौन बुलाता है?
(a) लोकसभा अध्यक्ष
(b) राष्ट्रपति
(c) प्रधानमंत्री
(d) राज्यसभा का अध्यक्ष

404. लोकसभा के प्रथम अध्यक्ष थे?
(a) रवि राय
(b) एम० अनन्तशयनम आयंगर
(c) सरदार हुकुम सिंह
(d) जी०वी० मावलंकर

405. भारत के किस राष्ट्रपति ने पूर्व में लोकसभा अध्यक्ष का पद भी संभाला था?
(a) ज्ञानी जैल सिंह
(b) वी०वी० गिरि
(c) नीलम संजीव रेड्डी
(d) जाकिर हुसैन

406. निम्नलिखित में से कौन लोकसभा के अध्यक्ष के पद पर दो अवधियों के लिए निर्वाचित नहीं हुए?
(a) जी०एम०सी० बालयोगी
(b) एन० संजीव रेड्डी
(c) बलराम जाखड़
(d) बलिराम भगत

407. निम्नलिखित में से कौन लोकसभा का अध्यक्ष कभी नहीं रहे?
(a) के० सुन्दरम्
(b) जी०एस० ढिल्लो
(c) बलिराम भगत
(d) हुकुम सिंह

भारतीय राजव्यवस्था और भारतीय अर्थव्यवस्था

408. लोकसभा अध्यक्ष अपना इस्तीफा भेज सकता है–
(a) उपाध्यक्ष को
(b) प्रधानमंत्री को
(c) राष्ट्रपति को
(d) संसदीय कार्यमंत्री को

409. भारत के एटॉर्नी जनरल की नियुक्ति कौन करता है?
(a) सर्वोच्च न्यायालय का मुख्य न्यायाधीश
(b) भारत का प्रधानमंत्री
(c) भारत का राष्ट्रपति
(d) संघ लोक सेवा आयोग

410. भारत सरकार को कानूनी विषयों पर परामर्श कौन देता है?
(a) महान्यायवादी
(b) उच्चतम न्यायालय
(c) विधि आयोग
(d) इनमें से कोई नहीं

411. संविधान के किस अनुच्छेद के अन्तर्गत महान्यायवादी की नियुक्ति की जाती है?
(a) अनुच्छेद 52 (b) अनुच्छेद 63
(c) अनुच्छेद 76 (d) अनुच्छेद 140

412. भारत का महान्यायवादी कब तक पद धारण करता है?
(a) दो वर्ष
(b) पाँच वर्ष
(c) राष्ट्रपति के प्रसादपर्यन्त
(d) 65 वर्ष की उम्र तक

413. भारत का सालिसिटर जनरल होता है–
(a) एक प्रशासनिक अधिकारी
(b) एक न्यायिक सलाहकार
(c) प्रधानमंत्री का सलाहकार
(d) राष्ट्रपति को सलाह देने के लिए एक कानूनी अधिकारी

414. कानूनी विषयों पर विषयों पर राज्य सरकार को कौन परामर्श देता है?
(a) महान्यायवादी
(b) एडवोकेट जनरल
(c) महान्यायमिकर्ता
(d) उच्च न्यायालय के मुख्य न्यायाधीश

415. मुख्य सतर्कता आयुक्त की नियुक्ति कौन करता है?
(a) राष्ट्रपति
(b) प्रधानमंत्री
(c) गृहमंत्री
(d) राज्यपाल

416. केन्द्र सरकार के व्यय को नियंत्रित करने की शक्ति किसमें निहित है?
(a) संसद में
(b) राष्ट्रपति में
(c) नियंत्रक एवं महालेखा परीक्षक में
(d) केन्द्रीय वित्तमंत्री में

417. भारत के नियंत्रक एवं महालेखा परीक्षक की नियुक्ति किसके द्वारा की जाती है?
(a) राष्ट्रपति
(b) लोकसभाध्यक्ष
(c) अध्यक्ष नीति आयोग
(d) वित्तमंत्री

418. नियंत्रक एवं महालेखा परीक्षक की नियुक्ति की अवधि कितनी होती है?
(a) 6 वर्ष
(b) 65 वर्ष
(c) 6 वर्ष या 65 वर्ष की आयु तक जो भी पहले पूर्ण हो
(d) 64 वर्ष की आयु तक

419. भारत के नियंत्रक एंव महालेखा परीक्षक की नियुक्ति संविधान के किस अनुच्छेद के तहत की जाती है?
(a) अनुच्छेद 63 (b) अनुच्छेद 76
(c) अनुच्छेद 148 (d) अनुच्छेद 280

420. निम्नलिखित में वह कौन-सा अधिकारी है, जो भारत सरकार के वित्तीय लेन-देनों में लेखाकरण के लिए जिम्मेदार होता है?
(a) वित्त सचिव
(b) नियंत्रक एवं लेखा निरीक्षण
(c) महालेखा नियंत्रक
(d) अध्यक्ष, वित्त आयोग

421. किस सेवानिवृत नियंत्रक एवं महालेखा परीक्षक को वित्त आयोग का अध्यक्ष बनाया गया?
(a) के० संथानम (b) ए०के० चंदा
(c) महावीर त्यागी (d) जे०पी० रोटल

422. नियंत्रक एंव महालेखा परीक्षक अपना प्रतिवेदन देता है–
(a) लोकसभाध्यक्ष को
(b) प्रधानमंत्री को
(c) वित्तमंत्री को
(d) राष्ट्रपति को

423. भारत के नियंत्रक एवं महालेखा परीक्षक द्वारा प्रस्तुत प्रतिवेदन के आधार पर कौन समिति कार्य करती है?
(a) लोक लेखा समिति
(b) प्राक्कलन समिति
(c) सरकारी उपक्रम समिति
(d) विशेषाधिकार समिति

424. भारत में नई संसदीय समिति प्रणाली की शुरुआत कब हुई?
(a) 1984 ई० में
(b) 1987 ई० में
(c) 1991 ई० में
(d) 1934 ई० में

425. भारत में संसदीय समिति प्रणाली की शुरुआत निम्नलिखित में किसकी सिफारिश पर किया गया?
(a) देवधर समिति
(b) हस्कर समिति
(c) संसद की नियम समिति
(d) संसद की अधीनस्थ विधान सम्बन्धी समिति

426. संसद की कितने प्रकार की समितियाँ होती है?
(a) स्थायी समिति
(b) तदर्थ समिति
(c) उपर्युक्त दोनों
(d) उपर्युक्त में से कोई नहीं

427. प्राक्कलन समिति में कितने सदस्य होते हैं?
(a) 15 (b) 22
(c) 30 (d) 45

428. 30 सदस्यीय प्राक्कलन समिति संसद के किस सदन की समिति है?
(a) लोकसभा की
(b) राज्यसभा की
(c) लोकसभा एवं राज्यसभा की
(d) किसी भी सदन का नहीं

429. संसद की किस समिति में सदस्यों की संख्या सर्वाधिक होती है?
(a) सरकारी उपक्रम समिति
(b) याचिका समिति
(c) लोक लेखा समिति
(d) प्राक्कलन समिति

430. कौन-सी समिति में राज्यसभा का कोई सदस्य नहीं होता है?
(a) प्राक्कलन समिति
(b) लोक लेखा समिति
(c) सार्वजनिक शिकायत समिति
(d) सार्वजनिक उपक्रम समिति

431. लोक लेखा उपक्रम समिति–
(a) 15 (b) 22
(c) 30 (d) 45

432. लोकलेखा समिति में–
(a) सिर्फ लोकसभा के सदस्य
(b) सिर्फ राज्यसभा के सदस्य
(c) 15 सदस्य लोकसभा के एवं 7 सदस्य राज्यसभा के
(d) 7 सदस्य लोकसभा के एवं 15 सदस्य राज्यसभा के

433. निम्नलिखित में से किस समिति का सदस्य कोई मंत्री नहीं हो सकता है?
(a) प्राक्कलन समिति
(b) लोकलेखा समिति
(c) सरकारी उपक्रम समिति
(d) उपर्युक्त सभी

434. लोकसभाध्यक्ष किस समिति का प्रदेश अध्यक्ष होता है?
(a) प्राक्कलन समिति
(b) लोकलेखा समिति
(c) नियम समिति
(d) विशेषाधिकार समिति

435. संयुक्त संसदीय समिति में कितने सदस्य होते हैं?
(a) 15 (b) 22
(c) 30 (d) 45

436. किस संसदीय समिति को प्राक्कलन समिति की जुड़वाँ बहन कहा जाता है?
(a) सरकारी उपक्रम समिति
(b) नियम समिति
(c) याचिका समिति
(d) लोक लेखा समिति

437. लोकसभा सदस्य कितने समितियों के अध्यक्ष होते हैं?
(a) 8 (b) 10
(c) 11 (d) 13

438. संविधान के किस भाग में संघीय न्यायपालिका का उल्लेख है?
(a) भाग II (b) भाग III
(c) भाग IV (d) भाग V

439. किसके अन्तर्गत भारत में सर्वप्रथम सर्वोच्च न्यायालय की स्थापना हुई?
(a) रेगुलेटिंग एक्ट 1773
(b) चार्टर एक्ट 1853
(c) भारत सरकार अधिनियम 1935
(d) भारतीय संविधान 1950

440. सर्वोच्च न्यायालय के मुख्य न्यायाधीश की नियुक्ति कौन करता है?
(a) राष्ट्रपति (b) प्रधानमंत्री
(c) मंत्रिपरिषद् (d) संसद

441. सर्वोच्च न्यायालय के अन्य न्यायाधीशों की नियुक्ति कौन करता है?
(a) राष्ट्रपति
(b) संसद
(c) सर्वोच्च न्यायालय का न्यायाधीश
(d) सर्वोच्च न्यायाधीश के परामर्श से राष्ट्रपति

442. सर्वोच्च न्यायालय में न्यायाधीश नियुक्त होने के लिए व्यक्ति को कम से कम कितने वर्ष उच्च न्यायालय का एडवोकेट होना चाहिए?
(a) 20 (b) 10
(c) 8 (d) 25

443. उच्चतम न्यायालय में न्यायाधीशों की सेवानिवृत्ति की आयु है–
(a) 65 वर्ष (b) 55 वर्ष
(c) 60 वर्ष (d) 58 वर्ष

444. सर्वोच्च न्यायालय के न्यायाधीशों को उसके पद से केवल किन प्रमाणित आधारों पर हटाया जा सकता है?
(a) कदाचार
(b) असमर्थता
(c) उपर्युक्त दोनों
(d) उपर्युक्त में से कोई नहीं

445. जब राष्ट्रपति और उपराष्ट्रपति दोनों के पद खाली हो, तब उनके काम कौन करेगा?
(a) प्रधानमंत्री
(b) गृहमंत्री
(c) भारत के मुख्य न्यायाधीश
(d) लोकसभाध्यक्ष

446. सर्वोच्च न्यायालय के अधिकार क्षेत्र में वृद्धि करने का अधिकार किसे प्राप्त है?
(a) सर्वोच्च न्यायालय
(b) राष्ट्रपति
(c) संसद
(d) मंत्रिपरिषद्

447. सर्वोच्च न्यायालय में न्यायिक कार्य के लिए किस भाषा का प्रयोग किया जाता है?
(a) हिन्दी
(b) अंग्रेजी
(c) हिन्दी व अंग्रेजी दोनों
(d) अनुसूची की कोई भाषा

448. भारत में न्यायपालिका है–
(a) स्वतंत्र
(b) संसद के अधीन
(c) राष्ट्रपति के अधीन
(d) प्रधानमंत्री के अधीन

449. भारत में न्यायपालिका का स्वरूप है–
(a) विकेन्द्रीकृत (b) एकीकृत
(c) सामूहिक (d) व्यवहारिक

450. राष्ट्रपति कानूनी मामलों में किससे परामर्श ले सकता है?
(a) न्यायमंत्री
(b) महान्यायवादी
(c) उच्च न्यायालय
(d) सर्वोच्च न्यायालय

451. उच्चतम न्यायालय को परामर्शदात्री बनाया गया है–
(a) अनुच्छेद 124 (b) अनुच्छेद 137
(c) अनुच्छेद 143 (d) अनुच्छेद 148

452. न्यायिक पुनर्विलोकन की शक्ति है?
(a) उच्च न्यायालय
(b) उच्चतम न्यायालय
(c) राष्ट्रपति
(d) लोकसभा

453. कौन-सा अनुच्छेद सर्वोच्च न्यायालय को अभिलेख न्यायालय का स्थान प्रदान करता है?
(a) अनुच्छेद 123 (b) अनुच्छेद 124
(c) अनुच्छेद 129 (d) अनुच्छेद 143

454. संविधान की व्याख्या करने का अंतिम अधिकार किसे प्राप्त है?
(a) लोकसभाध्यक्ष
(b) राष्ट्रपति
(c) अटार्नी जनरल ऑफ इण्डिया
(d) सर्वोच्च न्यायालय

455. सर्वोच्च न्यायालय ने संविधान की आधारभूत संरचना की घोषणा किस मामले में की थी?

(a) केशवानन्द भारती केस
(b) गोलकनाथ केस
(c) मिनर्वा मिल केस
(d) गोपालन का मामला

456. जनहित याचिका दायर की जा सकती है–
(a) उच्च न्यायालय में
(b) सर्वोच्च न्यायालय में
(c) उपर्युक्त दोनों में
(d) इनमें से कोई नहीं

457. उच्चतम न्यायालय की सबसे पहली न्यायाधीश कौन थी?
(a) सुनन्दा भण्डारे
(b) लीला सेठ
(c) फातिमा बीबी
(d) इन्दिरा जय सिंह

458. सर्वोच्च न्यायालय के प्रथम मुख्य न्यायाधीश कौन थे?
(a) हीरालाल जे० कानिया
(b) के०एन० वांचू
(c) एस०एस० सिकरी
(d) व्हाई०वी० चन्द्रचूड़

459. लाभ का पद परिभाषित हुआ है–
(a) संविधान द्वारा
(b) सर्वोच्च न्यायालय द्वारा
(c) संघीय मंत्रिपरिषद् द्वारा
(d) संसद द्वारा

460. भारत में कुल कितने उच्च न्यायालय हैं?
(a) 21 (b) 24
(c) 18 (d) 22

461. पटना उच्च न्यायालय की स्थापना कब हुई?
(a) 1916 ई० (b) 1917 ई०
(c) 1918 ई० (d) 1921 ई०

462. बम्बई, कलकत्ता तथा मद्रास उच्च न्यायालय की स्थापना कब हुई थी?
(a) 1862 ई० (b) 1866 ई०
(c) 1884 ई० (d) 1921 ई०

463. अंडमान एवं निकोबार द्वीप समूह किस उच्च न्यायालय के क्षेत्राधिकार में आते हैं?
(a) आंध्र प्रदेश उच्च न्यायालय
(b) कलकत्ता उच्च न्यायालय
(c) मद्रास उच्च न्यायालय
(d) इनमें से कोई नहीं

464. केरल का उच्च न्यायालय कहाँ स्थित है?
(a) कोट्टायम (b) कोच्चि
(c) एर्नाकुलम (d) त्रिवेन्द्रम

465. दो या अधिक राज्यों या संघीय प्रदेश के लिए एक सामान्य उच्च न्यायालय की स्थापना की जा सकती है–
(a) राष्ट्रपति द्वारा
(b) संसद द्वारा कानून बनाकर
(c) राज्य के राज्यपाल द्वारा
(d) भारत के मुख्य न्यायाधीश द्वारा

466. उच्च न्यायालय के मुख्य न्यायाधीश की नियुक्ति कौन करता है?
(a) राष्ट्रपति
(b) सर्वोच्च न्यायालय का मुख्य न्यायाधीश
(c) राज्य का राज्यपाल
(d) राज्य का मुख्यमंत्री

467. उच्च न्यायालय का न्यायाधीश अपना त्यागपत्र किसे देता है?
(a) राष्ट्रपति
(b) उच्च के मुख्य न्यायाधीश
(c) भारत का मुख्य न्यायाधीश
(d) अपने राज्य के राज्यपाल

468. उच्च न्यायालय के मुख्य न्यायाधीश पद पर नियुक्त होने वाली प्रथम महिला कौन हैं?
(a) अन्ना चण्डी (b) लीला सेठ
(c) फातिमा बीबी (d) के० सोराबजी

469. उच्च न्यायालय की 'परमादेश' जारी करने की शक्ति के अन्तर्गत आते हैं–
(a) संवैधानिक अधिकार
(b) सांविधिक अधिकार
(c) मौलिक अधिकार
(d) उपर्युक्त सभी

470. उच्च न्यायालय को किसका अधीक्षण करने का अधिकार है?
(a) विधि विभाग
(b) अधीनस्थ न्यायालय
(c) सर्वोच्च न्यायालय
(d) लोक सेवा आयोग

471. राज्यपाल की नियुक्ति कौन करता है?
(a) संघीय मंत्रीगण (b) उपराष्ट्रपति
(c) प्रधानमंत्री (d) राष्ट्रपति

472. निम्न में से किसको हटाने का प्रावधान संविधान में नहीं है?
(a) उपराष्ट्रपति (b) राष्ट्रपति
(c) गर्वनर (d) एटॉर्नी जनरल

473. राज्यपाल का कार्यकाल कितने वर्ष होता है?
    (a) 3 वर्ष (b) 4 वर्ष
    (c) 5 वर्ष (d) 6 वर्ष
474. उपराज्यपाल की नियुक्ति कौन करता है?
    (a) राष्ट्रपति (b) प्रधानमंत्री
    (c) उपराष्ट्रपति (d) राज्यपाल
475. राज्यपाल के पद पर नियुक्ति की न्यूनतम उम्र सीमा है–
    (a) 25 वर्ष
    (b) 30 वर्ष
    (c) 35 वर्ष
    (d) इनमें से कोई नहीं
476. राज्य मंत्रीपरिषद् का गठन कौन करता है?
    (a) राज्यपाल (b) मुख्यमंत्री
    (c) प्रधानमंत्री (d) राष्ट्रपति
477. राज्यों के गवर्नर संविधान के अन्तर्गत किसके प्रति अपने आचरण के लिए उत्तरदायी होते हैं?
    (a) राज्य के मुख्यमंत्री
    (b) संघ के प्रधानमंत्री
    (c) राज्य विधानसभा
    (d) राष्ट्रपति
478. राज्यपाल विधानसभा में आंग्ल-भारतीय समुदाय के कितने व्यक्तियों को मनोनीत कर सकता है?
    (a) 1 (b) 2
    (c) 3 (d) 5
479. राज्यपाल विधान परिषद् में कितने सदस्यों को मनोनीत करता है?
    (a) 5
    (b) 10
    (c) 15
    (d) कोई निश्चित नहीं
480. "राज्यपाल सोने के पिंजरे में निवास करने वाली चिड़िया के समतुल्य है" यह किसका कथन है?
    (a) श्री प्रकाश (b) सरोजनी नायडू
    (c) धर्मवीर (d) जी०डी० तपासे
481. राज्यपाल विधान परिषद् के कितने सदस्यों को मनोनीत कर सकता है?
    (a) 1/3 (b) 1/2
    (c) 1/6 (d) 1/12
482. किसी राज्य की राज्यपाल बनने वाली प्रथम महिला थी–
    (a) राजकुमारी अमृत कौर
    (b) पद्मजा नायडू
    (c) सरोजनी नायडू
    (d) सरला ग्रेवाल
483. किसकी अनुमति के बिना राज्य की विधानसभा में कोई धन विधेयक पेश नहीं किया जा सकता?
    (a) राज्यपाल (b) संसद
    (c) मुख्यमंत्री (d) विधानसभाध्यक्ष
484. राज्य स्तर पर मंत्रीपरिषद् के मंत्रियों की नियुक्ति कौन करता है?
    (a) दल का अध्यक्ष
    (b) मुख्यमंत्री
    (c) राज्यपाल
    (d) प्रधानमंत्री
485. गवर्नर द्वारा जारी किया गया अध्यादेश किसके द्वारा मंजूर किया जाता है?
    (a) राष्ट्रपति
    (b) विधान परिषद् के मंत्रियों द्वारा
    (c) विधानमण्डल
    (d) उपर्युक्त सभी
486. जम्मू-कश्मीर का 'सदर-ए-रियासत' पदनाम कब बदलकर राज्यपाल कर दिया गया?
    (a) 1948 ई० में (b) 1950 ई० में
    (c) 1952 ई० में (d) 1965 ई० में
487. राज्यपाल द्वारा जारी अध्यादेश कितने समय के बाद स्वत: समाप्त हो जाता है?
    (a) 6 सप्ताह (b) 7 सप्ताह
    (c) 8 सप्ताह (d) 9 सप्ताह
488. मुख्यमंत्री की नियुक्ति संविधान के किस अनुच्छेद के तहत की जाती है?
    (a) अनुच्छेद 153 (b) अनुच्छेद 161
    (c) अनुच्छेद 163 (d) अनुच्छेद 165
489. राष्ट्रपति विकास परिषद् की बैठक में राज्य का प्रतिनिधित्व कौन करता है?
    (a) राज्यपाल
    (b) मुख्यमंत्री
    (c) विधान सभाध्यक्ष
    (d) कैबिनेट सचिव
490. राज्य विधानमण्डल का ऊपरी सदन कौन-सा है?
    (a) विधान परिषद् (b) विधान सभा
    (c) राज्यसभा (d) लोकसभा

491. भारत के कितने राज्यों में द्वि-सदनात्मक विधानमण्डल है?

(a) 5 (b) 6

(c) 7 (d) 12

492. सुमेल करें–

सूची-I (राज्य)	**सूची-II (विधान परिषद् की सदस्य संख्या)**
A. जम्मू-कश्मीर	1. 36
B. बिहार	2. 75
C. कर्नाटक	3. 75
D. महाराष्ट्र	4. 78
E. उत्तर प्रदेश	5. 99

कूट:	**A**	**B**	**C**	**D**	**E**
(a)	1	2	3	4	5
(b)	2	1	3	4	5
(c)	1	2	4	3	5
(d)	5	4	2	1	3

493. 1957 में विधान परिषद् का सृजन और 1985 में उत्सादन किया गया–

(a) आन्ध्र प्रदेश (b) तमिलनाडु

(c) पंजाब (d) पश्चिम बंगाल

494. राज्य के विधान परिषद् के कितने सदस्य विधानसभा द्वारा चुन जाते हैं?

(a) 1/6 (b) 1/3

(c) 1/12 (d) 5/6

495. विधान परिषद् में राज्यपाल द्वारा मनोनीत सदस्य होते हैं?

(a) 1/3 (b) 1/4

(c) 1/6 (d) 1/12

496. विधान परिषद् में राज्यपाल द्वारा मनोनीत सदस्य होते हैं–

(a) 1/4 (b) 1/3

(c) 1/6 (d) 1/12

497. विधान परिषद् में स्नातकों द्वारा चुने जाते हैं–

(a) 1/4 (b) 1/3

(c) 1/6 (d) 1/12

498. विधान परिषदों में कुल सदस्यों का कितना भाग माध्यमिक स्कूलों, कॉलेजों और विश्वविद्यालय के शिक्षकों द्वारा निर्वाचति होते हैं?

(a) 1/3 (b) 1/4

(c) 1/6 (d) 1/12

499. विधान परिषद् का सभापति किसे त्यागपत्र देगा?

(a) मुख्यमंत्री को

(b) राज्यपाल को

(c) उपसभापति को

(d) उच्च न्यायालय के मुख्य न्यायाधीश को

500. राज्य विधान सभा के निर्वाचन का प्रावधान करती है?

(a) अनुच्छेद 170

(b) अनुच्छेद 176

(c) अनुच्देद 178

(d) इनमें से कोई नहीं

501. किसी राज्य की विधानसभा में अधिकतम कितने सदस्य हो सकते हैं?

(a) 400 (b) 450

(c) 500 (d) 550

502. निम्नलिखित में से कहाँ विधानसभा अस्तित्व में नहीं है?

(a) पाण्डिचेरी (b) गोवा

(c) दिल्ली (d) लक्षद्वीप

503. किस राज्य में विधानसभा सदस्यों की संख्या सबसे अधिक है?

(a) उत्तर प्रदेश (b) मध्य प्रदेश

(c) बिहार (d) राजस्थान

504. विधानसभा का कार्यकाल कितने वर्षों का होता है?

(a) 3 वर्ष (b) 4 वर्ष

(c) 5 वर्ष (d) 6 वर्ष

505. जम्मू-कश्मीर राज्य की विधानसभा का कार्यकाल है–

(a) 4 वर्ष (b) 5 वर्ष

(c) 6 वर्ष (d) 7 वर्ष

506. विधानसभा अध्यक्ष अपना त्यागपत्र किसको देता है?

(a) राज्यपाल

(b) राष्ट्रपति

(c) मुख्यमंत्री

(d) विधानसभा उपाध्यक्ष

507. राज्य मंत्रीपरिषद् सामूहिक रूप से किसके प्रति उत्तरदायी होती है?

(a) विधानसभा (b) विधान परिषद्

(c) राज्यपाल (d) राष्ट्रपति

508. निम्नलिखित में से कौन संविधान का अंग नहीं है?
(a) निर्वाचन आयोग
(b) वित्त आयोग
(c) अन्तर्राष्ट्रीय परिषद्
(d) योजना आयोग

509. वित्त आयोग का गठन कितनी अवधि के लिए होता है?
(a) 2 वर्ष
(b) प्रतिवर्ष
(c) 5 वर्ष
(d) राष्ट्रपति की इच्छानुसार जब और जैसे

510. भारत की पंचवर्षीय योजना अन्तिम रूप से अनुमोदित की जाती है–
(a) योजना आयोग द्वारा
(b) राष्ट्रीय विकास परिषद् द्वारा
(c) वित्त आयोग द्वारा
(d) निर्वाचन आयोग द्वारा

511. केन्द्र और राज्य के बीच धन के बँटवारे के सम्बन्ध में कौन राय देता है?
(a) निति आयोग (b) प्रधानमंत्री
(c) संसद (d) वित्त आयोग

512. प्रथम वित्त आयोग के अध्यक्ष कौन थे?
(a) के०सी० नियोगी
(b) एन०के०पी० साल्वे
(c) के०सी० पन्त
(d) के० संथानम

513. अखिल भारतीय सेवा में सम्मिलित नहीं है–
(a) भारतीय प्रशासनिक सेवा
(b) भारतीय पुलिस सेवा
(c) भारतीय विदेश सेवा
(d) भारतीय वन सेवा

514. निम्नलिखित में से वह देश कौन है जिसने सिविल सेवा के प्रति परीक्षा सबसे पहले शुरू की?
(a) ब्रिटेन (b) फ्रांस
(c) चीन (d) अमेरिका

515. राज्य लोक सेवा आयोग के अध्यक्ष की नियुक्ति कौन करता है?
(a) राष्ट्रपति (b) उपराष्ट्रपति
(c) प्रधानमंत्री (d) राज्यपाल

516. राज्य लोकसेवा आयोग के अध्यक्ष तथा सदस्य अपना त्यागपत्र किसे देते हैं?
(a) राष्ट्रपति
(b) राज्यपाल
(c) भारत के मुख्य न्यायाधीश
(d) मुख्यमंत्री

517. भारतीय संविधान के किस अनुच्छेद में निर्वाचन आयोग का वर्णन है?
(a) अनुच्छेद 286 (b) अनुच्छेद 324
(c) अनुच्छेद 356 (d) अनुच्छेद 382

518. भारत के विभिन्न राजनीतिक दलों को राष्ट्रीय या क्षेत्रीय दल का दर्जा देने का अधिकार किसको है?
(a) संसद
(b) राष्ट्रपति
(c) चुनाव आयोग
(d) सर्वोच्च न्यायालय

519. भारत में प्रथम आम चुनाव किस वर्ष किये गये थे?
(a) 1947–48 (b) 1948–49
(c) 1950–51 (d) 1951–52

520. भारत में पहली बार महिलाओं को मताधिकार कब प्राप्त हुआ?
(a) 1920 ई० (b) 1926 ई०
(c) 1933 ई० (d) 1936 ई०

521. मतदान की आयु सीमा की 21 वर्ष से हटाकर 18 वर्ष कब किया गया?
(a) 1988 ई० (b) 1989 ई०
(c) 1990 ई० (d) 1991 ई०

522. परिसीमन आयोग का अध्यक्ष होता है–
(a) राष्ट्रपति
(b) गृहमंत्री
(c) मुख्य चुनाव आयुक्त
(d) प्रधानमंत्री

523. मतदाताओं के पंजीयन का उत्तरदायित्व किस पर है?
(a) राज्यपाल (b) मतदाता
(c) निर्वाचन आयोग (d) राजनीतिक दल

524. संघ सूची, राज्य सूची तथा समवर्ती सूची का विस्तृत उल्लेख संविधान की किस अनुसूची में किया गया है?
(a) छठी (b) सातवीं
(c) आठवीं (d) नौवीं

525. केन्द्र राज्य संबंधों से सम्बन्धित अनुच्छेद है–
(a) अनुच्छेद 4 तथा 5
(b) अनुच्छेद 56 तथा 57
(c) अनुच्छेद 141 तथा 142
(d) अनुच्छेद 295 तथा 296

526. भारतीय संविधान में अवशिष्ट अधिकार है–
(a) राज्यों के पास
(b) केन्द्र के पास
(c) उपर्युक्त दोनों के पास
(d) किसी के पास नहीं

527. सरकारिया आयोग सम्बन्धित है–
(a) उच्च शिक्षा से
(b) नदी जल विवादों से
(c) शेयर-घोटालो से
(d) केन्द्र-राज्य सम्बन्धों से

528. राजमन्नार समिति का गठन किस राज्य द्वारा किया गया था?
(a) आन्ध्र प्रदेश (b) केरल
(c) तमिलनाडु (d) कर्नाटक

529. समवर्ती सूची में लिखे विषयों पर अधिनियम बनाने का अधिकार किसके पास है?
(a) राज्य और संघ
(b) केवल संघ
(c) केवल राज्य
(d) राज्य और संघ क्षेत्र

530. पंचायती राज विषय है–
(a) समवर्ती सूची (b) केन्द्र सूची
(c) राज्य सूची (d) इनमें से सभी

531. आर्थिक नियोजन विषय है–
(a) संघ सूची
(b) राज्य सूची
(c) समवर्ती सूची
(d) किसी भी सूची में नहीं

532. निम्नलिखित में से कौन-सा विषय समवर्ती सूची में है?
(a) कृषि (b) शिक्षा
(c) पुलिस (d) रक्षा

533. भारतीय संविधान की सातवीं अनुसूची के अन्तर्गत संघ सूची में निम्नलिखित में से किसका उल्लेख नहीं है?
(a) बैंकिंग (b) बीमा
(c) जनगणना (d) गैस

534. भारतीय संविधान की सातवीं अनुसूची के अन्तर्गत राज्यसूची में निम्नलिखित में से किसका उल्लेख नहीं है?
(a) शिक्षा (b) विद्युत
(c) रेलवे पुलिस (d) वन

535. निम्नलिखित सूचियों में से किसके अन्तर्गत शिक्षा आती है?
(a) केन्द्रीय सूची (b) राज्यसूची
(c) समवर्ती सूची (d) स्थानीय सूची

536. निम्नलिखित में से कौन राज्य-सूची में नहीं है?
(a) कृषि (b) जेल
(c) सिंचाई (d) सुरक्षा

537. सामाजिक सुरक्षा एवं सामाजिक बीमा विषय है–
(a) समवर्ती सूची में
(b) अवशिष्ट सूची में
(c) राज्यसूची में
(d) संघीय सूची में

538. संविधान की राज्य सूची में कौन-सा विषय नहीं है?
(a) मत्स्य (b) कृषि
(c) बीमा (d) सट्टेबाजी

539. संविधान की राज्यसूची में कौन-सा विषय नहीं है?
(a) मत्स्य (b) कृषि
(c) बीमा (d) सट्टेबाजी

540. 1953 में गठित राजभाषा आयोग के प्रथम अध्यक्ष कौन थे?
(a) बी०जी० खेर
(b) बी० कृष्णा
(c) जी०जी० मीरचंदानी
(d) इकबाल नारायण

541. संविधशन की आठवीं अनुसूची में सम्मिलित भाषाओं की संख्या कितनी है?
(a) 14 (b) 15
(c) 18 (d) 22

542. भारतीय संविधान में किन अनुच्छेदों में राजभाषा सम्बन्धी प्रावधानों का उल्लेख है?
(a) 343-351 तक (b) 434-315 तक
(c) 443-335 तक (d) 334-355 तक

543. संविधान के किस अनुच्छेद के तहत राष्ट्रीय आपातकाल की उद्घोषणा राष्ट्रपति करता है?
(a) अनुच्छेद 352 (b) अनुच्छेद 356
(c) अनुच्छेद 360 (d) अनुच्छेद 368

544. देश में पहली बार राष्ट्रीय आपातकाल की उद्घोषणा हुई–
(a) 14 दिसम्बर 1966
(b) 9 अगस्त 1969
(c) 3 दिसम्बर 1971
(d) 25 जून 1975

545. राष्ट्रीय आपातकाल की उद्घोषणा को संसद के समक्ष उसकी स्वीकृति हेतु रखा जाना आवश्यक है–
(a) एक माह के अंदर
(b) दो माह के अंदर
(c) एक वर्ष के अंदर
(d) छह माह के अंदर

546. संविधान के किस अनुच्छेद के आधार पर राष्ट्रपति देश में वित्तीय आपात की घोषणा करता है?
(a) अनुच्छेद 352 (b) अनुच्छेद 355
(c) अनुच्छेद 356 (d) अनुच्छेद 360

547. प्रथम बार राष्ट्रपति शासन किस राज्य में लगाया गया?
(a) पश्चिम बंगाल (b) केरल
(c) मैसूर (d) पंजाब

548. किसी राज्य में राष्ट्रपति शासन की प्रारम्भिक अवधि कितनी होती है?
(a) 1 वर्ष (b) 3 माह
(c) 6 माह (d) दो वर्ष

549. राष्ट्रपति शासन का प्रावधान है–
(a) अनुच्छेद 352 (b) अनुच्छेद 354
(c) अनुच्छेद 355 (d) अनुच्छेद 356

550. भारत में संघ-राज्यों का प्रशासन होता है–
(a) राष्ट्रपति द्वारा
(b) उपराज्यपाल द्वारा
(c) गृहमंत्री द्वारा
(d) प्रशासक द्वारा

551. संविधान की धारा 370 किस राज्य पर लागू होती है?
(a) जम्मू-कश्मीर (b) असम
(c) मणिपुर (d) नागालैण्ड

552. जम्मू-कश्मीर के संविधान को कब अंगीकृत किया गया?
(a) 1951 ई० (b) 1953 ई०
(c) 1954 ई० (d) 1957 ई०

553. जम्मू-कश्मीर का 'सदर-ए-रियासत' पदनाम कब बदलकर राज्यपाल कर दिया गया?
(a) 1949 ई० (b) 1950 ई०
(c) 1952 ई० (d) 1965 ई०

554. वर्तमान समय में देश में राष्ट्रीय दलों की कुल संख्या कितनी है?
(a) 3 (b) 5
(c) 6 (d) 7

555. किस राजनीतिक दल का चुनाव चिह्न 1952 के आम चुनाव से अब तक अपरिवर्तित रहा है?
(a) CPI (b) CPM
(c) BJP (d) SP

556. भारत में कोई भी राजनीतिक दल राष्ट्रीय दल के रूप में मान्यता प्राप्त कर सकता है, यदि वह राज्य स्तर का दल है, कम से कम–
(a) 3 राज्यों में (b) 4 राज्यों में
(c) 5 राज्यों में (d) 7 राज्यों में

557. भारत में दलीय व्यवस्था किस प्रकार की है?
(a) एकदलीय
(b) द्विदलीय
(c) बहुदलीय
(d) उपर्युक्त में से कोई नहीं

558. अखिल भारतीय किसान सभा का गठन किस वर्ष हुआ?
(a) 1925 ई० (b) 1929 ई०
(c) 1934 ई० (d) 1936 ई०

559. सुमेल करें–

सूची-I (श्रमिक संघ)	**सूची-II (राजनीतिक दल)**
A. AITUC	1. BJP
B. INTUC	2. माकपा
C. UTUC	3. कांग्रेस
D. BMS	4. भाकपा

कूट:	**A**	**B**	**C**	**D**
(a)	1	2	3	4
(b)	2	3	4	1
(c)	3	4	1	2
(d)	4	3	2	1

560. किसी भी क्षेत्र को अनुसूचित और जनजाति क्षेत्र घोषित करने का अधिकार किसे है?
(a) राष्ट्रपति (b) उपराष्ट्रपति
(c) प्रधानमंत्री (d) गृहमंत्री

561. पूर्वोत्तर भारत के किस राज्य में स्वायत्त जिले की व्यवस्था नहीं है?
(a) असम
(b) मिजोरम
(c) अरुणाचल प्रदेश
(d) त्रिपुरा

562. संविधान की किस अनुसूची में असम, मेघालय, त्रिपुरा तथा मिजोरम राज्यों

के अनुसूचित जनजाति के प्रशासन के सम्बन्ध में प्रावधान किया गया है?
(a) चौथी अनुसूची
(b) पाँचवीं अनुसूची
(c) छठी अनुसूची
(d) सातवीं अनुसूची

563. भारतीय संविधान के किस भाग में अल्पसंख्यकों के लिए विशेष प्रावधान किया गया है?
(a) भाग II (b) भाग III
(c) भाग IV (d) भाग V

564. भारतीय संविधान के किस अनुच्छेद के तहत अनुसूचित जाति एवं जनजाति के सदस्यों को लोकसभा में आरक्षण प्रदान किया गया है?
(a) अनुच्छेद 324 (b) अनुच्छेद 330
(c) अनुच्छेद 332 (d) अनुच्छेद 331

565. कौन व्यक्ति अनुसूचित जाति या जनजाति का सदस्य है, इसका निर्धारण करने का अधिकार किसको है?
(a) राष्ट्रपति (b) प्रधानमंत्री
(c) राज्यपाल (d) उपराष्ट्रपति

566. भारतीय सदस्यों के लिए विधानसभाओं में सीटें आरक्षित प्रदान की गयी है?
(a) अनुच्छेद 330 (b) अनुच्छेद 331
(c) अनुच्छेद 332 (d) अनुच्छेद 343

567. वर्तमान समय में लोकसभा की 543 सीटों में कितने सीटें अनुसूचित जाति के लिए आरक्षित हैं?
(a) 71 (b) 75
(c) 77 (d) 79

568. लोकसभा में कितने सीटें अनुसूचित जनजाति के लिए आरक्षित है?
(a) 40 (b) 60
(c) 79 (d) 85

569. राज्य विधानसभा में आंग्ल-भारतीय समुदाय का प्रतिनिधित्व नहीं होने पर सम्बन्धित राज्य का राज्यपाल संविधान के किस अनुच्छेद के तहत एक व्यक्ति को सदस्यता के लिए नामांकित कर सकता है?
(a) अनुच्छेद 330 (b) अनुच्छेद 331
(c) अनुच्छेद 332 (d) अनुच्छेद 333

570. संविधान के किस संशोधन द्वारा अनुच्छेद 338 में संशोधन करके अनुसूची जाति तथा जनजाति आयोग के गठन के सम्बन्ध में प्रावधान किया गया था?
(a) 61वें संशोधन (b) 66वें संशोधन
(c) 65वें संशोधन (d) 69वें संशोधन

571. पिछड़ा वर्ग आयोग का गठन कौन करता है?
(a) राष्ट्रपति (b) प्रधानमंत्री
(c) लोकसभाध्यक्ष (d) गृहमंत्री

572. भारतीय संविधान में अल्पसंख्यकों को मान्यता किस आधार पर दी गयी है?
(a) धर्म
(b) जाति
(c) रंग
(d) कुल जनसंख्या के साथ वर्ग की जनसंख्या का अनुपात

573. राष्ट्रीय पिछड़ा वर्ग आयोग की स्थापना कब हुई?
(a) 1975 ई० (b) 1979 ई०
(c) 1990 ई० (d) 1993 ई०

574. संविधान के किस भाग एवं अनुच्छेद में संविधान संशोधन प्रक्रिया का उल्लेख है?
(a) भाग I, अनुक्रमांक-3
(b) भाग VIII, अनुक्रमांक-239
(c) भाग XVI, अनुक्रमांक-336
(d) भाग XX, अनुक्रमांक-368

575. संविधान संशोधन कितने प्रकार से किया जा सकता है?
(a) 2 (b) 3
(c) 4 (d) 5

576. भारतीय संविधान की कौन-सी व्यवस्था दक्षिण अफ्रीका के संविधान से ली गयी है?
(a) संसदीय प्रणाली
(b) मूल अधिकार
(c) संविधान संशोधन
(d) मूल कर्त्तव्य

577. संविधान संशोधन हेतु विधेयक सर्वप्रथम कहाँ प्रस्तुत किया जाता है?
(a) संसद
(b) राज्यसभा
(c) लोकसभा
(d) राज्य विधानमण्डल

578. संविधान के अधिकांश अनुच्छेदों को संशाधित करने के लिए कौन-सी प्रक्रिया अपनायी जाती है?
(a) साधारण बहुमत
(b) दो तिहाई बहुमत
(c) दो तिहाई बहुमत एवं राज्यों का अनुमोदन
(d) उपर्युक्त में से कोई नहीं

579. भारत के संविधान में प्रथम संशोधन कब किया गया?
(a) 1950 ई० (b) 1951 ई०
(c) 1955 ई० (d) 1955 ई०

580. भूतकालिक प्रभाव से लागू होने वाला अपनी तरह का पहला संविधान संशोधन अधिनियम कौन-सा है?
(a) 5वाँ (b) 8वाँ
(c) 10वाँ (d) 13वाँ

581. सिक्किम को पूर्णत: राज्य का दर्जा किस संविधान संशोधन द्वारा प्रदान किया गया?
(a) 32वें (b) 34वें
(c) 35वें (d) 36वें

582. भारतीय संविधान की प्रस्तावना में 'समाजवादी' तथा 'धर्मनिरपेक्ष' शब्द जोड़े गये–
(a) 24वें संशोधन द्वारा
(b) 25वें संशोधन द्वारा
(c) 42वें संशोधन द्वारा
(d) 46वें संशोधन द्वारा

583. 42वें संविधान संशोधन अधिनियम 1976 से भारतीय संविधान में एक नया अध्याय जोड़ा गया–
(a) संघीय क्षेत्रों के प्रशासन से सम्बन्धित
(b) अन्तर्राज्यीय परिषद् के निर्माण
(c) मौलिक कर्त्तव्य
(d) इनमें से कोई नहीं

584. किस संविधान संशोधन को 'लघु संविधान' कहा गया है?
(a) 42वें (b) 44वें
(c) 46वें (d) 52वें

585. संविधान संशोधन द्वारा नागरिकों के मौलिक कर्त्तव्यों को जोड़ा गया–
(a) 41वें (b) 42वें
(c) 43वें (d) 44वें

586. किस संविधान संशोधन अधिनियम द्वारा अनुसूचित जनजातियों हेतु एक पृथक् राष्ट्रीय आयोग की स्थापना किया गया?
(a) 86वाँ (b) 89वाँ
(c) 91वाँ (d) 29वाँ

587. 91वाँ संविधान संशोधन विधेयक मंत्रिपरिषद् को कितना प्रतिशत तक सीमित करने के लिए जारी किया गया है?
(a) 10% (b) 8%
(c) 12% (d) 15%

588. भारतीय संविधान के किस भाग में पंचायती राज से सम्बन्धित प्रावधान है?
(a) भाग 6 (b) भाग 7
(c) भाग 8 (d) भाग 9

589. भारतीय संविधान के किस भाग में नगरपालिकाओं से सम्बन्धित प्रावधान है?
(a) भाग-4क (b) भाग-9क
(c) भाग-14क (d) भाग-22

590. संविधान के किस भाग में ग्राम पंचायतों की स्थापना की बात कही गयी है?
(a) भाग-3 (b) भाग-4
(c) भाग-5 (d) भाग-6

591. संविधान की ग्यारहवीं अनुसूची में क्या सम्मिलित है?
(a) राज्य के नीति-निर्देशक सिद्धांत
(b) पंचायतों का कार्यक्रम
(c) मूल अधिकार
(d) मूल कर्त्तव्य

592. पंचायती राज प्रणाली किस पर आधारित है?
(a) सत्ता के केन्द्रीयकरण पर
(b) सत्ता के विकेन्द्रीकरण पर
(c) प्रशासक एवं जनता के सहयोग पर
(d) उपर्युक्त सभी पर

593. भारत में निम्नलिखित में से किसके अन्तर्गत पंचायती राज प्रणाली की व्यवस्था की गय है?
(a) मौलिक अधिकार
(b) मौलिक कर्त्तव्य
(c) नीति निर्देशक सिद्धान्त
(d) चुनाव आयोग अधिनियम

594. किस संवैधानिक संशोधन द्वारा पंचायती राज संस्थाओं को संवैधानिक दर्जा प्रदान किया गया है?
(a) 71वाँ (b) 72वाँ
(c) 73वाँ (d) 74वाँ

595. 73वें संविधान संशोधन द्वारा 11वीं अनुसूची में पंचायती राज संस्थाओं को कितने कार्य सौंपे गये हैं?
(a) 97वाँ (b) 66वाँ
(c) 47वाँ (d) 29वाँ

596. भारत में सबसे पहले पंचायती राज की स्थापना किस वर्ष हुई?
(a) 1952 ई० (b) 1956 ई०
(c) 1959 ई० (d) 1960 ई०

597. पंचायत राज व्यवस्था की शुरुआत किस राज्य से हुई थी?
(a) कर्नाटक (b) राजस्थान
(c) उत्तर प्रदेश (d) आन्ध्र प्रदेश

598. सामुदायिक विकास योजना की शुरुआत कब हुआ?
(a) 1950 (b) 1951
(c) 1952 (d) 1953

599. लोकतांत्रिक विकेन्द्रीकरण का सुझाव दिया गया—
(a) महात्मा गांधी द्वारा
(b) विनोबा भावे द्वारा
(c) जय प्रकाश नारायण द्वारा
(d) बलवन्त राय मेहता द्वारा

600. पंचायत स्तर पर राज्य सरकार का प्रतिनिधित्व कौन करता है?
(a) ग्राम सेवक (b) ग्राम मुखिया
(c) सरपंच (d) पंचायत समिति

भारतीय अर्थव्यवस्था

1. भारतीय अर्थव्यवस्था किस प्रकार की अर्थव्यवस्था है?
   (a) पूँजीवादी अर्थव्यवस्था
   (b) समाजवादी अर्थव्यवस्था
   (c) परम्परागत अर्थव्यवस्था
   (d) मिश्रित अर्थव्यवस्था
2. मिश्रित अर्थव्यवस्था का अर्थ है–
   (a) वृहत् एवं कुटीर उद्योग का सह अस्तित्व
   (b) सार्वजनिक एवं निजी क्षेत्रों का सहयोग
   (c) सार्वजनिक तथा निजी क्षेत्र का सह अस्तित्व
   (d) उपर्युक्त में से कोई नहीं
3. भारत में बेरोजगारी का स्वरूप कैसा है?
   (a) तकनीकी (b) चक्रीय
   (c) घर्षनात्मक (d) संरचनात्मक
4. भारत की कुल श्रमशक्ति का लगभग कितना भाग कृषि में लगा हुआ है?
   (a) 50% (b) 54%
   (c) 58% (d) 64%
5. भारत में सबसे अधिक सम्पत्ति वाला राज्य कौन है?
   (a) तमिलनाडु (b) महाराष्ट्र
   (c) केरल (d) कर्नाटक
6. कृषि में मूलतः किस प्रकार की बेरोजगारी की प्रधानता देखने को मिलती है?
   (a) संरचनात्मक बेरोजगारी
   (b) खुली बेरोजगारी
   (c) अदृश्य बेरोजगारी
   (d) घर्षणात्मक बेरोजगारी
7. राज्य एवं राष्ट्रीय स्तर पर गरीबी का अनुमान लगाने के लिये योजना आयोग किसके सूत्र का प्रयोग करता है?
   (a) दान्डेकर एवं रथ
   (b) बी०एस० मिन्हास
   (c) डी०टी० लबड़ावाला
   (d) पी०के० वर्द्धन
8. वर्ल्ड डेवलपमेंट रिपोर्ट किसका वार्षिक प्रकाशन है?
   (a) IBRD (b) IMF
   (c) UNDP (d) WTO
9. मानव विकास सूचकांक (HDI) किस अर्थशास्त्री की देन है?
   (a) एडम स्मिथ
   (b) अमर्त्य सेन
   (c) कीन्स
   (d) महबूब-उल-हक
10. निम्नलिखित में से कौन-सा तत्त्व मानव विकास सूचकांक का नहीं है?
    (a) शिक्षा
    (b) स्वास्थ्य
    (c) समायोजित आय
    (d) निर्धनता रेखा से नीचे के लोग
11. बंद अर्थव्यवस्था से आप क्या समझते हैं?
    (a) निर्यात बंद
    (b) आयात-निर्यात बंद
    (c) आयात बंद
    (d) नियंत्रित पूँजी
12. वर्तमान में भारत में निर्धनता का प्रतिशत है–
    (a) 19.30% (b) 21%
    (c) 36% (d) 41%
13. राज्यस्तरीय मानव विकास रिपोर्ट जारी करने वाला प्रथम राज्य है?
    (a) केरल (b) राजस्थान
    (c) मध्य प्रदेश (d) उत्तर प्रदेश
14. भारत की राष्ट्रीय आय का प्रमुख स्रोत है–
    (a) कृषि क्षेत्र (b) सेवा क्षेत्र
    (c) उद्योग क्षेत्र (d) व्यापार क्षेत्र
15. जैसे-जैसे अर्थव्यवस्था विकसित होती है, राष्ट्रीय आय में तृतीयक क्षेत्र का अंश–
    (a) घटता है, तत्पश्चात् बढ़ता है
    (b) बढ़ता है, तत्पश्चात् घटता है
    (c) बढ़ता जाता है
    (d) घटता जाता है

16. भारत की राष्ट्रीय आय अनुमानित होती है–
(a) योजना आयोग द्वारा
(b) वित्त मंत्रालय द्वारा
(c) केन्द्रीय सांख्यिकी संगठन द्वारा
(d) रिजर्व बैंक ऑफ इण्डिया द्वारा

17. निम्न में से किस राज्य की प्रति व्यक्ति आय सबसे अधिक है?
(a) गोवा (b) पंजाब
(c) महाराष्ट्र (d) गुजरात

18. भारत में चालू-मूल्यों पर प्रति व्यक्ति न्यूनतम आय वाला राज्य है?
(a) बिहार (b) उड़ीसा
(c) राजस्थान (d) गुजरात

19. 1867-68 में भारत में प्रति व्यक्ति आय 20 रुपये थी, यह सर्वप्रथम अभिनिश्चित किया–
(a) एम०जी० रानाडे
(b) सर डब्ल्यू हण्टर ने
(c) आर०सी० दत्त
(d) दादाभाई नौरोजी

20. भारत में राष्ट्रीय आय की गणना में किस विधि का प्रयोग किया जाता है?
(a) रोजगार
(b) निर्यात का आकार
(c) ग्रामीण उपभोग
(d) राष्ट्रीय आय

21. हिन्दू वृद्धि दर किससे सम्बन्धित है?
(a) प्रतिव्यक्ति आय
(b) राष्ट्रीय आय
(c) साक्षरता
(d) जनसंख्या

22. स्वतंत्रता के पश्चात् देश की राष्ट्रीय आय का अनुमान लगाने के लिए भारत ने राष्ट्रीय आय समिति की स्थापना कब की थी?
(a) 4 अगस्त 1945
(b) 4 अगस्त 1956
(c) 4 अगस्त 1961
(d) 4 अगस्त 1966

23. भारत में राष्ट्रीय आय का अनुमान सर्वप्रथम किसने लगाया था?
(a) के०एन० राज
(b) वी०के०आ०बी० राव
(c) पी०सी० महालनोबिस
(d) दादाभाई नौरोजी

24. भारत में राष्ट्रीय आय समंको का आकलन किसके द्वारा किया जाता है?
(a) भारतीय रिजर्व बैंक
(b) योजना आयोग
(c) वित्त मंत्रालय
(d) केन्द्रीय सांख्यिकी संगठन

25. भारत के राष्ट्रीय आय में सर्वाधिक योगदान किसका है?
(a) प्राथमिक क्षेत्र (b) द्वितीयक क्षेत्र
(c) तृतीयक क्षेत्र (d) सभी का बराबर

26. 'ग्रेशम का नियम' सम्बन्धित है–
(a) उपभोग एवं माँग
(b) आपूर्ति एवं माँग
(c) मुद्रा के प्रचलन
(d) घाटे की अर्थव्यवस्था

27. ऐसी विदेशी मुद्रा जिसमें शीघ्र पलायन कर जाने की प्रवृत्ति हो, वह कहलाती है–
(a) दुर्लभ मुद्रा (b) सुलभ मुद्रा
(c) स्वर्ण मुद्रा (d) गर्म मुद्रा

28. निम्न में से कौन मुद्रा का कार्य नहीं है?
(a) मूल्य का मापन
(b) मूल्य का हस्तान्तरण
(c) मूल्य का संचय
(d) मूल्य का स्थिरीकरण

29. मुद्रा स्वयं मुद्रा का निर्माण करती है–यह परिभाषा किसने दी?
(a) मार्शल (b) क्राउथर
(c) क्रोउमर (d) हैन्सन

30. सरकार द्वारा पुरानी मुद्रा को समाप्त कर नई मुद्रा चलना कहलाता है–
(a) अवमूल्यन (b) विमुद्रीकरण
(c) मुद्रा संकुचन (d) मुद्रास्फीति

31. बाजार के नियम के प्रस्तुतकर्त्ता थे–
(a) टिकार्डो
(b) जे०बी०से०
(c) ए०सी० पिगाओ
(d) माल्यस

32. वह अवस्था जिसमें मुद्रा का मूल्य गिर जाता है और कीमतें बढ़ जाती हैं–
(a) मुद्रास्फीति
(b) मुद्रा अवस्फीति
(c) मंदी
(d) ऋण परिशोधन

33. अर्थव्यवस्था की वैसी स्थिति जिसमें मुद्रा स्फीति के साथ मन्दी की स्थिति होती है, कहलाती है–
(a) इन्फलेशन (b) स्टेगफ्लेशन
(c) रिफ्लेशन (d) एमोटाइजेशन

34. मुद्रास्फीति से बाजार की वस्तुएँ–
(a) सस्ती हो जाती हैं
(b) महँगी हो जाती है
(c) प्रचुरता से मिलती है
(d) बिल्कुल नहीं मिलती है

35. लगातार बढ़ती कीमतों की प्रक्रिया होती है–
(a) मन्दी (b) अति उत्पादन
(c) मुद्रास्फीति (d) मुद्राअवस्फीति

36. कौन वर्ग है जिसको मुद्रास्फीति के कारण सबसे अधिक हानि होती है?
(a) देनदार
(b) लेनदार
(c) व्यापारी वर्ग
(d) वास्तविक परिसम्पत्तियों के धारक

37. मुद्रास्फीति से लाभान्वित होता है–
(a) बचतकर्ता (b) ऋणदाता
(c) ऋणी (d) पेंशन प्राप्तकर्ता

38. मुद्रास्फीति को इनमें से किसके द्वारा रोका जा सकता है?
(a) बचत का बजट
(b) प्रत्यक्ष कराधान में वृद्धि
(c) सरकारी व्यय में कटौती
(d) इनमें से सभी

39. कौन मुद्रास्फीति के नियंत्रण की विधि नहीं है?
(a) माँग पर नियंत्रण
(b) मुद्रा की पूर्ति पर नियंत्रण
(c) ब्याज दर में कमी
(d) वस्तुओं की राशनिंग

40. भारत में मुद्रास्फीति ज्ञात करने के लिए किसका प्रयोग किया जाता है?
(a) उपभोक्ता मूल्य सूचकांक
(b) उत्पादन मूल्य सूचकांक
(c) थोक मूल्य सूचकांक
(d) इनमें से कोई नहीं

41. मुद्रास्फीति को स्थायी रूप से किस प्रकार नियंत्रित किया जा सकता है?
(a) कर में वृद्धि द्वारा
(b) मूल्यों में कमी द्वारा
(c) मुद्रा आपूर्ति की वृद्धि कर नियंत्रण द्वारा
(d) निर्यात में वृद्धि कर

42. निम्नलिखित में से मुद्रा आपूर्ति की सर्वाधिक तरल माप है?
(a) M_1 (b) M_2
(c) M_3 (d) M_4

43. निम्नलिखित में किसको मुद्रा पूर्ति में विस्तृत मुद्रा कहा जाता है?
(a) M_1 (b) M_2
(c) M_3 (d) M_4

44. भारतीय रिजर्व बैंक द्वारा मुद्रा आपूर्ति के संघटकों में M_1 से M_4 तक जाने पर तरलता की मात्रा क्रमशः–
(a) घटती है (b) बढ़ती है
(c) स्थिर रहती है (d) इनमें से सभी

45. मुद्रा आपूर्ति की माप M_3 में किसे सम्मिलित नहीं किया जाता है?
(a) जनता के पास नकद मुद्रा
(b) डाकखानों की माँग जमा
(c) बैंकों की माँग जमा
(d) बैंकों की सावधि जमा

46. भारत में सर्वप्रथम कागज की मुद्रा का चलन कब प्रारम्भ हुआ था?
(a) 1542 ई० (b) 1601 ई०
(c) 1680 ई० (d) 1806 ई०

47. देश के विदेशी मुद्रा भण्डार में किस घटक को सम्मिलित किया जाता है?
(a) RBI की विदेशी मुद्रा परिसम्पत्तियाँ
(b) RBI के स्वर्ण भण्डार
(c) रुपये की पूर्ण परिवर्तनीयता
(d) इनमें से सभी

48. किस घटक में भारत के विदेशी मुद्रा भंडार की वृद्धि में प्रमुख योगदान दिया है?
(a) रुपये का अवमूल्यन
(b) प्रत्यक्ष और अप्रत्यक्ष विदेशी निवेश
(c) रुपये की पूर्ण परिवर्तनीयता
(d) इनमें से सभी

49. 'अवमूल्यन' शब्द का अर्थ है–
(a) अन्य देश की, मुद्रा की तुलना में स्वदेशी मुद्रा के मूल्य को घटाना

(b) स्वदेशी मुद्रा के मूल्य में बढ़ोत्तरी करना
(c) स्वदेशी मुद्रा के बदले में नई मुद्रा जारी करना
(d) उपर्युक्त में से कोई नहीं

50. काली मुद्रा 'ब्लैक मनी' की सब से तात्पर्य है–
(a) गैर कानूनी आय
(b) बिना बतायी गयी एवं छिपायी गयी आय
(c) ऐसी आय जिसका औचित्य नहीं है
(d) वह आय जिस पर कर अपवंचन नहीं हुआ है

51. अवमूल्यन से क्या लाभ है?
(a) निर्यात प्रोत्साहन
(b) आयात प्रोत्साहन
(c) काले धन पर नियंत्रण
(d) घाटे के बजट पर प्रतिबन्ध

52. अब तक भारतीय मुद्रा का कितनी बार अवमूल्यन किया गया है?
(a) एक बार (b) दो बार
(c) तीन बार (d) चार बार

53. भारतीय रुपये का सर्वप्रथम अवमूल्यन कब किया गया?
(a) 1949 ई० (b) 1966 ई०
(c) 1991 ई० (d) 2000 ई०

54. भारतीय मुद्रा को पूर्ण परिवर्तनीय बनाया गया–
(a) 1992-93 (b) 1993-94
(c) 1994-95 (d) 1995-96

55. रुपये को चालू खातों में पूर्ण परिवर्तनीय कब घोषित किया गया?
(a) 19 अगस्त, 1992 को
(b) 19 अगस्त, 1994 को
(c) 30 मार्च, 1994 को
(d) 30 मार्च, 1995 को

56. वर्तमान में भारत में रुपये की पूर्ण परिवर्तनीयता लागू है, भुगतान सन्तुलन के–
(a) केवल व्यापार खाते पर
(b) पूँजी खाते पर
(c) चालू खाते पर
(d) इनमें से सभी

57. 'गिल्ट एज्ड' बाजार किससे सम्बन्धित है?
(a) कटे-फटे पुराने करेंसी नोट
(b) सोना-चाँदी
(c) सरकारी प्रतिभूर्तियाँ
(d) निगम ऋण पत्र

58. भारतीय रिजर्व बैंक है–
(a) वाणिज्यिक बैंक
(b) केन्द्रीय बैंक
(c) सहकारी बैंक
(d) अग्रणी बैंक

59. भारतीय रिजर्व बैंक का राष्ट्रीयकरण कब हुआ?
(a) 1945 ई० (b) 1947 ई०
(c) 1949 ई० (d) 1950 ई०

60. भारतीय रिजर्व बैंक का मुख्यालय कहाँ है?
(a) नई दिल्ली (b) मुम्बई
(c) कोलकाता (d) चेन्नई

61. 'बैंकों का बैंक' कहा जाता है–
(a) RBI (b) SBI
(c) BOI (d) CBI

62. करेंसी नोट जारी करता है–
(a) वित्त मंत्रालय (b) विदेश मंत्रालय
(c) SBI (d) RBI

63. भारत के विदेशी विनिमय संचय का प्रतिरक्षक है–
(a) विदेश मंत्रालय
(b) वित्त मंत्रालय
(c) भारतीय स्टेट बैंक
(d) भारतीय रिजर्व बैंक

64. व्यापारिक बैंकों द्वारा जनित साख का नियंत्रण कौन करता है?
(a) SBI (b) RBI
(c) वित्त मंत्रालय (d) भारत सरकार

65. वह भारतीय राज्य जिसका वित्तीय लेन-देन भारतीय रिजर्व बैंक के माध्यम से नहीं होता है–
(a) सिक्किम
(b) गोवा
(c) अरुणाचल प्रदेश
(d) जम्मू-कश्मीर

66. RBI का लेखा वर्ष होता है–
(a) अप्रैल-मार्च
(b) जुलाई-जून
(c) अक्टूबर-सितम्बर
(d) जनवरी-दिसंबर

67. रिजर्व बैंक के नोट निर्गमन विभाग के पास हर समय कम-से-कम कितने मूल्य का स्वर्णकोष रहना चाहिए?
(a) 85 करोड़ (b) 115 करोड़
(c) 200 करोड़ (d) 300 करोड़

68. 1 रुपये के नोट पर किसके हस्ताक्षर होते हैं?
(a) वित्त सचिव भारत सरकार
(b) वित्त मंत्री भारत
(c) गवर्नर भारतीय स्टेट बैंक
(d) गवर्नर भारतीय रिजर्व बैंक

69. बैंक नोट प्रेस कहां स्थित है?
(a) नासिक (b) देवास
(c) नोएडा (d) मुम्बई

70. भारत में नोट जारी करने की कौन-सी प्रणाली अपनायी जाती है?
(a) अधिकतम प्रत्ययी प्रणाली
(b) न्यूनतम आरक्षित प्रणाली
(c) आनुपातिक प्रत्ययी प्रणाली
(d) नियत प्रत्ययी प्रणाली

71. इम्पीरियल बैंक ऑफ इण्डिया का आंशिक राष्ट्रीयकरण करके भारतीय स्टेट बैंक की स्थापना कब की गयी?
(a) 1935 ई० (b) 1949 ई०
(c) 1955 ई० (d) 1962 ई०

72. भारत का सबसे बड़ा व्यावसायिक बैंक है?
(a) यूनाइटेट कमर्शियल बैंक
(b) पंजाब नेशनल बैंक
(c) भारतीय स्टेट बैंक
(d) बैंक ऑफ बड़ौदा

73. भारत में सर्वाधिक शाखाएँ किस विदेशी बैंक की हैं?
(a) स्टैण्डर्ड चार्टर्ड बैंक
(b) सिटी बैंक
(c) ए एण्ड जेड ग्रिण्डलेज बैंक
(d) चाइना ट्रस्ट बैंक

74. ग्रामीण विकास के लिए ऋण प्रदान करने वाला 'नाबार्ड' है, एक-
(a) बैंक (b) बोर्ड
(c) खण्ड (d) विभाग

75. नाबार्ड की स्थापना किस समिति की सिफारिस के आधार पर हुई?
(a) लोक लेखा समिति
(b) शिवरामन समिति
(c) नरसिंहम समिति
(d) फेरवानी समिति

76. राष्ट्रीय आवास बैंक किसका नियंत्रित उपक्रम है?
(a) भारतीय रिजर्व बैंक
(b) नाबार्ड
(c) भारतीय यूनिट ट्रस्ट
(d) भारतीय जीवन बीमा निगम

77. भारतीय लघु उद्योग विकास बैंक (SIDBI) का मुख्यालय कहाँ है?
(a) मुम्बई (b) बंगलौर
(c) लखनऊ (d) नई दिल्ली

78. भारत में किस राज्य में कोई क्षेत्रीय ग्रामीण बैंक नहीं है?
(a) सिक्किम और गोवा
(b) बिहार और राजस्थान
(c) सिक्किम और असम
(d) मणिपुर और नागालैण्ड

79. भारतीय औद्योगिक पुनर्निर्माण बैंक की स्थापना किस वर्ष की गयी थी?
(a) 1975 (b) 1985
(c) 1990 (d) 1992

80. नरसिंहिम समिति ने बैंकिंग ढाँचे को कितने स्तर का बनाने की संस्तुति की थी?
(a) दो (b) तीन
(c) चार (d) पाँच

81. क्षेत्रीय ग्रामीण बैंकों का उनके प्रवर्तक बैंकों में विलय करने की संस्तुति किसने की थी?
(a) नरसिंहम समिति
(b) रंगराजन समिति
(c) खुसरो समिति
(d) फेरवानी समिति

82. फेडरल रिजर्व बैंक किस देश का केन्द्रीय बैंक है?
(a) जर्मनी
(b) संयुक्त राज्य अमेरिका
(c) यूनाइटेड किंगडम
(d) फ्रांस

83. नाबार्ड है, एक–
(a) निर्धनता निवारण कार्यक्रम
(b) सामाजिक सुरक्षा योजना
(c) बैंक
(d) बीमा निगम

84. भारत में नयें निजी बैंकों की स्थापना के लिए न्यूनतम चुकता पूँजी कितनी है?
(a) 50 करोड़ (b) 200 करोड़
(c) 500 करोड़ (d) 300 करोड़

85. भारतीय यूनिट ट्रस्ट (U.T.I.) की स्थापना कब हुई थी?
(a) 1953 (b) 1956
(c) 1969 (d) 1964

86. भारत में सबसे पहले म्यूचुअल फण्ड प्रारंभ किया?
(a) L.I.C. (b) G.I.C.
(c) U.T.I. (d) S.B.I.

87. भारत का सबसे बड़ा म्यूचुअल फण्ड संस्था है–
(a) L.I.C. (b) G.I.C.
(c) S.B.I. (d) U.T.I.

88. अनुसूचित बैंकों से अभिप्राय उन बैंकों से है, जिनका–
(a) राष्ट्रीयकरण हो चुका है
(b) राष्ट्रीयकरण नहीं हुआ है
(c) मुख्यालय विदेशों में है
(d) नाम भारतीय रिजर्व बैंक की दूसरी अनुसूची में शामिल है

89. बीमा नियामक एवं विकास प्राधिकरण (इरडा) का मुख्यालय कहाँ है?
(a) नई दिल्ली (b) हैदराबाद
(c) अहमदाबाद (d) चेन्नई

90. आर०एन० मल्होत्रा समिति किस क्षेत्र से सम्बन्धित है?
(a) बीमार उद्योग (b) कर सुधार
(c) बीमा क्षेत्र (d) बैंकिंग क्षेत्र

91. भारत का सबसे पुराना स्टॉक एक्सचेन्ज है–
(a) बम्बई स्टॉक एक्सचेन्ज
(b) दिल्ली स्टॉक एक्सचेन्ज
(c) राष्ट्रीय स्टॉक एस्सचेन्ज
(d) O.T.C.E.I.

92. बम्बई स्टॉक एक्सचेन्ज की स्थापना कब हुई?
(a) 1885 ई० (b) 1861 ई०
(c) 1875 ई० (d) 1885 ई०

93. NIFTY किस शेयर बाजार का मूल्य सूचकांक है?
(a) N.S.E. (b) B.S.E.
(c) C.S.E. (d) D.S.E.

94. दलाल स्ट्रीट कहाँ स्थित है?
(a) लन्दन (b) पेरिस
(c) मुम्बई (d) नई दिल्ली

95. निक्की है–
(a) टोकियो स्टॉक एक्सचेन्ज का शेयर मूल्य सूचकांक
(b) जापान का केन्द्रीय बैंक
(c) जापान का एक बैंक
(d) जापान की विदेशी मुद्रा

96. डो-जोन्स है–
(a) न्यूयॉर्क स्टॉक एक्सचेन्ज का नाम
(b) बम्बई स्टॉक एक्सचेन्ज का नाम
(c) विश्व स्वर्ण परिषद् का सूचकांक
(d) उपर्युक्त, सभी

97. टोकियो स्थित स्टॉक एक्सचेन्ज का नाम है–
(a) हांगकांग (b) सिमेक्स
(c) डो-जोन्स (d) निक्की

98. F.T.S.E.100 स्टॉक एक्सचेन्ज कहाँ स्थित है?
(a) सियोल (b) लंदन
(c) पेरिस (d) न्यूयॉर्क

99. शेयर बाजार पर नियंत्रण कौन करता है?
(a) MRTP (b) SEBI
(c) FERA (d) BIPR

100. मंदड़िया एवं तेजड़िया किससे सम्बन्धित है?
(a) शेयर बाजार
(b) घुड़सवारी
(c) करारोपण
(d) सार्वजनिक व्यापार

101. भारत में एकमात्र टंगस्टन उत्खनन केन्द्र है?
(a) हट्टी (b) कोलार
(c) डेगाना (d) खेतड़ी

102. निम्नलिखित में से किसके उत्पादन में भारत का विश्व में प्रथम स्थान है?
(a) टंगस्टन (b) जिप्सम
(c) अभ्रक (d) ग्रेफाइट

103. भारत का सर्वाधिक अभ्रक उत्पादक राज्य है–
(a) आंध्र प्रदेश (b) झारखण्ड
(c) उड़ीसा (d) मध्य प्रदेश

104. खनिज पदार्थों के उत्पादन में निम्नलिखित में से कौन-सा राज्य प्रथम स्थान रखता है?
(a) मध्य प्रदेश (b) झारखण्ड
(c) राजस्थान (d) कर्नाटक

105. भारत किस देश को सर्वाधिक लौह अयस्क का निर्यात करता है?
(a) जापान (b) यू०एस०ए०
(c) जर्मनी (d) यू०के०

106. कोलार स्वर्ण खान किस राज्य में है?
(a) आंध्र प्रदेश (b) तेलंगाना
(c) कर्नाटक (d) मध्य प्रदेश

107. संवैधानिक स्थिति के अनुसार खनिजों पर किसका अधिकार है?
(a) राज्य सरकार का
(b) केन्द्र सरकार का
(c) उपर्युक्त दोनों का
(d) इनमें से कोई नहीं

108. भारत में पहली स्वर्ण रिफायनरी कहाँ स्थित है?
(a) नई दिल्ली (b) कोलकाता
(c) शिरपुर (d) हैदराबाद

109. विश्व की सबसे बड़ी स्वर्ण रिफायनरी 'रैण्ड रिफायनरी' किस देश में है?
(a) सं०रा०अ० (b) ऑस्ट्रेलिया
(c) दक्षिण अफ्रीका (d) ब्रिटेन

110. भारत की प्रथम खनिज नीति कब घोषित हुई थी?
(a) 1951 ई० (b) 1961 ई०
(c) 1972 ई० (d) 1976 ई०

111. विश्व में कोयला उत्पादन में अग्रणी देश है–
(a) चीन (b) सं०रा०अ०
(c) भारत (d) रूस

112. कोयला उत्पादक में भारत का स्थान है–
(a) दूसरा (b) तीसरा
(c) चौथा (d) पाँचवाँ

113. भारत में प्रथम जलविद्युत शक्ति गृह 1897 ई० में कहाँ स्थापित किया गया था?
(a) शिवसमुद्रम (b) दार्जिलिंग
(c) पायकारा (d) मोहरा

114. विश्व के सबसे बड़े गैस आधारित विद्युत संयंत्र कहाँ है?
(a) गुजरात (b) महाराष्ट्र
(c) उत्तर प्रदेश (d) त्रिपुरा

115. पवन ऊर्जा के उत्पादन में विश्व का अग्रणी देश–
(a) जर्मनी (b) डेनमार्क
(c) सं०रा०अ० (d) स्पेन

116. पवन ऊर्जा के उत्पान में भारत का स्थान कौन? है?
(a) तीसरा (b) चौथा
(c) पाँचवाँ (d) छठा

117. निम्नलिखित में से कौन-सा स्रोत ऊर्जा का व्यवसायिक स्रोत नहीं है?
(a) पेट्रोलियम (b) परमाणु ऊर्जा
(c) प्राकृतिक गैस (d) बायोगैस

118. भाभा परमाणु अनुसंधान केन्द्र का गठन कब हुआ है?
(a) 1948 ई० (b) 1953 ई०
(c) 1957 ई० (d) 1961 ई०

119. रावतभाटा परमाणु विद्युत संयन्त्र कहाँ अवस्थित है?
(a) कर्नाटक (b) तमिलनाडु
(c) गुजरात (d) राजस्थान

120. कलपक्कम परमाणु उपक्रम कहाँ अवस्थित है?
(a) राजस्थान (b) उड़ीसा
(c) तमिलनाडु (d) उत्तर प्रदेश

121. कैगा परमाणु विद्युत संयंत्र स्थित है–
(a) कर्नाटक (b) तमिलनाडु
(c) गुजरात (d) राजस्थान

122. विश्व का सबसे बड़ा खनिज तेल उत्पादक देश है–
(a) सऊदी अरब (b) रूस
(c) सं०रा०अ० (d) चीन

123. कलोल खनिज तेल उत्खनन क्षेत्र किस राज्य में है?
    (a) असम   (b) महाराष्ट्र
    (c) गुजरात (d) राजस्थान
124. भारत का सबसे बड़ा खनिज तेल क्षेत्र है–
    (a) कावेरी बेसिन
    (b) कच्छ बेसिन
    (c) असम क्षेत्र
    (d) बम्बई अपतट क्षत्र
125. मंगला तेल क्षेत्र कहाँ स्थित है?
    (a) असम   (b) राजस्थान
    (c) महाराष्ट्र (d) गुजरात
126. कृष्णा क्रान्ति का संबंध किससे है?
    (a) कृष्ण पिण्ड
    (b) खनिज तेल उत्पादन
    (c) खाद्य तेल उत्पादन
    (d) उर्वरक
127. परमाणु ऊर्जा आयोग का गठन कब हुआ?
    (a) 1945 ई० (b) 1947 ई०
    (c) 1948 ई० (d) 1959 ई०
128. किस कोयला क्षेत्र का कोयला भण्डार सर्वाधिक है?
    (a) झरिया   (b) रानीगंज
    (c) कोरबा   (d) सिंगरौली
129. लिग्नाइट कोयला उत्पादन के लिए प्रसिद्ध है–
    (a) रानीगंज   (b) सिंगरैनी
    (c) सिंगरौली (d) न्येवेली
130. औद्योगिक क्रांति सर्वप्रथम किस देश में हुई थी?
    (a) फ्रांस   (b) जर्मनी
    (c) इंग्लैण्ड (d) सं०रा०अ०
131. भारत सरकार द्वारा नवीन औद्योगिक नीति की घोषणा कब की गयी?
    (a) 24 जुलाई 1991
    (b) 2 अगस्त 1991
    (c) 15 अगस्त 1991
    (d) 23 दिसम्बर 1991
132. देश की प्रथम औद्योगिक नीति की घोषणा कब की गयी थी?
    (a) 1 अप्रैल 1942
    (b) 6 अप्रैल 1948
    (c) 30 अप्रैल 1956
    (d) 1 जनवरी 1956
133. सार्वजनिक क्षेत्र के कितने उपक्रमों को 'नवरत्न' का दर्जा दिया गया है?
    (a) 17   (b) 9
    (c) 16   (d) 13
134. सार्वजनिक क्षेत्र के कितने उपक्रमों को 'महारत्न' का दर्जा दिया गया है?
    (a) 5   (b) 7
    (c) 3   (d) 2
135. सार्वजनिक क्षेत्र के उद्योगों में विनिवेश का प्रारंभ कब से प्रारंभ हुआ?
    (a) 1980-80 ई०
    (b) 1985-88 ई०
    (c) 1990-91 ई०
    (d) 1991-92 ई०
136. लघु उद्योग विकास संगठन (SIDO) की स्थापना कब की गयी थी?
    (a) 1954 ई० (b) 1956 ई०
    (c) 1964 ई० (d) 1980 ई०
137. भारत के कुल औद्योगिक निर्यातों में लघु उद्योगों का योगदान कितना है?
    (a) 1/3   (b) 1/4
    (c) 50%   (d) 2/3 से अधिक
138. निम्न में से लघु उद्योगों की क्या समस्याएँ हैं?
    (a) पूँजी का अभाव
    (b) विपणन जानकारी का अभाव
    (c) कच्चे माल का अभाव
    (d) इनमें से सभी
139. भारत में औद्योगिक वित्त का शिखर संगठन है–
    (a) IDBI   (b) RBI
    (c) ICICI   (d) IFCI
140. निम्नलिखित में कौन-सी संस्था उद्योगों को दीर्घकालीन वित्त उपलब्ध कराती है?
    (a) UTI
    (b) LIC
    (c) GIC
    (d) इनमें से सभी

141. औद्योगिक वित्त उपलब्ध कराने वाली सर्वप्रथम संस्था कौन-सी थी?
(a) IDBI
(b) RRCI
(c) SIDBI
(d) ICICI

142. औद्योगिक एवं वित्तीय विनिर्माण बोर्ड की स्थापना कब की गयी थी?
(a) जनवरी, 1986
(b) जनवरी, 1992
(c) जनवरी, 1987
(d) जनवरी, 1983

143. भारतीय औद्योगिक वित्त निगम (IFCI) की स्थापना का आधार वर्ष है–
(a) 1948 ई० (b) 1956 ई०
(c) 1976 ई० (d) 1982 ई०

144. औद्योगिक श्रमिकों के लिए उपभोक्ता कीमत सूचकांक का आधार वर्ष है–
(a) 1980 (b) 1981
(c) 1982 (d) 1991

145. 'व्हाइट गुडस' में सम्मिलित वस्तुएँ हैं–
(a) स्टेनलेस स्टील एवं एल्युमीनियम के बर्तन
(b) दुग्ध एवं दुग्ध उत्पाद
(c) प्रदर्शन उपभोग के लिए खरीदी गयी वस्तुएं
(d) साबुन, डिटर्जेन्ट तथा अन्य आम उपभोग की वस्तुएं

146. भारतीय औद्योगिक विकास बैंक की भारत सरकार ने अपने हाथों में लिया–
(a) 1972 में (b) 1976 में
(c) 1970 में (d) 1980 में

147. भारत में नये औद्योगिक उत्पादन का आधार वर्ष है–
(a) 1993-94 (b) 1994-95
(c) 1984-81 (d) 1981-80

148. लिमिटेड कम्पनी से अभिप्राय है–
(a) जिसमें शेयर होल्डरों का दायित्व उनकी चुकता पूँजी की सीमा तक सीमित हो
(b) जिसमें निश्चित शेयर निर्गमित किये गये हों
(c) सरकारी स्वामित्व की कम्पनी
(d) पंजीकृत कम्पनी

149. स्टील ऑथरिटी ऑफ इण्डिया लिमिटेड (SAIL) की स्थापना कब हुई थी?
(a) 1954 ई० (b) 1964 ई०
(c) 1974 ई० (d) 1984 ई०

150. दुर्गापुर इस्पात संयंत्र किसके सहयोग से स्थापित किया गया?
(a) जर्मनी (b) सोवियत संघ
(c) ग्रेट ब्रिटेन (d) सं०रा०अ०

151. बोकारो स्टील प्लान्ट किस देश के सहयोग से स्थापित किया गया है?
(a) रूस (b) फ्रांस
(c) ग्रेट ब्रिटेन (d) अमरीका

152. राउरकेला में इस्पात कारखाना की स्थापना किस देश के सहयोग से की गयी?
(a) जर्मनी (b) सोवियत संघ
(c) जापान (d) ग्रेट ब्रिटेन

153. लौह-इस्पात का सबसे बड़ा उत्पादक प्लाण्ट है–
(a) राउरकेला इस्पात संयंत्र
(b) बोकारो इस्पात संयंत्र
(c) दुर्गापुर इस्पात संयंत्र
(d) भिलाई इस्पात संयंत्र

154. भारत का सबसे बड़ा उद्योग क्या है?
(a) खनन उद्योग (b) विद्युत् उद्योग
(c) बैंकिंग उद्योग (d) कपड़ा उद्योग

155. किस उद्योग में सर्वाधिक श्रमशक्ति कार्यरत हैं?
(a) सीमेंट उद्योग
(b) हस्तशिल्प उद्योग
(c) आभूषण उद्योग
(d) कपड़ा उद्योग

156. भारत का प्राचीनतम उद्योग कौन है?
(a) कसूती वस्त्र उद्योग
(b) लौह इस्पात उद्योग
(c) जूट उद्योग
(d) कागज उद्योग

157. शुद्ध विदेशी मुद्रा उपार्जन में सर्वाधिक योगदान किस उद्योग का है?
(a) कपड़ा उद्योग
(b) हस्तशिल्प उद्योग
(c) जूट उद्योग
(d) कागज उद्योग

158. 'पूर्व का बोस्टन' किस नगर को कहते हैं?
    (a) सूरत   (b) अहमदाबाद
    (c) कानपुर   (d) मुम्बई
159. 'सूती वस्त्रों की राजधानी' किस नगर को कहते हैं?
    (a) अहमदाबाद   (b) मुम्बई
    (c) गुरुदासपुर (d) जालंधर
160. उत्तर भारत का मैनचेस्टर किस नगर को कहते हैं?
    (a) मुम्बई   (b) कानपुर
    (c) अहमदाबाद   (d) लुधियाना
161. निम्न में से कौन हौजरी उद्योग के लिए प्रसिद्ध है?
    (a) लुधियाना   (b) जालंधर
    (c) चण्डीगढ़   (d) जम्मू
162. देश में रेशम उद्योग सर्वाधिक कहाँ स्थित है?
    (a) मणिपुर   (b) कर्नाटक
    (c) केरल   (d) झारखण्ड
163. किस क्षेत्र में सहकारी इकाइयों ने तीव्र गति से विकास किया है?
    (a) चीनी उद्योग
    (b) सूती वस्त्र उद्योग
    (c) सीमेंट उद्योग
    (d) जूट उद्योग
164. भारत का सबसे महत्त्वपूर्ण लघु-उद्योग कौन-सा है?
    (a) गुड़ एवं खांडसारी उद्योग
    (b) चमड़ा उद्योग
    (c) बर्तन निर्माण उद्योग
    (d) हथकरघा उद्योग
165. गन्ने की पिराई से कुल गन्ने के वजन का लगभग कितना प्रतिशत चीनी प्राप्त की जाती है?
    (a) 5%   (b) 10%
    (c) 20%   (d) 30%
166. चीनी उत्पादन में भारत का विश्व में स्थान है?
    (a) प्रथम   (b) द्वितीय
    (c) तृतीय   (d) चतुर्थ
167. देश में चीनी मिलों की सर्वाधिक संख्या किस राज्य में है?
    (a) उत्तर प्रदेश (b) महाराष्ट्र
    (c) तमिलनाडु   (d) राजस्थान

168. निम्नलिखित में से कौन-सा स्थान पेट्रो रसायन से सम्बन्धित है?
    (a) कोरबा   (b) नेपानगर
    (c) कोयली   (d) नासिक
169. भारत में सबसे बड़ी तेलशोधनशाला कहाँ स्थित है?
    (a) बरौनी   (b) जामनगर
    (c) मुम्बई   (d) कोयली
170. मध्य प्रदेश में नेपानगर किसके लिए प्रसिद्ध है?
    (a) वस्त्र उद्योग
    (b) अखबारी कागज
    (c) हौजरी   (d) वनस्पति तेल
171. भारत में बड़ी इलायची का अधिकतम उत्पादन किस राज्य में होता है?
    (a) सिक्किम
    (b) मेघालय
    (c) असम
    (d) अरुणाचल प्रदेश
172. फिरोजाबाद किसके लिए प्रसिद्ध है?
    (a) वस्त्र सामग्री
    (b) सिलाई मशीन
    (c) कृत्रिम रेशम
    (d) काँच की चूड़ियाँ
173. कौन तेलशोधनशाला खनिज तेल क्षेत्र के समीप ही स्थापित की गयी है?
    (a) विशाखापत्तनम (b) बरौनी
    (c) भूनमाटी   (d) मथुरा
174. भारत में प्रथम कागज उद्योग का सफल कारखाना कहाँ लगाया गया?
    (a) ट्रंकवार   (b) बालीगंज
    (c) लखनऊ   (d) सीरामपुर
175. इकोमार्क किसी उत्पाद पर दिये गये इस प्रमाणन का चिह्न होता है कि वह उत्पाद–
    (a) किफायती कीमत वाला है
    (b) पर्यावरणीय दृष्टि से अनुकूल है
    (c) नष्ट होने वाला नहीं है
    (d) अच्छी किस्म का है
176. 'इलेक्ट्रॉनिक सिटी' के नाम से किस नगर को जाना जाता है?
    (a) गुड़गाँव   (b) बंगलौर
    (c) जयपुर   (d) सलेम

177. भारत में कालीन प्रौद्योगिकी संस्थान कहाँ स्थित है?
(a) नागपुर (b) पटना
(c) भदोही (d) जोधपुर

178. भारत में कुल जनसंख्या का कितना प्रतिशत जनसंख्या कृषि कार्य में संलग्न है?
(a) 50% (b) 58%
(c) 64% (d) 70%

179. वर्तमान में भारत के सकल घरेलू उत्पाद में कृषि क्षेत्र का योगदान कितना है?
(a) 14% (b) 26.1%
(c) 28% (d) 20%

180. भारत की कुल भूमि का कितना प्रतिशत कृषि कार्यों में संलग्न है?
(a) 52.7% (b) 56.3%
(c) 65.34% (d) 70.7%

181. 1950-51 में भारत के सकल घरेलू में कृषि क्षेत्र का योगदान कितना था?
(a) 26.1% (b) 28.1%
(c) 40.55% (d) 55.40%

182. भारत में जोतों का औसत आकार क्या है?
(a) 1.55H (b) 1.84H
(c) 2.30H (d) 1.69H

183. भारत की कितनी प्रतिशत जोतें 1 हेक्टेयर या उससे छोटी है?
(a) 33% (b) 56%
(c) 59% (d) 86%

184. भारत में सीमान्त किसानों में कितनी धारिता वाले किसानों को सम्मिलित किया जाता है?
(a) 1H तक (b) 2H तक
(c) 3H तक (d) 4H तक

185. देश की प्रथम कृषिगणना कब की गयी थी?
(a) 1950 ई० (b) 1960 ई०
(c) 1970 ई० (d) 1991 ई०

186. किस समिति ने कृषि जोत पर कर लगाने की संस्तुति की थी?
(a) भूतलिंगम
(b) नायक समिति
(c) ज्ञान प्रकाश समिति
(d) राज समिति

187. भारत की कृषि भूमि का कितना प्रतिशत भाग सिंचित है?
(a) 1/3 (b) 1/4
(c) 1/2 (d) 1/9

188. भारत में सिंचाई का सबसे महत्त्वपूर्ण साधन है?
(a) नहरें (b) कुएँ
(c) नलकूप (d) तालाब

189. भारत में लगभग कितने प्रतिशत कृषि क्षेत्र में सिंचाई की सुविधा उपलब्ध है?
(a) 30% (b) 32%
(c) 36% (d) 38%

190. भारत में जोतों का औसत आकार घटने का क्या कारण है?
1. उत्तराधिकार का नियम
2. चकबंदी
3. कृषि का मंत्रीकरण
4. भूस्वामित्व की ललक

कूट:
(a) 1, 2, 3 एवं 4
(b) 1, 3 एवं 4
(c) 1 एवं 4
(d) 1 एवं 2

191. भारत में कुल कृषि का कितना भाग पूर्णत: वर्षा पर निर्भर रहता है?
(a) 50% (b) 62%
(c) 67% (d) 77%

192. कुल सिंचित भूमि का कितना हिस्सा नहरों द्वारा सिंचित है?
(a) 36% (b) 50%
(c) 62% (d) 70%

193. भारत में सिंचाई का सर्वप्रथम स्रोत है–
(a) नहरें
(b) तालाब
(c) कुआँ व नलकूप
(d) अन्य स्रोत

194. वृहत सिंचाई परियोजना के निर्धारण का आधार है?
(a) 5000H तक (b) 10000H तक
(c) 15000H तक (d) 20000H तक

195. दक्षिण-पश्चिम मानसून किस राज्य में सर्वप्रथम प्रवेश करता है?

(a) तमिलनाडु (b) महाराष्ट्र
(c) गोवा (d) केरल

196. भारत में हरित क्रांति किस क्षेत्र में सर्वाधिक सफल रही?
(a) गेहूँ और आलू
(b) गेहूँ और चावल
(c) गेहूँ और ज्वार
(d) चाय और कॉफी

197. भारत में हरित क्रांति का सर्वाधिक प्रभाव किस फसल पर पड़ा?
(a) गेहूँ (b) धान
(c) मक्का (d) ज्वार

198. हरित क्रांति के दौरान मोटे अनाजों और दलहन का उत्पादक–
(a) तेजी से बढ़ा (b) घटा
(c) अपरिवर्तित रहा (d) तीन गुना बढ़ा

199. भारत में हरित क्रांति के सूत्रधार माने जाते हैं?
(a) अमृता पटेल
(b) वर्गीज कुरियन
(c) नॉर्मन बोरलॉग
(d) एम०एस० स्वामीनाथन

200. भारत में हरित क्रांति की शुरुआत हुई–
(a) 1960-61 ई० में
(b) 1964-65 ई० में
(c) 1966-67 ई० में
(d) 1970-71 ई० में

201. ऑपरेशन फ्लड कार्यक्रम का प्रारम्भ कब हुआ था?
(a) 1957 ई० (b) 1970 ई०
(c) 1975 ई० (d) 1985 ई०

202. भारत में श्वेत क्रांति के सूत्रधार कौन थे?
(a) वर्गीज कुरियन
(b) नॉर्मन बोरलॉग
(c) एम०एस० स्वामीनायन
(d) अमृता पटेल

203. भारत में दूध की प्रति व्यक्ति दैनिक उपलब्धता कितनी है?
(a) 204 ग्राम (b) 210 ग्राम
(c) 317 ग्राम (d) 226 ग्राम

204. नीली क्रांति का सम्बन्ध निम्नलिखित में से किससे है?
(a) नील की कृषि
(b) मुर्गी पालन
(c) मत्स्य पालन
(d) पीने योग्य जल की उपलब्धता

205. एशिया में मत्स्य उत्पादक देशों में भारत का स्थान है–
(a) पहला (b) दूसरा
(c) तीसरा (d) चौथा

206. भारत में किस प्रकार के रासायनिक उर्वरक की खपत सर्वाधिक है?
(a) नाइट्रोजनी (b) फॉस्फेटिक
(c) पोटैशिक (d) तीनों बराबर

207. किस प्रकार के उर्वरकों की खपत देश में सर्वाधिक है?
(a) नाइट्रोजनी (b) फॉस्फेटिक
(c) पोटैशिक (d) तीनों बराबर

208. किस प्रकार के उर्वरकों की पूर्ति के लिए भारत पूर्णतः आयातों पर निर्भर है–
(a) नाइट्रोजनी
(b) फॉस्फेटिक
(c) पोटैशिक
(d) उपर्युक्त में से सभी

209. विश्व में उर्वरकों का सर्वाधिक प्रयोग कहाँ होता है?
(a) रूस (b) चीन
(c) अमेरिका (d) भारत

210. कुल उर्वरकों के प्रयोग में भारत का स्थान है–
(a) पहला (b) तीसरा
(c) चौथा (d) पाँचवाँ

211. भारत की मिट्टी में दो तत्त्वों की कमी उर्वरकों के उपयोग को अधिक आवश्यक बनाती हैं। ये दो तत्त्व हैं–
(a) नाइट्रोजन एवं लौह
(b) फॉस्फोरस एवं नाइट्रोजन
(c) ऐल्युमीनियम एवं लौह
(d) पोटैशियम एवं फॉस्फोरस

212. उर्वरक उत्पादन में भारत का विश्व में कौन-सा स्थान है?
(a) पहला (b) दूसरा
(c) तीसरा (d) चौथा

213. वर्तमान में भारत में नाइट्रोजनी, फॉस्फेटिक और पोटैशिक उर्वरकों के खपत का अनुपात है–
(a) 1:2.5:6.4 (b) 2.5:1.5:6.4
(c) 6.4:2.5:1 (d) 4:2:1

214. सबसे ज्यादा खाद्यान्न उत्पादक राज्य–
(a) उत्तर प्रदेश (b) मध्य प्रदेश
(c) पंजाब (d) हरियाणा

215. भारत में सर्वाधिक चावल उत्पादन किस राज्य में होता है?
(a) पंजाब (b) पश्चिम बंगाल
(c) हरियाणा (d) राजस्थान

216. भारत में दाल उत्पादन में प्रथम राज्य–
(a) मध्य प्रदेश (b) उत्तर प्रदेश
(c) उड़ीसा (d) महाराष्ट्र

217. मूँगफली उत्पादन में अग्रणी राज्य-
(a) गुजरात (b) महाराष्ट्र
(c) तमिलनाडु (d) आन्ध्र प्रदेश

218. भारत के किस राज्य में आलू का सर्वाधिक उत्पादन होता है?
(a) उत्तर प्रदेश (b) बिहार
(c) पंजाब (d) हरियाणा

219. सोयाबीन उत्पादन में भारत का प्रथम राज्य–
(a) उत्तर प्रदेश (b) मध्य प्रदेश
(c) तेलंगाना (d) तमिलनाडु

220. कपास उत्पादन में अग्रणी राज्य–
(a) गुजरात (b) मध्य प्रदेश
(c) महाराष्ट्र (d) पंजाब

221. तिलहन उत्पादन में अग्रणी राज्य–
(a) मध्य प्रदेश (b) राजस्थान
(c) गुजरात (d) महाराष्ट्र

222. गन्ना उत्पादन में अग्रणी राज्य–
(a) उत्तर प्रदेश (b) महाराष्ट्र
(c) कर्नाटक (d) तमिलनाडु

223. मोटा अनाज उत्पादन में देश में प्रथम राज्य–
(a) राजस्थान (b) कर्नाटक
(c) आंध्र प्रदेश (d) हरियाणा

224. अरहर (तूर) उत्पादन में अग्रणी राज्य–
(a) महाराष्ट्र (b) मध्य प्रदेश
(c) कर्नाटक (d) पश्चिम बंगाल

225. चना उत्पादन में अग्रणी राज्य–
(a) मध्य प्रदेश (b) राजस्थान
(c) तमिलनाडु (d) पंजाब

226. जूट और मेस्ता के उत्पादन में अग्रणी राज्य है–
(a) पश्चिम बंगाल (b) बिहार
(c) असम (d) हरियाणा

227. तम्बाकू उत्पादन में अग्रणी राज्य–
(a) आंध्र प्रदेश (b) गुजरात
(c) कर्नाटक (d) तेलंगाना

228. रबर के उत्पादन में अग्रणी राज्य–
(a) केरल (b) तमिलनाडु
(c) कर्नाटक (d) महाराष्ट्र

229. चाय उत्पादन में देश में प्रथम स्थान किसका है?
(a) असम (b) पश्चिम बंगाल
(c) तमिलनाडु (d) उत्तराखण्ड

230. काजू उत्पादन में देश का अग्रणी राज्य कौन है?
(a) महाराष्ट्र (b) आंध्र प्रदेश
(c) ओडिशा (d) कर्नाटक

231. कॉफी उत्पादन में देश का अग्रणी राज्य–
(a) कर्नाटक (b) केरल
(c) तमिलनाडु (d) महाराष्ट्र

232. फल उत्पादन में देश का प्रथम राज्य–
(a) आंध्र प्रदेश (b) महाराष्ट्र
(c) गुजरात (d) उत्तर प्रदेश

233. सब्जी उत्पादन में देश का प्रथम राज्य–
(a) पश्चिम बंगाल (b) उत्तर प्रदेश
(c) बिहार (d) असम

234. सूरजमुखी उत्पादन में देश में प्रथम स्थान है–
(a) कर्नाटक (b) आंध्र प्रदेश
(c) ओडिशा (d) उत्तर प्रदेश

235. सरसों उत्पादन में देश का अग्रणी राज्य है–
(a) राजस्थान (b) मध्य प्रदेश
(c) हरियाणा (d) उत्तर प्रदेश

236. भारत में मसालों के उत्पादन में प्रथम स्थान है–
(a) केरल (b) कर्नाटक
(c) तमिलनाडु (d) बिहार

237. भारत की प्रमुख खाद्य 'फसल' है–

(a) चावल (b) गेहूँ
(c) गन्ना (d) चना

238. भारत में सर्वाधिक उत्पादन होता है–
(a) कॉफी का (b) तम्बाकू का
(c) तिलहन का (d) गेहूँ का

239. चाय निर्यात में विश्व का अग्रणी उत्पादन किस देश में होता है?
(a) भारत (b) चीन
(c) केन्या (d) श्रीलंका

240. विश्व में नारियल का सर्वाधिक उत्पादक देश है–
(a) भारत (b) चीन
(c) इण्डोनेशिया (d) मलेशिया

241. विश्व में कॉफी का अधिकतम उत्पादक देश है–
(a) चीन (b) ब्राजील
(c) मैक्सिको (d) कोलम्बिया

242. चाय उत्पादक देशों में भारत किस स्थान पर है?
(a) पहला (b) दूसरा
(c) तीसरा (d) चौथा

243. मोटे अनाज के उत्पादन में विश्व में अग्रणी देश–
(a) भारत (b) चीन
(c) रूस (d) जापान

244. विश्व में रेशम उत्पादन के मामले में अग्रणी राष्ट्र कौन है?
(a) भारत (b) चीन
(c) जापान (d) दक्षिण कोरिया

245. विश्व में गेहूँ का सर्वाधिक उत्पादन करता है–
(a) अमेरिका (b) चीन
(c) भारत (d) कनाडा

246. विश्व में मक्का का सर्वाधिक उत्पादक देश–
(a) अमेरिका (b) अर्जेण्टीना
(c) कनाडा (d) ऑस्ट्रेलिया

247. विश्व में दलहन का सर्वाधिक उत्पादक देश–
(a) भारत (b) चीन
(c) अमेरिका (d) कनाडा

248. विश्व में गन्ना का सर्वाधिक उत्पादन किस देश में होता है?
(a) ब्राजील (b) भारत
(c) क्यूबा (d) रूस

249. विश्व में जूट के उत्पादन में प्रथम स्थान किस देश का है?
(a) भारत (b) बांग्लादेश
(c) चीन (d) म्यांमार

250. विश्व में कपास का अधिकतम उत्पादक देश कौन है?
(a) चीन (b) भारत
(c) यूक्रेन (d) मंगोलिया

251. विश्व में सोयाबीन का अधिकतम उत्पादक देश है–
(a) भारत (b) USA
(c) कनाडा (d) ब्राजील

252. विश्व में रबड़ का सर्वाधिक उत्पादक देश कौन है?
(a) थाइलैंड (b) भारत
(c) ब्राजील (d) इण्डोनेशिया

253. विश्व में तम्बाकू का सर्वाधिक उत्पादक देश कौन है?
(a) चीन (b) भारत
(c) ब्राजील (d) कनाडा

254. विश्व में काजू का सर्वाधिक उत्पादक देश कौन है?
(a) चीन (b) भारत
(c) वियतनाम (d) मलेशिया

255. केला के उत्पादन में विश्व का अग्रणी देश है–
(a) भारत (b) चीन
(c) ब्राजील (d) मलेशिया

256. भारत अपने कुल घरेलू कॉफी उत्पादन का कितना प्रतिशत हिस्सा विदेशों में निर्यात कर देता है?
(a) 40% (b) 50%
(c) 60% (d) 80%

257. भारत अपने कुल चाय उत्पादन का कितना हिस्सा निर्यात कर देता है?
(a) 25% (b) 40%
(c) 45% (d) 50%

258. अण्डा उत्पादन में विश्व का अग्रणी देश है–
(a) अमरीका (b) चीन
(c) भारत (d) ब्राजील

259. विश्व का सबसे बड़ा अफीम उत्पादक देश कौन है?
(a) म्यांमार (b) लाओस
(c) ईरान (d) अफगानिस्तान

260. विश्व में चीनी का सबसे बड़ा उत्पादक देश है?
(a) भारत (b) चीन
(c) ब्राजील (d) क्यूबा

261. भारत में किस फल की कृषि सर्वाधिक क्षेत्रफल में होती है?
(a) केला (b) आम
(c) लीची (d) कटहल

262. भारत में आलू 16वीं शताब्दी में कहाँ से आया?
(a) यूनान से (b) हालैंड से
(c) पुर्तगाल से (d) ब्रिटेन से

263. सर्वप्रथम 'आलू अनुसंधान संस्थान' कहाँ स्थापित किया गया?
(a) पटना (b) शिमला
(c) वाराणसी (d) देहरादून

264. भारत में कितने प्रतिशत भूमि पर वनों का विस्तार है?
(a) 18.3% (b) 19.5%
(c) 23.03% (d) 25.5%

265. सर्वाधिक वन क्षेत्र किस राज्य में है?
(a) मध्य प्रदेश
(b) छत्तीसगढ़
(c) अरुणाचल प्रदेश
(d) असम

266. राज्य के कुल भौगोलिक क्षेत्र के प्रतिशत के रूप में न्यूनतम वन क्षेत्र है–
(a) पंजाब (b) हरियाणा
(c) गुजरात (d) राजस्थान

267. सर्वाधिक वन क्षेत्र प्रतिशत वाला राज्य–
(a) नागालैंड (b) मणिपुर
(c) मिजोरम (d) असम

268. केन्द्रशासित प्रदेशों में सर्वाधिक वन क्षेत्र प्रतिशत पाया जाता है–
(a) अण्डमान-निकोबार द्वीप समूह
(b) दमन एवं दीव
(c) पाण्डिचेरी
(d) दादरा एवं नगर हवेली

269. केन्द्रशासित प्रदेशों में न्यूनतम वन क्षेत्र प्रतिशत पाया जाता है–
(a) दादरा व नागर हवेली
(b) पाण्डिचेरी
(c) दमन एवं दीव
(d) लक्षद्वीप

270. 'झूम कृषि' के अन्तर्गत भूमि का सबसे ज्यादा प्रतिशत किस राज्य में है?
(a) नागालैंड (b) त्रिपुरा
(c) मिजोरम (d) मध्य प्रदेश

271. भारत में चंदन की लकड़ी के सर्वाधिक वन कहाँ पाये जाते हैं?
(a) असम की पहाड़ियों में
(b) शिवालिक की पहाड़ियों में
(c) नीलगिरि की पहाड़ियों में
(d) सतपुड़ा की पहाड़ियों में

272. 'कृषि लागत एवं मूल्य आयोग' कहाँ स्थित है?
(a) मुम्बई (b) नई दिल्ली
(c) पुणे (d) चेन्नई

273. कृषि उपज के लिए न्यूनतम समर्थन मूल्य की घोषणा की जाती है–
(a) योजना आयोग
(b) राष्ट्रीय किसान आयोग
(c) भारतीय खाद्य निगम
(d) कृषि लागत एवं मूल्य आयोग

274. मुम्बई स्टॉक एक्सचेंज (B.S.E.) का संवेदी मूल्य सूचकांक कितनी कम्पनियों के शेयर मूल्यों पर आधारित है?
(a) 15 (b) 30
(c) 60 (d) 100

275. 'जीवन बीमा निगम' की कौन-सी पॉलिसी विशेषत: बच्चों के हित में नहीं है?
(a) जीवन किशोर (b) जीवन सुकन्या
(c) जीवन छाया (d) जीवन सुरक्षा

276. 'फ्री ट्रेड टुडे' पुस्तक के लेखक हैं–
(a) पी०एन० भगवती
(b) जगदीश भगवती
(c) सी० रंगराजन
(d) जे०एम० लिंग्दोह

277. 'दास कैपिटल' किसकी प्रसिद्ध पुस्तक है?
(a) एडम स्मिथ (b) कार्ल मॉर्क्स
(c) गुन्नार मिर्डल (d) जोसेफ स्टालिन

278. 'वेल्थ ऑफ नेशंस' पुस्तक के लेखक कौन हैं?
(a) एडम स्मिथ (b) मार्शल
(c) पीगू (d) कीन्स

280. 'समर्थन मूल्य' का क्या अर्थ है?
(a) सरकार द्वारा मूल्य पर दी गयी सहायता
(b) न्यूनतम विक्रय मूल्य
(c) न्यूनतम वि०मू० जिस पर सरकार क्रय करने का आश्वासन देती है
(d) सूखा एवं बाढ़ की स्थिति में कृषकों को दी गयी राशि

281. कितने फसलों को 'न्यूनतम समर्थन मूल्य' के अंदर रखा गया है?
(a) 25 (b) 26
(c) 27 (d) 28

282. 'कृषि लागत एवं मूल्य आयोग' की स्थापना कब हुई?
(a) 1960 ई० (b) 1965 ई०
(c) 1966 ई० (d) 1969 ई०

283. 'शंकरलाल गुरु समिति' का सम्बन्ध किससे है?
(a) कृषि विपणन
(b) कृषि उत्पादन
(c) सार्वजनिक वितरण प्रणाली
(d) कृषि निर्यात

284. एगमार्क है–
(a) अण्डा उत्पादन हेतु एक संस्था
(b) कृषि उत्पादों में मंडीकरण हेतु कृषकों की संस्था
(c) खाद्य वस्तुओं के लिए गुणवत्ता आश्वासन मुहर
(d) उपभोक्ता वस्तुओं के लिए गुणवत्ता आश्वासन मुहर

285. कृषि या घरेलू आवश्यकताओं की पूर्ति के लिए कितनी अवधि हेतु अल्पकालिक ऋण दिया जाता है?
(a) 15 माह से कम
(b) 15 माह से 5 वर्ष
(c) 5 वर्ष से अधिक
(d) 20 वर्ष तक

286. 'मध्यकालिक कृषि ऋण' की अवधी होती है–
(a) 15 माह तक
(b) 15 माह से 5 वर्ष तक
(c) 5 वर्ष से 10 वर्ष तक
(d) 10 वर्ष से अधिक

287. 'दीर्घकालिक कृषि ऋण' किस अवधि के लिए प्रदत्त किया जाता है?
(a) 5 वर्ष से अधिक
(b) 10 वर्ष से अधिक
(c) 15 वर्ष से अधिक
(d) 20 वर्ष से अधिक

288. 'किसान क्रेडिट कार्ड (KCC) योजना' कब प्रारम्भ की गयी?
(a) 1947-1998 (b) 1998-1999
(c) 1999-2000 (d) 2000-2001

289. 'किसान कॉल सेन्टर' तथा 'कृषि चैनल' का शुभारम्भ कब किया गया?
(a) जनवरी 2001 (b) जनवरी 2002
(c) जनवरी 2003 (d) जनवरी 2001

290. 'राष्ट्रीय किसान आयोग' का मुख्यालय कहाँ स्थित है?
(a) नई दिल्ली (b) लखनऊ
(c) देहरादून (d) सूरतगढ़

291. 'राष्ट्रीय किसान आयोग' का गठन कब किया गया?
(a) 2003 जनवरी (b) 2003 अप्रैल
(c) 2003 अक्टूबर (d) 2004 जनवरी

292. 'नई राष्ट्रीय कृषि नीति' का वर्णन किस रूप में किया गया है?
(a) सुनहरी क्रांति
(b) इन्द्रधनुषी क्रांति
(c) खाद्यान्न श्रृंखला क्रांति
(d) रजत क्रांति

293. 'इन्द्रधनुषी क्रांति' में सम्मिलित है–
(a) हरित क्रांति
(b) श्वेत क्रांति
(c) खाद्यान्न श्रृंखला क्रांति
(d) उपर्युक्त में से सभी

294. केन्द्रीय कृषि मंत्रालय द्वारा 'व्यापक फसल बीमा योजना' कब प्रारम्भ किया गया?
(a) अप्रैल 1973 (b) अप्रैल 1985
(c) अप्रैल 1987 (d) अप्रैल 1988

295. 'राष्ट्रीय कृषि बीमा योजना' किस वर्ष लागू की गयी?
(a) 1997-98 (b) 1998-99
(c) 1999-2000 (d) 2000-2001

296. भूमिहीन कृषकों एवं श्रमिकों को रोजगार उपलब्ध कराने हेतु कौन-सा कार्यक्रम प्रारम्भ किया गया?
(a) RLEGP (b) MFAL
(c) SEEUY (d) NFRD

297. 'राष्ट्रीय कृषि बीमा योजना' किसके द्वारा प्रायोजित है?
(a) UTI
(b) LIC
(c) GI
(d) इनमें से कोई नहीं

298. 'राष्ट्रीय खाद्य सुरक्षा मिशन' के अंतर्गत कौन-सी फसलें सम्मिलित हैं?
(a) गेहूँ, चावल, बाजरा
(b) चावल, गन्ना, मक्का
(c) गेहूँ एवं सस्ते अनाज
(d) गेहूँ, चावल एवं दालें

299. निम्न में से कौन राष्ट्रीय खाद्यान्न सुरक्षा मिशन में सम्मिलित नहीं है?
(a) गेहूँ (b) तिहलन
(c) चावल (d) दलहन

300. भारतीय 'हरित-क्रांति' की जन्मस्थली है?
(a) पंतनगर (b) बंगलौर
(c) कानपुर (d) दिल्ली

301. भारत में मुख्य कृषि पदार्थ आयात मद है–
(a) दालें (b) कॉफी
(c) चीनी (d) खाने योग्य तेल

302. एन०ए०एफ०ई०डी० सम्बन्धित है–
(a) पशुपालन से
(b) ईंधन की बचत से
(c) कृषि विपणन से
(d) कृषि उपकरण से

303. किसी फॉर्म के चल लागत पूँजी में निम्नलिखित में से क्या शामिल है?
(a) बीज (b) उर्वरक
(c) सिंचाई जल (d) भूमि-राजस्व

304. भारत में कौन-सी कृषि वित्त का स्रोत नहीं है?
(a) सहकारी समितियाँ
(b) व्यापारिक बैंक
(c) क्षेत्रीय ग्रामीण बैंक
(d) इनमें से कोई नहीं

305. निम्नलिखित में से कौन ग्रामीण अर्थव्यवस्था में अंशदान नहीं देता है?
(a) पशुपालन
(b) कुटीर उद्योग
(c) निजी धन उधार देने का प्रचलन
(d) अच्छे उपकरणों की उपलब्धता

306. हाल के वर्षों में निम्न में से कौन कृषि तथा सम्बन्धित क्रियाओं हेतु सबसे कम संस्थागत साख प्रदान कर रहा है?
(a) वाणिज्यिक बैंक
(b) विदेशी निजी बैंक
(c) सहकारी बैंक
(d) क्षेत्रीय ग्रामीण बैंक

307. 'भारतीय चरागाह' एवं 'चारा अनुसंधान संस्थान' स्थित है–
(a) बहराइच में (b) राँची में
(c) झाँसी में (d) पटना में

308. 'केन्द्रीय खाद्य तकनीकि अनुसंधान संस्थान' स्थित है–
(a) बेंगलूर में (b) मैसूर में
(c) चेन्नई में (d) हैदराबाद में

309. 'नेशनल एकेडमी ऑफ एग्रीकल्चरल रिसर्च मैनेजमेंट' स्थित है–
(a) नई दिल्ली में (b) हैदराबाद में
(c) नागपुर में (d) नैनीताल में

310. कृषि उत्पादों की माँग पाई जाती है–
(a) लचीली (b) शून्य लचीली
(c) स्थायकत्वहीन (d) अनंत लचीली

311. भारत में मुख्य कृषि पदार्थ आयात मद है–
(a) दालें (b) कॉफी
(c) चीनी (d) खाने योग्य तेल

312. निर्यात हेतु आम की प्रजाति है–
(a) दशहरी (b) लंगड़ा
(c) अलफांसो (d) आम्रपाली

313. 'पीली क्रांति' सम्बन्धित है–
(a) पुष्पोत्पादन
(b) मछली पालन
(c) सरसों उत्पादन
(d) गेहूँ उत्पादन

314. विश्व में 'हरित क्रांति' के जनक हैं–
(a) बोरलॉग
(b) एम०एस० स्वामीनाथन

(c) जी०एस० खुश
(d) बी०पी० पाल

315. भारतीय रेल में कितने प्रकार की रेलवे लाईन है?
(a) 3 (b) 2
(c) 1 (d) 2

316. भारतीय रेलवे में किस प्रकार के रेलवे लाईन का प्रयोग किया जाता है?
(a) ब्रॉड गेज
(b) मीटर गेज
(c) नैरो गेज
(d) इनमें से कोई नहीं

317. भारतीय रेलवे कितने जोन में विभाजित है?
(a) 7 (b) 16
(c) 17 (d) 15

318. भारत में प्रथम रेलवे लाइन कब बिछायी गयी थी?
(a) 1835 ई० (b) 1851 ई०
(c) 1853 ई० (d) 1854 ई०

319. भारत में प्रथम रेलवे लाईन का निर्माण कहाँ हुआ था?
(a) मुम्बई और थाणे के बीच
(b) हावड़ा और सेरामपुर के बीच
(c) चेन्नई और गुन्टूर के बीच
(d) दिल्ली और आगरा के बीच

320. भारतीय रेलवे का विश्व में कौन-सा स्थान है?
(a) प्रथम (b) द्वितीय
(c) तृतीय (d) चतुर्थ

321. विश्व का 'सबसे लम्बा रेलवे प्लेटफार्म' कहाँ है?
(a) सोनपुर (b) खड्गपुर
(c) गोरखपुर (d) मास्को

322. भारतीय रेलवे का पहिया एवं धुरी कारखाना कहाँ स्थित है?
(a) बंगलौर (b) कपूरथला
(c) वाराणसी (d) बड़ौदरा

323. 'भारत वैगन एवं इंजीनियरिंग कंपनी लि०' कहाँ स्थित है?
(a) मधेपुरा (b) जमालपुर
(c) हरनौत (d) मोकामा

324. विश्व का सबसे लंबा रेलमार्ग है–
(a) ब्यूनस आयर्स-वालपैरासो
(b) लेनिनग्राद-ब्लाडीवोस्टोक
(c) लेनिनग्राड-वोल्गोग्राड
(d) केपटाऊन-काहिरा

325. रेल मंत्रालय की बुलेट ट्रेन चलाने की योजना है–
(a) मुम्बई-अहमदाबाद
(b) मुम्बई-हैदराबाद
(c) मुम्बई-नई दिल्ली
(d) मुम्बई-पुणे

326. भारत में यात्री यातायात में सड़क यातायात का हिस्सा लगभग कितना है?
(a) 20% (b) 40%
(c) 60% (d) 80%

327. राष्ट्रीय राजमार्गों की लम्बाई कुल सड़क मार्ग का कितना है?
(a) 2% (b) 4%
(c) 5% (d) 40%

328. सबसे ज्यादा सड़क मार्ग की लम्बाई कहाँ है?
(a) महाराष्ट्र (b) उत्तर प्रदेश
(c) मध्य प्रदेश (d) राजस्थान

329. निम्नलिखित में से कौन-सा नगर स्वर्णिम चतुर्भुज पर नहीं है?
(a) अजमेर (b) जबलपुर
(c) अहमदाबाद (d) गया

330. कौन-सा राष्ट्रीय राजमार्ग नागपुर को कन्यापुर से जोड़ता है?
(a) NH-6 (b) NH-7
(c) NH-46 (d) NH-47

331. उत्तर-दक्षिण गलियारा परियोजना किन्हें आपस में जोड़ेगी?
(a) दिल्ली को मदुरै से
(b) दिल्ली को कन्याकुमारी से
(c) श्रीनगर को कन्याकुमारी से
(d) श्रीनगर को तिरुअनंतपुरम से

332. 'प्रधानमंत्री ग्राम सड़क योजना' किस वर्ष प्रारंभ हुई?
(a) 1995 (b) 2000
(c) 2001 (d) 2002

333. सड़कों की कुल लम्बाई के हिसाब से विश्व में भारत का कौन-सा स्थान है?
(a) पहला (b) दूसरा
(c) तीसरा (d) चौथा

334. वर्तमान में भारत में राष्ट्रीय राजमार्ग की संख्या कितनी है?
(a) 71 (b) 75
(c) 77 (d) 178

335. भारत में राष्ट्रीय राजमार्ग की कुल लम्बाई कितनी है?
(a) 43125 किमी (b) 49167 किमी
(c) 58112 किमी (d) 65517 किमी

336. भारत में राष्ट्रीय जलमार्गों की संख्या कितनी है?
(a) 3 (b) 6
(c) 10 (d) 100 से अधिक

337. रासायनिक उत्पादों के आयात-निर्यात हेतु भारत का प्रथम 'रसायन बंदरगाह' कहाँ स्थापित किया जा रहा है?
(a) गोपालपुर (b) काकीनाड़
(c) दाहेज (d) सिक्का

338. 'एन्नौर बन्दरगाह' का विकास किस बन्दरगाह पर बढ़ते दबाव को कम करने के लिए किया गया है?
(a) कोच्चि (b) काण्डला
(c) चेन्नई (d) विशाखापत्तनम

339. बैलाड़ीला से प्राप्त लौह अयस्क किस बन्दरगाह से निर्यात किया जाता है?
(a) पारादीप (b) कोलकाता
(c) विशाखापत्तनम (d) चेन्नई

340. 'जवाहरलाल नेहरू बन्दरगाह' कहाँ स्थित है?
(a) मुम्बई (b) कोलकाता
(c) चेन्नई (d) काण्डला

341. 'कोच्चि बंदरगाह' स्थित है–
(a) कोंकण तट पर
(b) उत्तरी सरकार तट पर
(c) मालाबार तट पर
(d) कोरोमण्डल तट पर

342. भारत का सबसे बड़ा बन्दरगाह है–
(a) विशाखापत्तनम (b) मुम्बई
(c) तूतीकोरिन (d) काण्डला

343. भारत में सूती वस्त्र एवं मशीनरी का सर्वाधिक निर्यात निम्न में से किस बन्दरगाह से होता है?
(a) मुम्बई (b) कोलकाता
(c) काण्डला (d) चेन्नई

344. निम्नलिखित में से कौन-सा एक कृत्रिम पोताश्रय है?
(a) कोच्चि (b) कोलकाता
(c) काण्डला (d) चेन्नई

345. देश का सबसे गहरा बन्दरगाह है–
(a) काण्डला (b) कोच्चि
(c) कोलकाता (d) विशाखापत्तनम

346. कोझीकोड बन्दरगाह कहाँ स्थित है?
(a) उड़ीसा (b) केरल
(c) आन्ध्र प्रदेश (d) तमिलनाडु

347. दक्षिण एशिया का 'सबसे बड़ा माल भारत पत्तन' है–
(a) कोलम्बो (b) कराची
(c) मुम्बई (d) कोलकाता

348. देश का पहला 'कारपोरेट पत्तन' कौन है?
(a) मुम्बई (b) पारादीप
(c) तूतीकोरिन (d) एन्नौर

349. विश्व में सेलफोन का सबसे बड़ा उत्पादक देश है–
(a) सं०रा०अ० (b) चीन
(c) जापान (d) कोरिया

350. 'वर्ल्ड वाइड वेब' को सृजित करने का श्रेय किसे है?
(a) बॉव कान
(b) रॉबर्ट मॉरिस
(c) टिम बरनर्स ली
(d) माइकल डेरटूअस

351. भारत में 'नई सड़क नीति' कब लायी गयी?
(a) 1995 (b) 1997
(c) 1999 (d) 2000

352. भारत सरकार को अधिकतम कर आय प्राप्त होता है–
(a) निगम कर
(b) आयकर
(c) आयात शुल्क
(d) केन्द्रीय उत्पाद शुल्क

353. मॉडवेट (MODVAT) का सम्बन्ध है–
(a) व्यापार कर से
(b) सम्पत्ति कर से
(c) आयकर से
(d) केन्द्रीय आबकारी से

354. 'राजकोषीय घाटे' और 'बजटीय घाटे' का अंतर किसके बराबर होता है?
(a) सार्वजनिक ऋण
(b) राजस्व घाटा
(c) प्राथमिक घाटा
(d) मूल्य ह्रास

355. भारत सरकार के बजट के कुल घाटे में किस घाटे का सबसे अधिक योगदान है?
(a) प्राथमिक घाटा
(b) राजकोषीय घाटा
(c) राजस्व घाटा
(d) आय व्ययक घाटा

356. केन्द्र सरकार के बजट के चालू खाते में व्यय की सबसे बड़ी मद है–
(a) प्रतिरक्षा व्यय
(b) परिदान
(c) ब्याज भुगतान
(d) सामाजिक योजनाओं पर व्यय

357. वार्षिक वित्तीय विवरण (बजट) संसद के दोनों सदनों के समक्ष पहुँचाया जाता है–
(a) राष्ट्रपति के द्वारा
(b) अध्यक्ष के द्वारा
(c) उपराष्ट्रपति के द्वारा
(d) वित्त मंत्री के द्वारा

358. भारत में 'शून्य आधारित बजट' कब अस्तित्व में आया?
(a) चौथी पंचवर्षीय योजना
(b) छठी पंचवर्षीय योजना
(c) सातवीं पंचवर्षीय योजना
(d) नौवीं पंचवर्षीय योजना

359. भारत में सर्वप्रथम किस राज्य में शून्य आधारित बजट तकनीक को अपनाया गया?
(a) तमिलनाडु (b) आन्ध्र प्रदेश
(c) कर्नाटक (d) केरल

360. शून्य आधारित बजट तकनीक किस देश की देन मानी जाती है?
(a) सं०रा०अ० (b) ब्रिटेन
(c) फ्रांस (d) भारत

361. भारत का वित्तीय वर्ष प्रारम्भ होता है–
(a) 1 जनवरी (b) 1 मार्च
(c) 1 अप्रैल (d) 1 दिसम्बर

362. वार्षिक आर्थिक समीक्षा को तैयार कौन करता है?
(a) योजना मंत्रालय
(b) वित्त मंत्रालय
(c) भारतीय रिजर्व बैंक
(d) केन्द्रीय सांख्यिकीय संगठन

363. भारत में राजकोषीय नीति निर्धारित करता है–
(a) नीति आयोग
(b) वित्त आयोग
(c) वित्त मंत्रालय
(d) भारतीय रिजर्व बैंक

364. किसने भारत में पहली बार 'व्यय कर' लगाने का सुझाव दिया था?
(a) कलेरकी ने (b) कॉल्डॉर ने
(c) आर० चेलैया (d) गौतम माथुर ने

365. निम्नांकित में से कौन वित्त मंत्रालय का एक विभाग नहीं है?
(a) व्यय (b) राजस्व
(c) बैंकिंग विभाग (d) आर्थिक मामला

366. निम्नांकित में से किस पर कोई आय कर छूट नहीं है?
(a) किसान विकास पत्र
(b) राष्ट्रीय बचत पत्र
(c) लोक भविष्य निधि
(d) यूनिट लिंक्ड इंश्योरेंस योजना

367. निम्नलिखित में से कौन-सा कर भारत सरकार द्वारा नहीं लिया जाता है?
(a) सेवा कर (b) शिक्षा कर
(c) सीमा कर (d) मार्ग कर

368. भारत में 'कर-राष्ट्रीय उत्पाद' अनुपात है लगभग–
(a) 7.5% (b) 10.0%
(c) 15.0% (d) 20.0%

369. भारत में संघीय बजटों में निम्न में से कौन-सी रकम सबसे अधिक होती है?
(a) योजना व्यय
(b) गैर-योजना व्यय
(c) रेवेन्यू व्यय
(d) पूँजी व्यय

370. केन्द्रीय बजट में 'राजस्व व्यय' की सबसे बड़ी मद होती है–
(a) रक्षा व्यय
(b) मुख्य उपादान
(c) ब्याज की अदायगी
(d) राज्यों को अनुदान

371. 'केलकर टास्क फोर्स' का सम्बन्ध है—
(a) व्यापार से
(b) बैंकिंग से
(c) विदेशी निवेश से
(d) करों से

372. '14वें वित्त आयोग' द्वारा केन्द्रीय कर राजस्व को राज्यों में कितने प्रतिशत बाँटने हेतु संस्तुति की गयी है?
(a) 32%   (b) 42%
(c) 32.5% (d) 42.5%

373. यदि प्राथमिक घाटे में ब्याज भुगतान को सम्मिलित कर लिया जाये तो, यह बराबर होता है—
(a) बजट घाटे के
(b) राजकोषीय घाटे
(c) घाटे की वित्त व्यवस्था से
(d) आगम घाटे के

374. किस कर का आरोपण केन्द्र सरकार करता है, किन्तु संग्रह और विनियोजन राज्य करते हैं—
(a) स्टाम्प शुल्क
(b) यात्री और माल कर
(c) संपदा शुल्क
(d) समाचार पत्रों पर कर

375. भारत में योजना की अवधारणा कब स्वीकार की गयी?
(a) 1947 ई०   (b) 1950 ई०
(c) 1951 ई०   (d) 1952 ई०

376. भारत के लिए 'नियोजित अर्थव्यवस्था' नामक पुस्तक के लेखक कौन हैं?
(a) श्री मन्न नारायण
(b) श्री एम०एन० राय
(c) सर एम० विश्वेश्वरैया
(d) जयप्रकाश नारायण

377. भारत में योजना से सम्बन्धित सबसे पहला विचार प्रस्तुत करने का श्रेय किसे जाता है?
(a) जवाहरलाल नेहरू
(b) एम० विश्वेश्वरैया
(c) मुम्बई के उद्योगपतियों को
(d) श्री मन्न नारायण

378. 'सर्वोदय योजना' का प्रारूप किसके द्वारा तैयार किया गया था?
(a) आर्देशिर दलाल
(b) एम०एन० राय
(c) श्री मन्न नारायण
(d) जय प्रकाश नारायण

379. आर्थिक नियोजन विषय है—
(a) संघ सूची का
(b) राज्य सूची का
(c) समवर्ती सूची का
(d) किसी विशेष सूची में उल्लिखित नहीं है

380. पंचवर्षीय योजना का अन्तिम प्रारूप कौन प्रस्तुत करता है?
(a) राष्ट्रपति
(b) संसद
(c) राष्ट्रीय विकास परिषद्
(d) योजना आयोग

381. भारत में आर्थिक नियोजन का स्वरूप है—
(a) विकेन्द्रीकृत
(b) निर्देशात्मक
(c) समाजवादी और पूँजीवादी
(d) इनमें से सभी

382. स्वतंत्रता पूर्व डॉ० एम० विश्वेश्वरैया ने भारत में नियोजन की एक योजना प्रस्तुत की थी। उनकी यह योजना कितने वर्षीय थी?
(a) 5 वर्षीय   (b) 7 वर्षीय
(c) 10 वर्षीय (d) 15 वर्षीय

383. भारत में 'गरीबी हटाओं' का नारा किस पंचवर्षीय योजना के अन्तर्गत दिया गया था?
(a) दूसरी   (b) तीसरी
(c) पाँचवीं (d) नौवीं

384. 'प्रथम पंचवर्षीय योजना' किस मॉडल पर आधारित था?
(a) हेरॉड डोमर मॉडल
(b) सैम्यूलसन मॉडल
(c) महालनोविस मॉडल
(d) आगत-निर्गत मॉडल

385. द्वितीय पंचवर्षीय योजना किस मॉडल पर आधारित था?
(a) बी०एन० गाडगिल
(b) बी०के०आर०बी० मॉडल

(c) पी०सी०महालनोविस
(d) सी०एन० वकील

386. 'राष्ट्रीय विकास परिषद्' का गठन किस वर्ष किया गया था?
(a) 1947 में   (b) 1948 में
(c) 1950 में   (d) 1952 में

387. 'राष्ट्रीय विकास परिषद्' का अध्यक्ष होता है?
(a) प्रधानमंत्री   (b) उपराष्ट्रपति
(c) वित्त मंत्री   (d) योजना मंत्री

388. अन्तरराष्ट्रीय व्यापार का प्रमुख प्रहरी है–
(a) IMF   (b) IBRD
(c) WTO   (d) IFC

390. निम्नलिखित वर्गों में से किस वर्ग के देशों के साथ भारत का सर्वाधिक आयात (व्यापार) है?
(a) OECD
(b) OPEC
(c) पूर्वी यूरोप
(d) विकासशील देश

391. भारत में पहला एल०एन०जी० टर्मिनल कहाँ स्थापित किया गया है?
(a) विजाग   (b) कोच्चि
(c) दाहेज   (d) भुवनेश्वर

392. भारतीय चमड़े का सर्वाधिक निर्यात किस देश को किया जाता है?
(a) रूस   (b) अमरीका
(c) इंग्लैंड   (d) जर्मनी

393. भारत को अधिकतम विदेशी विनिमय किस मद से प्राप्त होता है?
(a) सॉफ्टवेयर
(b) रत्न एवं आभूषण
(c) चाय
(d) सूती वस्त्र

394. निजी क्षेत्र में देश का प्रथम निर्यात प्रोसेसिंग क्षेत्र कहाँ स्थापित किया गया था?
(a) कांडला   (b) विशाखापत्तनम
(c) नोएडा   (d) सूरत

395. 'नायक समिति' का सम्बन्ध किससे है?
(a) कुटीर उद्योग   (b) लघु उद्योग
(c) भारी उद्योग   (d) इनमें से सभी

396. 'आबिद हुसैन समिति' किस मंत्रालय द्वारा गठित की गयी थी?
(a) योजना आयोग   (b) वित्त मन्त्रालय
(c) उद्योग मन्त्रालय (d) रक्षा मन्त्रालय

397. 'औद्योगिक रूग्णता' से सम्बन्धित समिति है?
(a) तिवारी समिति
(b) गोस्वामी समिति
(c) उपर्युक्त दोनों
(d) इनमें से कोई नहीं

398. 'सार्वजनिक वितरण प्रणाली' से सम्बन्धित समिति है–
(a) सोधानी समिति
(b) गोइपोरिया समिति
(c) वेणुगोपाल समिति
(d) मालेगान समिति

399. 'नरसिंहम रिपोर्ट' का सम्बन्ध किसके पुनर्गठन से है?
(a) आय कर   (b) विक्रय कर
(c) बैंकिंग संस्थान (d) बीमा उद्योग

400. 'अप्रत्यक्ष कर' से सम्बन्धित समिति है–
(a) वान्चू समिति
(b) चेलैया समिति
(c) रेखी समिति
(d) सरकारिया समिति

उत्तरमाला
(राजव्यवस्था)

1. (a)	2. (b)	3. (b)	4. (d)	5. (b)	6. (a)
7. (c)	8. (c)	9. (d)	10. (d)	11. (b)	12. (a)
13. (b)	14. (d)	15. (c)	16. (b)	17. (d)	18. (b)
19. (b)	20. (b)	21. (b)	22. (b)	23. (a)	24. (d)
25. (c)	26. (a)	27. (c)	28. (d)	29. (b)	30. (a)
31. (b)	32. (b)	33. (d)	34. (b)	35. (b)	36. (c)
37. (b)	38. (c)	39. (c)	40. (c)	41. (c)	42. (c)
43. (c)	44. (c)	45. (b)	46. (b)	47. (a)	48. (d)
49. (d)	50. (c)	51. (d)	52. (a)	53. (b)	54. (a)
55. (c)	56. (c)	57. (b)	58. (c)	59. (b)	60. (c)
61. (a)	62. (a)	63. (d)	64. (d)	65. (c)	66. (d)
67. (b)	68. (c)	69. (c)	70. (d)	71. (a)	72. (a)
73. (c)	74. (c)	75. (a)	76. (a)	77. (d)	78. (a)
79. (d)	80. (a)	81. (a)	82. (a)	83. (c)	84. (c)
85. (d)	86. (d)	87. (a)	88. (b)	89. (d)	90. (a)
91. (c)	92. (b)	93. (d)	94. (c)	95. (c)	96. (c)
97. (d)	98. (d)	99. (a)	100. (b)	101. (b)	102. (c)
103. (a)	104. (d)	105. (b)	106. (c)	107. (b)	108. (c)
109. (d)	110. (c)	111. (d)	112. (a)	113. (b)	114. (b)
115. (b)	116. (b)	117. (a)	118. (a)	119. (d)	120. (b)
121. (a)	122. (c)	123. (c)	124. (b)	125. (d)	126. (b)
127. (b)	128. (a)	129. (d)	130. (b)	131. (c)	132. (a)
133. (b)	134. (b)	135. (a)	136. (c)	137. (d)	138. (d)
139. (b)	140. (d)	141. (c)	142. (b)	143. (d)	144. (a)
145. (d)	146. (a)	147. (d)	148. (b)	149. (a)	150. (b)
151. (b)	152. (c)	153. (d)	154. (b)	155. (d)	156. (c)
157. (b)	158. (a)	159. (b)	160. (c)	161. (a)	162. (c)
163. (c)	164. (b)	165. (c)	166. (d)	167. (a)	168. (b)
169. (c)	170. (d)	171. (c)	172. (c)	173. (d)	174. (c)
175. (c)	176. (b)	177. (b)	178. (d)	179. (b)	180. (d)
181. (a)	182. (a)	183. (c)	184. (b)	185. (d)	186. (d)
187. (a)	188. (a)	189. (c)	190. (b)	191. (c)	192. (a)

193. (b)	194. (c)	195. (c)	196. (b)	197. (b)	198. (c)
199. (d)	200. (c)	201. (d)	202. (c)	203. (b)	204. (d)
205. (a)	206. (c)	207. (b)	208. (c)	209. (c)	210. (b)
211. (a)	212. (d)	213. (d)	214. (a)	215. (a)	216. (c)
217. (a)	218. (c)	219. (b)	220. (b)	221. (c)	222. (d)
223. (a)	224. (c)	225. (c)	226. (b)	227. (d)	228. (c)
229. (a)	230. (a)	231. (d)	232. (a)	233. (c)	234. (b)
235. (a)	236. (c)	237. (c)	238. (a)	239. (a)	240. (d)
241. (c)	242. (b)	243. (b)	244. (c)	245. (c)	246. (c)
247. (c)	248. (d)	249. (b)	250. (b)	251. (d)	252. (c)
253. (a)	254. (c)	255. (d)	256. (c)	257. (b)	258. (a)
259. (b)	260. (b)	261. (d)	262. (a)	263. (d)	264. (d)
265. (b)	266. (b)	267. (d)	268. (b)	269. (b)	270. (d)
271. (d)	272. (a)	273. (c)	274. (d)	275. (b)	276. (d)
277. (d)	278. (b)	279. (d)	280. (b)	281. (b)	282. (d)
283. (a)	284. (a)	285. (a)	286. (b)	287. (b)	288. (c)
289. (b)	290. (c)	291. (a)	292. (b)	293. (d)	294. (a)
295. (a)	296. (a)	297. (b)	298. (d)	299. (d)	300. (d)
301. (b)	302. (d)	303. (d)	304. (c)	305. (d)	306. (d)
307. (b)	308. (b)	309. (d)	310. (c)	311. (d)	312. (a)
313. (d)	314. (a)	315. (a)	316. (b)	317. (d)	318. (b)
319. (c)	320. (a)	321. (c)	322. (a)	323. (d)	324. (a)
325. (c)	326. (b)	327. (b)	328. (c)	329. (a)	330. (c)
331. (c)	332. (b)	333. (c)	334. (a)	335. (c)	336. (d)
337. (b)	338. (c)	339. (a)	340. (b)	341. (a)	342. (b)
343. (a)	344. (a)	345. (c)	346. (c)	347. (b)	348. (c)
349. (d)	350. (c)	351. (c)	352. (d)	353. (b)	354. (b)
355. (b)	356. (b)	357. (a)	358. (d)	359. (d)	360. (c)
361. (d)	362. (a)	363. (b)	364. (d)	365. (c)	366. (b)
367. (b)	368. (c)	369. (b)	370. (d)	371. (b)	372. (b)
373. (a)	374. (b)	375. (a)	376. (a)	377. (c)	378. (c)
379. (a)	380. (c)	381. (d)	382. (c)	383. (a)	384. (c)
385. (d)	386. (d)	387. (a)	388. (b)	389. (b)	390. (b)
391. (c)	392. (d)	393. (d)	394. (d)	395. (c)	396. (a)
397. (d)	398. (d)	399. (d)	400. (c)	401. (a)	402. (a)

403. (b)	404. (d)	405. (c)	406. (d)	407. (a)	408. (a)
409. (c)	410. (a)	411. (c)	412. (c)	413. (a)	414. (b)
415. (a)	416. (c)	417. (a)	418. (c)	418. (c)	420. (b)
421. (b)	422. (d)	423. (a)	424. (c)	425. (d)	426. (c)
427. (c)	428. (c)	429. (d)	430. (a)	431. (b)	432. (c)
433. (d)	434. (c)	435. (d)	436. (d)	437. (c)	438. (d)
439. (c)	440. (a)	441. (d)	442. (b)	443. (a)	444. (c)
445. (c)	446. (c)	447. (d)	448. (a)	449. (a)	450. (d)
451. (c)	452. (b)	453. (c)	454. (d)	455. (a)	456. (c)
457. (c)	458. (b)	459. (b)	460. (b)	461. (a)	462. (a)
463. (b)	464. (c)	465. (b)	466. (a)	467. (a)	468. (b)
469. (d)	470. (b)	471. (d)	472. (c)	473. (c)	474. (a)
475. (c)	476. (a)	477. (d)	478. (a)	479. (d)	480. (b)
481. (d)	482. (c)	483. (a)	484. (c)	485. (c)	486. (d)
487. (a)	488. (c)	489. (b)	490. (a)	491. (c)	492. (a)
493. (a)	494. (b)	495. (c)	496. (c)	497. (d)	498. (d)
499. (c)	500. (a)	501. (c)	502. (d)	503. (a)	504. (d)
505. (c)	506. (d)	507. (a)	508. (d)	509. (c)	510. (b)
511. (d)	512. (a)	513. (c)	514. (c)	515. (d)	516. (b)
517. (b)	518. (c)	519. (d)	520. (b)	521. (a)	522. (c)
523. (c)	524. (b)	525. (d)	526. (b)	527. (d)	528. (c)
529. (a)	530. (c)	531. (c)	532. (b)	533. (d)	534. (b)
535. (c)	536. (d)	537. (a)	538. (c)	539. (c)	540. (a)
541. (d)	542. (a)	543. (a)	544. (c)	545. (a)	546. (d)
547. (d)	548. (c)	549. (d)	550. (a)	551. (a)	552. (d)
553. (d)	554. (d)	555. (a)	556. (b)	557. (c)	558. (a)
559. (d)	560. (a)	561. (c)	562. (c)	563. (b)	564. (b)
565. (a)	566. (b)	567. (d)	568. (a)	569. (d)	570. (c)
571. (a)	572. (d)	573. (d)	574. (c)	575. (d)	576. (d)
577. (a)	578. (a)	579. (b)	580. (c)	581. (c)	582. (c)
583. (c)	584. (a)	585. (b)	586. (b)	587. (d)	588. (d)
589. (b)	590. (b)	591. (b)	592. (b)	593. (c)	594. (c)
595. (d)	596. (c)	597. (b)	598. (c)	599. (d)	600. (c)

उत्तरमाला
(अर्थव्यवस्था)

1. (d)	2. (c)	3. (d)	4. (c)	5. (b)	6. (c)
7. (c)	8. (a)	9. (d)	10. (c)	11. (b)	12. (b)
13. (c)	14. (b)	15. (c)	16. (c)	17. (a)	18. (a)
19. (d)	20. (d)	21. (b)	22. (a)	23. (d)	24. (d)
25. (c)	26. (c)	27. (d)	28. (d)	29. (c)	30. (b)
31. (b)	32. (a)	33. (b)	34. (b)	35. (c)	36. (b)
37. (c)	38. (d)	39. (c)	40. (c)	41. (c)	42. (a)
43. (c)	44. (a)	45. (a)	46. (d)	47. (d)	48. (c)
49. (a)	50. (d)	51. (a)	52. (c)	53. (a)	54. (b)
55. (b)	56. (c)	57. (b)	58. (b)	59. (c)	60. (b)
61. (a)	62. (d)	63. (d)	64. (b)	65. (d)	66. (a)
67. (a)	68. (a)	69. (b)	70. (b)	71. (c)	72. (c)
73. (a)	74. (a)	75. (b)	76. (a)	77. (c)	78. (a)
79. (b)	80. (c)	81. (c)	82. (b)	83. (c)	84. (c)
85. (d)	86. (c)	87. (d)	88. (d)	89. (b)	90. (c)
91. (a)	92. (c)	93. (a)	94. (c)	95. (a)	96. (a)
97. (d)	98. (b)	99. (b)	100. (a)	101. (c)	102. (c)
103. (a)	104. (c)	105. (a)	106. (c)	107. (b)	108. (c)
109. (c)	110. (a)	111. (a)	112. (d)	113. (b)	114. (c)
115. (a)	116. (c)	117. (d)	118. (c)	119. (d)	120. (c)
121. (a)	122. (c)	123. (c)	124. (d)	125. (b)	126. (b)
127. (c)	128. (a)	129. (d)	130. (c)	131. (a)	132. (b)
133. (a)	134. (b)	135. (d)	136. (a)	137. (a)	138. (d)
139. (a)	140. (d)	141. (b)	142. (b)	143. (a)	144. (c)
145. (c)	146. (b)	147. (a)	148. (a)	149. (c)	150. (c)
151. (a)	152. (a)	153. (d)	154. (d)	155. (a)	156. (a)
157. (a)	158. (b)	159. (b)	160. (b)	161. (a)	162. (b)
163. (a)	164. (d)	165. (b)	166. (b)	167. (a)	168. (c)
169. (b)	170. (b)	171. (a)	172. (d)	173. (c)	174. (b)
175. (b)	176. (b)	177. (c)	178. (b)	179. (a)	180. (a)
181. (d)	182. (a)	183. (c)	184. (a)	185. (c)	186. (ba)
187. (a)	188. (a)	189. (c)	190. (c)	191. (c)	192. (a)

193. (c)	194. (b)	195. (d)	196. (b)	197. (a)	198. (b)	
199. (c)	200. (c)	201. (b)	202. (a)	203. (c)	204. (c)	
205. (b)	206. (a)	207. (a)	208. (c)	209. (c)	210. (a)	
211. (b)	212. (c)	213. (d)	214. (a)	215. (b)	216. (a)	
217. (a)	218. (a)	219. (b)	220. (a)	221. (a)	222. (a)	
223. (a)	224. (a)	225. (a)	226. (a)	227. (a)	228. (a)	
229. (a)	230. (a)	231. (a)	232. (a)	233. (a)	234. (a)	
235. (a)	236. (a)	237. (a)	238. (c)	239. (b)	240. (a)	
241. (b)	242. (a)	243. (a)	244. (c)	245. (b)	246. (a)	
247. (a)	248. (a)	249. (a)	250. (a)	251. (b)	252. (a)	
253. (a)	254. (c)	255. (a)	256. (d)	257. (a)	258. (a)	
259. (d)	260. (a)	261. (b)	262. (c)	263. (a)	264. (c)	
265. (a)	266. (b)	267. (c)	268. (a)	269. (c)	270. (a)	
271. (c)	272. (b)	273. (d)	274. (b)	275. (d)	276. (b)	
277. (b)	278. (a)	279. (d)	280. (c)	281. (a)	282. (b)	
283. (a)	284. (c)	285. (a)	286. (b)	287. (a)	288. (b)	
289. (d)	290. (a)	291. (d)	292. (b)	293. (d)	294. (b)	
295. (c)	296. (a)	297. (c)	298. (d)	299. (b)	300. (a)	
301. (d)	302. (c)	303. (d)	304. (d)	305. (c)	306. (b)	
307. (c)	308. (b)	309. (b)	310. (c)	311. (d)	312. (c)	
313. (c)	314. (a)	315. (a)	316. (d)	317. (c)	318. (c)	
319. (a)	320. (b)	321. (c)	322. (a)	323. (d)	324. (b)	
325. (a)	326. (b)	327. (a)	328. (a)	329. (b)	330. (b)	
331. (c)	332. (b)	333. (c)	334. (d)	335. (c)	336. (d)	
337. (c)	338. (c)	339. (c)	340. (a)	341. (c)	342. (b)	
343. (a)	344. (d)	345. (d)	346. (b)	347. (c)	348. (d)	
349. (b)	350. (c)	351. (b)	352. (a)	353. (a)	354. (a)	
355. (b)	356. (c)	357. (a)	358. (c)	359. (b)	360. (a)	
361. (c)	362. (b)	363. (c)	364. (b)	365. (c)	366. (a)	
367. (d)	368. (c)	369. (c)	370. (c)	371. (d)	372. (b)	
373. (b)	374. (a)	375. (b)	376. (c)	377. (b)	378. (d)	
379. (c)	380. (c)	381. (d)	382. (c)	383. (c)	384. (c)	
385. (c)	386. (d)	387. (a)	388. (c)	389. (a)	390. (b)	
391. (c)	392. (c)	393. (b)	394. (d)	395. (b)	396. (c)	
397. (c)	398. (c)	399. (c)	400. (b)			

भौतिक विज्ञान

1. किसी भौतिक राशि का परिमाण–
(a) मापन की पद्धति पर निर्भर नहीं करता
(b) मापन की पद्धति पर निर्भर करता है
(c) मूल मात्रकों, द्रव्यमान, लम्बाई तथा समय के अनुक्रमानुपाती होता है
(d) SI पद्धति में CGS पद्धति से अधिक होता है

2. निम्नलिखित में से किसका मात्रक एक व्युत्पन्न मात्रक है?
(a) वेग (b) लम्बाई
(c) समय (d) द्रव्यमान

3. न्यूटन × सेकंड निम्नलिखित का मात्रक है–
(a) वेग (b) ऊर्जा
(c) कोणीय संवेग (d) संवेग

4. यदि लम्बाई तथा बल के मात्रक चार गुना कर दिये जायें, तो ऊर्जा का मात्रक हो जायेगा–
(a) 8 गुना (b) 4 गुना
(c) 16 गुना (d) 32 गुना

5. ज्योति फ्लक्स का मात्रक है–
(a) ल्यूमेन (b) लक्स
(c) पौंड (d) फुट पाउंड

6. हीरे, कांच और पानी में प्रकाश का वेग निम्न क्रम से घटता है–
(a) हीरा > कांच > पानी
(b) हीरा > पानी > कांच
(c) पानी > कांच > हीरा
(d) पानी > हीरा > कांच

7. यदि प्रक्षेप्य के वेग को दोगुना कर दिया जाये, तो अधिकतम परास-
(a) आधा हो जायेगा
(b) चार गुना हो जायेगा
(c) वही रहेगा
(d) दोगुना हो जायेगा

8. एक प्रक्षेप्य का उड्डयन काल t_1 तथा अधिकतम ऊँचाई तक पहुँचने का उड्डयन काल t_2 है, तब निम्न में से सही सम्बन्ध है–
(a) $t_2 = 3t_1$ (b) $t_1 = t_2$
(c) $t_1 = 2t_2$ (d) $t_2 = 2t_1$

9. एक गेंद को क्षैतिज से किस कोण पर फेंके कि वह अधिकतम क्षैतिज दूरी तय करें?
(a) 45° (b) 90°
(c) 0° (d) 30°

10. प्रक्षेप्य का पथ होता है–
(a) कोई भी वक्र पथ
(b) परवलय
(c) वृत्त
(d) सरल रेखा

11. क्षैतिज वृत्त में नियत चाल से गतिशील वस्तु के लिए नियत है–
(a) गतिज ऊर्जा
(b) वेग और त्वरण दोनों
(c) वेग
(d) त्वरण

12. किसी घड़ी की सेकंड सुई का कोणीय वेग है–
(a) 30 रेडियन/सेकंड
(b) r/30 रेडियन/सेकंड
(c) 2r रेडियन/सेकंड
(d) 60 रेडियन/सेकंड

13. वायु में घर्षण को नगण्य मानते हुए एक प्रक्षेप्य का उड्डयन काल केवल निम्नलिखित से निर्धारित होता है–
(a) प्रारम्भिक वेग में क्षैतिज घटक का मान
(b) प्रारम्भिक वेग का परिमाण
(c) प्रारम्भिक वेग के ऊर्ध्वाधर घटक का मान
(d) इनमें से कोई नहीं

14. किसी लोलक को यदि द्रव से भरे बर्तन में लटका दिया जाये, तो–
(a) लोलक पहले की तरह गतिमान रहेगा
(b) लोलक थोड़ी देर बाद रुक जायेगा
(c) लोलक काफी समय तक दोलन करता रहेगा
(d) इनमें से कोई नहीं

15. एक गोली 8 मीटर प्रति सेकंड के वेग से क्षैतिज में दागी गयी। प्रथम सेकंड में वह–
(a) 5 मीटर गिरती है
(b) 1 मीटर से कम गिरती है
(c) 10 मीटर गिरती है
(d) बिल्कुल नहीं गिरती

16. सीमांत घर्षण निर्भर करता है–
(a) तल की प्रकृत्ति पर
(b) तल की प्रकृत्ति और अभिलम्ब प्रतिक्रिया पर
(c) अभिलम्ब प्रतिक्रिया पर
(d) तल के क्षेत्रफल पर

17. घर्षण कार्य करता है–
(a) गति की विपरीत दिशा में
(b) गति की दिशा में
(c) कभी गति की दिशा में, तो कभी विपरीत दिशा में
(d) इनमें से कोई नहीं

18. प्रकाश का शून्यावकाश में वेग अनुमानतः है–
(a) 3×10^{10} मीटर/सेकंड
(b) 3×10^{8} किमी०/सेकंड
(c) 3×10^{8} मीटर/सेकंड
(d) 3×10^{8} प्रकाश वर्ष

19. आंतों के रोगी के निदान में निम्नलिखित किरणों का उपयोग किया जाता है–
(a) X–किरण (b) β–किरण
(c) α–किरण (d) γ–किरण

20. फ्यूज का सिद्धान्त है–
(a) विद्युत् का रासायनिक प्रभाव
(b) विद्युत् का यान्त्रिक प्रभाव
(c) विद्युत् का ऊष्मीय प्रभाव
(d) विद्युत् का चुम्बकीय प्रभाव

21. परमाणु के नाभि में निम्नलिखित कण होते हैं–
(a) प्रोटॉन एवं न्यूट्रॉन
(b) इलेक्ट्रॉन एवं α कण
(c) प्रोटॉन एवं इलेक्ट्रॉन
(d) इलेक्ट्रॉन एवं न्यूट्रॉन

22. दूरदृष्टि निवारण के लिए काम में लेते हैं–
(a) उत्तल लेन्स (b) उत्तल दर्पण
(c) अवतल लेन्स (d) अवतल दर्पण

23. दोपहर 12 बजे किस दिशा में इन्द्रधनुष दिखाई देता है–
(a) पश्चिम में
(b) दक्षिण में
(c) पूर्व में
(d) यह नहीं देख सकते

24. दाढ़ी बनाने के लिए काम में लेते हैं–
(a) अवतल दर्पण
(b) समतल दर्पण
(c) उत्तल दर्पण
(d) इनमें से कोई नहीं

25. ध्वनि का वायु में वेग अनुमानतः है–
(a) 10 किमी०/सेकंड
(b) 10 मील/मिनट
(c) 330 मीटर/सेकंड
(d) 3×10^{10} सेमी/सेकंड

26. एक पीकोग्राम बराबर होता है–
(a) 10^{-6} ग्राम के (b) 10^{-9} ग्राम के
(c) 10^{-12} ग्राम के (d) 10^{-15} ग्राम के

27. सर सी०वी० रमण को भौतिकी का नोबेल पुरस्कार प्राप्त हुआ था–
(a) 1928 में (b) 1930 में
(c) 1932 में (d) 1950 में

28. परमाणु नाभिक के अवयव हैं–
(a) इलेक्ट्रॉन और प्रोटॉन
(b) इलेक्ट्रॉन और न्यूट्रॉन
(c) प्रोटॉन और न्यूट्रॉन
(d) प्रोटॉन, न्यूट्रॉन और इलेक्ट्रॉन

29. निम्नलिखित में से कौन वैकल्पिक ऊर्जा का सबसे बड़ा संग्रहगार है?
(a) सौर ऊर्जा
(b) ज्वारीय ऊर्जा
(c) परमाणु ऊर्जा
(d) भू-ऊष्मीय ऊर्जा

30. बिजली की खपत का बिल किसके मापन पर आधारित होता है?
1. वाट 2. वोल्टेज
3. ओम 4. ऐम्पियर
निम्नलिखित कूटों में से सही उत्तर का चयन कीजिए–

(a) केवल 1 (b) 1 एवं 2
(c) 2 एवं 3 (d) 1 एवं 4

31. समुद्र नीला प्रतीत होता है—
(a) अधिक गहराई के कारण
(b) आकाश के परावर्तन तथा जल के कणों द्वारा प्रकाश के प्रकीर्णन के कारण
(c) जल के नीले रंग के कारण
(d) जल की ऊपरी सतह के कारण

32. रेडियोधर्मी पदार्थ उत्सर्जित करता है—
(a) अल्फा कण (b) बीटा कण
(c) गामा कण (d) उपर्युक्त सभी

33. डायनेमो—
(a) विद्युत ऊर्जा को गतिज ऊर्जा में बदलता है
(b) यांत्रिक ऊर्जा को विद्युत ऊर्जा में परिवर्तित करता है
(c) विद्युत ऊर्जा को यांत्रिक ऊर्जा में परिवर्तित करता है
(d) यांत्रिक ऊर्जा उत्पन्न करता है

34. आकाश नीला लगता है, क्योंकि—
(a) सूर्य के प्रकाश में नीला रंग और रंगों से अधिक है
(b) लघु तरंग दीर्घ तरंगों की अपेक्षा वायुमंडल द्वारा अधिक प्रकीर्ण होती है
(c) नीला रंग नेत्र को अधिक सुग्राही है
(d) वायुमंडल दीर्घ तरंग दैर्ध्य की अपेक्षा अधिक अवशोषित करती है

35. एक माइक्रॉन बराबर होता है—
(a) 1/10 मिलीमीटर
(b) 1/100 मिलीमीटर
(c) 1/1000 मिलीमीटर
(d) 1/10000 मिलीमीटर

36. निम्न में से कौन-सी तरंगें ध्रुवित नहीं की जा सकती हैं?
(a) रेडियो तरंगें (b) ध्वनि तरंगें
(c) चुम्बकीय तरंगें (d) वायु तरंगें

37. एक मेगावाट घंटा कितने के बराबर होता है?
(a) 3.6×10^9 जूल
(b) 3.6×10^{12} जूल
(c) 3.6×10^{15} जूल
(d) 3.6×10^{20} जूल

38. श्यानता का S.I. मात्रक किसके तुल्य है?
(a) पॉइज की 1/9.8 गुनी
(b) पॉइज के बराबर
(c) पॉइज की 9.8 गुनी
(d) पॉइज की 10 गुनी

39. एक द्रव का पृष्ठ तनाव 70 डाइन/सेमी० है। M.K.S. पद्धति में इसे व्यक्त किया जा सकता है—
(a) 7×10^{-2} न्यूटन/मीटर
(b) 7×10^2 न्यूटन/मीटर
(c) 70 न्यूटन/मीटर
(d) 7×10^3 न्यूटन/मीटर

40. प्रक्षेप पथ के उच्चतम बिन्दु पर प्रक्षेप्य की चाल होती है—
(a) न्यूनतम
(b) प्रारम्भिक चाल के बराबर
(c) शून्य
(d) इनमें से कोई नहीं

41. अभिकेन्द्र बल सदैव कार्य करता है—
(a) परिमाण परिवर्ती किन्तु दिशा अपरिवर्तित
(b) केन्द्र की ओर त्रिज्या के अनुदिश
(c) केन्द्र से दूर त्रिज्या के अनुदिश
(d) इनमें से कोई नहीं

42. द्रव की सतह पर उस द्रव के वाष्प द्वारा आरोपित दाब कहलाता है—
(a) पृष्ठ तनाव (b) वाष्प दाब
(c) श्यानता (d) परम शून्य दाब

43. क्रोनोमीटर का प्रयोग किया जाता है—
(a) जलयानों में (b) वायुयानों में
(c) दूरदर्शी में (d) रेडियो में

44. यदि किसी गोले की त्रिज्या के मापन में 1% की त्रुटि आती है, तो आयतन में त्रुटि होगी—
(a) 1% (b) 3%
(c) 5% (d) 8%

45. निम्न से कौन-सा वाट के तुल्य नहीं है—
(a) जूल/सेकंड
(b) एम्पियर/वोल्ट
(c) एम्पियर × वोल्ट
(d) एम्पियर^2 × ओम

46. प्रकाश विकिरणों की प्रकृति होती है–
(a) तरंग के समान
(b) कण के समान
(c) तरंग एवं कण दोनों के समान
(d) तरंग एवं कण किसी के समान नहीं

47. सूर्य के प्रकाश को धरती की सतह पर पहुँचने में लगने वाला समय है लगभग–
(a) 4.2 सेकंड (b) 4.8 सेकंड
(c) 8.5 मिनट (d) 3.6 घंटे

48. अति चालक का लक्षण है–
(a) उच्च पारगम्यता
(b) निम्न पारगम्यता
(c) शून्य पारगम्यता
(d) अनंत पारगम्यता

49. वर्ष दीर्घतम होता है–
(a) प्लूटो पर (b) बृहस्पति पर
(c) नेप्च्यून पर (d) पृथ्वी पर

50. वर्षा की बूँद की गोलाकार आकृति का कारण है–
(a) द्रव का घनत्व
(b) पृष्ठ तनाव
(c) वायुमंडलीय दाब
(d) गुरुत्व

51. कमरे में रखे रेफ्रीजरेटर का दरवाजा खोलकर–
(a) आप कमरे में रखे रेफ्रीजरेटर का दरवाजा खोलकर
(b) आप इसको रेफ्रीजरेटर के तापमान तक ठंडा कर सकते हैं
(c) आप अंत: कमरे को थोड़ा गर्म कर सकते हैं
(d) आप कमरे को न तो गर्म, न ठण्डा कर सकते हैं

52. 'ओजोन परत' बताता है–
(a) अंटार्कटिका की वायुमण्डलीय स्थिति
(b) शनि ग्रह पर की गयी एक आधुनिक खोज
(c) पृथ्वी की सतह से लगभग 10-20 किमी० नीचे की परत
(d) पृथ्वी की सतह से लगभग 15-20 किलोमीटर ऊपर में वायुमंडल की परत

53. वैज्ञानिक अलबर्ट आइंस्टीन प्रसिद्ध हैं–
(a) हाइड्रोजन की परमाणविक संरचना की व्याख्या के लिए
(b) प्रकाश विद्युत प्रभाव के लिए
(c) प्रथम नाभिकीय रिएक्टर बनाने के लिए
(d) न्यूट्रॉनों के अस्तित्व की भविष्यवाणी के लिए

54. शोघ्रोत्पादी रिएक्टर है बिजली पैदा करने करने वाला एक नाभिकीय रिएक्टर, जो बिजली उत्पन्न करता है–
(a) विगलन प्रक्रिया के द्वारा
(b) सौर सेलों की सहायता से
(c) इसके द्वारा इस्तेमाल की गयी फिनाईल सामग्रियों को जलाने और उन्हें पुन: उत्पन्न करने के द्वारा
(d) कठोर जल का शोधक के रूप में उपयोग करके

55. पृथ्वी तक पहुँचने के लिए सूर्य से चला प्रकाश समय लेता है लगभग–
(a) 8 सेकंड (b) 1 मिनट
(c) 8 मिनट (d) 24 मिनट

56. भौतिक परिवर्तन का एक उदाहरण है–
(a) हवा में चांदी के बर्तनों का काला होना
(b) मोमबत्ती का जलना
(c) दूध से दही का बनना
(d) पानी में चीनी का घुलना

57. परमाणु ऊर्जा में भारतीय कार्यक्रम के जनक हैं–
(a) एस०ए० बोस
(b) एच०जे० भाभा
(c) एस० चन्द्रशेखर
(d) एस० एस० भटनागर

58. अंतरिक्ष विज्ञान पर अनुसंधान और विकास का श्रेय जाता है–
(a) वी० साराभाई को
(b) एस० एस० भटनागर को
(c) एस० जेड० कासिम को
(d) सी० वी० रमन को

59. भारत में जन्मे दो अमेरिकी नागरिक जिन्हें विज्ञान के क्षेत्र में नोबल पुरस्कार

मिला है, थे–
(a) हरगोविन्द खुराना और सी०वी० रमन
(b) एस० चन्द्रशेखर और सी०वी० रमन
(c) सी० वी० रमन और एस० वी० रमन
(d) हरगोविन्द खुराना और एस० चन्द्रशेखर

60. सौर ऊर्जा निम्नलिखित में से किससे प्राप्त होती है?
(a) चन्द्रमा (b) समुद्र
(c) सूर्य (d) हवा

61. निम्न में से कौन-सा धातु अर्धचालक की तरह ट्रान्जिस्टर में प्रयोग होती है?
(a) ताँबा (b) जर्मेनियम
(c) ग्रेफाइट (d) चांदी

62. टरबाइन व डायनेमों से बिजली प्राप्त करने में किस ऊर्जा को विद्युत ऊर्जा में परिवर्तित करते हैं?
(a) रासायनिक ऊर्जा
(b) सौर ऊर्जा
(c) मेकेनिकल ऊर्जा
(d) मेगनेटिक ऊर्जा

63. पढ़ने में काम आने वाले शीशा किस प्रकार के लेन्स से बनते हैं?
(a) अवतल (b) उत्तल
(c) साधारण (d) a और b दोनों

64. निम्न धातुओं में से कौन सा धातु सामान्य ताप पर द्रव है?
(a) सीसा (b) पारा
(c) निकल (d) टीन

65. निम्न में से सबसे ठोस तत्त्व क्या है?
(a) हीरा (b) ग्लास
(c) क्वार्ट्ज (d) प्लेटिनम

66. निम्न में से कौन-सी धातु विद्युत बल्बों में फिलामेंट के रूप में प्रयोग होती है?
(a) लौह (b) मोलीबडेनम
(c) चांदी (d) टंग्स्टन

67. पदार्थ के संवेग और वेग के अनुपात से कौन-सी भौतिक राशि प्राप्त की जाती है?
(a) वेग (b) त्वरण
(c) द्रव्यमान (d) बल

68. बल का गुणनफल है–
(a) द्रव्यमान और वेग का
(b) द्रव्यमान और त्वरण का
(c) भारत और वेग का
(d) भार और त्वरण का

69. निम्नलिखित में कौन-सी राशि सदिश नहीं है?
(a) विस्थापन (b) वेग
(c) बल (d) आयतन

70. 1 किमी० दूरी का तात्पर्य है–
(a) 100 मीटर (b) 1000 सेंटीमीटर
(c) 1000 मीटर (d) 100 सेंटीमीटर

71. त्वरण ज्ञात करने का सही सूत्र कौन-सा है?
(a) $a=\frac{v-u}{t}$ (b) $a = u+vt$
(c) $a=\frac{v+u}{t}$ (d) $a=\frac{v+u}{2}$

72. दो उतरोत्तर शृंग अथवा दो उतरोत्तर गर्त के बीच की दूरी को क्या कहते हैं?
(a) आयाम
(b) तरंगदैर्ध्य
(c) आवृत्ति
(d) इनमें से कोई नहीं

73. निम्नलिखित में से किसमें ऋणात्मक आवेश होती है?
(a) x–किरण (b) अल्फा कण
(c) बीटा कण (d) गामा किरण

74. जिस तत्त्व के परमाणु में दो प्रोटॉन दो न्यूट्रॉन और दो इलेक्ट्रॉन हों, उस तत्त्व का द्रव्यमान–
(a) 2 (b) 4
(c) 6 (d) 8

75. टेलीस्कोप की खोज किस वैज्ञानिक ने की थी?
(a) न्यूटन (b) जेम्स वाट
(c) रदरफोर्ड (d) गैलिलियो

76. इस सदी की शुरुआत में हवाई जहाज का आविष्कार किसने किया था?
(a) राईट ब्रदर्स (b) जेम्स वाट
(c) हम्फ्री डेवी (d) वोन ब्राऊन

77. विद्युत् उत्पन्न करने के लिए कौन-सी धातु का उपयोग होता है?
(a) ताँबा (b) लोहा
(c) यूरेनियम (d) एल्यूमिनियम

78. महासागर में ऊँची जल तरंगें कैसे उत्पन्न होती हैं?
(a) भूकम्प से (b) सूर्य से
(c) तारों से (d) चन्द्रमा से

79. श्वेत प्रकाश को नली में कैसे पैदा करते हैं?
(a) ताँबे के तार को गर्म करके
(b) तंतु को गर्म करके
(c) परमाणु को उत्तेजित करके
(d) अणुओं को दोलित करके

80. किसी कमरे को ठण्डा किया जा सकता है–
(a) पानी के बहने से
(b) संपीड़ित गैस को छोड़ने से
(c) रसोई गैस से
(d) ठोस को पिघलाने से

81. प्रकाश में सात रंग होते हैं। रंगों को अलग करने का तरीका क्या है?
(a) एक प्रिज्म से रंगों को अलग-अलग किया जा सकता है
(b) फिल्टर से रंगों को अलग-अलग किया जा सकता है
(c) पौधों से रंगों को अलग-अलग किया जा सकता है
(d) रंगों को अलग-अलग नहीं किया जा सकता है

82. सबसे छोटा दिन कब होता है?
(a) 23 जून (b) 23 सितम्बर
(c) 22 दिसम्बर (d) 23 अप्रैल

83. लोलक की कालावधि–
(a) द्रव्यमान के ऊपर निर्भर करता है
(b) लम्बाई के ऊपर निर्भर करता है
(c) समय के ऊपर निर्भर करता है
(d) तापक्रम के ऊपर निर्भर करता है

84. जब विद्युत ऊर्जा गति में परिवर्तन होता है, तब–
(a) कोई ऊष्मा की हानि नहीं होती
(b) 50 प्रतिशत ऊष्मा की हानि होती है
(c) 30 प्रतिशत ऊष्मा की हानि होती है
(d) 80 प्रतिशत ऊष्मा की हानि होती है

85. राडार का आविष्कारक कौन था?
(a) राबर्ट वाटसन (b) फ्लेमिंग
(c) बुश वाल (d) ऑस्टिन

86. हाइड्रोलिक ब्रेक किस सिद्धान्त पर काम करता है?
(a) पास्कल सिद्धान्त
(b) बरनौली थ्योरम्
(c) आर्किमिडीज सिद्धान्त
(d) इनमें से कोई नहीं

87. प्रकाश की गति क्या है?
(a) 3 लाख किमी०/सेकंड
(b) 4 लाख किमी०/सेकंड
(c) 183 लाख किमी०/सेकंड
(d) 5 लाख किमी०/सेकंड

88. LASER का विस्तारित रूप क्या है?
(a) ला एंपलीफिकेशन ऑफ स्टीमुलेंट मीशन ऑफ रेडिएशन
(b) लाइट एंपलीफिकेशन बाई स्टीमुलेटेड एमीशन ऑफ रेडिएशन
(c) लांग एंपलीफिकेशन ऑफ स्टीमुलेंशन एमीशन्स ऑफ रेडिएशन
(d) इनमें से कोई नहीं

89. वायु के तापमान में वृद्धि से उसके जलवाष्प ग्रहण करने की क्षमता पर क्या प्रभाव पड़ता है?
(a) क्षमता बढ़ जाती है
(b) क्षमता घट जाती है
(c) क्षमता स्थिर रहती है
(d) इनमें से कोई नहीं

90. प्रकाश की गति किसके बीच से जाते हुए न्यूनतम होगी?
(a) कांच (b) निर्वात
(c) जल (d) वायु

91. उचित रीति से कटे हीरे की असाधारण चमक का आधारभूत कारण यह है कि–
(a) उसका अति उच्च अपवर्तन सूचकांक होता है
(b) उसमें अति उच्च पारदर्शिता होती है
(c) वह बहुत कठोर होता है
(d) उसके सुनिश्चित विदलन तल होते हैं

92. किसी अपारदर्शी वस्तु का रंग उस रंग के कारण होता है, जिसे वह–
(a) अवशोषित करता है
(b) अपवर्तित करता है

(c) परावर्तित करता है
(d) प्रकीर्ण करता है

93. सर्वोत्तम सुचालक है–
(a) ताँबा (b) चांदी
(c) एल्यूमिनियम (d) लोहा

94. विद्युत् संचरण के लिए उच्च वोल्ट ग्रिड का उपयोग किया जाता है, कारण–
(a) करेंट अधिक है
(b) शक्ति की हानि अधिक है
(c) प्रतिरोध कम है
(d) ऊष्मा की हानि कम है

95. आधुनिक टेलीफोन उपयोग करता है–
(a) रेडियो तरंगों का
(b) ध्वनि तरंगों का
(c) दृश्य प्रकाश का
(d) चुम्बक का

96. ट्यूबलाइट से प्रकाश किस पर निर्भर रहता है?
(a) ट्यूब में गैस
(b) ट्यूब में ठोस धातु
(c) ट्यूब में द्रव
(d) ट्यूब का शीशा

97. वातानुकूलन यन्त्र से किस कारण ठण्डक होती है?
(a) गैस को दबाने एवं मुक्त करने से
(b) जल के वाष्पीकरण से
(c) जल को दबाने से
(d) ठोस को दबाने से

98. हीरा अपरूप है–
(a) सोने का (b) चांदी का
(c) कार्बन का (d) मिट्टी का

99. निम्न में से किस वैज्ञानिक ने द्रवों के उछाल सम्बन्ध नियम का प्रतिपादन किया था?
(a) आर्कमिडीज
(b) अल्बर्ट आइंस्टीन
(c) नील बोहर
(d) गैलीलियो

100. गैसों का दबाव निम्नलिखित में से किसमें मापा जाता है?
(a) गाइरोस्कोप (b) फेदोमीटर
(c) मैनोमीटर (d) क्रेस्क्रोग्राफ

101. किस प्रकार के दृष्टिदोष के लिए अवतल लैंस का उपयोग किया जाता है?
(a) दूरदृष्टि
(b) मोतियाबिन्द
(c) निकटदृष्टि
(d) इनमें से कोई नहीं

102. फ्यूज का तार निम्नलिखित में से किसका बना होता है?
(a) टिन और लेड
(b) कॉपर और जिंक
(c) एल्यूमिनियम और कॉपर
(d) टिन और ब्रास

103. ट्रांसफॉर्मर में प्रयुक्त होने वाला क्रोड स्तरीय होता है, जिससे कि–
(a) क्रोड का अवशिष्ट चुम्बकत्व बढ़ जाये
(b) चुम्बकीय क्षेत्र बढ़ जाये
(c) क्रोड में भंवर धाराओं द्वारा हुई हानि कम हो जाये
(d) क्रोड की चुम्बकीय संतृप्ति का मान बढ़ जाये

104. वह यंत्र जो विद्युत ऊर्जा को यांत्रिक ऊर्जा में परिवर्तित करता है, कहलाता है–
(a) डायनेमो (b) ट्रांसफॉर्मर
(c) विद्युत मोटर (d) धारामापी

105. प्रकाश में पाये जाने वाले सात रंगों को यदि सही क्रम में विन्यस्त किया जाये, तो उनका क्रम होगा–
(a) VIBGYRO (b) VIBGYOR
(c) VBIGRYO (d) BVIGYOR

106. एक ऐसा पारदर्शी माध्यम, जो तीन आयताकार पृष्ठों तथा दो त्रिभुजाकार पृष्ठों से घिर कर बना होता कहलाता है–
(a) दर्पण (b) प्रिज्म
(c) कांच (d) उत्तल लेंस

107. प्रति इकाई क्षेत्रफल पर कार्य करने वाला बल कहलाता है–
(a) ताप (b) दाब
(c) आयतन (d) घनत्व

108. घूर्णी गति में बल आघूर्ण का वही महत्त्व है, जो रैखिक गति में है–
(a) बल का (b) द्रव्यमान का
(c) त्वरण का (d) वेग का

109. चाबी भारी कमानी में संग्रहित रहती है–
(a) कोई भी ऊर्जा नहीं
(b) स्थैतिक विद्युत ऊर्जा
(c) यांत्रिक स्थितिज ऊर्जा
(d) यांत्रिक गतिज ऊर्जा

110. निम्नलिखित में से वाट किसका मात्रक है?
(a) ऊर्जा
(b) शक्ति
(c) कार्य
(d) इनमें से कोई नहीं

111. कौन-सा सूत्र असत्य है?
(a) कार्य = बल × विस्थापन
(b) कार्य = शक्ति × विस्थापन
(c) कार्य = ऊर्जा
(d) शक्ति = कार्य/समय

112. यदि सदिश $\vec{A}$ और $\vec{B}$ परस्पर लम्बवत हैं, तो $\vec{A}.\vec{B}$ होता है–
(a) rAB (b) 1/2AB
(c) शून्य (d) AB

113. एक हल्की और भारी वस्तु की गतिज ऊर्जा एकसमान है, तब–
(a) दोनों के संवेग बराबर हैं
(b) भारी वस्तु का संवेग अधिक है
(c) भारी वस्तु का संवेग कम है
(d) इनमें से कोई नहीं

114. m द्रव्यगान के एक कण का संवेग P है, तो गतिज ऊर्जा है–
(a) $P^2/2m$ (b) P^2m
(c) P^2/m (d) MP

115. आइंस्टीन का द्रव्यमान ऊर्जा तुल्यता समीकरण है–
(a) $E=m/c^2$ (b) $E=mc^2$
(c) E=mc (d) E=F.S.

116. 1 अश्व शक्ति बराबर है–
(a) 550 वाट (b) 7460 वाट
(c) 746 वाट (d) 74.6 वाट

117. गतिज ऊर्जा का सूत्र है–
(a) $\frac{1}{2}m^2V$ (b) $\frac{1}{2}mv^2$
(c) mv^2 (d) mv

118. ऊर्जा का मात्रक है–
(a) किलोवाट (b) जूल/सेकेंड
(c) जूल × सेकंड (d) किलोवाट-घंटा

119. यदि एक वस्तु के द्रव्यमान और वेग दोनों को दोगुना कर दिया जाये, तो उसकी गतिज ऊर्जा –
(a) वही रहेगी
(b) आठ गुनी हो जायेगी
(c) दोगुनी हो जायेगी
(d) चार गुनी हो जायेगी

120. M.K.S. पद्धति में G का मान होता है–
(a) 667×10^{-11} (b) 66.7×10^{-11}
(c) 66.7×10^{-11} (d) 0.667×10^{-11}

121. बृहस्पति का कक्षीय वेग–
(a) पृथ्वी के कक्षीय वेग से कम है
(b) पृथ्वी के कक्षीय वेग से अधिक है
(c) शून्य है
(d) पृथ्वी के कक्षीय वेग के बराबर है

122. पृथ्वी में प्रमुख धातुएँ जिस क्षेत्र में पायी जाती है, उसे कहते हैं–
(a) सिडरोफिल (b) लिथोफिल
(c) कैल्कोफिल (d) एटमोफिल

123. किसी वस्तु के पृष्ठ पर बाह्य स्पर्शरेखीय बल लगाने पर वस्तु में परिवर्तन होता है–
(a) आयतन में (b) आकृति में
(c) लम्बाई में (d) आकार में

124. हुक का नियम वस्तुतः परिभाषित करता है–
(a) प्रत्यास्था सीमा को
(b) प्रत्यास्था गुणांक को
(c) प्रतिबल को
(d) विकृति को

125. कौन-सा पदार्थ अधिक प्रत्यास्थ है?
(a) रबर (b) इस्पात
(c) प्लास्टिक (d) कांच

126. यदि ताप बढ़ जाये, तो प्रत्यास्था गुणांक का मान –

(a) बढ़ जाता है
(b) घट जाता है
(c) शून्य हो जाता है
(d) उतना ही रहता है

127. वायुमंडलीय दाब का अचानक गिर जाना प्रदर्शित करता है–
    (a) शीतलहर (b) तूफान
    (c) वर्षा (d) स्वच्छ मौसम

128. वायुमंडलीय दाब का मान होता है–
    (a) 1 पास्कल
    (b) 10^6 पास्कल
    (c) 10^5 पास्कल
    (d) इनमें से कोई नहीं

129. हेनरी मात्रक है–
    (a) प्रेरकत्व का
    (b) चुम्बकीय फ्लक्स का
    (c) चुम्बकीय क्षेत्र का
    (d) धारिता का

130. यदि चुम्बकीय फ्लक्स को वेबर में प्रदर्शित किया जाये तो, चुम्बकीय प्रेरण का मात्रक होगा–
    (a) वेबर मीटर^2 (b) वेबर मीटर
    (c) वेबर/मीटर^2 (d) वेबर/मीटर

131. स्वप्रेरकत्व का मात्रक है–
    (a) फैराड (b) हेनरी
    (c) वेबर (d) टेसला

132. विद्युत चुम्बकीय प्रेरण में प्रेरित आवेग निम्न स्वतंत्र होता है–
    (a) समय
    (b) परिपथ का प्रतिरोध
    (c) फ्लक्स में परिवर्तन
    (d) इनमें से कोई नहीं

133. विद्युत चुम्बकीय प्रेरण में प्रेरित वि.वा. बल निम्न से स्वतन्त्र होता है–
    (a) फेरो की संख्या
    (b) कुण्डली का प्रतिरोध
    (c) समय
    (d) फ्लक्स में परिवर्तन

134. टेलीफोन के माउथपीस की कार्यविधि निम्न पर आधारित है:
    (a) दाब के साथ प्रतिरोध में परिवर्तन
    (b) विद्युत चुम्बकीय प्रेरण

(c) ताप-विद्युत प्रभाव
(d) प्रकाश विद्युत प्रभाव

135. प्रेरित धारा की दिशा ज्ञात की जाती है–
    (a) मैक्सवेल के नियम से
    (b) एम्पियर के नियम से
    (c) लेंज के नियम से
    (d) फैराडे के नियम से

136. विद्युत चुम्बकीय प्रेरण की खोज की थी–
    (a) रमकॉफे ने (b) फैराडे ने
    (c) फ्लेमिंग ने (d) आर्स्टेड ने

137. किसी ताप विद्युत युग्म के लिए जिस ताप पर वि.वा. बल का मान अधिकतम होता है, उस ताप को कहते हैं–
    (a) उदासीन ताप (b) अधिकतम ताप
    (c) परम ताप (d) उत्क्रमण ताप

138. किसी ताप युग्म का व्युत्क्रमण ताप वह ताप है, जिस पर उत्पन्न वि.वा. बल–
    (a) अधिकतम होता है
    (b) शून्य होता है
    (c) न्यूनतम होता है
    (d) उपर्युक्त में से कोई नहीं

139. निम्न में से कौन-सा विद्युत अपघट्य नहीं है?
    (a) पारा (b) सिल्वर नाइट्रेट
    (c) कॉपर सल्फेट (d) साधारण नमक

140. निम्न युक्तियों में से किससे विद्युत उत्पन्न होती है?
    (a) प्रकाश बल्ब (b) प्रतिरोधक
    (c) ताप-युग्म (d) निऑन ट्यूब

141. विद्युत अपघटन संभव है–
    (a) तेल में
    (b) कॉपर सल्फेट के घोल में
    (c) पारे में
    (d) आसवित जल में

142. विद्युत अपघट्य के अंदर विद्युत धारा प्रवाहित होती है–
    (a) धन और ऋण आयनों द्वारा
    (b) इलेक्ट्रॉन द्वारा
    (c) परमाणु द्वारा
    (d) उपर्युक्त सभी

143. एक फ्यूज तार के लिए महत्त्वहीन है–
(a) इसकी लम्बाई
(b) इसमें बहने वाली धारा
(c) इसकी त्रिज्या
(d) इसका विशिष्ट प्रतिरोध

144. विद्युत शक्ति का मात्रक है–
(a) वाट (b) एम्पियर
(c) कूलॉम (d) वोल्ट

145. विद्युत धारा के चुम्बकीय प्रभाव की खोज निम्न में से किस वैज्ञानिक ने की?
(a) आर्स्टेड (b) फैराडे
(c) फ्लेमिंग (d) एम्पियर

146. निम्न में से कौन-सी घटना ध्वनि तरंगों में नहीं हो सकती?
(a) ध्रुवण (b) विवर्तन
(c) परावर्तन (d) व्यतिकरण

147. एकवर्णी प्रकाश के मार्ग में एक छोटी-सी वृत्तीय चकती रख दी जाती है। ज्यामितीय छाया केन्द्र होगा–
(a) आधा चमकता, आधा अंधेरा
(b) रंगीन
(c) चमकीला
(d) अंधेरा

148. प्रकाश की तरंग प्रकृति का प्रमाण निम्न घटना से नहीं मिलता–
(a) परावर्तन (b) व्यतिकरण
(c) ध्रुवण (d) अपवर्तन

149. प्रकाश के व्यतिकरण में ऊर्जा–
(a) उत्पन्न हो जाती है
(b) नष्ट हो जाती है
(c) पुनर्वितरित हो जाती है
(d) इनमें से कोई नहीं

150. प्रकाश सरल रेखा में संचारित होता प्रतीत होता है, क्योंकि–
(a) प्रकाश की तरंगदैर्ध्य बहुत कम है
(b) यह सूक्ष्म कणों से निर्मित होता है
(c) प्रकाश का वेग बहुत अधिक है
(d) इनमें से कोई नहीं

151. तरंगें एक स्थान से दूसरे स्थान तक स्थानांतरित करती है–
(a) द्रव्य (b) ऊर्जा
(c) आयाम (d) तरंगदैर्ध्य

152. संयुक्त सूक्ष्मदर्शी में नेत्रिका की फोकस दूरी, अभिदृश्यक की फोकस दूरी में–
(a) अधिक होती है
(b) बराबर होती है
(c) कम होती है
(d) इनमें से कोई नहीं

153. आँख के उस दोष को जिससे नजदीक की चीज साफ दिखायी नहीं देती, कहा जाता है–
(a) प्रेसबायोपिया (b) एस्टिगमेटिज्म
(c) हाइपरमेट्रोपिया (d) मायोपिया

154. अवतल लेंस का उपयोग आँख के निम्न दोष के निवारण के लिए होता है–
(a) दूरदृष्टि
(b) अबिन्दुकता
(c) निकटदृष्टि
(d) इनमें से कोई नहीं

155. एक वस्तु का प्रतिबिम्ब आँख की रेटिना पर प्राप्त होता है–
(a) 25 मीटर से (b) 25 सेमी॰ से
(c) 50 सेमी॰ से (d) अनंत से

156. नेत्र लेंस उत्पन्न करता है–
(a) रेटिना के पीछे ऊर्ध्वाधर सीधा प्रतिबिम्ब
(b) रेटिना पर एक वास्तविक और सीधा प्रतिबिम्ब
(c) रेटिना पर एक वास्तविक और उल्टा प्रतिबिम्ब
(d) रेटिना के सामने ऊर्ध्वाधर सीधा प्रतिबिम्ब

157. मनुष्य की आँख का एस्टिग्मेटिज्म का दोष दर करने के लिए प्रयुक्त करना होगा–
(a) बेलनाकार लेंस
(b) प्रिज्मेटिक लेंस
(c) उत्तल लेंस
(d) अवतल लेंस

158. रेटिना के बीच में एक वृत्ताकार स्थान होता है, जिसे कहते हैं–
(a) लाल बिन्दु (b) अंध बिन्दु
(c) पीत बिन्दु (d) कुछ नहीं

159. वास्तव में विद्युत जनित्र–
(a) ऊर्जा चुंबक परिवर्तन की तरह कार्य करता है
(b) विद्युत चुंबक की तरह कार्य करता है
(c) ऊष्मीय ऊर्जा के स्रोत का कार्य करता है
(d) विद्युत आवेश के किसी स्रोत का कार्य करता है

160. विद्युत चुंबकीय प्रेरण होने के लिए–
(a) किसी वसतु को धनावेशित करना पड़ता है
(b) किसी चुंबक और कुंडली में परस्पर आपेक्षिक गति से धारा उत्पन्न करनी पड़ती है
(c) किसी विद्युत मोटर की कुंडली घुमानी पड़ती है
(d) किसी धारावाही परिनालिका द्वारा चुंबकीय क्षेत्र उत्पन्न करना पड़ता है

161. मथने के पश्चात् क्रीम का दूध से पृथक् का कारण है–
(a) गुरुत्वाकर्षण बल
(b) ससंजक बल
(c) उपकेन्द्रीय बल
(d) इनमें से कोई नहीं

162. निम्नलिखित में से कौन-सा विद्युत् चुम्बकीय विकिरण टेलीविजन के दूरस्थ नियंत्रण के लिए प्रयोग में लाया जाता है?
(a) अवरक्त
(b) पराबैंगनी
(c) पराबैंगनी
(d) इनमें से कोई नहीं

163. शोल्स ने आविष्कार किया–
(a) ट्रांजिस्टर का (b) आइपराईटर का
(c) रडार का (d) टेलीप्रिन्टर का

164. ध्वनि का वेग सर्वाधिक होता है–
(a) ठोस में (b) गैस में
(c) द्रव में (d) वाष्प में

165. जब कोई ठोस वस्तु पिघलती है, तो–
(a) वह ऊष्मा उत्सर्जित करती है
(b) उसका तापमान बढ़ता है
(c) वह ऊष्मा का अवशोषण करती है
(d) उसका तापमान घटता है

166. सड़क की रोशनी के परावर्तक साधारणत: होते हैं–
(a) अवतल दर्पण (b) समतल दर्पण
(c) उत्तल दर्पण (d) सामान्य दर्पण

167. किसी चुम्बक का चुम्बकत्व दूर किया जा सकता है–
(a) उसे हथौड़े से पीटकर
(b) उसे पानी में डालकर
(c) उसे ठंडा करके
(d) उसे लोहे के संपर्क में रखकर

168. प्रथम अंतरिक्षयान था–
(a) वेस्टोक–I (b) अपोलो–II
(c) लूना–9 (d) स्पूतनिक–I

169. निम्नलिखित में से ऊष्मा का सबसे अच्छा सुचालक कौन है?
(a) ठंडा पानी (b) समुद्र का पानी
(c) गर्म पानी (d) आस्वित पानी

170. ध्वनि का वेग–
(a) सुखी हवा से नमी हवा में कम है
(b) सुखी हवा से नमी हवा में अधिक है
(c) सुखी हवा एवं नमी हवा दोनों में ही समान है
(d) माध्यम के घनत्व से स्वतंत्र है

171. कई वस्तुएँ अधिक निम्न तापक्रम पर अपने विद्युतीय प्रतिरोध खो बैठते हैं। इन वस्तुओं को कहते हैं–
(a) सुचालक (b) अर्द्धचालक
(c) अतिचालक (d) परावैद्युत

172. किसी तत्त्व में विद्युत धारा को दुगुना किया जाता है, तो उत्पादित ऊष्मा–
(a) दुगुना होता है
(b) चौगुना होता है
(c) आठ गुना होता है
(d) अपरिवर्तित होता है

173. प्रकाश वर्ष माप है–
(a) समय का (b) गति का
(c) दूरी का (d) ऊर्जा का

174. पृथ्वी की सतह पर पलायन गति है–
(a) 11.2 कि०/से०
(b) 11.2 सेमी०/से०
(c) 11.2 किमी०/घंटा
(d) 11.2 किमी०/मिनट

175. सौरमंडल का सबसे बड़ा ग्रह है?
    (a) पृथ्वी   (b) मंगल
    (c) शनि   (d) बृहस्पति
176. एस० चन्द्रशेखर को भौतिकी की किस विधा के लिए नोबेल पुरस्कार दिया गया?
    (a) भू-भौतिकी
    (b) न्यूक्लियर भौतिकी
    (c) खगोल भौतिकी
    (d) रासायनिक भौतिकी
177. ऊर्जा का नवीकरणीय स्रोत है–
    (a) पेट्रोलियम   (b) कोयला
    (c) प्राकृतिक गैस (d) सूर्य
178. दो गेंदें जिनका भार अलग-अलग है एक मीनार से गिराई जाती है, तब–
    (a) भारी गेंद पहले धरती पर पहुँचेगी
    (b) हल्की गेंद पहले धरती पर पहुँचेगी
    (c) दोनों एक साथ पहुँचेगी
    (d) अनुमान लगाना संभव नहीं है
179. एक वाष्प इंजन है–
    (a) बाह्य दहन इंजन
    (b) चार स्ट्रोक इंजन
    (c) अंत:दहन इंजन
    (d) ऑटोचक्र इंजन
180. निम्नलिखित में कौन-सा तत्त्व अर्द्धचालकों में प्रयुक्त होता है?
    (a) कॉपर   (b) कार्बन
    (c) एल्युमिनियम (d) सिलिकॉन
181. निम्नलिखित में से कौन-सी विकिरण विद्युत चुम्बकीय विकिरण नहीं है?
    (a) पराश्रव्य तरंगें (b) पराबैंगनी
    (c) अवरक्त   (d) X-किरणें
182. एक अणु पर उच्च ऊर्जा विकिरण पड़ने से एक या अधिक इलेक्ट्रॉनों के अपनयन को कहते हैं–
    (a) प्रकीर्णन
    (b) आयनीकरण
    (c) विद्युत विश्लेषण
    (d) प्रवर्धन
183. निम्न प्रकार की विकिरण से अधिकतम तरंगदैर्ध्य का चयन करें–
    (a) लाल प्रकाश   (b) नीला प्रकाश
    (c) एक्स किरण   (d) गामा किरण
184. β किरणें वास्तव में–
    (a) विद्युत चुम्बकीय विकिरण
    (b) अनाविष्ट कण
    (c) न्यूक्लियस के चारों ओर घूमते इलेक्ट्रॉन
    (d) रेडियोधर्मी न्यूक्लियस द्वारा उत्सर्जित इलेक्ट्रॉन
185. एक घर में लगे दो बल्बों में से एक-दूसरे से तेज रोशनी देता है। दोनों में से किसका प्रतिरोध अधिक है?
    (a) मद्धिम बल्ब
    (b) चमकीला बल्ब
    (c) दोनों का
    (d) चमक प्रतिरोध पर निर्भर नहीं करती
186. एक ऊँची क्षमता वाली बिजली की तार पर एक पक्षी बैठा है–
    (a) वह तुरंत मर जाता है
    (b) उसे हल्का-सा झटका लगता है
    (c) वह अप्रभावित रहता है
    (d) उसे जानलेवा झटका लगता है
188. स्थायी चुम्बक बनाने के लिए उपयुक्त धातु है–
    (a) इस्पात   (b) ताँबा
    (c) लोहा   (d) एल्यूमिनियम
188. परिणामित्रों का प्रयोग होता है–
    (a) समाकलित परिपथों में
    (b) केवल डी०सी० परिपथों में
    (c) ए०सी० व डी०सी० दोनों परिपथों में
    (d) केवल ए०सी० परिपथों में
189. शुद्ध सिलिकन होता है–
    (a) संवाहक
    (b) अर्ध-संवाहक
    (c) विद्युतरोधी
    (d) इनमें से कोई नहीं
190. सौर-कोशिका में प्रयुक्त होने वाला पदार्थ है–
    (a) सिलिकन   (b) टीन
    (c) लोहा   (d) एल्युमिनियम
191. स्पैक्ट्रम के सात रंगों में से सबसे अधिक वेवलैन्थ किसकी होती है?
    (a) नीला   (b) लाल
    (c) पीला   (d) हरा

192. न्यूक्लियर फ्यूजन से कौन-सी किरणें नहीं निकलती हैं?
(a) गामा किरणें
(b) अल्फा किरणें
(c) इंफ्रा रेड किरणें
(d) बीटा किरणें

193. सौरमण्डल की आकृति कैसी है?
(a) गोल (b) चौकोर
(c) स्पाईराल (d) अंडाकार

194. धरती के कौन-से भाग भूचाल के लिए उत्तरदायी है?
(a) लिथोस्फियर (b) हाइड्रोस्फियर
(c) बायोस्फियर (d) एटमोस्फियर

195. भारत अन्तरिक्ष युग में कब शामिल हुआ?
(a) 1965 में (b) 1975 में
(c) 1978 में (d) 1988 में

196. भारत द्वारा किस उपग्रह का प्रयोग मौसम की जानकारी के लिए किया जाता है?
(a) INSAT–IB (b) IRS–IA
(c) IRS–IB (d) INSAT–2A

197. ओजोन परत कौन-सी किरणों को समा लेती है?
(a) पराबैंगनी
(b) बीटा किरणें
(c) कॉस्मिक किरणें
(d) गामा किरणें

198. अन्तरिक्ष में जाने वाला सबसे पहला व्यक्ति कौन था?
(a) हिलैरी (b) यूसफ
(c) यूरी गैगरिन (d) न्यूटन

199. "g" की इकाई है–
(a) मी०/से०$^{-2}$ (b) मी०/से०$^{-1}$
(c) मी०^{2}/से०$^{-1}$ (d) मी०^{2}/से०$^{-2}$

200. काला छिद्र सिकुड़ने से बनता है–
(a) भारी कणों के
(b) भारी न्यूट्रॉन तारों के
(c) भारी चलती वस्तुओं के
(d) इनमें से कोई नहीं

201. प्रकाशिकी में u, v, एवं F के बीच संबंध है–
(a) $\frac{1}{F}=\frac{1}{u}+\frac{1}{v}$ (b) $\frac{1}{u}=\frac{1}{f}\circ\frac{1}{v}$
(c) $\frac{1}{f}=\frac{1}{u}\circ\frac{1}{v}$ (d) $\frac{1}{v}=\frac{1}{F}\circ\frac{1}{u}$

202. सूर्य प्रकाश के फोकस हेतु निम्नलिखित में से किसका प्रयोग होता है?
(a) समतल दर्पण (b) अवतल लेंस
(c) अवतल दर्पण (d) उत्तल दर्पण

203. गुरुत्वीय नियतांक G का मान है–
(a) $3.766\times10^{-11}Nm^2$
(b) 6.673×10^{-11}
(c) $980Nm^2$
(d) 9.8 m.s.

204. केप्लर के ग्रहीय गति के प्रथम नियम के अनुसार ग्रह की गति होती है–
(a) दीर्घवृत्तीय कक्षाओं में
(b) सीधी रेखाओं में
(c) वृत्तीय कक्षाओं में
(d) एक परवलय में

205. प्रकाश के तरंग सिद्धांत को किसने प्रतिपादित किया?
(a) हाइगेन्स (b) न्यूटन
(c) फूकाऊ (d) मिचेलसन

206. भारत द्वारा प्रक्षेपित उपग्रह है–
(a) भास्कर (b) वरुण
(c) आर्यभट्ट (d) अग्नि

207. स्थायी चुम्बक बनाने हेतु प्रयुक्त पदार्थ है–
(a) मृदु लोहा (b) इस्पात
(c) पीतल (d) कांसा

208. वाट = वोल्ट × ....
(a) ओह्म (b) मीटर
(c) ऐम्पियर (d) हर्ट्ज

209. आसमान नीला दिखता है, कारण है–
(a) प्रकाश का प्रकीर्णन
(b) प्रकाश का परावर्तन
(c) प्रकाश का अपवर्तन
(d) प्रकाश का पूर्ण आंतरिक परावर्तन

210. टेप रिकार्डर में टेप पर शब्द को रिकॉर्ड किया जाता है–
(a) परिवर्ती चुम्बकीय क्षेत्र के रूप में
(b) परिवर्ती वैद्युतिक प्रतिरोध के रूप में
(c) परिवर्ती शब्द के रूप में
(d) परिवर्ती मोटाई के रूप में

211. रीड बिना नलिका वाद्य है–
(a) हारमोनियम (b) बांसुरी
(c) नादस्वरम (d) वायलिन

212. किसी पदार्थ की उसकी गति से प्राप्त की गयी ऊर्जा को कहते हैं–
(a) गतिज ऊर्जा (b) विद्युत ऊर्जा
(c) विभव ऊर्जा (d) ऊष्मीय ऊर्जा

213. सफेद प्रकाश की उसके सात रंगों में विभाजन की प्रक्रिया कहलाती है–
(a) प्रसार
(b) प्रकाश संश्लेषण
(c) अपवर्तन
(d) वर्ण विक्षेपण

214. सौर-कोष प्रकाश ऊर्जा को .... में परिवर्तित करता है–
(a) विद्युत ऊर्जा (b) ध्वनि ऊर्जा
(c) नाभिकीय ऊर्जा(d) ऊष्मा ऊर्जा

215. पृथ्वी व सूर्य के बीच की औसत दूरी को कहते हैं–
(a) प्रकाश वर्ष
(b) एस्ट्रोनामिकल यूनिट
(c) आंगस्ट्रांम
(d) फरमी

216. .... वायु का आवरण सूर्य की ओर से आ रही हानिकारक पराबैंगनी किरणों का शोषण करता है–
(a) कार्बन डाइऑक्साइड
(b) नाइट्रोजन
(c) ऑक्सीजन
(d) ओजोन

217. एक भू-स्थिर उपग्रह का आवर्तकाल होता है–
(a) 24 दिन (b) 365 दिन
(c) 24 घंटे (d) 12 घंटे

218. भूकंप के आने का समय व उससे उत्पन्न तरंगों की तीव्रता का लिपिबद्ध विवरण .... से किया जाता है–
(a) सिस्मोग्राफ (b) गेलवेनोमीटर
(c) बैरोमीटर (d) थर्मामीटर

219. एक वाष्प इंजन ऊष्मीय ऊर्जा को .... में परिवर्तित करता है–
(a) रासायनिक ऊर्जा
(b) विद्युत ऊर्जा
(c) चुंबकीय ऊर्जा
(d) यांत्रिक ऊर्जा

220. ध्वनि तरंग के .... के कारण प्रतिध्वनि उत्पन्न करता है–
(a) विवर्तन (b) अपवर्तन
(c) परावर्तन (d) प्रकीर्णन

221. जिस उपकरण को समुद्र की गहराई मापने के लिए उपयोग किया जाता है, वह है–
(a) रेडार (b) फैदोमीटर
(c) सोनार (d) हाइड्रोमीटर

222. एक गाड़ी सड़क पर चल रही है। जब वर्षा ऊर्ध्वाधर बरस रही है, तो वर्षा आघात करेगी–
(a) केवल सामने के शीशे पर
(b) केवल पिछले शीशे पर
(c) दोनों शीशों पर
(d) किसी भी शीशे पर नहीं

223. निम्नलिखित में से कौन एक सही ढ़ंग से सुमेलित है?
(a) बल आघूर्ण-वाट
(b) कार्य-जूल-सेकंड
(c) शक्ति-न्यूटन-मीटर
(d) बल की इकाई-न्यूटन

224. रेल की पटरियों के बीच में थोड़ा खाली जगह छोड़ा जाता है–
(a) ऊष्मा के दौरान प्रसारण देने हेतु
(b) धातु की कीमत बचाने हेतु
(c) धातु को सिकुड़ने देने हेतु
(d) इनमें से कोई नहीं

225. अवस्था परिवर्तन की अवधि में तापक्रम–
(a) बढ़ता है
(b) घटता है
(c) स्थिर रहता है
(d) बढ़ या घट सकता है

226. 71 डाइऑटर शक्ति वाला लेंस की फोकस दूरी बराबर होनी चाहिए–
(a) 1 सेमी (b) 10 सेमी
(c) 100 सेमी (d) 1000 सेमी

227. जल का घनत्व अधिकतम होता है–
(a) 0°C (b) 4°C पर
(c) 100°C पर (d) –10°C पर

228. KWH इकाई प्रदर्शित करती है–
(a) प्रवेग (b) बल
(c) शक्ति (d) ऊर्जा

229. एक वस्तु को जब एक तरल में निमज्जित की जाती है, तो उसके द्वारा हटाये गये तरल के वजन के बराबर प्रणोद का अनुभव होता है। यह है–
(a) न्यूटन का गति का नियम
(b) डूलांग एवं पेटिट का नियम
(c) प्लवन का नियम
(d) आर्किमिडीज का सिद्धांत

230. स्वचालित वाहनों में द्रवचालित ब्रेक कार्य करते हैं–
(a) बर्नोली के सिद्धान्त पर
(b) प्वाजय के सिद्धान्त पर
(c) पास्कल के सिद्धान्त पर
(d) आर्किमिडीज के सिद्धान्त पर

231. एक परमाणु की मात्रा में प्रदर्शित की जाती है–
(a) ग्राम
(b) किलोग्राम
(c) कैरेट
(d) परमाणु मात्रा इकाई

232. उपग्रह वह पिण्ड हैं, जो .... पिण्ड के चारों ओर परिभ्रमण करता है–
(a) उससे हल्के
(b) उससे भारी
(c) समान आयतन वाले
(d) समान मात्रा वाले

233. प्रथम भारतीय उपग्रह आर्यभट्ट को दिनांक .... को अंतरिक्ष में छोड़ा गया था–
(a) 19 अप्रैल, 1975
(b) 31 जनवरी, 1958
(c) 16 जुलाई, 1980
(d) 6 दिसम्बर, 1957

234. बीग बैंग का सिद्धान्त समझाता है–
(a) पृथ्वी का उद्‌गम
(b) समुद्र का उद्‌गम
(c) बह्मांड का उद्‌गम
(d) गैलेक्सी का उद्‌गम

235. अपरंपरागत ऊर्जा का स्रोत है–
(a) पवन
(b) बिजली
(c) कोयला
(d) खनिज कोयला

236. खाद्य ऊर्जा मापी जाती है–
(a) कैलोरी में (b) किलोग्राम में
(c) KWH में (d) मीटर में

237. टार्च लाइट में प्रयोग होने वाला सेल है–
(a) बोल्टाइक सेल
(b) लेक्लान्ची सेल
(c) लैड एसिड सेल
(d) निकल कैडमियम सेल

238. द्रव्यों के बारे में निम्न में से क्या सत्य नहीं है?
(a) ये प्रैक्टीकली दबावविहीन होते हैं
(b) इनका एक निश्चित आकार होता है
(c) इनका एक निश्चित आयतन होता है
(d) इनका एक नियत वाष्पांक होता है

239. जब कोई वस्तु पानी में डुबोई जाती है, तो उसके भार में कमी .... के बराबर होती है–
(a) उस पर बाहरी दबाव
(b) बल प्रति इकाई क्षेत्रफल
(c) उसके द्वारा हटाये द्रव की मात्रा
(d) उसके द्वारा हटाये द्रव के आयतन

240. किसी वस्तु पर पृथ्वी के गुरुत्वाकर्षण को उसका .... कहते हैं–
(a) द्रव्यमान (b) घनत्व
(c) शक्ति (d) भार

241. सबसे छोटी तरंग लम्बाई का प्रकाश ..... होता है–
(a) हरा (b) लाल
(c) बैंगनी (d) पीला

242. परमाणु नाभिकीय विघटन वह प्रक्रिया है, जिसमें–
(a) भारी नाभिक, हल्के नाभिकों में टूटती है तथा ऊर्जा निकलती है
(b) अल्फा कण निकलते हैं
(c) हल्के परमाणु नाभिक के मिलने से भारी नाभिक बनते हैं तथा ऊर्जा निकलती है
(d) द्रव्यमान में कोई परिवर्तन नहीं होता केवल ऊर्जा निकलती है

243. न्यूटन के गति के दूसरे नियम के अनुसार–
(a) बल समानुपाती होता है द्रव्यमान × प्रवेग के
(b) किसी वस्तु पर बल समानुपाती होता है द्रव्यमान × गुरुत्वाकर्षण के
(c) प्रत्येक क्रिया के लिए बराबर व प्रतिकूल प्रतिक्रिया होती है
(d) संवेग बराबर होता है द्रव्यमान × वेग के

244. जब प्रिज्म से प्रकाश किरण गुजरती है तथा रंगों का जो समूह उत्पन्न होता है, उसे .... कहते हैं–
(a) अवशोषण (b) विवर्तन
(c) उत्सर्जन (d) वर्णक्रम

245. हाइड्रोमीटर एक उपकरण है, जिससे मापा जाता है–
(a) पानी का घनत्व
(b) पानी की गहराई
(c) हवा का दबाव
(d) आर्द्रता

246. विद्युत संस्थापन में फ्यूज वायर प्रयोग करने का उद्देश्य है–
(a) विद्युत के खर्च को बचाना
(b) विद्युत धारा के उच्च कर्षण से भवनों को नुकसान से बचना
(c) बिजली के चमक से भवनों को बचाना
(d) इनमें से कोई नहीं

247. बिजली के बल्ब का आविष्कार किसने किया?
(a) थामस अल्वा एडीसन
(b) मैडम क्यूरी
(c) अल्बर्ट आइंस्टीन
(d) कोपरनिकस

248. निम्नलिखित में से किसने गुरुत्वाकर्षण का सिद्धान्त खोजा?
(a) न्यूटन (b) डार्विन
(c) मैंडल (d) रदरफोर्ड

249. रेडियोधर्मिता की खोज निम्नलिखित वैज्ञानिक ने की–
(a) अल्बर्ट आइंस्टीन
(b) थामस अल्वा एडीसन
(c) हेनरी बेक्वेरल
(d) पियरे क्यूरी

250. पृथ्वी के सूर्य के गिर्द घूमने के सिद्धांत की निम्न में से कौन पुष्टि करता है?
(a) ग्रहणों का लगना
(b) खगोलीय परिकलन की सरलता
(c) दिन और रात का बनना
(d) विभिन्न ऋतुएँ होना

251. निम्नलिखित में कौन-सा ऊर्जा का परम्परागत स्रोत है?
(a) पवनचक्की (b) सूर्य
(c) पेट्रोलियम (d) समुद्री तरंगें

252. रेडियो-कार्बन तिथि निर्धारण पद्धति का उपयोग निम्न के आयु निर्धारण के लिए किया जाता है–
(a) जीवाश्म
(b) चट्टानें
(c) भवन
(d) उपरिलिखित सभी

253. तापमापी में पारा क्यों प्रयोग किया जाता है?
(a) सस्ता है
(b) भरने में सरल है
(c) गर्म होने पर अधिक फैलता है
(d) तापमापी की दीवारों से नहीं चिपकता

254. निम्न में से कौन-सी ज्योतिहीन है?
(a) सूर्य
(b) चांद
(c) मोमबत्ती की लौ
(d) बिजली का बल्ब

255. कपूर खुले पात्र में रखे जाने पर .... के कारण लुप्त हो जाता है–

(a) विसरण (b) ऊर्ध्वपातन
(c) वाष्पीकरण (d) संघनन

256. जब किसी पेन्डुलम का लटकन अपने चाल की माध्य स्थिति में चलता है, तब इसकी कुल ऊर्जा होगी–
(a) सभी स्थितिज
(b) शून्य
(c) सभी गतिज
(d) अंशत: गतिज एवं अंशत: स्थितिज

257. घरेलू बिजली की खपत को किसी इकाई में नापा जाता है?
(a) किलोवाट-घंटा (b) किलोवाट
(c) जूल (d) किलो-जूल

258. एक आदमी सिर पर एक भारी बक्सा रखकर समतल भूमि पर एक जगह से दूसरी जगह जाता है, तो वह करता है–
(a) अधिकतम कार्य
(b) कोई कार्य नहीं
(c) ऋणात्मक कार्य
(d) न्यूनतम कार्य

259. अस्थिर आवेश उत्पन्न करता है–
(a) न विद्युत क्षेत्र और न ही चुम्बकीय क्षेत्र
(b) केवल स्थिर विद्युत क्षेत्र
(c) केवल चुम्बकीय क्षेत्र
(d) चुम्बकीय तथा स्थिर विद्युत के दोनों क्षेत्र

260. तारों का टिमटिमाना .... के कारण होता है–
(a) तारों की अधिक दूरी तथा हवा में आँधी
(b) तारों का छोटा आकार
(c) तारों का बड़ा आकार
(d) तारों की अधिक दूरी तथा हवा के घनत्व में परिवर्तन

261. निम्न में से कौन-सा तापक तत्त्व विद्युत प्रेस में प्रयोग होता है?
(a) ताँबे के तार (b) नाईक्रोम के तार
(c) सीसे के तार (d) लोहे के तार

262. यन्त्र जो प्रत्यावर्ती धारा को दिष्ट धारा में बदलता है, वह है–
(a) दिष्टकारी (b) प्रेरण कुंडली
(c) ट्रांसमीटर (d) ट्रांसफार्मर

263. इनमें से किसमें ध्वनि का वेग अधिकतम होता है?
(a) इस्पात (b) हवा
(c) पानी (d) लकड़ी

264. दीया की बाती में तेल चढ़ता है–
(a) तेल के वाष्पीकरण के कारण
(b) तेल हल्का होने के कारण
(c) पृष्ठ तनाव के कारण
(d) कोशिका क्रिया के कारण

265. टैकोमीटर एक यन्त्र है जिससे हम नाप सकते हैं–
(a) गुरुत्वाकर्षण बल
(b) इलास्टिक फोर्स
(c) घूमने की गति
(d) पृष्ठ तनाव

266. आयतन और तापमान पर दबाव कैसे बदलता है?
(a) गैस के भार की रैखिक दिशा में
(b) गैस भार की प्रतिलोम दिशा में
(c) गैस भार के वर्ग की प्रतिलोम दिशा में
(d) गैस भार से स्वतंत्र

267. जब प्रकाश की किरण किसी माध्यम में से गुजरे तो सम्पूर्ण इन्टरनल रिफ्लैक्शन नहीं मिलता है–
(a) कांच से वायु में
(b) कांच से पानी में
(c) पानी से कांच में
(d) पानी से वायु में

268. ध्वनि की गति वायु में कब बढ़ती है?
(a) तापमान की वृद्धि से
(b) आवृत्ति बढ़ने से
(c) नमी की मात्रा घटने से
(d) तापमान घटने से

269. प्रकाश की किरण और ध्वनि की तरंग दोनों में समानता है कि–
(a) दोनों हवा में समान गति से चलती है
(b) दोनों अनुप्रस्थ हैं
(c) दोनों निर्वात से गुजर सकती है
(d) दोनों व्यतिकरण उत्पन्न करती है

270. हमारी आँखें कौन-से प्रकाश के लिए अधिक संवेदनशील है?
(a) नीला प्रकाश
(b) लाल प्रकाश
(c) पीला-हरा प्रकाश
(d) बैंगनी प्रकाश

271. कम्पास की सुई विस्थापित होती है, जब उसे किसी ऐसी वस्तु के समीप रखें जो कि–
(a) + चार्ज्ड और स्थिर हो
(b) - चार्ज्ड और स्थिर हो
(c) चार्ज्ड और स्थिर हो
(d) चार्ज्ड और गति में हो

272. धरती के चुम्बकीय क्षेत्र में कौन-सा ऐसा स्थान है, जहाँ क्षैतिज घटक न हो?
(a) चुम्बकीय ध्रुव (b) उत्तर ध्रुव
(c) दक्षिण ध्रुव (d) चुम्बकीय निरक्ष

273. अल्फा पार्टिकल वैसा ही है जैसा कि–
(a) प्रोटॉन
(b) इलेक्ट्रॉन
(c) हीलियम न्यूक्लियस
(d) यूरेनियम न्यूक्लियस

274. वे पदार्थ क्या कहलाते हैं, जिनमें से रेडिएंट हीट गुजर सके?
(a) ट्रांसपैरेंट (b) डायाथरमेनस
(c) ऐथरमेनस (d) ट्रांसल्यूसेंट

275. यंत्रों को बाहरी मैगनेटिक फील्ड से बचाने के लिए किस आवरण का प्रयोग किया जाता है?
(a) कांच (b) रबड़
(c) प्लास्टिक (d) लोहा

276. कार्य की सीमा घात को प्रदर्शित किया जा सकता है–
(a) KM (b) ML^2T^2
(c) M^2LT (d) MT^2

277. तापमान मापने के लिए इनमें से किसका उपयोग किया जा सकता है?
(a) थर्मोपिकल (b) टाइग्रोमीटर
(c) फोटोमीटर (d) हाइड्रोमीटर

278. स्वतंत्रतापूर्वक गिरते पिंड के लिए कुल ऊर्जा–
(a) शून्य रहती है
(b) निरंतर गिरती है
(c) स्थिर रहती है
(d) निरंतर बढ़ती है

279. कैथोड-रे नली किसका अंग है?
(a) एक संयुक्त सूक्ष्मदर्शी का
(b) एक रेडियो रिसीवर का
(c) एक टेलीविजन सेट का
(d) एक वान-ग्रिफ जनरेटर का

280. सैनिक संकार्य में रडार का उपयोग किया जाता है–
(a) शत्रु की स्थिति का पता लगाने के लिए
(b) दूर से शत्रु के टैकों को नष्ट करने हेतु
(c) दूर से शत्रु के रहने की जगह नष्ट करने हेतु
(d) शत्रु की अग्नि-शक्ति का अनुमान लगाने हेतु

281. न्यूक्लियर रिएक्टर में मंदक का कार्य करता है–
(a) यूरेनियम (b) साधारण जल
(c) भारी जल (d) कैडमियम छड़ें

282. X-किरणों की खोज किसने की?
(a) मिलिकन (b) रॉन्टजन
(c) रदरफोर्ड (d) फैराडे

283. प्रकाश तरंग जो कि माध्यम के साथ नहीं बदलती, के विशिष्ट गुण होते हैं–
(a) तरंगदैर्ध्य (b) आवृत्ति
(c) आयाम (d) वेग

284. मरुस्थल में मिलती मृगतृष्णा का कारण है–
(a) प्रकाश का पूर्ण परावर्तन
(b) रमन प्रभाव
(c) फोटो प्रकाश विद्युत प्रभाव
(d) प्रकाश का प्रकीर्णन

285. गतिज ऊर्जा का समीकरण कौन-सा है?
(a) Ek=mg (b) Ek=Fs
(c) $Ek=1/2mv^2$ (d) Ek=mgh

286. 72km/h के चाल का अर्थ है–
(a) 72m/s (b) 36m/s
(c) 20m/s (d) 10m/s

287. बाँध के जल में कौन-सी ऊर्जा संग्रहित है?
(a) स्थिति (b) सौर
(c) गतिज (d) रासायनिक

288. कौन-सा उपकरण विद्युत ऊर्जा को यांत्रिक ऊर्जा में बदलती है?
(a) फ्यूज (b) डायनेमो
(c) विद्युत मोटर (d) रेक्टीफायर

289. विभवान्तर मापा जाता है–
(a) ऐमीटर द्वारा
(b) वोल्टामीटर द्वारा
(c) वोल्टमीटर द्वारा
(d) गैल्वेनोमीटर द्वारा

290. वर्णान्धिता का दूसरा नाम क्या है?
(a) गैलीलियो प्रभाव
(b) फ्रैंकलिन प्रभाव
(c) न्यूटन प्रभाव
(d) डाल्टन प्रभाव

291. वर्णान्धिता जैसी बीमारी का उपचार किया जा सकता है–
(a) स्पर्श लेन्स द्वारा
(b) द्विफोकसी लेन्स द्वारा
(c) बेलनाकार लेन्स द्वारा
(d) इनमें से कोई नहीं

292. प्रत्यावर्ती धारा को दिष्ट धारा में बदला जाता है–
(a) डायनेमो द्वारा (b) ट्रांसफार्मर द्वारा
(c) दिष्टकारी द्वारा (d) मोटर द्वारा

293. निम्नलिखित में से कौन ध्रुवित नहीं होती है?
(a) ध्वनि तरंगें (b) रेडियो तरंगें
(c) X–किरणें (d) पराबैंगनी तरंगें

294. पीले प्रकाश में हरे रंग की वस्तु दिखेगी–
(a) हरी (b) गहरी
(c) सफेद (d) लाल

295. α–किरणों के सामने अनावृत्त होने पर वस्तुएँ दिखती हैं–
(a) लाल (b) हरा
(c) नीला (d) अदृश्य

296. शुष्क हवा में ध्वनि तरंग का वेग नम हवा की तुलना में होगा–
(a) समान (b) कम
(c) ज्यादा (d) औसतन

297. किसी वस्तु की अविस्तारित एवं काल्पनिक प्रतिबिम्ब के प्रयोग से मिल सकती है–
(a) कन्केव लेंस (b) कन्केव दर्पण
(c) कन्वेक्स दर्पण (d) साधारण दर्पण

298. जब हरे और लाल रंग को मिलाया जाता है, तो कौन-सा रंग उत्पन्न होता है?
(a) पीला (b) काला
(c) नीला (d) लाल

299. 72 km/h के चाल का अर्थ है–
(a) 72 m/s (b) 30 m/s
(c) 20 m/s (d) 10 m/s

रसायन विज्ञान

1. पानी का घनत्व अधिकतम होता है–
(a) 4°C पर (b) 4K पर
(c) 4°F पर (d) –4°C पर

2. किस धातु से बनाया मिश्रधातु हवाई जहाज तथा रेल के डिब्बों में पुर्जों के काम में लिया जाता है?
(a) ताँबा
(b) लोहा
(c) ऐल्युमिनियम
(d) इनमें से कोई नहीं

3. किस गैस को अश्रु गैस की तरह काम में लेते हैं?
(a) H_2 (b) SO_2
(c) N_2 (d) Cl_2

4. रसायन उद्योग में कौन-सा तेजाब मूल रासायनिक माना जाता है?
(a) H_2CO_3 (b) HNO_3
(c) H_2SO_4 (d) HCl

5. धोने के सोडा का रासायनिक सूत्र है–
(a) NaOH (b) Na_2CO_3
(c) $NaHCO_3$ (d) $Ca(OH)_2$

6. शुष्क बर्फ है–
(a) ठोस पानी
(b) ठोस कार्बन डाइऑक्साइड
(c) निर्जल बर्फ
(d) ठोस हाइड्रोजन परऑक्साइड

7. घरेलू एल०पी०जी० सिलिंडरों में दाब मापक नहीं प्रयोग किये जाते हैं, क्योंकि–
(a) ये बहुत महँगे होते हैं
(b) ये एल०पी०जी० सिलिंडरों में गैस की मात्रा को प्रदर्शित नहीं कर सकते
(c) इनका प्रयोग निरापद नहीं है
(d) ये एल०पी०जी० द्वारा चोक हो जाते हैं

8. 'क्रोमेटोग्राफी' की तकनीक का प्रयोग होता है–
(a) रंगीन पदार्थों की पहचान करने में
(b) पदार्थों की संरचना निर्धारण में
(c) रंगीन पदार्थों के प्रभावी आसवन में
(d) एक मिश्रण से पदार्थों को अलग करने में

9. स्टील की कठोरता प्रदान करने के लिए बढ़ाई जाती है–
(a) कार्बन की मात्रा
(b) मैंगनीज की मात्रा
(c) सिलिकॉन की मात्रा
(d) क्रोमियम की मात्रा

10. निम्नलिखित में से कौन-सा अम्ल सिरके में उपस्थित है?
(a) हाइड्रोक्लोरिक अम्ल
(b) साइट्रिक अम्ल
(c) ऑक्जैलिक अम्ल
(d) ऐसीटिक अम्ल

11. 'प्लास्टर ऑफ पेरिस' का सूत्र है–
(a) $CaSO_4$ (b) $CaSO_4.3H_2O$
(c) $CsSO_4.H_2O$ (d) $CaSO_4.\frac{1}{2}H_2O$

12. भू-पर्पटी में सर्वाधिक पाया जाने वाला तत्त्व है–
(a) ऑक्सीजन (b) नाइट्रोजन
(c) मैंगनीज (d) सिलिकॉन

13. एक कार बैट्री में प्रयुक्त विद्युत अपघट्य होता है–
(a) हाइड्रोक्लोरिक अम्ल
(b) सल्फ्यूरिक अम्ल
(c) नाइट्रिक अम्ल
(d) आसुत जल

14. दूध उदाहरण है, एक–
(a) विलयन का
(b) कोलायड विलयन का
(c) इमल्सन का
(d) वायुविलय का

15. निम्नलिखित में किसमें कार्बन नहीं है?
(a) हीरा
(b) ग्रेफाइट
(c) कोयला
(d) उपर्युक्त में से कोई नहीं

16. मच्छर भगाने वाली दवाओं में सक्रिय रसायन है–
(a) एलेथिन
(b) एट्रोपिन

(c) 2–आइसोप्रोपॉक्सीफिनाइल

(d) बेन्जीन हेक्साक्लोरोफीन

17. हास्य गैस क्या है?

(a) नाइट्रिक ऑक्साइड

(b) नाइट्रोजन पेण्टाऑक्साइड

(c) नाइट्रोजन पराक्साइड

(d) नाइट्रस ऑक्साइड

18. निम्नलिखित में सबसे भारी धातु है–

(a) ताँबा (b) यूरेनियम

(c) ऐल्युमिनियम (d) चांदी

19. जल की स्थायी कठोरता का कारण है–

(a) कैल्शियम कार्बोनेट

(b) कैल्शियम तथा मैग्नीशियम के क्लोराइड और सल्फेट

(c) सोडियम तथा पोटैशियम के क्लोराइड और सल्फेट

(d) उपर्युक्त में से कोई नहीं

20. किस खनिज से रेडियम प्राप्त किया गया था?

(a) चूना-पत्थर (b) पिंचब्लेंड

(c) रूटाइल (d) हेमाटाइट

21. परमाणु बम का सिद्धान्त आधारित है–

(a) नाभिकीय संलयन पर

(b) नाभिकीय विखंडन पर

(c) उपरोक्त दोनों पर

(d) उपरोक्त किसी पर नहीं

22. नींबू खट्टा किस कारण से होता है?

(a) हाइड्रोक्लोरिक अम्ल के कारण

(b) ऐसीटिक अम्ल के कारण

(c) टारटेरिक अम्ल के कारण

(d) साइट्रिक अम्ल के कारण

23. वायु एक–

(a) यौगिक है

(b) तत्त्व है

(c) मिश्रण है

(d) विद्युत अपघट्य है

24. विरंजक चूर्ण के लिए कौन-सा असत्य है?

(a) जल में अधिक होता है

(b) हल्के पीले रंग का चूर्ण है

(c) ऑक्सीकारक है

(d) तनु अम्ल की प्रतिक्रिया से क्लोरीन निष्कासित करता है

25. पारद धातु मिश्रण–

(a) अति रंगीन मिश्र धातु हैं

(b) कार्बन युक्त मिश्र धातु हैं?

(c) पारद युक्त मिश्र धातु हैं

(d) अपर्घषण के लिए अति प्रतिरोधक वाला मिश्र धातु है

26. कोयले का सामान्य प्रकार है–

(a) बीटुमेनी (b) अर्ध बिटुमेनी

(c) एन्थ्रासाइट (d) कोक

27. तब कोई प्रतिक्रया नहीं होती है जब भाप गुजरती है, ऊपर से–

(a) ताँबे के

(b) कार्बन के

(c) अल्युमीनियम के

(d) लोहे के

28. स्टेनलेस स्टील मिश्रधातु है–

(a) लोहे और ताँबे का

(b) लोहे और क्रोमियम का

(c) लोहे और जस्ते का

(d) लोहे और ग्रेफाइट का

29. रसायन शास्त्र के लिए 1991 का नोबेल पुरस्कार दिया गया–

(a) इर्विन नेहेर को

(b) बर्ट सैकमैन को

(c) पियारे गिलेस दि जेनेस

(d) रिचर्ड अर्न्स्ट को

30. ठोस कपूर से वाष्प कपूर बनाने की प्रक्रिया को कहते हैं–

(a) वाष्पीकरण (b) हिमीकरण

(c) पिघलना (d) ऊर्ध्वपातन

31. निम्न में से कौन-सा पदार्थ साबुन बनाने में प्रयोग होता है?

(a) वनस्पति तेल (b) मोबिल तेल

(c) किरासन तेल (d) कटिंग तेल

32. खाना बनाने में प्रयोग की जाने वाली गैस मुख्यत: है–

(a) कार्बन डाइऑक्साइड

(b) कार्बन मोनोऑक्साइड

(c) मिथेन

(d) नाइट्रोन व ऑक्सजीन गैस मिश्रण

33. वाहनों से निकलने वाली प्रदूषित गैस मुख्यत: है–
(a) कार्बन डाइऑक्साइड
(b) कार्बन मोनोक्साइड
(c) मार्स गैस
(d) नाइट्रोजन ऑक्साइड

34. डॉक्टरों द्वारा एनसथीसिया के रूप में प्रयोग होने वाली हास्य गैस है–
(a) नाइट्रोजन
(b) नाइट्रोजन ऑक्साइड
(c) नाइट्रस ऑक्साइड
(d) नाइट्रोजन डाइऑक्साइड

35. निम्न पदार्थों में से कौन-सा पदार्थ खाने की वस्तुओं के परिरक्षण में प्रयोग होता है?
(a) साइट्रिक एसिड
(b) पोटैशियम क्लोराइड
(c) सोडियम बेन्जोएट
(d) सोडियम क्लोराइड

36. निम्नलिखित में कौन-सी इलेक्ट्रॉनिक संरूपण धातु तत्त्वों के लिए होती है?
(a) 2, 8 (b) 2, 8, 7
(c) 2, 8, 8 (d) 2, 8, 8, 2

37. तीसरे और चौथे समूह के ऑक्साइड का सामान्य गुणधर्म क्या है?
(a) बेसिक और एसिडिक
(b) बेसिक
(c) एसिडिक
(d) उपर्युक्त सभी

38. एक तत्त्व X के बाह्यतम कक्षा में चार इलेक्ट्रॉन है। हाइड्रोजन के साथ इसके यौगिक का कौन-सा सूत्र होगा?
(a) XH_4 (b) X_4H
(c) XH_3 (d) X_4H_4

39. सल्फर हेक्साफ्लोराइड अणु का आकार कौन-सा है?
(a) त्रिभुजाकार पिरामिड
(b) अष्टफलकीय
(c) समतलीय
(d) चतुष्फलकीय

40. पीतल के बर्तनों की कलई करते समय गरम बर्तन के सफाई के लिए प्रयोग किये जाने वाले अमोनियम क्लोराइड चूर्ण से निकलने वाला धुआँ है–
(a) अमोनिया का
(b) कार्बन मोनोक्साइड का
(c) हाइड्रोक्लोरिक एसिड का
(d) अमोनिया और हाइड्रोक्लोरिक एसिड का

41. अल्कोहलिक खमीरन का आखिरी उत्पाद क्या है?
(a) पाइरूविक एसिड
(b) ऐसीटल्डीहाइड
(c) ईथाइल अल्कोहल
(d) फार्मिक एसिड

42. हाईड्रोफ्लोरिक एसिड को कांच की बोतल में नहीं रखा जाता है, क्योंकि यह अभिक्रिया करता है–
(a) दृश्य प्रकाश से
(b) कांच की सोडियम ऑक्साइड से
(c) कांच की अल्युमिनियम ऑक्साइड से
(d) कांच की सिलीकान डाइऑक्साइड से

43. वायु में थोड़ी देर रखने पर किसी धातु के ऊपर हरे रंग के बेसिक कार्बोनेट की परत जम जाती है, धातु है–
(a) जस्ता (b) चांदी
(c) तांबा (d) निकेल

44. कच्चे फलों को कृत्रिम रूप से पकाने के लिए प्रयोग में लाई जाने वाली गैस का नाम है?
(a) अमोनिया
(b) इथिलीन
(c) कार्बन मोनोक्साइड
(d) एसिटीलीन

45. विस्फोटक नाइट्रोग्लिसरीन है एक–
(a) नमक
(b) नाइट्रोहाइड्रोकार्बन
(c) सम्मिश्र हाइड्रोकार्बन
(d) एस्टर

46. पीतल में कौन-कौन सी धातुएँ हैं?
(a) ताँबा और निकेल
(b) निकिल और जस्ता
(c) मैग्नीशियम और जस्ता
(d) ताँबा और जस्ता

47. 'एस्प्रीन' कहाँ से मिलती है?
(a) पेट्रोलियम से

(b) पृथ्वी से
(c) एक पेड़ से
(d) एसिडो की रासायनिक अभिक्रिया से

48. 'मायोग्लोबिन' में कौन-सी धातु होती है?
(a) लोहा (b) चांदी
(c) ताँबा (d) सोना

49. हाइड्रोजन को जलाने से क्या बनेगा?
(a) ऑक्सीजन (b) राख
(c) मिट्टी (d) पानी

50. अम्ल वर्षा होती है–
(a) कारखानों से
(b) पेट्रोल से
(c) कोयला जलाने से
(d) लकड़ी से

51. सोने को घोला जा सकता है–
(a) सल्फ्यूरिक एसिड में
(b) नाइट्रिक एसिड में
(c) तीन भाग हाइड्रोक्लोरिक एसिड तथा एक भाग नाइट्रिक एसिड के मिश्रण में
(d) हाइड्रोक्लोरिक एसिड में

52. शक्कर के किण्वन से क्या बनता है?
(a) इथाइल अल्कोहल
(b) मिथाइल अल्कोहल
(c) एसिटिक एसिड
(d) क्लोरोफिल

53. तैरने के तालाब में तैरने से मनुष्य की त्वचा जल जाती है–
(a) अवरक्त किरण के कारण
(b) क्लोरीन के कारण
(c) ऊष्मा के कारण
(d) पराबैंगनी किरण के कारण

54. खनिज क्या है?
(a) अकार्बनिक ठोस
(b) द्रव
(c) गैस
(d) उपर्युक्त सभी

55. एक ही प्रकार का परमाणु निम्नलिखित में से किसमें मिलता है?
(a) खनिज यौगिक
(b) खनिज मिश्रण
(c) प्राकृत तत्त्व
(d) उपर्युक्त में से कोई नहीं

56. खाने का नमक NaCl किससे बनता है?
(a) कमजोर अम्ल और कमजोर क्षार से
(b) मजबूत अम्ल और मजबूत क्षार से
(c) कमजोर अम्ल और मजबूत क्षार से
(d) मजबूत अम्ल और कमजोर क्षार से

58. छापाखाने में इस्तेमाल की जाने वाली स्याही कौन-सी है?
(a) टॉलिन (b) कैफीन
(c) ग्लिसरीन (d) बैंजीन

59. 'भारी जल' का रासायनिक सूत्र क्या होता है?
(a) H_2O (b) D_2O
(c) C_2O (d) $H_2O.CO_3$

60. सामान्य तापक्रम पर कौन-सा पदार्थ ठोस अवस्था में रहता है?
(a) आयोडीन (b) ब्रोमीन
(c) क्लोरीन (d) फ्लोरीन

61. इथिलीन का प्रयोग होता है–
(a) फूलों के एन्थेसिस में
(b) फलों को पकाने में
(c) फलों के पकाने की दर बढ़ाने में
(d) पौधे की वृद्धि में

62. निम्न में से कौन-सा गैस वायुमंडलीय प्रदूषक है–
(a) N_2 (b) CO_2
(c) SO_2 (d) O_2

63. निम्न में से कौन हमें सूर्य से आने वाले हानिकारक पराबैंगनी किरणों से रक्षा करता है?
(a) O_2 (b) O_3
(c) CO_2 (d) N_2

64. गन्ने का रासायनिक रूप क्या है?
(a) लेक्टोस (b) ग्लूकोज
(c) सूक्रोज (d) स्टार्च

65. समुद्र जल से शुद्ध जल किस क्रिया से प्राप्त होता है?
(a) फिल्टरेशन
(b) इवॉपोरेशन
(c) डिस्टीलेशन
(d) फ्रेक्शनल डिस्टीलेशन

66. वाशिंग सोडा निम्नलिखित में से क्या है?
    (a) सोडियम क्लोराइड
    (b) हाइड्रेटेड सोडियम कार्बोनेट
    (c) सोडियम बाइकार्बोनेट
    (d) कैल्सियम कार्बोनेट

67. इन्सुलिन निम्नलिखित में से क्या नियंत्रित करता है?
    (a) थायरॉइड में आयोडीन स्तर
    (b) रक्त में लौह का अनुपात
    (c) रक्त में शक्कर का स्तर
    (d) रक्त में यूरिया का स्तर

68. 'प्लास्टर ऑफ पेरिस' किससे बनाया जाता है?
    (a) कॉपर (b) लेड
    (c) जिप्सम (d) लाइम

69. दूध खट्टा होने का क्या कारण होता है?
    (a) ऐसीटिक अम्ल बनने के कारण
    (b) एस्कार्बिक अम्ल बनने के कारण
    (c) नाइट्रिक अम्ल बनने के कारण
    (d) लैक्टिक अम्ल बनने के कारण

70. सामान्य अल्कोहल अधिकांशतः किस अवस्था में होते हैं?
    (a) ठोस (b) द्रव
    (c) प्लाज्मा (d) गैस

71. अल्कोहल विद्युत के होते हैं–
    (a) सुचालक (b) अर्द्धचालक
    (c) कुचालक (d) अतिचालक

72. मिथाइल अल्कोहल की प्रकृति होती है–
    (a) अम्लीय (b) क्षारीय
    (c) उदासीन (d) विषैली

73. मिथाइल अल्कोहल का दूसरा नाम है–
    (a) मिथिलीन (b) मिथेनॉल
    (c) दोनों (d) कोई नहीं

74. मिथेनॉल में क्या मिला देने से स्पिरिट बनता है?
    (a) मिथाइल क्लोराइड
    (b) इथाइल क्लोराइड
    (c) इथाइल अल्कोहल
    (d) सभी

75. सभी प्रकार के अल्कोहलों में सर्वाधिक उपयोगी अल्कोहल कौन-सा है?
    (a) मिथेनॉल (b) इथेनॉल
    (c) प्रोपेनॉल (d) ब्यूटेनॉल

76. वायु की उपस्थिति में इथेनॉल ऑक्सीकृत होकर इथेनोइक अम्ल तथा एसीटिक अम्ल में बदल जाता है, जो सामान्य तौर पर कहलाता है–
    (a) अम्ल (b) भस्म
    (c) सिरका (d) लवण

77. जल एवं अल्कोहल का मिश्रण क्या कहलाता है?
    (a) हिम मिश्रण (b) प्रति मिश्रण
    (c) शुष्क हिम (d) प्रति हिम

78. प्रति हिम का उपयोग शीतप्रदेशों में किस रूप में होता है?
    (a) वाहनों के रेडियटर के रूप में
    (b) पंखों के कंडेन्सर में
    (c) अवशोषण के रूप में
    (d) गर्मी पैदा करने हेतु

79. कार्बनिक अम्लों के निर्माण हेतु अल्कोहल को किस प्रक्रिया द्वारा गुजारा जाना चाहिए?
    (a) अवकरण (b) ऑक्सीकरण
    (c) उत्प्रेरण (d) कोई नहीं

80. ईस्टर की गंध किस प्रकार की होती है?
    (a) फूल की तरह
    (b) फल की तरह
    (c) अमोनिया की तरह
    (d) कोई नहीं

81. ईस्टरों के निम्न उपयोग हैं–
    1. शीतल पेयों में
    2. आइसक्रीम बनाने में
    3. मिठाइयों के निर्माण में
    4. सुगंधित द्रव बनाने में
    (a) 1, 2 एवं 3 (b) 1, 3 एवं 4
    (c) 2, 3 एवं 4 (d) सभी

82. सेल्युलोज है–
    (a) एक बहुलक
    (b) प्राकृतिक बहुलक
    (c) संश्लेषित बहुलक
    (d) कोई नहीं

83. सेल्युलोज के उदाहरण हैं–
    (a) रूई (b) जूट
    (c) दोनों (d) कोई नहीं

84. प्लास्टिक का रेशा कैसा बहुलक है?
(a) प्राकृतिक
(b) संश्लेषित
(c) दोनों
(d) दोनों में से कोई नहीं

85. प्रथम पूर्ण मानव निर्मित संश्लिष्ट रेशा है–
(a) प्लास्टिक (b) रेयॉन
(c) नाइलॉन (d) पॉलीईस्टर

86. प्लास्टिक के उदाहरण हैं–
(a) पॉलीएमाइड
(b) पॉलीईस्टर
(c) दोनों
(d) दोनों से कोई नहीं

87. थर्मोप्लास्टिक के उदाहरण हैं–
(a) PVC
(b) पॉलीस्टारिन
(c) दोनों
(d) दोनों में से कोई नहीं

88. बैकेलाइट एवं मैलामॉइन किस तरह के प्लास्टिक हैं?
(a) थर्मोप्लास्टिक (b) थर्मोसेटिंग
(c) दोनों (d) कोई नही

89. साबुन में नमक मिला देने से उसकी घुलनशीलता–
(a) बढ़ जाती है
(b) घट जाती है
(c) अनिश्चित
(d) कहना मुश्किल है

90. थायोकॉल किस तरह का रबड़ है?
(a) प्राकृतिक (b) संश्लेषित
(c) दोनों (d) कोई नहीं

91. ऑक्जेलिक अम्ल घोल के विरुद्ध कॉस्टिक सोडा घोल के अनुमापन के लिए अच्छा सूचक है–
(a) मिथाइल ऑरेंज
(b) मिथाइल रेड
(c) फ्लूरीसिन
(d) फेनाल्फथैलीन

92. यदि एक लौह तार को कॉपर सल्फेट के घोल में रखा जाता है, तो–
(a) ताँबा अवक्षेपित होगा
(b) लौह अवक्षेपित होगा
(c) लौह एवं तांबा दोनों ही अवक्षेपित होंगे
(d) कोई प्रतिक्रिया नहीं होगी

93. कैलोमल का रासायनिक सूत्र है–
(a) $CaSO_4$
(b) $HgCl_2$
(c) $CaSO_2.\frac{1}{2}H_2O$
(d) Hg_2Cl_2

94. भोपाल गैस घटना में सर्वाधिक विषैली गैस कौन-सी थी?
(a) मिथाइल आइसोसायनाइड
(b) मिथाइल आइसोसायनेट
(c) हाइड्रोजन सायनाइड
(d) मिथाइल सायनाइड

95. दूध में उपस्थित प्रोटीन है–
(a) एल्बूमिन (b) कैसीन
(c) इन्सुलिन (d) थायमीन

96. विटामिन B_2 है–
(a) थायमीन (b) α–टोकोफेरॉल
(c) रीबोफ्लैविन (d) पायरिडॉक्सिन

97. बायो-गैस का मुख्य अवयव है–
(a) मीथेन
(b) हाइड्रोजन सल्फाइड
(c) कार्बन मोनोऑक्साइड
(d) हाइड्रोजन

98. चूने की पुताई से उत्पन्न चमक किसके बनने से होती है?
(a) कैल्शियम ऑक्साइड
(b) कैल्शियम कार्बोनेट
(c) कैल्शियम हाइड्राक्साइड
(d) कैल्शियम बाइकार्बोनेट

99. जंग लगने पर लोहे का भार–
(a) बढ़ता है
(b) घटता है
(c) न बढ़ता है न घटता है
(d) पहले बढ़ता है फिर घटता है

100. कोबाल्ट ऑक्साइड कांच को कौन-सा रंग प्रदान करता है?
(a) नीला (b) गहरा लाल
(c) गहरा नीला (d) हरा

101. निकेल किस कार्य में उत्प्रेरक के तौर पर प्रयुक्त होता है?
(a) वनस्पति तेलों से कृत्रिम घी बनाने में
(b) लैक्टिक अम्ल बनाने में
(c) कांच के उत्पादन में
(d) ग्लूकोज के निर्माण में

102. ग्लूकोज से इथाइल अल्कोहल के निर्माण में किस उत्प्रेरक का प्रयोग किया जाता है?
(a) ट्रिप्सिन (b) जाइमेज
(c) एलुमिना (d) इन्वर्टेज

103. पोर्टलैंड सीमेंट के मुख्य घटक हैं–
(a) सिलिका, एलुमिना एवं मैग्नेशिया
(b) चूना, सिलिका एवं डोलोमाइट
(c) सिलिका, चूना एवं एलुमिना
(d) चूना, सिलिका एवं मैग्नेशिया

104. फॉर्मिक एसिड किससे प्राप्त किया जाता है?
(a) नींबू से (b) लाल चींटियों से
(c) तिलचट्टों से (d) मधुमक्खियों से

105. निम्न में से किस मिश्रधातु का प्रयोग वायुयान के पुर्जे बनाने में किया जाता है?
(a) जर्मन सिल्वर (b) टांका
(c) मोनेल धातु (d) ड्यूरेलुमिन

106. निम्न में से किस अम्ल का प्रयोग फोटोग्राफी में किया जाता है?
(a) फार्मिक अम्ल
(b) साइट्रिक अम्ल
(c) ऑक्जेलिक अम्ल
(d) एसीटिक अम्ल

107. कार्बोलिक अम्ल का रासायनिक नाम है–
(a) सोडियम नाइट्रेट
(b) लेड ऑक्साइड
(c) नाइट्रस ऑक्साइड
(d) फिनॉल

108. सुहागा का रासायनिक नाम क्या है?
(a) बोरिक अम्ल (b) बोरेट
(c) बोरेक्स (d) सोडियम बोरेट

109. ब्रीडर रिएक्टर में ईंधन के तौर पर प्रयुक्त होता है–
(a) यूरेनियम 235 (b) स्ट्रांशियम 38
(c) यूरेनियम 238 (d) थोरियम

110. वह काल्पनिक ताप जिस पर किसी गैस का आयतन शून्य हो जाता है, कहलाता है–
(a) परम ताप (b) परम शून्य ताप
(c) क्रांतिक ताप (d) परिसीमन ताप

111. क्रायोजेनिक इंजन में नोदक के रूप में प्रयुक्त होता है–
(a) द्रव हाइड्रोजन (b) द्रव ऑक्सीजन
(c) दोनों (d) कोई नहीं

112. किसी द्रव पदार्थ के वाष्पन एवं उसके पश्चात् संघनन की संयुक्त प्रक्रिया कहलाती है–
(a) आसवन (b) उर्ध्वपातन
(c) क्रिस्टलन (d) संघनन

113. बॉयल का गैसीय नियम है–
(a) $V \times \frac{P}{2}$ (b) $P \times \frac{1}{V}$
(c) $P \times V$ (d) $V \times \frac{1}{P}$

114. आदर्श गैसें, गैस समीकरण ($PV = RT$) का–
(a) पालन करती हैं
(b) पालन नहीं करती
(c) दोनों
(d) कोई नहीं

115. एक रासायनिक प्रक्रिया के अंत में अभिकारकों का कुल द्रव्यमान–
(a) सदैव कम हो जाता है
(b) सदैव अधिक हो जाता है
(c) कम अथवा अधिक हो जाता है
(d) अपरिवर्तित हो जाता है

116. गैस के घनत्व एवं विसरण की दर के बीच सम्बन्ध किसने सर्वप्रथम स्थापित किया?
(a) बॉयल (b) ग्राहम
(c) चार्ल्स (d) केल्विन

117. काष्ट चारकोल प्राप्त होता है–
(a) पेट्रोल से (b) चूना से
(c) बालू से (d) लकड़ी से

118. साधारण फिटकरी का रासायनिक सूत्र है–
(a) K_2SO_4
(b) $K_2SO_4.(SO_4)_3$

(c) $K_2SO_4.Al_2(SO_4)_3.24H_2O$
(d) कोई नहीं

119. वायुयान के टायरों में किस गैस का प्रयोग होता है?
(a) हीलियम (b) ऑर्गन
(c) हाइड्रोजन (d) नाइट्रोजन

120. आदर्श गैसों को अक्रिय गैसें भी कहा जाता है, क्योंकि–
(a) इन गैसों में रासायनिक यौगिक बनाने की प्रवृत्ति काफी कम होती है
(b) इनकी स्थायी इलेक्ट्रॉनिक संरचना ns^2np^6 है
(c) दोनों
(d) दोनों में से कोई नहीं

121. हैलोजन परिवार में प्रबल ऑक्सीकारक तत्त्व है–
(a) क्लोरीन (b) फ्लोरीन
(c) ब्रोमीन (d) आयोडीन

122. जल के ठोस होकर बर्फ में बदलने से जल का घनत्व–
(a) बढ़ जाता है
(b) कम हो जाता है
(c) अपरिवर्तित रहता है
(d) इनमें कोई नहीं

123. कौन-सा तत्त्व 'आवारा तत्त्व' कहलाता है?
(a) कार्बन (b) हाइड्रोजन
(c) नाइट्रोजन (d) ऑक्सीजन

124. किसी तत्त्व का परमाणु भार बराबर होता है–
(a) तुल्यांक भार × भौतिक प्रकृति
(b) तुल्यांक भार × रासायनिक प्रकृति
(c) तुल्यांक भार × संयोजकता
(d) तुल्यांक भार × आपेक्षिक घनत्व

125. किसी तत्त्व के सूक्ष्मतम कण को जिसमें उस तत्त्व के सभी गुण पाये जाते हैं, कहते हैं–
(a) अणु (b) परमाणु
(c) इलेक्ट्रॉन (d) आयन

126. किसी परमाणु में इलेक्ट्रॉन को पूर्ण रूप से अभिव्यक्त करने हेतु जिन चार संख्याओं का प्रयोग किया जाता है, वे कहलाते हैं–
(a) क्वांटम संख्याएँ
(b) परमाणविक संख्याएँ
(c) आणविक संख्याएँ
(d) इलेक्ट्रॉन संख्याएँ

127. विसर्जन नली में कैथोड किरणें–
(a) एनोड से कैथोड की ओर गति करती हैं
(b) कैथोड से एनोड की ओर गति करती हैं
(c) स्थिर बनी रहती हैं
(d) विसर्जन नली से बाहर निकल जाती हैं

128. आइंस्टीन का ऊर्जा = द्रव्यमान तुल्यता समीकरण है–
(a) $E = mn^2$ (b) $E = c^2$
(c) $E = mc^2$ (d) $E = \alpha$

129. अम्लों अथवा जल किसी से भी हाइड्रोजन विस्थापित नहीं करने वाली धातु है–
(a) सीसा (b) पारा
(c) बेरियम (d) अल्युमीनियम

130. वैद्युत अपघटन में ऑक्सीकरण होता है–
(a) कैथोड पर
(b) एनोड पर
(c) दोनों इलेक्ट्रोड पर
(d) किसी पर नहीं

131. निम्न में से कौन प्रबल अपचायक है?
(a) Br^- (b) Cl^-
(c) F^- (d) I^-

132. डेनियल सेल में कौन-सी धातुएँ प्रयुक्त होती हैं?
(a) Zn एवं Cu (b) Ag एवं Cu
(c) Zn एवं Ag (d) Ni एवं Cu

133. मानक हाइड्रोजन इलेक्ट्रोड में H^+ आयनों की सांद्रण होता है?
(a) 0.001 M (b) 0.2 M
(c) 0.1 M (d) 1 M

134. पृथ्वी में प्रमुख धातुएँ जिस क्षेत्र में पायी जाती हैं, उसे कहते हैं–
(a) सिडरोफिल (b) लिथोफिल
(c) कैल्कोफिल (d) एटमोफिल

135. वायुमंडल में सर्वाधिक मात्रा में उपस्थित गैस है–
(a) ऑक्सीजन (b) नाइट्रोजन
(c) ओजोन (d) हाइड्रोजन

136. समुद्री जल में पाये जाने वाले लवण हैं–
(a) NaCl
(b) $MgCl_2$
(c) दोनों
(d) इनमें से कोई नहीं

137. हीमोग्लोबिन में कौन-सी धातु मौजूद रहती है?
(a) कॉपर (b) निकेल
(c) कोबाल्ट (d) आयरन

138. अयस्क में प्रारम्भिक रासायनिक परिवर्तन लाने हेतु वायु में उपस्थिति में गलनांक से नीचे ताप पर गर्म करने की क्रिया क्या कहलाती है?
(a) निस्तापन (b) अपचयन
(c) भर्जन (d) प्रगलन

139. सामान्यतया भर्जन किस अयस्क में किया जाता है?
(a) ऑक्साइड अयस्क
(b) सल्फाइड अयस्क
(c) कार्बोनेट अयस्क
(d) सिलिकेट अयस्क

140. प्रगलन का उद्देश्य होता है–
(a) अयस्क को अपचयित करना
(b) अयस्क को ऑक्सीकृत करना
(c) मिश्रधातु प्राप्त करना
(d) वाष्पशील आधात्री को हटाना

141. चुंबकीय पृथक्करण किसके सांद्रण को बढ़ाने हेतु प्रयुक्त होता है?
(a) हॉर्न सिल्वर (b) हेमेटाइट
(c) केल्साइट (d) मैग्नेसाइट

142. किसी धातु के सल्फाइड अयस्क को धातु ऑक्साइड में बदला जाता है–
(a) प्रगलन से
(b) निस्तापन से
(c) भर्जन से
(d) अपचयन से

143. प्रगलन में अयस्क के साथ गालक मिलाने का उद्देश्य होता है–
(a) अपद्रव्यों को पृथक् करना
(b) धातु का गलनांक कम करना
(c) धातु का क्वथनांक अधिक करना
(d) अयस्क को सरंध्र बनाना

144. फेन उत्प्लावन प्रक्रम इनके सांद्रण में प्रयुक्त होता है–
(a) तरल सक्रिय कार्बनिक पदार्थ
(b) मैग्नेशियम सिलिकेट
(c) सल्फाइड अयस्क
(d) जल में विलेय अशुद्धियाँ

145. ऑक्साइड अयस्कों से धातु के निष्कषर्ण की सामान्य विधि है–
(a) विद्युत विश्लेषण विधि
(b) हाइड्रोजन द्वारा अपचयन
(c) कार्बन द्वारा अपचयन
(d) अल्युमीनियम द्वारा अपचयन

146. वायुमंडलीय दाब का अचानक गिर जाना प्रदर्शित करता है–
(a) शीतलहर (b) तूफान
(c) स्वच्छ मौसम (d) वर्षा

147. वायुमंडलीय दाब का मान होता है–
(a) 1 पास्कल (b) 10^5 पास्कल
(c) 10^7 पास्कल (d) कोई नहीं

148. रंजक होते हैं–
(a) अघुलनशील यौगिक
(b) रंगीन पदार्थ
(c) तंतुओं के साथ दृढ़ता से चिपकने वाले घुलनशील रंगीन यौगिक
(d) सभी विरंजक पदार्थ

149. निम्न में से किसे सामान्य निश्चेतक रूप में शल्य चिकित्सा के दौरान प्रयुक्त किया जाता है?
(a) ईथर (b) फॉस्जीन
(c) क्लोरोफार्म (d) बेंजीन

150. स्वचालित वाहनों के टायर बने होते हैं–
(a) ब्यूना–S (b) ब्यूना N से
(c) ब्यूना–T से (d) सभी

151. प्राकृतिक रबड़ है, एक–
(a) पॉलीएमाइड
(b) पॉलीईस्टर
(c) पॉलीसैकराइड
(d) पॉलीआइसोप्रीन

152. निम्न में से कौन-सा यौगिक 'आयल ऑफ' विंटर ग्रीन कहलाता है?
(a) मिथाइल आइसोलेट
(b) मिथाइल सिलिसिलेट

(c) मिथाइल एसीलेट
(d) इथाइल एसीटेट

153. वह तत्त्व जो जल से ऑक्सीजन मुक्त करता है–
(a) P (b) F
(c) I (d) Na

154. व्यावसायिक तौर पर ब्रोमीन की प्राप्ति किससे की जाती है?
(a) विरंजक चूर्ण से
(b) क्लोरीन से
(c) नाइट्रिक अम्ल से
(d) सभी

155. क्लोरीन को किसके द्वारा शुष्क किया जाता है?
(a) NaOH (b) KOH
(c) CaO (d) सान्द्र H_2SO_4

156. कपड़ों पर आयोडीन का दाग दूर किया जाता है–
(a) सोडियम थायोसल्फेट विलयन द्वारा
(b) सोडियम क्लोराइड विलयन द्वारा
(c) सोडियम फ्लोराइड विलयन द्वारा
(d) सोडियम परबोरेट विलयन द्वारा

157. गर्म करने पर सर्वाधिक स्थायित्व दिखलाता है–
(a) HOCl (b) H_2
(c) HCl (d) HBr

158. क्लोरीन का विरंजक गुण निम्न में से किस एक की उपस्थिति में संभव है?
(a) शुष्क वायु (b) सूर्य का प्रकाश
(c) नमी (d) ऑक्सीजन

159. निम्न में प्रबलतम ऑक्सीजन क्षमता किसकी है?
(a) Cl_2 (b) F_2
(c) Br_2 (d) I_2

160. प्रबलतम विद्युतीय ऋणात्मक तत्त्व की बाह्यतम कक्षा का विन्यास होता है–
(a) nS^2nP^4 (b) nS^2nP
(c) nS^2nP^5 (d) nS^3nP^5

161. निम्न अम्लों में से कौन सबसे दुर्बल है?
(a) HClO (b) $HClO_2$
(c) $HClO_3$ (d) HCl

162. हैलोजन अम्लों में कौन-सा द्रव है?
(a) HCl (b) HBr
(c) HI (d) HF

163. निम्न में से किसकी आबंध ऊर्जा सर्वाधिक है?
(a) Cl_2 (b) F_2
(c) I_2 (d) Br_2

164. सर्वाधिक क्रियाशील हैलोजन है?
(a) I_2 (b) Br_2
(c) Cl_2 (d) F_2

165. कौन-सा हैलोजन सर्वाधिक क्षारीय गुण प्रदर्शित करता है?
(a) I (b) Cl
(c) Br (d) F

166. निम्न में से कौन-सा हैलोजन सदैव एक ऑक्सीकरण अवस्था प्रदर्शित करता है?
(a) I_2 (b) Br_2
(c) F_2 (d) Cl_2

167. गहरे समुद्री गोताखोर हीलियम मिश्रित ऑक्सीजन का उपयोग करते हैं, क्योंकि–
(a) यह नाइट्रोजन से हल्की होती है
(b) उच्च दाब पर यह रक्त में नाइट्रोजन से कम विलेय है
(c) यह असानी से उपलब्ध है
(d) ऑक्सीजन के साथ यह सुगमता से मिश्रित हो जाती है

168. सल्फर का आण्विक सूत्र होता है–
(a) S_4 (b) S_8
(c) S_2 (d) S

169. निम्न में से कौन-सी धातु कमरे के ताप पर जल से क्रिया करती है?
(a) Fe या Ni (b) Na
(c) Al (d) Cu

170. साल्ट केक का रासायनिक नाम है–
(a) सोडियम क्लोराइड
(b) सोडियम सल्फेट
(c) दोनों
(d) सोडियम बाइसल्फेट

171. ऐसे प्राकृतिक पदार्थ जिनसे किसी तत्त्व का मितव्ययिता से निष्कर्षण किया जा सके, कहलाते हैं–
(a) खनिज
(b) अयस्क
(c) गैंग
(d) उपरोक्त में से कोई नहीं

172. सोडियम कार्बोनेट के निर्माण की मुख्य विधि है–
(a) साल्वे विधि (b) चेरस्टनर विधि
(c) नेल्सन विधि (d) डाउन विधि

173. कौन-सी धातु विद्युत अवकरण विधि से प्राप्त की जाती है?
(a) Ag (b) Fe
(c) Al (d) Cu

174. निम्न में से कौन-सी धातु का भू-पर्पटी में सर्वाधिक बाहुल्य है?
(a) Al (b) Fe
(c) Mg (d) Na

175. सोडियम धातु का निष्कर्षण किया जाता है–
(a) सोडियम ऑक्साइड को कार्बन के साथ गर्म कर
(b) सोडियम क्लोराइड के जलीय विलयन के विद्युत अपघटन द्वारा
(c) गलित सोडियम क्लोराइड के विद्युत अपघटन द्वारा
(d) सोडियम ऑक्साइड को हाइड्रोजन के साथ गर्म कर

176. जब कैथोड किरणें अधिक परमाणु भार वाले लक्ष्य से टकराती हैं, तो वे निम्न उत्पन्न करती हैं–
(a) धन किरणें
(b) X–किरणें
(c) γ–किरणें
(d) इनमें से कोई नहीं

177. जब धातु को गर्म किया जाता है, तो इससे उत्सर्जित होती है–
(a) इलेक्ट्रॉन (b) α–कण
(c) न्यूट्रॉन (d) प्रोट्रॉन

178. कैथोड किरणें निम्न के समान हैं–
(a) न्यूट्रॉनों का प्रवाह
(b) तीव्रगामी इलेक्ट्रॉन का प्रवाह
(c) विद्युत चुम्बकीय प्रवाह
(d) आवेशित कणों का प्रवाह

179. कैथोड किरणें निम्न के सामान है–
(a) α–किरणें (b) β–किरणें
(c) X–किरणें (d) γ–किरणें

180. विसर्जन नलिका के अंदर विद्युत विसर्जन होता है–
(a) बहुत कम दाब पर
(b) बहुत कम ताप पर
(c) बहुत अधिक ताप पर
(d) बहुत उच्च दाब पर

181. इलेक्ट्रॉन के आवेश को सर्वप्रथम किसने ज्ञात किया था?
(a) रदरफोर्ड (b) मिलिकन
(c) रॉन्जेन (d) थॉमसन

182. निम्न में से कौन-सा विद्युत अपघट्य नहीं है–
(a) पारा (b) सिल्वर नाइट्रेट
(c) कॉपर सल्फेट (d) साधारण नमक

183. निम्न युक्तियों में से किससे विद्युत उत्पन्न होती है?
(a) प्रकाश बल्ब (b) प्रतिरोधक
(c) ताप-युग्म (d) निऑन ट्यूब

184. जब वोल्टमीटर में इलेक्ट्रोडों पर मुक्त हाइड्रोजन एवं ऑक्सीजन में अनुपात होता है–
(a) भार ती दृष्टि से 1:1
(b) भार की दृष्टि से 2:1
(c) आयतन की दृष्टि से 2:1
(d) आयतन की दृष्टि से 1:1

185. विद्युत अपघटन संभव है–
(a) पारे में
(b) तेल में
(c) कॉपर सल्फेट घोल में
(d) आसवित जल में

186. विद्युत अपघट्य के अंदर विद्युत धारा प्रवाहित होती है–
(a) धन एवं ऋण आयनों द्वारा
(b) इलेक्ट्रॉन द्वारा
(c) परमाणु द्वारा
(d) सभी द्वारा

187. गन्ने के शक्कर से सिरका बनाने में किस उत्प्रेरक का उपयोग किया जाता है?
(a) इन्वर्टेज
(b) माइकोडर्मा एसिटी
(c) डायस्टेज
(d) जाइमेज

188. गन-धातु किस धातु के सम्मिश्रण से बनती है?
(a) ताँबा, टिन एवं जस्ता
(b) ताँबा, टिन एवं लोहा
(c) टिन, सीसा एवं पीतल
(d) टिन, सीसा एवं कॉपर

189. 'रम' नामक शराब किससे बनायी जाती है?
(a) जौ (b) अंगूर
(c) सेब (d) शीरा

190. कौन-सी धातु अपनी ही ऑक्साइड की परत से रक्षित होती है?
(a) चाँदी (b) अल्युमिनियम
(c) लोहा (d) सोना

191. जब एल्युमिनियम को पोटैशियम हाइड्रॉक्साइड विलयन में मिलाया जाता है, तो बनता है–
(a) जल
(b) हाइड्रोजन
(c) ऑक्सीजन
(d) कोई अभिक्रिया नहीं

192. नीले रंग का खनिज लापिस लाजुली है–
(a) प्रूशियन ब्लू
(b) जिंक कोबाल्टेट
(c) कॉपर कार्बोनेट
(d) सोडियम एलुमिनों सिलिकेट

193. पेट्रोलियम गैस मिश्रण है–
(a) ईथेन, प्रोपेन एवं ब्यूटेन का
(b) हाइड्रोजन एवं पेंटेन का
(c) मिथेन एवं ईथेन का
(d) असंतृप्त हाइड्रोकार्बनों का

194. प्लास्टिक, विद्युत का होता है–
(a) सुचालक (b) कुचालक
(c) दोनों (d) कोई नहीं

195. पदार्थ के परमाणुवाद के प्रणेता थे–
(a) जॉन डाल्टन (b) बैकरेल
(c) रदरफोर्ड (d) एवोगाड्रो

196. जस्तीकृत लोहा वह है, जिसकी बाह्य सतह पर एक पतली सतह चढ़ी होती है–
(a) क्रोमियम की
(b) जस्ते की
(c) अल्युमिनियम की
(d) निकेल की

197. कौन-सी गैस 'मार्श गैस' के नाम से जानी जाती है?
(a) मिथेन (b) ईथेन
(c) प्रोपेन (d) ब्यूटेन

198. सौर ऊर्जा का स्रोत के अंदर–
(a) नाभिकीय विखंडन है
(b) नाभिकीय संलयन है
(c) दोनों है
(d) कोई नहीं

199. हीलियम के नाभिक में होते हैं–
(a) एक प्रोटॉन एवं दो न्यूट्रॉन
(b) केवल एक प्रोटॉन
(c) दो प्रोटॉन एवं दो न्यूट्रॉन
(d) दो प्रोटॉन

200. वह धातु जो अम्ल एवं सोडियम हाइड्राक्साइड दोनों के साथ अभिक्रिया कर हाइड्रोजन उत्पन्न करती है–
(a) ताँबा (b) लोहा
(c) जस्ता (d) कोई नहीं

201. टांका लगाने वाली धातु है–
(a) सीसा एवं टिन
(b) ताँबा एवं टिन
(c) ताँबा एवं जस्ता
(d) सिर्फ टिन

202. लाल सीसा है–
(a) PbO (b) Pb_3O_4
(c) Pb (d) कोई नहीं

203. डी०डी०टी बनाने में प्रयुक्त होता है–
(a) बेंजोट्राइक्लोराइड
(b) बेंजल क्लोराइड
(c) बेंजाइल क्लोराइड
(d) कोई नहीं

204. क्लोरोफॉर्म से प्राप्त किया जा सकता है–
(a) प्रोपेनॉल–2
(b) मिथेनॉल
(c) प्रोपेनॉल–1
(d) ईथेनॉल

205. अग्निशामक के रूप में प्रयुक्त यौगिक है–
(a) इथाइल क्लोराइड
(b) क्लोरोफॉर्म
(c) मिथाइल क्लोराइड
(d) कार्बन टेट्राक्लोराइड

206. क्लोरोफार्म को निश्चेतक के रूप में प्रयुक्त करने से पूर्व किसकी मदद से इसका परीक्षण किया जाता है?
(a) सिल्वर नाइट्रेट का विलयन
(b) KOH के साथ उबल कर $AgNa_3$ का विलयन
(c) अमोनिया क्यूप्रस क्लोराइड
(d) फेहलिंग घोल

207. क्लोरोफार्म को भूरी बोतल में रखा जाता है, क्योंकि सूर्य के प्रकाश में यह–
(a) नमी का अवशोषण करता है
(b) ऑक्सीकृत होकर विषैला बन जाता है
(c) कार्बन डाइऑक्साइड से संयोग करता है
(d) वाष्पित हो जाता है

208. रासायनिक दृष्टि से चीनी है–
(a) सुक्रोज (b) ग्लूकोज
(c) फ्रक्टोज (d) लैक्टोज

209. रेडियोसक्रियता में बीटा किरणों की प्रकृति होती है–
(a) धनावेशित (b) ऋणावेशित
(c) उदासीन (d) कोई नहीं

210. चूने का पानी है–
(a) पोटैशियम हाइड्रॉक्साइड
(b) अमोनिया हाइड्रॉक्साइड
(c) सोडियम क्लोराइड
(d) कैल्शियम हाइड्रॉक्साइड

211. कुकिंग गैस में मिले होते हैं–
(a) ब्यूटेन एवं प्रोपेन
(b) ऑक्सीजन एवं मिथेन
(c) हाइड्रोजन एवं ऑक्सीजन
(d) हाइड्रोजन एवं मिथेन

212. जल एक उत्तम विलायक होता है, क्योंकि
(a) इसका घनत्व 4°C पर सर्वोच्च होता है
(b) इसका डाइइलेक्ट्रिक स्थिरांक अधिक होता है
(c) हिमांक 0°C पर सर्वोच्च होता है
(d) ऑक्सीजन एवं हाइड्रोजन का यौगिक है

213. चमकीले विद्युत विज्ञापनों में प्रयोग किया जाता है–
(a) हाइड्रोजन (b) हीलियम
(c) निऑन (d) ऑर्गन

214. जब पेट्रोलियम को गर्म किया जाता है, तो सर्वाधिक मात्रा में निकलने वाली वाष्प होती है–
(a) साइमोजिन (b) केरोसिन
(c) वैसलीन (d) पेट्रोलियम ईथर

215. किस स्रोत से शुद्धतम जल की प्राप्ति संभव है?
(a) झरने (b) वर्षा
(c) नदियां (d) कुएं

216. प्राकृतिक गैस में लगभग सम्पूर्ण मात्रा मिथेन की होती है, जबकि कोल गैस में–
(a) लगभग पूर्णतः ईथेन की
(b) लगभग आधा हाइड्रोजन की
(c) आधा मिथेन की
(d) पूर्णतः मिथेन की

217. दियासलाई की तीली के ऊपर जलने वाला पदार्थ होता है–
(a) फॉस्फोरस
(b) मैंग्नीज डाइऑक्साइड
(c) एंटीमनी सल्फाइड
(d) सल्फर

218. किसी ब्वॉयलर में प्रयुक्त होने वाले जल का PH होना चाहिए, लगभग–
(a) 7 (b) 10.5
(c) 6.5 (d) 8.5

219. किसी धातु पर जंग लगता है, उसके–
(a) एनोड पर
(b) कैथोड पर
(c) दोनों पर
(d) किसी पर भी नहीं

220. बॉक्साइट का रासायनिक नाम होता है–
(a) एल्युमिनियम ऑक्साइड
(b) हाइड्रेटेड एल्युमिनियम ऑक्साइड
(c) एल्युमिनियम क्लोराइड
(d) एल्युमिनियम सल्फाइड

221. निम्न में से कौन-सा अम्ल डिहाइड्रेटिंग एवं ड्राइंग एजेंट के रूप में प्रयुक्त होता है–
(a) एसीटिक अम्ल
(b) हाइड्रोक्लोरिक अम्ल
(c) नाइट्रिक अम्ल
(d) सल्फ्यूरिक अम्ल

222. ट्रांजिस्टर बनाने में जिन दो तत्त्वों का सर्वाधिक प्रयोग होता है, वे हैं–
(a) सीसा एवं टीन
(b) इरीडियम एवं टंगस्टन
(c) सिलिकॉन एवं जर्मेनियम
(d) कोई नहीं

223. गोबर गैस का मुख्य संघटक पदार्थ है–
(a) मिथेन (b) ईथेन
(c) प्रोपेन (d) ब्यूटेन

224. सीमेंट बनाने हेतु सर्वाधिक मात्रा में प्रयुक्त पदार्थ है–
(a) जिप्सम (b) एलुमिना
(c) सिलिका (d) कैल्सियम

226. कोयले की अंगीठी यदि किसी बंद कमरे में जल रही हो, तो वहाँ सोना नहीं चाहिए, क्योंकि–
(a) इससे कमरे का तापमान बढ़ जाता है
(b) CO_2 की मात्रा बढ़ जाती है
(c) कोयला कार्बनमोनोक्साइड गैस प्रदान करती है
(d) कोई भी नहीं

227. अभी भी विश्व की लगभग 80 प्रतिशत ऊर्जा आवश्यकता की पूर्ति किस स्रोत से हो रही है?
(a) गोबर एवं वानस्पतिक उत्सर्ज्य
(b) अपारंपरिक ऊर्जा स्रोत
(c) हाइड्रोपॉवर
(d) जीवाश्म ईंधन

228. आइसक्रीम में जिलेटिन डालने से होता है–
(a) शीघ्र जमने की क्रिया
(b) रवा की उत्पत्ति नहीं हो पाती है
(c) स्वाद एवं सुगंध बढ़ जाती है
(d) इनमें से कोई नहीं

229. निम्न में से कौन दुर्बल अम्ल है?
(a) इथेनॉल (b) फिनॉल
(c) ईथर (d) नेफ्थलीन

230. फिनॉल किसके निर्माण हेतु एक कच्ची सामग्री है?
(a) पर्सपेक्स (b) टेरिलीन
(c) टेरिलीन (d) बैकेलाइट

231. निम्न में से कौन-सी धातु संचालक सेल में प्रयुक्त होती है?
(a) ताँबा (b) सीसा
(c) एल्युमिनियम (d) जस्ता

232. दूध वस्तुतः एक मिश्रण है:
(a) वसा एवं जल का
(b) कार्बोहाइड्रेट एवं जल का
(c) कार्बोहाइड्रेट, जल एवं वसा का
(d) कार्बोहाइड्रेट, वसा, प्रोटीन एवं जल का

233. दूध के खट्टा हो जाने पर उसमें पाया जाता है–
(a) साइट्रिक अम्ल (b) एसीटिक अम्ल
(c) फॉर्मिक अम्ल (d) लैक्टिक अम्ल

234. जल का उपयोग रासायनिक प्रतिक्रियाओं एवं जैविक क्रियाओं में इसलिए आसानी से हो जाता है, क्योंकि
(a) इसकी विशिष्ट ऊष्मा निम्न होती है
(b) इसके हिमांक एवं क्वथनांक में काफी अंतर है
(c) इसका घनत्व अधिक होता है
(d) इनमें से कोई नहीं

235. निम्न में से किस फल के रस में पोटैशियम हाइड्रोजन टर्टरेट पाया जाता है?
(a) सेब (b) अंगूर
(c) आम (d) केला

236. सिरका में एसीटिक अम्ल की मात्रा होती है–
(a) 1% (b) 2%
(c) 4-6% (d) 10%

237. निम्न में से कौन फल के रस एवं फसलों के परीक्षण का कार्य करता है?
(a) मिथाइल बेंजोएट
(b) एथाइल बेंजोएट
(c) मिथाइल फॉर्मेट
(d) सोडियम बेंजोएट

238. निम्न में से कौन-सी धातु कमरे के सामान्य तापक्रम पर द्रव अवस्था में पायी जाती है?
(a) सोडियम (b) रेडियम
(c) गैलियम (d) सिलिकॉन

239. सेलिसाइलिक अम्ल किसके निर्माण के दौरान उत्पन्न होता है?
(a) पेनिसिलीन (b) स्ट्रेप्टोमाइसिन
(c) एस्पिरिन (d) सल्फापाइरिडीन

240. वह अम्ल जो नींद लाने में सहायक होता है–
 (a) एसीटिक अम्ल
 (b) बर्बिट्यूरिक अम्ल
 (c) लैक्टिक अम्ल
 (d) बेंजोइक अम्ल
241. निम्न में से कौन-सा जैव रसायन बहुलक नहीं है?
 (a) सेल्युलोज (b) प्रोटीन
 (c) स्टार्च (d) वसा
242. पाचन क्रिया के दौरान भोज्य पदार्थों में उपस्थित कार्बोहाइड्रेट, प्रोटीन एवं वसा हो जाते है–
 (a) ऑक्सीकृत (b) अवकृत
 (c) हाइड्रोजनीकृत (d) हाइड्रेटेड
243. गैस ज्वाला का सर्वाधिक गर्म भाग कहलाता है–
 (a) प्रदीप्त क्षेत्र (b) अंध क्षेत्र
 (c) नीला क्षेत्र (d) अदीप्त क्षेत्र
244. सिगरेट लाइटर में कौन-सी गैस प्रयुक्त होती है?
 (a) ब्यूरेट (b) मिथेन
 (c) प्रोपेन (d) रेडॉन
245. वह एंजाइम जो मुँह में पॉलीसैकराइड को तोड़ देता है–
 (a) जाइमेज (b) एमाइलेज
 (c) इन्वर्टेज (d) सुक्रोज
246. स्टार्च वस्तुत: एक बहुलक है–
 (a) ग्लुकोज का
 (b) फ्रक्टोज का
 (c) गैलेक्टोज का
 (d) इनमें से कोई नहीं
247. एंजाइम किसके प्रति संवेदनशील होते हैं?
 (a) ऊष्मा (b) PH
 (c) विषैले पदार्थ (d) सभी
248. निम्न में से कौन एक प्राकृतिक तत्त्व नहीं है?
 (a) यूरेनियम (b) थोरियम
 (c) नेप्च्यूनियम (d) कैलिफोनियम
249. ऐसे दो तत्त्व जो मानव शरीर में तंत्रिकीय आवेगों के संचरण में सहायक होते हैं?
 (a) सोडियम एवं लोहा
 (b) सोडियम एवं जस्ता
 (c) जस्ता एवं पोटैशियम
 (d) सोडियम एवं पोटैशियम
250. निम्न में से किस प्रक्रिया को जीवाणुओं की अधिक संख्या प्रभावित कर सकती है?
 (a) निर्जलीकरण (b) किण्वन
 (c) विघटन (d) बहुलीकरण
251. प्रकाश ऑक्सीजन प्रक्रिया की शुरुआत किसके द्वारा होती है?
 (a) ऊष्मा (b) उत्प्रेरक
 (c) ऑक्सीजन (d) प्रकाश
252. निम्न में से कौन-सा विटामिन सिर्फ जंतु भोज्य पदार्थों में पाया जाता है?
 (a) विटामिन A (b) विटामिन B_{12}
 (c) विटामिन C (d) विटामिन K
253. राष्ट्रीय रसायन प्रयोगशाला कहाँ पर स्थित है?
 (a) नई दिल्ली (b) पुणे
 (c) बंगलौर (d) कोलकाता
254. क्लोरोफार्म के निर्माण हेतु कौन-सी गैस प्रयुक्त होती है?
 (a) मिथेन (b) ईथेन
 (c) प्रोपेन (d) ब्यूटेन
255. पेट्रोलियम कहाँ पर पाया जाता है?
 (a) आग्नेय चट्टान
 (b) परतदार चट्टान
 (c) कायांतरित चट्टान
 (d) दलदली भूमि
256. चाय एवं कॉफी का मुख्य सक्रिय अवयव होता है–
 (a) निकोटिन (b) क्लोरोफिल
 (c) कैफीन (d) एस्पीरिन
257. सबल अम्लों को रखने हेतु बर्तन किस धातु के बने होते हैं?
 (a) प्लैटिनम (b) सोना
 (c) ताँबा (d) सीसा
258. सैकरिन वस्तुत: है–
 (a) कृत्रिम स्वादयुक्त पदार्थ
 (b) कृत्रिम मीठा पदार्थ
 (c) प्रतिजैविक पदार्थ
 (d) कोई नहीं

259. निम्न में से कौन-सा रेडियोसक्रिय समस्थानिक आहार शृंखला के माध्यम से किसी परमाणु विस्फोट के बाद मानव शरीर में पहुँच जाता है?

(a) U–235 (b) U–238
(c) Sr–90 (d) K–40

260. धातुओं के सल्फाइड अयस्कों का सांद्रण किस प्रक्रिया द्वारा होता है?

(a) ऑक्सीकरण
(b) अवकरण
(c) विद्युतीकरण
(d) फेन उत्प्लावन विधि

261. वह बिन्दु जिस पर किसी पदार्थ की ठोस, द्रव एवं गैसीय अवस्था एक साथ रहते हैं, कहलाता है–

(a) क्वथनांक (b) द्रवणांक
(c) त्रिकबिन्दु (d) हिमांक

262. भोजन में नमक के प्रयोग से होता है–

(a) बेहतर स्वाद
(b) अल्प मात्रा में HCl का निर्माण ताकि भोजन का पाचन हो सके
(c) भोजन का शीघ्र पकना
(d) कोई नहीं

263. निम्न में से कौन-सा विकिरण हवा द्वारा आसानी से रुक जाती है?

(a) α किरणें (b) β किरणें
(c) γ किरणें (d) X किरणें

264. निम्न में से कौन अग्नि प्रतिरोधी है?

(a) जिप्सम (b) डोलोमाइट
(c) एस्बेस्टॉस (d) कोई नहीं

265. लिपिड मूलतः होते हैं–

(a) हॉर्मोन (b) एन्जाइम
(c) इंटरफेरॉन (d) वसीय अम्ल

266. कार्बनिक यौगिकों के गुणात्मक विश्लेषण हेतु सर्वाधिक प्रयुक्त धातु कौन-सी होती है?

(a) ताँबा (b) पारा
(c) सोडियम (d) कैल्सियम

267. वह पॉलीन्यूक्लियर एरोमैटिक हाइड्रोकार्बन जो कि सामान्य हवा अथवा सिगरेट के धुएँ में पाया जाता है और जिससे कैंसर उत्पन्न होता है?

(a) फीनेंथ्रीन (b) नेफ्थलीन
(c) बेंजोपाइरीन (d) एंथ्रासीन

268. त्वरित ऊर्जा की प्राप्ति हेतु एक एथलीट को लेना चाहिए–

(a) सुक्रोज
(b) विटामिन A
(c) सोडियम क्लोराइड लवण
(d) दूध एवं फल

269. सिंदूर, जो कि हिन्दुओं के लिए एक पवित्र वस्तु मानी जाती है, किस तत्त्व का यौगिक होता है?

(a) जस्ता (b) टिन
(c) तांबा (d) सीसा

270. कोलेस्टेरॉल वस्तुतः है–

(a) क्लोरोफिल का एक प्रकार
(b) क्लोरोफॉर्म का व्युत्पन्न
(c) क्रोमियम लवण
(d) जंतु वसा में पाया जाने वाला वसीय अल्कोहल

271. फॉस्जीन गैस का उपयोग हो सकता है–

(a) कीटनाशक के रूप में
(b) शाकनाशक के रूप में
(c) युद्धोपयोजी गैस के रूप में
(d) कीटाणुनाशक के रूप में

272. निम्न में से किस विधि द्वारा सिरका बनाया जाता है?

(a) खजूर के किण्वन द्वारा
(b) सेब के किण्वन द्वारा
(c) अंगूर के किण्वन द्वारा
(d) सभी

273. तीन वैज्ञानिकों न्यूलैंड मेंडलीव एवं मेयर के नाम किस क्षेत्र से जुड़े हुए हैं?

(a) परमाणु संरचना (b) धातु विज्ञान
(c) आवर्त सारणी (d) तत्त्वों की खोज

274. सर्वाधिक सामान्य प्रकार का विरंजक पदार्थ है–

(a) अल्कोहल
(b) कार्बन डाइऑक्साइड
(c) सल्फर डाइऑक्साइड
(d) क्लोरीन

275. अंडों को काफी अधिक उबाल देने पर इसका रंग पीला-हरा होने का कारण है–
(a) अंडे की क्षारीय प्रकृति
(b) लोहे के यौगिकों का निर्माण
(c) H_2S की निर्माण
(d) कोई नहीं

276. किसी रासायनिक परिवर्तन के क्रम में निम्न में से क्या प्रभावित होता है?
(a) प्रोटॉन (b) इलेक्ट्रॉन
(c) न्यूट्रॉन (d) नाभिक

277. प्रयोगशाला में संश्लेषित प्रथम कार्बनिक यौगिक है–
(a) ब्यूटेन (b) मिथेन
(c) हाइड्रा कार्बन (d) यूरिया

278. मॉर्डेन्ट ऐसे पदार्थ होते हैं, जो–
(a) कपड़े पर रंग को पक्का बनाते हैं
(b) विरंजन गुण दिखलाते हैं
(c) रंग की तीव्रता को बढ़ाते हैं
(d) कोई नहीं

279. वह कौन वैज्ञानिक है, जिसने मेढक के चीड़-फाड़ के दौरान अचानक ही विद्युतीय घटना की खोज की?
(a) माइकल फैराडे (b) जेम्स वाट
(c) वोल्टा (d) एल० गैल्वेनिक

280. सेंट्रल इलेक्ट्रोकेमिकल रिसर्च इंस्टीट्यूट कहाँ पर स्थित है?
(a) बंगलौर (b) करईकुडी
(c) भावनगर (d) कोलकाता

281. निम्न में से किस जगह पर भारी जल निर्माण संयंत्र स्थित है?
(a) राणा प्रताप सागर
(b) कलपक्कम
(c) चेन्नई
(d) बंगलौर

282. परमाणु ऊर्जा विभाग से सम्बन्धित रेअर अर्थ प्लांट कहाँ पर स्थित है?
(a) जादुगोड़ा (b) अल्वाय
(c) तलचर (d) चांदीपुर

283. प्राकृतिक जलचक्र में जल का शुद्धिकरण होता है–
(a) वाष्पीकरण द्वारा (b) संघनन द्वारा
(c) दोनों (d) कोई नहीं

284. निम्न में से कौन उर्ध्वपातन प्रक्रिया द्वारा शुद्ध नहीं किया जा सकता है?
(a) आयोडीन (b) कर्पूर
(c) साइट्रिक अम्ल (d) नैफ्थलीन

285. Fe^{3+} एवं Al^{3+} के मिश्रण को आसानी से शुद्ध किया जा सकता है, निम्न विधि द्वारा–
(a) हाइड्रोक्लोरिक अम्ल में डालकर
(b) सोडियम हाइड्रोक्साइड में डालकर
(c) सल्फ्यूरिक अम्ल में डालकर
(d) ब्लीचिंग पाउडर में डालकर

286. 'हेस का नियम' किससे सम्बन्धित है?
(a) रासायनिक प्रतिक्रिया में ऊष्मा विनिमय से
(b) विद्युत अपघटन के समय हुए विघटन से
(c) गैस पर दाब के प्रभाव से
(d) इनमें से कोई नहीं

287. 25°C पर निम्न में से कौन द्रव के रूप में रहेंगे?
(a) पारा एवं लिथियम
(b) पारा एवं सीजियम
(c) पारा एवं ब्रोमीन
(d) पारा एवं निऑन

288. फैराडे का नियम किससे सम्बन्धित है?
(a) विद्युत विच्छेदन
(b) गैसों की प्रतिक्रिया
(c) गैसीय दाब
(d) गैसीय दाब एवं ताप

289. निम्नलिखित में से कौन-सा सामान्य प्रशीतक है, जिसको घरेलू प्रशीतित्रों में प्रयुक्त किया जाता है?
(a) निऑन
(b) ऑक्सीजन
(c) फ्रेऑन
(d) इनमें से कोई नहीं

290. निम्नलिखित में से कौन-सी गैस पीने के पानी को शुद्ध करने के लिए प्रयोग में लायी जाती है?
(a) हीलियम
(b) क्लोरीन
(c) फ्लुओरिन
(d) कार्बन डाइऑक्साइड

291. निम्नांकित पदार्थों में कौन केवल एक ही तत्त्व से बना है?
(a) बालू (b) काँच
(c) हीरा (d) पानी

292. निम्नांकित में सर्वाधिक प्रत्यास्थ कौन है?
(a) काँच (b) स्टील
(c) रबर (d) चाँदी

293. पेट्रोलियम के अनेक उपयोगी उपोत्पाद प्राप्त किये जा सकते हैं–
(a) उर्ध्वपातन की प्रक्रिया से
(b) बहुलकीकरण की प्रक्रिया से
(c) सरल आसवन की प्रक्रिया से
(d) प्रभाजी आसवन की प्रक्रिया से

294. प्रकाश-संलेषण के समय उत्सर्जित गैस है–
(a) कार्बन-डाइऑक्साइड
(b) ऑक्सीजन
(c) नाइट्रोजन
(d) उपर्युक्त में से कोई नहीं

295. निम्नलिखित में से कौन-सा संश्लिष्ट रेशा नहीं है?
(a) रेयॉन (b) नॉयलान
(c) रूई (d) पॉलिस्टायरीन

296. प्रोड्यूसर गैस क्या है?
(a) $CO+N_2$ (b) $CO+H_2$
(c) CH_4 (d) CO_2

297. L.P.G. में कौन-सा गंधीय पदार्थ प्रयोग होता है?
(a) एथिल मर्कप्टन
(b) फेनिल मर्कप्टिन
(c) सल्फर डाइऑक्साइड
(d) हाइड्रोजन सल्फाइड

298. कॉस्टिक सोडे का रासायनिक नाम क्या है?
(a) सोडियम क्लोराइड
(b) सोडियम कार्बोनेट
(c) सोडियम हाइड्रोकार्बन
(d) सोडियम नाइट्रेट

299. अल्कोहलिक फर्मेण्टेशन का अंतिम उत्पाद है–
(a) पाथरूविक एसिड
(b) एसीटेल्डिहाइड
(c) फॉर्मिक एसिड
(d) इथाईल अल्कोहल अथवा लैक्टिक एसिड

300. निम्नलिखित में से कौन सबसे अधिक धन विद्युत तत्त्व है?
(a) सोडियम (b) लिथियम
(c) पोटैशियम (d) सीजीयम

जीव विज्ञान

1. पुरुष जीन संघटन होता है–
(a) XX (b) XY
(c) X (d) Y

2. निम्न रक्त वर्ग 'सार्वत्रिक दाता' होता है–
(a) B (b) O
(c) A (d) AB

3. प्रकाश-संश्लेषण होता है–
(a) रात्रि में
(b) दिन में और रात्रि में
(c) दिन में अथवा रात्रि में
(d) केवल दिन में

4. प्रकाश-संश्लेषण के लिए कौन-सी गैस आवश्यक है?
(a) O_2 (b) CO
(c) N_2 (d) CO_2

5. जीव विकास को सर्वप्रथम किसने समझाया?
(a) न्यूटन (b) आइन्स्टाईन
(c) चार्ल्स डारविन (d) लैमार्क

6. प्रयोगशाला में सर्वप्रथम DNA का संश्लेषण किया था–
(a) मिलर ने (b) खुराना ने
(c) डी-वैरिस ने (d) केल्विन ने

7. विटामिन C का रासायनिक नाम है–
(a) ऐस्कार्बिक अम्ल
(b) साइट्रिक अम्ल
(c) थायमीन
(d) टारटरिक अम्ल

8. सूर्य पर ऊर्जा का निर्माण होता है–
(a) नाभिकीय विखण्डन द्वारा
(b) नाभिकीय संलयन द्वारा
(c) ऑक्सीकरण अभिक्रियाओं द्वारा
(d) अवकरण अभिक्रियाओं द्वारा

9. निम्न में से किस खनिज से लोहा प्राप्त किया जाता है?
(a) चूने का पत्थर (b) पिंच ब्लेण्ड
(c) मोनाजाईट रेट (d) हेमेटाइट

10. निम्नलिखित में कौन-सी गैस ओजोन परत के अवक्षय के लिए उत्तरदायी है–
(a) कार्बन डाइऑक्साइड
(b) कार्बन मोनोऑक्साइड
(c) क्लोरो फ्लोरो कार्बन
(d) नाइट्रस ऑक्साइड

11. एच. आई. वी. द्वारा होने वाला रोग है–
(a) क्षय रोग (b) आतशक
(c) कैंसर (d) एड्स

12. 20 वर्ष की आयु में मानव शरीर में हड्डियों की संख्या होती हैं, लगभग–
(a) 100
(b) 200
(c) 300
(d) उपर्युक्त में से कोई नहीं

13. हवा में जिस गैस की मात्रा सबसे अधिक है, वह है–
(a) हाइड्रोजन
(b) कार्बन डाइऑक्साइड
(c) ऑक्सीजन
(d) नाइट्रोजन

14. सेल्सियस स्केल पर मानव शरीर का सामान्य तापमान होगा–
(a) 3.10° (b) 98.4°
(c) 36.9° (d) 31.5°

15. स्त्रियों की तुलना में पुरुष अधिक वर्णांधता से पीड़ित हो सकते हैं, क्योंकि–
(a) वे अधिक मानसिक तनाव से गुजरते हैं
(b) वे अधिक देर घर से बाहर रहते हैं
(c) उनमें केवल एक X क्रोमोसोम होता है
(d) उनमें साधारणतः कम चर्बी होती है

16. वर्तमान प्रमाण के अनुसार पृथ्वी पर जीव का उद्‌गम हुआ है, लगभग–
(a) 20,000 वर्ष पूर्व
(b) 2,00,000 वर्ष पूर्व
(c) 2,00,00,000 वर्ष पूर्व
(d) 2,00,00,00,000 वर्ष पूर्व

17. मृदा अपरदन रोका जा सकता है–
(a) अति चराई द्वारा
(b) वनस्पति के उन्मूलन द्वारा
(c) वनरोपण द्वारा
(d) पक्षी-संख्या में वृद्धि द्वारा

18. जीवनचक्र की दृष्टि से, पौधे का सबसे महत्त्वपूर्ण अंग है–
(a) पुष्प (b) पत्ती
(c) तना (d) जड़

19. आर्कियोप्टेरिक्स है–
(a) जुरैसिक युग का सर्वपुरातन पक्षी
(b) जुरैजिक काल का सरीसृप
(c) ट्राइएसिक काल का सरीसृप
(d) ट्राइएसिक तथा जुरैसिक दोनों कालों का सरीसृप

20. एस्प्रीन है–
(a) प्रतिजैविक
(b) एण्टीपिरेटिक
(c) शमक
(d) उपरोक्त में से कोई नहीं

21. अपमार्जक क्या है?
(a) साबुन
(b) औषधि
(c) उत्प्रेरक
(d) शोधन अभिकर्ता

22. डॉल्फिन वर्गीकृत किए जाते हैं–
(a) मत्स्य में (b) उभयचर में
(c) सरीसृप में (d) स्तनी में

23. जब हम बकरी या भेड़ का मांस खाते हैं, तब हम–
(a) प्राथमिक उपभोक्ता है
(b) द्वितीयक उपभोक्ता है
(c) तृतीयक उपभोक्ता है
(d) उपर्युक्त में से कोई नहीं

24. किस वनस्पति खाद्य में अधिकतम प्रोटीन होता है?
(a) चना (b) मटर
(c) सोयाबीन (d) अरहर

25. सबसे लम्बा जीवित वृक्ष है–
(a) यूकेलिप्टस (b) सिकुआ
(c) देवदार (d) अरहर

26. भारत की राष्ट्रीय स्तनी है–
(a) गाय (b) मयूर
(c) सिंह (d) बाघ

27. नृशंस प्राणी कौन-सा है–
(a) कछुआ (b) व्हेल
(c) पेन्ग्यूइन (d) ऑटर

28. जल से बाहर निकाल लिये जाने पर मछलियाँ मर जाती हैं, क्योंकि–
(a) उन्हें ऑक्सीजन अधिक मात्रा में प्राप्त होती है
(b) उनका शारीरिक ताप बढ़ जाता है
(c) वे श्वास नहीं ले पाती है
(d) वे जल में नहीं चल पाती है

29. मधुमक्खी कॉलोनी के सदस्य एक-दूसरे को किस प्रकार पहचानते हैं?
(a) गंध से (b) दृष्टि से
(c) नृत्य से (d) स्पर्श से

30. मनुष्य के जीवनकाल में कितने दाँत दो बार विकसित होते हैं?
(a) 4 (b) 12
(c) 20 (d) 28

31. मनुष्य के शरीर में पैर में हड्डी–
(a) खोखली होती है
(b) संरंध्री होती है
(c) ठोस होती है
(d) कीलक होती है

32. मनुष्य की खोपड़ी में कुल कितनी अस्थियाँ होती हैं?
(a) 8 (b) 29
(c) 32 (d) 34

33. आधुनिक मनुष्य के हाल का पूर्वज है–
(a) जावा मानुष
(b) क्रो-मग्न मानुष
(c) नियान्डरथाल मानुष
(d) पेकिन्ग मानुष

34. माँ पौधे की भांति पौधा मिलता है–
(a) बीजों से
(b) कटा तना से
(c) इन दोनों से
(d) इनमें से कोई नहीं

35. 80% से अधिक सेल में पाये जोने वाला पदार्थ है–
(a) प्रोटीन (b) चर्बी
(c) खनिज (d) जल

36. इन्सुलिन प्राप्त होता है–
(a) अदरख के प्रकंद से
(b) डालिया के जड़ों से
(c) बालसम पुष्प से
(d) आलू के कंद से

37. हरगोविंद खुराना को किस आविष्कार के लिए सम्मानित किया गया?
(a) प्रोटीन के संश्लेषण के लिए
(b) जीन के संश्लेषण के लिए
(c) नाइट्रोजनी क्षारों के संश्लेषण के लिए
(d) उपरोक्त में से कोई नहीं

38. संसार का सबसे बड़ा पुष्प है?
(a) कमल
(b) रफलोसिया
(c) बहुत बड़ा कैक्टस
(d) कोई सही नहीं है

39. तना-काट आम तौर से किसके प्रवर्धन के लिए प्रयोग किया जाता है?
(a) केला (b) गन्ना
(c) आम (d) कपास

40. मटर पौधा है–
(a) शाक
(b) पुष्प
(c) झाड़ी
(d) इनमें से कोई नहीं

41. विकास का मुख्य कारक हैं–
(a) उत्परिवर्तन
(b) हासिल किये गये गुण
(c) लैंगिक जनन
(d) प्राकृतिक वरण

42. सर्व प्राचीन शैल-समूह की आयु आँकी जाती है?
(a) पोटैशियम-ऑर्गन विधि से
(b) C_{14} विधि से
(c) Ra–Si विधि से
(d) यूरेनियम लैड विधि से

43. 'पास्यूराइजेशन' एक प्रक्रिया है, जिसमें–
(a) दूध को बहुत कम तापमान पर 24 घंटे तक रखा जाता है
(b) दूधा को 8 घंटे तक गर्म किया जाता है
(c) दूध को पहले बहुत देर तक गर्म किया जाता है और एक निश्चित समय में अचानक ठंडा कर लिया जाता है
(d) इनमें से कोई नहीं

44. 'एम्फीबिया' बताता है–
(a) बहुत तेजी से चलने वाली नावों का
(b) केवल जल में ही रह सकने वाले पशुओं को
(c) केवल स्थल पर ही रह सकने वाले पशुओं को
(d) जल एवं स्थल दोनों पर ही रह सकने वाले पशुओं को

45. मलेरिया के सम्बन्ध में कौन-सा कथन सत्य नहीं है?
(a) यह परोपजीवी कीट द्वारा पैदा की जाने वाली बीमारी है
(b) यह मच्छरों द्वारा फैलाई जाती है
(c) यह अधिकतर दलदली क्षेत्रों में होती है
(d) इसके इलाज में क्लोरोक्वन का उपयोग होता है

46. निकोलस कोपरनिकस प्रसिद्ध हैं–
(a) दूरबीन के आविष्कार के लिए
(b) यह बताने के लिए कि ग्रह सूर्य के चारों ओर चक्कर लगाते हैं, न कि पृथ्वी के
(c) कैलकुलस की खोज के लिए
(d) मानव शरीर की शल्य क्रिया का अध्ययन करने के लिए

47. वैज्ञानिक इवान पावलोव किस क्षेत्र में अपने कार्यों के लिए जाने जाते हैं?
(a) भौतिकी में
(b) गणित में
(c) रसायन शास्त्र में
(d) प्रायोगिक मनोविज्ञान में

48. एक वयस्क भारतीय हाथी का भार लगभग है–
(a) 500 किलोग्राम
(b) 1000 किलोग्राम
(c) 5000 किलोग्राम
(d) 10000 किलोग्राम

49. पौधे व पेड़ का खाना तैयार करने की प्रक्रिया कहलाती है–
(a) कार्बोहाइड्रोलिसिस
(b) मेटाबोलिक सिन्थेसिस
(c) फोटोसेन्सिटाइजेशन
(d) फोटोसिन्थेसिस

50. जैविक सिस्टम में रासायनिक क्रिया की प्रक्रिया को तेज करने में उत्तरदायी पदार्थ है–
(a) बैक्टीरिया (b) डी०एन०ए०
(c) एन्जाइम (d) प्रोटीन्स

51. निम्नलिखित में से किसकी कमी से मनुष्य में मधुमेह होता है?
(a) ग्लाइसीन (b) हिमोग्लोबिन
(c) हिस्टेमीन (d) इन्सुलीन

52. विटामिन, जो खट्टे फलों (साइट्रस) में पाया जाता है तथा चर्म को स्वस्थ रखने में जरूरी होता है, है–
(a) विटामिन A (b) विटामिन B
(c) विटामिन C (d) विटामिन D

53. मनुष्य शरीर में खून के शुद्धिकरण की प्रक्रिया को कहते हैं–
(a) डायलेसिस (b) हिमोलोसिस
(c) ओसमोसिस (d) पैरालेसिस

54. कशेरुक रज्जु में से कितनी जोड़ियाँ तंत्रिका निकलती है?
(a) 13 (b) 31
(c) 33 (d) 12

55. प्रतिवर्ती क्रियाओं का नियंत्रण केन्द्र कहाँ पर है?
(a) प्रमस्तिष्क में
(b) अनुमस्तिष्क में
(c) कशेरुक रज्जु में
(d) तन्त्रिका कोशिका में

56. थायराइड ग्रन्थि से थाइरॉक्सिन स्रावित करने के लिए उत्तेजित करने वाली अंतः स्रावी हार्मोन कौन है?
(a) TSH (b) FSH
(c) LTH (d) ACTH

57. निषेचन की क्रिया कहाँ पर होती है?
(a) गर्भाशय में
(b) अंडवाहिनी में
(c) अंडग्रन्थि में
(d) योनिमार्ग में

58. निम्नलिखित में से किस विटामिन की खून के जमने में आवश्यकता होती है?
(a) विटामिन ए (b) विटामिन सी
(c) विटामिन ई (d) विटामिन के

59. निम्नलिखित में से कौन-सा हॉर्मोन है?
(a) आर०एन०ए०
(b) इनवर्टेज
(c) इन्सूलिन
(d) ऐस्कार्बिक एसिड

60. गेहूँ की खेती के लिए कौन-सा उर्वरक अधिक मात्रा में उपयोग करेंगे?
(a) नाइट्रोजन (b) पोटैशियम
(c) तांबा (d) लोहा

61. चूहा मारने का जहर किस रासायनिक पदार्थ से बनता है?
(a) इथाइल अल्कोहल
(b) मिथाइल आईसोसायनेट
(c) पोटैशियम साइनाइड
(d) ईथाइल आईसोसायनाइड

62. निम्नलिखित में से किस विटामिन में कोबाल्ट होता है?
(a) विटामिन B_6 (b) विटामिन B_2
(c) विटामिन B_1 (d) विटामिन B_{12}

63. मनुष्य में एफ्लाटॉक्सिन खाद्य विषाक्तन द्वारा सामान्यतः कौन-सा अंग प्रभावित होता है?
(a) हृदय (b) फेफड़ा
(c) वृक्क (d) यकृत

64. इनमें से रक्त दाब का मापक यन्त्र कौन-सा है?
(a) स्फेरोमीटर (b) एनिमोमीटर
(c) स्फिग्मोमीटर (d) एम मीटर

65. इन्फ्लूएन्जा 'A' (H1N1) को अधिक प्रचलित रूप में जाना जाता है–
    (a) मैड काउ डिजिज
    (b) स्वाइन फ्लू
    (c) कॉमन फ्लू
    (d) रेबीज

66. निम्नलिखित में कौन बैक्टिरिया दूध को दही बनाता है?
    (a) लैक्टोबैसिलस (b) खमीर
    (c) राइजोपस (d) राइजोबियम

67. प्राकृतिक कीटनाशक एजाडिरकटिन प्राप्त होता है–
    (a) तम्बाकू से (b) नीम से
    (c) आम से (d) पपीते से

68. कृषि की शुरुआत हुई–
    (a) 17000-23000 BC
    (b) 27000-33000 BC
    (c) 7000-13000 BC
    (d) 700-1300 BC

69. भारत के लोगों की वसा में पाया जाता है–
    (a) 1-12 PPm DDT
    (b) 31-50 PPm DDT
    (c) 1-30 PPm DDT
    (d) DDT बिल्कुल नहीं

70. भारत में हरित क्रांति के जन्मदाता हैं–
    (a) टी०एस० वेंकटरमण
    (b) बोशी सेन
    (c) के० रमैया
    (d) एम०एस० स्वामीनाथन

71. निम्नलिखित कौन-सी बीमारी पर काबू पा लिया गया है?
    (a) टी. बी. पर
    (b) कैन्सर पर
    (c) जोड़ों के डिसऑर्डर पर
    (d) मस्तिष्क के डिसऑर्डर पर

72. चेचक के वैक्सिन को सर्वप्रथम तैयार किया–
    (a) लुई पाश्चर ने (b) डॉ जेनर ने
    (c) लिस्टर ने (d) साल्क ने

73. आलू है–
    (a) जड़ (b) तना
    (c) फल (d) बीज

74. निम्नलिखित में कौन वायु प्रदूषक नहीं है?
    (a) SO_2 (b) CO
    (c) CO_2 (d) DDT

75. DNA का मॉडल प्रस्तुत करने में 1962 में नोबेल पुरस्कार मिला–
    (a) वाटसन एवं क्रीक को
    (b) डॉ० एच० जी० खुराना को
    (c) राबर्ट हुक को
    (d) बिग्रल एवं किंग को

76. कीटभक्षी पौधा है–
    (a) अमरबेल (b) ड्रोसम
    (c) गुलाब (d) नागफनी

77. निकोटिन पाया जाता है–
    (a) तम्बाकू की पत्ती में
    (b) चाय की पत्ती में
    (c) कॉफी के बीजों में
    (d) नीम की पत्ती में

78. पौधे के किस भाग से कॉपी प्राप्त होती है?
    (a) फूलों से (b) पत्तियों से
    (c) बीजों से (d) फलों से

79. 'जीव की उत्पत्ति जीव से होती है'। इस कथन का सत्यापन किया–
    (a) लुई पाश्चर ने (b) वान हेलमान्ट ने
    (c) राबर्ट हूक ने (d) ओपेरिन ने

80. प्रथम जीव की उत्पत्ति हुई–
    (a) पृथ्वी पर
    (b) हवा में
    (c) जल में
    (d) किसी अन्य ग्रह पर

81. पौधे, जो नमकयुक्त मिट्टी में उगते हैं, को क्या कहते हैं?
    (a) हैलोफाइट (b) हाइड्रोफाइट
    (c) जिरोफाइट (d) सक्यूलेन्ट

82. संवहनी पौधे में पानी ऊपर किससे जाता है?
    (a) फ्लोएम टिशू (b) पैरेनकाइमा टिशू
    (c) मेरिस्टेम (d) जाइलम टिशू

83. पौधों का कौन-सा भाग फूल बनाने का उद्दीपन ग्रहण करता है?
    (a) तना (b) शाखा
    (c) पर्ण (d) जड़

84. भ्रूण किसमें मिलता है?
(a) बीज (b) पर्ण
(c) फूल (d) कली

85. प्रकाश-संश्लेषण होता है–
(a) न्यूक्लिअस में
(b) क्लोरोप्लास्ट में
(c) परऑक्सीसोम में
(d) माइट्रोकॉन्ड्रिया में

86. सहज प्रणाली का परिवर्द्धन निम्नलिखित में से कौन है?
(a) प्रणाली का कार्य
(b) प्रणाली का विकास
(c) प्रणाली की स्वपोशी क्रिया
(d) उपर्युक्त में से कोई नहीं

87. जिनेटिक्स निम्नलिखित में से किसका अध्ययन है?
(a) मेन्डेल का नियम
(b) जैव विकास
(c) डी०एन०ए० संरचना
(d) आनुवंशिकता और विचरण

88. मेंडेल की आनुवंशिकता का सिद्धान्त किस पर आधारित है?
(a) कायिक जनन
(b) अलैंगिक जनन
(c) लैंगिक जनन
(d) उपर्युक्त सभी

89. लैंगिक जनन से आनुवंशिक विचरण कैसे होता है?
(a) जीन के सम्मिश्रण से
(b) क्रोमोसोम में बदलाव से
(c) जीन के मिश्रण से
(d) उपर्युक्त सभी

90. '2G' स्पेक्ट्रम में अक्षर 'G' किस शब्द के लिए प्रयुक्त है?
(a) ग्लोबल (b) गवर्नमेंट
(c) जेनरेशन (d) गूगल

91. पर्यावरण किससे बनता है?
(a) जैवीय घटकों
(b) भू-आकृतिक घटकों से
(c) अजैव घटकों से
(d) उपर्युक्त सभी

92. रक्त प्लाज्मा में एंटी-बॉडी कौन बनाता है?
(a) लाल रक्त कण
(b) लिंफोसाइट्स
(c) सफेद रक्त कण
(d) हीमोग्लोबिन

93. पुष्पों का अध्ययन करने वाले विज्ञान को क्या कहा जाता है?
(a) एंथोलॉजी (b) कैलोलॉजी
(c) कलरोलॉजी (d) टैक्सोनोमी

94. सामान्यत: स्त्रियों की आवाज का तारत्व–
(a) पुरुषों की तुलना में अधिक होता है
(b) पुरुषों की तुलना में मामूली कम होता है
(c) पुरुषों की तुलना में बहुत कम होता है
(d) उतना ही होता है

95. मलेरिया की दवा निम्न वृक्षों में से किसके छाल से तैयार होती है?
(a) शाल (b) अफीम
(c) सिनकोना (d) मालाडोना

96. मानव डिम्ब में उपस्थित गुणसूत्रों की संख्या कितनी है?
(a) 24 (b) 46
(c) 48 (d) 23

97. मलेरिया कौन-से मच्छर के काटने से होता है?
(a) छोटे मच्छर
(b) काले मच्छर
(c) पैरासाइट वाले मच्छर
(d) सफेद मच्छर

98. कीटनाशी के उपयोग से उन्नति होती है–
(a) स्वास्थ्य की (b) अर्थनीति की
(c) गृह की (d) सड़क की

99. पोलियों की बूँद किस उम्र में दे सकते हैं?
(a) 1 साल (b) 10 साल
(c) 50 साल (d) 70 साल

100. चेचक का टीका कहाँ से बनता है?
(a) पेड़ों से
(b) रासायनिक अभिक्रिया से
(c) भेड़ों से
(d) जमीन से

101. प्लाज्मा झिल्ली बनी होती है–
(a) प्रोटीन से
(b) लिपिड से
(c) कार्बोहाइड्रेट से
(d) a तथा b दोनों से

102. मानव शरीर के किस अंग में लसीका कोशिकाएँ बनती हैं?
(a) यकृत (b) दीर्घ अस्थि
(c) अग्न्याशय (d) तिल्ली

103. हमारे तंत्र में अधिकतम ए०टी०पी० अणुओं को उत्पन्न करने वाला पद है–
(a) ग्लूकोज का अपघटन
(b) क्रेप्स चक्र
(c) अंतिम श्वसन शृंखला
(d) जल अपघटन

104. हमारे शरीर का अधिकतम भार बना है–
(a) अस्थियों का
(b) शारीरिक अंगों का
(c) त्वचा मांसपेशी का
(d) जल का

105. एक व्यस्क मानव शरीर में जल का प्रतिशत होता है, लगभग–
(a) 10% (b) 30%
(c) 65% (d) 75%

106. मानव शरीर में सर्वाधिक प्रचुरता से पाये जाने वाला तत्त्व है–
(a) लौह (b) सोडियम
(c) ऑक्सीजन (d) आयोडीन

107. व्यस्क मानव में होती हैं–
(a) 204 अस्थियाँ (b) 206 अस्थियाँ
(c) 207 अस्थियाँ (d) 208 अस्थियाँ

108. हमारे शरीर की सबसे छोटी हड्डी पायी जाती है–
(a) कान में (b) नाक में
(c) आँख में (d) पैर के अँगूठे में

109. मनुष्य की खोपड़ी में कुल कितनी अस्थियाँ होती हैं?
(a) 28 (b) 30
(c) 32 (d) 40

110. मानव शरीर की हड्डियों में सर्वाधिक मात्रा में कौन सा लवण पाया जाता है?
(a) मैग्नीशियम क्लोराइड
(b) कैल्सियम कार्बोनेट
(c) कैल्सियम फॉस्फेट
(d) सोडियम क्लोराइड

111. मनुष्य की पसलियों में कितने जोड़े होते हैं?
(a) 12 (b) 10
(c) 14 (d) 11

112. मनुष्य के शरीर की पैर की हड्डी–
(a) खोखली होती है
(b) संरध्री होती है
(c) ठोस होती है
(d) कीलक होती है

113. शल्यक्रिया में ऑर्थोप्लास्टी क्या है?
(a) ओपेन हार्ट सर्जरी
(b) गुर्दा प्रत्यारोपण
(c) कूल्हे के जोड़ प्रतिस्थापन
(d) रुधिर

114. कशेरुक रज्जु में कितनी जोड़ियाँ तंत्रिका निकलती हैं?
(a) 13 (b) 31
(c) 33 (d) 12

115. एक स्वस्थ्य मनुष्य एक दिन में कितनी मात्रा में पेशाब करता है?
(a) 1.5 ली० (b) 3 ली०
(c) 6 ली० (d) 9 ली०

116. प्रत्यस्थ उत्तक, जो हड्डियों को एक साथ पकड़े रहते हैं, उन्हें कहते हैं-
(a) स्नायु
(b) तन्तुमय ऊतक
(c) फाइब्रिन
(d) मांसपेशीय ऊतक

117. अस्थि एवं दंत निर्माण हेतु निम्न में किसकी आवश्यकता नहीं होती–
(a) कैल्शियम (b) फॉस्फोरस
(c) फ्लोरीन (d) आयोडीन

118. अस्थि एवं दंत निर्माण हेतु निम्न में से किसकी आवश्यकता होती है?
(a) सोडियम एवं पोटेशियम
(b) लौह और कैल्शियम
(c) सोडियम
(d) कैल्शियम, फास्फोरस

119. मनुष्य के जीवनकाल में कितने दाँत दो बार विकसित होते हैं?
(a) 4 (b) 12
(c) 20 (d) 28

120. प्रतिवर्ती क्रियाओं का नियंत्रण केन्द्र कहाँ पर है?
(a) प्रमस्तिष्क में
(b) अनुमस्तिष्क में
(c) कशेरुक रज्जु में
(d) तंत्रिका कोशिका में

121. मानव के मस्तिष्क में स्मरण क्षमता कहाँ होती है?
(a) मेड्यूमा आब्लांगाटा
(b) सेरीब्रम
(c) ब्रेन केविटी
(d) सेरिबेलम

122. निषेचन की क्रिया कहाँ पर होती है?
(a) गर्भाशय में (b) अंडवाहिनी में
(c) अंडग्रंथि में (d) योनिमार्ग में

123. मानव शरीर के किस भाग में एक शुक्राणु, डिम्ब को निषेचित करता है?
(a) गर्भाशय ग्रीवा
(b) डिम्बवाहिनी नली
(c) गर्भाशय
(d) अंडग्रन्थि

124. मादा जनन पथ में पहुँचने के पश्चात् मानव शुक्राणु अपनी निषेचन क्षमता सुरक्षित रखते हैं–
(a) दो मिनट के लिए
(b) बीस मिनट के लिए
(c) नब्बे मिनट के लिए
(d) एक से दो दिनों के लिए

125. निम्न में से कौन-सी कला परिवर्धनशील भ्रूण की शुष्कन से रक्षा करती है?
(a) उल्व (b) अपरापोषिका
(c) जरायु (d) पीतक कोश

126. श्वसन क्रिया में वायु के कौन-से घटक की मात्रा में कोई परिवर्तन नहीं होता है?
(a) कार्बन (b) ऑक्सीजन
(c) जलवाष्प (d) नाइट्रोजन

127. एक स्वस्थ व्यक्ति का हृदय एक मिनट में औसतन कितनी बार धड़कता है?
(a) 86 (b) 98
(c) 72 (d) 64

128. हृदय कब आराम करता है?
(a) कभी नहीं
(b) सोते समय
(c) दो धड़कनों के बीच
(d) यौगिक आसन करते समय

129. निम्नलिखित में से कौन-सा लक्षण हृदयघात से सम्बन्धित नहीं है?
(a) सीने में दर्द (b) पसीना बहना
(c) बाँह में दर्द (d) टाँगों में दर्द

130. हृदय में कितने कक्ष होते हैं?
(a) 2 (b) 4
(c) 6 (d) 8

131. हृदय स्पंदन एक विद्युतीय तरंग द्वारा निष्पादित होती है, जो उपजती है–
(a) मस्तिष्क में (b) रुधिर में
(c) हृदय में (d) मेरुरज्जु में

132. एक स्वस्थ्य व्यस्क मनुष्य में रक्त का कुल परिमाप होता है–
(a) 5.6 ली० (b) 3.4 ली०
(c) 8.10 ली० (d) 10.12 ली०

133. मनुष्य का औसत रक्तचाप होता है–
(a) 60/100 (b) 20/80
(c) 60/140 (d) 120/80

134. जब व्यक्ति वृद्ध होता जाता है, तो सामान्यत: उसका रक्तदाब–
(a) घट जाता है (b) बढ़ जाता है
(c) वही रहता है (d) बदलता रहता है

135. 'बेरी-बेरी' रोग किस विटामिन की कमी से होता है?
(a) विटामिन A (b) विटामिन B_1
(c) विटामिन C (d) विटामिन B_{12}

136. स्टार्च से क्या सम्बन्धित है?
(a) ग्लूकोज (b) फ्रक्टोज
(c) सुक्रोज (d) गैलेक्टोज

137. 'स्कर्वी' रोग किस विटामिन की कमी से होता है?
(a) विटामिन C (b) विटामिन K
(c) विटामिन E (d) विटामिन D

138. 'पेप्सिन' होता है–
(a) हॉरमोन (b) एन्जाइम
(c) विटामिन (d) पोषक तत्त्व

139. वह कौन-सा तत्त्व है, जो दन्त इनैमल को कठोर बनाता है?
(a) कैल्सियम (b) फ्लोरीन
(c) आयोडीन (d) सोडियम

140. जनन क्षमता में कमी किस विटामिन की कमी से होता है?
(a) विटामिन A (b) विटामिन B
(c) विटामिन K (d) विटामिन E

141. विटामिन की खोज की–
(a) लूनिन ने (b) फन्क ने
(c) सुमनर ने (d) सैंगर ने

142. कौन-सा कार्बोहाइड्रेट मोनोसैकराइड है?
(a) सुक्रोज
(b) ग्लूकोज एवं फ्रक्टोज
(c) गैलेक्टोज
(d) उपर्युक्त सभी

143. निम्नलिखित में से कौन-सा डाइसैकाराइड है–
(a) फ्रक्टोज (b) डेक्सट्रिन
(c) गैलक्टोज (d) माल्टोज

144. निम्नलिखित में से कौन-सा दुग्ध प्रोटीन है?
(a) लैक्टोजेन (b) मायोसिन
(c) कैसीन (d) रेनिन

145. किस विटामिन को हॉरमोन भी कहते हैं?
(a) विटामिन A (b) विटामिन B
(c) विटामिन D (d) विटामिन E

146. रेनिन का स्रवण करने वाला अंग है–
(a) यकृत
(b) आमाशय
(c) वृक्क
(d) इनमें से कोई नहीं

147. डार्विन का सिद्धान्त था–
(a) योग्यतम का उत्तरजीविता
(b) प्राकृतिक चयनवाद
(c) म्यूटेशनवाद
(d) परिवर्तन सहित

148. वन पारिस्थितिक तन्त्र में हरे पौधे होते हैं–
(a) मूल उत्पादक (b) मूल उपभोक्ता
(c) अपघटक (d) उत्पादक

149. जीवों तथा वातावरण के पारस्परिक सम्बन्धों का अध्ययन कहलाता है–
(a) इकोतंत्र (b) इकोलोजी
(c) सिनइकोलोजी (d) औटइकोलोची

150. उत्परिवर्तनवाद प्रस्तुत किया–
(a) डार्विन (b) मेण्डल
(c) लैमार्क (d) डीव्रिज

151. 'पेजियोन्टोलॉजी' अध्ययन है–
(a) पक्षियों का (b) अस्थियों का
(c) प्राइमेट्स का (d) जीवाश्मों का

152. डाइनोसोरो का 'सुनहरा काल' किस महाकल्प को कहते हैं?
(a) सीनोज्वायक काल
(b) पेलियोज्वायक काल
(c) आर्कियोज्वायक काल
(d) मीसोज्वायक काल

153. जीवन की उत्पत्ति किस महाकल्प में हुई?
(a) प्रीकैम्ब्रियन (b) प्रोटीरोज्वाइक
(c) मीसोज्वाइक (d) सीनोज्वाइक

154. निम्न में से कौन आधुनिक मानव का सबसे निकट सम्बन्धी है?
(a) ओरैंगुटान (b) गोरिल्ला
(c) गिब्बन (d) सिनैनथ्रोपस

155. हीमोग्लोबिन में कौन-सी धातु होती है?
(a) Cu^+ (b) Mg^+
(c) Fe^+ (d) Zn^+

156. AB रुधिर वर्ग के व्यक्ति का रुधिर दिया जा सकता है–
(a) A को (b) B को
(c) AB को (d) O को

157. निम्नलिखित में लिंग सहलग्न रोग है–
(a) क्षयरोग (b) धनुजांघता
(c) वर्णान्धता (d) निकट दृष्टिता

158. विलियन हार्वे किसकी खोज के लिए प्रसिद्ध है?
(a) श्वसन (b) रक्त स्पंदन
(c) रक्त परिसंचरण (d) पाचन

159. कौन-सा अंग रोगाणुओं का विनाश करता है तथा शरीर का पुलिस रक्षक

कहलाता है?

(a) टॉन्सिल (b) यकृत

(c) वृक्क (d) लसिका ऊतक

160. मनुष्य में मादा स्पष्ट युग्मनज का संघटन होता है–

(a) 22+X (b) 22+Y

(c) 44+XX (d) 44+XY

161. पिता A रुधिर वर्ग और माता B वर्ग की हो, तो इनकी सन्तानों में कौन-सा रुधिर वर्ग सम्भव है?

(a) केवल A

(b) केवल B

(c) केवल AB

(d) A, B, O, AB चारो

162. 'सार्वत्रिक रुधिर दाता' रक्त ग्रुप है–

(a) A (b) B

(c) AB (d) O

163. आर०एच० कारक के खोजकर्ता हैं–

(a) रीसस

(b) लैण्डस्टीनर

(c) वीनर

(d) लैण्डस्टीनर एवं वीनर

164. सूत्री विभाजन के बीच किस अवस्था में गुणसूत्र विपरीत ध्रुवों की ओर गति करते हैं?

(a) प्रोफेज (b) मेटाफेज

(c) टीलोफेज (d) ऐनाफेज

165. वृद्धि वलय किसकी क्रिया से बनते हैं?

(a) कैम्बियम

(b) जाइलम

(c) फ्लोएम

(d) जाइलम और फ्लोएम

166. अनिषेक फल वह है, जिसमें होते हैं–

(a) अपरिपक्व

(b) बीजरहित बीज

(c) बिना परागण और निषेचन के बना फल

(d) केवल बीज फल नहीं

167. परागकण क्या है?

(a) नर युग्मकोद्भिद

(b) मादा युग्मकोद्भिद

(c) नर बीजाणुभिद्

(d) मादा बीजागुकोद्भिज

168. आबृतबीजी पादपों में भ्रूणकोष प्रायः होता है–

(a) अगुणित

(b) द्विगुणित

(c) त्रिगुणित

(d) किसी भी प्रकार का

169. बीज किससे बनता है?

(a) भ्रूण (b) भ्रूणकोष

(c) अण्डाशय (d) बीजाण्ड

170. एक ही पादप में एक पुष्प के परागकणों का दूसरे पुष्प के वर्तिकाग्र पर जाना कहलाता है–

(a) समकाल पक्वता

(b) भिन्नकाल पक्वता

(c) गीटोनोगैमी

(d) जीनोगैमी

171. कौन-सा फल नट है?

(a) मूँगफली (b) सुपारी

(c) अखरोट (d) काजू

172. नारियल का खाने योग्य भाग होता है–

(a) भ्रूणकोष (b) मध्य फलभित्ति

(c) अन्तःफलभित्ति (d) बाह्य फलभित्ति

173. एक सच्चा फल होता है–

(a) विकसित अण्डाशय

(b) विकसित बीजाण्ड

(c) निषेचित एवं विकसित अण्डाशय

(d) निषेचित एवं विकसित बीजाण्ड

174. कटहल में मांसल खाने योग्य भाग है–

(a) सहपत्र

(b) सहपत्रक

(c) सहपत्र और परिदलपुंज

(d) परिदलपुंज

175. अधिकांश पादप वाइरस में जेनेटिक पदार्थ है–

(a) DNA (b) RNA

(c) प्रोटीन (d) लाइसोजाइम

176. जन्तु वाइरस में आनुवांशिक पदार्थ अधिकांशतः होता है–

(a) DNA (b) RNA

(c) प्रोटीन (d) लाइसोजाइम

177. प्रतिजैविक औषधि अधिकतर किसमें मिलती है?
(a) जीवाणु (b) विषाणु
(c) शैवाल (d) फफूँदी

178. वायरस की सर्वप्रथम खोज किसने की थी?
(a) स्टेनली (b) स्मिथ
(c) इवानेस्की (d) स्टाकमैन

179. जीवाणु की खोज की थी–
(a) ल्यूबेनहॉक (b) राबर्ट हुक
(c) राबर्ट कोच (d) लुइस पाश्चर

180. प्रोटीन की इकाई है–
(a) ग्लूकोज (b) फ्रक्टोज
(c) अमीनो एसिड (d) न्यूक्यिओटाइड

181. कोशा में प्रोटीन संश्लेषण का स्थान है–
(a) माइटोकॉण्ड्रिया (b) केन्द्रक
(c) राइबोसोम (d) केन्द्रिकाएँ

182. किस ताप पर एन्जाइम अधिक सक्रिय होते हैं?
(a) 30°C (b) 40°C
(c) 20°C (d) 62°C

183. शरीर में अधिकतम ऊर्जा का संचय किस पदार्थ के रूप में होता है?
(a) प्रोटीन (b) ग्लाइकोजन
(c) विटामिन (d) वसा

184. बच्चों में 'रिकेट्स' तथा 'ऑस्टियोमेलेशिया' रोग किसकी कमी से होता है?
(a) विटामिन A (b) विटामिन C
(c) विटामिन B (d) विटामिन D

185. 'कोबाल्ट' धातु किस विटामिन में होती है?
(a) B_1 (b) B_2
(c) B_6 (d) B_{12}

186. 'पित्त' का निर्माण होता है–
(a) रक्त में
(b) यकृत में
(c) गालब्लैडर में
(d) कोलिसिस्टोकाइनिन में

187. विटामिन 'सी' है–
(a) निकोटिनिस एसिड
(b) एस्कॉर्बिक एसिड
(c) कैल्सीफेरोल
(d) टोकोफिरोल

188. वाइरस रोग है–
(a) इन्फ्लुऐंजा (b) डिप्थीरिया
(c) टाइफाइड (d) हैजा

189. 'ओरिजिन ऑफ स्पीशिज' नामक पुस्तक के लेखक हैं–
(a) ओपेरिन (b) मेण्डेल
(c) डार्विन (d) लैमार्क

190. बैक्टीरियोफेज है–
(a) वायरस, जो विषाणु भक्षण करता है
(b) जीवाणु जो पादप कोशा पर भक्षण करता है
(c) जीवाणु अंगक
(d) जीवाणु जो प्राणी कोशा भक्षण करता है

191. 'उपापचयी एन्जाइम' अनुपस्थित होता है–
(a) कवकों में (b) जीवाणुओं में
(c) विषाणुओं में (d) शैवालों में

192. सबसे बड़ा विषाणु है–
(a) पोक्स विषाणु
(b) हरपीस विषाणु
(c) सारकोना विषाणु
(d) ट्यूमर विषाणु

193. 'जीवन की उत्पत्ति' नामक पुस्तक को लिखा था–
(a) डार्विन (b) ओपेरिन
(c) मिलर (d) स्मिथ

194. कार्बोहाइड्रेट पाचन के अन्तिम उत्पाद है–
(a) मोनोसैकेराइड्स (b) डाइसैकेराइड्स
(c) ग्लिससैल (d) ग्लाइकोजन

195. कौन-सा पदार्थ शरीर की वृद्धि और नई कोशाओं के निर्माण में सबसे अधिक आवश्यक है?
(a) शर्करा (b) वसा
(c) लवण (d) प्रोटीन

196. किस रूप में प्रोटीन्स का शरीर में संचरण होता है?

(a) एन्जाइम (b) वसीय अम्ल
(c) न्यूक्लीय अम्ल (d) अमीनो अम्ल

197. शरीर में यूरिया का संश्लेषण होता है–
(a) वृक्क में (b) यकृत में
(c) मूत्राशय में (d) रक्त में

198. उत्सर्जन की इकाई है–
(a) न्यूरान
(b) एक्सॉन
(c) नेफ्रॉन
(d) उपर्युक्त में से कोई नहीं

199. किस प्राणी में रुधिर नहीं होता, किन्तु श्वसन होता है–
(a) केंचुआ (b) मेढ़क
(c) हाइड्रा (d) मीन

200. एक सामान्य मनुष्य एक मिनट में साँस लेता है–
(a) 10-15 बार (b) 20-25 बार
(c) 14-18 बार (d) 25-30 बार

201. श्वसन क्रिया किसके द्वारा नियंत्रित होती है?
(a) सेरेब्रम
(b) सेरीबेलम
(c) स्पाइनल कॉर्ड
(d) मेड्यूला ऑबलांगेटा

202. नेत्र में लेंस पर पड़ने वाली किरणों का नियंत्रण होता है–
(a) कार्निया द्वारा
(b) आइरिश द्वारा
(c) सीलियरी काय द्वारा
(d) परितारिका द्वारा

203. मस्तिष्क के किस भाग में शरीर के ताप का नियंत्रण का केन्द्र होता है?
(a) अग्रमस्तिष्क (b) अनुमस्तिष्क
(c) प्रमस्तिष्क (d) हाइपोथैलेमस

204. सबसे लम्बी कोशा है–
(a) तंत्रिका कोशा (b) पेशी कोशा
(c) अस्थि कोशा (d) डेन्टाइट्स

205. एक मनुष्य स्मृति खो बैठा है, इस मनुष्य के मस्तिष्क का कौन-सा भाग प्रभावित हुआ है?
(a) प्रमस्तिष्क (b) मेड्यूला
(c) अनुमस्तिष्क (d) डायनसिफेलॉन

206. 'लैंगरहैंस' के उपदीप पाये जाते हैं–
(a) यकृत में (b) अग्न्याशय में
(c) प्लीहा में (d) पिट्यूटरी में

207. 'वृद्धि हॉर्मोन' स्रावित होता है–
(a) थाइरॉइड से (b) जननांगो से
(c) ऐड्रीनल से (d) पिट्टयूटरी से

208. सबसे बड़ी ग्रन्थि है–
(a) अग्न्याशय (b) पीयूष
(c) यकृत (d) थाइरॉइड

209. निम्नलिखित में कौन-सी ग्रन्थि अंत: तथा बाह्य स्रावी दोनों है?
(a) यकृत (b) प्रैंक्रियास
(c) थाइमस (d) थाइरॉइड

210. गर्भनिरोधक गोलियों में अधिकतर होता है–
(a) इस्ट्रोजेन + FSH
(b) प्रोजेस्टीरोन + LH
(c) FSH+2H
(d) एस्ट्रोजन + प्रोजेस्टीरोन

211. निम्नलिखित में से कौन-सा जन्तु द्विलिंगी होता है–
(a) मधुमक्खी (b) एक्केरिस
(c) जोंक (d) मक्खी

212. न उड़ने वाला पक्षी है–
(a) मोर (b) बत्तख
(c) ईमू (d) हंस

213. 'द्विनाम पद्धति' के जनक हैं–
(a) डार्विन (b) मेण्डेल
(c) लीनियस (d) मेयर

214. स्तनधारियों का सबसे महत्त्वपूर्ण लक्षण है–
(a) तन्तु पठ
(b) चार कोष्ठीय हृदय
(c) दाँत विन्यास
(d) अत्यधिक विकसित मस्तिष्क

215. उड़न मछली है–
(a) एक्सोसिटस (b) एसिया
(c) समुद्री घोड़ा (d) ऐसीपेंसर

216. जीवविज्ञान के जनक हैं–
(a) अरस्तू (b) गाल्टन
(c) सुकरात (d) जी०के० मेण्डल

217. वर्गीकरण की आधार इकाई है–
(a) जीन्स (b) स्पीशीज
(c) वर्ग (d) फाइलम

218. शरीर में 'फास्फोरस' पाया जाता है–
(a) अस्थियों में
(b) दाँतों में
(c) अस्थि एवं दाँतों में
(d) सभी कोशाओं में

219. मानव के लाल रुधिर कणों का जीवन काल होता है–
(a) 120 दिन (b) 150 दिन
(c) 180 दिन (d) 200 दिन

220. शरीर में सबसे बलशाली पेशी पायी जाती है?
(a) भुजा में (b) जाँघ में
(c) जबड़े में (d) हृदय में

221. 'बाह्य कर्ण' का कठोर लचीला भाग बना होता है–
(a) कण्डरा का (b) अस्थि का
(c) उपास्थि का (d) स्नायु का

222. मानव के रक्त की सामान्य PH होती है–
(a) 7.4
(b) 7 से कम
(c) 7
(d) इनमें से कोई नहीं

223. रुधिर दाब का नियंत्रण करता है–
(a) एड्रीनल (b) थाइमस
(c) थायरॉयड (d) कॉर्पस लूटियस

224. रुधिर का थक्का जमने के लिए आवश्यक है–
(a) सोडियम (b) पोटैशियम
(c) कैल्सियम (d) मैग्नीशियम

225. रुधिर में एण्टीस्कदंन पदार्थ मिलाया जाता है–
(a) सोडियम क्लोराइड
(b) सोडियम ऑक्सेलेट
(c) पोटैशियम क्लोराइड
(d) थ्राम्बोप्लास्टिन

226. शरीर में सबसे अधिक पाया जाने वाला ऊतक है–
(a) संयोजी ऊतक (b) उपकला ऊतक
(c) पेशी ऊतक (d) तंत्रिका ऊतक

227. 'ट्रिपेनोसोमिएसिस' रोग की वाहक है–
(a) लाऊस (b) सैण्ड मक्खी
(c) सी-सी मक्खी (d) फायर फ्लाई

228. 'कालाजार' के लिए उत्तरदायी प्रोटोजोआ है–
(a) जियार्डिया (b) ट्रिपेनोसोमा
(c) मोनो सिस्टम (d) लीशमानिया

229. मलेरिया के लिए दवा 'कुनैन' निष्कासित होती है–
(a) लौंग से
(b) लाल चींटियों से
(c) सिन्कोना की छाल से
(d) तुलसी की छाल से

230. मक्खी के लार्वा को कहते हैं–
(a) कैटरपिलर (b) रिगलर
(c) मैगट (d) टम्बलर

231. मधुमक्खियों में संचारण का साधन है–
(a) गन्ध
(b) ध्वनि
(c) नाच
(d) उपर्युक्त सभी

232. 'सी-सी' मक्खी निम्नलिखित में से कौन-सा रोग फैलाती है?
(a) स्लीपिंग सिकनेस
(b) मलेरिया
(c) हैजा
(d) एलीफैन्टाइसिस

233. काला-जार रोग निम्नलिखित में से किसके काटने से फैलता है?
(a) सैन्ड फ्लाई (b) घरेलू मक्खी
(c) खटमल (d) लाऊस

234. राइबोजोम्स किसके बने होते है?
(a) DNA + प्रोटीन (b) केवल DNA
(c) RNA + प्रोटीन (d) RNA + DNA

235. निम्नलिखित में से सूत्र विभाजन का सबसे लम्बी अवधि कौन-सी है?
(a) प्रोफेज (b) मेटाफेज
(c) एनाफेज (d) टीलोफेज

236. 'लाइसोसोम' को आत्महत्या की थैली क्यों कहते हैं?
(a) जल अपघटक एन्जाइम
(b) परजीवी क्रियाएँ
(c) भोज्य रिक्तिता
(d) अपचयी एन्जाइम

237. अन्तिम रूप में जैविक ऊर्जा किससे प्राप्त होती है?
(a) ग्लूकोस (b) सूर्य प्रकाश
(c) ATP (d) माइटोकॉण्ड्रिया

238. जो पादप जीवन में केवल एक बार पुष्प धारण करते हैं, कहलाते हैं–
(a) पोलीकार्पिक (b) मोनोकार्पिक
(c) निद्वार सम्पुरी (d) पेरीकॉर्पिक

239. लम्बे रेशे कहलाते हैं–
(a) फ्लिन्ट (b) फज
(c) फ्लफ (d) लिन्ट

240. एन्टीजन है–
(a) एक एन्जाइम (b) एक प्रोटीन
(c) उपजात पदार्थ (d) हॉरमोन

241. निम्न में से कौन सबसे छोटा जीव है?
(a) विषाणु (b) जीवाणु
(c) यीस्ट (d) माइकोप्लाज्मा

242. 'जेन्थोफिल' है–
(a) रंगहीन (b) हरे रंग का
(c) पीले रंग का (d) लाल रंग का

243. 'एन्टीबायोटिक क्लोरेलिन' प्राप्त होता है–
(a) जीवाणु से
(b) विषाणु से
(c) शैवाल से
(d) उपर्युक्त में से कोई नहीं

244. 'जलीय काई' का कारण है–
(a) हरे शैवाल
(b) जीवाणु
(c) हाइड्रिया
(d) नील-हरित शैवाल

245. साइकस में परागण किस माध्यम से होता है–
(a) वायु (b) कीड़े
(c) जल (d) मनुष्य

246. मनुष्य का एक कवक जनित रोग है–
(a) कॉलेरा (b) तपेदिक
(c) प्लेग (d) रिंग वर्म

247. प्रकाश ऊर्जा, रासायनिक ऊर्जा में बदलती है–
(a) पाचन में
(b) श्वसन में
(c) वाष्पोत्जर्सन में
(d) प्रकाश संश्लेषण में

248. 'वाष्पोत्सर्जन' नापने का यंत्र है–
(a) पोटोमीटर (b) ऑक्जेनोमीटर
(c) हाइड्रोमीटर (d) लेक्टोमीटर

249. 'किण्वक' है–
(a) हार्मोन (b) प्रोटीन
(c) कार्बोहाइड्रेट (d) जैविक उत्प्रेरक

250. किस जीव को किसान का अच्छा मित्र कहा जाता है?
(a) केंचुआ (b) टिड्डा
(c) मधुमक्खी (d) चींटी

कम्प्यूटर एवं सूचना प्रौद्योगिकी

1. पहला कम्प्यूटर बनाया गया था–
   (a) बिल गेट्स (b) बिल क्लिंटन
   (c) चार्ल्स बैबेज (d) मार्कोनी
2. इलेक्ट्रॉनिक कम्प्यूटर का आविष्कार किसने किया?
   (a) डॉ० एलन एन० इटिंग
   (b) कॉर्ल बेन्ज
   (c) एडीसन
   (d) टेलर
3. डिजिटल कम्प्यूटर विकसित किया गया–
   (a) रूस में
   (b) ब्रिटेन में
   (c) यू० एस० ए० में
   (d) जापान में
4. '2G स्पेक्ट्रम में अक्षर 'G' का क्या अर्थ है?
   (a) ग्लोबल (b) गवर्नमेंट
   (c) जेनरेशन (d) गूगल
5. 'माउस' है–
   (a) मेमोरी
   (b) सी०पी०यू०
   (c) इनपुट डिवाइस
   (d) आउटपुट डिवाइस
6. आजकल सबसे अधिक प्रयुक्त होने वाली 'इनपुट डिवाइस' कौन-सी है?
   (a) मदरबोर्ड (b) सी०पी०यू०
   (c) की-बोर्ड (d) सेमीकण्डक्टर
7. कम्प्यूटर का पहला माउस, जो 1368 में बनाया गया था। वह किस पदार्थ का बना था?
   (a) एल्युमिनियम
   (b) प्लास्टिक
   (c) इस्पात
   (d) लकड़ी
8. माउस को दो बार क्लिक करने पर सूचना जाती है–
   (a) डॉक्यूमेंट्स में (b) वीडियो कार्ड में
   (c) सी०पी०यू० में (d) हार्ड ड्राइव में
9. नेटवर्कों का नेटवर्क कहलाता है–
   (a) इक्स्ट्रानेट (b) इन्ट्रानेट
   (c) वेबनेट (d) इंटरनेट
10. प्रथम पृष्ठ, जो सामान्यतः आप वेबसाइट पर देखते हैं, वह होता है इसका–
    (a) होमपेज (b) मेनपेज
    (c) फर्स्ट पेज (d) फ्लैग पेज
11. इंटरनेट सिस्टम में किस तकनीक का प्रयोग किया जाता है?
    (a) बस (b) रिंग
    (c) स्टार (d) ट्री
12. फिजिकल और नेटवर्क लेयर के बीच कौन-सी लेयर पायी जाती है?
    (a) डाटा लिंक लेयर
    (b) ट्रांसपोर्ट लेयर
    (c) सेशन लेयर
    (d) कोई नहीं
13. भारत ने सुपर कम्प्यूटर 'परम' का निर्माण किया–
    (a) चेन्नई में (b) बंगलौर में
    (c) दिल्ली में (d) पुणे में
14. भारत के सर्वप्रथम स्वदेशी विकसित कम्प्यूटर का नाम है–
    (a) गति (b) धर्म
    (c) शक्ति (d) परम
15. सुपर कम्प्यूटर के किस शब्द लम्बाई की परास होती है–
    (a) 16 बिट तक (b) 32 बिट तक
    (c) 64 बिट तक (d) 126 बिट तक
16. विश्व का सबसे तेज कम्प्यूटर है–
    (a) परम 10000 (b) जे-8
    (c) तियान्हे-II (d) टी-3ए
17. सुपर कम्प्यूटर 'मैजिक क्यूब' किस देश में बनाया गया है?
    (a) यू०एस०ए० (b) चीन
    (c) जर्मनी (d) जापान
18. डब्ल्यू०एल०एल० (WLL) का अर्थ है–
    (a) विदाउट लीवर लाइन
    (b) विदिन लोकल लाइन

(c) वायरलेस इन लोकल लूप
(d) वायरलेस इन लॉन्ग लाइन

19. भारतीय रिमोट सेंसिग संस्थान (IIRS) स्थित है–
(a) देहरादून (b) नई दिल्ली
(c) लखनऊ (d) नागपुर

20. एक डिजिटल घड़ी में किस प्रकार का कम्प्यूटर हो सकता है?
(a) मेनक्रेम
(b) सुपर कम्प्यूटर
(c) नोटबुक कम्प्यूटर
(d) इम्वेडेड कम्प्यूटर

21. किस प्रकार के कम्प्यूटर का सर्वाधिक प्रयोग होता है?
(a) सुपर कम्प्यूटर
(b) मिनी कम्प्यूटर
(c) मेनफ्रेम कम्प्यूटर
(d) माइक्रो कम्प्यूटर

22. डेसी व्हील प्रिंटर का प्रकार है–
(a) लेसर (b) डाट मैट्रिक्स
(c) मैन्युअल (d) इम्पैक्ट

23. इन्टरनेट पर WWW का अर्थ है–
(a) वड्र्स वड्र्स वड्र्स
(b) वाइड वर्ल्ड वड्र्स
(c) वर्ल्ड वाइड वेब
(d) व्हैन व्हैर व्हाई

24. वर्ल्ड वाईड वेब (www) का आविष्कारक माना जाता है–
(a) एडवर्ड केस्नर
(b) बिल गेट्स
(c) टिम वर्नर्स-ली
(d) विनोद धाम

25. निम्नांकित में कौन-सी सूचना प्रौद्योगिकी परिभाषिकी नहीं है?
(a) लॉगिन (b) मोडेम
(c) पासवर्ड (d) पिनाका

26. जंक ई-मेल को क्या कहते हैं?
(a) स्पूफ (b) स्पूल
(c) स्निफर स्क्रिप्ट (d) स्पैम

27. कम्प्यूटर वाइरस होता है–
(a) विनाशक प्रोग्राम
(b) उपयोगी प्रोग्राम
(c) फायरवाल
(d) इनमें से कोई नहीं

28. विन्डोज ऑपरेटिंग सिस्टम विकसित किया गया–
(a) माइक्रोसॉफ्ट द्वारा
(b) आई०बी०एम० द्वारा
(c) ए०टी०एण्ड टी० द्वारा
(d) एच०पी० द्वारा

29. कम्प्यूटर की स्मृति का मापन किया जाता है–
(a) बिट्स के द्वारा
(b) ओम के द्वारा
(c) एम्पियर के द्वारा
(d) वोल्ट्स के द्वारा

30. द्वि-आधारी (बाइनरी) संख्याएँ हैं–
(a) 0 और 1 (b) 0 और 10
(c) 1 और 10 (d) 1 और 100

31. बाइनरी कोड में संख्या 7 लिखी जाती है–
(a) 110 (b) 111
(c) 101 (d) 100

32. बाइनरी भाषा कितने अंकों की बनी है?
(a) 2 (b) 3
(c) 4 (d) 16

33. निम्नलिखित में कौन सेल्फ कॉम्प्लिमेंटरी कोड है?
(a) 8421 कोड (b) 5211 कोड
(c) ग्रे कोड (d) बाइनरी कोड

34. 1+1 का द्विधारी योग होगा–
(a) 0
(b) 0 तथा कैरी 1
(c) 0 तथा कोई कैरी नहीं
(d) 1

35. 8-बिटों के समूह को कहते हैं–
(a) मिबल (b) बाइट
(c) वर्ड (शब्द) (d) डिलोबाइट

36. एक बाइट कितने बिट्स के बराबर होता है–
(a) 8 (b) 16
(c) 24 (d) 32

37. एक किलोबाइट समान है–
(a) 1000 बाइटों के
(b) 1000 बिट्स
(c) 1024 बाइटों के
(d) 1000 शब्दों के

38. न्यूनतम मेमोरी साइज की इकाई चुनिए—
    (a) के. बी.   (b) एम. बी.
    (c) जी. बी.   (d) टी. बी.
39. दस लाख बाइट्स लगभग होती है—
    (a) गीगाबाइट   (b) किलोबाइट
    (c) मेगाबाइट   (d) टेराबाइट
40. एक डेटाबेस में फील्ड होती है—
    (a) लेबल
    (b) सूचना की तालिका
    (c) सम्बन्धित रिकॉर्ड्स का समूह
    (d) जानकारी की श्रेणी
41. कम्प्यूटर में ALU का तात्पर्य है—
    (a) एलजेब्रिक लॉजिक यूनिट
    (b) अर्थमेटिक लॉजिक यूनिट
    (c) एलजेब्रिक लोकल यूनिट
    (d) अरिथमेरिक लोकल यूनिट
42. किस प्रोटोकॉल द्वारा वर्ल्ड वाइड वेब में पहुँचा जा सकता है?
    (a) एच टी टी पी
    (b) एस एम टी पी
    (c) एस एल आई पी
    (d) इनमें से कोई नहीं
43. कौन कम्प्यूटर का हार्डवेयर नहीं है?
    (a) प्रिन्टर   (b) कम्पाइलर
    (c) माउस   (d) की-बोर्ड
44. कम्प्यूटर का मस्तिष्क किसको कहते हैं?
    (a) स्मृति   (b) कुंजी पटल
    (c) हार्ड डिस्क   (d) सी०पी०यू०
45. इंडेक्स दोल सम्बन्धित है—
    (a) हार्ड डिस्क से
    (b) फ्लॉपी डिस्क से
    (c) प्रिंटर से
    (d) सी०पी०यू० से
46. आधुनिक कम्प्यूटरों का लघु रुपांतरण सम्भव हो सका है, निम्न के प्रयोग से—
    (a) ट्रान्जिस्टर
    (b) समाकलित परिपथ चिप्स
    (c) नैनो पदार्थ
    (d) अति चालक
47. कम्प्यूटर के चिप्स बने होते हैं—
    (a) सिलिकॉन   (b) ताँबा
    (c) स्टील   (d) प्लास्टिक
48. एकीकृत परिपथ में प्रयुक्त अर्द्धचालक चिप निम्न धातु की बनी होती है—
    (a) बेरीलिथम   (b) कार्बन
    (c) सिलिकॉन   (d) जिरकॉन
49. आई०सी० चिपों का निर्माण किया जाता है—
    (a) फाइबर से
    (b) सेमीकन्डक्टर से
    (c) प्लास्टिक से
    (d) इनमें से कोई नहीं
50. माइक्रो कम्प्यूटर को टेलीफोन से कौन-सी पद्धति या व्यवस्था जोड़ती है?
    (a) वी०डी०यू०   (b) मोडेम
    (c) यूनिक्स   (d) उपयुक्त सभी
51. रोम मेमोरी है—
    (a) पढ़ने के लिए
    (b) लिखने के लिए
    (c) लिखने एवं पढ़ने दोनों के लिए
    (d) इनमें से कोई नहीं
52. सेलेरोन, पेंटियम और कोर क्रम प्रारूप हैं—
    (a) रैम (RAM) के
    (b) माइक्रोचिप के
    (c) प्रोसेसर के
    (d) इनमें सभी
53. कम्प्यूटर की स्थायी स्मृति को क्या कहते हैं?
    (a) RAM   (b) ROM
    (c) CPU   (d) CDROM
54. स्मृति में आंकड़ों की स्थिति को विशेष रूप से व्यक्त करने का साधन है—
    (a) संग्राहक   (b) पता
    (c) एल०डी०ए०   (d) रैम
55. RAM का तात्पर्य है—
    (a) रीसेन्ट एण्ड एन्शियेंट मेमोरी
    (b) रेन्डम एक्सेस मेमोरी
    (c) रीड एण्ड मेमोराइज
    (d) रिकॉल ऑल मेमोरी
56. कम्प्यूटर की पावर बंद करने पर किस शार्ट टर्म मेमोरी का डाटा स्वत: खत्म हो जाता है?
    (a) सी०पी०यू०   (b) हार्डवेयर
    (c) प्रोसेसर   (d) रैम

57. वर्ड प्रोसेसर, स्पैडथीट उदाहरण हैं–
(a) सिस्टम सॉफ्टवेयर
(b) एप्लीकेशन सॉफ्टवेयर
(c) प्लेटफॉर्म सॉफ्टवेयर
(d) इनमें से कोई नहीं

58. कोबोल क्या है–
(a) कोयले की राख
(b) कम्प्यटूर भाषा
(c) नई तोप
(d) विशेष गेंद

59. ओरेकल है–
(a) प्रचालन यंत्र
(b) संसाधक सॉफ्टवेयर
(c) डाटा सॉफ्टवेयर
(d) a और b दोनों

60. कौन एक कम्प्यूटर की भाषा नहीं है?
(a) BASIC (b) C
(c) FAST (d) FORTRAN

61. निम्न में कौन कम्प्यूटर की भाषा नहीं है?
(a) जावा (b) सी++
(c) रोम (d) पास्कल

62. निम्न में कौन वैज्ञानिक कम्प्यूटर भाषा है–
(a) BASIC (b) COBOL
(c) FORTRAN (d) PASCAL

63. बेसिक निम्न में कौन-सी भाषा है?
(a) प्रोसीजरल
(b) ऑब्जेक्ट ओरिएंटेड
(c) a एवं b
(d) इनमें से कोई नहीं

64. भाषा जिसे कम्प्यूटर समझता है?
(a) अमेरिकन भाषा
(b) मशीनी भाषा
(c) गुप्त प्रच्छल भाषा
(d) इनमें से कोई नहीं

65. किसी संगठन की बेवसाइड का .com (डॉट कॉम) अंश सूचित करता है–
(a) कम्पनी
(b) कमाण्ड
(c) कम्यूनिकेशन
(d) कामर्शियल

66. निम्नांकित में से कौन-सा एक प्रमाणिक डोमेन नेम एक्सटेंशन है?
(a) .com (b) .gov
(c) .net (d) ये सभी

67. सिग्नल की शक्ति (स्ट्रेंथ) कम हुए बिना नेटवर्क की लम्बाई बढ़ाने के लिए हम उपयोग करेंगे–
(a) रिपीटर (b) राउटर
(c) गेटवे (d) स्विच

68. USB का पूर्ण रूप क्या है?
(a) यूनिवर्सल सीरियल बस
(b) यूनिवर्सल सेट बस
(c) यूनिफाइड सीरियल बस
(d) अनडिफाइंड सीरियल बस

69. कम्प्यूटर में जहाँ ऐसेसरीज जुड़ती है, उसे कहते हैं–
(a) पोर्ट (b) रिंग
(c) बस (d) जिप

70. डिजिटल कम्प्यूटर किस सिद्धांत पर कार्य करता है?
(a) गणना
(b) मापन
(c) विद्युत
(d) लॉजिकल सिद्धान्त पर

71. कम्प्यूटर की त्रुटियाँ प्रदर्शित करता है–
(a) चिप (b) बाइट
(c) बग (d) बिट

72. ओ०एम०आर० का तात्पर्य है–
(a) ऑप्टिकल मार्क रीडर
(b) ऑक्टल मशीन रीडर
(c) ऑप्टिकल मशीन रीडर
(d) ऑक्टल मार्क रीडर

73. शासन के लिए कम्प्यूटरों के प्रयोग को कहा जाता है–
(a) कम्प्यूटर गवर्नेन्स
(b) ई-मेल गवर्नेन्स
(c) इन्टरनेट गवर्नेन्स
(d) ई-गवर्नेन्स

74. कम्प्यूटर अपनी शक्ति प्राप्त करता है–
(a) अपनी गति से
(b) शुद्धता से
(c) स्मृति से
(d) उपरोक्त सभी से

75. वीडियो मेल से क्या भेज सकते हैं?
(a) ग्राफिक्स (b) वीडियो क्लिप्स
(c) वीडियो मैसेज (d) ये सभी

76. ई-मेल का विस्तृत रूप है–
(a) इलेक्ट्रिकल मेल
(b) इलेक्ट्रॉनिक मेल
(c) इलास्टिक मेल
(d) उपर्युक्त मे से कोई नहीं

77. निम्नांकित मे से कौन निःशुल्क ई-मेल सेवा प्रदाता है?
(a) हॉटमेल (b) रेडिफमेल
(c) याहू (d) ये सभी

78. किस प्रकार की डिजिटल फाइलें ई-मेल में संबद्ध हो सकती हैं?
(a) संगीत (b) डॉक्यूमेंट
(c) फोटो (d) उपरोक्त सभी

79. डाटा का एकवचन है–
(a) डेटम
(b) डाट
(c) डाटा
(d) उपर्युक्त मे से कोई नहीं

80. ब्लॉग शब्द दो शब्दों का संयोजन है–
(a) वेब-लॉग (b) वेव-लॉग
(c) वैब-लॉग (d) वैड-लॉग

81. 'कमान्डस' को ले जाने की प्रक्रिया है–
(a) फेथिंग (b) स्टोरिंग
(c) डिकोडिंग (d) एक्जीक्यूटिंग

82. मेन्यू में .... की सूची होती है–
(a) डाटा (b) ऑब्जेक्ट
(c) रिपोर्ट (d) कमांड

83. वर्चअल मेमोरी का आकार निर्भर करता है–
(a) एड्रेस लाइन्स पर
(b) डाटाबेस पर
(c) डिस्क स्पेस पर
(d) ये सभी

84. निम्न में से कौन-सा सर्च इंजन नहीं है?
(a) गूगल (b) अल्टाविस्टा
(c) साइंस डायरेक्ट (d) ऑरकुट

85. चित्र संदेश निजी इनबॉक्स में कितने दिन रहेगा?
(a) 28 दिन (b) 30 दिन
(c) 15 दिन (d) 7 दिन

86. सिम (SIM) का पूरा स्वरूप है–
(a) सब्स्क्राइबर्स आइडेंटिटी माड्यूल
(b) सब्स्क्राइबर्स आइडेंटिटी मशीन
(c) सेल्फ आइडेंटिटी मशीन
(d) सेल्फ आइडेंटिटी माड्यूल

87. एस०एम०एस० का अर्थ है–
(a) स्विफ्ट मेल सिस्टम
(b) शार्ट मैसेजिंग सर्विस
(c) शार्ट हैण्ड मैन्युअल स्क्रिप्ट
(d) स्पीड मेल सर्विस

88. हैकिंग से आप क्या समझते हैं?
(a) सर्थिंग
(b) सिक्योरिटी
(c) दोनों (a) तथा (b)
(d) इनमें से कोई नहीं

89. साइबर क्राइम कार्य है?
(a) हैकिंग
(b) स्टॉकिंग
(c) सर्विस आघात की मनाही
(d) उपर्युक्त सभी

90. कार में लगा हुआ गति मापक यन्त्र निरूपित करता है–
(a) एनालॉग कम्प्यूटर
(b) डिजीटल कम्प्यूटर
(c) हाइब्रिड कम्प्यूटर
(d) इनमें से कोई नहीं

91. निम्न में से सबसे तेज मेमोरी कौन-सी है?
(a) हार्ड डिस्क
(b) डी०वी०डी० रोम
(c) कैश मेमोरी
(d) स्टैटिक रैम

92. लिखित प्रोग्राम जिसके कारण कम्प्यूटर वांछित तरीके से कार्य करते हैं, कहलाता है–
(a) कोड्स
(b) इन्स्ट्रक्शन्स
(c) सॉफ्टवेयर
(d) इनमें से कोई नहीं

93. कम्प्यूटर प्रोग्रामों के लिए दूसरा नाम है–
(a) कम्प्यूटर हार्डवेयर
(b) कम्प्यूटर सॉफ्टवेयर
(c) कम्प्यूटर भाषा
(d) कम्प्यूटर स्मृति

94. कौन-सा कम्प्यूटर का घटक नहीं है–
(a) इनपुट यूनिट (b) आउटपुट यूनिट
(c) मेमोरी यूनिट (d) बेसिक यूनिट

95. निम्नलिखित में कौन-सी भारत की सबसे बड़ी ई-कॉमर्स कंपनी है?
(a) फ्लिपकार्ट (b) जबांग
(c) एम-जंक्शन (d) भारती एयरटेल

96. 'स्काई ड्राइव' निम्नलिखित में से किस कंपनी की क्लाउड कम्प्यूटिंग सेवा का नाम है?
(a) वोडाफोन
(b) BSNL
(c) माइक्रोसॉफ्ट
(d) उपर्युक्त में से कोई नहीं

97. आई०बी०एम० का पूरा नाम है–
(a) इंडियन बिजिनस मशीन
(b) इन्टरनेशनल बिजिनस मशीन
(c) इटैलियन बिजिनस मशीन
(d) इन्टीग्रल बिजिनस मशीन

98. यू०पी०एस० का विस्तृत रूप है–
(a) अनइन्टरेप्टेब्ल पॉवर सप्लाई
(b) यूनिवर्सल पॉवर सप्लाई
(c) यूनिवर्सल पॉवर सर्विस
(d) यूनिवर्सल पॉवर सेविंग

99. कम्प्यूटर का मुख्य पटल कहलाता है–
(a) फादर बोर्ड
(b) मदर बोर्ड
(c) की-बोर्ड
(d) उपरोक्त में से कोई नहीं

100. आई०सी० चिपों द्वारा निर्मित प्रथम डिजिटल कम्प्यूटर जाना जाता है–
(a) एप्ल प्रथम
(b) वेक्स-780
(c) आई०बी०एम० 1620
(d) आई०बी०एम० सिस्टम 1360

101. 'विश्व कम्प्यूटर साक्षरता दिवस' मनाया जाता है–
(a) 2 दिसंबर (b) 5 जुलाई
(c) 14 नवंबर (d) 3 नवंबर

102. विधा वाहिनी परियोजना सम्बन्धित है–
(a) कम्प्यूटर शिक्षा (b) मूल्य शिक्षा
(c) पर्यावरण शिक्षा (d) कौशल विकास

103. एकीकृत परिपथ के आविष्कार से किस पीढ़ी का जन्म हुआ?
(a) प्रथम पीढ़ी (b) द्वितीय पीढ़ी
(c) तृतीय पीढ़ी (d) चतुर्थ पीढ़ी

104. चतुर्थ पीढ़ी का मुख्य अवयव था–
(a) ट्रांजिस्टर
(b) वृहद एकीकृत परिपथ
(c) एकीकृत परिपथ
(d) निर्वात नलिका

105. सामान्य रूप से प्रयुक्त होने वाला कम्प्यूटर है–
(a) एनालॉग कम्प्यूटर
(b) डिजिटल कम्प्यूटर
(c) आप्टिकल कम्प्यूटर
(d) हाइब्रिड कम्प्यूटर

106. भारत में सर्वप्रथम दिखाई देने वाला कम्प्यूटर वायरस है–
(a) सी-ब्रेन (b) कोलम्बस
(c) मैक बग (d) एंजेलो वायरस

107. अरनेट (ERNET) क्या है?
(a) एक धारावाहिक
(b) खेलकूद से सम्बन्धित नियम
(c) एक कम्प्यूटर नेटवर्क
(d) एक कोयला खदान का नाम

108. जब इंटरनेट का उपयोग सन्देश प्रेषित करने में किया जाता है, तो यह सुविधा कहलाती है–
(a) साइबर स्पेस (b) निकनेट
(c) ई-मेल (d) आईनेट

109. प्रदेश है–
(a) भारत में नवनिर्मित एक राज्य
(b) पूर्वोत्तर में एक जंगल
(c) कम्प्यूटर की भाषा
(d) ई-बैंकिंग

110. पंचम पीढ़ी के कम्प्यूटरों की प्रमुख विशेषता में से कौन-सी होगी?
(a) घर-घर उपयोग
(b) बहुआयामी उपयोग
(c) कृत्रिम वृद्धि
(d) बहुत कम कीमत

111. आधुनिक डिजिटल कम्प्यूटरों में किस पद्धति का उपयोग किया जाता है?
(a) द्वि आधारी अंक पद्धति
(b) दशमलव अंक
(c) अनुरूप गणना
(d) इनमें से कोई नहीं

112. निम्न में से कौन माउस के जैसा कार्य करता है?
(a) की-बोर्ड (b) स्कैनर
(c) आइकॉन (d) ट्रेकबॉल

113. डॉट मैट्रिक्स किस उपकरण की किस्म है?
(a) स्कैनर (b) प्रिन्टर
(c) की-बोर्ड (d) माउस

114. CRAY क्या है?
(a) मिनी कम्प्यूटर
(b) माइक्रो कम्प्यूटर
(c) मेनफ्रेम कम्प्यूटर
(d) सुपर कम्प्यूटर

115. 'टैली' (Tally) सॉफ्टवेयर का प्रयोग किस काम के लिए किया जाता है?
(a) डीटीपी (b) संचार
(c) नेटवर्किंग (d) एकांउटिंग

116. L.C.D. का पूरा नाम है–
(a) Lead Crystal Device
(b) Light Central Display
(c) Liquid Central Display
(d) Liquid Crystal Display

117. भारत में निर्मित प्रथम कम्प्यूटर है–
(a) सिद्धार्थ (b) परम
(c) मेघा (d) साइबर

118. विश्व का प्रथम इलेक्ट्रॉनिक डिजिटल कम्प्यूटर है–
(a) एनीयक (b) सिद्धार्थ
(c) परम (d) डीप

119. कम्प्यूटर डाटा की सबसे छोटी इकाई है–
(a) बाइट (b) बिट
(c) रिकार्ड (d) फाइल

120. पहले से ऑन कम्प्यूटर को रीस्टार्ट करने को क्या कहते हैं?
(a) कोल्ड बूटिंग
(b) वार्म बूटिंग
(c) शट डाऊन
(d) लॉगिंग ऑफ

121. OS का प्रमुख कार्य है–
(a) प्रोसेसिंग प्रबन्धत
(b) मैमोरी प्रबंध
(c) फाइल प्रबन्धन
(d) उपर्युक्त सभी

122. निम्न में से कौन-सी MS-DOS की एक्सटर्नल कमाण्ड नहीं है–
(a) CHKDSK (b) TREE
(c) DIR (d) ATTRIB

123. यूनिक्स की मुख्य भाषा है–
(a) कोबोल (b) बेसिक
(c) एसेम्बली (d) जावा

124. यूनिक्स का विकास कब हुआ?
(a) 1950 ई० (b) 1955 ई०
(c) 1960 ई० (d) 1969 ई०

125. MSD का पूर्ण रूप है–
(a) Most Significant Digit
(b) Many Significant Digit
(c) Multiple Significant Digit
(d) Most Significant Digit

126. बाइनरी संख्या $(101001100)_2$ का ऑक्टल समतुल्य क्या होगा?
(a) $(515)_8$ (b) $(514)_8$
(c) $(504)_8$ (d) $(415)_8$

127. बाइनरी संख्या $(101.1011)_2$ का ऑक्टल समतुल्य है–
(a) $(5.5)_8$ (b) $(55.5)_8$
(c) $(5.11)_8$ (d) $(5.54)_8$

128. एक कम्प्यूटर जिसे पोर्टेबल कम्प्यूटर नहीं माना जाता है?
(a) मिनी कम्प्यूटर
(b) लैपटॉप
(c) माइक्रो कम्प्यूटर
(d) इनमें से सभी

129. एनालॉग और डिजिटल कम्प्यूटर का संयुक्त रूप है–
(a) हाइब्रिड कम्प्यूटर
(b) डिजिटल कम्प्यूटर
(c) एनालॉग कम्प्यूटर
(d) सुपर कम्प्यूटर

130. कम्प्यूटर की प्रथम भाषा है–
    (a) एसेम्बली   (b) मशीन
    (c) सोर्स कोड   (d) ऑब्जेक्ट कोड
131. कम्प्यूटर के मुख्य परिपथ को कहते हैं–
    (a) सी०पी०यू०   (b) मदरबोर्ड
    (c) इण्टेल   (d) रोम
132. CPU में कण्ट्रोल, मैमोरी और .... यूनिट होते हैं–
    (a) माइक्रो प्रोसेसर
    (b) आरिथमैटिक/लॉजिक
    (c) आउटपुट
    (d) इनपुट
133. शब्द 'डेटा' लिया गया है–
    (a) ग्रीक   (b) इंग्लिश
    (c) हिन्दी   (d) लैटिन
134. CRT का आकार होता है–
    (a) वृत्ताकार   (b) आयताकार
    (c) दीर्घवृत्ताकार (d) कोनिकल
135. ऑप्टिकल माउस किसने बनाया?
    (a) IBM
    (b) ORACLE
    (c) MICROSOFT
    (d) इनमें से कोई नहीं
136. स्क्रीन पर डिस्प्ले किये गये पिक्सल्स की संख्या को क्या कहते हैं?
    (a) रिजोल्यूशन   (b) कलर डेप्थ
    (c) रिफ्रेश रेट   (d) प्यूइंग साइज
137. स्थायी आउटपुट प्राप्त करने हेतु किसका सर्वाधिक उपयोग होता है?
    (a) प्रिन्टर   (b) लाइटपेन
    (c) स्कैनर   (d) माउस
138. पेटिफेरल इक्विपमेण्ट का उदाहरण है–
    (a) प्रिन्टर
    (b) CPU
    (c) स्प्रेडशीट
    (d) माइक्रो कम्प्यूटर
139. एक सिंगल यू०एस०बी० पोर्ट से कितनी डिवाइसेज कनेक्ट कर सकते हैं?
    (a) 256   (b) 300
    (c) 500   (d) 127
140. इनमें से कौन-सी प्वॉइण्टिंग और ड्रॉप डिवाइस है?
    (a) माउस   (b) स्कैनर
    (c) प्रिन्टर   (d) CD-DOM
141. जॉयस्टिक का प्रयोग होता है–
    (a) ध्वनि नियन्त्रण (b) गेमिंग
    (c) टेक्स्ट एण्टर (d) पिक्चर बनाने
142. इलेक्ट्रोमैग्नेटिक प्रिन्टर की गति क्या है?
    (a) 20000 LPM (b) 290 PPM
    (c) 400 CPM   (d) 300 CPM
143. 1 निबल में कितने बिट्स होते हैं?
    (a) 4   (b) 8
    (c) 16   (d) 32
144. किसमें लगभग बिलियन बाइट्स होते हैं–
    (a) किलोबाइट   (b) बिट
    (c) गीगाबाइट   (d) मेगा बाइट
145. कितने मेगाबाइट से एक गीगाबाइट बनता है?
    (a) 1024   (b) 128
    (c) 256   (d) 512
146. कितने बाइट मिलाकर एक किलोबाइट बनता है?
    (a) 612   (b) 1024
    (c) 2048   (d) 4096
147. सबसे कॉमन प्रकार की स्टोरेज डिवाइस है–
    (a) परसिटेण्ट   (b) ऑप्टिकल
    (c) मैग्नेटिक   (d) फ्लैथ
148. कम्प्यूटर डेटा की सबसे छोटी इकाई है–
    (a) बाइट   (b) बिट
    (c) रिकार्ड   (d) फाइल
149. डेटाबेस में एट्रीब्यूट क्या होता है?
    (a) स्तम्भ   (b) पंक्ति
    (c) सारणी   (d) ये सभी
150. E-R डेटा मॉडल किसके द्वारा दिया गया था?
    (a) Pascal
    (b) C.S Date
    (c) Dr. Edgar F. Codd
    (d) a और b दोनों

उत्तरमाला
भौतिक विज्ञान

1. (a)	2. (a)	3. (d)	4. (c)	5. (a)	6. (c)	7. (b)
8. (c)	9. (a)	10. (b)	11. (a)	12. (b)	13. (c)	14. (b)
15. (a)	16. (b)	17. (a)	18. (a)	19. (c)	20. (a)	21. (c)
22. (a)	23. (c)	24. (a)	25. (c)	26. (c)	27. (b)	28. (c)
29. (a)	30. (a)	31. (b)	32. (d)	33. (c)	34. (a)	35. (b)
36. (b)	37. (a)	38. (d)	39. (a)	40. (a)	41. (b)	42. (b)
43. (a)	44. (b)	45. (b)	46. (c)	47. (c)	48. (a)	49. (a)
50. (b)	51. (c)	52. (d)	53. (b)	54. (a)	55. (c)	56. (d)
57. (b)	58. (a)	59. (d)	60. (c)	61. (b)	62. (c)	63. (d)
64. (b)	65. (a)	66. (d)	67. (c)	68. (b)	69. (d)	70. (c)
71. (a)	72. (b)	73. (c)	74. (b)	75. (d)	76. (a)	77. (c)
78. (d)	79. (b)	80. (b)	81. (a)	82. (c)	83. (b)	84. (c)
85. (a)	86. (a)	87. (a)	88. (b)	89. (d)	90. (a)	91. (a)
92. (c)	93. (b)	94. (d)	95. (a)	96. (b)	97. (a)	98. (c)
99. (a)	100. (c)	101. (c)	102. (a)	103. (c)	104. (c)	105. (b)
106. (b)	107. (b)	108. (c)	109. (c)	110. (b)	111. (b)	112. (c)
113. (b)	114. (a)	115. (b)	116. (c)	117. (b)	118. (d)	119. (b)
120. (c)	121. (a)	122. (a)	123. (b)	124. (b)	125. (b)	126. (d)
127. (b)	128. (c)	129. (a)	130. (c)	131. (b)	132. (a)	133. (b)
134. (b)	135. (c)	136. (b)	137. (a)	138. (a)	139. (a)	140. (c)
141. (b)	142. (a)	143. (a)	144. (a)	145. (a)	146. (a)	147. (c)
148. (a)	149. (c)	150. (a)	151. (b)	152. (a)	153. (c)	154. (c)
155. (b)	156. (c)	157. (a)	158. (c)	159. (a)	160. (b)	161. (c)
162. (a)	163. (b)	164. (a)	165. (c)	166. (a)	167. (a)	168. (d)
169. (b)	170. (b)	171. (c)	172. (b)	173. (c)	174. (a)	175. (d)
176. (c)	177. (d)	178. (c)	179. (a)	180. (d)	181. (a)	182. (b)
183. (a)	184. (d)	185. (b)	186. (c)	187. (a)	188. (b)	189. (b)
190. (a)	191. (b)	192. (c)	193. (d)	194. (a)	195. (b)	196. (c)
197. (a)	198. (c)	199. (a)	200. (b)	201. (a)	202. (c)	203. (b)
204. (a)	205. (a)	206. (c)	207. (b)	208. (c)	209. (a)	210. (a)
211. (b)	212. (a)	213. (d)	214. (a)	215. (b)	216. (d)	217. (c)
218. (a)	219. (d)	220. (c)	221. (b)	222. (a)	223. (d)	224. (a)
225. (c)	226. (c)	227. (b)	228. (d)	229. (d)	230. (c)	231. (d)

232. (b)	**233.** (a)	**234.** (c)	**235.** (a)	**236.** (a)	**237.** (b)	**238.** (a)
239. (c)	**240.** (d)	**241.** (c)	**242.** (a)	**243.** (c)	**244.** (d)	**245.** (a)
246. (b)	**247.** (a)	**248.** (a)	**249.** (c)	**250.** (d)	**251.** (c)	**252.** (a)
253. (c)	**254.** (b)	**255.** (b)	**256.** (c)	**257.** (a)	**258.** (b)	**259.** (d)
260. (d)	**261.** (b)	**262.** (a)	**263.** (a)	**264.** (d)	**265.** (c)	**266.** (a)
267. (c)	**268.** (a)	**269.** (d)	**270.** (c)	**271.** (d)	**272.** (a)	**273.** (c)
274. (a)	**275.** (b)	**276.** (b)	**277.** (a)	**278.** (c)	**279.** (c)	**280.** (a)
281. (c)	**282.** (b)	**283.** (b)	**284.** (a)	**285.** (c)	**286.** (c)	**287.** (a)
288. (c)	**289.** (c)	**290.** (d)	**291.** (d)	**292.** (c)	**293.** (a)	**294.** (c)
295. (d)	**296.** (b)	**297.** (d)	**298.** (a)	**299.** (c)		

उत्तरमाला
रसायन विज्ञान

1. (c)	**2.** (c)	**3.** (c)	**4.** (c)	**5.** (d)	**6.** (b)	**7.** (b)
8. (d)	**9.** (a)	**10.** (d)	**11.** (d)	**12.** (a)	**13.** (b)	**14.** (c)
15. (d)	**16.** (a)	**17.** (d)	**18.** (b)	**19.** (b)	**20.** (b)	**21.** (b)
22. (a)	**23.** (c)	**24.** (a)	**25.** (c)	**26.** (c)	**27.** (c)	**28.** (b)
29. (d)	**30.** (d)	**31.** (a)	**32.** (c)	**33.** (b)	**34.** (c)	**35.** (c)
36. (d)	**37.** (d)	**38.** (a)	**39.** (b)	**40.** (d)	**41.** (c)	**42.** (d)
43. (a)	**44.** (b)	**45.** (d)	**46.** (d)	**47.** (c)	**48.** (a)	**49.** (d)
50. (a)	**51.** (c)	**52.** (a)	**53.** (b)	**54.** (a)	**55.** (c)	**56.** (b)
57. (a)	**58.** (d)	**59.** (b)	**60.** (a)	**61.** (c)	**62.** (c)	**63.** (b)
64. (c)	**65.** (c)	**66.** (b)	**67.** (c)	**68.** (c)	**69.** (d)	**70.** (b)
71. (c)	**72.** (d)	**73.** (b)	**74.** (c)	**75.** (b)	**76.** (c)	**77.** (d)
78. (a)	**79.** (b)	**80.** (b)	**81.** (d)	**82.** (b)	**83.** (c)	**84.** (b)
85. (c)	**86.** (b)	**87.** (c)	**88.** (b)	**89.** (b)	**90.** (b)	**91.** (d)
92. (a)	**93.** (d)	**94.** (b)	**95.** (b)	**96.** (c)	**97.** (a)	**98.** (b)
99. (a)	**100.** (c)	**101.** (a)	**102.** (b)	**103.** (c)	**104.** (b)	**105.** (d)
106. (c)	**107.** (d)	**108.** (c)	**109.** (d)	**110.** (b)	**111.** (c)	**112.** (a)
113. (d)	**114.** (a)	**115.** (d)	**116.** (b)	**117.** (d)	**118.** (c)	**119** (b)
120. (c)	**121.** (a)	**122.** (b)	**123.** (b)	**124.** (c)	**125.** (b)	**126.** (a)
127. (b)	**128.** (c)	**129.** (b)	**130.** (b)	**131.** (d)	**132.** (a)	**133.** (d)
134. (d)	**135.** (b)	**136.** (c)	**137.** (d)	**138.** (c)	**139.** (b)	**140.** (a)
141. (b)	**142.** (c)	**143.** (a)	**144.** (d)	**145.** (d)	**146.** (b)	**147.** (b)

148. (c)	149. (c)	150. (a)	151. (d)	152. (b)	153. (b)	154. (b)	
155. (d)	156. (a)	157. (c)	158. (c)	159. (b)	160. (c)	161. (a)	
162. (c)	163. (a)	164. (d)	165. (a)	166. (c)	167. (b)	168. (b)	
169. (b)	170. (b)	171. (b)	172. (a)	173. (c)	174. (a)	175. (c)	
176. (b)	177. (a)	178. (b)	179. (b)	180. (a)	181. (b)	182. (a)	
183. (c)	184. (c)	185. (c)	186. (a)	187. (b)	188. (a)	189. (d)	
190. (b)	191. (b)	192. (c)	193. (a)	194. (b)	195. (a)	196. (b)	
197. (a)	198. (b)	199. (c)	200. (d)	201. (a)	202. (b)	203. (d)	
204. (a)	205. (d)	206. (a)	207. (b)	208. (a)	209. (b)	210. (d)	
211. (a)	212. (b)	213. (c)	214. (d)	215. (b)	216. (b)	217. (c)	
218. (a)	219. (a)	220. (b)	221. (d)	222. (a)	223. (a)	224. (d)	
225. (b)	226. (c)	227. (d)	228. (b)	229. (b)	230. (d)	231. (b)	
232. (d)	233. (d)	234. (b)	235. (b)	236. (c)	237. (d)	238. (c)	
239. (c)	240. (b)	241. (d)	242. (c)	243. (d)	244. (a)	245. (b)	
246. (a)	247. (d)	248. (c)	249. (d)	250. (b)	251. (d)	252. (b)	
253. (b)	254. (a)	255. (a)	256. (c)	257. (d)	258. (b)	259. (c)	
260. (b)	261. (c)	262. (b)	263. (a)	264. (c)	265. (d)	266. (c)	
267. (c)	268. (a)	269. (d)	270. (d)	271. (c)	272. (b)	273. (c)	
274. (d)	275. (b)	276. (b)	277. (d)	278. (a)	279. (c)	280. (b)	
281. (a)	282. (b)	283. (c)	284. (c)	285. (b)	286. (a)	287. (c)	
288. (a)	289. (c)	290. (b)	291. (c)	292. (b)	293. (b)	294. (b)	
295. (c)	296. (d)	297. (b)	298. (c)	299. (d)	300. (d)		

उत्तरमाला
जीव विज्ञान

1. (b)	2. (b)	3. (d)	4. (c)	5. (c)	6. (b)	7. (a)
8. (b)	9. (d)	10. (c)	11. (d)	12. (b)	13. (d)	14. (c)
15. (c)	16. (c)	17. (c)	18. (a)	19. (a)	20. (b)	21. (a)
22. (d)	23. (b)	24. (c)	25. (b)	26. (d)	27. (a)	28. (c)
29. (a)	30. (c)	31. (a)	32. (b)	33. (b)	34. (b)	35. (d)
36. (b)	37. (b)	38. (b)	39. (b)	40. (a)	41. (d)	42. (d)
43. (c)	44. (d)	45. (c)	46. (b)	47. (d)	48. (b)	49. (d)
50. (c)	51. (d)	52. (c)	53. (a)	54. (b)	55. (c)	56. (a)
57. (b)	58. (d)	59. (c)	60. (a)	61. (c)	62. (d)	63. (d)
64. (c)	65. (b)	66. (a)	67. (b)	68. (c)	69. (c)	70. (d)
71. (a)	72. (b)	73. (b)	74. (d)	75. (a)	76. (b)	77. (a)
78. (c)	79. (d)	80. (c)	81. (a)	82. (d)	83. (c)	84. (a)
85. (b)	86. (c)	87. (d)	88. (c)	89. (d)	90. (c)	91. (d)
92. (b)	93. (a)	94. (a)	95. (c)	96. (b)	97. (c)	98. (a)
99. (a)	100. (c)	101. (d)	102. (d)	103. (b)	104. (d)	105. (c)
106. (c)	107. (b)	108. (a)	109. (a)	110. (c)	111. (a)	112. (c)
113. (c)	114. (b)	115. (a)	116. (d)	117. (d)	118. (d)	119. (c)
120. (c)	121. (b)	122. (b)	123. (b)	124. (d)	125. (a)	126. (d)
127. (c)	128. (c)	129. (d)	130. (b)	131. (c)	132. (a)	133. (d)
134. (b)	135. (c)	136. (a)	137. (a)	138. (b)	139. (b)	140. (d)
141. (b)	142. (b)	143. (d)	144. (c)	145. (c)	146. (b)	147. (b)
148. (b)	149. (b)	150. (d)	151. (d)	152. (d)	153. (a)	154. (a)
155. (b)	156. (c)	157. (c)	158. (c)	159. (a)	160. (a)	161. (d)
162. (d)	163. (d)	164. (d)	165. (a)	166. (c)	167. (a)	168. (c)
169. (d)	170. (c)	171. (d)	172. (a)	173. (c)	174. (c)	175. (b)
176. (a)	177. (a)	178. (c)	179. (a)	180. (c)	181. (c)	182. (b)
183. (d)	184 (d)	185. (d)	186. (b)	187. (b)	188. (a)	189. (c)
190. (a)	191. (d)	192. (a)	193. (b)	194. (a)	195. (d)	196. (d)
197. (b)	198. (c)	199. (c)	200. (c)	201. (d)	202. (b)	203. (d)
204. (a)	205. (a)	206. (b)	207. (d)	208. (c)	209. (b)	210. (d)
211. (c)	212. (c)	213. (c)	214. (b)	215. (c)	216. (a)	217. (b)
218. (c)	219. (a)	220. (c)	221. (c)	222. (a)	223. (a)	224. (c)
225. (b)	226. (a)	227. (d)	228. (d)	229. (c)	230. (c)	231. (c)
232. (a)	233. (a)	234. (c)	235. (a)	236. (a)	237. (c)	238. (b)
239. (d)	240. (b)	241. (d)	242. (c)	243. (c)	244. (d)	245. (a)
246. (d)	247. (d)	248. (a)	249. (d)	250. (a)		

उत्तरमाला
कम्प्यूटर एवं सूचना प्रौद्योगिकी

1. (c)	2. (a)	3. (b)	4. (c)	5. (c)	6. (c)	7. (d)
8. (c)	9. (d)	10. (a)	11. (d)	12. (a)	13. (d)	14. (d)
15. (c)	16. (c)	17. (b)	18. (c)	19. (a)	20. (d)	21. (d)
22. (d)	23. (c)	24. (c)	25. (d)	26. (d)	27. (a)	28. (a)
29. (a)	30. (a)	31. (b)	32. (a)	33. (b)	34. (b)	35. (c)
36. (a)	37. (c)	38. (a)	39. (c)	40. (d)	41. (b)	42. (a)
43. (b)	44. (d)	45. (b)	46. (b)	47. (c)	48. (c)	49. (b)
50. (b)	51. (a)	52. (c)	53. (b)	54. (b)	55. (b)	56. (d)
57. (b)	58. (b)	59. (c)	60. (c)	61. (c)	62. (c)	63. (a)
64. (b)	65. (d)	66. (d)	67. (a)	68. (a)	69. (a)	70. (d)
71. (c)	72. (a)	73. (d)	74. (d)	75. (d)	76. (b)	77. (d)
78. (d)	79. (a)	80. (a)	81. (d)	82. (d)	83. (c)	84. (d)
85. (b)	86. (a)	87. (b)	88. (d)	89. (d)	90. (a)	91. (c)
92. (c)	93. (b)	94. (d)	95. (c)	96. (c)	97. (b)	98. (a)
99. (b)	100. (d)	101. (a)	102. (a)	103. (c)	104. (b)	105. (b)
106. (a)	107. (c)	108. (c)	109. (c)	110. (a)	111. (a)	112. (d)
113. (b)	114. (d)	115. (d)	116. (d)	117. (a)	118. (a)	119. (b)
120. (b)	121. (d)	122. (d)	123. (c)	124. (d)	125. (a)	126. (b)
127. (d)	128. (a)	129. (a)	130. (b)	131. (b)	132. (b)	133. (d)
134. (b)	135. (c)	136. (a)	137. (a)	138. (d)	139. (d)	140. (a)
141. (b)	142. (a)	143. (a)	144. (c)	145. (a)	146. (b)	147. (c)
148. (b)	149. (a)	150. (c)				

पत्रिकाएँ, पुस्तकें और उनके लेखक

1. न्यू इंडिया पुस्तक के लेखक कौन हैं?
(a) एनी बेसेंट
(b) अबुल कलाम आजाद
(c) तिलक
(d) महात्मा गांधी

2. 'कॉमनवील' पुस्तक के लेखक कौन हैं?
(a) एनी बेसेंट (b) महात्मा गांधी
(c) तिलक (d) मनुबेन

3. 'इंडिया विन्स फ्रीडम' पुस्तक के लेखक कौन हैं?
(a) अबुल कलाम आजाद
(b) महात्मा गांधी
(c) महादेव देसाई
(d) एनी बेसेंट

4. बापू 'माई मदर' शीर्षक संस्मरण किसने लिखा है?
(a) बी०आर० नंदा
(b) राजकुमारी अमृत कौर
(c) महादेव देसाई
(d) मनुबेन

5. 'गीता रहस्य' नाम ग्रंथ किसने लिखा?
(a) महात्मा गांधी
(b) बाल गंगाधर तिलक
(c) विनोवा भावे
(d) गोपाल कृष्ण गोखले

6. अरविंद घोष ने लिखा था–
(a) एक्स्ट्रीमिस्ट मूवमेंट
(b) मॉडरेट मूवमेंट
(c) केसरी
(d) द लाइफ डिवाइन

7. प्रथम इतिहासकार जिसने राजस्थान की सामंतवादी व्यवस्था के बारे में लिखा, कौन था?
(a) कर्नल जेम्स टॉड
(b) एल०पी० टैसीटोरी
(c) जॉर्ज ग्रिपर्सन
(d) जॉन पॉमस

8. 'दुर्गेश नंदिनी' के लेखक कौन हैं?
(a) बंकिमचन्द्र चटर्जी
(b) बाल गंगाधर तिलक
(c) महात्मा गांधी
(d) दादाभाई नौरोजी

9. 'इंडिया फ्रॉम कर्जन टू नेहरू एंड आफ्टर' के लेखक कौन हैं?
(a) दुर्गादास
(b) के०के० अजीज
(c) अबुल कलाम आजाद
(d) जार्ज नेपियर

10. 'रन्स एण्ड रूइन्स' के लेखक कौन हैं?
(a) सुनील गावस्कर
(b) कपिल देव
(c) एनी बेसेंट
(d) के० के० अजीज

11. 'यंग इंडिया' पुस्तक के लेखक कौन हैं?
(a) महात्मा गांधी
(b) एनी बेसेंट
(c) सावरकर
(d) दुर्गादास

12. 'द मैन हू डिवाइडेड इंडिया' पुस्तक के लेखक कौन हैं?
(a) सुभाष चन्द्र बोस
(b) वेलेंटाइन शिरोल
(c) रफीक जकारिया
(d) वीर सावरकर

13. 'इंडियन अनरेस्ट' का लेखक कौन हैं?
(a) दादाभाई नौरोजी
(b) ऐनी बेसेंट
(c) लाला लाजपत राय
(d) वेलेंटाइन शिरोल

14. 'द इंडियन स्ट्रगल' पुस्तक के लेखक कौन हैं?
(a) एम०के० गांधी
(b) सुरेंद्रनाथ बनर्जी
(c) सुभाष चन्द्र बोस
(d) लाला लाजपत राय

15. 'ए नेशन इन द मेकिंग' नामक पुस्तक के लेखक कौन हैं?
(a) राममोहन राय
(b) सुरेन्द्रनाथ बनर्जी
(c) बी०जी० तिलक
(d) एस०सी० बोस

16. 'अनहैप्पी इंडिया' के लेखक कौन हैं?
(a) लाला लाजपत राय
(b) सुभाष चन्द्र बोस
(c) जवाहरलाल नेहरू
(d) अबुल कलाम आजाद

17. 'हिस्ट्री ऑफ द फ्रीडम मूवमेंट इन इंडिया' के लेखक कौन हैं?
(a) ताराचंद (b) राममोहन राय
(c) के०के० दत्ता (d) फादर बुल्के

18. 'आवर इंडियन मुसलमान्स' के लेखक कौन हैं?
(a) डब्ल्यू०डब्ल्यू० हंटर
(b) ताराचंद
(c) फादर बुल्के
(d) के०के० दत्ता

19. 'प्रीसेप्ट्स ऑफ जीसस' के लेखक कौन हैं?
(a) राजा राममोहन राय
(b) ताराचंद
(c) फादर बुल्के
(d) के०के० दत्ता

20. आनंद मठ के लेखक हैं–
(a) ताराचंद
(b) बंकिम चन्द्र चटर्जी
(c) फादर बुल्के
(d) के०के० दत्ता

21. 'हिस्ट्री ऑफ द फ्रीडम मूवमेंट इन बिहार' के लेखक कौन हैं?
(a) के०के० दत्ता (b) फादर बुल्के
(c) राममोहन राय (d) ताराचंद

22. 'तहजीब-उल-एखलाक' के लेखक कौन हैं?
(a) अरविंद घोष
(b) सैयद अहमद खाँ
(c) विपिन चन्द्र पाल
(d) जाकिर हुसैन

23. 'स्प्रिगिंग टाइगर' के लेखक कौन हैं?
(a) घूटोपे
(b) सुभाष चन्द्र बोस
(c) लुई फिशर
(d) अबुल कलाम आजाद

24. 'टुवर्ड्स स्ट्रगल' के लेखक कौन हैं?
(a) जयप्रकाश नारायण
(b) राजेन्द्र प्रसाद
(c) लुई फिशर
(d) अबुल कलाम आजाद

25. 'अमेरिकन विटनेस टू इंडियाज पार्टीशंस' किसकी रचना है?
(a) फिलिप्स टालबॉट
(b) लुई फिशर
(c) बाल गंगाधर तिलक
(d) जयप्रकाश नारायण

26. 'स्प्रीगिंग टाइगर' किसकी जीवनी है?
(a) भगत सिंह
(b) सुभाष चन्द्र बोस
(c) चन्द्रशेखर आजाद
(d) रामप्रसाद बिस्मिल

27. 'एन इंट्रोडक्शन टू दी ड्रीमलैंड' पुस्तक के लेखक कौन हैं?
(a) भगत सिंह
(b) शचींद्रनाथ सान्याल
(c) सुभाष चन्द्र बोस
(d) लुई फिशर

28. 'बंदी जीवन' पुस्तक के लेखक कौन हैं?
(a) भगत सिंह
(b) शचींद्रनाथ सान्याल
(c) भगवती चरण
(d) सुभाष चन्द्र बोस

29. 'मैं अनीश्वरवादी क्यों हूँ' पुस्तक के लेखक कौन हैं?
   (a) भगत सिंह
   (b) शचींद्रनाथ सान्याल
   (c) भगवती चरण
   (d) सुभाष चन्द्र बोस
30. 'दी ड्रीमलैंड' पुस्तक के लेखक कौन हैं?
   (a) भगत सिंह
   (b) लाला रामसरन दास
   (c) भगवती चरण वोहरा
   (d) सुभाष चन्द्र बोस
31. 'दी फिलॉसफी ऑफ बम' के लेखक कौन हैं?
   (a) भगवतीचरण वोहरा
   (b) लाला रामसरन दास
   (c) भगत सिंह
   (d) सुभाष चन्द्र बोस
32. 'पॉवर्टी एंड अनब्रिटिश रूल इन इंडिया' के लेखक कौन हैं?
   (a) दादाभाई नौरोजी
   (b) लाला लाजपत राय
   (c) रफीक जकारिया
   (d) सुभाष चन्द्र बोस
33. 'गिल्टी मेन ऑफ इंडियाज पार्टीशन' पुस्तक किसने लिखी है?
   (a) जवाहरलाल नेहरू
   (b) डॉ० राम मनोहर लोहिया
   (c) अबुल कलाम आजाद
   (d) सरोजनी नायडू
34. 'दी ग्रेट डिवाइड' पुस्तक के लेखक कौन हैं?
   (a) एच०वी० हॉडसन
   (b) महात्मा गांधी
   (c) जवाहरलाल नेहरू
   (d) लोहिया
35. 'हिंद स्वराज' पुस्तक के लेखक कौन थे?
   (a) महात्मा गांधी (b) नेहरू
   (c) तिलक (d) लोहिया
36. 'कैप्टिव लेडी' किसकी रचना है?
   (a) माइकेल मधुसूदन दत्त
   (b) बंकिमचन्द्र चटर्जी
   (c) रवीन्द्रनाथ टैगोर
   (d) सरोजनी नायडू
37. 'गोरा' किसकी रचना है?
   (a) रवीन्द्रनाथ टैगोर
   (b) महात्मा गांधी
   (c) जवाहरलाल नेहरू
   (d) राजेन्द्र प्रसाद
38. 'गीतांजलि' का अंग्रेजी संस्करण प्रकाशित हुआ था—
   (a) सन् 1910 में (b) सन् 1911 में
   (c) सन् 1912 में (d) सन् 1913 में
39. 'द व्हील ऑफ हिस्ट्री' किसकी रचना है?
   (a) राम मनोहर लोहिया
   (b) एम०ए० अंसारी
   (c) ए०के० आजाद
   (d) एम०के० गांधी
40. महात्मा गांधी ने अपनी निम्न पुस्तकों में से किसमें ब्रिटिश पार्लियामेंट को बाँझ और वेश्या कहा है—
   (a) सर्वोदय
   (b) सत्य के साथ प्रयोग
   (c) हिन्द स्वराज
   (d) दी स्टोरी ऑफ ए सत्याग्रही
41. 'हिन्द स्वराज' पुस्तक किस भाषा में लिखी गयी थी?
   (a) हिंदी (b) गुजराती
   (c) अंग्रेजी (d) मराठी
42. 'हिंद स्वराज' पुस्तक किस वर्ष लिखी गयी थी?
   (a) 1909 (b) 1910
   (c) 1908 (d) 1911
43. 'गोखले माई पोलिटिकल गुरु' पुस्तक किसने लिखी?
   (a) एम०ए० जिन्ना
   (b) एम०के० गांधी
   (c) शौकत अली
   (d) सी०आर० दास

44. 'सत्य के साथ प्रयोग' पुस्तक किसने लिखी?
    (a) राजेन्द्र प्रसाद
    (b) दिलीप मुखर्जी
    (c) एस०एन० बनर्जी
    (d) महात्मा गांधी

45. 'टेररिस्ट' पुस्तक के लेखक कौन हैं?
    (a) राजेन्द्र प्रसाद
    (b) दिलीप मुखर्जी
    (c) एस०एन० बनर्जी
    (d) महात्मा गांधी

46. 'लिविंग एन एरा' पुस्तक के लेखक कौन हैं?
    (a) डी०पी० मित्र०
    (b) जवाहरलाल नेहरू
    (c) सुभाष चन्द्र बोस
    (d) दिलीप मुखर्जी

47. 'फ्रीडम एट मिडनाइट' पुस्तक के लेखक हैं–
    (a) जवाहरलाल नेहरू
    (b) आसफ अली
    (c) लारी कालिंस
    (d) रवीन्द्रनाथ टैगोर

48. 'भारत की खोज' पुस्तक के लेखक थे–
    (a) जवाहरलाल नेहरू
    (b) राजेन्द्र प्रसाद
    (c) नरेन्द्र देव
    (d) प्रेमचन्द

49. 'इंडिया डिवाइडेड' पुस्तक के लेखक हैं–
    (a) मौलाना अबुल कलाम आजाद
    (b) डॉ० राजेन्द्र प्रसाद
    (c) नरेन्द्र देव
    (d) आसफ अली

50. किसने 'बहुविवाह' नामक पुस्तक लिखी थी?
    (a) राजा राममोहन राय
    (b) ईश्वर चन्द्र विद्यासागर
    (c) पंडिता रमाबाई
    (d) रवीन्द्रनाथ टैगोर

51. 'बाल्य विवाहेर दोस' नामक पुस्तक किसने लिखी?
    (a) ईश्वर चन्द्र विद्यासागर
    (b) राजा राममोहन राय
    (c) रवीन्द्रनाथ टैगोर
    (d) बंकिम चन्द्र चटर्जी

52. 'देवी चौधरानी' पुस्तक के लेखक कौन हैं?
    (a) दीनबंधु मित्र
    (b) प्रेमचन्द
    (c) रवीन्द्रनाथ टैगोर
    (d) बंकिम चन्द्र चटर्जी

53. शतरंज के खिलाड़ी किसकी रचना है?
    (a) बंकिम चन्द्र चटर्जी
    (b) महात्मा गांधी
    (c) प्रेमचन्द
    (d) दीनबन्धु मित्र

54. 'चन्द्रकान्ता' उपन्यास के लेखक हैं–
    (a) भारतेन्दु हरिश्चन्द्र
    (b) प्रेमचन्द
    (c) रवीन्द्रनाथ टैगोर
    (d) देवकीनंदन खत्री

55. 'अमृत और विष' किसकी रचना है?
    (a) अमृत लाल नागर
    (b) सुमित्रानंदन पंत
    (c) शरतचन्द्र चटर्जी
    (d) जयदेव

56. 'चिदंबरा' पुस्तक के लेखक कौन हैं?
    (a) अमृत लाल नागर
    (b) सुमित्रानंदन पंत
    (c) शरतचन्द्र चटर्जी
    (d) जयदेव

57. प्रसिद्ध पुस्तक 'दास कैपिटल' किसके द्वारा लिखी गयी है–
    (a) अमर्त्यसेन
    (b) कार्ल मार्क्स
    (c) महात्मा गांधी
    (d) जवाहरलाल नेहरू

58. निम्न में कौन एम०एन० राय की उत्प्रवासी साम्यवादी पत्रिका थी?
(a) किसान सभा (b) द वर्कर
(c) बैगार्ड (d) अनुशीलन

59. निम्न पुस्तकों में से किस पुस्तक का सम्बन्ध भारत में राष्ट्रीय आंदोलन के विकास से जोड़ा जाता है?
(a) गीतांजलि (b) आनंदमठ
(c) सत्यार्थ प्रकाश (d) गीता रहस्य

60. उपन्यास 'दुर्गेशनंदिनी' के लेखक हैं–
(a) रवीन्द्रनाथ टैगोर
(b) तारकनाथ
(c) स्वर्ण कुमारी
(d) बंकिमचन्द्र चटर्जी

61. कौन-सी पुस्तक 'बंगाली देशभक्ति की बाइबिल' मानी जाती है?
(a) गीतांजलि (b) आनंदमठ
(c) देवदास (d) गोरा

62. 'वंदे मातरम्' गीत अंकित है–
(a) आनंदमठ में
(b) दुर्गेशनंदिनी में
(c) मेघनाथ वध काव्य में
(d) वीरांगना काव्य में

63. क्रांतिकारी रचना 'चेतावनी का चूंगट्या' के रचयिता हैं–
(a) श्यामजी कृष्ण वर्मा
(b) दामोदर दास राठी
(c) बारहठ केसरी सिंह
(d) राव गोपाल सिंह

64. महात्मा गांधी ने अपनी आत्मकथा मूलरूप में लिखी–
(a) हिन्दी (b) मराठी
(c) गुजराती (d) अंग्रेजी

65. भारतेन्दु हरिश्चन्द्र की प्रसिद्ध कृति है–
(a) मयंक मंजरी (b) भारत दुर्दशा
(c) नूतन ब्रह्मचारी (d) चन्द्रकांता

66. 'अंधेरी नगरी चौपट राजा' नाटक किसने लिखी?
(a) गोवर्ध त्रिपाठी
(b) प्रेमचन्द
(c) मोहन सेनापति
(d) भारतेन्दु हरिश्चन्द

67. सुब्रमण्यम भारती किस भाषा के कवि थे?
(a) तेलुगु (b) तमिल
(c) कन्नड़ (d) मलयालम

68. 'भारत भारती' के लेखक हैं–
(a) रवीन्द्रनाथ टैगोर
(b) मुल्कराज आनंद
(c) मैथिलीशरण गुप्त
(d) बंकिमचन्द चटर्जी

69. भारतीय स्वतंत्रता संग्राम के दौरान 'राष्ट्रकवि' की उपाधि किसे प्राप्त हुई थी?
(a) मैथिलीशरण गुप्त
(b) जयशंकर प्रसाद
(c) सुमित्रानंदन पंत
(d) रामधारी सिंह 'दिनकर'

70. 'घासीराम कोतवाल' नाटक के लेखक कौन हैं?
(a) विजय तेंदुलकर
(b) नवीन चन्द्र
(c) जयशंकर प्रसाद
(d) सुमित्रानंदन पंत

71. 'संघर्ष की ओर' पुस्तक के लेखक थे–
(a) जवाहरलाल नेहरू
(b) राम मनोहर लोहिया
(c) जय प्रकाश नारायण
(d) जे०बी० कृपलानी

72. 'प्रिजन डायरी' पुस्तक किसने लिखी?
(a) जयप्रकाश नारायण
(b) मुशी प्रेमचन्द
(c) मोरारजी देसाई
(d) अटल बिहारी वाजपेयी

73. 'ए पैसेज टू इंडिया' पुस्तक किसने लिखी है?
(a) जवाहरलाल नेहरू
(b) मीनू मसानी
(c) ई०एन० कोस्टर
(d) इनमें से कोई नहीं

74. 'इंडियाज स्ट्रगल फॉर इंडिपेंडेंस' पुस्तक के लेखक हैं–
 (a) ताराचन्द
 (b) एस०एन० सेन
 (c) आर०सी० मजूमदार
 (d) विपिन चन्द्र

75. 'इंडियन नेशनल मूवमेंट दि लांग टर्म डाइनेमिक्स' के लेखक हैं–
 (a) सतीश चन्द्र   (b) विपिन चन्द्र
 (c) ताराचन्द   (d) सुमित सरकार

76. 'आऊट ऑफ प्रिंट : न्यूजपेपर्स, जर्नलिज्म, एण्ड द बिजनेस ऑफ न्यूज इन द डिजिटल एज' नामक पुस्तक के लेखक कौन हैं?
 (a) प्रोफेसर जॉर्ज ब्रॉक
 (b) राबिन ज्याफ्रे
 (c) निक न्यूमैन
 (d) मार्क टूली

77. 'मदर इंडिया' पुस्तक लिखी गयी थी–
 (a) कैथरीन मेयो
 (b) लाला लाजपत राय
 (c) बाल गंगाधर तिलक
 (d) विपिन चन्द्र पाल

78. 'द फर्स्ट इंडियन वार आफ इंडिपेंडेंस' के लेखक कौन थे?
 (a) सावरकर
 (b) बंकिमचन्द्र चटर्जी
 (c) श्रीअरविन्द
 (d) रवीन्द्रनाथ टैगोर

79. 'साधना' पुस्तक के लेखक थे–
 (a) रवीन्द्रनाथ टैगोर
 (b) सावरकर
 (c) अरबिन्दो घोष
 (d) बंकिमचन्द्र चटर्जी

80. 'झंडा गीत' किसने लिखा है?
 (a) रवीन्द्रनाथ टैगोर
 (b) बंकिमचन्द्र चटर्जी
 (c) मैथिलीशरण गुप्त
 (d) श्यामलाल पार्षद

81. राष्ट्रभक्ति गीत 'ए मेरे वतन के लोगों' किस कवि द्वारा लिखा गया है?
 (a) जावेद अख्तर
 (b) प्रदीप
 (c) रामधारी सिंह 'दिनकर'
 (d) मैथिलीशरण गुप्त

82. कवि 'इकबाल' का जन्म कहाँ हुआ था?
 (a) दिल्ली   (b) उत्तर प्रदेश
 (c) पंजाब   (d) हैदराबाद

83. प्रसिद्ध गीत 'सारे जहाँ से अच्छा हिंदोस्तां हमारा' की रचना किसने की?
 (a) साहिर लुधियानवी
 (b) सैयद अहमद खाँ
 (c) मुहम्मद इकबाल
 (d) बहादुरशाह जफर

84. 'मजहब नहीं सिखाता आपस में बैर रखना' यह पंक्ति किसने लिखी?
 (a) मिर्जा गालिब
 (b) मुहम्मद इकबाल
 (c) रघुपति सहाय 'फिराक'
 (d) महात्मा गांधी

85. 'आमार सोनार बाँग्ला' किसकी रचना है?
 (a) रजनी कांतसेन
 (b) द्विजेंद्रलाल रॉय
 (c) मुकुंद दास
 (d) रवीन्द्र नाथ टैगोर

86. 'जन-गण-मन' की रचना किसने की?
 (a) बंकिमचन्द्र चटर्जी
 (b) अरविन्द घोष
 (c) रवीन्द्र नाथ टैगोर
 (d) सरोजनी नायडू

87. 'गोल्डन प्रेशहोल्ड' नामक कविता संग्रह किसकी रचना है?
 (a) अरुणा आसफ अली
 (b) एनी बेसेंट
 (c) सरोजनी नायडू
 (d) विजयलक्ष्मी पंडित

88. 'लैंडमार्क्स इन इंडियन कॉन्स्टीट्यूशनल एंड नेशनल डेवलपमेंट' नामक पुस्तक के लेखक कौन हैं?
(a) विपिन चन्द्र
(b) गुरुमुखी निहाल सिंह
(c) बी०आर० नंदा
(d) रामगोपाल

89. 'कांग्रेस प्रेजिडेंशियल ऐड्रेसेज' के संपादक थे–
(a) जी० एन० नटेशन
(b) बी०पी० सीतारमैया
(c) रामचन्द्र चटर्जी
(d) एच०एन० मित्रा

90. 'मेरी कहानी' पुस्तक किसने लिखी?
(a) अरविंद घोष
(b) जवाहरलाल नेहरू
(c) रविन्द्रनाथ ठाकुर
(d) एनी बेसेंट

91. 'ग्लिम्पसेज ऑफ वर्ल्ड हिस्ट्री' नामक पुस्तक किसने लिखी थी?
(a) जवाहरलाल नेहरू
(b) अरविंद घोष
(c) रविन्द्रनाथ ठाकुर
(d) एनी बेसेंट

92. 'बंदी जीवन' पुस्तक का लेखक कौन थे?
(a) दीनबंधु मित्र
(b) हेम चंद्राकर
(c) रामप्रसाद बिस्मिल
(d) शचींद्र सान्याल

93. 'माउंटबेटन एंड दी पर्टीशन ऑफ इंडिया' पुस्तक के लेखक थे–
(a) लारी कॉलिन्स एंड डोमिनिक लेपियर
(b) एम० एम० दास
(c) लुई फिशर
(d) इनमें से कोई नहीं

94. 'जर्नी थ्रू दी किंगडम ऑफ अवध इन दी इयर 1849-50' रिपोर्ट किसके द्वारा लिखी गयी थी?
(a) डब्ल्यू एच० स्लीमैन
(b) आउट्म
(c) बिशप हेबर
(d) उपर्युक्त में से कोई नहीं

95. 'इंडियन वार ऑफ इंडिपेंडेंस 1857' पुस्तक के लेखक हैं–
(a) एस०एन० सेन
(b) आर०सी० मजूमदार
(c) सावरकर
(d) एस०बी० चौधरी

96. 'द इकोनॉमिक हिस्ट्री ऑफ इंडिया अंडर अर्ली ब्रिटिश रूल' पुस्तक के लेखक कौन हैं?
(a) रोमेश चन्द्र दत्त
(b) मैक्लेन
(c) बी०एन० गांगुली
(d) विपिन चंद्रा

97. 'इंडियन नेशनलिज्म एंड अर्ली कांग्रेस' पुस्तक के लेखक कौन थे?
(a) रोमेश चंद्र दत्त
(b) जॉन आर० मैक्लेन
(c) वीरेन्द्र नाथ गांगुली
(d) विपिन चंद्रा

98. 'द राइज एंड ग्रोथ ऑफ इकोनॉमिक नेशनलिज्म इन इंडिया' पुस्तक के लेखक कौन हैं?
(a) रोमेश चन्द्र दत्त
(b) जॉन आर० मैक्लेन
(c) वीरेन्द्र नाथ गांगुली
(d) विपिन चन्द्रा

99. पुस्तक 'भारत की दूसरी स्वतंत्रता' के लेखक हैं–
(a) सोली सोराबजी
(b) लोकमान्य जयप्रकाश नारायण
(c) एम०जी० देवासहायाम
(d) लालकृष्ण आडवाणी

100. 'प्रिय प्रवास' पुस्तक के लेखक कौन हैं?
(a) अयोध्या प्रसाद (b) मुंशी प्रेमचंद
(c) इंदिरा गांधी (d) फिरदौसी

101. 'एटर्नल इंडिया' पुस्तक के लेखक कौन हैं?
(a) मुंशी प्रेमचंद (b) फिरदौसी
(c) इंदिरा गांधी (d) विपिन चन्द्रा

102. 'ऑटोबायोग्राफी ऑफ ऐन अननोन इंडियन' पुस्तक के लेखक हैं?
(a) नीरद सी० चौधरी
(b) वी०एस० नायपॉल
(c) आर०के० नारायण
(d) मुल्क राम आनंद

103. 'ए वून्डड सिविलाइजेशन' पुस्तक के लेखक कौन हैं?
(a) नीरद सी० चौधरी
(b) वी०एस० नायपॉल
(c) आर०के० नारायण
(d) मुल्क राज आनंद

104. 'कन्फैशन्स ऑफ ए लवर' पुस्तक किसने लिखी?
(a) मुल्क राज आनंद
(b) आर०के० नारायण
(c) नीरद सी० चौधरी
(d) वी०एस० नायपॉल

105. 'प्लानिंग एंड दि पुअर' शीर्षक पुस्तक के रचयिता हैं–
(a) वी०एस० मिन्हास
(b) गुन्नार मिर्डल
(c) एल०सी० जैन
(d) एल० के० झा

106. 'द प्रॉब्लम्स ऑफ द फॉर ईस्ट' नामक पुस्तक के लेखक हैं–
(a) लॉरेंस (b) कर्जन
(c) चर्चिल (d) लिटन

107. 'दी अनहोल्ड स्टोरी' पुस्तक किसने लिखी है?
(a) ब्रिगेडियर दलवी
(b) जनरल कौल
(c) एडमिरल भागवत
(d) एयर मार्शल दीलर

108. 'दि अल्फाबेट' पुस्तक के लेखक कौन हैं?
(a) ब्यूलर
(b) डेविड डिरिन्जर
(c) जी०एस० ओझा
(d) सर विलियम जोन्स

109. 'द प्राउडेस्ट डे' पुस्तक के लेखक हैं–
(a) आलोक भल्ला (b) दुर्गादास
(c) चंद्र कुमार (d) डेविड फिशर

110. 'माई म्यूजिक, माई लाइफ' के लेखक कौन हैं?
(a) रविशंकर
(b) रमाकांत रथ
(c) राही मासूम 'रजा'
(d) लक्ष्मण गायकवाड़

111. 'आधा गाँव' पुस्तक के लेखक हैं–
(a) लक्ष्मण गायकवाड़
(b) राही मासूम 'रजा'
(c) रमाकांत रथ
(d) रविशंकर

112. 'ययाति' नामक उपन्यास के लेखक हैं–
(a) बादल सरकार
(b) विष्णु सखाराम खांडेकर
(c) जब्बार पटेल
(d) गिरीश कर्नाड

113. 'बाकी इतिहास' पुस्तक के लेखक कौन हैं?
(a) बादल सरकार
(b) विष्णु भावे
(c) गिरीश कर्नाड
(d) जब्बार पटेल

114. –'सीता स्वयंवर' नामक नाटक के लेखक हैं–
(a) बादल सरकार (b) विष्णु दास भावे
(c) गिरीश कर्नाड (d) जब्बार पटेल

115. 'शो बिजनेस' पुस्तक के लेखक कौन हैं?
(a) शशि थरूर (b) अमिताभ
(c) अनिता देसाई (d) विक्रम चंद्र

116. 'सर्किल ऑफ रीजन' के लेखक कौन हैं?
(a) शशि थरूर (b) अमिताभ
(c) अनीता देसाई (d) विक्रम चंद्र

117. 'क्लियर लाइट ऑफ डे' के लेखक कौन हैं?
(a) शशि थरूर (b) अमिताभ
(c) अनीता देसाई (d) विक्रम चंद्र

118. 'लव एंड लॉगिंग इन बॉम्बे' के लेखक कौन हैं?
(a) शशि थरूर (b) अमिताभ
(c) अनीता देसाई (d) विक्रम चंद्र

119. 'घर और अदालत' के लेखक कौन हैं?
(a) लीला सेठ (b) महेंद्र कुलश्रेष्ठ
(c) नंदन नीलेकणि (d) सुब्रह्मणियम

120. 'झोपड़ी से राष्ट्रपति भवन तक' पुस्तक के लेखक कौन हैं?
(a) लीला सेठ (b) महेंद्र कुलश्रेष्ठ
(c) नंदन नीलकणि (d) सुब्रह्मणियम

121. 'इमेजिंग इंडिया' पुस्तक के लेखक कौन हैं?
(a) लीला सेठ (b) महेंद्र कुलश्रेष्ठ
(c) नंदन नीलेकणि (d) सुब्रह्मणियम

122. 'जर्नी थ्रू बावूडम एंड नेता लैंड' पुस्तक के लेखक कौन हैं?
(a) लीला सेठ (b) महेंद्र कुलश्रेष्ठ
(c) नंदन नीलेकणि (d) टी० सुब्रह्मणियम

123. 'गोदान' एवं 'गबन' पुस्तक किसकी 'कृति' है?
(a) मुंशी प्रेमचंद
(b) रवीन्द्रनाथ ठाकुर
(c) कालिदास
(d) निराला

124. 'निर्मला' पुस्तक के लेखक हैं–
(a) जयशंकर प्रसाद
(b) मुंशी प्रेमचन्द
(c) मैथिलीशरण गुप्त
(d) मोहन राकेश

125. 'खोज-ए-वतन' पुस्तक के लेखक हैं–
(a) महादेवी वर्मा (b) प्रेमचन्द
(c) सुमित्रानंदन पंत (d) मोहन राकेश

126. 'मालगुड़ी डेज' पुस्तक के रचनाकार हैं–
(a) के० अब्बास
(b) आर०के० नारायण
(c) लक्ष्मण सेठ
(d) मुल्कराज आनंद

127. हेंस क्रिश्चियन एंडरसन ने रचना की है–
(a) सामाजिक उपन्यासों की
(b) नैतिक नाटकों की
(c) प्रेम कविता
(d) परियों की कहानियाँ

128. 'दि पाय टू पॉवर' पुस्तक किसके द्वारा लिखी गयी है?
(a) मार्गेट थैचर
(b) सविता पांडे
(c) मणिशंकर अय्यर
(d) अब्बास

129. 'दि गोल्डन गेट' के रचयिता हैं–
(a) अमिताभ घोष
(b) अर्नेस्ट हेमिंग्वे
(c) सर वाल्टर स्कॉट
(d) विक्रम सेठ

130. 'लखनऊ बॉय' पुस्तक किसकी आत्मकथा है?
(a) विनोद मेहता (b) आलोक मेहता
(c) नरेंद्र मोहन (d) प्रीतीश नंदी

131. 'साइलेंट स्प्रिंग' पुस्तक के लेखक हैं–
(a) रमेश कार्सन (b) लीनियस
(c) रिचर्ड विदेराल्ड (d) जोसेफ फोरियर

132. 'दि सैटेनिक वर्सेस' पुस्तक किसने लिखी है?
(a) अरुंधती रॉय (b) विक्रम सेठ
(c) सलमान रुश्दी (d) तस्लीमा नसरीन

133. 'दि सैटेनिक वर्सेस' पुस्तक कब लिखा गया?
(a) 1988 (b) 189
(c) 1990 (d) 1991

134. 'नेमसेक' पुस्तक के लेखक कौन हैं?
(a) किरन देसाई (b) चेतन भगत
(c) अरुंधती रॉय (d) झुम्पा लाहिड़ी

135. 'टू इयर्स एट मंथ्स एंड ट्वन्टी-एट नाइट्स' के लेखक कौन हैं?
(a) जयराम रमेश (b) रस्किन बांड
(c) सलमान रुश्दी (d) झुम्पा लाहड़ी

136. 'नेमसेक' पुस्तक के लेखक कौन हैं?
(a) किरन देसाई (b) चेतन भगत
(c) अरुधंती रॉय (d) झुम्पा लाहड़ी

137. 'दि रोड अहेड़' नामक पुस्तक के लेखक हैं–
(a) बिल क्लिंटन (b) बिल गेट्स
(c) विक्रम सेठ (d) सलमान रुश्दी

138. 'मानस के हंस' के लेखक हैं–
(a) जयशंकर प्रसाद
(b) मुंशी प्रेमचन्द
(c) अमृतलाल नागर
(d) इनमें से कोई नहीं

139. सुमित्रानंदन पंत विख्यात हैं, एक–
(a) भक्तिवादी कवि
(b) छायावादी कवि
(c) प्रगतिवादी कवि
(d) वीर रस कवि

140. 'चिदंबरा' के लेखक हैं–
(a) सुमित्रानंदन पंत
(b) हरिवंश राय बच्चन
(c) रस्किन बांड
(d) झुम्पा लाहड़ी

141. 'पल्लव' पुस्तक के लेखक हैं–
(a) सुमित्रानंदन पंत
(b) हरिवंश राय बच्चन
(c) रस्किन बांड
(d) झुम्पा लाहड़ी

142. 'डायना-ए-ट्रिब्यूट' के लेखक हैं–
(a) पीटर डोनेली (b) टिम ग्राहम
(c) जूलिया डेलानो (d) एंड्रयू मोर्टन

143. 'हैरी पॉटर' उपन्यास में 'कोर्नेलियस फज' कौन हैं?
(a) हैरी पॉटर का मित्र
(b) जादू का मंत्री
(c) एक राजा
(d) इनमें से कोई नहीं

144. 'मधुबाला' पुस्तक के रचियता कौन हैं?
(a) हरिवंश राय बच्चन
(b) जयशंकर प्रसाद
(c) मुंशी प्रेमचन्द
(d) अमृतलाल नागर

145. 'मधुबाला' पुस्तक का प्रकाशन कब हुआ?
(a) 1936 (b) 1937
(c) 1935 (d) 1930

146. पुस्तक 'बुलेट फॉर बुलेट : माई लाइफ एज ए पुलिस ऑफीसर' के लेखक हैं–
(a) के०पी०एस० गिल
(b) जुलियस रिबेरो
(c) किरन बेदी
(d) अश्वनी कुमार

147. 'रोमांसिंग विद लाइफ: एन ऑटोबायोग्राफी' शीर्षक पुस्तक किसने लिखी?
(a) देवानंद
(b) कल्पना चावला
(c) अमिताभ बच्चन
(d) अनुपम खेर

148. 'द स्ट्रगल इज माई लाइफ' किसने लिखा?
(a) लेक वालेसा
(b) नेल्सन मंडेला
(c) शेख मुजीबुर्रहमान
(d) जेम्स जायस

149. 'फ्रेंडस एंड फोज' पुस्तक किसने लिखी?
(a) अब्दुल कलाम
(b) रफीक जकारिया
(c) अश्वनी कुमार
(d) शेख मुजीबुर्रहमान

150. 'रीबर्थ' पुस्तक किसने लिखी?
(a) लियोनिद ब्रेझनेव
(b) एम०एस० गिल
(c) जेम्स जायस
(d) रफीक जकारिया

151. 'इंडिया 2020' पुस्तक के लेखक कौन हैं?
(a) ए०पी०जे० अब्दुल कलाम
(b) रफीक जकारिया
(c) जेम्स जायस
(d) एस०एस० गिल

152. प्राइस ऑफ पार्टीशन पुस्तक के लेखक कौन हैं?
(a) रफीक जकारिया
(b) एस०एस० गिल
(c) जेम्स जायस
(d) अब्दुल कलाम

153. 'यूलीसिस' पुस्तक के लेखक कौन हैं?
(a) जेम्स जायस
(b) एस०एस० गिल
(c) रफीक जकारिया
(d) अश्वनी कुमार

154. 'द मुस्लिम्स ऑफ ब्रिटिश इंडिया' पुस्तक के लेखक कौन हैं?
(a) पीटर हॉर्डी (b) मोइन शकीर
(c) सईद (d) खालिद बेन

155. 'हार्ट ऑफ इंडिया' पुस्तक किसने लिखी है?
(a) खुशवंत सिंह
(b) मार्क टुली
(c) आर०के० नारायण
(d) अनिता देसाई

156. 'लज्जा' पुस्तक के लेखक कौन हैं?
(a) शेख मुजीबुर्रहमान
(b) तस्लीमा नसरीन
(c) किरन बेदी
(d) अरुंधति रॉय

157. पुस्तक 'नाइनटीन एट्टी फोर' किसके द्वारा लिखी गयी है?
(a) आर०के० नारायण
(b) खुशवंत सिंह
(c) जॉर्ज ऑरवेल
(d) उपर्युक्त से कोई नहीं

158. 'द गॉड ऑफ स्माल थिंग्स' उपन्यास के लेखक कौन हैं?
(a) शोभा डे
(b) आर०के० नारायण
(c) मुल्कराज आनंद
(d) अरुंधति रॉय

159. 'मृगनयनी' के लेखक कौन हैं?
(a) वृंदावन लाल वर्मा
(b) आचार्य चतुरसेन
(c) अमृतलाल नागर
(d) भगवती चरण वर्मा

160. निम्नलिखित हिंदी रचनाओं में से कौन-सी पहले लिखी गयी थी?
(a) इंद्रावती (b) पद्मावती
(c) मधुमालती (d) मृगावती

161. 'मृगावती' पुस्तक कब लिखी गयी थी?
(a) 1743 ई० (b) 1545 ई०
(c) 1540 ई० (d) 1503 ई०

162. 'इंडिया फ्रॉम कर्जन टू नेहरू एंड ऑफ्टर' के लेखक कौन हैं?
(a) दुर्गादास (b) वेब मिलर
(c) फ्रैंक मोरेस (d) लुईस फिशर

163. 'एन इक्वल म्यूजिक' किसने लिखी है?
(a) शोभा डे (b) विक्रम सेठ
(c) खुशवंत सिंह (d) अनीता देसाई

164. 'बिखरे मोती' पुस्तक के रचयिता हैं–
(a) मुक्तिबोध
(b) अज्ञेय
(c) सुभद्रा कुमारी 'चौहान'
(d) विनय सोनवलकर

165. 'नौकर की कमीज' पुस्तक के लेखक का क्या नाम है?
(a) अशोक वाजपेयी
(b) विनोद कुमार शुक्ल
(c) भवानी प्रसाद
(d) प्रभाकर माचवे

166. उपन्यास 'डेविड कॉपरफील्ड' के रचयिता कौन हैं?
(a) थॉमस हार्डी (b) चार्ल्स लैम्ब
(c) चार्ल्स डिकिंस (d) थॉमस मान

167. 'दि प्राउडेस्ट पुस्तक' के लेखक कौन हैं?
(a) डेविड फिशर (b) लार्ल्स लैम्ब
(c) थॉमस मान (d) थॉमस हार्डी

168. 'उतल हवा' के रचनाकार कौन हैं?
(a) तस्लीमा नसरीन
(b) शिव खेड़ा
(c) अरुण शौरी
(d) वी०एस० नायपाल

169. 'अग्नि की उड़ान' पुस्तक के लेखक कौन हैं?
(a) वी०एस० नायपाल
(b) अरुण शौरी
(c) ए०पी०जे० अब्दुल कलाम
(d) शिव खेड़ा

170. 'जीत आपकी' पुस्तक के लेखक कौन हैं?
(a) बी०एस० नायपाल
(b) अरुण शौरी
(c) ए०पी०जे० अब्दुल कलाम
(d) शिव खेड़ा

171. पुस्तक 'गांधीयन कांस्टीट्यूशन फॉर इंडिया' के लेखक कौन हैं?
(a) श्रीमन नारायण
(b) एलन ग्लेडहिल
(c) डी० मेकेंजी ब्राउन
(d) पॉल आर० ब्रास

172. पुस्तक 'द व्हाइट अम्ब्रेला' के लेखक कौन हैं?
(a) डी० मेकेंजी ब्राउन
(b) पॉल आर० ब्रास
(c) एलन ग्लेडहिल
(d) श्रीमन नारायण

173. 'कामायनी' पुस्तक के रचयिता कौन हैं?
(a) जयशंकर प्रसाद
(b) गिरिजा कुमार माथुर
(c) शमशेर बहादुर सिंह
(d) महादेवी वर्मा

174. 'जियोग्राफिकल फैक्टर्स इन इंडियन हिस्ट्री' पुस्तक किसने लिखी?
(a) के०एम० पणिक्कर
(b) टायनवी
(c) एम०एन० श्रीनिवास
(d) जमना दास

175. 'बैगा' नामक पुस्तक किसने लिखी?
(a) एस०सी० रॉय
(b) डी०एन० मजूमदार
(c) बेरियर एल्विन
(d) एच० रिजले

176. निम्न में से कौन-सा उपन्यास शरतचन्द्र ने नहीं लिखा है?
(a) चरित्रहीन (b) रंगभूमि
(c) श्रीकांत (d) शेषप्रश्न

177. खुशवंत सिंह द्वारा लिखी गयी आत्मकथा का क्या नाम है?
(a) दि लास्टमूर लास्ट साई
(b) ट्रुथ लव एंड ए लिटिल मैथिस
(c) दि एंड ऑफ रेसिज्म
(d) इनमें से कोई नहीं

178. 'न्यू डाइमेंशज ऑफ इंडियाज फॉरेन पॉलिसी' पुस्तक के लेखक कौन हैं?
(a) ए०बी० वाजपेयी
(b) जाम्वंत सिंह
(c) पी०सी० अलेक्जेंडर
(d) यशवंत सिन्हा

179. 'इग्नाइटेड माइंड्स' के लेखक हैं–
(a) ए०पी०जे० अब्दुल कलाम
(b) बाला साहेब ठाकरे
(c) खुशवंत सिंह
(d) नयनतारा सहगल

180. 'द पोस्ट अमेरिकन वर्ल्ड' नामक पुस्तक के लेखक हैं–
(a) अरुण शौरी
(b) बराक ओबामा
(c) फरीद जकारिया
(d) जगमोहन

181. पुस्तक 'दि स्टोरी ऑफ दि इंटीग्रेशन ऑफ दि इंडियन स्टेट्स' किसने लिखी?
(a) बी०एन० राव
(b) सी० राजगोपालाचारी
(c) कृष्ण मेनन
(d) वी०पी० मेनन

182. निम्न में से किसने 'अयोध्या 6 दिसंबर 1922' नामक पुस्तक लिखी?
(a) चन्द्रशेखर
(b) पी०वी० नरसिंह राव
(c) जसवंत सिंह
(d) अरुण शौरी

183. 'मिडनाइट्स चिल्ड्रेन' पुस्तक के लेखक कौन हैं?
(a) वी०एस० नायपाल
(b) सलमान रुश्दी
(c) पॉल स्काट
(d) जे०जी० कैरेल

184. 'वर्ल्ड ऑफ ऑल ह्यूमन राइट्स' पुस्तक के लेखक हैं–
(a) चेतन भगत
(b) आर०एन० त्रिवेदी
(c) सोली सोराबजी
(d) अरुण जेटली

185. किसने मैडम क्यूरी की आत्मकथा का हिन्दी में अनुवाद किया?
(a) अटल बिहारी वाजपेयी
(b) लाल बहादुर शास्त्री
(c) चौधरी चरण सिंह
(d) गोविंद वल्लभ पंत

186. किसने 'सुबहे आजादी' नामक कविता लिखी?
(a) साहिर लुधियानवी
(b) फैज अहमद 'फैज'
(c) मुहम्मद इकबाल
(d) मौलाना अबुल कलाम

187. एजिलाबेथ हॉली, निम्नलिखित में से किस एक से संबद्ध अपने लेखन के लिए जानी जाती हैं?
(a) भारत के ऐतिहासिक स्मारक
(b) भारत के क्षेत्रीय नृत्य
(c) हिमालय अभियान
(d) भारत के वन्यजीव

188. 'सी ऑफ पॉपीज' किसने लिखा है?
(a) अमिताभ घोष (b) अनीता देसाई
(c) अमर्त्य सेन (d) झुम्पा लाहिड़ी

189. 'द आर्ग्युमेंटेटिव इंडियन' के लेखक कौन हैं?
(a) अनीता देसाई (b) अमिताभ घोष
(c) अमर्त्य सेन (d) झुम्पा लाहिड़ी

190. 'अनस्कस्टम्ड अर्थ' पुस्तक के लेखक कौन है?
(a) अनीता देसाई (b) अमिताभ घोष
(c) अमर्त्य सेन (d) झुम्पा लाहिड़ी

191. 'तारीखे-यामीनी' के लेखक कौन हैं?
(a) अलउल्बि (b) बरनी
(c) सिराजुद्दीन (d) निजामुद्दीन

192. निम्नलिखित में से 'दि ऑडेसिटी ऑफ होप' पुस्तक के लेखक कौन हैं?
(a) अल गोर (b) बराक ओबामा
(c) बिल क्लिंटन (d) हिलेरी क्लिंटन

193. 'पालिटिक्स इन इंडिया' पुस्तक के रचयिता कौन हैं?
(a) विद्युत चक्रवती
(b) रजनी कोठारी
(c) रोमिला थापर
(d) ए०के० दुबे

194. 'इन दि लाइन ऑफ फायर' के लेखक कौन हैं?
(a) हुमायूँ गौहर
(b) हामिदी कश्मीरी
(c) जाबिर हुसैन
(d) इनमें से कोई नहीं

195. 'काजर की कोठरी' के लेखक कौन हैं?
(a) इंशा अल्ला खान
(b) देवकीनंदन खत्री
(c) प्रताप नारायण
(d) जयशंकर प्रसाद

196. 'हठी हमीर' के लेखक कौन हैं?
(a) इंशा अल्ला खान
(b) देवकीनंदन खत्री
(c) प्रताप नारायण
(d) जयशंकर प्रसाद

197. 'अंधा युग' के लेखक कौन हैं?
(a) रामधारी सिंह (b) महावीर प्रसाद
(c) धर्मवीर भारती (d) मोहन राकेश

198. 'वन डे वंडर्स' के लेखक कौन हैं?
(a) रवि शास्त्री
(b) सुनील गावस्कर
(c) जी० विश्वनाथ
(d) दिलीप वेंगसरकर

199. पुस्तक 'लिविंग हिस्ट्री' के लेखक कौन हैं?
(a) सुनील गावस्कर
(b) हिलेरी क्लिंटन
(c) डी० नेपियर
(d) मीनू मसानी

200. 'क्रिकेट माइ स्टाइल' पुस्तक के लेखक कौन हैं?
(a) कपिल देव
(b) दिलीप वेंगसरकर
(c) सुनील गावस्कर
(d) रवि शास्त्री

201. 'एस अगेंस्ट ऑड्स' पुस्तक के लेखक कौन हैं?
(a) सानिया मिर्जा
(b) ज्वाला गुट्टा
(c) प्रकाश पादुकोण
(d) गोपीचंद पुलेला

202. पुस्तक 'वन इंडियन गर्ल' के लेखक कौन हैं?
(a) चेतन भगत (b) राहुल सेठ
(c) अरविंद अडिग (d) ममता बनर्जी

203. 'सिलेक्सन डे' पुस्तक के लेखक कौन हैं?
(a) अरविंद अडिग (b) चेतन भगत
(c) मृणाल सिंह (d) सुरेश तेदुंलकर

204. 'द सेल आउट' पुस्तक के लेखक कौन हैं?
(a) पॉल बीटी
(b) सुब्रह्मण्यम स्वामी
(c) एंजेला मर्केल
(d) चेतन भगत

205. 'अंधेरे से उजाले की ओर' पुस्तक के लेखक कौन हैं?
(a) अरुण जेटली (b) अरुण शौरी
(c) यशवंत सिंहा (d) सुषमा स्वराज

206. 'चरैवेति-चरैवेति' पुस्तक किसने लिखी?
(a) राम नाइक (b) अरुण जेटली
(c) अरुण शौरी (d) पंकज पटेल

207. पुस्तक 'बड़की काकी एट हॉटमेल डॉट कॉम' के लेखक कौन हैं?
(a) श्याम दरिहर (b) चेतन भगत
(c) संजय झा (d) श्याम गोविंद

208. 'द हिसल' पुस्तक के लेखक कौन हैं?
(a) जॉन ग्रीशम (b) जे०के० रालिंग
(c) राम नाइक (d) बॉब डिलन

209. 'द लिरिक्स' (1961-2012) किसकी रचना है?
(a) बाब डिलन (b) जॉन ग्रीशम
(c) जे०के० रालिंग (d) राम नाइक

कला एवं संस्कृति

1. 'मधुबनी' पेंटिंग किस राज्य से सम्बन्धित है?
   (a) उत्तर प्रदेश (b) बिहार
   (c) केरल (d) तमिलनाडु
2. निम्न में किस स्थान पर कुंभ मेले का आयोजन नहीं होता–
   (a) नासिक (b) हरिद्वार
   (c) प्रयाग (d) वाराणसी
3. महाकुंभ कितने वर्षों के अंतराल में होता है?
   (a) 12 वर्ष (b) 10 वर्ष
   (c) 9 वर्ष (d) 6 वर्ष
4. 'बिहू' कहाँ का त्योहार है?
   (a) असम (b) कर्नाटक
   (c) केरल (d) तमिलनाडु
5. 'ओणम' कहाँ मनाया जाता है?
   (a) केरल (b) कर्नाटक
   (c) असम (d) तमिलनाडु
6. 'पोंगल' कहाँ मनाया जाता है?
   (a) तमिलनाडु (b) असम
   (c) कर्नाटक (d) केरल
7. 'वैसाखी' कहाँ का त्योहार है?
   (a) पंजाब (b) कर्नाटक
   (c) असम (d) केरल
8. 'बिहू' किस प्रदेश का लोक नृत्य है?
   (a) उत्तर प्रदेश (b) असम
   (c) पश्चिम बंगाल (d) महाराष्ट्र
9. दक्षिण भारत का त्योहार 'ओणम' सम्बद्ध है–
   (a) रावण विजय से
   (b) महिषासुर वध से
   (c) शिव शक्ति से
   (d) महाबली से
10. 'अतापू' निम्न त्योहारों में से किससे सम्बन्धित है?
   (a) डोल यात्रा से
   (b) ओणम से
   (c) पोंगल से
   (d) विश्वकर्मा पूजा से
11. 'तमाशा' संगीत नाटक कहाँ प्रसिद्ध है?
   (a) उत्तर प्रदेश (b) पंजाब
   (c) महाराष्ट्र (d) बिहार
12. उस देवस्थान का नाम बतायें जिसमें मुख्य देवता अन्य तीन से भिन्न है?
   (a) अमरनाथ (b) जगन्नाथ
   (c) केदारनाथ (d) विश्वनाथ
13. 'श्रीशैलम' कहाँ स्थित है?
   (a) उत्तरांचल (b) तमिलनाडु
   (c) आंध्र प्रदेश (d) केरल
14. बौद्ध स्थल 'ताबो मठ' कहाँ स्थित है?
   (a) अरुणाचल प्रदेश
   (b) हिमाचल प्रदेश
   (c) सिक्किम
   (d) उत्तराखण्ड
15. 'लोसांग' एक उत्सव है, जो मनाया जाता है–
   (a) तिब्बत (b) अरुणाचल प्रदेश
   (c) सिक्किम (d) केरल
16. 'चपचार कूट' त्योहार मनाया जाता है–
   (a) अरुणाचल प्रदेश (b) असम
   (c) मिजोरम (d) सिक्किम
17. 'इज्तिमा' त्योहार मनाया जाता है–
   (a) इंदौर (b) भोपाल
   (c) जबलपुर (d) रायपुर
18. महाभारत के नायक अर्जुन के पितामह कौन थे?
   (a) विचित्रवीर्य (b) शान्तनु
   (c) चित्रांगद (d) देवदत्त

19. 'काबा' क्या है?
    (a) हिन्दू पवित्र स्थल
    (b) यहूदी पवित्र स्थल
    (c) मुस्लिम पवित्र स्थल
    (d) इनमें से कोई नहीं
20. यहूदियों का पूजा स्थल क्या कहलाता है?
    (a) चर्च
    (b) सिनेगॉग
    (c) मस्जिद
    (d) इनमें से कोई नहीं
21. संस्कृत के प्रथम विश्वविद्यालयीय पीठ की स्थापना कहाँ हुई थी?
    (a) इंग्लैंड   (b) फ्रांस
    (c) जर्मनी   (d) रूस
22. 'चुंबकीय दिशासूचक' यंत्र का सर्वप्रथम संदर्भ मिलता है–
    (a) मिफताहुला फुजला
    (b) छद्नामा में
    (c) रंजतुस-सफा में
    (d) जवामिउल् हिकायात में
23. 'विद्याशंकर मंदिर' कहाँ स्थित है?
    (a) कर्नाटक   (b) उड़ीसा
    (c) मध्य प्रदेश   (d) आंध्र प्रदेश
24. 'राजरानी मंदिर' कहाँ स्थित है?
    (a) कर्नाटक   (b) उड़ीसा
    (c) मध्य प्रदेश   (d) आंध्र प्रदेश
25. 'कंदरिया महादेव' मंदिर कहाँ स्थित है?
    (a) कर्नाटक   (b) उड़ीसा
    (c) मध्य प्रदेश   (d) आंध्र प्रदेश
26. 'भीमेश्वर मंदिर' कहाँ स्थित है?
    (a) कर्नाटक   (b) उड़ीसा
    (c) मध्य प्रदेश   (d) आंध्र प्रदेश
27. 'चित्रगुप्त स्वामी मंदिर' कहाँ स्थित है?
    (a) कांची   (b) मथुरा
    (c) पुरी   (d) उज्जैन
28. 'सूफिया कलाम' जो एक प्रकार का भक्ति संगीत है, विशेषता है–
    (a) गुजरात
    (b) कश्मीर
    (c) राजस्थान
    (d) उपर्युक्त में से कोई नहीं
29. 'मीमांसा' दर्शन के अनुसार मुक्ति संभव है–
    (a) ज्ञान से   (b) भक्ति से
    (c) योग से   (d) कर्म से
30. ईश्वर पूजा की 'जागर' पद्धति प्रमुखतः होती है–
    (a) मध्य प्रदेश में (b) उत्तराखंड में
    (c) हरियाणा में   (d) असोम में
31. 'रथ यात्रा' महोत्सव कहाँ होता है?
    (a) कोणार्क   (b) पुरी
    (c) द्वारिका   (d) हरिद्वार
32. 'भजन सोपोरी' किसके कलाकार हैं?
    (a) भरतनाट्यम   (b) संतूर
    (c) मृदंगम   (d) कत्थक
33. पण्डित बिरजू महाराज का सम्बन्ध है–
    (a) कत्थक   (b) भरतनाट्यम
    (c) मृदंगम   (d) संतूर
34. 'प्रियदर्शिनी गोविंद' का सम्बन्ध किससे है?
    (a) भरतनाट्यम   (b) संतूर
    (c) मृदंगम   (d) संतूर
35. 'देबू चौधरी' किससे सम्बन्धित है?
    (a) सितार   (b) सरोद
    (c) तबला   (d) वॉयलिन
36. अमजद अली खाँ किससे सम्बन्धित हैं?
    (a) सितार   (b) सरोद
    (c) तबला   (d) वॉयलिन
37. 'पन्ना लाल घोष' प्रसिद्ध वादक हैं–
    (a) सितार के   (b) सरोद के
    (c) बाँसुरी के   (d) वॉयलिन के
38. 'यहूदी मेनुहिन' किससे सम्बन्धित है?
    (a) सितार   (b) वॉयलिन
    (c) सरोद   (d) तबला
39. 'विक्रमार्जुन विजय' महाभारत का किस भाषा में रूपांतरण है?
    (a) बंगाली   (b) उड़िया
    (c) मराठी   (d) कन्नड़

40. काव्याभिव्यक्ति के रूप में उर्दू का प्रयोग करने वाले प्रथम लेखक थे–
(a) अमीर खुसरो
(b) मिर्जा गालिब
(c) बहादुरशाह जफर
(d) फैज

41. 'राधा गोविंद संगीत सार' के रचयिता थे–
(a) देवर्षि भट्ट ब्रजपाल
(b) सवाई प्रताप सिंह
(c) हीरानंद व्यास
(d) चतुरलाल सेन

42. उमाकांत और रमाकांत गुंडेचा बंधु क्या हैं?
(a) ध्रुपद गायक (b) कथक नर्तक
(c) सरोद संगीतज्ञ (d) तबला वादक

43. 'राग कल्लपद्रुम' के रचयिता हैं–
(a) राधाकृष्ण (b) कृष्णानंद व्यास
(c) राणा हम्मीर (d) महाराणा कुम्भा

44. वह 'राग' जो सुप्रभात के समय गाया जाता है?
(a) तोड़ी (b) दरबारी
(c) भोपाली (d) भीमपलासी

45. रात्रि के समय गाया जाने वाला राग है–
(a) दरबारी (b) तोड़ी
(c) भोपाली (d) भीमपलासी

46. राग 'भीमपलासी' कब गाया जाता है?
(a) दोपहर (b) रात्रि
(c) सुबह (d) अर्द्धरात्रि

47. 'चाक्यारकुथु' किस राज्य का लोक नृत्य है?
(a) केरल (b) महाराष्ट्र
(c) गुजरात (d) तमिलनाडु

48. पंडित भीमसेन जोथी सम्बन्धित हैं–
(a) ज्योतिष से (b) राजनीति से
(c) पर्यावरण से (d) संगीत से

49. प्रसिद्ध शास्त्रीय गायक भीमसेन जोशी सम्बन्धित हैं–
(a) बनारस घराना (b) किराना घराना
(c) लखनऊ घराना (d) रामपुर घराना

50. 'कलामंडलम क्षेमवती' किससे सम्बन्धित है?
(a) मोहिनीअट्टम (b) कथकली
(c) भरतनाट्यम (d) मणिपुरी

51. 'कोट्टक्कल शिवरामन' किससे सम्बन्धित है?
(a) मोहनीअट्टम (b) कथकली
(c) भरतनाट्यम (d) मणिपुरी

52. 'लक्ष्मी विश्वनाथन' किससे सम्बन्धित है?
(a) मोहनीअट्टम (b) कलकली
(c) भरतनाट्यम (d) मणिपुरी

53. 'भरतनाट्यम' कहाँ का नृत्य है?
(a) तमिलनाडु (b) उत्तर प्रदेश
(c) आंध्र प्रदेश (d) केरल

54. 'कथक' कहाँ का नृत्य है?
(a) तमिलनाडु (b) उत्तर प्रदेश
(c) आंध्र प्रदेश (d) केरल

55. 'कुचीपुड़ी' कहाँ का नृत्य है?
(a) तमिलनाडु (b) उत्तर प्रदेश
(c) आंध्र प्रदेश (d) केरल

56. 'मोहनीअट्टम' कहाँ का नृत्य है?
(a) तमिलनाडु (b) उत्तर प्रदेश
(c) आंध्र प्रदेश (d) केरल

57. 'ओडिशी' नृत्य किस राज्य से सम्बन्धित है?
(a) केरल (b) आंध्र प्रदेश
(c) ओडिशा (d) तमिलनाडु

58. निम्नलिखित नृत्यों में से किसमें एकल नृत्य होता है?
(a) भरतनाट्यम (b) कुचिपुड़ी
(c) मोहिनीअट्टम (d) ओडिशी

59. 'गरबा' कहाँ का नृत्य है?
(a) गुजरात (b) ओडिशा
(c) कर्नाटक (d) उत्तर प्रदेश

60. 'यक्षगान' कहाँ का नृत्य है?
(a) कर्नाटक (b) पंजाब
(c) उड़ीसा (d) महाराष्ट्र

61. 'हिरेन भट्टाचार्य' किस कला से सम्बन्धित है?
(a) कठपुतली कला
(b) हिन्दुस्तानी गायन
(c) कुचिपुड़ी नृत्य
(d) भरतनाट्यम

62. 'प्रतिमा प्रह्लाद' किस कला से संबंधित है?
(a) कठपुतली कला
(b) हिन्दुस्तानी संगीत
(c) भरतनाट्यम कला
(d) कुचिपुड़ी नृत्य

63. मालिनी राजकुंवर किस कला से संबंधित हैं–
(a) कठपुतली कला
(b) हिन्दुस्तानी स्वर संगीत
(c) भरतनाट्यम
(d) कुचिपुड़ी

64. इन्द्राणी रहमान का सम्बन्ध किस शास्त्रीय नृत्य कला शैली से है?
(a) कत्थक (b) भरतनाट्यम
(c) ओडिसी (d) कुचिपुड़ी

65. सुविख्यात ठुमरी गायिका गिरजा देवी का सम्बन्ध है–
(a) बनारस घराना
(b) लखनऊ घराना
(c) जयपुर घराना
(d) उपरोक्त में से कोई नहीं

66. निम्नलिखित में से कौन-सा संगीत वाद्य इंडोइस्लामिक उत्पत्ति का नहीं है?
(a) सितार (b) तबला
(c) सारंगी (d) शहनाई

67. 'गंगूबाई हंगल' किससे सम्बन्धित हैं?
(a) शास्त्रीय संगीत (b) नर्तकी
(c) चित्रकार की (d) सितारवादक की

68. 'तेरहताली' नोकनृत्य है–
(a) केरल (b) राजस्थान
(c) मध्य प्रदेश (d) तमिलनाडु

69. 'बुर्रा' लोकनृत्य किस राज्य में प्रसिद्ध है?
(a) आंध्र प्रदेश (b) असम
(c) हिमाचल प्रदेश (d) राजस्थान

70. 'नटी' लोकनृत्य किस राज्य में प्रसिद्ध है?
(a) आंध्र प्रदेश (b) असम
(c) हिमाचल प्रदेश (d) राजस्थान

71. 'घूमर' लोकनृत्य किस राज्य में प्रसिद्ध है?
(a) राजस्थान (b) असम
(c) हिमाचल प्रदेश (d) आंध्र प्रदेश

72. 'ओजापली' नृत्य किस राज्य से सम्बन्धित है?
(a) असम (b) हिमाचल प्रदेश
(c) बिहार (d) पश्चिम बंगाल

73. 'जात्रा' लोकनृत्य किस राज्य में प्रसिद्ध है?
(a) पश्चिम बंगाल (b) असम
(c) हिमाचल प्रदेश (d) बिहार

74. 'कारागम' धार्मिक लोकनृत्य सम्बन्धित है–
(a) तमिलनाडु से (b) केरल से
(c) आंध्र प्रदेश (d) कर्नाटक से

75. बिस्मिल्ला खाँ क्या बजाते थे?
(a) शहनाई (b) सरोद
(c) बाँसुरी (d) तबला

76. मकबूल फिदा हुसैन किससे सम्बन्धित है?
(a) शहनाई (b) सरोद
(c) चित्रकार (d) तबला

77. जाकिर हुसैन किस वाद्य यंत्र से सम्बन्धित हैं?
(a) तबला (b) सरोद
(c) बाँसुरी (d) वॉयलिन

78. श्री वी०जी० जोग किस वाद्य संगीत के लिए विख्यात हैं?
(a) सितार (b) वॉयलिन
(c) तबला (d) संतूर

79. 'शिव कुमार शर्मा' किस वाद्य यंत्र से सम्बन्धित हैं?
(a) संतूर (b) बाँसुरी
(c) रुद्रवीणा (d) वॉयलिन

80. सूरज खाँ किससे सम्बन्धित हैं?
(a) खयाल गायन (b) पखावज वादन
(c) वीणा वादन (d) तबला वादन

81. सादिक अली खाँ किससे सम्बन्धित हैं?
(a) खयाल गायन (b) वीणा गायन
(c) पखावज वादन (d) तबला वादन

82. पंडित मल्लिकार्जुन मंसूर किससे सम्बन्धित हैं?
(a) संतूर
(b) हिन्दुस्तानी संगीत
(c) वॉयलिन
(d) सरोद वादक

83. ओंकारनाथ ठाकुर किससे सम्बन्धित हैं?
(a) सितार (b) बाँसुरी
(c) वॉयलिन (d) शहनाई

84. कुदक सिंह किससे सम्बन्धित हैं?
(a) पखावज (b) शहनाई
(c) शहनाई (d) बांसुरी

85. निम्न में से कौन कत्थक नृत्य का उत्कृष्ट नर्तक हैं?
(a) अल्लारक्खा खाँ
(b) एम०एस० रेड्डी
(c) बिरजू महाराज
(d) राजा रेड्डी

86. निम्न में से उन्हें चिह्नित कीजिए जो कत्थक नृत्य से संबद्ध नहीं है?
(a) बिन्दादीन (b) शम्भू महाराज
(c) लच्छू महाराज (d) ध्रुवतारा जोशी

87. निम्नलिखित में से कौन एक कथक कलाकार नहीं है?
(a) बिरजू महाराज
(b) किशन महाराज
(c) लच्छू महाराज
(d) सितारा देवी

88. कुमार गंधर्व किससे सम्बन्धित हैं?
(a) भरतनाट्यम (b) शास्त्रीय गायन
(c) कत्थक नृत्य (d) कुचिपुड़ी

89. रुक्मणी देवी किससे सम्बन्धित हैं?
(a) भरतनाट्यम नृत्य
(b) शास्त्रीय गायन
(c) कत्थक नृत्य
(d) कुचीपुड़ी

90. वह नृत्य जो शास्त्रीय नहीं है–
(a) कत्थक (b) कुचिपुड़ी
(c) ओडिसी (d) गरबा

91. एम०एस० सुब्बलक्ष्मी किससे सम्बन्धित है?
(a) शास्त्रीय संगीत (b) तबला
(c) सितार (d) बांसुरी

92. बालमुरली कृष्ण किससे सम्बन्धित हैं?
(a) कर्नाटक गायन
(b) हिन्दुस्तानी गायन
(c) वॉयलिन
(d) सितार

93. गीता पंडित किससे सम्बन्धित हैं?
(a) कर्नाटक गायन
(b) हिन्दुस्तानी गायन
(c) वॉयलिन
(d) सितार

94. निखिल बनर्जी किससे सम्बन्धित हैं?
(a) कर्नाटक गायन
(b) हिन्दुस्तानी गायन
(c) वॉयलिन
(d) सितार

95. सोनल मान सिंह किससे सम्बन्धित हैं?
(a) भरतनाट्यम (b) कुचीपुड़ी
(c) रंगमंच (d) सिनेमा

96. अमृता शेरगिल किससे सम्बन्धित हैं?
(a) नृत्य (b) वाद्य संगीत
(c) कंठ संगीत (d) चित्रकला

97. वन श्री राव किससे सम्बन्धित हैं?
(a) नृत्य (b) इतिहास लेखन
(c) नाट्य लेखन (d) चित्रकार

98. नीलम मानसिंह चौधरी किससे सम्बन्धित हैं?
(a) समाज सेवा (b) नाट्य निर्देशन
(c) इतिहासकार (d) चित्रकार

99. कौन-सी अकादमी भारत में नृत्य, नाटक तथा संगीत के विकास को प्रोत्साहन देने के लिए उत्तरदायी है?
(a) संगीत अकादमी
(b) ललित कला अकादमी
(c) साहित्य अकादमी
(d) एन०एस०डी०

100. इनमें से कौन प्रसिद्ध बाँसुरी वादक हैं?
(a) देबू चौधरी (b) मधुप मुद्‌गल
(c) रोनू मजूमदार (d) शफत अहमद

101. रुक्मिणी देवी अरुन्डेल किससे सम्बन्धित है?
(a) नृत्यांगना (b) संगीतकार
(c) नाटककार (d) इतिहासकार

102. निम्नलिखित में सबसे प्राचीन वाद्य यंत्र कौन-सा है?
(a) सितार (b) वीणा
(c) सरोद (d) तबला

103. संगीत यंत्र सितार मिश्रण है–
(a) बाँसुरी एवं वीणा
(b) बाँसुरी एवं सारंगी
(c) वीणा एवं तम्बूरा
(d) वीणा एवं पियानो

104. 'कोरकू' लोकनृत्य किस राज्य से है?
(a) महाराष्ट्र (b) मणिपुर
(c) हिमाचल प्रदेश (d) हरियाणा

105. 'थाली' लोकनृत्य किस राज्य से संबंधित है?
(a) हिमाचल प्रदेश (b) उत्तराखण्ड
(c) पंजाब (d) उत्तर प्रदेश

106. मेघालय का लोकनृत्य है–
(a) नाटी (b) लोहो
(c) बम्बू नृत्य (d) खानटुम

107. भारतीय वास्तुकला में 'सुर्खी' का प्रारंभ हुआ–
(a) कुषाणों द्वारा
(b) गुप्तों द्वारा
(c) सल्तनत काल में
(d) मुगल काल में

108. निम्नलिखित में से कौन-सा 'सांस्कृतिक विलंबना' का कारक नहीं है?
(a) धर्म (b) राजनीति
(c) कानून (d) परंपरा

109. कौन-सा नृत्य केवल पुरुष कलाकारों द्वारा प्रस्तुत किया जाता है?
(a) मोहिनी अट्टम (b) ओडिसी
(c) कथकली (d) मणिपुरी

110. मुखीटा नृत्य का सम्बन्ध निम्न में से किस नृत्य शैली से है?
(a) कथकली (b) नागा
(c) ओडिसी (d) कुचिपुड़ी

111. भारतीय संगीत के राग वर्गीकरण की रूप रेखा को किसने प्रारंभ किया?
(a) पंडित विष्णु दिगंबर पलुस्का
(b) वेंकटामही
(c) श्याम शास्त्री
(d) अमीर खुसरो

112. 'कर्नाटक संगीत' के प्रतिपादक कौन थे?
(a) वेंकटामही (b) अमीर खुसरो
(c) श्याम शास्त्री (d) विष्णु दिंगबर

113. हिन्दुस्तानी संगीत के 'ख्याल' रूप के प्रतिपादक कौन थे?
(a) विष्णु दिंगबर (b) वेंकटामही
(c) श्याम शास्त्री (d) अमीर खुसरो

114. 'वंदेमातरम्' गीत का संगीत लिपिबद्ध किया–
(a) विष्णु दिंगबर (b) वेंकटामही
(c) श्याम शास्त्री (d) अमीर खुसरो

115. निम्न नृत्यों में गुजरात से सम्बन्ध रख ने वाला नृत्य कौन-सा है?
(a) चूनर (b) बिदेसिया
(c) रास नृत्य (d) कुचिपुड़ी

116. भारत की प्रथम टेक्नीकलर फिल्म कौन थी?
(a) झाँसी की रानी
(b) माई डियर कुट्टीयातन
(c) ताल
(d) कागज का फूल

117. भारत की प्रथम बीमाकृत फिल्म–
(a) ताल
(b) झांसी की रानी
(c) माई डियर कुट्टीयातन
(d) कागज का फूल

118. भारत की प्रथम बीमाकृत फिल्म–
(a) झांसी की रानी
(b) माई डियर कुट्टीयातन
(c) ताल
(d) कागज के फूल

119. भारत रत्न प्राप्त करने वाली भारत की प्रथम अभिनेत्री–
(a) मीना कुमारी (b) मधुबाला
(c) नरगिस (d) नूतन

120. मशहूर टी०वी० सीरियल 'रामायण' के निर्माता कौन थे?
(a) बी०आर० चोपड़ा
(b) रामानंद सागर
(c) सुभाष घई
(d) यश चोपड़ा

121. फिल्म 'दि मेकिंग ऑफ दि महात्मा के निर्देशक हैं–
(a) पीटर उस्तिनोव (b) रिचर्ड एटनबरो
(c) श्याम बेनेगल (d) मीरा नायर

122. फिल्म 'गांधी' में गांधी का अभिनय किसने किया?
(a) बने किंग्सले
(b) रिचर्ड एटनबरो
(c) नसीरुद्दीन शाह
(d) रोशन सेठ

123. रिचर्ड एटनबरो है–
(a) लेखक (b) चित्रकार
(c) अभिनेता (d) निर्माता निर्देशक

124. भारत में बनने वाली सर्वप्रथम कथा फिल्म थी–
(a) हातिमताई (b) आलमआरा
(c) पुंडलीक (d) राजा हरिश्चन्द्र

125. महाभारत 'सीरियल' के निर्माता कौन थे?
(a) श्याम बेनेगल
(b) बी०आर० चोपड़ा
(c) रामानंद सागर
(d) मणिरत्नम

126. संस्कृत नाटकों में सामान्य पात्र 'विदूषक' प्राय: किस वर्ण का होता है?
(a) ब्राह्मण (b) क्षत्रिय
(c) वैश्य (d) शूद्र

127. के० शंकर पिल्लई थे–
(a) कार्टूनिस्ट (b) चित्रकार
(c) नृत्यकार (d) बाँसुरी वादक

128. रघु राय किस क्षेत्र में प्रसिद्ध थे–
(a) गणित में शोध
(b) फोटोग्राफी
(c) जल संचयन
(d) प्रदूषण नियंत्रण

129. माइक पांडे किस क्षेत्र से सम्बन्धित हैं–
(a) संगीत
(b) कवि
(c) रंगशाला निर्देशक
(d) वन्यजीवन फिल्म निर्माता

130. 'विदा करंदीकर' किस क्षेत्र से सम्बन्धित हैं–
(a) संगीतकार (b) कवि
(c) निर्देशक (d) निर्माता

131. अवनीन्द्रनाथ टैगोर के बनाये चित्रों को वर्गीकृत किया गया है–
(a) यथार्थयादी
(b) समाजवादी
(c) पुनरुज्जीवनवादी
(d) प्रभाववादी

132. विष्णु चिंचालकर कौन थे?
(a) चित्रकार (b) शिल्पकार
(c) कहानीकार (d) साहित्यकार

133. किसने 'इंडियन सोसायटी ऑफ ओरियंटल आर्ट' की स्थापना की?
(a) निहार रंजन
(b) नीरेन्द्र मोहन
(c) अवनीन्द्रनाथ टैगोर
(d) बारीन्द्र कुमार घोष

134. 'मोनालिसा' क्या है?
(a) एक चित्र (b) गायिका
(c) फ्रांसीसी गुप्तचर(d) उपन्यास

135. जामिनी राय थे–
(a) संगीतकार
(b) चित्रकार
(c) गीतकार
(d) इनमें से कोई नहीं

136. 'ब्रिटनी स्पियर्स' किसके लिए प्रसिद्ध है?
(a) नृत्य (b) गायन
(c) लेखन (d) मॉडलिंग

137. पंजाबी भाषा का टैगोर किसे माना गया है?
(a) पूरन सिंह
(b) मोहन सिंह
(c) अमृता प्रीतम
(d) कर्तार सिंह दुग्गल

138. सुविख्यात चित्र 'सत्यम् शिवम् सुंदरम्' की रचना की थी–
(a) महेन्द्रनाथ (b) नंदकिशोर
(c) शोभा सिंह (d) विश्वनाथ मेहता

139. सतीश चन्द्र किस क्षेत्र से सम्बन्धित हैं?
(a) साहित्य (b) चित्रकला
(c) नृत्य (d) सिनेमा

140. महिलाओं का परिधान 'बोकू' किस राज्य से सम्बन्धित है?
(a) सिक्किम (b) असोम
(c) छत्तीसगढ़ (d) कश्मीर

141. महिलाओं का परिधान 'मेखला' किस राज्य से सम्बन्धित है?
(a) असोम (b) कश्मीर
(c) सिक्किम (d) छत्तीसगढ़

142. महिलाओं का परिधान 'फेरन' किस राज्य से सम्बन्धित है?
(a) असोम (b) सिक्किम
(c) छत्तीसगढ़ (d) कश्मीर

143. 'मुँडू' महिला परिधान किस राज्य में पहना जाता है?
(a) केरल (b) सिक्किम
(c) छत्तीसगढ़ (d) असोम

144. 'गेट वे ऑफ इंडिया' किस शहर में है?
(a) मुंबई (b) कोलकाता
(c) नई दिल्ली (d) हैदराबाद

145. 'विक्टोरिया मेमोरियल' कहाँ है?
(a) मुंबई (b) कोलकाता
(c) दिल्ली (d) चेन्नई

146. 'इंडिया गेट' कहाँ है?
(a) नई दिल्ली (b) मुंबई
(c) कोलकाता (d) मद्रास

147. 'चार मीनार' कहाँ है?
(a) मुंबई (b) कोलकाता
(c) नई दिल्ली (d) हैदराबाद

148. 'सांची' स्तूप कहाँ है?
(a) आंध्र प्रदेश (b) रायसेन
(c) ग्वालियर (d) भोपाल

149. 'ताल-उल-मस्जिद' कहाँ है?
(a) आंध्र प्रदेश (b) भोपाल
(c) ग्वालियर (d) रायसेन

150. 'गूजरी महल' कहाँ स्थित है?
(a) पटना (b) रायसेन
(c) ग्वालियर (d) भोपाल

151. रंगोली भारत के किस क्षेत्र की प्रमुख लोक कला शैली है?
(a) गुजरात (b) महाराष्ट्र
(c) राजस्थान (d) छत्तीसगढ़

152. 'अल्पना' भारत के किस क्षेत्र की प्रमुख लोक कला शैली है?
(a) गुजरात (b) तमिलनाडु
(c) उत्तर प्रदेश (d) पश्चिम बंगाल

153. 'मण्डाना' लोक कला शैली का सम्बन्ध किस भारतीय राज्य से है?
(a) राजस्थान (b) गुजरात
(c) महाराष्ट्र (d) बिहार

154. 'अरपन' लोक कला शैली का सम्बन्ध किस भारतीय राज्य से है?
(a) गुजरात (b) महाराष्ट्र
(c) पश्चिम बंगाल (d) बिहार

155. 'चौक पूरना' भारत के किस क्षेत्र की लोक कला है?
(a) उत्तर प्रदेश (b) मध्य प्रदेश
(c) छत्तीसगढ़ (d) बिहार

156. पुष्पों को क्रम से लगाने की जापानी कला को क्या कहा जाता है?
(a) इकेवोता (b) इकेबाना
(c) इकेफासा (d) बोन्साई

157. कलमकारी लोक कला का सम्बन्ध किस राज्य से है?
(a) बिहार (b) गुजरात
(c) हरियाणा (d) आंध्र प्रदेश

158. 'फुलकारी' लोक कला कहाँ प्रचलित है?
(a) गुजरात (b) बिहार
(c) हरियाणा (d) आंध्र प्रदेश

159. 'गरबा' लोक नृत्य शैली कहाँ प्रचलित है?
(a) महाराष्ट्र (b) गुजरात
(c) राजस्थान (d) पंजाब

160. 'तमाशा' किस राज्य की प्रमुख लोक नृत्य कला शैली है?
(a) गुजरात (b) महाराष्ट्र
(c) राजस्थान (d) पंजाब

161. 'कजरी' लोक नृत्य शैली कहाँ प्रचलित है?
(a) उड़ीसा (b) मध्य प्रदेश
(c) उत्तर प्रदेश (d) राजस्थान

162. 'बाऊल' लोक नृत्य शैली कहाँ प्रचलित है?
(a) पश्चिम बंगाल (b) उड़ीसा
(c) झारखण्ड (d) मध्य प्रदेश

163. 'पण्डवानी' किस राज्य की लोक नृत्य शैली है?
(a) उत्तरांचल (b) छत्तीसगढ़
(c) मध्य प्रदेश (d) उत्तर प्रदेश

164. 'राउफ' किस राज्य की प्रमुख लोक नृत्य शैली है?
(a) गुजरात (b) पश्चिम बंगाल
(c) जम्मू-कश्मीर (d) हिमाचल प्रदेश

165. 'केली गोपाल' किस राज्य की लोक नृत्य शैली है?
(a) पश्चिम बंगाल (b) असम
(c) मणिपुर (d) त्रिपुरा

167. 'पनिहारी' लोक नृत्य किस राज्य में प्रचलित है?
(a) नागालैंड (b) गुजरात
(c) कर्नाटक (d) केरल

168. 'घण्टा मर्दाला' किस राज्य का लोक नृत्य है?
(a) केरल (b) कर्नाटक
(c) तमिलनाडु (d) आन्ध्र प्रदेश

169. 'चेरोकान' किस राज्य की लोक नृत्य कला शैली है?
(a) असम (b) नागालैंड
(c) मणिपुर (d) मिजोरम

170. शेखावती क्षेत्र में कौन-सा लोक नृत्य होता है?
(a) घूमर (b) डांडिया
(c) घुडला (d) झूमर

171. 'काडाम' लोक नृत्य का सम्बन्ध है?
(a) ओरावं (b) संथाल
(c) गोंड (d) थारू

172. 'सुआ' नृत्य किस जनजाति से संबंधित है?
(a) बैगा (b) मुडिया
(c) मारिया (d) कोरक्

173. झारखण्ड का 'पाइका' है एक–
(a) लोकगीत (b) लोकनृत्य
(c) वाद्ययंत्र (d) चित्रकला

174. कौन-सा लोकनृत्य 'गरीबों की कथकली' के नाम से जाना जाता है?
(a) चाक्यारकुन्तु (b) ओट्टनतुल्लन
(c) कुडियापट्टम (d) मोहिनीअट्टम

175. लोक नृत्य 'वैशाख बिहू' प्रचलित है–
(a) असम में (b) बिहार में
(c) उड़ीसा में (d) झारखण्ड

176. राजस्थान का प्रमुख लोकनृत्य है–
(a) गरबा (b) गिद्धा
(c) घूमर (d) बिहू

177. लोक नृत्य 'वैशाख बिहू' प्रचलित है–
(a) असम में (b) बिहार में
(c) उड़ीसा में (d) झारखण्ड में

178. 'कारागम' धार्मिक लोक नृत्य सम्बन्धित है–
(a) तमिलनाडु से (b) केरल से
(c) आंध्र प्रदेश (d) कर्नाटक

179. 'बच्चा नगमा' किस राज्य के पुरुषों का प्रमुख लोक नृत्य है?
(a) जम्मू-कश्मीर (b) हिमाचल प्रदेश
(c) राजस्थान (d) गुजरात

180. 'छाऊ' किस राज्य का प्रसिद्ध लोक नृत्य है?
(a) उड़ीसा (b) असम
(c) झारखण्ड (d) पश्चिम बंगाल

181. 'लावणी' किस राज्य का प्रसिद्ध लोक नृत्य है?
(a) गुजरात (b) बिहार
(c) उत्तर प्रदेश (d) पश्चिम बंगाल

182. 'गिद्धा' किस राज्य का प्रमुख लोक नृत्य है?
(a) पंजाब (b) हरियाणा
(c) राजस्थान (d) गुजरात

183. 'कीर्तन' कहाँ का प्रमुख लोक नृत्य है?
(a) असम (b) उड़ीसा
(c) पश्चिम बंगाल (d) गुजरात

184. 'जात्रा' कहाँ का प्रमुख लोक नृत्य है?
(a) पश्चिम बंगाल (b) बिहार
(c) केरल (d) उड़ीसा

185. लोक नृत्य 'लम्बाड़ी' किस राज्य से सम्बन्धित है?
(a) गुजरात (b) महाराष्ट्र
(c) आन्ध्र प्रदेश (d) तमिलनाडु

186. 'कुमीनागा' लोक नृत्य किस राज्य में प्रचलित है?
(a) मणिपूर (b) मिजोरम
(c) नागालैंड (d) असम

187. 'लाई हरीबा' लोक नृत्य शैली किस राज्य में प्रचलित है?
(a) असम (b) मणिपुर
(c) मिजोरम (d) नागालैंड

188. आंध्र प्रदेश की गोंड जनजाति का प्रसिद्ध लोक नृत्य है–
(a) गुसादी (b) आम्र नृत्य
(c) मोर नृत्य (d) बिहू नृत्य

189. निम्नलिखित में कौन महिला प्रधान नृत्य है?
(a) कुडियाट्टम (b) कुरुवंशी
(c) गिद्धा (d) भांगड़ा

190. 'ताण्डव नृत्य' सम्बन्धित है–
(a) शृंगार रस से
(b) वात्सल्य रस से
(c) वीर और रौद्र रस
(d) इनमें से कोई नहीं

191. 'बम्बू नृत्य' निम्नलिखित में से किस आदिवासी का नृत्य है?
(a) कुकी (b) मुरिया
(c) गोडों (d) भूमिज

192. तीजनबाई किस लोक नृत्य गायन से सम्बन्धित हैं?
(a) पड़वाणी (b) यक्षगान
(c) चेपेकान (d) पनिहारी

193. हिन्दुस्तानी संगीत का सर्वाधिक प्राचीन घराना है–
(a) ग्वालियर (b) आगरा
(c) लखनऊ (d) जयपुर

194. हिन्दुस्तानी संगीत का घराना नहीं है–
(a) लखनऊ घराना (b) किराना घराना
(c) ग्वालियर घराना (d) आगरा घराना

195. ध्रुपद गायिकी के लिए प्रसिद्ध घराना है–
(a) मेवाती घराना
(b) ग्वालियर घराना
(c) जयपुर घराना
(d) किराना घराना

196. वर्तमान समय में हिन्दुस्तानी संगीत की सर्वाधिक लोकप्रिय गायन शैली है–
(a) ध्रुपद (b) खयाल
(c) ठुमरी (d) टप्पा

197. किस घराने को 'खयाल' गायिकी का जन्मदाता माना जाता है?
(a) ग्वालियर घराना
(b) किराना घराना
(c) पटियाला घराना
(d) इनमें से कोई नहीं

198. ऋतु शर्मा का सम्बन्ध है–
(a) गजल गायिकी से
(b) पंडवाणी शैली से
(c) कर्नाटक संगीत से
(d) इनमें से कोई नहीं

199. बेगम अख्तर कला की किस विद्या से सम्बन्धित थी?
(a) नृत्य (b) चित्रकला
(c) संगीत (d) लोककला

200. निम्नलिखित में कौन हिन्दुस्तानी संगीत शैली का हिस्सा नहीं है?
(a) ध्रुपद (b) तिल्लाना
(c) तराना (d) धमार

201. 'कर्नाटक संगीत का पितामह' किसे कहा जाता है?
(a) त्यागराज
(b) पुरन्दर दास
(c) स्वाति तिरूपाल
(d) मुत्तुस्वामी दीक्षितर

202. 'भातखण्डे' संगीत महाविद्यालय कहाँ स्थित है?
(a) लखनऊ (b) अहमदाबाद
(c) चण्डीगढ़ (d) इलाहाबाद

203. 'लियोनार्डो द विंची' किस देश के विश्वविख्यात चित्रकार थे?
(a) स्पेन (b) जर्मनी
(c) इटली (d) फ्रांस

204. 'पाब्लो पिकासो' कहाँ का प्रसिद्ध चित्रकार थे?
(a) जर्मनी (b) ग्रीस
(c) स्पेन (d) इटली

205. 'सप्तरथ मन्दिर' कहाँ अवस्थित है?
(a) महाबलीपुरम्
(b) काँचीपुरम्
(c) मदुरै
(d) पुरी

206. 'अक्षरधाम' कहाँ स्थित है?
(a) द्वारका (b) पुरी
(c) मथुरा (d) गांधीनगर

207. 'ब्लैक पैगोडा' के नाम से कौन-सा मन्दिर प्रसिद्ध है?
(a) कोणार्क का सूर्य मंदिर
(b) मार्त्तण्ड का सूर्य मंदिर
(c) मोघरा का सूर्य मंदिर
(d) होयसलेश्वर का मंदिर

208. 'खजुराहो का मंदिर' किस राज्य में है?
(a) उत्तर प्रदेश (b) मध्य प्रदेश
(c) छत्तीसगढ़ (d) उड़ीसा

209. किस नगर में ख्वाजा मुईनुद्दीन चिश्ती की दरगाह है?
(a) जयपुर (b) इलाहाबाद
(c) जैनपुर (d) अजमेर

210. 'तिरुपति मंदिर' किस राज्य में स्थित है?
(a) तमिलनाडु (b) आंध्र प्रदेश
(c) महाराष्ट्र (d) कर्नाटक

211. 'दिलवाड़ा मंदिर' कहाँ स्थित है?
(a) हम्पी (b) माउण्ट आबू
(c) द्वारिका (d) पुरी

212. 'होयसलेश्वर का प्रसिद्ध मंदिर' कहाँ स्थित है?
(a) तंजौर (b) मैसूर
(c) मदुरै (d) हेलविड

213. कोणार्क मंदिर किस राज्य में स्थित है?
(a) उड़ीसा (b) पश्चिम बंगाल
(c) गुजरात (d) आंध्र प्रदेश

214. कोणार्क का 'काला पैगोडा' किस देवता को समर्पित है?
(a) जगन्नाथ (b) शिव
(c) सूर्य (d) महावीर

215. 'ज्योतिष पीठ' कहाँ है?
(a) बद्रीनाथ (b) पुरी
(c) द्वारका (d) मैसूर

216. 'गोवर्द्धन पीठ' कहाँ स्थित है?
(a) बद्रीनाथ (b) पुरी
(c) द्वारिका (d) मैसूर

217. 'शारदा पीठ' कहाँ स्थित है?
(a) बद्रीनाथ (b) पुरी
(c) द्वारिका (d) मैसूर

218. 'श्रृंगेरी पीठ' कहाँ स्थित है?
(a) ब्रदीनाथ (b) पुरी
(c) द्वारिका (d) मैसूर

219. 'चूहों के मंदिर' के नाम से विख्यात मंदिर है–
(a) करणी माता का मंदिर
(b) लिंगराज मंदिर
(c) वृहदेश्वर मंदिर
(d) राजारानी मंदिर

220. 'शेख सलीम चिश्ती की दरगाह' कहाँ पर है?
(a) अजमेर (b) फतेहपुर सीकरी
(c) आगरा (d) बिहार शरीफ

221. 'अढ़ाई दिन का झोपड़ा' कहाँ स्थित है?
(a) अजमेर (b) दिल्ली
(c) फतेहपुर सीकरी (d) आगरा

222. 'सूर्य मंदिर' कहाँ स्थित है?
(a) कोणार्क (b) पुरी
(c) सोमनाथ (d) अमरनाथ

223. मार्तण्ड सूर्य मंदिर किस राज्य में स्थित है?
(a) गुजरात (b) उड़ीसा
(c) जम्मू-कश्मीर (d) तमिलनाडु

224. खजुराहो के मंदिर का सम्बन्ध किस धर्म से है?
(a) बौद्ध धर्म
(b) जैन धर्म
(c) हिन्दू धर्म
(d) इनमें सभी से

225. 'दिलवाड़ा का जैन मंदिर' किस राज्य में स्थित है?
(a) असम (b) उत्तर प्रदेश
(c) राजस्थान (d) मध्य प्रदेश

226. तीर्थस्थल 'कामख्या' स्थित है–
(a) असम (b) बिहार
(c) केरल (d) उड़ीसा

227. 'द्वारिकाधीश मंदिर' स्थित है–
(a) भोपाल में (b) झांसी में
(c) मथुरा में (d) कानपुर में

228. कौन-सा मंदिर माउण्ट आबू पर्वत पर स्थित नहीं है?
(a) विमल मंदिर (b) तेजपाल मंदिर
(c) विश्वनाथ मंदिर (d) वास्तुपाल मंदिर

229. श्री वर्दरामन का मंदिर किस देवता को समर्पित है?
(a) शिव (b) विष्णु
(c) ब्रह्मा (d) सूर्य

230. भोजशाला मंदिर की अधिष्ठात्री देवी हैं–
(a) भगवती दुर्गा (b) भगवती पार्वती
(c) लक्ष्मी (d) सरस्वती

231. चित्रगुप्त का एकमात्र मंदिर माना जाता है, स्थित है–
(a) कांची में (b) मथुरा में
(c) पुरी में (d) उज्जैन में

232. ब्रह्मा का एकमात्र मंदिर कहाँ स्थित है?
(a) पुष्कर (b) उज्जैन
(c) द्वारिका (d) केदारनाथ

233. जगन्नाथ मंदिर किस राज्य में स्थित है?
(a) असम (b) पश्चिम बंगाल
(c) उड़ीसा (d) उत्तर प्रदेश

234. ब्रह्मा, विष्णु और महेश तीनों की मुखाकृति उत्कीर्ण है, कहाँ स्थित है?
(a) अजन्ता की गुफाओं
(b) एलोरा की गुफाओं
(c) एलीफेन्टा की गुफाओं
(d) बाघ की गुफाओं

235. निम्नलिखित में से किस स्थान पर सूर्य मंदिर नहीं स्थित है?
(a) मार्तण्ड (b) मोधरा
(c) सूर्यनकोविल (d) पाटलिपुत्र

236. प्रसिद्ध शिलोत्कर्ण 'कैलाश मंदिर' कहाँ स्थित है?
(a) अजन्ता (b) एलोरा
(c) बादमी (d) एलीफेन्टा

237. भारत के किस राज्य में पवित्र तीर्थस्थल 'अमरनाथ एवं वैष्णों देवी स्थित है?
(a) उत्तरांचल (b) हिमाचल प्रदेश
(c) जम्मू-कश्मीर (d) सिक्किम

238. विश्व प्रसिद्ध 'दाँत का मंदिर' कहाँ स्थित है?
(a) बोधगया (b) रंगून
(c) कैंडी (d) कोलम्बो

239. बद्रीनाथ धाम किस देवता को समर्पित है?
(a) शिव (b) विष्णु
(c) ब्रह्मा (d) कृष्ण

240. माउण्ट आबू में दिलवाड़ा मंदिर है–
(a) बौद्ध मंदिर (b) जैन मंदिर
(c) सिख मंदिर (d) हिन्दू मंदिर

241. बोधगया स्थित है–
(a) मध्य प्रदेश (b) उत्तर प्रदेश
(c) बिहार (d) पश्चिम बंगाल

242. अमरनाथ गुफा स्थित है–
(a) उत्तरांचल में (b) हिमाचल प्रदेश
(c) जम्मू-कश्मीर (d) असम में

243. सूर्य मंदिर स्थित है–
(a) पुरी (b) सोमनाथ
(c) अमरनाथ (d) कोणार्क

244. नटराज मंदिर अवस्थित है–
(a) चिदम्बरम् में (b) रामेश्वरम् में
(c) मदुरै में (d) तंजाबूर में

245. 'कन्दारिया महादेव' मंदिर स्थित है–
(a) तंजाबूर में (b) कालजी
(c) रामेश्वरम् में (d) खजुराहो में

246. 'रथ मंदिर' स्थित है–
(a) तंजावूर में (b) मामल्लपुरम् में
(c) रामेश्वरम् में (d) मदुरै में

247. 'वृहदेश्वर मंदिर' स्थित है–
(a) तंजाबूर में (b) मदुरै में
(c) रामेश्वरम् में (d) चिदम्बरम् में

248. महाबोधि मंदिर स्थित है–
(a) पटना में (b) गया में
(c) बोधगया में (d) पावापुरी में

249. रघुनाथ मंदिर स्थित है–
(a) श्रीनगर में
(b) जम्मू में
(c) अहमदाबाद में
(d) गांधीनगर में

250. 'चौंसठ योगिनी' मंदिर स्थित है–
(a) उज्जैन में (b) खजुराहो में
(c) इन्दौर में (d) भोपाल में

251. सास-बहु मंदिर स्थित है–
(a) उदयपुर में
(b) चित्तौड़गढ़ में
(c) माउण्ट आबू में
(d) पुष्कर में

252. 'महाकालेश्वर' मंदिर स्थित है–
(a) उज्जैन में (b) भुवनेश्वर में
(c) तंजाबूर में (d) नासिक में

253. 'जगन्नाथ' मंदिर स्थित है–
(a) पुरी में (b) भुवनेश्वर में
(c) मदुरै में (d) तंजाबूर में

254. हरमंदिर अवस्थित है–
(a) अमृतसर
(b) आनन्दपुर साहिब
(c) पटना साहिब
(d) ननकाना साहिब

255. 'हजरत बल' दरगाह स्थित है–
(a) मक्का में (b) मदीना में
(c) अजमेर में (d) श्रीनगर में

256. 'मीनाक्षी' मंदिर कहाँ अवस्थित है?
(a) कांचीपुरम् में (b) तिरुपति में
(c) मदुरै में (d) खजुराहो में

257. सम्मेद शिखर किस धर्म का तीर्थस्थल है?
(a) बौद्ध (b) जैन
(c) हिन्दू (d) सिक्ख

258. देवघर स्थित प्रसिद्ध शिव मंदिर का निर्माण किस शासक द्वारा कराया गया था?
(a) राजा कनि मुकुट राय
(b) राजा पूरनमल
(c) शिव बालक
(d) रुद्रप्रताप

259. महाबलीपुरम् के सरत रथ मंदिर का निर्माण किसने किया?
(a) चोल (b) पल्लव
(c) चेर (d) राष्ट्रकूट

260. श्रवणबेलगोला में 'गोमतेश्वर' की विशाल प्रतिमा किसने स्थापित की थी?
(a) भरतराय (b) ऋषभ
(c) हरिराय (d) चामुण्ड राय

261. कश्मीर का मार्तण्ड मंदिर का निर्माण किस शासक ने किया?
(a) बालादित्य (b) हर्ष
(c) ललितादित्य (d) दिद्दा

262. हम्पी के विट्ठलस्वामी मंदिर का निर्माण किसने कराया?
(a) हरिहर प्रथम (b) देवराय प्रथम
(c) कृष्णदेव राय (d) विजयराय द्वितीय

263. एलोरा के कैलाश मंदिर का निर्माण किस वंश के शासक ने पत्थरों की कटाई कराकर बनाया?
(a) चोल (b) चालुक्य
(c) पल्लव (d) राष्ट्रकूट

264. प्रख्यात सांस्कृतिक केन्द्र 'भारत भवन' स्थित है?
(a) लखनऊ में (b) भोपाल में
(c) पटना में (d) इन्दौर में

265. भारतीय नाट्य संस्थान कहाँ स्थित है?
(a) नई दिल्ली (b) लखनऊ
(c) भोपाल (d) पुणे

266. संगीत नाटक अकादमी की स्थापना कब हुई?
(a) 1951 ई० (b) 1953 ई०
(c) 1954 ई० (d) 1957 ई०

267. 'एशियाटिक सोसाइटी' कहाँ स्थित है?
(a) नई दिल्ली (b) कोलकाता
(c) मुम्बई (d) चेन्नई

268. भारत महोत्सव की शुरुआत किस वर्ष हुई?
(a) 1953 ई० (b) 1954 ई०
(c) 1982 ई० (d) 1985 ई०

269. राष्ट्रीय फिल्म एवं विकास निगम की स्थापना किस वर्ष हुई?
(a) 1969 ई० (b) 1980 ई०
(c) 1982 ई० (d) 1985 ई०

270. 'संगीत नाटक अकादमी' कहाँ स्थित है?
(a) कोलकाता (b) नई दिल्ली
(c) पुणे (d) मुम्बई

271. भारतीय पुरातत्व सर्वेक्षण संस्थान की स्थापना कब की गयी थी?
(a) 1861 ई० (b) 1865 ई०
(c) 1869 ई० (d) 1870 ई०

272. भारतीय पुरातत्व विज्ञान का जन्मदाता किसे कहा जाता है?
(a) दयाराम सहानी
(b) राखालदास बनर्जी
(c) कनिंघम
(d) यज्ञदत्त शर्मा

273. विश्वविख्यात 'रॉक गार्डेन' कहाँ स्थित है?
(a) कोलकाता (b) जयपुर
(c) चण्डीगढ़ (d) बंगलौर

274. जलियाँवाला बाग कहाँ स्थित है?
(a) चण्डीगढ़ (b) अमृतसर
(c) जालंधर (d) अम्बाला

275. सालारजंग संग्रहालय कहाँ स्थित है?
(a) पटना (b) लखनऊ
(c) हैदराबाद (d) नई दिल्ली

276. वृन्दावन गार्डेन कहाँ स्थित है?
(a) मैसूर (b) मथुरा
(c) बंगलौर (d) नई दिल्ली

277. 'हौजखास' अवस्थित है–
(a) दिल्ली (b) आगरा
(c) लखनऊ (d) इलाहाबाद

278. 'बेलूर गठ' अवस्थित है–
(a) कोलकाता मे (b) रामेश्वरम् में
(c) पुरी में (d) मदुरै में

279. 'गोलघर' कहाँ है?
(a) इलाहाबाद (b) लखनऊ
(c) आगरा (d) पटना

280. 'हवामहल' स्थित है–
(a) उदयपुर (b) जयपुर
(c) चित्तौड़गड़ (d) जैसलमेर

281. 'गोलकुण्डा' किला स्थित है–
(a) अहमदाबाद (b) औरंगाबाद
(c) हैदराबाद (d) चेन्नई

282. विवेकानन्द रॉक मेमोरियल स्थित है–
(a) कोलकाता (b) रामेश्वरम्
(c) चेन्नई (d) कोच्चि

283. 'लेंसडाऊन' पर्वतीय नगर स्थित है–
(a) उत्तर प्रदेश (b) उत्तरांचल
(c) हिमाचल प्रदेश (d) जम्मू कश्मीर

284. 'शान्त घाटी' किस राज्य में है?
(a) तमिलनाडु (b) केरल
(c) असम (d) कर्नाटक

285. 'बीबी का मकबरा' कहाँ स्थित है?
(a) आगरा (b) अजमेर
(c) औरंगाबाद (d) दिल्ली

286. दिल्ली की प्रसिद्ध बेधशाला है–
(a) जंतर मंतर (b) लालकिला
(c) संसद भवन (d) विज्ञान भवन

287. महरौली लौहस्तंभ कहाँ है?
(a) जबलपुर (b) दिल्ली
(c) लखनऊ (d) पटना

288. प्रसिद्ध 'छोटा इमामबाड़ा' कहाँ है?
(a) पटना (b) लखनऊ
(c) दिल्ली (d) भोपाल

289. पीसा की मीनार किस देश में है?
(a) स्पेन (b) इटली
(c) फ्रांस (d) पर्शिया

290. पिरामिड स्थित है–
(a) म्यान्मार (b) जापान
(c) श्रीलंका (d) मिस्र

291. बोरोबुदुर का बौद्ध स्तूप स्थित है–
(a) जावा (b) सुमात्रा
(c) जापान (d) नेपाल

292. 'एफिल टॉवर' स्थित है–
(a) न्यूयॉर्क में (b) लन्दन में
(c) पेरिस में (d) टोरन्टो में

293. 'एलीफेन्ट दर्रा' किस देश में स्थित है?
(a) भारत (b) पाकिस्तान
(c) श्रीलंका (d) इंडोनेशिया

294. 'पेंटागन' स्थित है–
(a) संयुक्त राज्य अमेरिका में
(b) इंग्लैण्ड में
(c) कनाडा में
(d) रूस में

295. शोर मंदिर कहाँ स्थित है?
(a) महाबलीपुरम् (b) मुम्बई
(c) कम्बोडिया (d) सूरत

296. संस्कृत से सर्वाधिक प्रभावित द्रविड़ भाषा है–
(a) तमिल (b) तेलुगु
(c) कन्नड़ (d) मलयालम

297. भारतीय संविधान में हिन्दी को कहा जाता है–
(a) राष्ट्रभाषा (b) देशभाषा
(c) राजभाषा (d) देवभाषा

298. भारतीय भाषाओं को कितने वर्गों में बाँटा जा सकता है?
(a) 3 (b) 4
(c) 6 (d) 8

299. भारत में सबसे अधिक बोला जाने वाला भाषायी समूह है?
(a) इण्डो-आर्यन (b) द्रविड़
(c) आस्ट्रिक (d) चीनी-तिब्बती

300. भारत में सबसे कम बोला जाने वाला भाषायी समूह है?
(a) इण्डो-आर्यन (b) द्रविड़
(c) आस्ट्रिक (d) चीनी-तिब्बती

महत्त्वपूर्ण राष्ट्रीय एवं अन्तर्राष्ट्रीय दिवस

1. 'लुइस ब्रेल दिवस' कब मनाया जाता है?
   (a) 4 जनवरी (b) 5 जनवरी
   (c) 6 जनवरी (d) 7 जनवरी
2. 'प्रवासी भारतीय दिवस' कब मनाया जाता है?
   (a) 9 जनवरी (b) 10 जनवरी
   (c) 11 जनवरी (d) 12 जनवरी
3. 'विश्व हास्य दिवस' कब मनाया जाता है?
   (a) 12 जनवरी (b) 10 जनवरी
   (c) 9 जनवरी (d) 7 जनवरी
4. 'राष्ट्रीय युवा दिवस' कब मनाया जाता है?
   (a) 12 जनवरी (b) 8 जनवरी
   (c) 9 जनवरी (d) 6 जनवरी
5. 'थल सेना दिवस' कब मनाया जाता है?
   (a) 1 जनवरी (b) 16 जनवरी
   (c) 15 जनवरी (d) 5 मार्च
6. 'भारत पर्यटन दिवस' कब मनाया जाता है?
   (a) 25 जनवरी (b) 26 जनवरी
   (c) 27 जनवरी (d) 29 जनवरी
7. 'गणतंत्र दिवस' कब मनाया जाता है?
   (a) 26 जनवरी (b) 27 जनवरी
   (c) 28 जनवरी (d) 29 जनवरी
8. अन्तरराष्ट्रीय सीमा शुल्क व उत्पाद दिवस कब मनाया जाता है?
   (a) 26 जनवरी (b) 30 जनवरी
   (c) 26 जनवरी (d) 18 फरवरी
9. 'सर्वोदय दिवस' कब मनाया जाता है?
   (a) 30 जनवरी (b) 18 जनवरी
   (c) 30 मार्च (d) 12 मार्च
10. 'शहीद दिवस' कब मनाया जाता है?
    (a) 30 मार्च (b) 31 मार्च
    (c) 30 जनवरी (d) 31 जनवरी
11. 'कुष्ठ निवारण दिवस' कब मनाया जाता है?
    (a) 30 जनवरी (b) 31 जनवरी
    (c) 29 जनवरी (d) 1 फरवरी
12. 'विश्व कैंसर दिवस' कब मनाया जाता है?
    (a) 4 फरवरी (b) 4 जनवरी
    (c) 4 मार्च (d) 14 फरवरी
13. 'गुलाब दिवस' कब मनाया जाता है?
    (a) 12 फरवरी (b) 13 फरवरी
    (c) 9 फरवरी (d) 11 फरवरी
14. 'वेलेंटाइन दिवस' कब मानया जाता है?
    (a) 14 फरवरी (b) 7 फरवरी
    (c) 8 फरवरी (d) 9 फरवरी
15. अन्तरराष्ट्रीय 'मातृभाषा दिवस' कब मनाया जाता है?
    (a) 21 फरवरी (b) 21 जनवरी
    (c) 14 जनवरी (d) 6 फरवरी
16. 'केन्द्रीय उत्पाद शुल्क दिवस' कब मनाया जाता है?
    (a) 24 फरवरी (b) 24 जनवरी
    (c) 18 जनवरी (d) 11 जनवरी
17. 'राष्ट्रीय विज्ञान दिवस' कब मनाया जाता है?
    (a) 28 फरवरी (b) 28 जनवरी
    (c) 28 मार्च (d) 1 मार्च
18. 'राष्ट्रीय सुरक्षा दिवस' कब मनाया जाता है?
    (a) 4 मार्च (b) 4 जनवरी
    (c) 4 फरवरी (d) 4 जुलाई
19. 'अन्तरराष्ट्रीय महिला दिवस' कब मनाया जाता है?
    (a) 8 मार्च (b) 8 जुलाई
    (c) 8 फरवरी (d) 9 मार्च
20. 'केन्द्रीय औद्योगिक सुरक्षा बल का स्थापना दिवस' कब मनाया जाता है?

(a) 12 मार्च   (b) 12 फरवरी
(c) 12 जनवरी   (d) 11 जनवरी

21. 'विश्व उपभोक्ता अधिकार दिवस' कब मनाया जाता है?
(a) 15 मार्च   (b) 15 अप्रैल
(c) 16 मार्च   (d) 17 मार्च

22. 'आयुध निर्माण दिवस' कब मनाया जाता है?
(a) 18 मार्च   (b) 18 जनवरी
(c) 17 फरवरी   (d) 18 अप्रैल

23. 'विश्व खुशहाली दिवस' कब मनाया जाता है?
(a) 20 मार्च   (b) 18 मार्च
(c) 17 मार्च   (d) 18 फरवरी

24. 'विश्व वानिकी दिवस' कब मनाया जाता है?
(a) 21 मार्च   (b) 21 फरवरी
(c) 21 जनवरी   (d) ट

25. 'विश्व जल संरक्षण दिवस' कब मनाया जाता है?
(a) 22 मार्च   (b) 22 फरवरी
(c) 22 जनवरी   (d) 21 जनवरी

26. भगत सिंह, सुखदेव एवं राजगुरु का 'शहीद दिवस' कब मनाया जाता है?
(a) 23 मार्च   (b) 23 जनवरी
(c) 23 फरवरी   (d) 24 मार्च

27. 'विश्व मौसम विज्ञान दिवस' कब मनाया जाता है?
(a) 23 मार्च   (b) 23 फरवरी
(c) 23 मई   (d) 23 जनवरी

28. राममनोहर लोहिया जयंती कब है?
(a) 23 मार्च   (b) 23 फरवरी
(c) 23 मई   (d) 23 जुलाई

29. 'विश्व टी०बी० दिवस' कब मनाया जाता है?
(a) 24 मार्च   (b) 24 फरवरी
(c) 24 जनवरी   (d) 24 मई

30. 'ग्रामीण डाक जीवन बीमा दिवस' कब मनाया जाता है?
(a) 24 मार्च   (b) 24 जनवरी
(c) 24 फरवरी   (d) 24 मई

31. बांग्लादेश का 'राष्ट्रीय दिवस' कब मनाया जाता है?
(a) 26 मार्च   (b) 26 फरवरी
(c) 26 जनवरी   (d) 26 दिसंबर

32. गणेश शंकर विद्यार्थी का 'बलिदान दिवस' कब है?
(a) 25 मार्च   (b) 25 फरवरी
(c) 25 जनवरी   (d) 25 मई

33. 'विश्व रंगमंच दिवस' कब मनाया जाता है?
(a) 20 मार्च   (b) 20 फरवरी
(c) 20 जनवरी   (d) 20 मई

34. 'विश्व स्वास्थ्य दिवस' कब मनाया जाता है?
(a) 7 अप्रैल   (b) 7 जनवरी
(c) 7 मई   (d) 7 जून

35. 'अम्बेडकर जयंती' कब मनाया जाती है?
(a) 14 अप्रैल   (b) 14 जनवरी
(c) 14 मई   (d) 14 मार्च

36. 'विश्व वैमानिकी एवं ब्रह्माण्डिकी दिवस' कब मनाया जाता है?
(a) 14 अप्रैल   (b) 7 अप्रैल
(c) 18 अप्रैल   (d) 23 अप्रैल

37. 'विश्व हीमोफीलिया दिवस' कब मनाया जाता है?
(a) 17 अप्रैल   (b) 7 अप्रैल
(c) 18 अप्रैल   (d) 9 अप्रैल

38. 'विश्व विरासत दिवस' कब मनाया जाता है?
(a) 18 अप्रैल   (b) 17 अप्रैल
(c) 5 अप्रैल   (d) 5 जनवरी

39. 'पृथ्वी दिवस' कब मनाया जाता है?
(a) 22 अप्रैल   (b) 21 अप्रैल
(c) 19 अप्रैल   (d) 5 अप्रैल

40. 'विश्व पुस्तक एवं कॉपीराइट दिवस' कब मनाया जाता है?
(a) 22 अप्रैल   (b) 23 अप्रैल
(c) 21 अप्रैल   (d) 20 अप्रैल

41. 'विश्व श्रमिक दिवस' कब मनाया जाता है?
(a) 1 मई (b) 2 मई
(c) 3 मई (d) 4 मई

42. 'विश्व प्रेस स्वतंत्रता दिवस' कब मनाया जाता है?
(a) 1 मई (b) 2 मई
(c) 3 मई (d) 4 मई

43. 'विश्व प्रवासी पक्षी' दिवस कब मनाया जाता है?
(a) 1 मई (b) 3 मई
(c) 8 मई (d) 11 मई

44. 'विश्व रेडक्रॉस दिवस' कब मनाया जाता है?
(a) 8 मई (b) 7 मई
(c) 6 मई (d) 5 मई

45. 'अन्तर्राष्ट्रीय थैलीसीमिया दिवस' कब मनाया जाता है?
(a) 8 मई (b) 7 मई
(c) 6 मई (d) 5 मई

46. 'राष्ट्रीय प्रौद्योगिकी दिवस' कब मनाया जाता है?
(a) 8 मई (b) 9 मई
(c) 10 मई (d) 11 मई

47. 'विश्व संग्रहालय दिवस' कब मनाया जाता है?
(a) 18 मई (b) 17 मई
(c) 19 मई (d) 20 मई

48. 'विश्व नर्स दिवस' कब मनाया जाता है?
(a) 12 मई (b) 11 मई
(c) 9 मई (d) 7 मई

49. 'विश्व परिवार दिवस' कब मनाया जाता है?
(a) 15 मई (b) 16 मई
(c) 17 मई (d) 18 मई

50. 'विश्व दूरसंचार दिवस' कब मनाया जाता है?
(a) 17 मई (b) 18 मई
(c) 19 मई (d) 20 मई

51. 'आतंकवाद विरोधी दिवस' कब मनाया जाता है?
(a) 21 मई (b) 22 मई
(c) 23 मई (d) 21 जून

52. 'जैविक विविधता दिवस' कब मनाया जाता है?
(a) 22 मई (b) 23 मई
(c) 24 मई (d) 25 मई

53. 'माउंट एवरेस्ट दिवस' कब मनाया जाता है?
(a) 29 मर्ई (b) 28 मई
(c) 24 मई (d) 15 मई

54. 'विश्व तम्बाकूरोधी दिवस' कब मनाया जाता है?
(a) 31 मई (b) 1 मई
(c) 1 जून (d) 9 जून

55. शरणार्थी बच्चों के लिए 'अन्तरराष्ट्रीय दिवस' किस तिथि को मनाया जाता है?
(a) 4 जून (b) 3 जून
(c) 2 जून (d) 1 जून

56. 'विश्व पर्यावरण दिवस' कब मनाया जाता है?
(a) 5 जून (b) 6 जून
(c) 8 जून (d) 9 जून

57. 'विश्व रक्तदान दिवस' कब मनाया जाता है?
(a) 14 जून (b) 14 मई
(c) 14 मार्च (d) 14 दिसम्बर

58. मादक द्रव्यों के सेवन के विरुद्ध 'अंतरराष्ट्रीय दिवस' कब मनाया जाता है?
(a) 26 जून (b) 27 जून
(c) 28 जून (d) 29 जून

59. अन्तरराष्ट्रीय ओलम्पिक समिति स्थापना दिवस कब मनाया जाता है?
(a) 6 जून (b) 20 जून
(c) 5 जून (d) 3 जून

60. 'विश्व शरणार्थी दिवस' कब मनाया जाता है?

(a) 20 जून (b) 21 जून
(c) 22 जून (d) 23 जून

61. 'अन्तरराष्ट्रीय योग दिवस' कब मनाया जाता है?
(a) 21 जून (b) 22 जून
(c) 20 जून (d) 21 मई

62. 'राष्ट्रीय सांख्यिकी दिवस' कब मनाया जाता है?
(a) 29 जून (b) 30 जून
(c) 1 जून (d) 29 मई

63. भारतीय स्टेट बैंक की स्थापना दिवस कब है?
(a) 1 जुलाई (b) 1 अगस्त
(c) 1 अप्रैल (d) 1 मई

64. 'विश्व जनसंख्या दिवस' कब मनाया जाता है?
(a) 11 जुलाई (b) 28 फरवरी
(c) 11 अगस्त (d) 31 दिसम्बर

65. 'चिकित्सक दिवस' कब मनाया जाता है?
(a) 1 जुलाई (b) 11 जुलाई
(c) 1 अगस्त (d) 4 सितम्बर

66. 'कारगिल स्मृति दिवस' कब मनाया जाता है?
(a) 26 जुलाई (b) 26 मई
(c) 26 जून (d) 26 अगस्त

67. 'विश्व स्तनपान दिवस' कब मनाया जाता है?
(a) 1 अगस्त (b) 9 अगस्त
(c) 1 मई (d) 1 जून

68. 'विश्व आदिवासी दिवस' कब मनाया जाता है?
(a) 9 अगस्त (b) 1 अगस्त
(c) 1 मई (d) 1 जून

69. 'विश्व युवा दिवस' कब मनाया जाता है?
(a) 12 जनवरी (b) 12 अगस्त
(c) 12 जून (d) 12 मई

70. 'स्वतंत्रता दिवस' कब मनाया जाता है?
(a) 15 अगस्त (b) 14 अगस्त
(c) 12 अगस्त (d) 20 अगस्त

71. 'राष्ट्रीय खेल दिवस' कब मनाया जाता है?
(a) 29 अगस्त (b) 29 सितम्बर
(c) 29 मार्च (d) 4 मार्च

72. 'शिक्षक दिवस' कब मनाया जाता है?
(a) 5 सितम्बर (b) 5 दिसम्बर
(c) 5 जून (d) 5 मई

73. 'अन्तरराष्ट्रीय साक्षरता दिवस' कब मनाया जाता है?
(a) 8 सितम्बर (b) 8 जून
(c) 8 मई (d) 8 मार्च

74. 'हिन्दी दिवस' कब मनाया जाता है?
(a) 14 सितम्बर (b) 14 जून
(c) 14 मई (d) 14 मार्च

75. 'विश्व बन्धुत्व दिवस' कब मनाया जाता है?
(a) 14 सितम्बर (b) 14 जून
(c) 14 मार्च (d) 14 मई

76. 'अभियन्ता दिवस' कब मनाया जाता है?
(a) 15 दिसम्बर (b) 15 सितम्बर
(c) 15 मई (d) 15 जून

77. 'संचयिका दिवस' कब मनाया जाता है?
(a) 15 सितम्बर (b) 15 जून
(c) 15 जुलाई (d) 15 मई

78. 'ओजोन परत रक्षण दिवस' कब मनाया जाता है?
(a) 16 सितम्बर (b) 16 मई
(c) 16 मार्च (d) 16 अप्रैल

79. रेलवे पुलिस बल की स्थापना दिवस कब मनायी जाता है?
(a) 20 सितम्बर (b) 21 सितम्बर
(c) 20 जून (d) 21 जून

80. 'विश्व शान्ति दिवस' कब मनाया जाता है?
(a) 21 सितम्बर (b) 27 सितम्बर
(c) 21 जून (d) 21 मई

81. 'विश्व पर्यटन दिवस' कब मनाया जाता है?
(a) 27 सितम्बर (b) 27 जून
(c) 27 मई (d) 27 जनवरी

विविध

82. 'अन्तर्राष्ट्रीय वृद्धजन दिवस' कब मनाया जाता है?
    (a) 1 अक्टूबर (b) 2 अक्टूबर
    (c) 1 मई   (d) 1 मार्च

83. 'लाल बहादुर शास्त्री जयन्ती' किस तिथि को है?
    (a) 2 अक्टूबर (b) 11 जनवरी
    (c) 2 मार्च   (d) 2 मई

84. 'अन्तरराष्ट्रीय अहिंसा दिवस' कब मनाया जाता है?
    (a) 2 अक्टूबर (b) 2 मई
    (c) 31 मई   (d) 30 जनवरी

85. 'विश्व प्रकृति दिवस' कब मनाया जाता है?
    (a) 3 अक्टूबर (b) 3 मार्च
    (c) 3 मई   (d) 3 जून

86. 'विश्व पशु-कल्याण दिवस' कब मनाया जाता है?
    (a) 4 अक्टूबर (b) 4 नवंबर
    (c) 4 दिसम्बर (d) 4 मार्च

87. 'विश्व परिवेश दिवस' कब मनाया जाता है?
    (a) 5 अक्टूबर (b) 5 सितम्बर
    (c) 5 जून   (d) 5 मई

88. 'विश्व शिक्षक दिवस' कब मनाया जाता है?
    (a) 5 अक्टूबर (b) 5 जून
    (c) 5 मई   (d) 5 अगस्त

89. 'विश्व वन्य प्राणी दिवस' कब मनाया जाता है?
    (a) 5 अक्टूबर (b) 6 अक्टूबर
    (c) 7 अक्टूबर (d) 9 अक्टूबर

90. 'वायु सेना दिवस' कब मनाया जाता है?
    (a) 8 अक्टूबर (b) 1 जून
    (c) 8 मई   (d) 5 मई

91. 'विश्व डाक दिवस' कब मनाया जाता है?
    (a) 9 अक्टूबर (b) 8 अगस्त
    (c) 8 मार्च   (d) 8 मई

92. 'विश्व दृष्टि दिवस' कब मनाया जाता है?
    (a) 10 अक्टूबर (b) 10 मई
    (c) 10 जून   (d) 10 फरवरी

93. जयप्रकाश जयन्ती कब मनाया जाता है?
    (a) 11 अक्टूबर (b) 11 मई
    (c) 11 जून   (d) 11 अगस्त

94. 'विश्व मानक दिवस' कब मनाया जाता है?
    (a) 14 अक्टूबर (b) 14 मई
    (c) 14 जून   (d) 14 मार्च

95. 'विश्व एलर्जी जागरूकता दिवस' कब मनाया जाता है?
    (a) 16 अक्टूबर (b) 16 मई
    (c) 16 सितम्बर (d) 16 मार्च

96. 'विश्व खाद्य दिवस' कब मनाया जाता है?
    (a) 16 अक्टूबर (b) 16 जनवरी
    (c) 14 जनवरी   (d) 14 मार्च

97. 'विश्व आयोडीन अल्पता दिवस' कब मनाया जाता है?
    (a) 21 अक्टूबर (b) 21 सितम्बर
    (c) 21 मार्च   (d) 21 जून

98. 'संयुक्त राष्ट्र दिवस' का स्थापना कब हुआ?
    (a) 24 अक्टूबर (b) 23 अक्टूबर
    (c) 26 अक्टूबर (d) 24 मार्च

99. 'विश्व मितव्ययिता दिवस' कब मनाया जाता है?
    (a) 30 अक्टूबर (b) 30 दिसम्बर
    (c) 30 जून   (d) 30 मई

100. इंदिरा गांधी की पुण्य तिथि कब है?
    (a) 31 अक्टूबर (b) 31 जून
    (c) 31 जनवरी   (d) 24 जनवरी

101. 'विश्व सेना दिवस' कब मनाया जाता है?
    (a) 9 नवम्बर   (b) 9 जून
    (c) 9 मार्च   (d) 9 मई

102. 'राष्ट्रीय विधिक साक्षरता दिवस' कब मनाया जाता है?
    (a) 9 नवम्बर   (b) 9 जून
    (c) 9 मार्च   (d) 9 फरवरी

103. 'बाल दिवस' कब मनाया जाता है?
 (a) 14 नवंबर (b) 14 मई
 (c) 14 जून (d) 14 फरवरी
104. 'विश्व मधुमेह दिवस' कब मनाया जाता है?
 (a) 14 नवम्बर (b) 14 मई
 (c) 14 जून (d) 14 फरवरी
105. सहनशीलता के लिए अन्तरराष्ट्रीय दिवस कब मनाया जाता है?
 (a) 16 नवम्बर (b) 16 जून
 (c) 16 मई (d) 16 अगस्त
106. 'विश्व विद्यार्थी दिवस' कब मनाया जाता है?
 (a) 17 नवम्बर (b) 17 दिसम्बर
 (c) 17 जून (d) 17 मार्च
107. 'राष्ट्रीय पत्रकारिता दिवस' कब मनाया जाता है?
 (a) 17 नवम्बर (b) 17 मार्च
 (c) 17 जनवरी (d) 17 अगस्त
108. 'विश्व व्यस्क दिवस' कब मनाया जाता है?
 (a) 18 नवम्बर (b) 18 दिसम्बर
 (c) 18 मार्च (d) 18 जनवरी
109. 'विश्व नागरिक दिवस' कब मनाया जाता है?
 (a) 19 नवम्बर (b) 20 नवम्बर
 (c) 9 जनवरी (d) 11 जनवरी
110. 'सार्वभौमिक बाल दिवस' कब मनाया जाता है?
 (a) 20 नवम्बर (b) 21 नवम्बर
 (c) 14 नवम्बर (d) 14 फरवरी
111. 'विश्व टेलीविजन दिवस' कब मनाया जाता है?
 (a) 21 नवम्बर (b) 21 मार्च
 (c) 22 मार्च (d) 21 मई
112. 'विश्व मांसाहार दिवस' कब मनाया जाता है?
 (a) 25 जनवरी (b) 24 जनवरी
 (c) 25 नवम्बर (d) 26 नवम्बर
113. 'विश्व पर्यावरण संरक्षण दिवस' कब मनाया जाता है?
 (a) 26 नवम्बर (b) 26 जनवरी
 (c) 26 मार्च (d) 26 मई
114. 'राष्ट्रीय विधि दिवस' कब मनाया जाता है?
 (a) 26 नवम्बर (b) 26 जनवरी
 (c) 26 फरवरी (d) 26 मई
115. 'विश्व एड्स दिवस' कब मनाया जाता है?
 (a) 1 दिसम्बर (b) 11 दिसम्बर
 (c) 2 दिसम्बर (d) 3 दिसम्बर
116. 'अन्तरराष्ट्रीय विकलांगता जन दिवस' कब मनाया जाता है?
 (a) 3 दिसम्बर (b) 3 जनवरी
 (c) 3 मार्च (d) 2 मार्च
117. 'नौसेना दिवस' कब मनाया जाता है?
 (a) 4 मार्च (b) 4 मई
 (c) 4 दिसम्बर (d) 4 जनवरी
118. 'रासायनिक दुर्घटना निवारण दिवस' कब मनाया जाता है?
 (a) 4 जनवरी (b) 4 फरवरी
 (c) 4 दिसम्बर (d) 4 मई
119. 'नागरिक सुरक्षा दिवस' कब मनाया जाता है?
 (a) 6 दिसम्बर (b) 7 दिसम्बर
 (c) 8 दिसम्बर (d) 9 दिसम्बर
120. सशस्त्र बलों का 'झण्डा दिवस' कब मनाया जाता है?
 (a) 7 दिसम्बर (b) 8 दिसम्बर
 (c) 9 दिसम्बर (d) 11 दिसम्बर
121. अन्तरराष्ट्रीय 'नागरिक उड्डयन दिवस' कब मनाया जाता है?
 (a) 7 जनवरी (b) 7 फरवरी
 (c) 7 दिसम्बर (d) 7 मार्च
122. अन्तरराष्ट्रीय 'मानवाधिकार दिवस' कब मनाया जाता है?
 (a) 10 दिसम्बर (b) 11 दिसम्बर
 (c) 11 जनवरी (d) 10 जनवरी

123. 'विश्व बाल कोष दिवस' कब मनाया जाता है?
 (a) 11 दिसम्बर (b) 11 जनवरी
 (c) 10 दिसम्बर (d) 10 जनवरी

124. 'विश्व अस्थमा दिवस' कब मनाया जाता है?
 (a) 11 दिसम्बर (b) 11 जनवरी
 (c) 11 मार्च (d) 11 मई

125. 'राष्ट्रीय ऊर्जा संरक्षण दिवस' कब मनाया जाता है?
 (a) 14 दिसम्बर (b) 14 फरवरी
 (c) 14 मार्च (d) 14 मई

126. 'गोवा मुक्ति दिवस' कब मनाया जाता है?
 (a) 19 दिसम्बर (b) 19 फरवरी
 (c) 19 मई (d) 19 अप्रैल

127. 'किसान दिवस' कब मनाया जाता है?
 (a) 23 दिसम्बर (b) 24 दिसम्बर
 (c) 24 जनवरी (d) 23 मार्च

128. 'राष्ट्रीय उपभोक्ता दिवस' कब मनाया जाता है?
 (a) 24 दिसम्बर (b) 24 जनवरी
 (c) 24 मई (d) 15 मार्च

129. 'राष्ट्रीय दुग्ध दिवस' कब मनाया जाता है?
 (a) 26 नवम्बर (b) 26 मई
 (c) 26 जनवरी (d) 26 जून

130. 'संविधान दिवस' कब मनाया जाता है?
 (a) 26 नवंबर (b) 26 जनवरी
 (c) 26 जून (d) 14 अप्रैल

131. 'राष्ट्रीय कैंसर जागरूकता दिवस' कब मनाया जाता है?
 (a) 7 नवंबर (b) 7 जनवरी
 (c) 1 जनवरी (d) 3 जनवरी

132. 'राष्ट्रीय विधिक साक्षरता दिवस' कब मनाया जाता है?
 (a) 7 नवम्बर (b) 9 नवम्बर
 (c) 9 दिसम्बर (d) 9 जनवरी

133. राष्ट्रीय शिक्षा दिवस कब मनाया जाता है?
 (a) 11 नवम्बर (b) 11 जनवरी
 (c) 11 फरवरी (d) 11 मई

134. प्रथम विश्व युद्ध की समाप्ति का स्मरण दिवस कब मनाया जाता है?
 (a) 11 नवम्बर (b) 12 नवम्बर
 (c) 13 नवम्बर (d) 14 नवम्बर

135. 'राष्ट्रीय प्रेस दिवस' कब मनाया जाता है?
 (a) 16 नवम्बर (b) 16 जनवरी
 (c) 16 दिसम्बर (d) 16 मार्च

136. 'विश्व मिर्गी दिवस' कब मनाया जाता है?
 (a) 17 नवम्बर (b) 17 दिसम्बर
 (c) 17 सितम्बर (d) 17 मार्च

137. 'विश्व शौचालय दिवस' कब मनाया जाता है?
 (a) 19 नवम्बर (b) 18 नवम्बर
 (c) 18 दिसम्बर (d) 18 जनवरी

138. 'विश्व आदिवासी दिवस' कब मनाया जाता है?
 (a) 9 दिसम्बर (b) 9 अगस्त
 (c) 9 जनवरी (d) 9 फरवरी

139. 'विश्व नारियल दिवस' कब मनाया जाता है?
 (a) 2 सितम्बर (b) 2 दिसम्बर
 (c) 2 जनवरी (d) 2 फरवरी

140. 'विश्व हैबीटेट दिवस' कब मनाया जाता है?
 (a) 3 अक्टूबर (b) 2 अक्टूबर
 (c) 2 दिसम्बर (d) 1 जनवरी

विश्व के प्रमुख संगठन और उनके मुख्यालय

1. गैट (GATT) का मुख्यालय कहाँ है?
   (a) जेनेवा (b) लंदन
   (c) मनीला (d) ब्रुसेल्स
2. एमनेस्टी इंटरनेशनल का मुख्यालय कहाँ है?
   (a) जेनेवा (b) लंदन
   (c) मनीला (d) जकार्ता
3. एशियाई विकास बैंक (ADB) का मुख्यालय कहाँ है?
   (a) मनीला (b) जेनेवा
   (c) काहिरा (d) लंदन
4. दक्षिण-पूर्वी एशियाई राष्ट्रों का संघ (ASEAN) का मुख्यालय कहाँ है?
   (a) जकार्ता (b) जेनेवा
   (c) काहिरा (d) लंदन
5. नाटो (NATO) का मुख्यालय कहाँ है?
   (a) ब्रुसेल्स (b) मनीला
   (c) जेनेवा (d) नैरोबी
6. अफ्रीकी एकता संगठन (OAU) का मुख्यालय कहाँ है?
   (a) आदिस-अबाबा (b) जेनेवा
   (c) बगदाद (d) लंदन
7. रेड क्रॉस का मुख्यालय कहाँ है?
   (a) जेनेवा (b) नैरोबी
   (c) लंदन (d) वियाना
8. सार्क का मुख्यालय कहाँ है?
   (a) काठमाण्डू (b) बगदाद
   (c) जेनेवा (d) पेरिस
9. संयुक्त राष्ट्र पर्यावरण कार्यक्रम का मुख्यालय कहाँ है?
   (a) नैरोबी (b) लंदन
   (c) जेनेवा (d) पेरिस
10. इन्टरपोल का मुख्यालय कहाँ है?
    (a) पेरिस (b) लियोन्स
    (c) काहिरा (d) लंदन
11. विश्व व्यापार संगठन (WTO) का मुख्यालय कहाँ है?
    (a) जेनेवा (b) लंदन
    (c) न्यूयॉर्क (d) ब्रुसेल्स
12. अमेरिकी राज्यों का संगठन का मुख्यालय कहाँ है?
    (a) वाशिंगटन डी०सी०
    (b) लंदन
    (c) पेरिस
    (d) नैरोबी
13. 'अरब लीग' का मुख्यालय कहाँ है?
    (a) जेनेवा (b) आदिस अबाबा
    (c) काहिरा (d) ओमान
14. परस्पर आर्थिक सहायता परिषद् (COMECON) का मुख्यालय कहाँ है?
    (a) मास्को (b) काहिरा
    (c) जेनेवा (d) नैरोबी
15. वर्ल्ड काउंसिल ऑफ चर्चेज (WIC) का मुख्यालय कहाँ है?
    (a) जेनेवा (b) काहिरा
    (c) ब्रुसेल्स (d) मनीला
16. यूरोपीय ऊर्जा आयोग का मुख्यालय कहाँ है?
    (a) जेनेवा (b) वियाना
    (c) लुसाने (d) लंदन
17. अफ्रीकी आर्थिक आयोग (ECA) की स्थापना कहाँ हुई है?
    (a) काहिरा (b) आदिस अबाबा
    (c) अकारा (d) ट्यूनिश
18. पश्चिमी एशिया आर्थिक आयोग (ECWA) की स्थापना कहां हुई थी?
    (a) बगदाद
    (b) तेहरान
    (c) कतर
    (d) बहरीन

विविध

19. संयुक्त राष्ट्र शरणार्थी उच्चायोग (UNHCR) का मुख्यालय कहाँ है?
(a) वियाना (b) जेनेवा
(c) काहिरा (d) ब्रुसेल्स

20. अन्तरराष्ट्रीय परमाणु ऊर्जा एजेंसी (IAEA) का मुख्यालय कहां है?
(a) वियाना (b) जेनेवा
(c) काहिरा (d) ब्रुसेल्स

21. संयुक्त राष्ट्र औद्योगिक विकास संगठन (UNIDO) का मुख्यालय कहाँ है?
(a) वियाना (b) काहिरा
(c) जेनेवा (d) ब्रुसेल्स

22. संयुक्त राष्ट्र व्यापार एवं विकास सम्मेलन (UNCTAD) का मुख्यालय कहाँ है?
(a) काहिरा (b) ब्रुसेल्स
(c) जेनेवा (d) लुसाने

23. विश्व वन्य जीव संरक्षण कोष (WWF) का मुख्यालय कहाँ है?
(a) ग्लांड (b) काहिरा
(c) नैरोबी (d) लंदन

24. अन्तरराष्ट्रीय ओलंपिक कमिटी (IOC) का मुख्यालय कहाँ है?
(a) लुसाने (b) जेनेवा
(c) वियाना (d) लंदन

25. यूरोपीय कॉमन मार्केट (ECM) कहाँ है?
(a) लंदन (b) पेरिस
(c) बर्न (d) जेनेवा

26. राष्ट्रमंडलीय राष्ट्राध्वज सम्मेलन (चोगम, CHOGM) का मुख्यालय कहाँ है?
(a) स्ट्रांसबर्ग (b) वियना
(c) पेरिस (d) लंदन

27. पेट्रोलियम उत्पादक देशों का संगठन (OPEC) का मुख्यालय कहाँ है?
(a) पेरिस (b) न्यूयॉर्क
(c) वियना (d) कतर

28. आर्थिक सहयोग और विकास संगठन (OECD) कहाँ है?
(a) पेरिस (b) जेनेवा
(c) लंदन (d) वियाना

29. यूरोपीय मुक्त व्यापार संघ (ECTA) का मुख्यालय कहाँ है?
(a) लंदन (b) जेनेवा
(c) पेरिस (d) वियाना

30. कॉमनवेल्थ का मुख्यालय कहाँ है?
(a) लंदन (b) शेफील्ड
(c) वेल्स (d) मैनचेस्टर

31. यूरोपीय आर्थिक समुदाय (EEC) का मुख्यालय कहाँ है?
(a) जेनेवा (b) लक्जेमबर्ग
(c) पेरिस (d) ब्रुसेल्स

32. यूरोपीय संसद कहाँ स्थित है?
(a) लक्जमबर्ग (b) न्यूयॉर्क
(c) पेरिस (d) ब्रुसेल्स

33. यूरोपियन स्पेस रिसर्च आर्गेनाइजेशन (ESRO) कहाँ है?
(a) ब्रुसेल्स (b) पेरिस
(c) लक्जमबर्ग (d) जेनेवा

34. यूरोपियन परमाणु ऊर्जा समुदाय (EURATION) का मुख्यालय किस शहर में है?
(a) ब्रुसेल्स (b) पेरिस
(c) लंदन (d) जेनेवा

35. एशिया और प्रशान्त क्षेत्रों का आर्थिक और सामाजिक आयोग (ESCAO) का मुख्यालय कहाँ है?
(a) बैंकॉक (b) माले
(c) ढाका (d) नई दिल्ली

36. यूनिसेफ का मुख्यालय कहाँ है?
(a) पेरिस (b) लंदन
(c) न्यूयॉर्क (d) लुसाने

37. रासायनिक हथियार निषेध संगठन (OPCW) का मुख्यालय कहाँ है?
(a) द हेग (b) जेनेवा
(c) रोम (d) वियाना

38. व्यापक परमाणु परीक्षण प्रतिबंध संधि संगठन (CTBT) का मुख्यालय कहाँ है?
(a) वियना (b) रोम
(c) जेनेवा (d) पेरिस

39. विश्व व्यापार संगठन (WTO) का मुख्यालय कहाँ है?
   (a) द हेग   (b) वियना
   (c) जेनेवा   (d) रोम

40. अन्तरराष्ट्रीय कृषि विकास कोष (WFAD) का मुख्यालय कहाँ है?
   (a) जेनेवा   (b) वियना
   (c) द हेग   (d) रोम

41. विश्व बौद्धिक सम्पदा संगठन (WIPO) का मुख्यालय कहाँ है?
   (a) वियना   (b) द हेग
   (c) जेनेवा   (d) लंदन

42. विश्व मौसम विज्ञान संगठन का मुख्यालय कहाँ है?
   (a) वियना   (b) द हेग
   (c) जेनेवा   (d) लंदन

43. अन्तरराष्ट्रीय सामुद्रिक व्यापार संगठन का मुख्यालय कहाँ है?
   (a) वियना   (b) लंदन
   (c) जेनेवा   (d) रोम

44. यूनेस्को का मुख्यालय कहाँ है?
   (a) पेरिस   (b) रोम
   (c) जेनेवा   (d) वियना

45. विश्व बैंक का मुख्यालय कहाँ स्थित है?
   (a) वाशिंगटन डी०सी०
   (b) न्यूयॉर्क
   (c) लंदन
   (d) पेरिस

46. संयुक्त राष्ट्र संघ का मुख्यालय कहाँ है?
   (a) न्यूयॉर्क   (b) वाशिंगटन
   (c) रोम   (d) लंदन

47. संयुक्त राष्ट्र खाद्य एवं कृषि संगठन (FAO) का मुख्यालय कहाँ है?
   (a) रोम   (b) जेनेवा
   (c) वियना   (d) लंदन

48. अन्तरराष्ट्रीय नागरिक उड्डयन संगठन (ICAO) का मुख्यालय कहाँ है?
   (a) मांट्रियल (b) लंदन
   (c) वियना   (d) द हेग

49. विश्व पर्यटन संगठन का मुख्यालय कहाँ है?
   (a) मैड्रिक   (b) रोम
   (c) लंदन   (d) मांट्रियल

50. अन्तरराष्ट्रीय श्रम संगठन का मुख्यालय कहाँ है?
   (a) जेनेवा   (b) मैड्रिड
   (c) लंदन   (d) रोग

51. सार्वभौम डाक संघ (UPU) का मुख्यालय कहाँ है?
   (a) बर्न   (b) जेनेवा
   (c) मैड्रिड   (d) मांट्रियल

52. अन्तरराष्ट्रीय दूर संचार संघ का मुख्यालय कहाँ है?
   (a) मैड्रिड   (b) जेनेवा
   (c) रोम   (d) हेग

खेलकूद

1. कनाडा का राष्ट्रीय खेल क्या है?
   (a) आइस हॉकी   (b) रग्बी फुटबॉल
   (c) बेसबॉल   (d) बालीबॉल
2. जापान का राष्ट्रीय खेल क्या है?
   (a) फुटबॉल   (b) बेसबॉल
   (c) जूडो   (d) शतरंज
3. संयुक्त राज्य अमेरिका का राष्ट्रीय खेल क्या है?
   (a) वालीबॉल   (b) बेसबॉल
   (c) हैण्डबॉल   (d) कार्फबॉल
4. भारत का राष्ट्रीय खेल क्या है?
   (a) फुटबॉल   (b) बेसबॉल
   (c) जूडो   (d) शतरंज
5. स्कॉटलैंड का राष्ट्रीय खेल है–
   (a) आइस हॉकी   (b) रग्बी फुटबॉल
   (c) फुटबॉल   (d) बेसबॉल
6. स्पेन का राष्ट्रीय खेल है–
   (a) लेक्रॉस   (b) रग्बी फुटबॉल
   (c) बुल फाइटिंग (d) जूडो
7. बुल फाइटिंग किस देश का राष्ट्रीय खेल है?
   (a) स्पेन   (b) कनाडा
   (c) स्कॉटलैण्ड (d) जापान
8. आइस हॉकी (लेक्रॉस) किस देश का राष्ट्रीय खेल है?
   (a) कनाडा   (b) स्कॉटलैण्ड
   (c) डेनमार्क   (d) स्वीडन
9. अमेरिका का राष्ट्रीय मनोरंजन किस खेल को कहा जाता है?
   (a) बास्केटबॉल (b) वालीबॉल
   (c) बेसबॉल   (d) हैण्डबाल
10. भारत में पोलो खेल का प्रचलन किसने प्रारम्भ किया?
    (a) यूनानी   (b) अंग्रेज
    (c) तुर्क   (d) पुर्तगाली
11. पोलो खेल का प्रचलन भारत के किस राज्य में हुआ?
    (a) मिजोरम   (b) मणिपुर
    (c) हिमाचल प्रदेश (d) असम
12. कबड्डी खेल का उद्भव किस देश में हुआ
    (a) भारत   (b) चीन
    (c) जापान   (d) रूस
13. शतरंज का जन्मदाता देश किसे कहा जाता है?
    (a) रूस   (b) भारत
    (c) USA   (d) इंग्लैण्ड
14. क्रिकेट खेल की शुरुआत किस देश में हुई?
    (a) इंग्लैण्ड   (b) ऑस्ट्रेलिया
    (c) भारत   (d) वेस्टइंडीज
15. निम्नलिखित में से किस खेल का उद्भव भारत में नहीं हुआ है?
    (a) शतरंज   (b) पोलो
    (c) कबड्डी   (d) बिलियर्ड्स
16. निम्नलिखित में से किस खेल का उद्भव इंग्लैंड में नहीं हुआ?
    (a) लॉन टेनिस (b) हॉकी
    (c) फुटबॉल   (d) बालीबॉल
17. क्रिकेट के आधुनिक संस्करण 'सुपरमैक्स क्रिकेट' की शुरुआत कहाँ हुई?
    (a) ऑस्ट्रेलिया (b) न्यूजीलैण्ड
    (c) इंग्लैण्ड   (d) दक्षिण अफ्रीका
18. वाटर पोलो में एक पक्ष में खिलाड़ियों की संख्या कितनी होती है?
    (a) 7   (b) 9
    (c) 11   (d) 12
19. पोलो में प्रत्येक पक्ष में खिलाड़ियों की संख्या कितनी होती है?

(a) 4 (b) 6
(c) 7 (d) 9

20. बेसबॉल के प्रत्येक पक्ष में कितने खिलाड़ी होते हैं?
(a) 5 (b) 6
(c) 7 (d) 9

21. वालीबॉल की प्रत्येक टीम में खिलाड़ियों की संख्या कितनी होती है?
(a) 6 (b) 7
(c) 8 (d) 9

22. बास्केटबॉल के प्रत्येक पक्ष में खिलाड़ियों की संख्या कितनी होती है?
(a) 5 (b) 6
(c) 7 (d) 9

23. आइस हॉकी में प्रत्येक टीम में कितने खिलाड़ी होते हैं?
(a) 6 (b) 7
(c) 9 (d) 11

24. कबड्डी में प्रत्येक टीम में कितने खिलाड़ी होते हैं?
(a) 5 (b) 6
(c) 7 (d) 8

25. निम्न में से किस खेल की प्रत्येक पक्ष की टीम में 11 खिलाड़ी नहीं होते है?
(a) क्रिकेट (b) खो-खो
(c) हॉकी (d) फुटबॉल

26. नेटबॉल में कितने खिलाड़ी होते हैं?
(a) 6 (b) 7
(c) 8 (d) 9

27. किस खेल में प्रत्येक पक्ष में खिलाड़ियों की संख्या सर्वाधिक होती है?
(a) फुटबॉल (b) रग्बी फुटबॉल
(c) हॉकी (d) आइस हॉकी

28. निम्नलिखित में से किस खेल की टीम में महिला तथा पुरुष दोनों खिलाड़ी होते हैं?
(a) कार्कबॉल (b) नेटबॉल
(c) सॉफ्ट बॉल (d) हैण्डबॉल

29. किसी अन्तरराष्ट्रीय फुटबॉल मैच की सामान्य समयावधि कितनी होती है?
(a) 60 मिनट (b) 70 मिनट
(c) 90 मिनट (d) 120 मिनट

30. किसी अन्तरराष्ट्रीय हॉकी मैच की सामान्य समयावधि कितनी होती है?
(a) 60 मिनट (b) 70 मिनट
(c) 80 मिनट (d) 90 मिनट

31. मुक्केबाजी की स्पर्द्धा में कितने-कितने मिनट के तीन राउण्ड होते हैं?
(a) 2-2 मिनट (b) 3-3 मिनट
(c) 4-4 मिनट (d) 5-5 मिनट

32. कबड्डी की पुरुष स्पर्द्धा में कितने मिनट का एक 'हाफ' होता है?
(a) 15 मिनट (b) 20 मिनट
(c) 25 मिनट (d) 30 मिनट

33. 'हॉकी का जादूगर' किसे कहा जाता है?
(a) असलम शेर खाँ
(b) मेयर ध्यानचंद
(c) बलवीर सिंह
(d) रूप सिंह

34. 'दादा' के नाम से कौन प्रसिद्ध है?
(a) मेजर ध्यानचंद (b) रूप सिंह
(c) के०डी० सिंह (d) उधम सिंह

35. 'ब्लैक पर्ल' के उपनाम से किसे जाना जाता है?
(a) डिएगो मारोडोना
(b) ए०डी० नासिमेन्टो
(c) लोथार नाथाऊस
(d) रूड गुलिट

36. 'उड़नपरी' उपनाम से कौन भारतीय महिला एथलीट जानी जाती है?
(a) पी०टी० ऊषा
(b) शाइनी इब्राहिम
(c) के०एम० बीनामोल
(d) सुनीता रानी

37. 'फ्लाइंग सिख' के नाम से किसे जाना जाता है?
(a) बहादुर सिंह
(b) सुरजीत सिंह
(c) मिल्खा सिंह
(d) जीव मिल्खा सिंह

38. कौन-सा खिलाड़ी 'रावलपिंडी एक्सप्रेस' के नाम से प्रसिद्ध है?
(a) शोएब अख्तर (b) मोहम्मद सामी
(c) वकार युनूस (d) वसीम अकरम

39. 'लिटिल मास्टर' के नाम से कौन भारतीय खिलाड़ी प्रसिद्ध है?
(a) सचिन तेंदुलकर
(b) विनोद काम्बली
(c) सुनील गावस्कर
(d) अमरनाथ

40. भारत की ओर से सर्वाधिक टेस्ट विकेट किसने लिया है?
(a) अनिल कुम्बले (b) कपिल देव
(c) श्रीनाथ (d) हरभजन सिंह

41. भारतीय क्रिकेट टीम के कप्तान कौन हैं?
(a) विराट कोहली
(b) महेन्द्र सिंह 'धोनी'
(c) गौतम गंभीर
(d) पार्थिव पटेल

42. वर्ष 2016-17 का रणजी चैम्पियन कौन है?
(a) गुजरात (b) मुम्बई
(c) तमिलनाडु (d) हैदराबाद

43. रणजी चैम्पियन गुजरात का कप्तान कौन है?
(a) पार्थिव पटेल (b) प्रियांक पंचाल
(c) अमित पांजा (d) अरुण गोहिल

44. 2016-17 के रणजी चैम्पियन गुजरात ने कितनी बार यह कप जीता?
(a) पहली (b) दूसरी
(c) तीसरी (d) चौथी

45. 2016-17 के ईरानी ट्राफी क्रिकेट के विजेता कौन हैं?
(a) शेष भारत (b) गुजरात
(c) पूर्वी क्षेत्र (d) मुम्बई

46. वर्ष 2016 के IPL टीम की विजेता कौन टीम है?
(a) हैदराबाद (b) पुणे
(c) दिल्ली (d) मुम्बई

47. ईरानी ट्राफी का किस खेल से सम्बन्ध है?
(a) क्रिकेट (b) हॉकी
(c) टेटे (d) खो-खो

48. 'सैयद मुश्ताक ट्राफी' का किस खेल से सम्बन्ध है?
(a) क्रिकेट (b) हॉकी
(c) टेटे (d) बैडमिंटन

49. 'सैयद मोदी ट्राफी' किस खेल से सम्बन्ध है?
(a) बैडमिंटन (b) हॉकी
(c) टेबल टेनिस (d) एथलिटक्स

50. 'अर्जुन पुरस्कार' किस क्षेत्र में उत्कृष्ट योगदान के लिए दिया जाता है?
(a) खेल (b) युद्ध
(c) विज्ञान (d) समाज सेवा

51. खेल के क्षेत्र में भारत की सर्वश्रेष्ठ कौन सी उपाधि है?
(a) राजीव गांधी खेलरत्न
(b) इंदिरा गांधी खेलरत्न
(c) अर्जुन पुरस्कार खेलरत्न
(d) द्रोणाचार्य पुरस्कर खेलरत्न

52. द्रोणाचार्य पुरस्कार किसको प्रदान किया जाता है?
(a) प्रशिक्षक (b) खिलाड़ी
(c) सैनिक (d) पुलिस

53. वर्ष 2016 में कितने खिलाड़ियों को राजीव गांधी खेलरत्न पुरस्कार दिया गया?
(a) 4 (b) 3
(c) 2 (d) 1

54. राजीव गांधी खेलरत्न पुरस्कार किस वर्ष आरम्भ किया गया?

(a) 1991 (b) 1990
(c) 1950 (d) 1967

55. प्रथम राजीव गांधी खेलरत्न पुरस्कार किसे दिया गया?
(a) विश्वनाथ आनंद
(b) सचिन तेंदुलकर
(c) कपिल देव
(d) मिल्खा सिंह

56. 'पी० वी० सिंधु' किस खेल से सम्बन्धित है?
(a) बैडमिंटन (b) टेनिस
(c) बास्केटबॉल (d) क्रिकेट

57. 'साइना नेहवाल' किस खेल से सम्बन्धित हैं?
(a) बैडमिंटन (b) टेनिस
(c) बास्केटबॉल (d) एथलेटिक

58. 'साक्षी मलिक' किस खेल से सम्बन्धित हैं?
(a) पहलवानी (b) टेनिस
(c) बैडमिंटन (d) क्रिकेट

59. 'योगेश्वर दत्त' किस खेल से सम्बन्धित हैं?
(a) कुश्ती (b) टेनिस
(c) बैडमिंटन (d) क्रिकेट

60. 'सुशील कुमार' किस खेल से सम्बन्धित हैं?
(a) कुश्ती (b) टेनिस
(c) बैडमिंटन (d) क्रिकेट

61. किस खिलाड़ी ने लग ातार दो ओलंपिक में पदक जीता?
(a) सुशील कुमार
(b) योगेश्वर दत्त
(c) मैरीकॉम
(d) साइना नेहवाल

62. 'मैरीकॉम' किस खेल से सम्बन्धित हैं?
(a) मुक्केबाजी (b) टेनिस
(c) बैडमिंटन (d) क्रिकेट

63. 'एल सरिता देवी' किस खेल से सम्बन्धित हैं?
(a) मुक्केबाजी (b) टेनिस
(c) बैडमिंटन (d) क्रिकेट

64. 'दीपिका कुमारी' किस खेल से सम्बन्धित हैं?
(a) स्क्वैश (b) एथलेटिक्स
(c) तीरदांजी (d) टेनिस

65. 'जोशना चेनप्पा' किस खेल से सम्बन्धित हैं?
(a) स्क्वैश (b) टेनिस
(c) बैडमिंटन (d) क्रिकेट

66. 'चेतेश्वर पुजारा' किस खेल से सम्बन्धित हैं?
(a) क्रिकेट (b) हॉकी
(c) टेनिस (d) बास्केटबॉल

67. 'मिताली राज' किस खेल से सम्बन्धित हैं?
(a) क्रिकेट (b) टेनिस
(c) बैडमिंटन (d) कुश्ती

68. वर्तमान में भारतीय हॉकी टीम के कप्तान कौन हैं?
(a) श्री जेश (b) श्रीकांत
(c) मंदीप सिंह (d) शमशेर सिंह

69. 'सानिया मिर्जा' किस खेल से सम्बन्धित हैं?
(a) टेनिस (b) बैडमिंटन
(c) हॉकी (d) एथलेटिक्स

70. 'कोनुरु हम्पी' किस खेल की प्रसिद्ध खिलाड़ी हैं?
(a) शतरंज (b) हॉकी
(c) एथलेटिक्स (d) कुश्ती

71. हाल ही में चर्चित 'फोगाट बहनें' किस खेल से सम्बन्धित हैं?
(a) कुश्ती (b) हॉकी
(c) क्रिकेट (d) शतरंज

72. 'ज्वाला गुट्टा' किस खेल से सम्बन्धित हैं?
(a) बैडमिंटन (b) हॉकी
(c) क्रिकेट (d) टेनिस

73. 'अश्विन पोनप्पा' किस खेल से सम्बन्धित हैं?
(a) बैडमिंटन (b) हॉकी
(c) क्रिकेट (d) टेनिस

74. 'सेवेस्टिएन बेट्टल' किस खेल से सम्बन्धित हैं?
(a) फॉर्मूला-1 रेसिंग
(b) बॉक्सिंग
(c) जूडो
(d) क्रिकेट

75. 'सेवेस्टिएल बेट्टल' किस देश के खिलाड़ी हैं?
(a) जर्मनी (b) पुर्तगाल
(c) फ्रांस (d) अमरीका

76. 'माइकल शूमाकर' किस देश के खिलाड़ी हैं?
(a) जर्मनी (b) पुर्तगाल
(c) फ्रांस (d) अमरीका

77. 'निको रोसबर्ग' किस टीम से खेलते हैं?
(a) मर्सिडीज (b) फरारी
(c) सहारा वन (d) रेड बुल

78. 'सनाइर्जस हैदराबाद' नामक आई०पी०एल० टीम के कप्तान कौन हैं?
(a) डेविड वार्नर
(b) बेन कटिंग
(c) भुवनेश्वर कुमार
(d) विराट कोहली

79. अब तक कितने ओलम्पिक हो चुके हैं?
(a) 31 (b) 32
(c) 33 (d) 34

80. 31वाँ ओलम्पिक खेल कहाँ सम्पन्न हुआ?
(a) रियो-डि-जेनेरो (b) लंदन
(c) पेरिस (d) कतर

81. प्रणव धनावडे का सम्बन्ध किस खेल से है?
(a) क्रिकेट (b) हॉकी
(c) शतरंज (d) जूडो

82. 'सिद्धान्त चिंगाल्पा' किस खेल से सम्बन्धित हैं?
(a) तेजधावक
(b) ऊँची कूद
(c) लंबी कूद
(d) इनमें से कोई नहीं

83. 'विश्व कप क्रिकेट (12वाँ)' 2019 कहाँ होगा?
(a) इंग्लैण्ड (b) भारत
(c) रूस (d) वेस्टइंडीज

84. '13वाँ विश्व कप क्रिकेट 2013' कहाँ होगा?
(a) इंग्लैण्ड (b) भारत
(c) ढाका (d) श्रीलंका

85. '2018 का विश्व कप हॉकी' कहाँ होगा?
(a) भारत (b) इंग्लैण्ड
(c) नीदरलैण्ड (d) ऑस्ट्रेलिया

86. 'महिला विश्व कप हॉकी 2018' का आयोजन कहाँ होगा?
(a) लंदन (b) भारत
(c) ऑस्ट्रेलिया (d) श्रीलंका

87. '21वाँ फीफा विश्व कप फुटबाल' कहाँ होगा?
(a) रूस (b) कतर
(c) टोक्यो (d) ऑस्ट्रेलिया

88. 22वाँ फीफा विश्व कप फुटबाल कहाँ होगा?
(a) रूस (b) कतर
(c) टोक्यो (d) कोलकाता

89. '32वाँ' ओलम्पिक खेल कब होगा?
(a) 2020 (b) 2019
(c) 2021 (d) 2018

90. '32वाँ' ओलम्पिक खेल कहाँ होगा?
(a) टोक्यो (b) जोहान्सबर्ग
(c) रियो (d) लंदन

91. '18वाँ' एशियाई खेल कब होगा?
(a) 2018 (b) 2017
(c) 2019 (d) 2020

92. '18वाँ' एशियाई खेल कहाँ होगा?
(a) जकार्ता (b) जावा
(c) गोल्ड कोस्ट (d) कोलकाता

93. '21वाँ' राष्ट्रमण्डल खेल कब होगा?
(a) 2018 (b) 2017
(c) 2019 (d) 2020

94. '21वाँ' राष्ट्रमण्डल खेल कहाँ होगा?
(a) गोल्ड कोस्ट (b) कतर
(c) रूस (d) भारत

95. '37वाँ' राष्ट्रीय खेल कब होगा?
(a) 2017 (b) 2018
(c) 2019 (d) 2020

96. '37वाँ' राष्ट्रीय खेल कहाँ होगा?
(a) छत्तीसगढ़ (b) कोलकाता
(c) नई दिल्ली (d) गोवा

97. '38वाँ' राष्ट्रीय खेल कब खेला जायेगा?
(a) 2018 (b) 2017
(c) 2019 (d) 2019

98. '38वाँ' राष्ट्रीय खेल कहाँ होगा?
(a) कोलकाता (b) गोवा
(c) दिल्ली (d) लखनऊ

99. 'फीफा अण्डर-17' विश्व कप फुटबॉल कहाँ होगा?
(a) नई दिल्ली (b) गोवा
(c) गुवाहाटी (d) पटना

100. क्रिकेट में सर्वाधिक मैच में कप्तानी का रिकार्ड किसके पास है?
(a) महेन्द्र सिंह 'धोनी'
(b) सौरभ गांगुली
(c) रिकी पोंटिंग
(d) स्वीव वॉ

101. क्रिकेट में भारत में अपना 500वाँ टेस्ट कहाँ खेला?
(a) कानपुर (b) अहमदाबाद
(c) मुंबई (d) दिल्ली

102. क्रिकेट में भारत ने अपना 500वाँ टेस्ट किसके विरुद्ध खेला?
(a) न्यूजीलैण्ड (b) इंग्लैण्ड
(c) ऑस्ट्रेलिया (d) श्रीलंका

103. पहले ही अन्तरराष्ट्रीय मैच में शतक बनाने वाले पहले भारतीय कौन हैं?
(a) के०एल० राहुल
(b) राहुल द्रविड़
(c) सौरभ गांगुली
(d) सचिन तेंदुलकर

104. टेस्ट क्रिकेट में सबसे तेज शतक बनाने का विश्व रिकार्ड किसके नाम है?
(a) ब्रेंडन मैकुलम
(b) विराट कोहली
(c) अंजिक्य रहाणे
(d) चेतेश्वर पुजारा

105. टेस्ट मैचों में दो बार दोहरा शतक बनाने वाले प्रथम भारतीय कप्तान हैं–
(a) महेन्द्र सिंह धोनी
(b) विराट कोहली
(c) मोहम्मद अजहरुद्दीन
(d) कपिल देव

106. विश्व एथलेटिक्स चैम्पियनशिप में स्वर्ण पदक जीतने व विश्व रिकार्ड बनाने वाले पहले भारतीय कौन हैं?
(a) नीरज चोपड़ा
(b) आकाश चोपड़ा
(c) नीरज रंजन
(d) राहुल सिंह

107. इंटर स्कूल क्रिकेट टूर्नामेंट में 1009 रनों का विश्व रिकार्ड किसके नाम है?
(a) प्रणव धनावडे
(b) प्रवीण धनावडे
(c) आर्थर कोलिंस
(d) एच०टी० भंडारी

108. '31वाँ' ओलम्पिक खेलों का आयोजन कहाँ हुआ?
(a) रियो डि जेनेरो (b) लंदन
(c) बिजिंग (d) गोल्ड कोस्ट

109. 'रियो ओलम्पिक' में दूसरा स्थान किस देश का था?
(a) ब्रिटेन (b) अमरीका
(c) रूस (d) चीन

110. 'रियो ओलम्पिक' में दूसरा स्थान किस देश का था?
(a) ब्रिटेन (b) अमरीका
(c) रूस (d) चीन

111. 'रियो ओलम्पिक' में तीसरा स्थान किस देश का था?
(a) चीन (b) ब्रिटेन
(c) अमरीका (d) रूस

112. किसी एक ओलम्पिक में सर्वाधिक स्वर्ण पदक जीतने वाला देश कौन है?
(a) रूस (b) अमरीका
(c) चीन (d) ब्रिटेन

113. 'रियो ओलम्पिक' में भारत का रैंक क्या था?
(a) 67वाँ (b) 44वाँ
(c) 45वाँ (d) 40वाँ

114. 'रियो ओलम्पिक' में भारत के पदकों की संख्या कितनी है?
(a) 2 (b) 4
(c) 6 (d) 3

115. '15वाँ' ग्रीष्मकालीन पैरालम्पिक खेल कहाँ हुआ था?
(a) रियो डि जेनेरो (b) लंदन
(c) बीजिंग (d) रोम

116. 'रियो पैरालम्पिक' में भारत का रैंक क्या था?
(a) 43वाँ (b) 44वाँ
(c) 46वाँ (d) 48वाँ

117. 'रियो पैरालम्पिक' में भारत ने कितने पदक जीते हैं?
(a) 4 (b) 6
(c) 8 (d) 3

118. 'रियो पैरालम्पिक' में पहला स्थान किसका था?
(a) चीन (b) रूस
(c) ब्रिटेन (d) अमरीका

119. 'रियो पैरालम्पिक' में कितने देशों ने भाग लिया?
(a) 159 (b) 160
(c) 155 (d) 165

120. 'पोलवाल्ट का बादशाह' किसे कहा जाता है?
(a) सर्गेई बुबका (b) एम्मा जॉर्ज
(c) ग्रिगोरी येगोरोव (d) रिआन बोचा

121. प्रसिद्ध फुटबॉल खिलाड़ी एडसन एटेंटस डी नासिमेन्टो का सम्बन्ध किस देश है?
(a) बेल्जियम (b) ब्राजील
(c) पुर्तगाल (d) अर्जेण्टीना

122. साइकिलिंग का खेल परिसर क्या कहलाता है?
(a) डायमण्ड (b) ग्रीन्स
(c) बेलोड्रम (d) रिंक

123. मुक्केबाजी का खेल परिसर क्या कहलाता है?
(a) डायमण्ड (b) ग्रीन्स
(c) वेलोड्रम (d) रिंग

124. निशानेबाजी और तीरंदाजी का खेल परिसर क्या कहलाता है?
(a) रेंज (b) रिंक
(c) रिंग (d) कोर्स

125. घुड़सवारी के खेल परिसर किस नाम से जाना जाता है?
(a) एरीना (b) ग्रीन्स
(c) वेलोड्रम (d) डायमण्ड

126. स्केटिंग खेले जाने वाले परिसर को कहा जाता है–
(a) रिंग (b) रिंक
(c) एरीना (d) ग्रीन्स

127. आइस हॉकी का खेल परिसर कहलाता है–
(a) एरीना (b) रिंक
(c) मैट (d) ग्रीन्स

128. किस खेल का खेल परिसर 'डायमण्ड' कहलाता है?
 (a) हैण्डबॉल (b) साफ्टबॉल
 (c) कार्कबॉल (d) बेसबॉल
129. किस खेल का खेल परिसर 'कोर्स' कहलाता है?
 (a) पोलो (b) गोल्फ
 (c) आइस हॉकी (d) रग्बी
130. तैराकी का खेल परिसर है–
 (a) ट्रैक (b) फील्ड
 (c) पूल (d) एरीना
131. क्रिकेट में पिच की लम्बाई कितनी होती है?
 (a) 22 मीटर (b) 20.12 मीटर
 (c) 20 गज (d) 20.12 गज
132. क्रिकेट में बल्ले की लम्बाई कितनी होती है?
 (a) 32 इंच (b) 34 इंच
 (c) 36 इंच (d) 38 इंच
133. क्रिकेट में प्रयुक्त गेंद की परिधि होती है–
 (a) 20.79 सेमी० (b) 21.69 सेमी०
 (c) 21.71 सेमी० (d) 22.61 सेमी०
134. क्रिकेट में बल्ले की अधिकतम अनुमत लम्बाई कितनी होती है?
 (a) 32 इंच (b) 34 इंच
 (c) 36 इंच (d) 38 इंच
135. क्रिकेट में धरती से स्टम्प्स की ऊँचाई होती है–
 (a) 22 इंच (b) 25 इंच
 (c) 27 इंच (d) 30 इंच
136. क्रिकेट में गेंद का वजन होता है–
 (a) 152 ग्राम (b) 163 ग्राम
 (c) 150 ग्राम (d) 155 ग्राम
137. फुटबॉल में गोल पोस्ट की चौड़ाई होती है–
 (a) 2.66 मीटर (b) 3.66 मीटर
 (c) 4.26 मीटर (d) 4.32 मीटर
138. हॉकी के मैदान में गोल पोस्ट की चौड़ाई होती है–
 (a) 1.66 मीटर (b) 3.66 मीटर
 (c) 2.66 मीटर (d) 4.66 मीटर
139. बैडमिन्टन में नेट की जमीन से ऊँचाई होती है–
 (a) 1.59 मीटर (b) 1.50 मीटर
 (c) 1.55 मीटर (d) 1.65 मीटर
140. लॉन टेनिस में प्रयुक्त गेंद का वजन होता है–
 (a) 2.40 ग्राम (b) 24 ग्राम
 (c) 36 ग्राम (d) 56.7 ग्राम
141. खो-खो मैदान में कितनी क्रॉस लेन्स होती है?
 (a) 8 (b) 5
 (c) 6 (d) 7
142. निम्न में से किस खेल मैदान का आकार सबसे बड़ा होता है?
 (a) पोलो (b) क्रिकेट
 (c) फुटबॉल (d) बेसबॉल
143. मैराथन दौड़ में कितनी दूरी तक दौड़ना होता है?
 (a) 40.195 किमी०
 (b) 41.195 किमी०
 (c) 42.195 किमी०
 (d) 42.915 किमी०
144. हॉकी में पेनाल्टी स्ट्रोक कितनी दूरी से मारा जाता है?
 (a) 8 गज (b) 10 गज
 (c) 11 गज (d) 12 गज
145. मैराथन दौड़ की दूरी होती है–
 (a) 22 मील 385 गज
 (b) 24 मील 385 गज
 (c) 26 मील 385 गज
 (d) 26 मील 585 गज

146. पोलो के मैदान का आकार होता है–
 (a) 150 मी० × 120 मी०
 (b) 170 मी० × 150 मी०
 (c) 250 मी० × 170 मी०
 (d) 270 मी० × 180 मी०
147. ओलम्पिक खेलों में तैराकी के स्वीमिंग पुल में कितने लेन होते हैं?
 (a) 6 (b) 8
 (c) 10 (d) 12
148. शतरंज के बिसात पर कुल कितने घर होते हैं?
 (a) 32 (b) 48
 (c) 64 (d) 56
149. विश्वविख्यात रौलां-गैरो का सम्बन्ध किस खेल से है?
 (a) लॉन टेनिस (b) पाल नौकायन
 (c) मुक्केबाजी (d) डर्बी घुड़दौड़
150. अमरीका का 'फारेस्ट हिल्स' स्टेडियम किस खेल से सम्बन्धित है?
 (a) लॉन टेनिस (b) टेबल टेनिस
 (c) बेसबॉल (d) मुक्केबाजी
151. 'ब्रुकलिन' (स०रा०अ०) नामक स्थल किस खेल से सम्बन्धित है?
 (a) फुटबॉल (b) लॉन टेनिस
 (c) बेसबॉल (d) बास्केटबॉल
152. लंदन स्थित 'ब्लैक हीथ स्टेडियम' का सम्बन्ध किस खेल से है?
 (a) कुत्तों की दौड़ (b) डर्बी घुड़दौड़
 (c) रग्बी फुटबॉल (d) नौका दौड़
153. इंग्लैण्ड स्थित 'व्हाइट सिटी स्टेडियम' किस खेल के लिए प्रसिद्ध है?
 (a) मोटर रेसिंग (b) कुत्तों की दौड़
 (c) डर्बी घुड़दौड़ (d) लॉन टेनिस
154. लंदन स्थित बेम्बले स्टेडियम किस खेल से सम्बन्धित है?
 (a) क्रिकेट (b) डर्बी घुड़दौड़
 (c) फुटबॉल (d) लॉन टेनिस
155. इंग्लैंड का 'इप्सम स्टेडियम' किस खेल से सम्बन्धित है?
 (a) घुड़दौड़ (b) मोटर रेसिंग
 (c) डर्बी घुड़दौड़ (d) हवाई रेसिंग
156. न्यूयॉर्क स्थित अन्तरराष्ट्रीय 'यॉकी' (Yocky) का सम्बन्ध किस खेल से है?
 (a) लॉन टेनिस (b) मुक्केबाजी
 (c) कुश्ती (d) बेसबॉल
157. 'फ्लशिंग मीडोल' निम्नलिखित में से किस खेल से जुड़ा हुआ है?
 (a) क्रिकेट (b) लॉन टेनिस
 (c) फुटबॉल (d) पोलो
158. 'मर्डेका कप' किस खेल से सम्बन्धित है?
 (a) फुटबॉल (b) हॉकी
 (c) टेनिस (d) टेबल टेनिस
159. 'थॉमस कप' किस खेल से सम्बन्धित है?
 (a) टेबल टेनिस (b) बैडमिंटन
 (c) लॉन टेनिस (d) खो-खो
160. 'डेविस कप' किस खेल से सम्बन्धित है?
 (a) बैडमिंटन (b) टेबल टेनिस
 (c) टेनिस (d) खो-खो
161. 'रोबर्स कप' किस खेल से सम्बन्धित है?
 (a) फुटबॉल (b) हॉकी
 (c) लॉन टेनिस (d) खो-खो
162. भारत का प्राचीनतम फुटबॉल टूर्नामेंट है–
 (a) डूरण्डकप (b) IFA शील्ड
 (c) संतोष ट्रॉफी (d) रोबर्स कप
163. 'सुदीरमन कप' किस खेल से सम्बन्धित है?
 (a) क्रिकेट (b) हॉकी
 (c) फुटबॉल (d) बैडमिंटन
164. 'कोपा कप' किस खेल से सम्बन्धित है?
 (a) फुटबॉल (b) हॉकी
 (c) टेनिस (d) बिलियर्ड्स
165. 'व्हाइट सिटी' स्टेडियम कहाँ है?
 (a) अमरीका (b) इंग्लैंड
 (c) नीदरलैंड (d) कनाडा

166. गोल्फ के लिए प्रसिद्ध 'सेण्डीलॉज स्टेडियम' कहाँ है?
(a) संयुक्त राज्य अमेरिका
(b) स्कॉटलैंड
(c) इंगलैण्ड
(d) फ्रांस

167. अन्तरराष्ट्रीय क्रिकेट टूर्नामेंट के लिए प्रसिद्ध शारजाह शहर किस देश में है?
(a) मोरक्को (b) ओमान
(c) यू०ए०ई० (d) कुवैत

168. फिरोजशाह कोटला ग्राउण्ड स्थित है–
(a) दिल्ली (b) मुम्बई
(c) कोलकाता (d) चेन्नई

169. सवाई मानसिंह स्टेडियम कहाँ स्थित है?
(a) जयपुर (b) बड़ौदा
(c) नागपुर (d) ग्वालियर

170. साल्ट लेक स्टेडियम स्थित है–
(a) दिल्ली (b) मुम्बई
(c) कोलकाता (d) चेन्नई

171. 'ईडन गार्डेन्स' अवस्थित है–
(a) मुम्बई (b) चेन्नई
(c) नई दिल्ली (d) कोलकाता

172. 'ग्रीन पार्क' स्टेडियम कहाँ अवस्थित है?
(a) कानपुर (b) बंगलौर
(c) नागपुर (d) कटक

173. 'वानखेड़े स्टेडियम' कहाँ अवस्थित है?
(a) चेन्नई (b) मुम्बई
(c) कोलकाता (d) पुणे

174. 'बाराबती स्टेडियम' कहाँ अवस्थित है?
(a) कटक (b) पुणे
(c) मुम्बई (d) रांची

175. निम्न में से मुक्केबाजी के लिए प्रसिद्ध स्थान है–
(a) मैडीसन स्कवायर
(b) व्हाइट सिटी
(c) केन्टकी
(d) इरसम

176. निम्न में से कौन-सा स्थान गोल्फ से सम्बन्धित है?
(a) एन्ट्री (b) सैंडी लॉउज
(c) व्हाइट सिटी (d) ब्लैक हीथ

177. विश्व में 'क्रिकेट का मक्का' के नाम से जाना जाता है?
(a) लॉर्ड्स (b) लीड्स
(c) ओवल (d) ईडन गार्डेन

178. निम्न में डर्बी घुड़दौड़ के लिए प्रसिद्ध स्टेडियम कौन सा है?
(a) ब्लैकहीथ (b) लॉर्ड्स
(c) ओवल (d) इरसम

179. 'यूरो कप' किस खेल से सम्बन्धित है?
(a) हॉकी (b) फुटबॉल
(c) रग्बी (d) क्रिकेट

180. 'कनफेडरेशन कप' किस खेल से सम्बन्धित है?
(a) क्रिकेट (b) हॉकी
(c) फुटबॉल (d) रग्बी

181. 'बेटन कप' किस खेल से सम्बन्धित है?
(a) क्रिकेट (b) फुटबॉल
(c) हॉकी (d) टेनिस

182. 'उबेर कप' किस खेल से सम्बन्धित है?
(a) पोलो (b) ब्रिज
(c) बैडमिन्टन (d) बॉलीबॉल

183. 'वेलिंग्टन ट्रॉफी' किस खेल से सम्बन्धित है?
(a) घुड़दौड़ (b) क्रिकेट
(c) नौकायन (d) मोटर रेस

184. 'एजरा कप' किस खेल से सम्बन्धित है?
(a) पोलो (b) ब्रिज
(c) स्क्वैश (d) मोटर रेस

185. 'राइडर कप' किस खेल से सम्बन्धित है?
(a) पोलो (b) गोल्फ
(c) ब्रिज (d) मोटर रेस

186. 'कार्बिलान कप' किस खेल से सम्बन्धित है?
(a) विश्व महिला टेबल टेनिस
(b) महिला बैडमिंटन
(c) महिला हॉकी
(d) महिला क्रिकेट

187. 'कोनिका कप' किस खेल से सम्बन्धित है?
(a) बैडमिन्टन (b) ब्रिज
(c) पोलो (d) निशानेबाजी

188. निम्न में कौन-सी टेनिस स्पर्द्धा ग्रैण्ड स्लैम में सम्मिलित नहीं है?
(a) विम्बल्डन (b) यू०एस० ओपन
(c) फ्रेंच ओपन (d) इटालियन ओपन

189. खेल में भारत का सबसे पुराना हॉकी टूर्नामेंट कौन है?
(a) बेटन कप
(b) ध्यानचंद ट्रॉफी
(c) आगा खां कप
(d) ओबेदुल्ला गोल्ड कप

190. पुरुषों की बैडमिन्टन प्रतियोगिता है–
(a) डेविस कप (b) डूरण्ड कप
(c) थॉमस कप (d) उबेर कप

191. इंदिरा गांधी स्वर्ण कप का सम्बन्ध किस खेल से सम्बन्धित है?
(a) हॉकी (b) फुटबॉल
(c) बैडमिंटन (d) गोल्फ

192. 'आयरन' शब्द किस खेल से सम्बन्धित है?
(a) कराटे (b) गोल्फ
(c) बेसबॉल (d) शतरंज

193. 'क्लेकोर्ट' तथा 'हार्डकोर्ट' शब्द किस खेल से सम्बन्धित है?
(a) ब्रिज (b) टेनिस
(c) बैडमिंटन (d) फुटबाल

194. 'गैम्बिट' शब्द किस खेल से सम्बन्धित है?
(a) गोल्फ (b) शतरंज
(c) पोलो (d) ब्रिज

195. 'लिटिल स्लैम' तथा 'ग्रैण्ड स्लैम' शब्द किस खेल से सम्बन्धित है?
(a) ब्रिज (b) पोलो
(c) गोल्फ (d) टेनिस

196. 'मेलेट' शब्द किस खेल से सम्बन्धित है?
(a) गोल्फ (b) ब्रिज
(c) पोलो (d) बिलियर्ड्स

197. 'ड्यूश' शब्द किस खेल से सम्बन्धित है?
(a) टेबल टेनिस (b) टेनिस
(c) बैडमिन्टन (d) बिलियर्ड्स

198. 'चाइनामैन' शब्द किस खेल से सम्बन्धित है?
(a) क्रिकेट (b) फुटबॉल
(c) हॉकी (d) जुडो

199. 'बिशप' शब्द किस खेल से सम्बन्धित है?
(a) ब्रिज (b) शतरंज
(c) गोल्फ (d) पोलो

200. 'केनन' शब्द किस खेल से सम्बन्धित है?
(a) बिलियर्ड्स (b) स्नूकर
(c) ब्रिज (d) शतरंज

201. 'डबल फॉल्ट' शब्द किस खेल से सम्बन्धित है?
(a) ब्रिज (b) टेनिस
(c) गोल्फ (d) क्रिकेट

202. 'नॉक आउट' शब्द किस खेल से सम्बन्धित है?
(a) क्रिकेट (b) फुटबॉल
(c) टेनिस (d) मुक्केबाजी

203. 'एरोज' शब्द किस खेल से सम्बन्धित है?
(a) ब्रिज (b) क्रिकेट
(c) मुक्केबाजी (d) फुटबॉल

204. 'बटर फ्लाई' शब्द किस खेल से सम्बन्धित है?
(a) तैराकी (b) मुक्केबाजी
(c) स्नूकर (d) पोलो

205. निम्नलिखित में से किस खेल में 'हैटट्रिक' शब्द प्रयुक्त नहीं होता है?
(a) क्रिकेट (b) हॉकी
(c) फुटबॉल (d) लॉन टेनिस

206. 'बुल्स आई' शब्द किस खेल से सम्बन्धित है?
(a) निशानेबाजी (b) शतरंज
(c) गोल्फ (d) कबड्डी

207. 'गुगली' शब्द किस खेल से सम्बन्धित है?
(a) फुटबॉल (b) क्रिकेट
(c) हॉकी (d) गोल्फ

208. पॉट, केनन, क्यू आदि शब्द किस खेल से सम्बन्धित है?
(a) स्नूकर (b) बिलियर्ड्स
(c) गोल्फ (d) ब्रिज

209. टी, पुट, कैडी आदि शब्दावलियाँ किस खेल से सम्बन्धित हैं?
(a) गोल्फ (b) पोलो
(c) ब्रिज (d) स्क्वैश

210. 'ब्रेस्ट स्ट्रोक' किस खेल से सम्बन्धित है?
(a) बास्केटबॉल (b) टेनिस
(c) तैराकी (d) बॉलीबॉल

211. 'जिग्गर' किस खेल से सम्बन्धित है?
(a) क्रिकेट (b) टेनिस
(c) शतरंज (d) गोल्फ

212. 'चुकर' किस खेल से सम्बन्धित है?
(a) गोल्फ (b) बिलियर्ड्स
(c) पोलो (d) ब्रिज

213. 'थर्ड आई' खेल शब्दावली सम्बन्धित है–
(a) क्रिकेट (b) तीरन्दाजी
(c) बिलियर्ड्स (d) हॉकी

214. 'सिली प्वाइण्ट' शब्द किस खेल से सम्बन्धित है?
(a) क्रिकेट (b) हॉकी
(c) फुटबॉल (d) बॉलीबॉल

215. 'एस' शब्द किस खेल से सम्बन्धित है?
(a) लॉन टेनिस (b) टेबल टेनिस
(c) बैडमिंटन (d) गोल्फ

216. 'रबर' शब्द किस खेल से सम्बन्धित है?
(a) क्रिकेट (b) फुटबॉल
(c) हॉकी (d) शतरंज

217. 'नॉक आउट' किससे सम्बन्धित है?
(a) बिलियर्ड्स (b) मुक्केबाजी
(c) चेस (d) टेनिस

218. 'गोल' किस प्रसिद्ध भारतीय हॉकी खिलाड़ी की आत्मकथा है?
(a) मेजर ध्यानचंद
(b) रूप सिंह
(c) के०डी० सिंह
(d) जयपाल सिंह

219. 'गोल्डन हैटट्रिक' किसकी आत्मकथा है?
(a) अजीत सिंह
(b) बलवीर सिंह
(c) मोहम्मद शाहिद
(d) सुरजीत सिंह

220. डेविड बेकहम की आत्मकथा का क्या नाम है?
(a) पैट्स आउट (b) माई साइड
(c) स्पिनर्स टाम (d) माई लाइफ

221. पी०टी० ऊषा की आत्मकथा का क्या नाम है?
(a) फ्लाइंग गर्ल (b) सिल्वर गर्ल
(c) गोल्डन गर्ल (d) प्लेटिनम गर्ल

222. 'माई बेस्ट गेम ऑफ चेस' किसकी आत्मकथा है?
(a) विश्वनाथन आनंद
(b) गैरी कास्पारोव
(c) आनातोली कार्पोट
(d) बॉबीफिशर

223. 'ब्रैडमैन बेस्ट' पुस्तक के लेखक कौन है?
(a) रोलेण्ड पैरी
(b) डॉन ब्रैडमैन
(c) जे०के० राउलिंग
(d) टॉनी ग्रेग

224. 'आइडल्स' नामक पुस्तक के लेखक कौन हैं?
(a) कपिल देव
(b) सुनील गावस्कर
(c) अजित वाडेकर
(d) फारुख इंजीनियर

225. 'हाउ आई प्ले गोल्फ' पुस्तक के लेखक हैं?
(a) टाइगर वुड्स
(b) ज्योति रंधावा
(c) टॉम वाटसन
(d) माइकल कैम्पबेल

226. 'सनी डेज' नामक चर्चित पुस्तक किसकी है?
(a) कपिल देव (b) सुनील गावस्कर
(c) संदीप पाटिल (d) विवियन रिचर्ड्स

227. 'क्रिकेट माई स्टाइल' के लेखक कौन हैं?
(a) कपिल देव (b) सुनील गावस्कर
(c) संदीप पाटिल (d) विवियन रिचर्ड्स

228. 'हाइट लाइटनिंग' किसकी चर्चित पुस्तक हैं?
(a) एलन डोनाल्ड
(b) ब्रेट ली
(c) ग्लेन मैकग्राथ
(d) डेमियन फ्लेंमिग

229. 'माई लाइफ एण्ड ब्यूटीफुल गेम' पुस्तक किसकी आत्मकथा है?
(a) विश्वनाथन आनंद
(b) पेले
(c) माइकल प्लैटिनी
(d) जिनेदिन जिदान

230. अर्जुन पुरस्कार की शुरुआत किस वर्ष हुई?
(a) 1951 (b) 1957
(c) 1961 (d) 1964

231. अर्जुन पुरस्कार के अन्तर्गत कितनी राशि दी जाती है?
(a) 75000 ₹ (b) 200000 ₹
(c) 1,80000 ₹ (d) 500000 ₹

232. द्रोणाचार्य पुरस्कार की शुरुआत किस वर्ष हुई?
(a) 1961 (b) 1965
(c) 1985 (d) 1987

233. कौन-सा पुरस्कार 'क्रिकेट का ऑस्कर' कहलाता है?
(a) आई०सी०सी० पुरस्कार
(b) विजडन पुरस्कार
(c) सिएट पुरस्कार
(d) सी०के० नायडू

234. शतरंज ऑस्कर पुरस्कार किस पत्रिका द्वारा प्रदान किया जाता है?
(a) विजडन (b) स्पोर्ट स्टार
(c) 64 (d) स्पोर्ट वर्ल्ड

235. आधुनिक ग्रीष्मकालीन ओलम्पिक खेल सर्वप्रथम कहाँ आयोजित किया गया?
(a) एथेंस (b) पेरिस
(c) सेंट लुई (d) लंदन

236. किस महाद्वीप में अब तक एक भी बार ओलम्पिक खेल का आयोजन नहीं हुआ है?
(a) एशिया (b) यूरोप
(c) अफ्रीका (d) दक्षिण अमेरिका

237. राष्ट्रमण्डलीय खेल सर्वप्रथम कहाँ आयोजित हुए?
(a) हैमिल्टन (b) लंदन
(c) सिडनी (d) आकलैंड

238. एशियाई खेल पहली बार कहाँ आयोजित हुए?
(a) नई दिल्ली (b) मनीला
(c) टोकियो (d) जकार्ता

239. प्रथम अफ्रो-एशियाई खेल कहाँ आयोजित किया गया?
(a) हैदराबाद (b) दिल्ली
(c) चेन्नई (d) कोलकाता

240. आधुनिक ओलम्पिक खेल का प्रथम आयोजन कब हुआ?
(a) 1886 ई० (b) 1896 ई०
(c) 1906 ई० (d) 1916 ई०

241. राष्ट्रमंडल खेलों का प्रथम आयोजन कब हुआ?
(a) 1925 ई० (b) 1930 ई०
(c) 1935 ई० (d) 1940 ई०

242. एशियाई खेल का सर्वप्रथम आयोजन कब हुआ?
(a) 1951 ई० (b) 1930 ई०
(c) 1935 ई० (d) 1940 ई०

243. डेविस कप की शुरुआत कब हुई?
(a) 1877 ई० (b) 1900 ई०
(c) 1920 ई० (d) 1921 ई०

244. 'रणजी ट्रॉफी' प्रतियोगिता की शुरुआत किस वर्ष हुई?
(a) 1877 में (b) 1932 में
(c) 1933 में (d) 1951 में

245. ओलम्पिक ध्वज पर अंकित पाँच छल्ले किसके प्रतीक हैं?
(a) पाँच महाद्वीपों के
(b) पाँच महासागरों के
(c) पाँच राष्ट्रों के
(d) पाँच खेलों के

246. ओलम्पिक का आदर्श वाक्य (मोटो) क्या है?
(a) प्रथम, द्वितीय, तृतीय
(b) दौड़ो, कूदो, भार उठाओ
(c) आओ, प्रयास करो, जीतो
(d) और तेज, और ऊँचा, शक्ति का भरपूर प्रदर्शन

247. एशियाई खेलों का उद्देश्य है–
(a) हमेशा आगे की ओर
(b) शान्ति और प्रगति
(c) आपसी सद्भावना
(d) और तेज, और ऊँचा

248. अन्तरराष्ट्रीय खेल संस्था 'फिडे' किस खेल से सम्बन्धित है?
(a) फुटबॉल (b) हॉकी
(c) शतरंज (d) क्रिकेट

249. अन्तरराष्ट्रीय खेल संस्था 'फीफा' का सम्बन्ध किस खेल से है?
(a) हॉकी (b) फुटबॉल
(c) शतरंज (d) क्रिकेट

250. हॉकी की अन्तरराष्ट्रीय संस्था है–
(a) FIDE (b) FIFA
(c) ICC (d) IHF

251. क्रिकेट की अन्तरराष्ट्रीय संस्था है–
(a) FIDE (b) FIFA
(c) ICC (d) IHF

252. विश्व कप फुटबॉल के आयोजनों की सर्वोच्च संस्था फीफा की स्थापना का श्रेय किसे है?
(a) गोजालो सांचेज
(b) जूल्स रिमेट
(c) माइकल प्लातिनी
(d) एलेन रोडनबर्ग

253. अन्तरराष्ट्रीय ओलम्पिक संस्था का मुख्यालय कहाँ है?
(a) जेनेवा (b) लौसाने
(c) बर्न (d) ओस्ले

254. निम्नलिखित में से किस स्थान पर ओलम्पिक संग्रहालय खोला गया है?
(a) एथेन्स (b) रोम
(c) जेनेवा (d) लौसाने

255. ओलम्पिक ध्वज पर अंकित छल्लों में काला रंग कौन महाद्वीप की अंकित करता है?
(a) अफ्रीका (b) एशिया
(c) यूरोप (d) अमरीका

256. ओलम्पिक ध्वज में हरा वलय किस महाद्वीप को प्रदर्शित करता है?
(a) यूरोप (b) एशिया
(c) यूरोप (d) अमरीका

257. प्रथम एशियाई खेल का शुभंकर क्या था?
(a) जन्तर मन्तर (b) चाईयो
(c) अप्पू (d) दुरिया

258. प्रथम अफ्रो एशियाई खेल का शुभंकर क्या था?
(a) नन्दू (b) वीरा
(c) बाज (d) शेरू

259. राष्ट्रीय खेल संस्थान कहाँ अवस्थित है?
 (a) नई दिल्ली (b) ग्वालियर
 (c) पटियाला (d) कोलकाता
260. लक्ष्मीबाई कॉलेज ऑफ फिजिकल एजुकेशन कहाँ अवस्थित है?
 (a) ग्वालियर (b) इन्दौर
 (c) भोपाल (d) जबलपुर
261. नेताजी सुभाषचन्द्र बोस खेल संस्थान कहाँ अवस्थित है?
 (a) ग्वालियर (b) इन्दौर
 (c) भोपाल (d) पटियाला
262. स्पोर्ट्स अथॉरिटी ऑफ इण्डिया की स्थापना कब हुई थी?
 (a) 1974 ई० (b) 1978 ई०
 (c) 1981 ई० (d) 1984 ई०
263. माउण्ट एवरेस्ट पर चढ़ने वाली प्रथम भारतीय पर्वतारोही कौन हैं?
 (a) बछेन्द्री पाल (b) संतोष यादव
 (c) डिकी डोल्मा (d) कुंगा भाटिया
264. बिना ऑक्सीजन माउण्ट एवरेस्ट पर चढ़ने वाले प्रथम भारतीय थे–
 (a) तेनजिंग नोर्गे
 (b) फू दोरजी
 (c) शेरपा आंगरीटा
 (d) इनमें से कोई नहीं
265. माउण्ट एवरेस्ट पर चढ़ने वाली प्रथम पर्वतारोही हैं–
 (a) जुनको ताबेई (b) बछेन्द्री पाल
 (c) संतोष यादव (d) डिकी डोल्मा
266. माउण्ट एवरेस्ट पर सबसे पहले चढ़ने वाले पर्वतारोही थे–
 (a) तेनजिंग नोर्गे
 (b) एडमण्ड हिलेरी
 (c) उपर्युक्त दोनों
 (d) इनमें से कोई नहीं
267. सबसे पहले किस वर्ष एवरेस्ट शिखर को फतह करने में सफलता मिली?
 (a) 1948 (b) 1953
 (c) 1955 (d) 1957
268. दो बार माउण्ट एवरेस्ट पर विजय प्राप्त करने वाली प्रथम महिला पर्वतारोही हैं–
 (a) संतोष यादव (b) जय क्षेत्री
 (c) बछेन्द्री पाल (d) चन्द्रप्रभा
269. ओलम्पिक खेलों में महिलाओं की भागीदारी सर्वप्रथम कब प्रारम्भ हुई?
 (a) लंदन 1908 (b) पेरिस 1900
 (c) एथेंस 1896 (d) टोकियो 1964
270. ओलम्पिक खेलों में शुभंकर की शुरुआत सर्वप्रथम कब हुई?
 (a) सन् 1968 (b) सन् 1972
 (c) सन् 1976 (d) सन् 1980
271. भारत ने सर्वप्रथम ओलम्पिक में किस वर्ष भाग लिया?
 (a) 1924 (b) 1912
 (c) 1929 (d) 1952
272. ओलम्पिक के किसी स्पर्द्धा के फाइनल तक पहुँचने वाली प्रथम भारतीय महिला कौन हैं?
 (a) पी०टी० ऊषा
 (b) मेरी डिसूजा
 (c) शाइनी अब्राहम
 (d) कमलजीत संधू
273. आधुनिक ओलम्पिक को शुरू करने का श्रेय किस जाता है?
 (a) पियरे दि कुबर्तिन
 (b) कार्टियस
 (c) समरांच
 (d) गारफील्ड
274. एशियाई खेलों का प्रथम आयोजक देश होने का श्रेय किसे प्राप्त है?
 (a) जापान (b) दक्षिण कोरिया
 (c) थाईलैंड (d) भारत
275. प्रथम एशियाई खेलों का आयोजन नई दिल्ली स्थित किस स्टेडियम में हुआ था?
 (a) नेशनल स्टेडियम
 (b) शिवाजी स्टेडियम
 (c) तालकटोरा स्टेडियम
 (d) फिरोजशाह स्टेडियम

276. विम्बलडन जूनियर खिताब जीतने वाला प्रथम भारतीय होने का गौरव किसे प्राप्त है?
(a) जयदीप मुखर्जी
(b) रामनाथन कृष्णन
(c) रमेश कृष्णन
(d) लिएण्डर पेस

277. विम्बलडन जूनियर खिताब जीतने वाली प्रथम भारतीय महिला खिलाड़ी हैं–
(a) दीया मिर्जा (b) सानिया मिर्जा
(c) निरुपमा (d) शिखा ओबेराय

278. विश्व कप फुटबॉल का प्रथम विजेता देश है–
(a) इटली (b) ब्राजील
(c) उरुग्वे (d) अर्जेण्टीना

279. किसी भी विदेशी फुटबॉल क्लब के लिए खेलने वाली प्रथम भारतीय खिलाड़ी कौन हैं?
(a) बाइचुंग भाटिया (b) शिशिर घोष
(c) विजयन (d) जियोपाल

280. फुटबॉल विश्व कप का सर्वाधिक विजेता होने का गौरव किस देश को प्राप्त है?
(a) इटली (b) अर्जेण्टीना
(c) ब्राजील (d) जर्मनी

281. प्रथम एक दिवसीय अन्तर्राष्ट्रीय क्रिकेट मैच कब खेला गया?
(a) 1971 ई० (b) 1972 ई०
(c) 1974 ई० (d) 1975 ई०

282. भारत के प्रथम क्रिकेट कप्तान थे–
(a) लाला अमरनाथ (b) विजय हजारे
(c) सी०के० नायडू (d) वीनू मांकड़

283. प्रथम बार 29 अगस्त को खेल दिवस के रूप में मनाया गया–
(a) 1993 ई० (b) 1994 ई०
(c) 1995 ई० (d) 1996 ई०

284. ओलम्पिक की व्यक्तिगत स्पर्द्धा में कोई पदक जीतने वाले प्रथम भारतीय कौन हैं?
(a) के०डी० जाधव
(b) लिएण्डर पेस
(c) राज्यवर्द्धन सिंह राठौर
(d) मिल्खा सिंह

285. ओलम्पिक की व्यक्तिगत स्पर्द्धा में कोई पदक जीतने वाली प्रथम भारतीय महिला कौन हैं?
(a) पी०टी० ऊषा
(b) अंजू बॉबी जॉर्ज
(c) अंजलि भागवत
(d) कर्णम मल्लेश्वरी

286. ओलम्पिक की व्यक्तिगत स्पर्द्धा में रजत पदक जीतने वाले प्रथम भारतीय खिलाड़ी कौन हैं?
(a) के०डी० जाधव
(b) लिएण्डर पेस
(c) राज्यवर्द्धन सिंह राठौर
(d) अभिनव बिन्द्रा

287. टेस्ट क्रिकेट में 6 गेदों का ओवर कब से प्रारम्भ हुआ?
(a) 1896 ई० (b) 1900 ई०
(c) 1904 ई० (d) 1928 ई०

288. भारत विश्व कप क्रिकेट का चैम्पियन कब बना?
(a) 1979 ई० (b) 1983 ई०
(c) 1987 ई० (d) 1992 ई०

289. खलीफा स्टेडियम कहाँ अवस्थित है?
(a) शारजाह (b) दोहा
(c) कराची (d) लाहौर

290. भारत का सबसे बड़ा इंडोर स्टेडियम कहाँ है?
(a) दिल्ली (b) कोलकाता
(c) मुम्बई (d) पुणे

291. भारत का सबसे बड़ा स्टेडियम कौन है?
(a) युवा भारती स्टेडियम
(b) पटनी मार्टलेक
(c) ब्रेबोर्न स्टेडियम
(d) ग्रीन पार्क स्टेडियम

292. 'चेपक स्टेडियम' कहाँ है?
(a) चेन्नई (b) दिल्ली
(c) कानपुर (d) मुम्बई

293. 'ब्रेबोर्न स्टेडियम' कहाँ स्थित है?
(a) मुम्बई (b) लंदन
(c) कानपुर (d) पुणे

294. ओलम्पिक स्वर्ण पदक विजेता को सरकार द्वारा कितनी राशि दी जाती है?
(a) 75 लाख (b) 50 लाख
(c) 30 लाख (d) 20 लाख

295. एशियाई खेलों में स्वर्ण पदक विजेता को सरकार द्वारा कितनी राशि दी जाती है?
(a) 30 लाख (b) 20 लाख
(c) 10 लाख (d) 5 लाख

296. राष्ट्रमंडल खेलों में स्वर्ण पदक विजेता को सरकार द्वारा कितनी राशि दी जाती है?
(a) 30 लाख (b) 20 लाख
(c) 10 लाख (d) 5 लाख

297. 'बर्नाबिलेक कप' किससे सम्बन्धित है?
(a) टेबल टेनिस (b) क्रिकेट
(c) पोलो (d) गोल्फ

298. बेटन कप किससे सम्बन्धित है?
(a) हॉकी (b) क्रिकेट
(c) पोलो (d) गोल्फ

299. 'ऐजार कप' किससे सम्बन्धित है?
(a) पोलो (b) गोल्फ
(c) ब्रिज (d) हॉकी

300. 'बाकर कप' किससे सम्बन्धित है?
(a) गोल्फ (b) पोलो
(c) ब्रिज (d) हॉकी

उत्तरमाला
पत्रिकाएँ, पुस्तकें और उनके लेखक

1. (a)	**2.** (a)	**3.** (a)	**4.** (d)	**5.** (b)	**6.** (d)
7. (a)	**8.** (a)	**9.** (a)	**10.** (a)	**11.** (a)	**12.** (c)
13. (d)	**14.** (c)	**15.** (b)	**16.** (a)	**17.** (a)	**18.** (a)
19. (a)	**20.** (b)	**21.** (a)	**22.** (b)	**23.** (a)	**24.** (a)
25. (a)	**26.** (b)	**27.** (a)	**28.** (b)	**29.** (a)	**30.** (b)
31. (a)	**32.** (a)	**33.** (b)	**34.** (a)	**35.** (a)	**36.** (a)
37. (a)	**38.** (c)	**39.** (a)	**40.** (c)	**41.** (b)	**42.** (a)
43. (b)	**44.** (d)	**45.** (b)	**46.** (a)	**47.** (c)	**48.** (a)
49. (b)	**50.** (b)	**51.** (a)	**52.** (d)	**53.** (c)	**54.** (d)
55. (a)	**56.** (b)	**57.** (b)	**58.** (c)	**59.** (b)	**60.** (d)
61. (b)	**62.** (a)	**63.** (c)	**64.** (c)	**65.** (b)	**66.** (d)
67. (b)	**68.** (c)	**69.** (a)	**70.** (a)	**71.** (c)	**72.** (a)
73. (c)	**74.** (d)	**75.** (b)	**76.** (a)	**77.** (a)	**78.** (a)
79. (a)	**80.** (d)	**81.** (b)	**82.** (c)	**83.** (c)	**84.** (b)
85. (d)	**86.** (c)	**87.** (c)	**88.** (a)	**89.** (a)	**90.** (b)
91. (a)	**92.** (d)	**93.** (a)	**94.** (a)	**95.** (c)	**96.** (a)
97. (b)	**98.** (d)	**99.** (c)	**100.** (a)	**101.** (c)	**102.** (a)
103. (b)	**104.** (b)	**105.** (a)	**106.** (a)	**107.** (b)	**108.** (b)
109. (d)	**110.** (a)	**111.** (b)	**112.** (b)	**113.** (c)	**114.** (b)
115. (a)	**116.** (b)	**117.** (c)	**118.** (d)	**119.** (a)	**120.** (b)
121. (c)	**122.** (d)	**123.** (a)	**124.** (b)	**125.** (b)	**126.** (b)
127. (d)	**128.** (a)	**129.** (d)	**130.** (a)	**131.** (a)	**132.** (c)
133. (a)	**134.** (d)	**135.** (c)	**136.** (d)	**137.** (b)	**138.** (c)
139. (b)	**140.** (a)	**141.** (a)	**142.** (a)	**143.** (b)	**144.** (a)
145. (a)	**146.** (b)	**147.** (a)	**148.** (b)	**149.** (c)	**150.** (c)
151. (a)	**152.** (a)	**153.** (a)	**154.** (a)	**155.** (b)	**156.** (b)
157. (c)	**158.** (d)	**159.** (a)	**160.** (d)	**161.** (d)	**162.** (a)
163. (b)	**164.** (c)	**165.** (d)	**166.** (c)	**167.** (a)	**168.** (a)
169. (c)	**170.** (d)	**171.** (d)	**172.** (c)	**173.** (a)	**174.** (a)

175. (c)	176. (b)	177. (b)	178. (a)	179. (a)	180. (c)
181. (d)	182. (b)	183. (b)	184. (b)	185. (b)	186. (b)
187. (c)	188. (a)	189. (c)	190. (d)	191. (a)	192. (b)
193. (b)	194. (a)	195. (b)	196. (c)	197. (c)	198. (b)
199. (b)	200. (a)	201. (a)	202. (a)	203. (a)	204. (a)
205. (a)	206. (a)	207. (a)	208. (a)	209. (a)	

उत्तरमाला
कला एवं संस्कृति

1. (b)	2. (d)	3. (a)	4. (a)	5. (a)	6. (a)
7. (a)	8. (b)	9. (d)	10. (b)	11. (c)	12. (b)
13. (c)	14. (b)	15. (c)	16. (b)	17. (b)	18. (a)
19. (c)	20. (b)	21. (b)	22. (d)	23. (a)	24. (b)
25. (c)	26. (d)	27. (a)	28. (b)	29. (d)	30. (b)
31. (b)	32. (b)	33. (a)	34. (a)	35. (a)	36. (b)
37. (c)	38. (b)	39. (d)	40. (a)	41. (b)	42. (a)
43. (b)	44. (a)	45. (a)	46. (a)	47. (a)	48. (d)
49. (b)	50. (a)	51. (b)	52. (b)	53. (a)	54. (b)
55. (c)	56. (d)	57. (c)	58. (c)	59. (a)	60. (a)
61. (c)	62. (c)	63. (b)	64. (c)	65. (a)	66. (c)
67. (a)	68. (b)	69. (a)	70. (c)	71. (a)	72. (a)
73. (a)	74. (a)	75. (a)	76. (c)	77. (a)	78. (b)
79. (a)	80. (a)	81. (b)	82. (b)	83. (c)	84. (a)
85. (c)	86. (d)	87. (b)	88. (b)	89. (a)	90. (d)
91. (a)	92. (a)	93. (b)	94. (d)	95. (a)	96. (d)
97. (a)	98. (b)	99. (a)	100. (c)	101. (a)	102. (b)
103. (c)	104. (b)	105. (b)	106. (b)	107. (a)	108. (b)
109. (c)	110. (a)	111. (a)	112. (c)	113. (d)	114. (b)
115. (c)	116. (a)	117. (a)	118. (c)	119. (a)	120. (b)
121. (c)	122. (a)	123. (d)	124. (b)	125. (b)	126. (a)
127. (a)	128. (b)	129. (d)	130. (b)	131. (c)	132. (a)
133. (c)	134. (a)	135. (b)	136. (b)	137. (a)	138. (c)
139. (b)	140. (a)	141. (a)	142. (d)	143. (a)	144. (a)
145. (b)	146. (a)	147. (d)	148. (b)	149. (b)	150. (c)
151. (b)	152. (d)	153. (a)	154. (c)	155. (a)	156. (b)
157. (d)	158. (c)	159. (b)	160. (b)	161. (c)	162. (c)
163. (b)	164. (c)	165. (b)	166. (a)	167. (b)	168. (d)
169. (d)	170. (b)	171. (a)	172. (a)	173. (b)	174. (b)
175. (a)	176. (c)	177. (a)	178. (a)	179. (b)	180. (a)
181. (c)	182. (a)	183. (c)	184. (a)	185. (c)	186. (c)
187. (b)	188. (a)	189. (c)	190. (c)	191. (a)	192. (a)

193. (a)	194. (a)	195. (b)	196. (a)	197. (a)	198. (b)
199. (c)	200. (b)	201. (b)	202. (a)	203. (c)	204. (c)
205. (a)	206. (d)	207. (a)	208. (b)	209. (d)	210. (b)
211. (b)	212. (d)	213. (a)	214. (c)	215. (a)	216. (b)
217. (c)	218. (d)	219. (a)	220. (b)	221. (a)	222. (a)
223. (c)	224. (d)	225. (c)	226. (a)	227. (c)	228. (c)
229. (b)	230. (d)	231. (d)	232. (a)	233. (c)	234. (c)
235. (d)	236. (b)	237. (c)	238. (c)	239. (b)	240. (b)
241. (c)	242. (c)	243. (a)	244. (a)	245. (d)	246. (b)
247. (a)	248. (c)	249. (c)	250. (b)	251. (a)	252. (a)
253. (a)	254. (c)	255. (d)	256. (c)	257. (b)	258. (b)
259. (b)	260. (d)	261. (c)	262. (a)	263. (b)	264. (b)
265. (a)	266. (c)	267. (a)	268. (c)	269. (b)	270. (b)
271. (a)	272. (c)	273. (c)	274. (b)	275. (c)	276. (c)
277. (a)	278. (c)	279. (d)	280. (b)	281. (a)	282. (b)
283. (b)	284. (b)	285. (c)	286. (a)	287. (b)	288. (b)
289. (b)	290. (d)	291. (a)	292. (c)	293. (c)	294. (a)
295. (a)	296. (a)	297. (c)	298. (b)	299. (a)	300. (d)

उत्तरमाला महत्त्वपूर्ण राष्ट्रीय एवं अन्तर्राष्टीय दिवस					
1. (a)	**2.** (a)	**3.** (a)	**4.** (a)	**5.** (a)	**6.** (a)
7. (a)	**8.** (a)	**9.** (a)	**10.** (c)	**11.** (a)	**12.** (a)
13. (a)	**14.** (a)	**15.** (a)	**16.** (a)	**17.** (a)	**18.** (a)
19. (a)	**20.** (a)	**21.** (a)	**22.** (a)	**23.** (a)	**24.** (a)
25. (a)	**26.** (a)	**27.** (a)	**28.** (a)	**29.** (a)	**30.** (a)
31. (a)	**32.** (a)	**33.** (a)	**34.** (a)	**35.** (a)	**36.** (a)
37. (a)	**38.** (a)	**39.** (a)	**40.** (b)	**41.** (a)	**42.** (c)
43. (c)	**44.** (a)	**45.** (a)	**46.** (d)	**47.** (a)	**48.** (a)
49. (a)	**50.** (a)	**51.** (a)	**52.** (c)	**53.** (a)	**54.** (a)
55. (c)	**56.** (a)	**57.** (a)	**58.** (a)	**59.** (a)	**60.** (a)
61. (a)	**62.** (a)	**63.** (a)	**64.** (a)	**65.** (a)	**66.** (a)
67. (a)	**68.** (a)	**69.** (b)	**70.** (a)	**71.** (a)	**72.** (a)
73. (a)	**74.** (a)	**75.** (a)	**76.** (b)	**77.** (a)	**78.** (a)
79. (a)	**80.** (a)	**81.** (a)	**82.** (a)	**83.** (a)	**84.** (a)
85. (a)	**86.** (b)	**87.** (a)	**88.** (a)	**89.** (c)	**90.** (a)
91. (a)	**92.** (a)	**93.** (a)	**94.** (a)	**95.** (a)	**96.** (a)
97. (a)	**98.** (a)	**99.** (a)	**100.** (a)	**101.** (a)	**102.** (a)
103. (a)	**104.** (a)	**105.** (a)	**106.** (a)	**107.** (a)	**108.** (a)
109. (a)	**110.** (a)	**111.** (a)	**112.** (c)	**113.** (a)	**114.** (a)
115. (d)	**116.** (a)	**117.** (c)	**118.** (c)	**119.** (a)	**120.** (a)
121. (c)	**122.** (a)	**123.** (a)	**124.** (a)	**125.** (a)	**126.** (a)
127. (a)	**128.** (a)	**129.** (a)	**130.** (a)	**131.** (a)	**132.** (b)
133. (a)	**134.** (a)	**135.** (a)	**136.** (a)	**137.** (a)	**138.** (b)
139. (a)	**140.** (a)				

उत्तरमाला
विश्व के प्रमुख संगठन और उनके मुख्यालय

1. (a)	2. (b)	3. (d)	4. (a)	5. (a)	6. (a)
7. (a)	8. (a)	9. (a)	10. (b)	11. (a)	12. (a)
13. (c)	14. (a)	15. (a)	16. (a)	17. (a)	18. (a)
19. (b)	20. (a)	21. (a)	22. (c)	23. (a)	24. (a)
25. (d)	26. (a)	27. (c)	28. (a)	29. (b)	30. (a)
31. (a)	32. (a)	33. (b)	34. (a)	35. (a)	36. (c)
37. (a)	38. (a)	39. (c)	40. (a)	41. (c)	42. (a)
43. (b)	44. (a)	45. (a)	46. (a)	47. (a)	48. (a)
49. (a)	50. (a)	51. (a)	52. (b)		

उत्तरमाला
खेलकूद

1. (a)	2. (c)	3. (b)	4. (c)	5. (b)	6. (c)
7. (a)	8. (a)	9. (c)	10. (c)	11. (b)	12. (a)
13. (b)	14. (a)	15. (d)	16. (a)	17. (a)	18. (a)
19. (a)	20. (d)	21. (a)	22. (a)	23. (a)	24. (c)
25. (b)	26. (b)	27. (b)	28. (a)	29. (c)	30. (b)
31. (b)	32. (b)	33. (b)	34. (a)	35. (b)	36. (a)
37. (c)	38. (a)	39. (a)	40. (a)	41. (a)	42. (a)
43. (a)	44. (a)	45. (a)	46. (a)	47. (a)	48. (a)
49. (a)	50. (a)	51. (a)	52. (a)	53. (a)	54. (a)
55. (a)	56. (a)	57. (a)	58. (a)	59. (a)	60. (a)
61. (a)	62. (a)	63. (a)	64. (c)	65. (a)	66. (a)
67. (a)	68. (a)	69. (b)	70. (a)	71. (a)	72. (a)
73. (a)	74. (a)	75. (a)	76. (a)	77. (a)	78. (a)
79. (a)	80. (a)	81. (a)	82. (a)	83. (a)	84. (b)
85. (a)	86. (a)	87. (a)	88. (b)	89. (a)	90. (a)
91. (a)	92. (a)	93. (a)	94. (a)	95. (a)	96. (a)
97. (a)	98. (a)	99. (a)	100. (a)	101. (a)	102. (a)
103. (a)	104. (a)	105. (b)	106. (a)	107. (a)	108. (a)
109. (a)	110. (a)	111. (a)	112. (a)	113. (a)	114. (a)
115. (a)	116. (a)	117. (a)	118. (a)	119. (b)	120. (a)
121. (a)	122. (c)	123. (d)	124. (a)	125. (a)	126. (b)
127. (b)	128. (d)	129. (b)	130. (c)	131. (b)	132. (d)
133. (a)	134. (d)	135. (c)	136. (b)	137. (d)	138. (b)
139. (a)	140. (d)	141. (a)	142. (a)	143. (c)	144. (a)
145. (c)	146. (d)	147. (b)	148. (c)	149. (a)	150. (a)
151. (c)	152. (c)	153. (b)	154. (c)	155. (c)	156. (b)
157. (b)	158. (a)	159. (b)	160. (c)	161. (a)	162. (a)
163. (d)	164. (a)	165. (b)	166. (b)	167. (c)	168. (a)
169. (a)	170. (c)	171. (d)	172. (a)	173. (b)	174. (a)
175. (a)	176. (b)	177. (a)	178. (d)	179. (b)	180. (c)
181. (c)	182. (a)	183. (c)	184. (a)	185. (b)	186. (a)
187. (a)	188. (d)	189. (a)	190. (c)	191. (a)	192. (b)

193. (b)	194. (b)	195. (a)	196. (b)	197. (b)	198. (a)
199. (b)	200. (a)	201. (b)	202. (a)	203. (b)	204. (a)
205. (d)	206. (a)	207. (b)	208. (b)	209. (a)	210. (c)
211. (d)	212. (c)	213. (a)	214. (a)	215. (a)	216. (a)
217. (b)	218. (a)	219. (b)	220. (b)	221. (c)	222. (a)
223. (a)	224. (b)	225. (a)	226. (a)	227. (a)	228. (a)
229. (b)	230. (c)	231. (b)	232. (c)	233. (a)	234. (c)
235. (a)	236. (c)	237. (a)	238. (a)	239. (a)	240. (b)
241. (b)	242. (b)	243. (b)	244. (c)	245. (a)	246. (d)
247. (a)	248. (c)	249. (b)	250. (d)	251. (c)	252. (a)
253. (b)	254. (d)	255. (a)	256. (a)	257. (a)	258. (d)
259. (c)	260. (a)	261. (d)	262. (d)	263. (a)	264. (b)
265. (a)	266. (c)	267. (b)	268. (a)	269. (b)	270. (a)
271. (c)	272. (a)	273. (a)	274. (d)	275. (a)	276. (b)
277. (b)	278. (c)	279. (a)	280. (c)	281. (a)	282. (c)
283. (b)	284. (a)	285. (d)	286. (c)	287. (b)	288. (b)
289. (b)	290. (a)	291. (a)	292. (a)	293. (a)	294. (a)
295. (a)	296. (a)	297. (a)	298. (a)	299. (a)	300. (a)

www.ingramcontent.com/pod-product-compliance
Lightning Source LLC
Chambersburg PA
CBHW070718160426
43192CB00009B/1228
* 9 7 8 9 3 5 7 9 4 1 6 9 3 *